Albaniens Schwerindustrie als zweite Befreiung?
„Der Stahl der Partei“ als Mikrokosmos des Kommunismus

SÜDOSTEUROPÄISCHE ARBEITEN

Für das LEIBNIZ-INSTITUT

FÜR OST- UND SÜDOSTEUROPAFORSCHUNG

herausgegeben von

ULF BRUNNBAUER

und

KONRAD CLEWING

2020

DE GRUYTER OLDENBOURG

SÜDOSTEUROPÄISCHE ARBEITEN

162

VISAR NONAJ

Albaniens Schwerindustrie als zweite Befreiung?

„Der Stahl der Partei" als Mikrokosmos des Kommunismus

2020

DE GRUYTER OLDENBOURG

Diese Arbeit wurde mit einem Förderpreis der Fritz und Helga Exner-Stiftung ausgezeichnet.

Bibliografische Information der Deutschen Nationalbibliothek
Die Deutsche Nationalbibliothek verzeichnet diese Publikation in der Deutschen Nationalbibliografie; detaillierte bibliografische Daten sind im Internet über <http://dnb.d-nb.de> abrufbar.

ISBN 978-3-11-073872-8

Veröffentlicht durch Verlag De Gruyter Oldenbourg, Berlin/Boston

Titelbild: Überreste des Metallurgischen Kombinats im November 2018
Foto: © Robert Pichler
Satz: Typework Layoutsatz & Grafik GmbH, Augsburg
Druck und Bindung: Pustet, Regensburg

Inhaltsverzeichnis

Vorwort und Danksagung

Das vor den Toren der Stadt Elbasan gelegene Metallurgische Kombinat, das ab 1978 den Namen trug: „Der Stahl der Partei“ (Çeliku i Partisë), wird im heutigen Albanien als abschreckendes Beispiel für die kommunistische Industrialisierungspolitik betrachtet. In der Presse geht man zwar nicht immer ausdrücklich darauf ein: Wenn aber in der Öffentlichkeit davon gesprochen wird, dass Menschen in Elbasan eher sterben als andernorts, die Luft verschmutzter ist als anderswo oder bei Geburten irgendwelche Anomalien festgestellt werden, ist das inzwischen stillgelegte Stahlwerk die erste Querverbindung, die bei den Zuhörern oder Lesern aufkommt. Fest steht, dass die Hinterlassenschaft des Werkes für die Stadt und ihre Bewohner ein zwiespältiges Erbe ist. Unzweifelhaft nämlich wurden mit dem Industriekomplex großflächig bis heute unbewältigte Umweltschäden hervorgerufen, und das in einer Talebene, die einst zu den fruchtbarsten des ganzen Landes zählte. Praktisch jeder einzelne Anblick vor Ort lässt den heutigen Betrachter dieser zu einem Großteil brachliegenden Stätte die Ambivalenz des einstigen Großvorhabens erahnen.

Obwohl das Stahlwerk direkt vor der Stadt lag, führte es einst sein eigenes Leben. Der Autor selbst hatte vor Beginn seiner Arbeit an diesem Thema wenig Bezug zu ihm, auch wenn die Entfernung von seinem Geburtsort Tiranë nach Elbasan nur etwas mehr als 50 Kilometer beträgt. Elbasaner wiederum, ganz gleich ob alteingesessene Bewohner oder Zuzügler, redeten nicht gerne vom Stahlwerk. Das steht im starken Kontrast zu den vielen Funktionen, die diesem Großbetrieb im offiziellen Diskurs des albanischen Realsozialismus zugekommen waren. Die Umwandlung Albaniens von einem Agrar- zu einem Industriestaat, die quantitative und qualitative Forcierung der Arbeiterklasse sowie die Formung eines proletarischen Bewusstseins, das den „Neuen Menschen“ kennzeichnen sollte, sind nur einige der Aufgaben, zu deren Erfüllung das Kombinat wie auch eine Reihe anderer Industriewerke seitens der kommunistischen Führung instrumentalisiert werden sollten.

Diese anspruchsvollen „Transformationsziele“ waren mehr oder weniger allen kommunistischen Regierungen zu Eigen. Ihre Untersuchung ist nicht allein deshalb notwendig, um das Wesen einer realsozialistischen Gesellschaft besser verstehen zu können. Auch wichtige Aspekte der gegenwärtigen politischen oder sozialökonomischen Situation in den Staaten, die bis in die neunziger Jahre unter kommunistischer Herrschaft standen, lassen sich besser verstehen, wenn man sich ihrer historischen Entwicklung nach dem Zweiten Weltkrieg bewusst wird, mit all ihren Kontinuitäten und Brüchen. Wie komplex diese Vergangenheit sein kann, sieht man bestens im Falle Albaniens, das nach dem Zusammenbruch des Einparteiensystems auf seinem Weg zur Aufnahme in die EU mit vielen

Schwierigkeiten zu kämpfen hat, die sich aus der Erbschaft des Sozialismus ergeben. Der praktizierte Realsozialismus hat unübersehbare Spuren hinterlassen, die sich sowohl in der Landschaft als auch in der Mentalität der Menschen zeigen. Ich werde mir dessen jedes Mal bewusst, wenn ich im Lande bin, und wurde während meiner Forschungsaufenthalte zahlreiche Male im Alltag damit konfrontiert. Die Frage, wie die kommunistischen Führer ihre Vorstellungen in wirtschaftlicher und erziehungspolitischer Hinsicht zu verwirklichen versuchten und wie diese in die Realität umgesetzt wurden, ist hilfreich bei der Suche nach den Wurzeln von Problemen im politischen, wirtschaftlichen, sozialen und kulturellen Leben. Daher trägt ihre Beantwortung nicht zuletzt dazu bei, einem Außenstehenden die Strategien, die die Menschen zu ihrer Bewältigung der neuen Herausforderungen verwenden, nachvollziehbar zu machen und somit den Wandel, den die albanische Gesellschaft seit 1991 durchmacht, sichtbarer werden zu lassen, um ihn sodann auch zuverlässiger bewerten zu können.

Die albanischen Archive befinden sich seit der Öffnung des Landes in einem Zustand der Umstrukturierung. Es fiel mir deshalb nicht leicht, an die benötigten Unterlagen heranzukommen. Das Problem bestand nicht nur darin, dass einzelne Akten unauffindbar oder einzelne Bestände für Forscher lange Zeit unzugänglich waren, beziehungsweise auch heute noch sind – man denke insbesondere an die Akten der Staatssicherheit[1] –, sondern auch in der Tatsache, dass die vorgelegten Akten selbst zu einem guten Teil lückenhaft waren. Andererseits lassen sie stellenweise eine gewisse Genauigkeit vermissen. Beispielsweise wurden bei manchen Berichten – aber auch Presseartikeln – Autor oder Datum des abgefassten Dokuments nicht genannt. Wenn der Leser dieser Arbeit feststellt, dass bei den Fußnoten zu zitierten Akten einige Angaben fehlen, bedeutet dies demnach leider, dass sie auch beim Originaldokument nicht vorhanden waren.

Anders als in der Dissertation habe ich für das Buch auch mit Abbildungen gearbeitet. Ihre Hinzufügung soll der geneigten Leserschaft erleichtern, sich das Vorankommen (und den späteren Niedergang) des Großprojekts vor Augen zu halten, und zudem die gesellschafts- und herrschaftspolitischen Ansprüche, die das Regime damit verfolgte. Im Großteil sind es einstige Propagandabilder, weshalb der historisch-kritische Umgang mit ihnen mindestens genauso dringend nötig ist wie mit allem anderen Quellenmaterial. Zur Erleichterung solcher Einordnung soll die besondere Gestalt des Abbildungsverzeichnisses im Schlussteil der Arbeit (S. 451–453) dadurch dienen, das hier das Bildmaterial nicht nur aufgelistet, sondern näher beschrieben wird."

Zur Zitierweise möchte ich anmerken, dass ich alle Zitate übersetzt habe, die mir in einer nicht-westeuropäischen Sprache vorlagen. Namen albanischer Ortschaften und Per-

[1] Erst im März 2019 beschloss das Verwaltungsgericht bei einem Berufungsprozess, dem Antrag des Balkannetzes für Investigationsjournalismus (BIRN) zur Deklassifizierung der Jahresberichte von Sigurimi stattzugeben. Siehe Gjergj Erebara, BIRN fiton apelin për të deklasifikuar dosjet e Sigurimit [BIRN gewinnt das Berufungsprozess zur Deklassifizierung der Sigurimi-Akten], Dosja.al, 31.5.2019, unter: https://dosja.al/birn-fiton-apelin-per-te-deklasifikuar-dosjet-e-sigurimit/, am 6.9.2019 zuletzt aufgerufen.

sonen werden nach den Regeln der Orthographiereform von 1972 wiedergegeben. Bei den Ortsnamen wird dabei ohne Unterscheidung nach Maskulina oder Feminina die unbestimmte Form verwendet (Durrës statt Durrësi, Shkodër statt Shkodra, Tiranë statt Tirana). Bei ausländischen Personen, zu welchen mir nur die albanische Schreibform vorlag (das betrifft beispielsweise chinesische Fachleute im Kombinat oder zwischenstaatliche Verhandlungspartner), habe ich diese übernommen und dementsprechend darauf hingewiesen.

Was die Abkürzungen angeht, habe ich bei denjenigen Organisationen, bei welchen sich deutsche Akronyme eingebürgert haben, diese beibehalten (also etwa PAA und nicht PPSh für die „Partei der Arbeit Albaniens"), während ich mich ansonsten für die albanischen Akronyme entschieden habe (NShFP für Staatliches Unternehmen für Arbeiterversorgung).

Eine Vielzahl von Menschen trug in nicht unerheblichem Maße zur Entstehung dieser Arbeit bei. Ich hoffe, ich bin ihren Erwartungen gerecht geworden. An erster Stelle möchte ich mich bei meinem Betreuer Prof. Ulf Brunnbauer, geschäftsführender Direktor des Leibniz-Instituts für Ost- und Südosteuropaforschung in Regensburg (IOS), für seine konstruktiven Ratschläge und kritischen Kommentare bedanken. Seine Anregungen und wertvollen Hinweise halfen mir vor allem dabei, meine Perspektive bei der Untersuchung wichtiger Aspekte des Arbeiteralltags im Realsozialismus zu erweitern und Gemeinsamkeiten und Unterschiede Albaniens zu den übrigen Ländern des Ostblocks genauer wahrzunehmen.

Die stilistischen und inhaltlichen Anstöße von Dr. Konrad Clewing erwiesen sich bei der Abfassung mehrerer Kapitel als besonders gewinnbringend, und dies erst recht, als es darum ging, das Manuskript in ein Buch zu verwandeln. Er war ein kritischer Zuhörer, Korrektor und Sachkenner, der mich durch seine inhaltlichen Impulse dazu brachte, Dinge, die mir selbstverständlich erschienen, zu überdenken. Seinen Kenntnisstand hinsichtlich der Forschungsliteratur zu Albanien im Allgemeinen und zum albanischen Realsozialismus kann man nicht genügend wertschätzen.

Meinem Zweitgutachter, Prof. Mark Spoerer, danke ich nicht allein dafür, dass er mir die Möglichkeit gab, meine Arbeit einem breiteren Publikum an der Universität Regensburg vorzustellen, sondern auch für seine wertvollen Hinweise bezüglich des Kapitels zur betrieblichen Entwicklung des Stahlwerks. Die Universität Regensburg und das Institut für Ost- und Südosteuropaforschung wurden mein zweites Zuhause und die Unterstützung der dortigen Kollegen und Freunde kann ich kaum genug wertschätzen. Vor allem die Bibliothekarinnen und Bibliothekare des IOS waren mir gegenüber immer sehr entgegenkommend, wofür ihnen mein dauerhafter Dank gebührt.

Edvin Pezo könnte man hinsichtlich seiner Hilfsbereitschaft, seiner kritischen Kommentare und seiner Vorschläge über weite Strecken als einen meiner Betreuer bezeichnen. Er war nicht nur ein hilfreicher Korrekturleser einzelner Kapitel, sondern auch ein guter Ratgeber.

Die zahlreichen anderen Kollegen und Freunde in Regensburg und darüber hinaus – Hans Bauer, Thorsten Braun, Idrit Idrizi, Peter Mario Kreuter, Ylli Metushi, Robert Pichler, Albert Weber, Petra und Andreas Feldmann, um nur einige zu nennen – mögen mir verzeihen, dass ich aus Platzgründen nicht ausführlicher auf ihren Beitrag zur Entstehung dieser Arbeit eingehen kann, sei es bezüglich der erbrachten Korrekturleistungen, der mir zur Verfügung gestellten Fotos, bezüglich des Layouts der ursprünglichen Doktorarbeit oder anderweitiger Unterstützung. Ihnen gebührt mein herzlicher Dank.

Die Hilfsbereitschaft der Archivarinnen und Archivaren des Staatlichen Zentralarchivs in Tiranë und des Staatlichen Regionalarchivs von Elbasan, der Bibliothekarinnen und Bibliothekaren in Tiranë, allen voran Isa Xhaferi, gilt ein großes Dankeschön. Sie haben mich bei meiner Untersuchung stetig unterstützt, trotz der schwierigen Situation, in welcher sich die Archive befanden, respektive noch befinden. Die Freiheit, mit welcher ich meine Recherchen im Elbasaner Archiv durchgeführt habe, kann ich nicht genügend schätzen.

Meine Interviewpartner erwiesen sich mit ihren Auskünften als besonders wertvoll bei der Abfassung großer Teile dieser Arbeit. Ohne ihre Zeitzeugenberichte über ihre Arbeit und ihr Leben unter der kommunistischen Herrschaft wäre diese Untersuchung sehr lückenhaft ausgefallen. Ich bin ihnen zu Dank verpflichtet. Die Hilfe Arjan Zylfis und seiner Frau bei der Auffindung auskunftsbereiter Zeitzeugen hat mir Zeit und Mühen gespart. Auch Arjans Auskünfte über seine Zeit als Arbeiter im Stahlwerk waren für mich weiterbringend.

Diese ganze Arbeit wäre ohne die Bereitschaft der Thyssen-Stiftung, mir die notwendigen Projektmittel zur Verfügung zu stellen, nicht möglich gewesen. An dieser Stelle möchte ich mich für ihre materielle Förderung (Oktober 2011 – Dezember 2014) bedanken. Gleichzeitig danke ich dem Institut für Ost- und Südosteuropaforschung für die Aufnahme des Buches in die Südosteuropäischen Arbeiten.

Meine Familie musste zeitweise ohne mich auskommen und ich habe ihr mehr zugemutet, als mir lieb war. Meine Eltern standen mir jederzeit zur Seite und waren bereit, mich unter allen Umständen ebenso hierzulande wie auch in Albanien zu unterstützen. Ohne sie wäre die Durchführung dieses Projekts nicht realisierbar gewesen. Ihnen gebührt mein ganz besonderer Dank, und diese Arbeit sei ihnen gewidmet.

1 Einleitung

Man schrieb das Jahr 1982, als der Film „Die Kameraden" in die albanischen Kinos kam.[2] Seine Handlung dreht sich um die Arbeit und das Leben im und um das Kombinat „Der Stahl der Partei" im mittelalbanischen Elbasan. Genci, ein junger Ingenieur, dessen Vater nach der Machtergreifung durch die Kommunisten bei einem Gefecht mit den antikommunistischen „reaktionären" Kräften ums Leben gekommen ist, leitet im Stahlwerk die Versuche zur Produktion von Stahl aus dem heimischen Erz. Gleich beim ersten Versuch kommt es zu einer Havarie im Hochofen. Jani, Gencis karrieresüchtiger Arbeitskollege, und Nikollë, ein Vertreter der Kombinatsleitung, der Genci nachträgt, dass dieser früher einmal einen technologischen Vorschlag Nikollës aus Rentabilitätsgründen abgelehnt hatte, lasten Genci die Verantwortung an. Der Parteisekretär und die übrigen Arbeitskollegen stehen allerdings auf Gencis Seite. In gemeinsamer Anstrengung finden sie heraus, dass in Wirklichkeit ein anderer Mitarbeiter, Gjon, für die Havarie verantwortlich ist. Er hatte vorsätzlich die Thermoelemente verkürzt. Gjon wird bei einem erneuten Versuch von dem versammelten Kollektiv auf frischer Tat ertappt. Es kommt an den Tag: Lange vor dem Bau des Stahlwerks war Gjon Mitglied des bewaffneten Widerstandes gegen die PAA – die Partei der Arbeit Albaniens – gewesen und hatte sich an der Tötung von Gencis Vater beteiligt, war aber anschließend untergetaucht. Nach seiner nunmehrigen Demaskierung steht der Stahlproduktion nichts mehr im Weg. Nikollë verübt Selbstkritik und gibt zu, dass er Zwietracht im Kollektiv gesät und den Feind dadurch begünstigt hat. Er rechnet mit einem leichten Verweis, aber trotz seiner jahrzehntelangen Mitgliedschaft und Tätigkeit innerhalb der Partei schlägt der Parteisekretär eine viel schärfere Maßnahme vor, nämlich Nikollës Ausschluss aus der Partei. Auch Jani gesteht seine Fehler gegenüber seiner Verlobten und hofft auf Nachsicht.

Im Film kommen mehrere Schwerpunkte der kommunistischen Propaganda zusammen. Das Kollektiv – die feindlichen Kräfte zählen nicht dazu – ist eine große Familie, in der jeder schier grenzenlose Opfer- und Hilfsbereitschaft zeigt. Zu diesem Kollektiv gehören auch die Bewohner Elbasans, die ihre Anteilnahme bei jedem Ereignis im Stahlwerk ihren dort arbeitenden Kindern kundmachen. In der sozialistischen Gemeinschaft, welche weit wichtiger ist als der Einzelne, gibt es keine Trennung zwischen Berufs- und Privatleben. Frauen sind beim Aufbau des Sozialismus eine nicht zu unterschätzende Macht. Jemand,

2 Regie: Kujtim Çashku; Kamera: Vangjush Valla; Drehbuch: Shpëtim Karaj / Fahri Balliu; Produktion: Kinostudioja „Shqipëria e Re", Tiranë 1982.

der falsche Konzepte im Arbeitsleben vertritt, kann auch kein richtiger Lebenspartner für die Zukunft sein. Der Parteisekretär steht bei anspruchsvollen, schwierigen Arbeiten immer in der ersten Reihe. „Fremde Erscheinungen“ wie Karrierismus oder Geltungssucht machen sich vor allem unter Angehörigen der mittleren Ebene der Verwaltung mit pseudowissenschaftlichen Allüren breit. Aufgrund des verminderten Kontaktes mit den einfachen Metallarbeitern ist bei ihnen der revolutionäre Enthusiasmus zum Teil verloren gegangen und es haben sich Vorstellungen entwickelt, die es dem getarnten Feind leichtmachen, dem Land Schaden zuzufügen. Auch wenn die alte Welt zerstört worden ist, ist sie doch noch nicht restlos vernichtet, sondern existiert in Form von Überbleibseln – vor allem unter der älteren Generation.[3] Das bedeutet aber nicht, dass die jüngeren Menschen vor „fremden Erscheinungen“ gefeit sind.[4] Die Partei indessen lässt niemanden allein, sie ist zugleich wachsam, streng und gerecht.

Als besonders machtvoller Inkubator der PAA, um der albanischen Gesellschaft und Wirtschaft die im Film angesprochenen politischen Axiome aufzuprägen, sollte unter den vielen von den Wirtschaftsstrategen der Partei entwickelten Projekten eben das Elbasaner Stahlwerk dienen. Es war für eine Rolle als Flaggschiff der kommunistischen Industrialisierungsstrategie prädestiniert. Während das große Werk in ökonomischer Hinsicht spürbare Veränderungen in und an der gesamten Volkswirtschaft im Einklang mit den marxistisch-leninistischen Prinzipien herbeizuführen hatte, wurden seine Beschäftigten

[3] Vor allem sprechende Namen der Protagonisten dienen dazu, sich schon im Voraus ein Werturteil über die Figuren zu machen. Menschen mit charakterlichen Makeln oder negative Figuren tragen althergebrachte religiöse Namen, während positive Personen genuin albanische oder illyrische Namen haben, die zur Zeit des Nationalkommunismus von oben „empfohlen“ wurden.

[4] Zu den Wendungen, die in dieser Arbeit als indirekte Zitate aus der Sprache des sozialistischen Systems relativ häufig auftauchen, gehören „rückständige Sitten“ oder „Bräuche“ sowie „fremde Erscheinungen“ oder „fremdartige Verhaltensweisen“. Zu den ersten zählte ein ganzes Spektrum an Gewohnheiten und tradierten Vorstellungen, welchen die Kommunisten im Namen des Neuen den Krieg erklärten. Hoxha unterstreicht in seinen Reden mehrere davon: Religiosität, Großfamilien, fehlende Emanzipation der Frau, patriarchalisches Verhalten, frühe Verlobungen. (Enver Hoxha, Mbi luftën kundër zakoneve prapanike [Über den Kampf gegen die rückständigen Sitten] (31.1.1969), in: ders., Vepra [Werke]. Bd. 40. Tiranë 1983, 101 – 112). Nicht anders als die KPdSU betrachtete es die PAA als ihre Aufgabe, die verbreitete Rückständigkeit unter der vorwiegend bäuerlichen Bevölkerung auch durch zivilisatorische Maßnahmen wie Durchsetzung der hygienischen Grundregeln, Alphabetisierung, Tischmanieren, Gleichberechtigung von Frau und Mann u. a. zu beheben. (Sheila Fitzpatrick, Everyday Stalinism. Ordinary Life in Extraordinary Times: Soviet Russia in the 1930s. Oxford 2000, 79 – 83.) Was „fremde Erscheinungen“ angeht, so waren damit Verhaltensweisen gemeint, die auch bei anderen kommunistischen Parteien als Einflüsse der westlichen Welt auf die Jugend Unmut und Besorgnis erregten, beispielsweise junge Menschen mit langen Haaren oder Miniröcken, respektloses Benehmen, Alkoholismus, Transistorempfänger, die auf westliche Pop-Sendungen eingestellt waren, „Gammlertum“ und fehlende Arbeitsmotivation (vgl. Mark Mazower, Dark Continent: Europe’s Twentieth Century. London u. a. 1998, 331.). Ihre Ausmerzung war eine unentbehrliche Maßnahme auf dem Weg zum „neuen Menschen“.

parallel dazu soziokulturellen Maßnahmen ausgesetzt. Ihr Ziel war auf der Makroebene, die gesellschaftliche Struktur Albaniens zu verändern. Auf der Mikroebene ging es darum, den Charakter und das Bewusstsein der Beschäftigten zu wandeln, damit aus ihnen neue sozialistische Menschen würden, die wiederum der Partei als Grundlage zur Festigung ihrer Herrschaft auf dem Weg zum Kommunismus dienen könnten. Bei der wirtschaftsbezogenen Zielsetzung der PAA – wie auch bei anderen kommunistischen Parteien – ging es also durchaus nicht nur um eine Veränderung der Eigentumsverhältnisse und um Neuanfänge in der Industrie. Die Ideologie sah auch einen Wertewandel sowie einen veränderten Menschentypus vor. Das sollte durch eine Gesellschaftspolitik bewirkt werden, die eine „systematische soziale Intervention an allen Punkten des Zyklus der Reproduktion des sozialen Lebens“[5] und „sozialpolitische Antworten auf konkrete Probleme inkludierte“.[6] Dabei versuchte die Partei mithilfe ihrer Macht, die gesellschaftlichen Beziehungen soweit wie möglich in ihrem Sinne zu beeinflussen und umzugestalten.[7]

1.1 Das sowjetische Modell und das Konzept der „zweiten Befreiung“

Als „Mutterland des Sozialismus“ hatte die Sowjetunion einen Vorbildcharakter für alle kommunistischen Parteien, welche die Strukturen ihrer Länder umzugestalten beabsichtigten und nach Kriegsende als neue Träger der Herrschaft die Möglichkeit dazu hatten. Die Tatsache, dass das Mutterland des Sozialismus siegreich aus dem Zweiten Weltkrieg hervorgegangen war, legitimierte viele Opfer sowohl in den Augen der meisten sowjetischen Bürger, als auch unter den Kommunisten im Ausland[8] beziehungsweise im sozialistischen Lager.[9] Im Einklang mit dieser Gesamtlinie setzten die albanischen Kommunisten vor

5 Zsuzsa Ferge, A Society in the Making: Hungarian Social and Societal Policy 1945–75. Harmondsworth 1979, 13.

6 Ulf Brunnbauer, „Die sozialistische Lebensweise“. Ideologie, Gesellschaft und Politik in Bulgarien (1944–1989). Wien, Köln, Weimar 2007, 14.

7 Thomas Lindenberger, Die Diktatur der Grenzen. Zur Einleitung, in: ders. (Hg.), Herrschaft und Eigen-Sinn in der Diktatur. Köln 1999, 13–44, 22.

8 Vgl. dazu Eric Hobsbawm, Das Zeitalter der Extreme. Weltgeschichte des 20. Jahrhunderts. München[3] 1999, 475–477.

9 Auch hier einige Anmerkungen zur verwendeten Terminologie: Den Ausdruck „sozialistisches Lager“ verwende ich genauso wie in der sowjetischen Terminologie, um alle Länder zu bezeichnen, in denen kommunistische Parteien die Staatsmacht monopolisierten (Hobsbawm, Das Zeitalter der Extreme, 467 f.). Mit der Bezeichnung „kommunistisch“ sollen die entsprechenden Parteien charakterisiert werden – da sie sich als solche verstanden – und ihre Zielvorstellungen. Der Begriff „sozialistisch“ wird zur Bezeichnung des bereits Erreichten verwendet, während sich die Zuschreibung „realsozialistisch“ in dieser Studie auf die damaligen politischen, sozialen oder wirtschaftlichen Zustände in den sozialistischen Ländern beziehen wird. Dieselbe Differenzierung praktiziert auch Brunnbauer, „Die sozialistische Lebensweise“, 26.

allem auf Strategien und Instrumente, die Stalin zur Durchsetzung seiner Vorstellungen in der sowjetischen Industrie und Gesellschaft angewandt hatte. Ihre Vermittlung hinein in die eigene Praxis wurde durch die sowjetischen Berater erleichtert, die von den neuen Herrschern nach Albanien geholt wurden.[10]

Als die PAA (die damals noch KPA hieß, also Kommunistische Partei Albaniens) Ende 1944 an die Macht gelangt war und – anders als in den übrigen Ländern der sowjetischen Einflusssphäre mit Ausnahme des hierin albanischerseits nachgeahmten Jugoslawien – sofort als eine „Diktatur des Proletariats“ ihre Herrschaft auszuüben begann,[11] ging es den neuen Machthabern nicht allein um einen Wechsel der politischen Führung im Lande. Zu Beginn beabsichtigten sie die Verwirklichung der politischen Aspekte kommunistischer Ideologie. Bezweckt wurde aber eine langfristige Umwandlung der Gesellschaft, die gemäß dem Gesamtkonzept zuerst auf der Ebene der Produktionsverhältnisse stattfinden würde, um anschließend nicht nur auf die wirtschaftlichen, sondern auch auf die gesellschaftlichen Strukturen überzugreifen. Die Kommunisten des Landes betonten stets, dass es zwei Arten von Befreiung gäbe, nämlich die politische und die sozioökonomische. Während Albanien 1912 politisch unabhängig geworden war, war es ihrer Meinung nach erst 1944 möglich, den Weg auch zur sozioökonomischen Unabhängigkeit zu beschreiten.[12] Erst unter der Führung der neuen Machthaber seien die herrschaftspolitischen Grundlagen geschaffen worden, um Albanien auch in der Realität selbständig zu machen. Der von ihnen angestrebte totale wirtschaftliche und gesellschaftliche Umbau war demnach die „zweite Befreiung“ des Landes, und der hier im Buch untersuchte Fall des Großkombinats von Elbasan ist ein guter Maßstab, diesen Anspruch an den Ergebnissen seiner Verwirklichung zu messen. Die Schlüsselrolle des Projekts in Elbasan wird durch die Metapher verdeutlicht, die im Titel dieses Buches aufscheint und die Hoxha in einer Rede verwendet haben soll, um die Tragweite des Baus zu beschreiben. In ihr soll er nämlich auch ihn speziell nach den Erinnerungen von Zeitzeugen als „die zweite Befreiung Albaniens“[13] bezeichnet haben, in Anspielung auf die Befreiung des Landes nach dem Zweiten

[10] Michael Kaser, Economic System, in: Klaus-Detlev Grothusen (Hg.), Albanien. Göttingen 1993 (Südosteuropa-Handbuch, 7), 289–311, 301.

[11] Hobsbawm, Das Zeitalter der Extreme, 493.

[12] Peter Prifti, Socialist Albania since 1944: Domestic and Foreign Developments. Cambridge 1978, 27.

[13] Hajredin Kumbaro, Siderurgjia – Etapë e re në industrinë tonë [Die Metallurgie – eine neue Etappe für unsere Industrie], *Shkenca dhe Jeta* 6 (1971), 18–21, 20. Interessanterweise ließ sich die Rede Hoxhas nicht finden, sondern sie ist nur den Erinnerungen der Zeitzeugen zu entnehmen. Falls solch eine ausdrückliche Gleichsetzung konkret von Elbasan mit der nachweisbaren allgemeinen Zielsetzung der „zweiten Befreiung“ auch nicht wirklich stattgefunden hat, wäre die von Kumbaro festgehaltene Wahrnehmung – der zumindest seinerzeit auch nicht „von oben“ widersprochen wurde – immer noch ein offensichtlicher Beweis für die symbolhafte Bedeutung des kommunistischen Narrativs von „Der Stahl der Partei“ in den Vorstellungen der Beherrschten, welche, wie im Schlusskapitel zu sehen sein wird, bis zum heutigen Tage andauert.

Weltkrieg, welche die Machtergreifung durch die PAA ermöglichte und auf die sich das Regime als Gründungsnarrativ zur Legitimierung seiner Herrschaft allenthalben berief. [14] In der Weltanschauung Hoxhas und seiner Mitarbeiter bedeutete eine „zweite Befreiung“ die Schaffung und den Ausbau von – seiner Ansicht nach – Schlüsselsektoren der albanischen Wirtschaft: Aufbau einer Verarbeitungsindustrie für Eisen-Nickel und andere heimische Rohstoffe, Förderung der Elektrizitätswirtschaft und Ölverarbeitungsindustrie, damit Albaniens wirtschaftliche Entwicklung nicht von auswärtiger Unterstützung bestimmt wurde.

Innerhalb der entsprechenden wirtschaftspolitischen Gesamtstrategie sollten mithilfe einer zentralen Planwirtschaft die Landwirtschaft kollektiviert, die vorhandenen industriellen Strukturen erheblich erweitert und gänzlich neue aufgebaut werden. In Punkto Industrie stand – wie in den anderen sozialistischen „Bruderstaaten“ – die Eisen- und Stahlindustrie im Mittelpunkt. Auch hierin folgten die albanischen Führer, wie auch diejenigen der Schwesterparteien in den staatssozialistischen Ländern, dem sowjetischen Modell der 1930er Jahre, bei welchem jener Zweig der Schwerindustrie für die Industrialisierung des Landes Maßstäbe gesetzt hatte.[15] Diese Strategie war ihrerseits an die deutschen Wirtschaftswachstumsmuster zu Beginn des 20. Jahrhunderts angelehnt.[16] Die Eisen- und Stahlindustrie galt im Übrigen auch unter marktwirtschaftlichen Verhältnissen international bis vor wenigen Jahren als eine Schlüsselindustrie, anhand derer sich das Industriepotential eines Landes messen ließ. Auch da sie in militärischer Hinsicht von besonderer Bedeutung ist, gilt diese Branche bis heute als ein strategischer Sektor.[17]

Auch die sowjetische Seite selbst hob Stalins durchaus gewaltsame Industrialisierungspolitik als entscheidenden Faktor für den Sieg der UdSSR im Zweiten Weltkrieg hervor.[18] Über diejenigen, die mit Respekt zu den Leistungen sowjetischer Wirtschaft und Wirtschaftspolitik aufschauten, schreibt Hobsbawm:

> „Moskau war nicht nur ein attraktiveres Modell als Detroit oder Manchester, weil es für Antiimperialismus stand; es schien auch ein passenderes Modell abzugeben, besonders für die Staaten, in denen nicht nur Privatkapital, sondern auch ein starker Rahmen aus privaten und profitorientierten Industrien fehlte.“[19]

[14] Vgl. unten, Kap. VI.1.

[15] Dagmara Jajeśniak-Quast, Stahlgiganten in der sozialistischen Transformation. Nowa Huta in Krakau, EKO in Eisenhüttenstadt und Kunčice in Ostrava. Wiesbaden 2010, 42f.

[16] Mazower, Dark Continent, 426.

[17] Jajeśniak-Quast, Stahlgiganten in der sozialistischen Transformation, 14.

[18] Peter Hübner, Rezension zu: Jajeśniak-Quast, Dagmara: Stahlgiganten in der sozialistischen Transformation. Nowa Huta in Krakau, EKO in Eisenhüttenstadt und Kunčice in Ostrava. Wiesbaden 2010, in: H-Soz-Kult, 15.11.2011, unter https://www.hsozkult.de/publicationreview/id/reb-16567?title=d-jajesniak-quast-stahlgiganten-in-der-sozialistischen-transformation&recno=1&q=Stahlgiganten in der sozialistischen Transformation. Nowa Huta in Krakau, EKO in Eisenhüttenstadt und Kunčice in Ostrava&sort=newestPublished&fq=&total=1, am 25.10.2019 zuletzt aufgerufen.

[19] Hobsbawm, Das Zeitalter der Extreme, 470; vgl. auch Stephen Kotkin, Magnetic Mountain: Stalinism as a Civilization. Berkeley, Los Angeles, London 1995, 6.

Stalins Streben nach dem utopischen Ziel einer kommunistischen Gesellschaft sollte das Gegenmodell zur kapitalistischen Zivilisation verwirklichen.[20] Nicht nur die wirtschaftliche Struktur des Landes war zu revolutionieren, auch die Menschen sollten neu geschaffen werden. Allerdings war das nicht allein Stalins Ziel gewesen. Trotzki etwa hatte dazu einst geschrieben:

> „Worin besteht heute unsere Aufgabe, was müssen wir vor allem lernen, was anstreben? Wir müssen ordentlich arbeiten lernen: exakt, sauber, ökonomisch. Wir brauchen Kultur in der Arbeit, Kultur im Leben, Kultur im Alltagsleben. Die Herrschaft der Exploiteure haben wir – nach langer Vorbereitung – durch den Hebel des bewaffneten Aufstands gestürzt. Aber es gibt keinen Hebel, um die Kultur mit einem Schlag zu heben. Hier bedarf es eines langen Prozesses der Selbsterziehung der Arbeiterklasse, und mit ihr zusammen und nach ihr auch der Bauernschaft."[21]

Der in den frühen 1930er Jahren in Gang gesetzte Industrialisierungsprozess, welcher von Filtzer als die Periode der „primitive Stalinist accumulation" bezeichnet wird,[22] sollte den Konsum unterdrücken, Millionen von Bauern aus den Dörfern in die Städte drängen, wo sie hauptsächlich in den Zweigen des Bergbaus, in der Eisen- und Stahlindustrie, beim Bau und in der Maschinenbauindustrie beschäftigt wurden und die dort vorherig etablierte Arbeiterschaft ihres unabhängigen sozialen und politischen Charakters beraubten. Dafür war seitens des Regimes ein sehr hoher Grad an Kontrolle auf die Arbeitskraft notwendig. Dabei verschwammen häufig die Grenzen zwischen freier und Zwangsarbeit. In den Beziehungen des Regimes zur Gesellschaft kam es indessen zur Entstehung polykratischer Strukturen, die entgegen der eigentlichen Absicht eine totale Kontrolle der Gesellschaft unmöglich machten.[23] Was das konkret für die Umsetzung der Fünfjahrespläne bedeutete, beschreibt Filtzer wie folgt:

> "The almost impossible demands which the plans had placed upon managers, workers and collective farmers had virtually compelled them to break the rules, circumvent restrictions, lie about their activities, and then conceal any and all of their transgressions from the centre. [...] managers would produce one type of good and say they had produced another; line managers would refuse to impose higher output norms and conceal violations of labour discipline; workers would inflate output figures. To the extent that these various economic actors succeeded in this, their actions tended to undermine the centre's control over the economy, the results of which never conformed to the centre's expectations."[24]

Gleichzeitig bedeutete diese Entwicklung für die vom flachen Lande Abgewanderten, selbst in den härtesten Zeiten doch auch die Eröffnung neuer Horizonte, die Chance zu

20 Kotkin, Magnetic Mountain, 366.

21 Nach Brunnbauer, „Die sozialistische Lebensweise", 19.

22 Donald Filtzer, Soviet Workers and Late Stalinism. Cambridge u. a. 2002, 6.

23 Ebenda, 9.

24 Ebenda, 250.

persönlichem Aufstieg und Karriere.[25] Am Ende dieses Prozesses waren die Grundlagen eines spezifisch sowjetischen Produktionssystems gelegt worden, das infolge der machtpolitischen Atomisierung der Bauernschaft und der Arbeiterklasse auf keinen organisierten Widerstand stoßen konnte. Was die Wirtschaft anging, so war sie aber weiterhin mit ernsthaften Problemen konfrontiert. Im Zuge der Kollektivierung war der Landwirtschaft grundlegender Schaden zugefügt worden und ihre Produktivität war gering. Im industriellen Sektor war die Arbeitsorganisation mangelhaft und es kam häufig zu Engpässen und Havarien, wobei die Produkte meist minderwertiger Qualität waren. Innovationen und technische Modernisierungen traten allenfalls sporadisch auf, wenn es überhaupt dazu kam. Dies waren systemimmanente Schwächen des Stalinismus, die zu einer stetigen Verlangsamung der ökonomischen Dynamik und des Wirtschaftswachstums führten.[26]

In gesellschaftserzieherischer Hinsicht beabsichtigte die sowjetische Führung bei ihrem Industrialisierungskurs auch die Internalisierung bestimmter „sozialistischer Tugenden", welche die geistige Voraussetzung für das Erreichen der kommunistischen Gesellschaftsordnung bilden sollten. Dazu gehörten kollektivistisches Denken und Handeln, hohe Arbeitsmoral und -disziplin, Liebe zur Arbeit, Opferbereitschaft und Hingabe zur Partei.[27] Der polnische Historiker Marcin Kula bezeichnet auch aus diesem Grund den Kommunismus als „politische Religion": „Ähnlich wie in der Kirche beruhten die kommunistischen Tätigkeiten auf bestimmten Dogmen."[28] Abgesehen davon, dass die Verehrung Lenins und Stalins geradezu buchstäblich religiöse Züge in sich trug, ging es beiden zweifellos auch um die Schaffung eines „neuen Menschen" und einer neuen Gemeinschaft. Städte wie Nowa Huta in Polen, Stalinstadt/Eisenhüttenstadt in der DDR, Sztálinváros/Dunaujváros in Ungarn und Dimitrovgrad in Bulgarien sollten im Zuge dieses Gesamtprozesses als vorbildhafte kommunistische Orte entstehen.

Die neuen gesellschaftlichen und individuellen Tugenden konnten in erster Linie am Arbeitsplatz geschmiedet werden. Schließlich waren staatssozialistische Kulturen als Werktätigengesellschaften mehr auf den Arbeitsplatz, auf den Betrieb und die Akteure zentriert als andere Gesellschaftsformen.[29] Um schnelle Veränderungen zu erreichen, för-

[25] Das war nicht nur in der Sowjetunion der Fall. Auch in den anderen sozialistischen Ländern, beispielsweise in der DDR, konnten in den Anfangsjahren der neuen Regimes bis dahin benachteiligte Schichten von der erhöhten sozialen Mobilität profitieren. Martin SABROW, Sozialismus als Sinnwelt. Diktatorische Herrschaft in kulturhistorischer Perspektive, *Potsdamer Bulletin für Zeithistorische Studien* 40 / 41 (2007), 9–23, 14.

[26] FILTZER, Soviet Workers and Late Stalinism, 6 f.; HOBSBAWM, Das Zeitalter der Extreme, 478–481.

[27] Vgl. Hannelore HORN, Sowjetunion (UdSSR), in: Siegfried MIELKE (Hg.), Internationales Gewerkschafts-Handbuch. Opladen 1983, 1007–1021, 1012 f.

[28] Gerhard BESIER, Das Europa der Diktaturen. Eine neue Geschichte des 20. Jahrhunderts. München 2006, 681.

[29] Christoph BOYER, Der Beitrag der Sozialgeschichte zur Erforschung kommunistischer Systeme, in: Christiane BRENNER / Peter HEUMOS (Hgg.), Sozialgeschichtliche Kommunismusforschung. Tschechoslowakei, Polen, Ungarn und DDR, 1948–1968. München 2005 (Bad Wiesseer Tagungen des Collegium Carolinum, 27), 13–30, 16.

derten die kommunistischen Führer bei den Menschen mithilfe politisierender Maßnahmen das Gefühl von Aufbruchselan und Massenmobilisierung. Hand in Hand damit gingen Entprofessionalisierung und ungeordnete Zustände auf dem Arbeitsplatz. Die Ursache dafür lag in der Spannung zwischen dem Leistungsprinzip und dem Egalitarismus, die von den kommunistischen Eliten gleichzeitig angestrebt wurden. Das Machtmonopol der Partei konnte derlei widersprüchliche Zustände nicht beseitigen, sondern rief sie durch ihren ehrgeizigen Industrialisierungskurs und ihren Anspruch, alleinige Vertreterin der Arbeiterinteressen zu sein, selbst hervor.[30] Obwohl die Partei eine Differenzierung innerhalb der Arbeiter bekämpfte, entstanden laut Boyer in Zeitabschnitten, in denen der revolutionäre Geist nachließ und stabile Verhältnisse sich entwickelten, Kadereliten oder gar Arbeiteraristokratien.[31] In Albanien versuchte man diesem Trend durch die Kulturrevolution sowie durch eine sehr weitgehende Angleichung der Löhne Herr zu werden.[32] Darauf werde ich später genauer eingehen.

1.2 Thesen und Fragen

In den letzten Jahren sind diverse Veröffentlichungen sozial- oder kulturhistorischen Charakters über die Geschichte der Arbeiterschaft in den ehemaligen Ostblockländern erschienen.[33] Bei den meisten davon steht Ostmitteleuropa im Mittelpunkt. Auch die Sowjetunion, vor allem diejenige der stalinistischen Periode, war Gegenstand mehrerer

30 Ebenda, 18.

31 Ebenda.

32 Isa Blumi, Hoxha's Class War: The Cultural Revolution and State Reformation, 1961–1971, *East European Quaterly* 33 (1999), H. 3, 303–326, 312f.; Adi Schnytzer, Stalinist Economic Strategy in Practice. The Case of Albania. Oxford 1982, 113–116.

33 Um nur einige wichtige Arbeiten zu nennen: Arnd Bauerkämper, Die Sozialgeschichte der DDR. München 2005 (Enzyklopädie deutscher Geschichte, 76); Ulf Brunnbauer (Hg.), Alltag und Ideologie im Realsozialismus. Berlin 2005; Brenner / Heumos (Hgg.), Sozialgeschichtliche Kommunismusforschung; Christoph Bernhardt/Heinz Reif (Hgg.), Sozialistische Städte zwischen Herrschaft und Selbstbehauptung. Kommunalpolitik, Stadtplanung und Alltag in der DDR. Stuttgart 2009; Peter Hübner u. a. (Hgg.), Arbeiter im Staatssozialismus. Ideologischer Anspruch und soziale Wirklichkeit. Köln 2005; Christoph Klessmann, Arbeiter im „Arbeiterstaat" DDR. Deutsche Traditionen, sowjetisches Modell, westdeutsches Magnetfeld (1945 bis 1971). Bonn 2007 (Geschichte der Arbeiter und der Arbeiterbewegung in Deutschland seit dem Ende des 18. Jahrhunderts, 14); Renate Hürtgen, Angestellt im VEB. Loyalitäten, Machtressourcen und soziale Lagen der Industrieangestellten in der DDR. Münster 2009; Klaus Gestwa, Die Stalinschen Großbauten des Kommunismus; Jajeśniak-Quast, Stahlgiganten in der sozialistischen Transformation; Jens Gieseke u.a. (Hgg.), Soziale Ungleichheit im Staatssozialismus, *Zeithistorische Forschungen* 10 (2013), H. 2, unter http://www.zeithistorische-forschungen.de/2-2013, am 25.10.2019 zuletzt aufgerufen; Cathleen Giustino u. a. (Hgg.), Socialist Escapes: Breaking Away from Ideology and Everyday Routine in Eastern Europe, 1945–1989. New York, Oxford 2013.

Forschungsarbeiten.[34] Mit Südosteuropa hat sich die Forschung weniger beschäftigt, und allein schon so besehen besteht hier Nachholbedarf.[35] Die Gründe für eine Notwendigkeit intensiverer Forschung zum Staatssozialismus auf der Balkanhalbinsel liegen aber nicht nur auf der Ebene einer bloßen geographischen Komplettierung und Abrundung des Forschungsfeldes. Denn im südosteuropäischen Raum etablierten sich mehrere Volksdemokratien eigenen Charakters, die den Marxismus-Leninismus in jeweils spezifischer Form als Staatsdoktrin deklarierten und den Anspruch erhoben, Vertreter des je einzigen Weges zum wahren Sozialismus zu sein. Die Tatsache, dass dadurch auf engem Raum eine Vielfalt von sozialistischen „Sonderwegen" entstand und bestand, erzeugte eine grundsätzliche und nicht nur außen-, sondern auch innenpolitische Spannung, die durch die Nachbarschaft zu Ländern, welche zur westlichen Interessenssphäre gehörten, noch weiter intensiviert wurde. Das sozialistische Albanien gehörte international mit seinem unbeirrt orthodox-stalinistischen Weg zu den berüchtigtsten sozialistischen Regimes jenseits des Eisernen Vorhanges.[36] Während etwa Bulgarien in der Rückschau heute als ein Land gilt, das „keinen eigenen Weg zum Sozialismus eingeschlagen hatte, sondern treu dem sowjetischen Modell folgte",[37] Titos jugoslawisches Modell des Selbstverwaltungssozialismus hingegen den

[34] Heather DeHaan, Stalinist City Planning: Professionals, Performance, and Power. Toronto, Buffalo / IN, London 2013; Donald Filtzer, The Hazards of Urban Life in Late Stalinist Russia. Health, Hygiene and Living Standards, 1949 – 1953. Cambridge u. a. 2010. Neben vielen Beiträgen in mehreren der oben genannten Werke existieren diverse ältere Studien, die trotz ihres Veröffentlichungsdatums als richtungsweisend für die neuere Forschung gelten. Dazu zählen die schon erwähnten Kotkin, Magnetic Mountain; Fitzpatrick, Everyday Stalinism; Filtzer, Soviet Workers and Late Stalinism. Eine Übersicht über die westliche Forschung zum Stalinismus vor dem Jahr 2000 sowie Beispiele für die damaligen neueren Ansätze findet man bei Stefan Plaggenborg (Hg.), Stalinismus. Neue Forschungen und Konzepte. Berlin 1998.

[35] Dadurch waren für das vorliegende Buch zwar mehrere kleinere Beiträge in verschiedenen Sammelwerken einzubeziehen, umfassendere Studien jedoch, die sich mit der Arbeiter- oder der Alltagsgeschichte im Sozialismus in Südosteuropa beschäftigen, gibt es mit Ausnahme von Brunnbauers Untersuchung des sozialistischen Bulgarien nicht (Brunnbauer, „Die sozialistische Lebensweise"). Auch umfangreiche Gesamtdarstellungen können aufgrund ihres Charakters diesen Aspekt nur als einen Schwerpunkt unter vielen abhandeln, vgl. Konrad Clewing / Oliver Jens Schmitt (Hgg.), Geschichte Südosteuropas. Vom frühen Mittelalter bis zur Gegenwart. Regensburg 2011 (dort insbesondere die Beiträge wiederum von Brunnbauer sowie von Holm Sundhaussen). Andere Publikationen, die sich gezielt mit dem südosteuropäischen Sozialismus beschäftigen, haben eine ganz andere Thematik. Siehe Ulf Brunnbauer / Hannes Grandits (Hgg.), The Ambiguous Nation. Case Studies from Southeastern Europe in the 20th Century. München 2013 (Südosteuropäische Arbeiten, 151).

[36] Es muss dabei unterstrichen werden, dass dieser Begriff auf Albanien bezogen nicht leicht zu handhaben ist. Ab 1960 gehörte das Land nicht mehr zur sowjetischen Einflusssphäre, und sowohl die „amerikanischen Imperialisten" als auch die „sowjetischen Sozialimperialisten" mit ihren Verbündeten wurden von den Machthabern als Gefahr gesehen. Auch Jugoslawien wurde als potentielle Bedrohung wahrgenommen. Praktisch betrieben die Herrscher Albaniens bis Ende der 1980er Jahre demnach eine Art doppelten Eisernen Vorhang.

[37] Brunnbauer, „Die sozialistische Lebensweise".

Führungsanspruch Moskaus zum ersten Mal in Frage stellte und mehreren Ländern im sozialistischen Lager als nachstrebenswert galt,[38] wird Albanien demnach nicht selten als *enfant terrible* betrachtet, regiert durch den totalitären Machtanspruch Hoxhas und der Partei, die im Lande eine Welt errichtet hatten, welche gemäß Oliver Jens Schmitt „Orwells ‚1984' entsprach".[39]

Noch weitere Gründe sprechen dafür, dass der Gegenstand der vorliegenden Untersuchung ein Forschungsdesiderat darstellt. Da ist zum einen sein Wert für ein vertieftes Verständnis der albanischen Gegenwart: Sowohl für die Forschung als auch in der Politik erweisen sich solche Analysen als hilfreich, um das aktuelle Geschehen in der Region zu verstehen. Abgesehen von der offenkundigen Tatsache, dass dadurch der Realsozialismus für die Nachwelt besser erfahrbar wird, weist Verdery auf einen anderen, über die Region hinausweisenden Punkt hin, der eine vertiefte Auseinandersetzung in und mit den davon betroffenen Ländern befürworten lässt: „… to broaden a critique of Western economic and political forms by seeing them [die sozialistischen Strukturen, V. N.] through the eyes of those experiencing their construction".[40] Gemeint ist die Identifikation von solchen Institutionen der realsozialistischen Zeit, die auch in der an ihr Ende anschließenden gesellschaftlichen Umwandlung bewahrenswert sein könnten, um Irrwege bei dem Umbau ihrer jeweiligen wirtschaftlichen und sozialen Systeme zu vermeiden – beispielsweise bestimmte Züge beim Bildungswesen.

Vertreter des totalitaristischen Modells zur Erklärung der Funktionsweise sozialistischer Systeme haben dazu geneigt, die Staaten jenseits des Eisernen Vorhanges als Länder zu charakterisieren, in denen die Gesellschaft durch die Staats- und Parteiführer „durchherrscht" wurde. Vor allem in den postsozialistischen Ländern fand diese Interpretation viele Anhänger.[41] In der Tat sollte – wie schon mehrfach postuliert – in diesen Ländern seinerzeit das Feld der Arbeit nicht nur die wirtschaftlichen Verhältnisse verändern, sondern auch den „neuen Menschen", den aufopferungswilligen asketischen Arbeiter schaffen, der sich durch die eigenhändige Materialisierung der sozialistischen Utopie selbst umerzog und in seiner Beziehung zum Kollektiv und Staat der Herrschaft der Partei unterwarf. Politik und Ideologie sollten den sozialistischen Alltag prägen und die gesellschaftlichen Beziehungen umgestalten.

Man sollte jedoch nicht vorschnell die Intentionen der Herrschenden und die Ergebnisse ihrer Politik verwechseln und einander gleichsetzen: Wie etwa Brunnbauer in seinem Werk zur sozialistischen Gesellschaft in Bulgarien feststellt, verfolgten zwar alle kommu-

38 Edgar Hösch, Geschichte der Balkanländer. Von der Frühzeit bis zur Gegenwart. München 2008, 258–260.

39 Oliver Jens Schmitt, Die Albaner. Eine Geschichte zwischen Orient und Okzident. München 2012, 163.

40 Katherine Verdery, What Was Socialism, and What Comes Next? Princeton / NJ 1996, 10 f.

41 Ulf Brunnbauer, Staat und Gesellschaft im Realsozialismus. Legitimitätsstrategien kommunistischer Herrschaft in Südosteuropa, in: Mihai-D. Grigore u. a. (Hgg.), Herrschaft in Südosteuropa. Kultur- und sozialwissenschaftliche Perspektiven. Göttingen 2012, 21–52, 32, 23 f.

nistischen Parteien „eine ‚totalisierende' Agenda", diese gelang jedoch nicht, da „politische Handlungen nichtintendierte Folgen nach sich zogen und daher die Resultate der praktizierten Ideologie nicht mit ihrem Ausgangspunkt übereinstimmten."[42] Somit können herkömmliche Totalitarismusmodelle, die die sozialistischen Gesellschaften als von oben und ohne irgendeine Art von Zustimmung der Bürger beherrscht charakterisieren, durchaus in Frage gestellt werden. Anhand des von mir zu untersuchenden Falles soll daher auch überprüft werden, inwiefern sich Totalitarismustheorien für die Analysierung des kommunistischen Albanien eignen.

Das Fallbeispiel Elbasan ist ausgewählt worden, da die Stadt mit ihrem vom kommunistischen Regime in Angriff genommenen Stahlwerk als Mikrokosmos des sozialistischen Arbeits- und Freizeitlebens zu gelten vermag. Als konkretisierter Forschungsgegenstand wurde von mir gezielt ein Betrieb gewählt, denn ein Betrieb war „die niedrigste Ebene in der zentralisierten Planwirtschaft. Die Entscheidungen des Individuums und des Haushalts, die in der heutigen Mikroökonomie eine große Rolle spielen, hatten in einem sozialistischen Wirtschaftssystem keine Bedeutung."[43] Die Strategien und Maßnahmen der Staats- und der Parteiführung und ihrer Vertreter vor Ort zum Bau und zur Aufrechthaltung der Produktion im Stahlwerk, sowie die darauf basierenden Ergebnisse in wirtschaftshistorischer und soziokultureller Hinsicht werden im Mittelpunkt der Untersuchung stehen. Dabei wird es angesichts der speziellen stalinistischen Verhältnisse im damaligen Albanien nicht nur darum gehen, mittels der Analyse des albanischen Staatssozialismus neuere Erkenntnisse über den Staatssozialismus im Allgemeinen zu gewinnen, sondern zugleich mehr über den Stalinismus als Herrschaftsform zu erfahren. Angst vor Sabotage und Verfolgung von potentiellen Feinden waren innewohnende Merkmale des hoxhaistischen Herrschaftssystems, wenngleich die Belegschaft weniger davon betroffen war, als man es sich in einem Großbetrieb mit solch einer immensen Bedeutung wie dem Stahlwerk vorstellen könnte.

Stephen Kotkins kulturgeschichtliche Untersuchung zur sowjetischen Stadt Magnitogorsk dient der vorliegenden Studie als Orientierungspunkt. Kotkin erhebt die These, Magnitogorsk als sozialistischer Mikrokosmos der stalinschen Herrschaft sei durch den Terror, die soziale Struktur, deviante Verhaltensweisen, Resistenz und Anpassung, aber auch hinsichtlich der Modernisierungsgedanken der sowjetischen Führung und ihrer Umsetzung, sowie angesichts der Identitätsbildung der betroffenen Population, typisch für den Prozess der Verwirklichung des sozialistischen Entwurfs für eine Gegenzivilisation zur kapitalistischen gewesen.[44] Allerdings gerät die Beschreibung der Arbeitsbeziehungen sowie des Lebens innerhalb des Hüttenkombinats bei Kotkin meinem Empfinden nach zu kurz. Auch wird durch Kotkin dem Terror – einem eigentlich unübersehbaren Merkmal

42 Brunnbauer, „Die sozialistische Lebensweise", 46.
43 Jajeśniak-Quast, Stahlgiganten in der sozialistischen Transformation, 14 f.
44 Vgl. Stefan Plaggenborg, Die wichtigsten Herangehensweisen an den Stalinismus in der westlichen Forschung, in: ders. (Hg.), Stalinismus. Neue Forschungen und Konzepte, 13–33, 28 f.

der stalinschen Herrschaft –, etwa nach Ansicht Stefan Plaggenborgs zu wenig Raum beigemessen.[45] Nichtsdestoweniger werden im Kotkin'schen Ansatz die aufklärerische Funktion des Stalinismus und der Grad der Identifikation der Bevölkerung mit den Zielen des sozialistischen Aufbaus sichtbar. Kotkin verbindet übrigens die kulturgeschichtliche Herangehensweise mit totalitarismustheoretischen Ansätzen, da er die Effizienz der stalinistischen Propaganda im Alltag unterstreicht, auch wenn er die Grenzen der Kontrollbestrebung des Herrschaftsapparates aufzeigt.

In einer vergleichenden Perspektive hat Dagmara Jajeśniak-Quast die Entstehungsgeschichte und die Entwicklung der Stahlwerke von Nowa-Huta in Polen, des Eisenhüttenkombinats Ost in der DDR sowie der Neuen Klement-Gottwald-Hütte im tschechoslowakischen Kunčice untersucht, um dadurch den sozialistischen Transformationsprozess zu erfassen, der im Rahmen der Regimewechsel in den betreffenden Ländern vonstattenging. Dabei stellt sie fest, dass der Einfluss der UdSSR beim Bau der Stahlwerke zu differenzieren ist, auch wenn zur gegebenen Zeit mehrere Faktoren für eine Übernahme des „sowjetischen Modells" sprachen. So begünstigten in ihren Fällen etwa auch die Kriegszerstörungen und der Beginn des Kalten Krieges eine Entscheidung zugunsten der Schwerindustrie.[46] Der Transformations-Begriff – der lange Zeit vor allem eher exklusiv für den Übergang nach Ende des Sozialismus verwendet worden ist – ist als Bezeichnung für die Veränderungen und Entwicklungen, die in den sozialistischen Ländern stattfanden, durchaus sinnvoll, vor allem wenn man dabei die historisch bedingte Pfadabhängigkeit mit berücksichtigt. Sie ist auch im albanischen Fall von Bedeutung.

Es mag zunächst schwerfallen, von industrieller Pfadabhängigkeit in einem Land zu sprechen, in dem Industriestrukturen bis 1945 nur rudimentär aufgebaut gewesen waren. Auch wurde während der sozialistischen Zeit alles, was im Nachkriegsalbanien stattfand, als ein kompletter Bruch mit der Vergangenheit inszeniert. Es wird sich jedoch zeigen, dass hinsichtlich der Wirtschaftspolitik in Albanien gewisse Kontinuitäten vorhanden waren, auf welche wir im Laufe der Untersuchung näher eingehen werden.

Die Ausmaße des albanischen Stahlwerks waren gemessen an den Landesverhältnissen eindrucksvoll und das Projekt sollte für das ganze Land ein Symbol des Übergangs zur nächsten Etappe der Entwicklung des Sozialismus sein.[47] Um dies zu ermöglichen, mutete die Führung den Menschen Entbehrungen und Zustände zu, die diese andernorts nicht ohne weiteres hinzunehmen bereit gewesen wären. Das war freilich mehr oder weniger in

[45] Ebenda. Hobsbawm betrachtet den Terror unter der Herrschaft Stalins sowohl als rational-instrumentelle Taktik als auch als Kennzeichen seines „ungebrochenen Strebens nach dem utopischen Ziel einer kommunistischen Gesellschaft". Hobsbawm, Das Zeitalter der Extreme, 487.

[46] Jajeśniak-Quast, Stahlgiganten in der sozialistischen Transformation, 317.

[47] Mehmet Shehu in seiner Rede am 4. Parteitag der PAA. Siehe: Kongresi IV. i PPSH [Der IV. Parteitag der PAA]. Tiranë 1961, 201; Hasan Banja / Veniamin Toçi, Das sozialistische Albanien auf dem Weg der Industrialisierung. Tiranë 1978, 83.

allen staatssozialistischen Ländern auf ähnliche Weise der Fall.[48] Die Legitimation für solche Politiken ruhte laut Martin Sabrow unter anderem „auf dem Fundament des so gefassten Fortschrittskonzepts."[49] Eine rasche Entwicklung industrieller Strukturen sollte den eigenen Bürgern die Zukunftsorientierung der neuen Staaten veranschaulichen und deren Fähigkeiten unter Beweis stellen. Unabhängig vom aktuellen Entwicklungsstand einer sozialistischen Volkswirtschaft sollten riesige Projekte – ob Staudämme oder Stahlwerke – den Menschen also das Potential der neuen Regime vor Augen führen und somit diese organisatorisch, ökonomisch und letztlich auch propagandistisch legitimieren. Sei es in Ostmitteleuropa oder in Südosteuropa, überall wurden von den kommunistischen Parteien derartige Vorhaben im Rahmen der Fünfjahrespläne im Angriff genommen. Albanien bildete darin keine Ausnahme. Hinzu kam allenthalben ein auf Autarkie gerichteter Wirtschaftskurs, der den jeweiligen Nationalismus verstärkte, aber zugleich auch dazu diente, dass die Herrscher sich vor ausländischer Einmischung sicherer fühlen konnten.[50] Unter Autarkie verstand die PAA-Führung aber nicht das Streben nach einer totalen Selbstversorgung, wie Enver Hoxhas Äußerungen verdeutlichen und was im Laufe dieser Studie noch näher erörtert werden wird.

Allerdings bestanden beim albanischen Vorhaben verglichen mit denjenigen der anderen Länder im Rat für gegenseitige Wirtschaftshilfe (RGW) doch bedeutsame Unterschiede. Albanien war im Vergleich mit ihnen sowohl vor als auch nach dem industriellen Transformationsprozess durch eine nummerisch hochrelevante ländliche Bevölkerung geprägt (sie stellte bis zum Schluss die Mehrheit), weshalb die Vorstellung, die Interaktion im Industriewerk sei ein allumfassendes repräsentatives Spiegelbild gesellschaftlicher Beziehungen in diesem Fall auf mehr Grenzen stößt als anderswo. Es sollte außerdem berücksichtigt werden, dass die PAA-Führung das Kombinat „Der Stahl der Partei" *trotz* sowjetischem Druck, es nicht zu tun, errichtete, während die übrigen Länder des Ostblocks meistens in der vorteilhaften Lage waren, sowjetische Assistenz in Form von technischer Unterstützung, Finanzhilfen und Expertenwissen in Anspruch zu nehmen. Demzufolge könnte man erwarten, dass typische soziokulturelle oder organisatorische Phänomene, die in staatssozialistischen Ländern des Ostblocks aufgrund des sowjetischen Einflusses entstanden, sich im sozialistischen Albanien gar nicht oder in anderer Form zeigen würden. Schließlich war der Charakter des Regimes im Vergleich zu den anderen – im Jargon der albanischen Kommunisten nach 1961: „revisionistischen" – sozialistischen Staaten viel repressiver. Man dürfte des-

48 Siehe Dietmar NEUTATZ, Zwischen Enthusiasmus und politischer Kontrolle. Die Arbeiter und das Regime am Beispiel von Metrostroj, in: PLAGGENBORG (Hg.), Stalinismus. Neue Forschungen und Konzepte, 185–208; BRUNNBAUER, Staat und Gesellschaft im Realsozialismus; Wim VAN MEURS, Der Donau-Schwarzmeer-Kanal. Eine Großbaustelle des Kommunismus, *Jahrbuch für historische Kommunismusforschung* 19 (2012), 113–128, 121.

49 SABROW, Sozialismus als Sinnwelt, 14.

50 Ulf BRUNNBAUER/Hannes GRANDITS, The Ambiguous Nation. Socialist and Post-Socialist Nation-Building in Southeastern Europe in Perspective, in: DIESS. (Hgg.), The Ambiguous Nation, 9–41.

halb vorab etwa annehmen, dass Phänomene wie Fluktuation oder Diebstahl in viel beschränkterem Maße als andernorts auftauchten, wo sie weniger rigide bekämpft wurden. Auch die Beziehungen zwischen den Belegschaften und den zentralen und örtlichen Machtträgern könnten viel weniger von einem Entgegenkommen beider Seiten als vielmehr von einer direkten Einflussnahme von oben mit wenig formellen und informellen Mitsprachemöglichleiten der Arbeiter charakterisiert sein (wie das beispielsweise bei den sowjetischen Arbeitsverpflichteten vom Ende des Zweiten Weltkrieges bis zum Tode Stalins 1953 der Fall war).[51]

Um mehr über diese Annahmen sagen zu können, wollen wir in dieser Studie die Beziehungen zwischen den Industriearbeitern und dem Managementangehörigen schildern. In der Sowjetunion spätestens ab der Regierungszeit Breschnews,[52] in Ungarn[53] oder in Bulgarien[54] hatten sie einen relativ weiten Verhandlungsspielraum, der es ihnen aufgrund des Fehlens einer beschäftigungspolitischen „Reservearmee" ermöglichte, bestimmte Privilegien in Anspruch zu nehmen; vor allem galt das für die Facharbeiter. Ob in Albanien ähnliche Verhältnisse bestanden, und wenn ja, in welcher Form sie sich zeigten, wollen wir näher betrachten.

Hinsichtlich der Beziehungen zwischen Staat und Gesellschaft in den Ostblockstaaten ist eine Dichotomie zwischen Herrschern und Beherrschten von der modernen Forschung nicht festgestellt worden,[55] was verwunderlich erscheinen könnte. Die Politisierung aller Lebensbereiche, die Überwachungsmechanismen, die auch die Ausübung von Zwang beinhalteten, hatte jedoch in der Tat nicht zur Folge, dass die Bürger die Zumutungen passiv hinnahmen, sondern dass sie „Domestizierungspraktiken" entwickelten, welche „vom Übereifer der glühenden Idealisten und der egoistischen Nutzung der Möglichkeiten einer aktiven Mitarbeit über äußerlich loyales, aber innerlich distanziertes Verhalten bis hin zu passiven Formen der Verweigerung, zu offener Dissidenz und Gegenwehr" reichten. [56] Was sich herausbildete, war eher eine Interaktion, die Konformität und Stabilität gewährleistete, zugleich aber den Umworbenen als Instrument zur Durchsetzung ihrer Interessen diente. Im wirtschaftlichen Bereich, wo unter anderem die Fortschrittsorientierung des sozialistischen Staates versinnbildlicht werden sollte, definierten die Unterschiede zwischen der Ideologie und der Realität die Spielräume zwischen den Machthabern und den Bürgern ständig neu, so dass letztere informelle Praktiken und Beziehungen aufbauten,

51 Filtzer, Soviet Workers and Late Stalinism, 13–40.

52 Linda J. Cook, The Soviet Social Contract and why it Failed. Welfare Policy and Workers' Politics from Brezhnev to Yeltsin. Cambridge / MA, London 1993, 5.

53 Mark Pittaway, Workers, Management and the State in Socialist Hungary. Shaping and Reshaping the Socialist Factory Regime in Ujpest and Tarabanya, 1950–1956, in: Brenner / Heumos (Hgg.), Sozialgeschichtliche Kommunismusforschung, 105–131, 131.

54 Brunnbauer, „Die sozialistische Lebensweise", 202f.

55 Chris Hann, Introduction: Social Anthropology and Socialism, in: ders. (Hg.), Socialism: Ideals, Ideologies and Local Practice. London, New York 1993, 1–26, 20.

56 Sabrow, Sozialismus als Sinnwelt, 15.

welche nicht unbedingt in Opposition zu Partei und Staat standen, aber zur Überwindung der Diskrepanzen beitragen sollten. Diesbezüglich spricht Thomas Lindenberger von „vielgestaltigen Symbiosen im Verhältnis von Parteidiktatur und sozialen Gruppen bzw. Akteuren".[57] Diese Symbiosen waren jedoch notwendig, um Politiken zu implementieren, deren Defizite bei den Versuchen des Staatsapparates zur Umsetzung sichtbar wurden. Dazu gehörten vor allem die Wirtschaftspläne, zu welchen John Bornemann in seinem Werk über das Selbstbild der Bürger Berlins diesseits und jenseits der Systemgrenze schreibt:

> "The plan had primary religious or communitarian functions, and only secondarily economic ones."[58]

Die mageren Ergebnisse zumal der albanischen Fünfjahrespläne nach dem Bruch der albanisch-chinesischen Allianz im Jahr 1978 dürften hinreichende Belege für diese Aussage liefern.

Implizite Koalitionen zwischen Managements und Arbeitern sollten in den Staatssozialismen die Planziele der Planbehörden abmildern, was gemäß Boyer entweder gewaltförmig, evasiv (beispielsweise durch das Umfunktionieren von Direktiven) oder negotiativ (Aufweichen von Normen) geschah.[59] Solche Entwicklungen waren von der Parteiführung nicht vorgesehen, sondern sie entstanden infolge der Unzulänglichkeiten der Wirtschaftsplanung, welche wiederum „genetisch bedingt" waren.[60] Somit bestand „die vermeintliche Freiheit vom System" aus „Schlupfwinkeln im System".[61]

In Albanien war aufgrund der verspäteten Industrialisierung des Landes die Facharbeiterschaft prozentual geringerer vorhanden als in anderen sozialistischen Ländern. Ihre auch darin spezifische Stellung innerhalb eines Betriebs ist bisher völlig unbekannt und es wäre für die jetzige und künftige Forschung durchaus nützlich, mehr Kenntnisse darüber zu besitzen – und zwar nicht nur, weil dies von Vorteil für die Albanien-Interessenten wäre, sondern weil die spezifische Beantwortung all dieser Fragen unser Verständnis der gesellschaftlichen Interaktions- und Aushandlungsprozesse im Realsozialismus als solchem um eine neue und wichtige Facette zu bereichern verspricht. Viele negative Erscheinungen, die bei vergleichbaren sozialistischen Projekten entstanden – Arbeitskräftemangel, Engpässe bei der Werkstoffversorgung, starke Veraltung der Ausrüstung, hohe Fluktuationsraten, unrealistische Zielvorgaben, hohe Produktionskosten und insgesamt gesehen geringe Rentabilität –, galten aufgrund des stets gleichen Rezeptes, das zu ihrer Verwirklichung ver-

57 Lindenberger, Die Diktatur der Grenzen, 30.
58 John Bornemann, Belonging in the Two Berlins: Kin, State, Nation. Cambridge 1995, 163 f.
59 Boyer, Der Beitrag der Sozialgeschichte zur Erforschung kommunistischer Systeme, 29.
60 János Kornai, Das sozialistische System. Die politische Ökonomie des Kommunismus. Baden-Baden 1995, [ohne Seitenangabe] nach Boyer, Der Beitrag der Sozialgeschichte zur Erforschung kommunistischer Systeme, 31.
61 Ebenda, 25.

wendet wurde, als strukturimmanent.[62] Eine Untersuchung der Verhältnisse im Fall von „Der Stahl der Partei" erweitert demnach unsere Vergleichsmöglichkeiten und bereichert zugleich unser Wissen speziell über den albanischen Realsozialismus.

Nicht allein seinerzeitige Führer der sozialistischen Staaten haben der PAA-Führung vorgeworfen,[63] sondern auch Journalisten oder Forscher bei ihren Beobachtungen festgestellt, dass das politische System in Albanien von der Nachkriegszeit an bis zur Wende sehr viel gemeinsam mit dem Nationalkommunismus zur Zeit Stalins hatte.[64] Während bis zum Tode Stalins (1953) die Staaten innerhalb der sowjetischen Einflusssphäre mehr oder weniger gleichgeschaltet waren – ein Beweis dafür waren beispielsweise die nach 1948 fast überall stattfindenden Schauprozesse gegen „titoistische" Agenten –, fand nach der Geheimrede Chruschtschows beim 20. Parteitag der KPdSU gegen den Personenkult 1955 in den meisten dieser Staaten ein vorsichtiger Entstalinisierungsprozess statt, den jedoch Albanien nicht mitmachte.[65] Ideologische Divergenzen sowie unterschiedliche wirtschaftspolitische Vorstellungen führten in der weiteren Folge zum Bruch Albaniens mit der Sowjetunion und folglich auch mit den übrigen Ostblockländern. Ab dieser Zeit betrachtete die PAA-Führung ihre eigene Politik als einzige, die im Einklang mit Stalins ideologischem Erbe stand, und sie eröffnete „das Feuer auf die revisionistische Chruschtschowgruppe".[66] In der Innenpolitik hatten die albanischen Führer schon 1961 den Aufbau der ökonomischen Basis des Sozialismus sowohl in der Stadt als auch auf dem Land für abgeschlossen erklärt und nahmen sich „den vollständigen Aufbau der sozialistischen Gesellschaft" vor, „um Albanien von einem agrarwirtschaftlich-industriellem Land in ein industriell-agrarwirtschaftliches zu verwandeln."[67]

Dieser Zeitpunkt ist somit für den Anspruch wie auch die wirtschaftspolitische Praxis des Systems von besonderer Bedeutung. Den Beginn meiner Studie setze ich deshalb dort an. Der besondere Schwerpunkt gilt dann freilich im Zuge meines engeren Themas dem Zeitraum zwischen 1970 und 1985, da die eigentliche Bauphase des Stahlwerks erst 1971

62 Siehe Charles F. SABEL / David STARK, Planning, Politics and Shop-Floor Power: Hidden Forms of Bargaining in Soviet-Imposed State-Socialist Societies, *Politics & Society* 11 (1982), 439–475; Michael PALAIRET, „Lenin" and „Brezhnev": Steel Making and the Bulgarian Economy, 1956–90, *Europe-Asia Studies* 47 (1995), H. 3, 493–505, 494.

63 CHRUSCHTSCHOW verglich HOXHA in einem Gespräch 1957 mit Stalin, was den Umgang mit Abweichlern anging. Nach Enver HOXHA, Die Chruschtschowianer. Erinnerungen. Tiranë 1980, 412 f.

64 Unter anderen Peter LENDVAI, Das einsame Albanien. Reportage aus dem Land der Skipetaren. Zürich 1985, 35 f.; Arshi PIPA, The Albanian Stalinism: Ideo-Political Aspects. New York 1990; Michael SCHMIDT-NEKE, Politisches System, in: GROTHUSEN (Hg.), Albanien, 169–242, 177; Gabriel JANDOT, L'Albanie d'Enver HOXHA (1944–1985). Paris 1994, 281–288.

65 Peter BARTL, Albanien. Vom Mittelalter bis zur Gegenwart. Regensburg 1995, 249 f.

66 HOXHA, Die Chruschtschowianer, 3.

67 Edwin JACQUES, Shqiptarët. Historia e popullit shqiptar nga lashtësia deri në ditët e sotme [Die Albaner. Geschichte des albanischen Volkes von der Antike bis zur heutigen Zeit]. Tiranë 1998, 523.

eingeleitet worden ist. Das Jahr 1985 als Zäsur ist nicht gewählt worden, weil sich nach dem Tod von Enver Hoxha eine Wende in der Haltung der PAA gegenüber der Schwerindustrie bemerkbar gemacht hätte. Eine solche Vermutung wird nämlich durch die Akten nicht erhärtet. Grund für die Wahl dieses zeitlichen Endpunkts ist vielmehr die Tatsache, dass für mich die meisten in den Archiven vorhandenen Aktenmaterialien nur bis 1985 zugänglich und einsehbar waren. Die Untersuchung hat sich jedoch, soweit es aufgrund des Materials möglich war, darüber hinaus noch bis zum Ende der PAA-Herrschaft im Jahr 1990/91 erstreckt, da tatsächlich erst der Zusammenbruch der sozialistischen Strukturen und die Einführung des Mehrparteiensystems den eigentlichen Einschnitt für das Stahlwerk und seine Belegschaft bedeutet haben.

1.3 Forschungsstand

Die Untersuchung des albanischen Realsozialismus befindet sich noch in den Anfängen. Sowohl die albanischen als auch die ausländischen Historiker stoßen bei ihrer Arbeit auf Schwierigkeiten, die auch nach dem Ende der Hoxha-Ära die Auseinandersetzung mit verschiedenen Themenbereichen nicht gerade einfach gestalten. So wird in Albanien zur politischen Geschichte zwar relativ viel publiziert. Es gibt jedoch zwei Faktoren, die den albanischen Forschern eine kritische Auseinandersetzung mit der jüngsten Geschichte ihres Landes erschweren: In der gegebenen politischen Situation des Hier und Heute wird die inländische Forschung von den verschiedenen politischen Parteien in ihrer konfrontativen Auseinandersetzung miteinander als Waffe verwendet. Die Politik wiederum bestimmt die Verteilung der finanziellen Mittel und nimmt somit in einem erheblichen Maß Einfluss auf die Schwerpunkte der Forschung und auch auf die Ergebnisse verschiedener Studien. Dabei sind die finanziellen und personellen Ressourcen der wissenschaftlichen Institutionen ohnehin schon unzureichend, was eine ernsthafte Auseinandersetzung mit dem sozialistischen System nicht gerade fördert.[68]

2008 wurde von der Akademie der Wissenschaften Albaniens mit dem Erscheinen des vierten Bandes, der sich auf die Jahre 1939–1991 bezieht, die Reihe der „Geschichte des albanischen Volkes“ abgeschlossen.[69] Diese Reihe zielt auf eine große historische Öffentlichkeit ab und ist die bekannteste inländische Überblicksdarstellung aus der Nachwendezeit. Bis zu einem gewissen Grade versucht sie, die albanische Geschichte aus einem anderen Blickwinkel zu betrachten, als die üblichen Veröffentlichungen von vor 1991 es taten. Für die PAA-Herrschaft kommen die Autoren des Abschlussbandes dabei zu dem etwas

[68] Mehr dazu in Oliver Jens Schmitt, Vorwort, in: ders. / Eva Anne Frantz (Hgg.), Albanische Geschichte. Stand und Perspektiven der Forschung. München 2009 (Südosteuropäische Arbeiten, 140), 7–12.

[69] Historia e popullit shqiptar. IV: Shqiptarët gjatë Luftës së Dytë Botërore dhe pas saj 1939–1990 [Geschichte des albanischen Volkes. Bd. 4: Die Albaner während des 2. Weltkriegs und danach 1939–1990]. Tiranë 2008.

eigentümlich „teilrevisionistischen“ Fazit, dass die albanische Gesellschaft noch nicht reif genug gewesen sei für eine sozialistische Revolution.[70] Ansonsten bemühen sie sich um einen vorsichtigen Kompromiss zwischen der kommunistischen Historiographie (welcher die meisten Autorinnen und Autoren auch selbst schon angehört beziehungsweise in der sie zumindest ihre Ausbildungsphase durchlaufen hatten) und der nach 1991 entstandenen Geschichtsschreibung mit noch expliziter nationalistischem Schwerpunkt.

Die meisten Publikationen der jüngeren albanischen Historiographie für die Zeit ab 1944 analysieren unterschiedliche Aspekte der Innen- und Außenpolitik in der direkten Nachkriegszeit. Bei der an sich begreiflichen Fokussierung auf die groben Menschenrechtsverletzungen durch das kommunistische Regime[71] wird auch auf die Enteignungen und die Kollektivierung eingegangen.[72] Eine systematische Analyse von wirtschaftlichen und sozialen Phänomenen der kommunistischen Ära hat bisher aber nicht stattgefunden, wenngleich Werke erschienen sind, die sich bei meiner Untersuchung von Nutzen erwiesen haben. Dazu gehörten die „Wirtschaftsgeschichte Albaniens (1944–1960)“ von Iljaz Fishta und Mihal Ziu sowie Demir Dyrmishis Studie über die albanischen Arbeiter, die sich auf denselben Zeitraum bezieht.[73] Beide Werke sind sehr anschaulich und detailreich, gehen jedoch mit den von ihnen verwendeten Quellen wenig kritisch um und hinterfragen die Industrialisierungsstrategie der PAA nicht grundlegend. Anders sieht dies bei den Arbeiten von Olsi Lelaj, Albert Nikolla und Ardian Vehbiu aus: Bei Lelajs anthopologischer Studie werden die Modernisierungspraktiken untersucht, die die PAA-Führung anwandte, um eine „Proletarisierung“ der Mentalität der Menschen zu erreichen, weil sie hoffte, mithilfe einer klassenbewussten Arbeiterschaft den Modernisierungsprozess rascher herbeiführen zu können. Bei Nikolla und Vehbiu werden die Merkmale der Propaganda während der kommunistischen Ära, ihre Auswirkungen auf die Sprache und die verfolgte Erziehungspolitik zur Schaffung des „neuen Menschen“ ausführlich untersucht.[74] Sie beschreiben die sowjetischen Einflüsse und die Erwartungen der Machthaber in mehrfacher Hinsicht.

70 „... zumindest was das Niveau der wirtschaftlichen Entwicklung angeht, konnte in Ländern wie Albanien nicht die Rede von der Etablierung der kommunistischen Ordnung sein. Auch in politischer Hinsicht war Albanien noch nicht reif genug für die Durchführung der sozialistischen Revolution.“ Ebenda, 162.

71 Beispielsweise Femi Sufaj, Sistemi i ndëshkimeve në Shqipëri gjatë regjimit komunist (1944–1990) [Das Strafsystem in Albanien während der kommunistischen Herrschaft (1944–1990)]. Tiranë 2014.

72 Dilaver Sadikaj, Prona në fshat (1956–1976) [Der Besitz auf dem Land 1956–1976]. Tiranë 2000.

73 Iljaz Fishta / Mihal Ziu, Historia e ekonomisë së Shqipërisë (1944–1960) [Geschichte der Wirtschaft Albaniens 1944–1960]. Tiranë 2004; Demir Dyrmishi, Punëtorët në Shqipëri [Die Arbeiter in Albanien]. Tetovë 2001.

74 Albert P. Nikolla, Njeriu i ri shqiptar. Ndërmjet moralit komunist dhe krizës së tranzicionit [Der neue albanische Mensch. Zwischen der kommunistischen Moral und der Transitionskrise]. Tiranë 2012; Ardian Vehbiu, Shqipja totalitare. Tipare të ligjërimit publik në Shqipërinë e viteve 1945–1990 [Das totalitäre Albanisch. Merkmale der Öffentlichkeitssprache im Albanien der Jahre 1945–1990]. Tiranë 2007.

Während Nikolla dem Idealmenschen die Verhaltensweisen der albanischen Bürger im Alltag gegenüberstellt, um das totale Versagen der Bemühungen der PAA-Spitze zu veranschaulichen, stützt Vehbiu durch seine Analysen in grammatischer, morphologischer und sprachhistorischer Hinsicht die These, das „totalitäre Albanisch" habe als Verzerrung der gewöhnlichen Kommunikation unter den Menschen die Machtstrukturen der Partei konsolidieren und sie zum Bekenntnis zum Regime zwingen sollen.

Mehrere Aufsätze, die als Ergebnis einer Wiener Tagung im Jahr 2013 in einem Sammelband im Rahmen der albanischen Zeitschrift *Përpjekja* („Das Bestreben") veröffentlicht wurden,[75] beleuchteten verschiedene Aspekte des albanischen Kommunismus und Postkommunismus. Mehrere davon erwiesen sich für mich als ertragreich oder gaben einen wichtigen Anstoß, beispielsweise Gjergj Erebaras Beitrag über die Rolle des rapiden Bevölkerungswachstums für den Zusammenfall des kommunistischen Systems[76] oder Vehbius Schrift über das systemtypische Massenkommunikationsmittel des „Blitzblatts" (das außerhalb der albanischen, und dort in diesem Fall chinesisch-maoistisch beeinflussten Zusammenhänge eher unter dem Namen „Wandzeitung" bekannt ist).[77]

Zwei vor kurzem im Ausland erschienene Studien von Forschern aus der albanischen Diaspora (Idrit Idrizi und Elidor Mëhilli) über den Vollzug der kommunistischen Herrschaft und die Auswirkungen auf die albanische Gesellschaft sowie über die Entwicklung der Beziehungen der PAA zu den Schwesterparteien im Rahmen der sozialistischen Welt tragen sowohl aufgrund der Art der jeweiligen Untersuchung als auch aufgrund der daraus resultierten Erkenntnisse für die Erforschung des albanischen Realsozialismus im wichtigen Maße bei.[78] Zu dem von mir untersuchten Stahlwerk selbst ist dagegen in Albanien außer Zeitungsartikeln noch nichts veröffentlicht worden. Jedoch hat eine albanische Forscherin der CEU Budapest 2007 eine unveröffentlicht gebliebene Arbeit über den Industrialisierungsprozess im kommunistischen Albanien verfasst und dabei ihre Heimatstadt Elbasan als Fallbeispiel unter die Lupe genommen.[79]

Arbeiten ausländischer Forscher über die albanische Wirtschaft gibt es ebenfalls relativ wenig. Das hat zum Teil damit zu tun, dass den Interessenten in der Zeit vor 1991 kaum Material zur Verfügung stand, das für umfassende Studien geeignet gewesen wäre. Eine

75 *Përpjekja* 32 / 33 (2014).

76 Gjergj Erebara, Elementi demografik ne krizën ekonomike të viteve '80 [Das demographische Element in der Wirtschaftskrise der achtziger Jahre], *Përpjekja* 32 / 33 (2014), 110 – 128.

77 Ardian Vehbiu, Me shkronja te mëdha [Mit Großbuchstaben], *Përpjekja* 32 / 33 (2014), 216 – 227. Vgl. auch unten, in Abschnitt 5.8.

78 Idrit Idrizi, Herrschaft und Alltag im albanischen Spätsozialismus (1976 – 1985). Berlin, Boston 2018 (Südosteuropäische Arbeiten, 161); Elidor Mëhilli, From Stalin to Mao. Albania and the Socialist World. Ithaca, London 2017.

79 Rozeta Bici, Industrializing Albania during Communism. Case Study: Elbasan 1960 – 1991. Budapest 2007 (unveröffentlicht). Das Manuskript war mir zur Verwendung zugänglich. Hierzu möchte ich mich bei der australischen Forscherin Shannon Woodcock für ihren Hinweis bedanken.

Rolle spielten auch die mangelnden Sprachkenntnisse, die der großen Mehrzahl der westlichen Kommunismusforscher das Recherchieren zu Albanien erschwerten. Letzteres ist ein Manko, das die internationale Forschung auch weiterhin sehr beeinträchtigt und in Koppelung mit anderen Faktoren – Mangel an Forschungsmitteln, relativ geringe Bedeutung des Landes im Vergleich zu anderen geopolitischen Akteuren und somit begrenzte berufliche Perspektive für die Betroffenen, wenn sie sich auf albanische Themen spezialisieren –, voraussichtlich weiterhin schwierig gestalten wird, trotz der mittlerweile (in vielen Fällen) freien Verfügbarkeit der Archivalien. Nicht von ungefähr schrieb unlängst der in den USA tätige Historiker Elidor Mëhilli in einem Artikel, bezüglich historischer Untersuchungen bestehe der Eindruck, zu Albanien sei im Ausland mehr geforscht worden, als das Land unter der kommunistischen Diktatur sein isoliertes Dasein fristete, denn heute.[80]

Unabhängig von derlei Hindernissen sind seit der Spätphase des Sozialismus doch mehrere gut gelungene Studien über die albanische Wirtschaft während der kommunistischen Epoche geschrieben worden. Dazu zählt Andreas Wildermuths volkswirtschaftliche Abhandlung „Sich stützen auf die eigenen Kräfte“, in der er die Wirtschaftspolitik der PAA definiert als den „wirtschaftspolitische[n] Ausdruck einer Isolationspolitik, die Ausdruck einer völkischen Ideologie ist“.[81] Damit setzte er die Interpretationslinie von Klaus Lange und Bernhard Tönnes fort, die die Ideologie der albanischen Kommunisten als eine mit marxistischen Elementen angereicherte völkische Essenz aus der Zeit der Nationalbewegung betrachten.[82] Wildermuth konstatiert, der Bruch mit dem Ostblock sei aufgrund der unvereinbaren Konzepte der albanischen Regierung und der Sowjetunion zur wirtschaftlichen Rolle Albaniens im Ostblock unvermeidlich gewesen. Das ist ein Ansatz, der neues Licht auf die sowjetisch-albanischen Beziehungen wirft und den Bruch Tiranas mit Moskau nicht nur in ideologisch-politischen Divergenzen begründet sieht, wie das meistens der Fall ist.

Der australisch-israelische Ökonom Adi Schnytzer ist derjenige Forscher, der sich mit "Stalinist Economic Strategy in Practice: The Case of Albania"[83] am intensivsten mit der Entwicklungsstrategie der albanischen Kommunisten in der Industriebranche auseinandergesetzt hat. Er weist auf die Ergebnisse hin, die aus der Umsetzung der stalinistischen Richtlinien in der albanischen Wirtschaft resultiert haben, und analysiert die Misserfolge, die sich für ihn vor allem aus dem häufigen internationalen Allianzwechsel ergeben.

80 Elidor Mëhilli, Arkivat dhe zhvarrosja e diktaturës [Die Archive und die Ausgrabung der Diktatur], *Blog: Peizazhe të fjalës*, 3.6.2016, unter https://peizazhe.com/2016/06/03/arkivat-dhe-zhvarrosja-e-diktatures/, am 25.10.2019 zuletzt aufgerufen.

81 Andreas Wildermuth, „Sich stützen auf die eigenen Kräfte“. Die Wirtschaftspolitik Albaniens nach dem Zweiten Weltkrieg. München 1995, 60.

82 Klaus Lange, Grundzüge der albanischen Außenpolitik. München 1973; Bernhard Tönnes, Sonderfall Albanien. Enver Hoxhas eigener Weg und die historischen Ursprünge seiner Ideologie. München 1980 (Untersuchungen zur Gegenwartskunde Südosteuropas, 16).

83 Schnytzer, Stalinist Economic Strategy.

Sowohl hier als auch in anderen Aufsätzen beschäftigt Schnytzer sich auch mit der Arbeitermitbestimmung in albanischen Betrieben, wobei er zu dem Schluss kommt, dass sie vorwiegend propagandistischer Natur gewesen ist, was auch die Arbeitermotivation beeinträchtigte.

Im Unterschied zu Schnytzer gelangte Raymond Hutchings zu der Meinung, dass das albanische Industrialisierungsmodell vom stalinschen Modell stark abwich und man es durchaus nicht als Beispiel für eine gelungene Industrialisierung betrachten kann, was Schnytzer, gestützt auf die amtlichen albanischen Statistiken, behauptet hatte.[84] Hutchings listet auch mehrere Unterschiede auf. Allerdings hat er seinen Aufsatz zu einem späteren Zeitpunkt geschrieben und konnte deshalb die (In-)Effizienz der Pläne der PAA-Wirtschaftsexperten auch besser einschätzen als jemand, der wie Schnytzer seine umfassendste Darstellung (seine jenem Buch zugrunde liegende Dissertation stammt von 1978) noch in tiefer Zeitgenossenschaft mehr als ein Jahrzehnt vor dem Systemende geschrieben hat.

Der Entwicklungsweg der albanischen Wirtschaft findet sich auch von Peter Prifti in seiner Studie über die Entstehung und Konsolidierung der kommunistischen Herrschaft dargestellt.[85] Er untersucht darin systematisch verschiedene Facetten des Regimes, wie das Sozialsystem, die Veränderungen in der Landwirtschaft oder das Verteidigungssystem des Landes. Prifti geht auch auf den Verlauf der albanisch-chinesischen Beziehungen ein, doch kann man daraus,speziell zu diesem auch für unsere Arbeit wichtigen Hintergrundaspekt aufgrund der Handbuchsstruktur seiner Arbeit, keine ausführlichen Informationen entnehmen. Zu diesem Thema erfährt man mehr aus Elez Biberajs Monographie von 1986 „Albania and China"[86] oder aus Enver Bytyçis wesentlich späterer Studie von 2014.[87] Biberaj geht ausführlich auf die Gründe zur Bildung jener auffälligen Allianz ein und weist darauf hin, dass die chinesische Unterstützung nicht etwa als „internationalistische Hilfe" gemeint war, sondern strategischen Erwägungen entsprang, die sich auf die weltpolitische Position Chinas zur damaligen Zeit zurückführen lassen.

Während Gabriel Jandot 1994 das Versagen der PAA-Herrschaft auf die Unvereinbarkeit zwischen dem marxistischen Modell und der albanischen Gesellschaftsstrukturen zurückführte,[88] betont James O'Donnell den Beitrag Hoxhas zur Überwindung feudaler Verhältnisse und ging dabei noch kurz vor der Jahrtausendwende soweit zu behaupten, dass für die albanische Gesellschaft Hoxha der richtige Führer war, der bis 1976 mit seinem machiavellistischem Gespür seine Ziele erreicht und Albanien in die Moderne gebracht

84 Raymond Hutchings, Albanian Industrialization: Widening Divergence from Stalinism, in: Roland Schönfeld (Hg.), Industrialisierung und gesellschaftlicher Wandel in Südosteuropa. München 1989, 109–124; Schnytzer, Stalinist Economic Strategy, 1.

85 Prifti, Socialist Albania since 1944.

86 Elez Biberaj, Albania and China: a Study of an Unequal Alliance. Boulder / CO 1986.

87 Enver Bytyçi, Shqipëri-Kinë. Dështimi i një bashkëjetese [Albanien-China. Das Scheitern eines Zusammenlebens]. Tiranë 2014.

88 Jandot, L'Albanie d'Enver Hoxha.

habe.[89] Die wirtschaftlichen Fehler seien danach erfolgt. Unabhängig davon, dass viele Modernisierungserfolge nicht von Dauer waren, wie es sich nach 1991 zeigte, ist es doch auch grundsätzlich verblüffend, ja mehr als fragwürdig, ungeachtet der nicht zu übersehenden negativen Merkmale der PAA-Herrschaft – Isolierung, Brutalität, Klassenkampf – zu behaupten, Hoxha sei „für die albanische Gesellschaft" der „richtige" Führer gewesen. Die eigentümliche Interpretation lässt sich aber als ein eindrucksvoller später Nachhall dessen lesen, wie sehr auch im Westen die mit Albanien beschäftigten Zeitgenossen geprägt waren von ihren je eigenen ideologischen Werten und Überzeugungen.

Mehrere immer noch grundlegende Aufsätze zu verschiedenen Aspekten der Entwicklung Albaniens seit 1944 findet man in dem Albanien-Band der Reihe „Südosteuropa-Handbuch", der 1993 erschienen ist.[90] An der Entstehung dieses Kompendiums hatten sich rund 30 westliche Experten beteiligt und es ist das umfangreichste Werk, das bisher je im Ausland zu Albanien verfasst worden ist.[91] Zu den Autoren gehören sowohl mehrere der oben erwähnten Forscher, als auch weitere Namen, an denen niemand, der sich mit Albanien beschäftigt, vorbeikommen kann. Dazu gehört beispielsweise Örjan Sjöberg, der die soziale Struktur und die Migrationsfrage im Kommunismus untersucht.[92] Entgegen der kommunistischen Propaganda mit ihrer Behauptung, dass die Migration aufgrund der guten Lebensbedingungen auf dem Lande im kommunistischen Albanien überflüssig sei, weist er auf mehrere Einschränkungen hin, die dem Leser verdeutlichen, mit welch restriktiven Mitteln die PAA die soziale Struktur im Lande zu kontrollieren versuchte. Auch in seinen Aufsätzen im Albanien-Band widmet Sjöberg sich diesem Thema. Gemeinsam mit Michael Schmidt-Neke beschäftigt er sich mit der Bevölkerungspolitik der albanischen Kommunisten und deren Ergebnissen. Schmidt-Neke wiederum geht in seinem Artikel über die Innenpolitik unter anderem auf die „Albanische Kulturrevolution" sowie auf die Säuberungen im wirtschaftlichen Sektor ein und unterstreicht, dass hinsichtlich der Arbeitermobilisierung und -mitbestimmung die „Kulturrevolution" ein Fehlschlag war.[93]

Auch Michael Kaser hat sich in mehreren Aufsätzen der ökonomischen Entwicklung Albaniens unter Enver Hoxha und in der Nachfolgezeit angenommen. Kaser vergleicht Albaniens ökonomische Entwicklung unter der PAA mit derjenigen der Mongolei, was aufgrund der Gemeinsamkeiten in der wirtschaftlichen Struktur und im außenpolitischen Kurs einleuchtend und ergiebig ist. Während die meisten albanischstämmigen Forscher –

89 James S. O'Donnell, A Coming of Age: Albania under Enver Hoxha: New York 1999, 241–243.

90 Klaus-Detlev Grothusen (Hg.), Albanien. Göttingen 1993 (Südosteuropa-Handbuch, 7).

91 Michael Schmidt-Neke, Zwischen Kaltem Krieg und Teleologie. Das kommunistische Albanien als Objekt der Zeitgeschichtsforschung, in: Schmitt / Frantz (Hgg.), Albanische Geschichte, 131–147, 146.

92 Siehe z. B. in Örjan Sjöberg, Rural Retention in Albania: Administrative Restrictions on Urban-Bound Migration, *East European Quarterly* 28 (1994), H. 2, 205–233.

93 Michael Schmidt-Neke, Innenpolitik, in: Grothusen (Hg.), Albanien, 57–85, 73.

Fishta, Ziu oder der US-amerikanisch sozialisierte Prifti – den Akzent auf den einheimischen Beitrag zur Industrialisierung des Landes setzen, betont Kaser – wie auch viele andere ausländische Experten, beispielsweise Backer oder Schönfeld [94] – die wichtige Rolle der ausländischen Unterstützung und die erheblichen Folgen, die ihr Ausbleiben für die albanische Wirtschaft zeitigte.[95]

Die erwähnten Studien und Aufsätze – wie auch andere, die hier auch aus Platzgründen nicht zu erwähnen sind – analysieren wichtige Zusammenhänge und tragen viel zur Erhellung der sozioökonomischen und wirtschaftspolitischen Verhältnisse im staatssozialistischen Albanien bei. Keine einzige Abhandlung darunter ist aber eine Fallstudie. Das Vorhandene konzentriert sich also in keinem der Fälle auf einen bestimmten Betrieb und thematisiert auch nicht die soziokulturellen Auswirkungen des Wirtschaftsgeschehens. Wichtige Aspekte, die damit verbunden sind (wie die Arbeitsbeziehungen, die innerbetriebliche Rolle der Partei und der Gewerkschaft, die Beziehungen zwischen der Betriebsleitung und den staatlichen Wirtschaftsplanern) sowie typische Phänomene, die mit dem Arbeitsprozess verbunden sind (wie Rekrutierungsprozesse oder Fluktuation) sind bisher demnach kaum oder höchstens am Rande untersucht worden – wohl auch, da den Forschern keine einschlägigen Quellen zur Verfügung standen. Während zu anderen ehemaligen sozialistischen Ländern ähnliche Untersuchungen durchgeführt worden sind, ist dies für den albanischen Fall ausgeblieben. Aus diesem Grunde hat die vorliegende Arbeit mit Blick auf Albanien Pioniercharakter, sie ist aber gleichzeitig auch als ein Baustein in der Reihe von Studien zur Geschichte der Arbeiterschaft und von Industrieunternehmen im Staatssozialismus angelegt, die in den letzten Jahren entstanden sind. Die nächsten Vorbilder sind dabei die Arbeit Kotkins zum uralischen Magnitogorsk und die Vergleichsanalyse dreier ostmitteleuropäischer Stahlwerke und der zugehörigen „sozialistischen Städte“ durch Dagmara Jajeśniak-Quast.

Es ist indessen wichtig darauf hinzuweisen, dass die Ausgangsbedingungen dort, also im russisch-sowjetischen Bereich ebenso wie in Ostmitteleuropa, wegen der bereits vor der kommunistischen Machtergreifung vorhandenen Industrietradition stark von den Ausgangsbedingungen in Albanien abwichen. Alle Balkanstaaten hingegen waren mehr oder weniger Agrargesellschaften, welche die Kommunisten durch ehrgeizige Industrieprojekte mit Brachialgewalt zu modernisieren versuchten. Ulf Brunnbauer zeigt am Beispiel der bulgarischen Jugendbrigaden, der Errichtung der Stadt Dimitrovgrad und des Baus des Stahlwerks von Kremikovci, wie mithilfe der Arbeit als Disziplinierungsmittel den Arbeitern eine sozialistische Arbeitsmoral anerzogen und „der neue Mensch“ unter ideologi-

94 Berit Backer, Self-Reliance under Socialism. The Case of Albania, *Journal of Peace Research* 19 (1982), H. 4, 355–367; Roland Schönfeld, Außenwirtschaft, in: Grothusen (Hg.), Albanien, 427–451.

95 Siehe z. B. Michael Kaser, Albania under and after Enver Hoxha, in: East European Economies: Slow Growth in the 1980's. Selected Papers. Washington 1986 (Country Studies on Eastern Europe and Yugoslavia, 3), 1–30.

schem Vorzeichen entstehen sollte.[96] Er unterstreicht zugleich, wie schon weiter oben angedeutet, dass Totalitarismustheorien die Verhältnisse zwischen Herrschenden und Beherrschten nicht erklären könnten, und mithin eine Dichotomie Staat versus Gesellschaft für das sozialistische Bulgarien nicht gilt.[97]

Zu den bislang erörterten Titeln kommen noch manch andere Forschungsbeiträge hinzu, die bei der Ausarbeitung der Fragestellungen und Gestaltung der vorliegenden Arbeit aus vergleichender Perspektive sehr hilfreich waren. In ihrem Mittelpunkt stehen die Arbeiterschaft sowie dem Elbasaner Stahlwerk ähnelnde Industrieunternehmen des ehemaligen Ostblocks. Aus ihnen wird insgesamt die Differenz zwischen den Intentionen der Führungseliten und der Umsetzung im sozialistischen Alltag deutlich. Die ökonomische Ineffizienz, die bei diesen Symbolwerken der staatssozialistischen Planwirtschaft zutage trat, wird vor allem bei den bulgarischen Beispielen in den Aufsätzen von Michael Palairet[98] und Ulf Brunnbauer[99] deutlich. Und in Summe betrachtet, sah es in der ostmitteleuropäischen Stahlindustrie nicht wesentlich anders aus.[100]

Vor allem zur Arbeitergeschichte in der DDR ist sehr intensiv erforscht worden. Christoph Kleßmann, Peter Hübner und Klaus Tenfelde sind nur einige derjenigen, die regelmäßig über diese Thematik publiziert haben.[101] Abgesehen davon waren auch einige Forschungsarbeiten des Collegium Carolinum[102] für meine Abhandlung von Wichtigkeit, da ich dadurch den albanischen Realsozialismus in einen größeren Vergleichskontext stellen konnte. Hinzu waren auch Studien des Forschungsverbandes Ost- und Südosteuropa (forost) in München über die Arbeitswelt und die Arbeitsbeziehungen von großem Nutzen.[103] Was die Ver-

[96] Brunnbauer, „Die sozialistische Lebensweise", 101–219. Speziell zum albanischen Fall siehe Idrizis Aufsatz über den „neuen Menschen" unter der sozialistischen Dikatur in Albanien: Idrit Idrizi, Der „Neue Mensch" in der Politik und Propaganda der Partei der Arbeit Albaniens in den 1960er Jahren, *Südost-Forschungen* 69/70 (2010/11), 252–283. Der „neue Mensch" Albaniens sollte die wichtigsten Merkmale des „neuen sozialistischen Menschen" in sich tragen. Einige davon wurden dabei aber als „typisch albanisch" deklariert, obwohl sie dem Stalinschen „sozialistischen Helden" und dem chinesischen „neuen Menschen" ähnlich waren. In der Tat anders als in China sollte er in Albanien der Partei gehorchen.

[97] Brunnbauer, „Die sozialistische Lebensweise", 29–47.

[98] Palairet, „Lenin" and „Brezhnev", 493–505.

[99] Beispielsweise bei Ulf Brunnbauer, Stählerne Träume. Kremikovci und der Neue Mensch, in: ders./Wolfgang Höpken (Hgg.), Transformationsprobleme Bulgariens im 19. und 20. Jahrhundert. Historische und ethnologische Perspektiven. München 2007, 205–228.

[100] Dagmara Jajeśniak-Quast, Ein lokaler „Rat für Gegenseitige Wirtschaftshilfe": Eisenhüttenstadt, Krakow NowaHuta und Ostrava Kunčice, in: Christoph Bernhardt/Heinz Reif (Hgg.), Sozialistische Städte zwischen Herrschaft und Selbstbehauptung. Kommunalpolitik, Stadtplanung und Alltag in der DDR. Stuttgart 2009, 97–114.

[101] Peter Hübner/Klaus Tenfelde (Hgg.), Arbeiter in der SBZ-DDR. Essen 1999 (Darstellungen, 10); Hübner, Arbeiter im Staatssozialismus; Klessmann, Arbeiter im „Arbeiterstaat" DDR.

[102] Brenner/Heumos (Hgg.), Sozialgeschichtliche Kommunismusforschung.

[103] Klaus Roth (Hg.), Arbeit im Sozialismus – Arbeit im Postsozialismus. Erkundungen zum Arbeitsleben im östlichen Europa. Münster 2004 (Freiburger Sozialanthropologische Studien, 1).

handlungsmacht der Arbeiter im Betrieb und ihre Ursachen angeht, waren aus der englischsprachigen Forschung vor allem die Beiträge von Charles Sabel, David Stark und Katharyne Mitchell sehr gewinnbringend.[104] Zugleich sei jedoch bereits angedeutet, dass sich jene Verhandlungsmacht im albanischen Zusammenhang nur eingeschränkt bestätigt findet.

1.4 Quellen und Methoden

Da die konkrete albanienbezogene Forschung zu unserem Thema sehr wenig hergibt, wurde in erster Linie mit Primärquellen gearbeitet. Dabei habe ich vor allem die Akten des Zentralkomitees der PAA, des Ministerrates, der Staatlichen Planungskommission, der Gewerkschaft sowie der für diese Untersuchung wichtigen Ministerien (vor allem das Bauministerium sowie das Ministerium für Industrie und Bergbau) heranziehen können. Sie befinden sich allesamt im Zentralen Staatsarchiv in Tiranë (AQSh). Gerade die Akten über die Zusammenkünfte der führenden Figuren innerhalb der Partei (Treffen der Parteisekretäre oder des Politbüros) waren besonders informativ, da in ihnen über grundlegende Probleme relativ offen geredet wurde – was Akteure auf der mittleren Ebene nicht tun konnten, ohne negative persönliche Konsequenzen befürchten zu müssen. Der obersten Führung im Staate waren die grundlegenden Mängel durchaus bekannt, wie mehrere Bespiele zeigen werden.

Ein organisatorisch nachgeordnetes anderes Archiv, das sich für meine Studie als besonders reichhaltig erwiesen hat, war das Regionale Staatsarchiv von Elbasan (AShVE). Dort konnte ich einen tieferen Einblick in die Arbeitsorganisation und in verschiedene soziale Aspekte des Lebens in und um das Kombinat gewinnen. Wichtige Bestände zu diesem Zweck waren die Akten des Exekutivkomitees des Regionalparteikomitees, die Akten des Parteikomitees des Stahlwerks sowie Archivbestände der lokalen Stellen des Innenministeriums (Volkspolizei). In den zentralen Fonds des Innenministeriums in Tiranë hingegen konnte ich mir keinen Einblick verschaffen, da dessen Akten nur sehr beschränkt zugänglich sind, während das Archiv des Geheimdienstes für Forscher völlig unzugänglich war und dies auch fast unverändert noch heute ist. Heutige rechtsstaatliche Defizite und Einflussnahme der Politiker auf die Richter blockieren weiterhin eine Öffnung dieser Geheimdienstakten.[105] Ob sich dort zum Beispiel Stimmungsberichte über

[104] Sabel / Stark, Planning, Politics and Shop-Floor Power; Katharyne Mitchell, Work Authority in Industry: The Happy Demise of the Ideal Type, *Comparative Studies in Society and History* 34 (1992), H. 4, 679–694.

[105] Vgl. Vorwort, Anm. 1, sowie Lindita Arapi, Der lange Atem der Angst, *Neue Zürcher Zeitung*, 3.6.2015, unter https://www.nzz.ch/feuilleton/der-lange-atem-der-angst-1.18553945; Zoran Arbutina / Alexandra Scherle, Geheimdienst-Akten bleiben unter Verschluss, *Deutsche Welle*, 22.3.2012, unter http://www.dw.com/de/geheimdienst-akten-bleiben-unter-verschluss/a-15824738, beides am 11.9.2019 zuletzt aufgerufen.

verschiedene Fragen des Alltags und die Reaktion der Bevölkerung befinden, die für meine Arbeit und generell für die Forschung zum Verhältnis der Bürger zum sozialistischen Staat von erheblichem Wert sein könnten, kann daher nur gemutmaßt werden. In Elbasan war im Übrigen in vielem eine Art Pionierarbeit zu leisten: Die Akten verschiedener örtlicher Stellen haben teilweise keine Bestandsnummer und sind auch nur rudimentär systematisiert. Was wiederum das Betriebsarchiv des Stahlwerks selbst angeht, ist ein Teil seiner Bestände im Unruhejahr 1997 verloren gegangen, und mit den restlichen Akten ist aufgrund der buchstäblich totalen Unordnung bisher und wohl auch bis auf weiteres keine Arbeit möglich.

Quellen zum Kombinat selbst sind auch zeitgenössisch nicht veröffentlicht worden. Zur Darstellung des normativen Handelns erwies sich das offizielle Gesetzesblatt „Gazeta Zyrtare“ [Die Amtszeitung] als hilfreich, wenngleich sich im Laufe der Arbeit zeigte, dass durchaus nicht alle Gesetze, die in Kraft traten, dort auch wirklich veröffentlicht wurden. Ein interessantes Sammelwerk, das mir geholfen hat, die a priori sehr unübersichtliche Chronologie der Entscheidungen zum Bau des Stahlwerks näherungsweise zu rekonstruieren, war die mehrbändige Quellenauswahl zur Geschichte der Partei, die seinerzeit das Institut für Marxistisch-Leninistische Studien besorgt hat.[106] Zur Rekonstruktion der ideologischen Zuschreibungen an das Kombinat sowie teilweise zur Information über seine Rentabilität haben mir Reden Enver Hoxhas wie auch Berichte in den unterschiedlichen Presseorganen gedient. Dank der sozialistischen Propaganda, die auf dieser Ebene keine Kosten scheute, sind Hoxhas Werke nicht nur in der Albanischen Nationalbibliothek vollständig vorhanden, sondern ebenso in vielen wissenschaftlichen Institutionen im Ausland, die Südosteuropa oder Albanien zum Forschungsschwerpunkt haben. Durch seine Reden und seine veröffentlichten Notizen aus dem politischen Tagebuch ließen sich die Propagandaschwerpunkte sowie die Herangehensweise der Parteiagitatoren besser nachvollziehen. Sie sind jedoch allesamt selektiv publiziert und bei der Veröffentlichung nachträglich den politischen Ereignissen angepasst; somit konnten sie nicht oder nur sehr eingeschränkt zur authentischen Rekonstruierung der Ereignisse und Gedankenprozesse dienen. Hoxhas Reden umfassen alle Bereiche des gesellschaftlichen Lebens: Erziehung, Jugendarbeit, Haltung gegenüber der Intelligenz, Arbeiterkontrolle, Arbeitsproduktivität und Arbeitsdisziplin, Versorgung der Industrie mit Rohstoffen und so fort. Was seine vielbändigen zeitgenössische publizierten Memoiren angeht, waren für mich vor allem sein Bericht zu den albanisch-sowjetischen Beziehungen ab dem Tode Stalins bis zu ihrem Abbruch[107] sowie die thematische Kompilation seines politischen Tagebuches „Betrachtungen über China“ wichtig.[108]

Daneben verwendete ich Memoiren oder zeitgenössische Reden sowie Publikationen seiner engsten Mitarbeiter Mehmet Shehu und Ramiz Alia oder des ersten Stahlwerkdirektors Hajredin Çeliku. Während aber Alia in seinen nach der Wende erschienenen Memoiren

[106] Dokumenta kryesore të PPSH [Hauptdokumente der PAA]. 8 Bände. Tiranë 1971 – 1986.
[107] Hoxha, Die Chruschtschowianer.
[108] Enver Hoxha, Shënime për Kinën [Betrachtungen über China]. 2 Bde. Tiranë 1979.

zur Selbstapologetik neigte, war bei den Reden und Schriften von vor 1991 aus anderen „pragmatischen“ Gründen eher die Norm, dass Enver Hoxha die wichtigsten Entscheidungen zugeschrieben wurden.[109] Somit war der Informationswert der Erinnerungsschriften für meine Fragestellungen insgesamt recht eng begrenzt.

Die Studien aus Albanien von vor 1991, welche sich der albanischen Wirtschaft und anderen soziokulturellen Aspekten widmen, orientierten sich bei ihren Analysen und Darstellungen an der „Geschichte der Partei der Arbeit Albaniens“[110] und an den Richtlinien der Parteiinstitutionen. Der Akzent lag weniger auf der historischen Methodik als eher auf der Ideologie und Selbstdarstellung des Systems. Volkswirte wie Theodhor Kareco und Vladimir Misja schilderten in ihnen die Erwartungen, die die Führung an das Stahlwerk setzte, und rechneten die Fortschritte in der Industrie der weisen Führung der Partei und insbesondere ihrem Führer Enver Hoxha an.[111] Auf derselben Linie blieben auch Autoren wie Pali Pejo,[112] Besim Bardhoshi,[113] Hasan Banja oder Veniamin Toçi, wobei sie die Schuld für etwaig eingeräumte wirtschaftliche Misserfolge den „inneren Feinden“ gaben, die in den siebziger Jahren im ökonomischen Sektor „entdeckt“ wurden.[114] Auch der Kombinatsleitung kommt dabei, wie wir sehen werden, eine besondere Rolle zu.

Zeitgenössische historische und ethnographische Untersuchungen dienten demnach sowohl als Primär-, als auch als Sekundärquellen. So konnten verschiedene Berichte über den Verlauf der sozialistischen Industrialisierung aus dem Periodikum des im Jahr 1957 in Tirana gegründeten Instituts für Geschichte und Sprachwissenschaft, also den „Studime Historike“ [Historische Studien], in punkto der Industrialisierungsrhetorik analysiert und auch darüber diskursanalytisch die Schwerpunkte der Parteipolitik hinsichtlich der Propaganda und der gesellschaftlichen Steuerung ausgemacht werden. Andererseits haben mehrere Arbeiten, trotz ihrer ideologischen Topoi, durchaus wissenschaftlichen Anspruch und konnten im Rahmen der vorliegenden Studie interessante Informationen vermitteln.[115]

109 Hajredin Çeliku, Punë më të mëdha ju presin. Dhe ju do t'i bëni [Größere Aufgaben warten auf Euch. Ihr werdet sie erfüllen!], in: Hysni Lita / Petrit Ymeri (Hgg.), Kujtime për Enverin [Erinnerungen an Enver]. Bd. 1. Tiranë 1988, 47–58.

110 Historia e Partisë së Punës të Shqipërisë [Geschichte der Partei der Arbeit Albaniens]. Tiranë 1971.

111 Theodhor Kareco, Shqipëria në rrugën e ndërtimit të bazës materialo-teknike të socializmit [Albanien auf dem Weg zum Aufbau der materiell-technischen Grundlagen des Sozialismus]. Tiranë 1973; Vladimir Misja, Ekonomia e industrisë në RPSh [Die Industriewirtschaft in der VRA]. Tiranë 1963.

112 Pali Pejo, Lufta e PPSh për ndërtimin e bazës ekonomike të socializmit [Der Kampf der PAA für den Aufbau der wirtschaftlichen Basis des Sozialismus]. Tiranë 1974.

113 Besim Bardhoshi, The Economic and Social Development of the People's Republic of Albania during Thirty Years of People's Power. Tirana 1974.

114 Banja / Toçi, Das sozialistische Albanien auf dem Weg der Industrialisierung.

115 Beispielsweise der Artikel des Doyens der albanischen Ethnographie, Mark Tirtja, über das interkonfessionelle Heiratsverhalten zur Zeit der PAA-Herrschaft: Mark Tirtja, Mbi martesat e bëra mbas çlirimit midis personash nga besime të ndryshme [Über die nach der Befreiung eingegangenen Ehen von Personen verschiedener Konfessionen], *Studime Historike* 24 (1970), H. 2, 107–120.

Vladimir Misja ist neben Iljaz Fishta als einer der wichtigsten Autoren der sozialistischen Zeit zu betrachten, die sich mit der Industrialisierung während der PAA-Herrschaft und ihren sozialwirtschaftlichen Auswirkungen beschäftigt haben. In seinem Buch „Die Entstehung und Entwicklung der Industrie in der VRA"[116] analysierte er die Entwicklung der verschiedenen Industriezweige und ging auch auf die Vorkriegsbedingungen ein, während er in seiner Studie „Die Bevölkerung Albaniens" unter anderem auch die Binnenmigration und ihre Folgen untersuchte.[117] Mit der Binnenmigration und mit der sozialen Zusammensetzung der Arbeiterklasse und der Mitglieder der PAA hat sich auch Harilla Papajorgji beschäftigt.[118] All diese Studien bieten nützliche Informationen. Insbesondere ihre Zahlangaben sind jedoch mit Vorsicht zu behandeln, da den albanischen Kommunisten das sprichwörtliche Motto „Traue keiner Statistik, die Du nicht selbst gefälscht hast" offenbar allzu bekannt gewesen ist, ganz besonders, wenn es um Veröffentlichungen ging, die an das Ausland gerichtet waren.

Über diese analog auch hier geltende Einschränkung hinaus waren auch veröffentlichte statistische Angaben zwar wichtig für die Darstellung von Produktionsprozessen, Illustrierung der Rentabilität, Veränderungen der Arbeitskraft, für die Veranschaulichung von demografischen Entwicklungen und andere für uns relevante Facetten. Die Arbeit mit ihnen war aber zusätzlich dadurch erschwert, dass die statistischen Jahrbücher sehr unregelmäßig erschienen sind und keine einheitliche Struktur haben. Zuverlässige Aussagen auf Basis ihrer Angaben zu machen, war daher sehr aufwendig, schwierig und mitunter schlicht nicht möglich. Die Unterschiede zwischen den angegebenen Ziffern in den Achivquellen und denjenigen der amtlichen Publikationen waren manchmal derart weitreichend, dass der Verfasser dieser Zeilen sich fragen musste, ob es sich um Druckfehler handelte. Hinweise dazu findet man im weiteren Verlauf dieser Studie.

In den Jahren 1974 bis 1988 verfügte das Kombinat über seine eigene Wochenzeitung „Metalurgu" [Der Metallurg], die Informationen über die Arbeitsbeziehungen im Stahlwerk oder über die Merkmale der neu entstandenen Industriearbeiterkultur zu bieten hat. Wie nicht anders zu erwarten, hatten die dortigen Schriften einen stark propagandistischen Charakter, da die Verantwortlichen ihre Aufgabe mehr im Erziehungsbereich sahen als in der Darstellung von realen Verhältnissen im Land – ähnlich, wie das in allen sozialistischen Ländern der Fall war. Dennoch war der Wert des „Metalurgu" als Quelle nicht gering: Sowohl in ihm als auch in der Elbasaner Kreiszeitung „Shkumbini" gingen die Autoren auf den Stellenwert des Kombinats für die Stadt ein, stellten seine symbolische Rolle heraus und setzten sich mit diversen einschlägigen Problematiken auseinander.

116 Vladimir Misja, Krijimi dhe zhvillimi i industrisë në RPSh [Die Entstehung und Entwicklung der Industrie in der VRA]. Tiranë 1972.

117 Ders. u. a., Popullsia e Shqipërisë. Studim demografik [Die Bevölkerung Albaniens. Demographische Studie]. Tiranë 1987.

118 Harilla Papajorgji, Struktura socialklasore e klasës punëtore [Die soziale Klassenstruktur der Arbeiterklasse]. Tiranë 1985.

Man würde freilich die landesweite Bedeutung des Stahlwerks als Mikrokosmos des albanischen Realsozialismus verkennen, suchte man die Informationen darüber nur in den örtlichen Zeitungen. So finden sich im offiziellen Organ des ZK der PAA, "Rruga e Partisë" [Der Weg der Partei], umfangreiche Abhandlungen über das Kombinat von Elbasan, etwa zu Fragen der Verbesserung der Arbeitsorganisation oder der Erhöhung der Produktivität. Auch im amtlichen Organ des Bauministeriums „Ndërtuesi" [Der Erbauer] findet man mehrere Artikel, die den Schutz des sozialistischen Eigentums durch sparsames Wirtschaften und umsichtige Planung seitens der Arbeiter loben oder über den Verlauf der Bauarbeiten in den entstehenden Objekten berichten. Ähnliche Berichte sind auch im „Ylli" [Der Stern] zu finden, einer Zeitschrift, die sich ähnlichen Bereichen widmete wie ihr westdeutsches Pendant, allerdings aus sozialistischer Perspektive. In der Zeitschrift des Gesundheitsministeriums "Shëndeti" [Die Gesundheit] gehen die Autoren in den vorhandenen Berichten zum Kombinat auf die hygienische Lage und auf die belastenden physischen Bedingungen der Arbeit im Stahlwerk ein; dies geschieht aber äußerst selten. Dem Organ des Bundes der Schriftsteller und Künstler "Nëntori" [Der November] waren vor allem Informationen über den gesellschaftspolitischen Diskurs im Bereich der Architektur und der Erziehung zu entnehmen.

Während die Zeitschrift "Ekonomia popullore" [Die Volkswirtschaft], ein Organ der Staatlichen Planungskommission, sich mit Fragen der Normierung und des Entgelts sowie deren Problematik in konkreten Fällen in Elbasan beschäftigte, ist der propagandistische Charakter bei Periodika wie "Arësimi popullor" [Die Volksbildung], "Shqiptarja e re" [Die neue Albanerin] (die Publikation des Verbandes der Frauen Albaniens), oder "Shqipëria e re" [Neues Albanien] (eine Zeitschrift, die über ihre fremdsprachigen Ausgaben primär die ausländischen Leser zur Zielgruppe hatte), nicht zu übersehen. Es geht hier um typische Themen des albanischen Sozialismus, wie den Kampf gegen reaktionäre Verhaltensweisen, die „aus dem Ausland stammen", die Propagierung des Atheismus oder die Rolle des Stahlwerks für den albanischen Fortschritt auf dem Weg in das kommunistische Zeitalter.

Mehrere Artikel aus der überregionalen Presse – sei es das Parteiorgan der PAA "Zëri i popullit" [Die Stimme des Volkes] oder die Presseorgane der Massenorganisationen – vermittelten Informationen über den Verlauf der albanisch-chinesischen Beziehungen oder über Angelegenheiten der „sozialistischen Alltagskultur". Wertvolle Informationsquellen waren auch – mehr noch als die oben genannten von Führungsgestalten verfassten Pendants – Memoirenbände von Akteuren aus der mittleren Ebene,[119] da sie Auskünfte über die damalige gesellschaftliche Mentalität und über historische Figuren gaben. Dasselbe lässt sich über die analytische Funktion der für dieses Buch vorgenommenen Interviews sagen (narrative wie strukturierte), welche dem Autor nicht nur halfen, konkrete Lebensläufe zu rekonstruieren oder Details in Erfahrung zu bringen, die sonst nicht zu erlangen

[119] Jorgji Kote, Në vetërrethim. Episode, ngjarje të jetuara dhe reflektime [Unter Selbstbelagerung. Episoden, Erlebtes, Reflexionen]. Tiranë 2012; Feruz Mataj, Kur jeta kërkon të flas. Kujtime [Wenn das Leben zum Reden zwingt. Erinnerungen]. Tiranë 2011.

gewesen wären, sondern auch bis zu einem bestimmten Grad festzustellen, wie weit die sozialistischen Tropen von den betroffenen Interviewpartnern internalisiert worden waren und wie sie die staatlichen Maßnahmen zur Erziehung und Indoktrinierung der Bevölkerung wahrnahmen. Um dies auszumachen genügt es freilich nicht, sie als einfache Abbildung vergangener Zustände und Ereignisse zu betrachten. Alessandro Portelli sagt hierzu: „Oral history has become a dialogic discourse created not only by what the interviewee say, but also by what we as historians do – by the historian's presence in the field, and by historian's presentation of the material."[120] Ein Beispiel dafür ist die Auswertung des Interviewmaterials durch Idrizi anhand der Methode der empirisch begründeten Typenbildung, wodurch sowohl Unterschiede als auch Gemeinsamkeiten in den Wahrnehmungs- und Verhaltensmustern der Betroffenen wirkungsvoll herausgearbeitet werden können.[121]

In Einzelfällen bestätigten die Ergebnisse meiner Gespräche die These von Tanja Petrović, wonach Nostalgie in den postsowjetischen Gesellschaften auch als politische Haltung betrachtet werden kann.[122] Während die strukturierten Interviews wichtig für eine konkretisierte Themenbezogenheit der Aussagen waren, bekamen die Befragten durch den qualitativen Zugang der Narrativinterviews die Gelegenheit, ihre subjektiven Sichtweisen zu entfalten.

Die Interviews wurden mit folgenden Schwerpunkten strukturiert: Lebensgeschichte, Arbeitsumfeld und Interaktion, Freizeitverhalten, Geschlechterverhältnis, Wahrnehmung der lokalen Herrschaftsstrukturen, politisches Engagement und Weitergabe von Werten und Normen an die folgenden Generationen. Biografische Daten lieferten zusätzliche kontextbezogene Informationen, die bei der Auswertung der Interviews hilfreich waren. Sie wurden in Elbasan und Tiranë mit 20 Personen verschiedenen Geschlechts geführt, darunter leider nur drei Frauen. Bei der Auswahl der Interviewpartner ging ich einerseits nach dem „Schneeballsystem"[123] vor und andererseits nach der gezielten Suche von Personen. Bei dem Interviewsample berücksichtigte ich verschiedene Kriterien, die die Repräsentativität der Ergebnisse erhöhen sollten, wie Alter, Beruf, Geschlecht, Arbeitsort, Parteimitgliedschaft, Herkunftsort, sozialer Ursprung und aktuelle Tätigkeit. Die Interviews wurden transkribiert und einzelne Passagen zur besseren Illustration meiner Thesen durch Zitate von mir übersetzt.

Der hier schon eingangs herangezogene Spielfilm „Die Kameraden" sowie zahlreiche Dokumentarfilme, belletristische Literatur, Gedichte, Bildende Kunst oder Fotos (zum kritischen Umgang damit vgl. im Vorwort) vermittelten sowohl Informationen über den

[120] Alessandro Portelli, Oral History as Genre, in: Mary Chamberlain / Paul Thompson (Hgg.), Narrative and Genre. London, New York 1998, 23–45, 23.

[121] Siehe: Idrizi, Herrschaft und Alltag, 30f.

[122] Tanja Petrović, „When We Were Europe": Socialist Workers in Serbia and Their Nostalgic Narratives, in: Maria Todorova (Hg.), Remembering Communism: Genres of Representation. New York 2010, 127–153.

[123] Beim „Schneeballsystem" werden Personen, die man kennt, nach potentiellen Interviewpartnern gefragt.

Zeitgeist, das allgemeine politische Klima und die nationale Bedeutung des Stahlwerks, als auch über den Grad der Durchdringung der offiziellen Ideologie in den Medien. Ihre Kenntnis in Verbindung mit den Interviews half mir bei der Beantwortung der Frage nach der Effizienz der staatlichen Propaganda im Hinblick auf die Industriearbeiter.

1.5 Aufbau des Buches

Strukturprinzip der nachfolgenden fünf Kapitel des Buches sind in erster Linie verschiedene Aspekte der Tätigkeit und des Lebens in und um das Stahlwerk. Ein gewisses Maß an Verzahnung und Überlappung war unvermeidlich: Es gibt Aspekte in verschiedenen Kapiteln, die sich zwischen mehreren Fragestellungen bewegen; die Ursache dafür liegt darin, wie sehr Ideologie, Arbeitsleben und Freizeit miteinander verflochten waren. Bestimmte Facetten (wie die Wirtschaftsbeziehungen des Stahlwerks) werden notgedrungen eher spärlich behandelt – nicht weil sie weniger wichtig, sondern weil diesbezüglich weder im AQSh noch im Elbasaner Archiv hinreichende Informationen vorhanden waren. Eine Anfrage bei der Albanischen Staatsbank blieb unbeantwortet. Es bleibt zu hoffen, dass sich nach einer besseren Erfassung der Archivalien in Elbasan auf der Betriebsebene einst mehr dazu finden lässt.

Im ersten dieser Kapitel (in der Zählung das Kapitel 2, wegen der hier als 1 gezählten Einleitung) wird nach einem kurzen Einblick in den allgemeinen Stand der Industrie im vorsozialistischen Albanien und auf die sonstige Ausgangssituation, mit welcher die PAA-Führung sich nach Kriegsende auseinandersetzen musste, auf die Vorstellungen der albanischen Kommunisten über die weitere industrielle Entwicklung des Landes eingegangen. Die Führung war sich über den künftigen Kurs zur Industrialisierung des Landes uneins, Machtkämpfe spielten sich ab, wobei außenpolitische Faktoren bei der Entscheidungsfindung eine bedeutende Rolle spielten. Der Industrialisierungskurs wird in zwei aufeinanderfolgenden Strängen dargestellt. In dem einen Strang wird die politische Entwicklung mit all ihren Umwegen, in- und ausländischen Komplikationen – Albanien ist davon in höherem Maße als andere osteuropäische Länder betroffen – bis zum Ende der sozialistischen Herrschaft veranschaulicht. In dem zweiten Strang geht es um die Umsetzung der getroffenen Beschlüsse in die damalige Praxis. Dieses Kapitel ist der Rahmen, worauf sich die Untersuchung des Stahlwerks als Mikrokosmos der albanischen Industrie stützt.

Im anschließenden Kapitel (Kap. 3) wird auf die betriebliche Entwicklung des Kombinats eingegangen. Dabei werden zunächst die Beweggründe der kommunistischen Führer dargestellt, sowie die außenpolitischen Verwicklungen, die ihr Beschluss zur Errichtung des schwerindustriellen Kombinats mit sich brachte. Im Zuge der Verschlechterung der Beziehungen zu den RGW-Partnern sowie beim Verlauf der albanisch-chinesischen Beziehungen spielte das Kombinat eine nicht unerhebliche Rolle. Der chinesische Beitrag zu seiner Entstehung und Inbetriebnahme war ein unentbehrlicher Bestandteil des Gesamtprozesses, was sich auch nach dem Abzug der entsandten chinesischen Spezialisten zeigte. Die heimischen Versuche zu einem störungsfreien Ablauf der Produktionsprozesse während des Zeitabschnitts nach 1978, den Grothusen in ironischer Anspielung auf die britische Europapolitik des 19. Jahrhunderts als "splendid isolation"[124] bezeichnet hat, ließen sich aufgrund des groben Mangels an Fachwissen und infolge der Versorgungsprobleme nicht ohne weiteres bewerkstelligen. Die Intentionen des Politbüros, das Kombinat, gestützt auf heimische Rohstoffe, zum Fundament einer eigenen Schwerindustrie zu machen, entfernten sich so immer mehr von der Realität.

In den beiden anschließenden Kapiteln (4 und 5) wird auf die Arbeitswelt und die Arbeitsbeziehungen in „Der Stahl der Partei" eingegangen. Der Rekrutierungsprozess mit seinen Schwierigkeiten und Herausforderungen wird geschildert, ebenso die Qualifizierungsmaßnahmen, die aus ungebildeten Arbeitskräften überwiegend bäuerlicher Herkunft ausgebildete Metallarbeiter machen sollten. Neben einer näheren Analyse der sozialen und regionalen Zusammensetzung der betrieblichen Arbeiterschaft werden die Situation und das Verhältnis besonderer Gruppen zu den übrigen Beschäftigten näher betrachtet, nämlich einerseits die weiblichen Arbeiterinnen und andererseits die ausländischen Spezialisten. Deren Stellung im Stahlwerk ist indirekt mit einem anderen Phänomen verbunden, das typisch für den albanischen Realsozialismus war: die Angst vor Sabotagen. Neben diesem speziellen Phänomen existierten jedoch auch für die staatssozialistischen Länder allgemein typische Erscheinungen wie Fluktuation oder irreguläre Abwesenheit. Dazu kam eine aufgrund des Betriebscharakters hohe Umweltverschmutzung, die verbunden mit der belastenden Tätigkeit nicht spurlos an der Gesundheit der Beschäftigten vorüber ging, wie in Kapitel 4 geschildert wird.

Kapitel 5 geht dann in erster Reihe auf die Tätigkeit verschiedener Organisationen und Strukturen zur Mobilisierung der Arbeiter sowie auf ihre Beziehungen untereinander ein. Das Management, das Parteikomitee sowie die Gewerkschaftsorganisationen verfügten über verschiedene Instrumente, die sie zur Erhöhung der Motivation und zur Erziehung der Arbeiter einsetzten. Dazu zählten an prominenter Stelle spezielle Anreize, das System der „Vorhutarbeiter" und dasjenige der Brigaden. Deren Rolle innerhalb des Kombinats wird parallel mit den aus der Sicht der örtlichen Vertreter der Staats- und Parteiführung erwünschten oder weniger erwünschten Resultaten geschildert. Zu den zweischneidigen Resultaten zählten auch explizite Formen der Stahlwerksbelegschaft, ihre Unzufriedenheit kundzutun; diese Formen wurden teilweise von der PAA gefördert – in diese Richtung fungierten insbesondere die „Blitzblätter" –, teilweise jedoch von ihr, soweit es nur ging, unterdrückt.

Im letzten Kapitel (Kap. 6) geht es dann um die staatlichen Bemühungen zur Integration der Stahlwerksbeschäftigten in der Stadt Elbasan. Das Stahlwerk besaß nicht nur eine ökonomische Bedeutung, es sollte wie gesagt auch zur Erziehung der Belegschaft

[124] Grothusen bezeichnet damit in Bezug auf Albanien die Periode zwischen 1978 und 1988. Siehe Klaus-Detlev GROTHUSEN, Außenpolitik, in: DERS. (Hg.), Albanien, 86–156, 121.

dienen und auch darüber den Charakter von ganz Elbasan in sozialer Hinsicht verändern. Um das zu erreichen, waren ein gewisser Lebensstandard sowie ein umfassendes Propagandanetz, das die Arbeiter auch außerhalb der Arbeitszeit umspannen sollte, von eminenter Bedeutung. Die Bemühungen zur Gewährleistung dieser Standards und zur politischen Indoktrinierung der Belegschaft, gemeinsam mit den Schwerpunkten zu ihrer hygienisch-moralischen Erziehung, stehen im Mittelpunkt dieses Kapitels. Der Machtanspruch der Partei machte keinen Halt vor der Freizeit des Individuums. Das hieß freilich noch lange nicht, dass die Vorstellungen der Führung in der erwarteten Art und Weise in der Gesellschaft Anklang fanden – sondern dass die parteipolitischen und staatlichen Akteure einen Kampf sowohl mit der gesellschaftlichen Tradition als auch mit dem Eigensinn der Einzelnen auszufechten hatten.

2 Albaniens Weg zur Industrialisierung

Dass der von den albanischen Kommunisten verfolgte Wirtschaftskurs eine Extremvariante der Autarkiebemühungen unter den sozialistischen Staaten darstellt, ist nicht zu bestreiten. Während aber in der Forschung die von der PAA betriebene Industrialisierungspolitik zumeist als ein Bruch in der Geschichte des albanischen Staates dargestellt wird, findet man schon vor der Machtübernahme durch die Kommunistische Partei Hinweise, dass Hoxha und seine Mitarbeiter sich bei der Entwicklung ihrer Industrialisierungsstrategie durchaus an Strukturen orientierten, die sich schon zur Herrschaftszeit des Königs Zogu, vor allem dann aber während der italienischen und deutschen Besetzung des Landes auszubilden begonnen hatten. Wesentliche Merkmale der Planwirtschaft, welche in der Nachkriegszeit mit Nachdruck betrieben wurde, waren dem Land 1944 nicht ganz fremd, ebenso die autarkistischen Bestrebungen. Schon unter Mussolini mit seiner Zukunftsvision eines „faschistischen Imperiums" hatte Italien versucht, Albanien in seinen Wirtschaftsraum als Rohstofflieferant und Absatzmarkt miteinzubeziehen und durch eine gezielte Politik die Entwicklung der albanischen Wirtschaft zu bestimmen. Die Kommandowirtschaft gehörte nach dem Ausbruch des Zweiten Weltkrieges zum Alltag, da sowohl die Italiener als auch die Deutschen ein Interesse daran hatten, die albanischen Rohstoffreserven zum Zwecke der Kriegsführung möglichst effektiv auszubeuten. Eine gewisse Kontinuität zwischen kriegsbedingter Kommandowirtschaft und staatssozialistischer Planwirtschaft war darüber durchaus vorhanden.

Der Gedanke lag nahe, durch koordinierte staatliche Bemühungen das Land wiederaufzubauen und Wirtschaftsstrukturen zu schaffen, welche eine faktische Souveränität des Landes ermöglichen würden. Albanien war in dieser Hinsicht kein Einzelfall; aber mehr noch als andernorts versprach angesichts der primitiven Wirtschaftsverhältnisse und der weitverbreiteten Armut eine von oben verordnete Wirtschaftsführung auf den ersten Blick mehr Erfolg, als sonstige vielleicht zur Verfügung stehende Alternativen. Die rudimentären Industriestrukturen, die im Lande seit der Zwischenkriegszeit Bestand hatten, bildeten das Erbe, mit dem sich die neuen Herrscher ihre Vorstellungen von einem „Neuen Albanien" zu verwirklichen hofften.

2.1 Strukturen und Lehren aus der Zeit vor der kommunistischen Machtergreifung (1928–1944)

Albanien war seit 1928 ein Königreich unter dem bereits seit 1925 regierenden Ahmet Zogu, der mit seiner Krönung das Land dann zur ersten in der nachfolgenden ganzen Reihe von Königsdiktaturen auf der Balkanhalbinsel[1] gemacht hatte; bald darauf schon wurde es aber geradezu ein Protektorat des faschistischen Italien.

Die Anlehnung Zogus an Italien war nicht selbstverständlich, vor allem angesichts der Tatsache, dass es von außen die jugoslawische Regierung gewesen war, die seine Machtergreifung möglich gemacht hatte. Allerdings hatte Jugoslawien in den zwanziger Jahren genügend eigene wirtschaftliche Probleme, und Zogu wollte sich seinem Einfluss gezielt entziehen. Ihm standen aber für eine Politik der offenen Tür zu wenige potenzielle Partner bereit, während Mussolinis Italien, das Albanien als wichtigen Brückenkopf für seine Ambitionen auf der Balkanhalbinsel betrachtete und dessen natürliche Ressourcen es in seine Wirtschaft integrieren wollte, Interesse an einem starken Akteur vor Ort bekundete. Zogu seinerseits erhoffte sich von Italien außer einem wirksamen Schutz gegen die Bedrohung durch die Nachbarstaaten auch die Sicherung der finanziellen Existenz seines Regimes. Darüber hinaus erwartete er von der italienischen Finanzhilfe eine Ankurbelung der Wirtschaft und eine Modernisierung der gesellschaftlichen Strukturen des Landes.

Durch die Dominanz des italienischen Kapitals entstand eine Situation, die man mit Johan Galtung als eine „Interessenharmonie“[2] bezeichnen könnte. Für die wirtschaftliche und politische Entwicklung Albaniens brachte sie negative Konsequenzen mit sich, da es sich die Regierenden infolge der chronischen Abhängigkeit von italienischen Krediten nicht hätten leisten können, eine andere Wirtschaftspolitik zu betreiben als eine solche, die im Einklang mit den italienischen Interessen stand. Die neu errichtete Albanische Nationalbank förderte durch ihre Kreditvergaben in erster Reihe italienische Unternehmen in Albanien, da die stimmberechtigten Aktien an der Nationalbank sich mehrheitlich in der Hand italienischer Banken befanden. Italienische Anleihen wurden zur Finanzierung des Herrschaftssystems verwendet und kaum zur Förderung der Landwirtschaft oder zum Aufbau von industriellen Strukturen. Die Anzahl der Beschäftigten im Dienstleistungssektor nahm zu, was angesichts des niedrigen Standes der Entwicklung der Wirtschaft, der geringen Zahl der Beschäftigten im industriellen Sektor und der Defizite im Bereich technischen Wissens eine Verschwendung von Ressourcen bedeutete. Auch im Außenhandel

1 Michael Schmidt-Neke, Geschichtliche Grundlagen, in: Grothusen (Hg.), Albanien, 26–56, 42–44.

2 Eine „Interessenharmonie“ besteht, wenn die Machtzentren in der imperialistischen und in der ausgebeuteten Nation von der Zusammenarbeit profitieren. Zu dieser Definition siehe Johan Galtung, Eine strukturelle Theorie des Imperialismus, in: Dieter Senghaas (Hg.), Imperialismus und strukturelle Gewalt. Analysen über abhängige Reproduktion. Frankfurt/M. 1972, 29–104.

wurden kaum nationale Interessen verfolgt, da jährlich mehr importiert als exportiert wurde. In erster Linie wurden dabei Konsumgüter des gehobenen Bedarfs beziehungsweise Luxusartikel eingeführt – nichts, was einem Strukturaufbau der Wirtschaft hätte dienen können. Das Zahlungsbilanzdefizit wurde wiederum gedeckt durch italienische Anleihen, was die Staatsverschuldung erhöhte. Die Regierung betrachtete als alleinigen Ausweg die Erhöhung der Steuern und ihr Handlungsspielraum wurde auch auf diesem Feld eingeschränkt.[3] Ihre Wirtschaftspolitik, welche aus kurzfristigen Maßnahmen bestand, die zum Ziel hatten, in Notfällen rasch Geld in die Staatskasse zu schaffen, hat Hans-Joachim Pernack als *fiskalisch* bezeichnet.[4] Dieser Ansatz konnte keinen Kurs ersetzen, der die wirtschaftlichen Strukturen des Landes langfristig gefördert und zur Konsolidierung des Staatshaushalts beigetragen hätte, auch wenn in einigen Branchen einzelne Unternehmen gegründet wurden.

Gegen Ende der dreißiger Jahre waren im Bereich von Industrie und Bergwerk 244 Produktionsstätten vorhanden, die insgesamt 7435 Arbeitskräfte beschäftigten (zu messen an einer Bevölkerung von damals etwa einer Mio.).[5] Die verarbeitende Industrie war vertreten durch mehrere Zigarettenfabriken, die immerhin viel mehr produzierten als für den Binnenmarkt erforderlich war, eine Brauerei, mehrere Betriebe der Leicht- und Nahrungsmittelindustrie und zwei Textilfabriken. Gar nicht vorhanden waren Betriebe aus dem Bereich der chemischen, der rohstoffverarbeitenden oder der Pharmaindustrie. Maschinenbaubetriebe oder Ersatzteilproduktionsstätten waren inexistent. Die Elektrizitätsproduktion erfolgte durch mehrere Dieselgeneratoren und durch zwei kleinere Wasserkraftwerke. Die Elektrizitätsproduktion pro Kopf lag 1938 bei fast 9 kWh.[6] Wie sehr die Wirtschaftsstruktur immer noch auf der Landwirtschaft beruhte, verdeutlichen die Steuererlöse: Dem industriellen Zweig entstammten 4,5 Prozent der Einkünfte im Staatshaushalt, der Rest kam aus der Landwirtschaft.[7]

Zur Förderung einer industriellen Wirtschaft hätte es einer Kapitalgüterindustrie bedurft, die sich in Albanien noch nicht herausgebildet hatte. Nur in der Baustoffindustrie wurden einige Produktionsstätten errichtet, wie die im Jahre 1926 von der Britischen

[3] Russ, Der Entwicklungsweg Albaniens, 91.

[4] Hans-Joachim Pernack, Probleme der wirtschaftlichen Entwicklung Albaniens. Untersuchung des ökonomischen und sozioökonomischen Wandlungsprozesses von 1912/13 bis in die Gegenwart. München 1972 (Südosteuropa-Studien, 18), 96.

[5] In der Lebensmittelindustrie existierten 124 Produktionsstätten mit 1374 Arbeitern, in der Bekleidungsindustrie 32 Produktionsstätten mit 764 Arbeitern, in der Baubranche 36 Produktionsstätten mit 810 Arbeitern, im Elektrizitätsbereich 7 Produktionseinheiten mit 154 Arbeitern. Bei Druckereien und anderen Produktionsstätten mit industriellem Charakter waren in 39 Produktionseinheiten 303 Arbeiter beschäftigt, und in sechs Produktionsstätten im Bergwerkssektor waren 4030 Arbeiter tätig. Nach Kristaq Misha, Lëvizja punëtore në Shqipëri [Die Arbeiterbewegung in Albanien]. Tiranë 1970, 171.

[6] Wildermuth, „Sich stützen auf die eigenen Kräfte", 73 f.

[7] Jacques, Shqiptarët, 431.

Gesellschaft *British Portland Cement* in Shkodër errichtete Zementfabrik sowie zwei Ziegeleien, die mit einer relativ einfachen Technologie arbeiteten. Die mechanische Industrie war durch einige Reparaturwerkstätten für Fahrzeuge und Maschinen vertreten.[8]

In erster Reihe wurden Rohstoffe exportiert und verarbeitete Produkte importiert, vor allem Nahrungsmittel und Konsumwaren. Der Import von Kapitalgütern war eher von nachrangiger Bedeutung, was einer langfristigen ökonomischen Entwicklung nicht zugutekam. Das daraus erwachsene Handelsbilanzdefizit machte Albanien zu einem Land, das ohne ausländische Hilfe nicht lebensfähig war. Zwar waren Fortschritte in der wirtschaftlichen Entwicklung festzustellen, doch die strukturellen Probleme der Wirtschaft blieben, vor allem auch deshalb, weil Italien für Albanien im Rahmen der faschistischen Wirtschaftsstrukturen die Rolle des Rohstofflieferanten vorgesehen hatte und es primär als Absatzmarkt betrachtete. Es war diese strukturelle Rollenzuweisung durch einen dominanten ausländischen Partner, welcher sich die Führer der Kommunistischen Partei (später Partei der Arbeit Albaniens) während ihrer Herrschaftszeit zu entziehen versuchten.

Mussolinis Italien verfügte anhand der Bedingungen für die Anleihen, der geschlossenen Abkommen und dank dem staatlichen Einfluss über die richtigen Mittel, um seine Absichten zu verwirklichen.[9] Die Hoffnung Zogus, dass das italienische Kapital und Know-how eine automatische Verbesserung der Lage in den rückständigen Sektoren der albanischen Wirtschaft herbeiführen würde, hatte ein Abhängigkeitsverhältnis des Landes von Mussolini zur Folge, was nicht mehr geändert werden konnte ohne einen wirtschaftlichen Zusammenbruch nach sich zu ziehen und die Herrschaft Zogus selbst zu gefährden. Italiens Einfluss erstreckte sich nicht nur auf die Wirtschaft, sondern auch auf die Politik und das Erziehungswesen. Der Handlungsspielraum der Regierungen unter Zogu wurde immer enger, die Interessen Albaniens italienischen Interessen untergeordnet und eine eigenständige Außenpolitik de facto aufgegeben. Schon vor der militärischen Besetzung im Frühjahr 1939 war Albanien kein aktives Subjekt der internationalen Politik mehr.

Zogu beabsichtigte sich diesem Griff zwar durch sporadische Versuche zu entziehen, zum Beispiel durch das Angebot eines Freundschaftspaktes an Jugoslawien oder durch eine entgegenkommende Politik gegenüber Hitler-Deutschland, jedoch ohne Erfolg. Letztlich scheint er sich mit dieser Unterordnung abgefunden und auf eine eigene Entwicklungspolitik verzichtet zu haben, solange die innenpolitische Stabilität und zumal seine eigene Herrschaft gewahrt blieben. Dies war allerdings zu dem Zeitpunkt nicht mehr der Fall, als übergeordnete italienische Interessen – eine Art Kompensation und Gleichziehung gegenüber den deutschen Gebietsgewinnen ab Anfang 1938 – für eine Auf-

8 Schnytzer, Stalinist Economic Strategy, 16; Wildermuth, „Sich stützen auf die eigenen Kräfte", 74.

9 Wildermuth, „Sich stützen auf die eigenen Kräfte", 74 f.

gabe des albanienpolitischen Status Quo und für eine offene Ausdehnung des italienischen Machtraums sprachen. Die faktische Annektierung des Landes im April 1939 (unter dem Sturz von Zogu) durch Italien war der letzte Schritt zum endgültigen Verlust der nationalen Souveränität. Albanien hörte mit ihm nun auch de jure auf, ein eigenständiges Völkerrechtssubjekt zu sein. Die kommunistischen Machthaber sollten bei der Verfolgung ihres künftigen wirtschaftlichen Kurses aus dieser historischen Erfahrung ihre Lehren ziehen.

Die erste Wirtschaftsmaßnahme von großer Reichweite, die Italien im faktisch annektierten Albanien durchführte, war das Abkommen vom 20. April 1939 über die Errichtung einer Zoll-, Wirtschafts- und Währungsunion mit der neu eingesetzten Kollaborationsregierung, das eine Eingliederung der albanischen Ökonomie in den italienischen Wirtschaftsraum zur Folge hatte.[10] Damit stand der albanische Absatzmarkt für die italienischen Waren völlig offen, was der albanischen Industrie und dem Handwerk große Nachteile brachte. Die italienischen Gesellschaften, welche schon vor der Besatzung in Albanien investiert hatten, intensivierten ihre Tätigkeiten beim Ausbau des Straßen- und Brückennetzes sowie beim Aufbau einer militärischen Infrastruktur und bei der Ausbeutung der Öl-, Chrom und Kupferreserven des Landes. Das Postwesen und der Telefondienst wurden modernisiert. Um die italienischen Autarkieziele zu erreichen, wurden umfangreiche Explorationsarbeiten durchgeführt und neue Lagerstätten erschlossen. Die Erdölförderung auf dem Ölfeld von Kuçovë wurde ausgedehnt und in den Kupferbergwerken von Rubik und Derven im Kreis Mirditë begann die Erzförderung. Durch die Erschließung neuer Chromerzvorkommen und die intensivierte Ausbeutung der schon vorhandenen war die Menge an abgebautem Chrom 1942 siebenmal höher als 1938 (siehe Tabelle 1).[11] Eisenerz- und Manganlagerstätten wurden zum ersten Mal erschlossen. Es wurde sogar eine Gesellschaft ins Leben gerufen, um eine metallverarbeitende Industrie zur Verwertung des heimischen Eisenerzaufkommens auf den Weg zu bringen. Italienische oder bilaterale italienisch-albanische Unternehmen wie SESA (*Shoqëri Elektrike Shqiptare Anonime*) oder *Elektralba* bauten Generatoren, die mit heimischen Brennstoffen versorgt wurden und Elektrizität für sieben Städte erzeugten. Aufgrund der Kampfhandlungen im Zuge des Zweiten Weltkrieges wurden jedoch ihre Projekte nicht vollendet. Mehrere Investitionen wurden auch in der Konsumgüterindustrie geplant, die allerdings nicht realisiert wurden.[12] Insgesamt gesehen waren auch die getätigten Investitionen im Bereich der Leicht- und Nahrungsmittelindustrie sowie im Elektrizitätsbereich jedoch immer noch unbedeutend im Vergleich zu jenen in der Rohstoffwirtschaft und im Verkehrswesen.

[10] Historia e popullit shqiptar, Bd. 4, 32; Wildermuth, „Sich stützen auf die eigenen Kräfte", 77.

[11] Nach Schnytzer, Stalinist Economic Strategy, 17. Allerdings ist diese Zahl in der Forschung umstritten, wie man Tabelle 1 entnehmen kann.

[12] Kaser, Economic system, 298f.

Tab. 1: Abbau von Bodenschätzen 1938 und in den Jahren der italienischen Besetzung (Angaben in Tonnen)

	1938	1939	1940	1941	1942	1943
Erdöl	10.800	151.250	147.300	145.000	155.000	120.000
Kohle	3686	6900	7000	63.500	13.100	100.000
Bitumen	10.000	15.500	9500	6000	14.500	4000
Chromerz	7000	11.300	10.300	12.000	36.000	6000

Gian Paolo Casselli/Grid Thoma, The Albanian economy during World War II and the First Attempt at Planning, *Journal of European Economic History* 34 (2005), H. 1, 93–119, 97.

Nach der Kapitulation Italiens im September 1943 wurde das Land durch deutsche Truppen besetzt, welche schon vorher im Land operiert hatten. Eine von den deutschen Besatzern installierte Übergangsregierung kündigte alle 1939 mit Italien geschlossenen Abkommen und proklamierte die „Unabhängigkeit" Albaniens. Die deutsche Militärverwaltung überließ ihr aber wenig Spielraum, auch aus wirtschaftlichen Gründen. Aufgrund seiner Chromerzvorkommen war Albanien im Herbst 1943 für Deutschland von besonderer Wichtigkeit. Laut einer Denkschrift von Rüstungsminister Albert Speer vom 12. November 1943 reichten die deutschen Vorräte an Chromerz und Rohblockbestände lediglich für neun Monate.[13] Deshalb wurden durch ein in Belgrad im Mai 1944 geschlossenes Abkommen die Chromerzgruben und der Magnesitbergbau ebenso wie die Erdöl-, Kupfer- und Kohleindustrie der direkten deutschen Kontrolle unterstellt. Das Ölfeld von Kuçovë war schon im September und Oktober 1943 von der Wehrmacht besetzt worden; dort wurde eine Raffinerie errichtet, die Benzin und Diesel produzierte. Allerdings wurde sie beim Abzug der deutschen Truppen wieder zerstört.[14]

Durch den Krieg erlitt die Infrastruktur schwere Schäden. Als sich die deutschen Truppen im Herbst 1944 zurückzogen, kam es aufgrund der Rückzugsgefechte zu Zerstörungen, die einerseits „militärischen Notwendigkeiten" entsprangen, andererseits aber Merkmale einer Taktik der „verbrannten Erde" in sich trugen. Der umfangreiche Abschlussbericht der Militärverwaltung Südost vom 10. April 1945 zu den Ergebnissen der Okkupationspolitik in Albanien schreibt dazu:

13 Vgl. Albert Speer, Erinnerungen. Frankfurt / Main u. a. 1969, zitiert in der Taschenbuchausgabe von 1976, 329, nach: Wildermuth, „Sich stützen auf die eigenen Kräfte", 80.

14 Wildermuth, „Sich stützen auf die eigenen Kräfte", 81 f.

„Bei der Räumung des Landes sah sich die Truppe gezwungen, einen Großteil der Brücken zu sprengen, um das Nachdrängen der Partisanen zu verhindern. Durch diese von den albanischen Freischärlern provozierte Kriegsnotwendigkeit dürfte das Land in seiner zukünftigen Entwicklung sehr schwer getroffen sein. Den Albanern wird es aus eigener Kraft niemals gelingen, die zum Teil sehr komplizierten Kunstbauten wieder zu erneuern. Bei der ausschlaggebenden Rolle der Straßen und des Verkehrs kann das Land in seiner modernen Entwicklung hierdurch um Jahrzehnte zurückgeworfen werden.“[15]

Caselli und Thoma geben in ihrem Aufsatz konkrete Zahlen zur Beschreibung der Kriegszerstörungen. Allerdings stützen sie sich dabei auf albanische Forschungsliteratur aus der Zeit der PAA-Herrschaft:

"7.3 per cent of the Albanian people were killed or maimed, 21 per cent of dwellings were destroyed, the total number of farm animals fell by one third, the communications system was practically eliminated. Civil damage was estimated at 1,603,365,107 dollars (at 1938 parity), equivalent to about 1,603 dollars per capita."[16]

2.2 *Bekenntnis zur Industrialisierung. Unterschiedliche Konzepte innerhalb der KPA*

In der 1971 erschienenen englischen Übersetzung der „Geschichte der Partei der Arbeit Albaniens“, herausgegeben vom albanischen „Institut für Marxistisch-Leninistische Studien“, wird von den Autoren als Begründung für die Wirtschaftspolitik der kommunistischen Führung geschrieben:

"Socialist industrialization had to be carried out at a rapid rate, within the shortest possible time, so as to overcome the backwardness inherited from the past, to ensure the independent development of the economy and to achieve an appreciable rise in the material and cultural level of the working masses."[17]

Bei Kriegsende 1944/45 lebten 87 Prozent der Bewohner Albaniens von der Landwirtschaft, welche 92,4 Prozent der Netto-Warenproduktion ausmachte und mit sehr primitiven Mitteln bearbeitet wurde.[18] Der Anteil der Industrie am BIP wurde im Jahr 1938 mit

[15] Dieser Bericht befindet sich im Anhang von Martin Seckendorf u. a. (Hgg.), Dokumentenedition: Europa unterm Hakenkreuz. Die Okkupationspolitik des deutschen Faschismus (1938–1945). Bd. 6: Die Okkupationspolitik des deutschen Faschismus in Jugoslawien, Griechenland, Albanien, Italien und Ungarn (1941–1945). Berlin 1989, 401; das Zitat auch bei Wildermuth, „Sich stützen auf die eigenen Kräfte“, 82.

[16] Instituti i Historisë dhe i Gjuhësisë, Historia e Shqipërisë [Die Geschichte Albaniens]. Tiranë 1965, 820, nach: Caselli / Thoma, The Albanian economy, 109.

[17] Zitiert nach: History of the Party of Labor of Albania (künftig: History of the Party). Tirana 1971, 328.

[18] Prifti, Socialist Albania since 1944, 52.

4,5 Prozent bemessen, davon 44,3 Prozent im Lebensmittelsektor und 28,4 Prozent in der Leichtindustrie.[19] Das Land verfügte eindeutig über keine Arbeiterschaft im klassischen Sinne, die im Bündnis mit einer „werktätigen Bauernschaft" eine proletarische Revolution hätte vollziehen können. Laut der marxistischen Ideologie waren demnach die Bedingungen für die Einrichtung einer Diktatur des Proletariats in Albanien noch nicht gegeben. Aber die Kommunistische Partei saß hier, genauso wie in Russland nach der Oktoberrevolution oder im Nachbarland Jugoslawien ab 1944, am Schalter der Macht und ihre Führer hatten sich vorgenommen, aus einem rückständigen, agrarisch geprägten Land ein industriell-agrarisches zu machen. Die natürlichen Umweltressourcen dafür waren gegeben. Albanien hatte zwar wenig Ackerbauboden, ist aber reich an Wasser, es verfügt über nicht geringe Mengen an Kupfer, Eisen, Nickel, Bitumen und vor allem Chrom. Als Energieträger kommen außer Wasser auch Braunkohle, Erdöl und Erdgas hinzu.

Ein ausgearbeitetes Programm zur wirtschaftlichen Entwicklung des Landes besaßen die Kommunisten nicht. Die kurzfristigen Ziele der Parteiführung zu Kriegszeiten waren die Befreiung Albaniens von der italienischen (später deutschen) Besatzung und die Erringung der politischen Macht. Der Wiederaufbau des Landes und die Beseitigung der Kriegsschäden genossen danach eine vorrangige Bedeutung, auch um die Produktion im Lande zu steigern und die dringendsten Bedürfnisse der Bevölkerung zu stillen. Dabei sollte der Wiederaufbau zugleich den Lebensstandard der Menschen erhöhen – was die KPA, während ihrer gesamten Herrschaftszeit, niemals müde wurde zu erwähnen.

Die Hauptziele ab 1945 jedoch waren der Aufbau der ökonomischen Grundlagen des Sozialismus und die Sicherung der nationalen Unabhängigkeit. Die wirtschaftspolitischen Handlungsanweisungen von Marx und insbesondere die entwicklungspolitischen Rezepte Stalins betrachtete man als richtungsweisende Strategie, um Albaniens strukturschwache Wirtschaft grundlegend zu wandeln und die chronische Unterentwicklung des Landes zu beenden. Als einen der wichtigsten Grundpfeiler hierfür betrachtete man die Industrialisierung des Landes. Wenn von „Ausbau und Modernisierung" der Industriepotentiale gesprochen wurde, wurden darunter anfangs allerdings nur die Sektoren im Bergbau und in der Leichtindustrie verstanden, die bereits vorhanden waren. Dabei ging es vor allem um eine Vermehrung der Betriebe in diesen Zweigen sowie um eine Erweiterung ihrer Produktionspalette.

Was die Landwirtschaft angeht, war diese in den kommunistischen Modernisierungsplänen von nachrangiger Bedeutung. Gemäß der stalinschen Modernisierungsstrategie diente sie nur als Akkumulationsquelle für die Industrie, das heißt die Bauern mussten ihre Produkte zu niedrigen Preisen abliefern, während sie für von ihnen erworbene Industrieprodukte erhöhte Preise zu bezahlen hatten.[20] Die wenigen Investitionen, die der neue Staat zu tätigen imstande war, sollten nicht denjenigen zugutekommen, die nach dem Zweiten Weltkrieg immer noch im landwirtschaftlichen Bereich dominierten, also den

[19] Bartl, Albanien, 261; Hutchings, Albanian Industrialization, 113.
[20] Bartl, Albanien, 263.

kapitalistischen Bauern und den Kleinproduzenten; sondern sie hatten gemäß dem ideologischen Verständnis das Industrieproletariat zu konsolidieren, welches den sozialistischen Aufbau tragen sollte. Eine solche Maßnahme betrachteten auch die Wirtschaftsstrategen als sinnvoll, da man mit einer intensiven Industrialisierung die Stärkung der nationalen Unabhängigkeit und die Senkung der Arbeitslosenrate verband.[21]

Die Industrialisierung sollte wiederum dazu dienen, eine zahlenmäßig starke Arbeiterklasse aufzubauen, auf welche sich die „Diktatur des Proletariates" stützen könnte. Durch sie sollten die Menschen ein revolutionäres Bewusstsein bilden, neue Qualifikationen erwerben und die moralischen und charakterlichen Eigenschaften entwickeln, die den Unterschied zwischen dem „alten" und dem „neuen" Menschen ausmachten. Mit ihrer Hilfe sollte das Land modernisiert und seine Verteidigungsfähigkeit gegenüber äußeren Feinden erhöht werden.

Eine Weiterverarbeitung der gewonnenen Bodenschätze war in den Anfangsüberlegungen zur Forcierung der Industrialisierung noch nicht vorgesehen, ebensowenig die Herstellung von Fertigwaren für den inländischen Bedarf. Rohstoffe jedoch, die keinerlei komplizierte Technologie voraussetzten, um weiterverarbeitet werden zu können, wie Erdöl oder Baumaterialien, waren davon ausgenommen.[22] Die neuen Machthaber waren der Ansicht, durch die Erdölförderung sowie die Gewinnung von Bodenschätzen, welche in Albanien reichlich vorhanden waren, ließe sich über den Außenhandel Kapital akkumulieren, das für den Aufbau und die Förderung anderer Industriezweige verwendet werden könnte. Dies betonte auch Hoxha in seiner Rede zum 4. Plenum des Zentralkomitees der Kommunistischen Partei am 17. Oktober 1945:

> „Die Haupteinnahmen unseres Landes stammen aus der Leistung unserer Bergwerke, welche uns zur Konsolidierung der anderen Bereiche helfen werden. Das Öl ist unsere Haupteinnahmequelle und alle haben Interesse daran."[23]

Die in der Leichtindustrie verfolgte Politik sah anders aus. Da man hier an eigene Potentiale anknüpfen konnte und es für unerlässlich erachtete, die eigene Bevölkerung mit Massenkonsumwaren zu versorgen, war die nationale Selbstversorgung primäres Ziel. Dies sagte Hoxha explizit in einer Rede anlässlich des 10. Jahrestages der PAA, als er betonte, in Albanien werde „alles das hergestellt werden, was das Volk benötigt".[24] Eine direkte Begründung dafür wurde nicht gegeben, aber es dürfte im Zusammenhang damit gestanden haben, dass man angesichts beschränkter Importmöglichkeiten nur solche Produkte einführen wollte, die im Lande aufgrund der fehlenden Technologie und des mangelnden

21 Russ, Der Entwicklungsweg Albaniens, 127 f.

22 Ebenda.

23 Zitiert nach: Enver Hoxha, Raport i mbajtur në Plenumin IV. të Komitetit Qendror të PKSh [Bericht beim IV. Plenum des Zentralkomitees der KPA] (17.10.1945), in: ders., Vepra [Werke]. Bd. 3. Tiranë 1969, 127–165, 154.

24 Ders., Die PAA im Kampf für den Sozialismus. Rede auf der Feier des 10. Jahrestages der PAA am 8.11.1951. Berlin 1953, 48.

Know-hows nicht hergestellt werden konnten, in erster Linie Maschinen. Obwohl mit „brüderlicher Hilfe" durch die anderen sozialistischen Staaten, vor allem durch die Sowjetunion, gerechnet wurde, versuchte man in den schon vorhandenen oder in den sich im Aufbau befindenden Industriezweigen exporttaugliche Güter zu produzieren, auch wenn klar war, dass der Haupterlös durch die Ausfuhr von mineralischen Rohstoffen entstehen würde. Auch andere Wirtschaftszweige sollten ihren Beitrag zu den Exporten leisten, jedoch wurde bereits Mitte der vierziger Jahre klargestellt, dass dies nur dann geschehen würde, wenn die Nachfrage des Binnenmarktes gestillt war. Diesen Grundsatz erläuterte Hoxha am Beispiel der Holzverarbeitungsindustrie: „Albanien hat Bauholz importiert, aber wenn wir unsere eigene Industrie aufbauen, werden wir nicht nur in der Lage sein, unseren Eigenbedarf zu erfüllen, sondern auch zu exportieren."[25]

Ein vergleichender Blick auf die Sowjetunion zeigt, dass die Probleme Russlands nach der Oktoberrevolution denjenigen Albaniens nach der Machtergreifung durch die Kommunisten durchaus ähnlich waren. Beide Länder hatten eine rückständige Landwirtschaft und waren in geringem Maße industrialisiert, was sie nun schnellstmöglich ändern wollten. Bei beiden sollte die Industrialisierung durch eine von oben minutiös geplante Strategie und nicht nach dem Prinzip des Manchester-Kapitalismus verwirklicht werden.[26] Die Richtlinien dafür liefert Stalin in seinem Werk „Ökonomische Probleme des Sozialismus in der UdSSR", wo er zwei Eckpfeiler der Industrialisierungspolitik festlegt. Der erste, den er als „das ökonomische Grundgesetz des Sozialismus" bezeichnete, hat eine „Sicherung der maximalen Befriedigung der ständig wachsenden materiellen und kulturellen Bedürfnisse der gesamten Gesellschaft durch ununterbrochenes Wachstum und stetige Vervollkommnung der sozialistischen Produktion auf der Basis der höchstentwickelten Technik"[27] zum Ziel. Zum zweiten schreibt er, um den Übergang zum Kommunismus vorzubereiten, sei es notwendig,

> „das ununterbrochene Wachstum der gesamten gesellschaftlichen Produktion bei vorwiegender Steigerung der Produktion von Produktionsmitteln stetig zu gewährleisten. Die vorwiegende Steigerung der Produktion von Produktionsmitteln ist nicht deshalb notwendig, weil durch sie sowohl die Produktionsmittel produzierenden Betriebe als auch die Betriebe aller anderen Zweige der Volkswirtschaft mit Ausrüstungen versorgt werden müssen, sondern auch deshalb, weil ohne sie eine erweiterte Reproduktion überhaupt unmöglich ist."[28]

Die Entwicklung der Industrie sowie der Aufbau des Sozialismus waren Ziele, die die KPA mit ihren Schwesterparteien gemeinsam hatte. Sie war sich jedoch bewusst, dass sich die Rezepte Stalins nicht ohne weiteres auf Albanien übertragen ließen und man sich den heimischen Verhältnissen anpassen musste, auch wenn das einen Prozess des ständigen

[25] Ders., Raport i mbajtur në Plenumin V. të Komitetit Qendror të PKSh [Bericht beim V. Plenum des Zentralkomitees der KPA] (21.2.1946), in: ders., Vepra [Werke]. Bd. 3. Tiranë 1969, 245–290, 279.

[26] Hutchings, Albanian Industrialization, 114.

[27] Siehe Josef Stalin, Ökonomische Probleme des Sozialismus in der UdSSR. Stuttgart 1952, 40.

[28] Ebenda, 66.

Experimentierens bedeutete. Deshalb lehnte es die albanische Führung ab, die jugoslawischen Wirtschaftsmaßnahmen auf Albanien zu übertragen, trotz ähnlicher Ausgangsbedingungen beider Länder:

> „Obwohl allgemein betrachtet die Verhältnisse bei uns fast dieselben wie in Jugoslawien waren, waren trotzdem Modalitäten und Umstände vorhanden, die nicht dieselben waren [...].“[29]

Selbst innerhalb der KPA gab es Persönlichkeiten, die sich für einen gemäßigten Kurs in der Wirtschaftspolitik aussprachen. So befürwortete Sejfulla Malëshova, damaliges Mitglied des Zentralkomitees und Führungsfigur der Kommunisten, eine Politik, die den sozialistischen sowie den Privatsektor der Wirtschaft gleichmäßig stimulierte und die Privatinitiative förderte. Durch einen Wettbewerb zwischen der sozialistischen Wirtschaft und den Privatunternehmen könne man aus deren Erfahrungen profitieren und sie dem Interesse des Landes dienstbar machen. Ihre Stärkung bedeutete Malëshova zufolge eine Konsolidierung des Staates. Deshalb solle der Staat die nötigen Vorkehrungen dazu treffen.[30] Ymer Dishnica, Politbüromitglied und Gesundheitsminister in der ersten Nachkriegsregierung, betonte, man solle die Industrie nicht verstaatlichen, sondern sie nur der staatlichen Kontrolle unterwerfen, was keine nachteilige Konsequenz für den Durchschnittsgewinn eines Privatunternehmers bedeute.[31] Die Ansichten Enver Hoxhas zu dieser allerersten Zeit ähnelten denen Malëshovas. Noch beim vierten Plenum des ZK der Kommunistischen Partei im Oktober 1945 betonte er die Notwendigkeit der Förderung des privaten Sektors, damit dessen Kapital in Bewegung gesetzt und die Initiative des Einzelnen zum Wiederaufbau des Landes eingesetzt werden könne.[32]

Drei Monate später jedoch vertrat Hoxha eine viel radikalere Politik. Er kritisierte Malëshova für dessen „opportunistische“ Ansichten und stand dafür ein, dem Privatsektor einen unbarmherzigen Krieg zu erklären, sich total an Osteuropa zu orientieren und nicht einmal formell gegenüber den Westmächten dieselbe Haltung einzunehmen wie gegenüber der Sowjetunion.[33] Malëshovas Niederlage bedeutete eine Zäsur für die wirtschaftliche Orientierung Albaniens in der Nachkriegszeit, die Abkehr von einer milderen Form der sozialistischen Wirtschaft mit einer Koexistenz des privaten Marktes und die Übernahme eines stark zentralisierten Modells der Planwirtschaft. Hoxhas Meinungsänderung könnte zum Teil auf den Druck des besonders starken pro-jugoslawischen Flügels innerhalb der Kommunistischen Partei zurückgeführt werden. Wenn er seine Stellung in der Partei behaupten wollte, musste er sich auf „die richtige Seite“ stellen. Die Haltung der West-

29 Zitiert nach: Enver Hoxha, Tezat për rishikimin e Plenumit II. të KQ të PPSh [Thesen zur Nachprüfung der Arbeit des II. Plenums der ZK der PAA] (9.6.1946), in: ders., Vepra [Werke]. Bd. 3. Tiranë 1969, 361–395, 371.

30 Fishta/Ziu, Historia e ekonomisë, 76.

31 Ebenda, 78.

32 Ebenda, 80.

33 Hoxha, Raport i mbajtur në Plenumin V., 264f., 286.

mächte zu Beginn des Kalten Krieges gegenüber Albanien trieb die Partei geradezu in die Arme Jugoslawiens und der Sowjetunion. Wie Bartl bezüglich der Zeit bis 1948 formuliert hat, „[wurde] das Bündnis mit Jugoslawien zu einer Zwangsgemeinschaft, in die Albanien von den Westmächten und auch von der Sowjetunion hineingedrängt wurde.“[34]

2.3 Der albanische Weg

Obwohl manchmal behauptet wird, der albanische Entwicklungsweg sei eine Kopie des stalinschen Konzeptes gewesen,[35] tauchen im Verlauf der Industrialisierung im sozialistischen Albanien Divergenzen auf, welche sich auf die oben erwähnten Faktoren zurückführen lassen. Es gibt natürlich auch Belege dafür, in wie vielen Aspekten des Wirtschaftslebens die sowjetischen Lösungsrezepte zum Vorbild genommen wurden, darunter im Bereich der Sozialversicherung, der Planwirtschaft oder der betrieblichen Führung. Hoxha hob das hervor: „Genauso wie unsere gesamte Politik sich an der Sowjetunion orientiert, sollte sie sich auch im Erziehungsbereich daran orientieren.“[36]

Es bestanden aber eben auch zahlreiche Abweichungen. So war Albanien anders als die Sowjetunion nicht gezwungen, den „Sozialismus in einem Land“ aufzubauen, da es Unterstützung von Ländern in Anspruch nehmen konnte, in welchen die kommunistischen Parteien die Staatsmacht innehatten. Der Entwicklungsvorsprung der Sowjetunion und der übrigen Staaten des sozialistischen Lagers erlaubte es dem Land, einen recht ehrgeizigen Industrialisierungskurs zu verfolgen, ohne dieselben Konsequenzen wie in den Jahrzehnten zuvor die Sowjetunion in politischer, wirtschaftlicher und sozialer Hinsicht in Kauf nehmen zu müssen. Die Übernahme fertiger Rezepte war nicht notwendig, was zumindest im Rückblick aus der Perspektive nach dem erfolgten Bruch mit der UdSSR auch in der „Geschichte der PAA“ offenbar nicht ungern angedeutet wurde: „Die Partei hatte jetzt die Aufgabe, die Erfahrungen des sozialistischen Aufbaus in der Sowjetunion zu studieren und sie in schöpferischer Weise unter den Bedingungen Albaniens in die Tat umzusetzen.“[37] Während das albanische Konzept die Industrialisierung mithilfe der heimischen Industrie und der ausländischen Unterstützung zu verwirklichen beabsichtigte, hatte das sowjetische Konzept den eigenen Agrarsektor wesentlich stärker in Mitleidenschaft gezogen. Alle Sektoren der sowjetischen Industrie sollten gleichzeitig entwickelt werden, während in Albanien zunächst die Intensivierung der Rohstoffgewinnung für die Erhöhung der Exporte bei gleichzeitigem Ausbau der Leichtindustrie vorgesehen war. Die Entwicklung einer Schwerindustrie wurde auf eine spätere Phase verschoben, da das Land dafür

[34] Nach Bartl, Albanien, 241.

[35] So sagt Pernack: „Getreu dem stalinistischen Konzept lag von Anfang an der Schwerpunkt der Nachkriegswirtschaft auf einem forcierten Aufbau einer Industrie.“ Siehe Pernack, Probleme der wirtschaftlichen Entwicklung, 98. Dazu auch: Schnytzer, Stalinist Economic Strategy.

[36] Hoxha, Raport në Plenumin V., 281.

[37] Geschichte der Partei der Arbeit Albaniens. Tirana 1971 (künftig: Geschichte der PAA), 348.

keine Voraussetzungen besaß. Die Prioritätensetzung war möglich, da innerhalb des sozialistischen Lagers eine wirtschaftliche Spezialisierung stattfand, die einer solcher Entwicklungspolitik der albanischen Führung zunächst zupass kam, so dass man systematisch auf langfristige Ziele hinarbeiten konnte.[38]

Die Änderung der Produktionsverhältnisse sowie die Einführung der Planwirtschaft waren für die kommunistische Führung die Voraussetzungen für die Durchführung ihres Konzeptes der Industrialisierung. Durch die Planwirtschaft beabsichtigte sie zeitlich verschiedene Entwicklungsschwerpunkte in verschiedenen Wirtschaftssektoren zu setzen, ohne dass es zu großen Disproportionen innerhalb der Volkswirtschaft kam. Die Planung sollte auch dazu dienen, wichtige politische Ziele des sozialistischen Staates rechtzeitig in Angriff zu nehmen. Damit spielte die Politik bei der Gestaltung der Wirtschaft die primäre Rolle. Das Tempo der landwirtschaftlichen Entwicklung wurde vom Rhythmus der Entwicklung in der Industrie abhängig gemacht, wobei die Agrarwirtschaft auf die internen Bedürfnisse orientiert wurde, das heißt, das Ziel war die Selbstversorgung der Bevölkerung mit Lebensmitteln. Bei der Industrialisierungspolitik wurde zwar langfristig wie andernorts im Sozialismus der Schwerindustrie Priorität eingeräumt, der verfolgte Kurs wich jedoch wie schon angeklungen vom sowjetischen beziehungsweise chinesischen ab. Während man sich in jenen Ländern von Anfang an vorgenommen hatte, einen kompletten schwerindustriellen Zyklus aufzubauen und dies auch gleichzeitig zu erreichen versuchte, wurde in Albanien dieses Ziel etappenweise verfolgt, auch wenn es als Endziel vom Anfang an feststand. Die etappenweise Zielsetzung wird auch durch die Tatsache belegt, dass die intensive Phase zur Errichtung des Elbasaner Stahlwerks fast 25 Jahre nach der Machterringung durch die Kommunisten begann. Bis dahin verfolgten sie unterschiedliche Strategien, welche in Abhängigkeit von der innenpolitischen Lage und der außenpolitischen Konstellation variierten. Zuerst genoss der Aufbau verschiedener Industriezweige zur Importsubstitution (Lebensmittel, Leichtindustrie, Erdölverarbeitung) Vorrang, gemeinsam mit der Förderung des Exports von Rohstoffen durch eine Intensivierung des Bergbaus. Diese Bereiche sollten später durch weiterverarbeitende Industriezweige ergänzt werden, um den inneren Bedarf zu befriedigen und gleichzeitig die Exporte zu erhöhen, durch die man an Devisen gelangen wollte.[39]

Die Rolle Enver Hoxhas bei der Festlegung der wirtschaftlichen Prioritäten scheint weniger bestimmend gewesen zu sein, als bisher in der Forschung angenommen. Ehemalige Regierungsmitglieder stellen mit ihren Aussagen die allgemeine Vorstellung von einem Führer, der in sämtlichen wichtigen Bereichen des Lebens das letzte Wort haben wollte, infrage. Ein früherer Industrieminister äußerte sich gegenüber Bici in folgender

[38] Zuerst errichtete man die Reparaturwerkstätten, anschließend die Ersatzteilwerke, welchen der Bau eigener Betriebe zur Maschinenherstellung folgen sollte. Siehe Russ, Der Entwicklungsweg Albaniens, 144.

[39] Ebenda, 312 f.

Weise darüber: „Uns wurden keine Entscheidungen von Enver Hoxha diktiert. Er beschäftigte sich nie mit Details, sondern stimmte jedem Vorschlag zu, solange dieser im Einklang mit der Ideologie stand."[40]

Die Wirtschaftspläne wurden von der Staatlichen Planungskommission (künftig: SPK) erarbeitet, wie es in allen staatssozialistischen Ländern der Fall war, wobei über ihre Vorschläge innerhalb der Regierung diskutiert und abgestimmt wurde, die ab 1954 unter dem Vorsitz von Mehmet Shehu als Ministerpräsident stand.[41] Anschließend wurde über den Plan im Politbüro abgestimmt. Allerdings wussten angeblich weder Enver Hoxha noch Mehmet Shehu oder Ramiz Alia selbst umfassend über die Pläne Bescheid, wie diesen Aussagen Alias zu entnehmen ist:

> „Ich könnte also in Kenntnis darüber gesetzt worden sein, dass wir Chrom produziert hätten, sagen wir 1000 Tonnen bis zu diesem oder jenem Zeitpunkt, niemals jedoch darüber, wieviel Prozent das ausmachte. Ich wußte beispielsweise nicht, ob 20 Prozent, 30 Prozent oder 40 Prozent der geplanten Menge produziert worden war. Auch hatten die Details für mich keine Bedeutung, da dies eine Angelegenheit für die Staatliche Planungskommision war, die u. a. aus Technikern, Ingenieuren und Fachleuten bestand."[42]

Trotz des apologetischen Beigeschmacks solcher Äußerungen kann man davon ausgehen, dass das Politbüro die ideologischen Vorgaben machte, welche die Wirtschaftsspezialisten in konkrete Planvorgaben zu übersetzen hatten. Die Umsetzung sollte die Richtigkeit der von der Parteiführung verfolgten Linie belegen.

In Betreff der Finanzierung der Industrialisierung betonte Hoxha bereits 1945, dass die Führung der PAA das für die Industrialisierung notwendige Kapital nicht langfristig vorrangig über den Export der gewonnenen Bodenschätze zu akkumulieren trachtete:

> „Wenn wir unseren Wirtschaftssektor nicht verbessern, werden unsere Verpflichtungen [...] gegenüber den Staaten, zu welchen wir Handelsbeziehungen haben, zur politischen Abhängigkeit führen. Wir sollten das niemals vergessen. Die Vergangenheit ist bitter gewesen."[43]

Den kommunistischen Führern waren also, wie weiter oben schon behauptet, die fatalen Folgen des Abhängigkeitsverhältnisses Zogus vom faschistischen Italien ganz bewusst. Während der gesamten sozialistischen Herrschaftszeit wurden in verschiedenen Lebensbereichen Vergleiche zu seiner Regierungszeit gezogen, um auf die positiven Veränderungen hinzuweisen, die unter der Führung der PAA in Albanien stattgefunden hatten. Zogu und seine Politik dienten als Gegenpol und man orientierte sich bei der Verfolgung des wirtschafts- und außenpolitischen Kurses daran, nicht dieselben bitteren Erfahrungen zu machen, auch wenn eine andere Politik nicht unbedingt bessere Ergebnisse bedeuten musste. Die Sicherung der nationalen Unabhängigkeit war in allen Aspekten des gesell-

[40] Zitiert nach Bici, Industrializing Albania, 45.
[41] Louis Zanga, Highest Political Institutions, in: Grothusen (Hg.), Albanien, 747–762, 751.
[42] Alia bei einem Interview durch Bici. Zitiert nach Bici, Industrializing Albania, 47.
[43] Enver Hoxha, Bericht vom IV. Plenum, 153.

schaftlichen Lebens das zentrale Kriterium. Aus diesem Grunde ist der Vorwurf Titos 1947 (also schon vor dem Bruch zwischen den beiden Ländern infolge des Disputs zwischen Stalin und Tito), dass die albanische Regierung „einen autarkischen, irrealen Fünfjahrplan aufgestellt habe, der die albanische Wirtschaft von jener Jugoslawiens trenne"[44], durchaus nachvollziehbar.

Die PAA-Führung ging in der Frage der Finanzierung der Industrialisierungskosten von zwei Phasen aus: In der Wiederaufbauphase sollten die Mittel für die sozialistische Akkumulation durch die Verstaatlichung der wichtigsten Industrien, die Enteignung politischer Flüchtlinge oder Kollaborateure sowie über eine progressive Besteuerung des verbliebenen kapitalistischen Sektors (vor allem der „Kriegsgewinne") zusammenkommen. Auch über eine Einschränkung der Konsumentwicklung wurde nachgedacht. In der zweiten Phase, der sogenannten Phase der „Errichtung der ökonomischen Basis des Sozialismus", sollte die Industrie die Kosten zu ihrem Ausbau durch ihre Erzeugnisse selbst tragen.[45] Dieses Konzept hätte jedoch nur dann verwirklicht werden können, wenn die Sowjetunion und die anderen sozialistischen Staaten Albanien massive wirtschaftliche Hilfe zukommen ließen; dies spielte bei den Überlegungen der albanischen Führung eine wichtige Rolle. Hoxha und seine Anhänger dachten, durch die fremde Lieferung von Maschinen oder Fabrikanlagen, aber auch durch günstige Kredite und sonstige Unterstützung würde der Staatshaushalt entlastet werden.[46] Dass daraus auch Gefahren entstehen könnten, dessen war man sich bewusst. „Die ausländischen Güter, welche wir einführen und verkaufen, machen es uns möglich, unseren durch Verzögerungen bei der Steuereintreibung entstandenen Bedarf zu decken, aber wir sollten nicht vergessen, dass diese Summen immer auf der Sollseite des Staatshaushaltes bleiben werden."[47] Deshalb wollte die Führung den Schwerpunkt auf die Mobilisierung inländischer Ressourcen legen, sowie auf die Mobilisierung der Massen, die zunächst zum Wiederaufbau eingesetzt werden sollten.

> „Eine Sache sollten wir einsehen: All diese notwendigen Projekte, die wir durchführen müssen, können unmöglich nur durch den Staatshaushalt finanziert werden. Die Lücke muss gefüllt werden durch die lebendige Energie der Menschen, durch ihren Initiativgeist und die Opferbereitschaft, die sie ihrem Vaterland entgegenbringen. "[48]

[44] Geschichte der PAA, 335.

[45] Russ, Der Entwicklungsweg Albaniens, 134f.

[46] „Die Sowjetunion zeigt ein besonderes Interesse uns gegenüber. Abgesehen von der großen moralischen Unterstützung in der internationalen Arena, gibt sie uns materielle und kulturelle Hilfe." Hoxha, Raport i mbajtur në Plenumin IV., 135 f.

[47] Ebenda, 157 f.

[48] Zitiert nach: Enver Hoxha, Programi i qeverisë së parë të Republikës Popullore të Shqipërisë, paraqitur para Kuvendit Popullor të RPSh [Programm der ersten Regierung der Volksrepublik Albanien, vorgestellt vor der Volksversammlung der VRA] (24.3.1946), in: ders., Vepra [Werke]. Bd. 3. Tiranë 1969, 298–319, 301.

Die Massenmobilisierung hing verschiedentlich mit ökonomischen Gesichtspunkten zusammen. Einerseits beteiligten sich Hunderte bis Tausende von Menschen aus allen sozialen Schichten, die in Arbeitsgruppen oder -brigaden organisiert waren, „freiwillig" kurzfristig am Bau von Straßen, Brücken, Wohnungen, Industriebetrieben, Terrassen oder Kanälen, was die hier von Hoxha davon erhofften Einsparungen im Budget aufgrund der Senkung der Produktionskosten verhieß. Gleichzeitig erwarben die Freiwilligen dadurch Arbeitserfahrung oder zusätzliche Qualifikationen mithilfe der Berufsbildungskurse. Darüber hinaus aber wurde dadurch auch ein Beitrag zur Erreichung politischer Ziele bezweckt: Erziehung im Sinne des Kollektivismus und der Egalität, Abschaffung von Ausbeutungsverhältnissen, Zusammenwachsen der Nation, Beteiligung der Frau im Arbeitsleben. Die Menschen sollten aus Sicht der albanischen Führung nicht durch Zwang, sondern durch Propagandaarbeit zur aktiven Teilnahme in den Arbeitseinsätzen – im sozialistischen Jargon „Aktionen" genannt – bewegt werden. Die Massenmobilisierung in Aktionskampagnen war ein wichtiges Instrument zur Bildung des „neuen sozialistischen Menschen" und zur Umformung gesellschaftlicher Verhältnisse.[49] Physischer Zwang trat dabei sehr selten auf. Aber es gab auch andere Druckmittel, um die Menschen zur „freiwilligen" Teilnahme in Aktionen zu bewegen.[50]

Ohne die Hilfe der Sowjetunion oder Chinas wäre es den kommunistischen Führern in der Tat unmöglich gewesen, den Aufbau und die Erhaltung einer Schwerindustrie in Angriff zu nehmen, was auch die Jahre nach dem Ende der chinesischen Unterstützung gezeigt haben. Jedoch: Angesichts der Erfahrungen, die Albanien vor der kommunistischen Ära gemacht hatte, waren die kommunistischen Führer der Meinung, dass eine politische Souveränität ohne eine ökonomische Unabhängigkeit unmöglich zu erhalten sei. Die außenpolitischen Beziehungen waren eine integrale Komponente der innerstaatlichen Entwicklungspolitik und sie änderten sich, je nachdem ob ihr Charakter nach Einschätzung der albanischen Führung einen bewahrenden oder einen drohenden Einfluss auf die politische Souveränität haben konnte. Sie hatten in verschiedenen Phasen der Entwicklung unterschiedliche Funktionen zu erfüllen.

Im Laufe der sozialistischen Herrschaft erfuhr die albanische Industrialisierungspolitik Abweichungen und Korrekturen, die auf mehrere Faktoren zurückzuführen sind. Erstens beinhaltete der Experimentcharakter dieser Politik implizit, dass auch Fehler begangen wurden, die ihren Ursprung in irrtümlichen Konzepten der allgemeinen Wirtschaftspolitik

[49] Mehr dazu bei Russ, Der Entwicklungsweg Albaniens, 139 f. Hoxha sagte 1957 in einer Rede, die Diktatur des Proletariats sei unerlässlich, um den Übergang zur kommunistischen Gesellschaft zu schaffen, anschließend komme die Frage der „Liquidierung" des Staates auf die Tagesordnung. Enver Hoxha, Über die internationale Lage und die Aufgaben der Partei (13.2.1957), in: ders., Ausgewählte Reden und Aufsätze. Dortmund 1974, 13 f.

[50] Interessante Erkenntnisse über die verschiedenen Vorgehensweisen zur Massenmobilisierung erlangt man durch Ulf Brunnbauers Arbeit über den bulgarischen Staatssozialismus. Siehe Brunnbauer, „Die sozialistische Lebensweise", 71 – 100. Über die konkreten Maßnahmen zur Durchsetzung des kommunistischen Arbeitsethos erfährt man vor allem auf den Seiten 80 – 85.

hatten. Diese galt es dann, möglichst frühzeitig, zu beseitigen, damit sich keine schwerwiegenden Konsequenzen ergaben. Ein Beispiel dafür sind die Kurskorrekturen zu den Investitionsschwerpunkten beim I. Fünfjahresplan (1951–1955).[51] Zweitens könnte es zu Problemen kommen, wenn die entwicklungspolitischen Erwartungen und die sozialpolitischen Vorstellungen der Menschen in der Realität auseinanderklafften. Ein tatsächliches Beispiel dafür ist die lange andauernde Kollektivierungskampagne, während derer die Parteiführer die Haltung der Bauern zunächst falsch einschätzten, anschließend die Stimmung im Lande zu berücksichtigen versuchten, ohne jedoch ihr Ziel aufzugeben. Ein anderer wichtiger Faktor, der ein Problem und folglich auch eine Abänderung des wirtschaftlichen Konzeptes nach sich ziehen könnte, war eben die Gestaltung der Beziehungen und die Effizienz der Zusammenarbeit mit den auswärtigen Staaten. Wenn ihre Funktionalität nicht den Erwartungen entsprach oder für die eigene Unabhängigkeit zum Unsicherheitsfaktor wurde, wurden die jeweiligen außenpolitischen Beziehungen abgebrochen. In solchen Fällen ist es innerhalb der Partei jeweils zu Divergenzen gekommen, deren Ergebnis auch das Entwicklungskonzept maßgeblich beeinflusst hat.[52] Die forcierte Förderung der Schwerindustrie erfolgte nicht von ungefähr erst nach dem Ausschluss Albaniens aus dem sozialistischen Lager und dem Abbruch der Beziehungen zur Sowjetunion.

2.4 „Sich-Stützen auf die eigenen Kräfte": Ziel oder Ergebnis?

Während die Sowjetunion ihre weitere Hilfe mit politisch-wirtschaftlichen Kursänderungen verknüpft hatte, war die chinesische Führung ohne die Erfüllung irgendwelcher wirtschafts- oder entwicklungspolitischer Vorbedingungen zu Unterstützung bereit. Diese Haltung kam während eines Besuchs von Zhou Enlai in Albanien im Januar 1964 in der „Gemeinsamen Erklärung" über die Grundsätze der albanisch-chinesischen Beziehungen zum Ausdruck. Hierin wurde betont:

> "It is absolutely impossible to impose the will of one country upon another, or to impair the independence, sovereignty and interests of the people of fraternal country on the pretext of 'aid' or 'international division of labor'. "[53]

Dank der chinesischen Hilfe konnte der zwar nicht von Beginn an forcierte, aber zu diesem Zeitpunkt schon langjährige Traum der albanischen Führung zum Aufbau einer Schwerindustrie ein Stück näher zur Realität gebracht werden. China trug wesentlich dazu bei,

[51] Siehe dazu das Unterkapitel: Die industrielle (Real-)Entwicklung 1: Zur Umsetzung kommunistischer Industrialisierungsansätze im Rahmen des Ostblocks (1944–1961).
[52] Russ, Der Entwicklungsweg Albaniens, 141.
[53] Sino-Albanian Joint Statement 1964, zitiert nach: Biberaj, Albania and China, 46.

dass die albanische Wirtschaft nicht – wie von sowjetischer Seite erwartet – nach 1960/61 nach Einstellung der Hilfe aus dem Ostblock zusammenbrach und unterstützte die albanische Industrialisierungspolitik bis 1969 in massiver Weise.[54] Die chinesische Seite schätzte die Haltung der PAA gegenüber dem amerikanischen „Imperialismus" sowie dem sowjetischen und jugoslawischen „modernen Revisionismus"; auch war sie auf der Suche nach Verbündeten gegen die Sowjetunion. Die Führer der KPCh schätzten überdies die strategische Bedeutung Albaniens sehr hoch ein. Das Land könnte als Brückenkopf Chinas in Osteuropa dienen und die sowjetische Dominanz auf dem Balkan stören. Außerdem könnte es in den Augen der weniger entwickelten Staaten als Beispiel für die Anziehungskraft des chinesischen Kommunismus dienen und dessen Ansehen förderlich sein.

Die Zusammenarbeit erreichte ihren Höhepunkt in den Jahren 1966–1969, als beide Länder ihre Kulturrevolutionen durchlebten, auch wenn sich diese durchaus voneinander unterschieden. Das chinesische Ansehen in der Welt stand in jenen Jahren infolge der Exzesse der Kulturrevolution und aufgrund der weltweiten Annahme eines chinesisch angestachelten gescheiterten kommunistischen Putschversuches in Indonesien auf einem Tiefpunkt. Albanien als Sprachrohr Chinas in den Vereinten Nationen (bei denen bis 1971 ja noch, was man heute leicht vergisst, die „Republik China", also Taiwan, und nicht die Volksrepublik die Mitgliedschaft und den ständigen Sitz im Sicherheitsrat besaß) sowie als Zentrum internationaler prochinesischer Aktivitäten und künftiges erfolgreiches Modell für die Verbreitung des chinesischen Kommunismus kam in den Augen der chinesischen Führer eine wichtige Funktion zu. Deshalb war Peking bereit, großzügige wirtschaftliche Leistungen an den Balkanstaat in Kauf zu nehmen und ihn beim Aufbau der Schwerindustrie zu unterstützen.[55] Allerdings brachten der Einmarsch sowjetischer Truppen in die Tschechoslowakei, der sowjetisch-chinesische Grenzkonflikt des Jahres 1969 sowie sowjetische Drohungen mit einem Atomschlag die chinesische Führung dazu, ihren außenpolitischen Kurs zu überdenken. China nahm die diplomatischen Beziehungen zur UdSSR wieder auf, versuchte Reibungspunkte zu vermeiden und zugleich Verbündete gegen die unvermindert als Hauptdrohung empfundene UdSSR zu gewinnen, ohne auf die ideologische Orientierung solcher Verbündeter Wert zu legen. So zeigte sich China an einer Kooperation mit den USA interessiert, versuchte seine Stellung unter den Dritte-Welt-Ländern zu verbessern und drängte Albanien zu einem Bündnis mit Rumänien und Jugoslawien, um dem sowjetischen Einfluss entgegenzuwirken. Dieses von Peking forcierte Bündnis entsprach indes nicht den Absichten der albanischen Führung. Da China jetzt

[54] Cviic stellt die These auf, einer der Gründe, weshalb China Albanien bei seinen Bemühungen zum Aufbau einer Schwerindustrie unterstützte, sei gewesen, dass es auf Chromimporte angewiesen war, die früher von der Sowjetunion bezogen worden waren. Deshalb finanzierte die Volksrepublik die Erschließung neuer Bergwerke und den Bau von Kraftwerken, woraufhin der Chrom- und Kupferabbau in Albanien rasch zunahm. Siehe Christopher Cviic, Remaking the Balkans. London 1991, 52.

[55] Zu Details siehe Grothusen, Außenpolitik, 128; Wildermuth, „Sich stützen auf die eigenen Kräfte", 143 f.; Biberaj, Albania and China, 49 f.

auch Entwicklungsländern der damals sogenannten „Dritten Welt" Auslandshilfe gewährte, wurde die wirtschaftliche Unterstützung für Albanien eingeschränkt. Bereits 1971 wies Peking die albanischen Kommunisten darauf hin, ihre Erwartungen an chinesische Wirtschaftshilfe bei der Verwirklichung ihrer Industrialisierungspläne einzuschränken. Ein Jahr später empfahlen ihnen die nunmehr schon selbst in den Vereinten Nationen vertretenen und an die USA angenäherten Chinesen, sich an die westlichen Staaten um Wirtschaftshilfe zu wenden.[56] 1975 forderten sie Albanien auf, mit der Rückzahlung der bisher gestundeten Tilgungsraten für die von Peking gewährten Kredite zu beginnen.[57]

Somit wurde nach und nach klar, dass China nicht für unbefristete Zeit den albanischen Wirtschaftsaufbau finanzieren konnte und wollte.[58] Peking hatte bereits 1972 eine Reduzierung der Wirtschaftshilfe für Albanien vorgesehen, was für den albanischen sechsten Fünfjahresplan direkte Konsequenzen nach sich zog. Hoxha dürfte sich der Folgen bewusst geworden sein. Das gleiche wird auch für die Tatsache gelten, dass Albanien im Unterschied zu 1960/61 diesmal keinen neuen Patron zu erwarten hatte, an den es sich im Falle der Verschlechterung der chinesisch-albanischen Beziehungen noch hätte wenden können, um politische oder wirtschaftliche Unterstützung zu erlangen. Letzteres hatte Hoxha schon bei einer Zusammenkunft des Politbüros 1969 angedeutet.[59] Die albanische Wirtschaft hatte zwar große Fortschritte gemacht, sie war aber zu der Zeit der Verschlechterung der Beziehungen zu China immer noch strukturschwach. Wildermuth sagt dazu: „Albanien verfügte und verfügt weder über eine Kapitalgüterindustrie, die in der Lage war/ist, die für wirtschaftliches Wachstum und Industrialisierung notwendigen Kapitalgüter (vor allem Maschinen und Ausrüstungen) zu produzieren, noch über eine leistungsfähige Exportindustrie, deren Erlöse den Import der benötigten Kapitalgüter erlaubten/erlauben. Die Folge war/ist ein strukturelles Außenhandelsdefizit."[60]

Um eine zu große Abhängigkeit von China zu vermeiden, musste man sich nach einer breiter gestreuten Runde von anderen Wirtschaftspartnern umsehen, und das versuchte man in Tiranë, indem die Außenhandelsbeziehungen zwischen 1973 und 1975 zum Westen und zu den sozialistischen Ländern intensiviert wurden (siehe Tabelle 2).[61] Möglicherweise ließen Schwierigkeiten auf dem Absatzmarkt aber einen noch weiter erhöhten Warenaustausch nicht zu. Hinzu kam, dass es innerhalb der PAA auch ranghohe Politiker gab, die nicht bereit waren, die bisherigen Prioritäten in der Industrialisierungspolitik mitzutragen. So schrieb der anonyme Verfasser eines Artikels über die Hauptziele des V. Fünfjahresplans 1971–1975:

56 Siehe Biberaj, Albania and China, 90.

57 Bartl, Albanien, 254.

58 Wildermuth, „Sich stützen auf die eigenen Kräfte", 143 f.

59 Vgl. AQSh, KQ i PPSh, 14, 1969/4, 603–635, 634 [Besprechung der Studie „Über einige Probleme der perspektivischen Entwicklung der Landwirtschaft"].

60 Wildermuth, „Sich stützen auf die eigenen Kräfte", 61.

61 Angelo Masotti-Cristofoli, Albania's Economy Between the Blocks, in: Roland Schönfeld (Hg.), Reform und Wandel in Südosteuropa. München 1985, 285–304, 287.

„Unter den Bedingungen unseres Landes ist es weder notwendig noch möglich, dass alle Industriezweige entwickelt werden. Das gilt vor allem für die Maschinenbauindustrie. Den Bedarf an Produkten dieser Art decken wir im Rahmen der engen brüderlichen und internationalistischen Zusammenarbeit mit der Volksrepublik China und durch die Außenhandelsbeziehungen."[62]

Der Verfasser des Artikels dürfte zur Gruppe der sogenannten „Saboteure in der Ökonomie" gehören, deren nachträglich „dingfest" gemachte prominenteste Figuren Abdyl Këllezi (Vorsitzende der SPK seit 1968), Koço Theodhosi (Minister für Industrie und Bergbau seit 1966) und Kiço Ngjela (Handelsminister seit 1954) waren. Sie waren schon gegen den Abbruch der Beziehungen zur Sowjetunion gewesen, da sie – nicht von ungefähr – der Meinung waren, dass dadurch die Volkswirtschaft in große Schwierigkeiten geraten würde. Eine tragende Rolle der Schwerindustrie betrachteten sie als falsch und traten dafür ein, dass das Gros der Investitionen in die Leichtindustrie und in die Landwirtschaft gelenkt werden sollte. Dem Handel mit den „revisionistischen" Ostblock-Ländern maßen sie eine große Bedeutung bei, da er über das im RGW eingeführte Clearingverfahren abgewickelt wurde und nicht gegen Devisen, an denen Albanien keine großen Reserven hatte.[63] Die Durchsetzung des Konzeptes dieser innerparteilichen Gruppe hätte für Hoxha und seine Anhänger bedeutet zuzugeben, dass die von diesen betriebene stalinsche Entwicklungsstrategie ein falsches Wirtschaftskonzept gewesen war, dass demnach die sowjetische Führung mit ihren Einwänden auf wirtschaftlicher Ebene Recht gehabt hatte und die während des Bündnisses mit China von ihnen betriebene Industrialisierungspolitik nicht für Albanien geeignet gewesen war. All das meinten die prominentesten Vertreter der Gruppe laut den Vernehmungsprotokollen auch tatsächlich.[64] Hätte die Gruppe Erfolg gehabt, wäre die Position der Führung um Hoxha innerhalb der Partei angreifbar geworden. Die Befürworter der Schwerindustrie, die sich gleichzeitig für eine Strategie der Importsubstitution sowie für das Prinzip des „Sich Stützens auf die eigene Kraft" aussprachen, setzten sich aber durch. Die „Këllezi-Ngjela-Theodhosi"-Gruppe wurde 1975 festgenommen und zu jahrzehntelangen Haftstrafen oder zum Tode verurteilt, ihre Anhänger wurden aus dem Staatsapparat entfernt und damit endgültig die Weichen für die weitere Wirtschaftspolitik der PAA gestellt.[65] Eine Konsequenz dieser Machtkämpfe innerhalb der PAA-Führung

62 Synimet kryesore të pesëvjeçarit të pestë 1971–1975 [Die Hauptziele des Fünften Fünfjahresplans 1971–1975], *Ekonomia Popullore* 18 (1971), H. 4, 19–27, 25.

63 Vgl. „Theodhosi në hetuesi: Nuk besoja tek ‚socializmi me forcat tona'" [Theodhosi beim Verhör: Ich glaubte nicht an den ‚Sozialismus aus eigener Kraft'], *Dita* 3.11.2013, unter http://gazetadita.al/theodhosi-ne-hetuesi-nuk-besoja-te-socializmi-me-forcat-tona/, am 25.10.2019 zuletzt aufgerufen.

64 Ebenda.

65 Schmidt-Neke, Innenpolitik, 76; siehe dazu auch Wildermuth, „Sich stützen auf die eigenen Kräfte", 144 f.

war der Artikel 28 der 1976 verabschiedeten Verfassung, wodurch Hoxhas Vorstellungen über die Erhaltung der albanischen Souveränität für den künftigen Kurs der albanischen Führung auch über seinen Tod hinaus festgelegt wurden.[66]

Nach der Verschlechterung der Beziehungen zu Peking 1977/78 sah es nun in der Tat nicht so aus, als ob am Horizont ein Staat auftauchen könnte, der bereit gewesen wäre, die albanische Wirtschaftspolitik in einem ähnlichen Maße mitzutragen wie bis dahin China. Man konnte sich auch gar nicht mehr an den Westen oder an Länder des RGW um finanzielle Hilfe wenden, denn der besagte Artikel 28 der am 28. Dezember 1976 verabschiedeten Verfassung verbot die Aufnahme von Krediten aus dem „kapitalistischen, bürgerlichen und revisionistischen Ausland".[67] Die Vergabe von Konzessionen an Ausländer, die Gründung ausländischer Unternehmen sowie Gemeinschaftsunternehmen albanischer Betriebe mit ausländischen Partnern waren ebenfalls untersagt. Dieser Artikel muss dabei als eine ideologisch schlüssige Konsequenz von Artikel 14 gesehen werden, in welchem festgelegt wurde, dass sich Albanien beim Aufbau des Sozialismus hauptsächlich auf die eigenen Kräfte stütze,[68] und von Artikel 15, wonach Albanien gegenüber den sozialistischen Staaten eine Politik der Freundschaft, der Zusammenarbeit und der gegenseitigen Hilfe verfolge.[69] Die Beweggründe für die Formulierung des Artikels 28 dürften für die albanischen Kommunistenführer aber auch außerhalb der Verfassungslogik als eine folgerichtige Entscheidung gesehen worden sein, die sich aus der Geschichte des albanischen Staates seit der Herrschaft von Zogu bis zum Abbruch der Beziehungen zur Sowjetunion ableitete.

[66] Ramiz Alia selbst räumte nach dem Zusammenbruch der PAA-Herrschaft ein, beim Industrialisierungskurs sei die falsche Strategie verfolgt worden. In einem Interview sagte er: „[...] wir haben bei der Industrie Fehler begangen. Da hatten wir Fehler bei der Schwerindustrie, denn sie war nicht nötig. Wir hätten die Leichtindustrie mehr fördern können [...]. Wofür brauchten wir die Schwerindustrie?! Damals war es wie eine Manie, wir mussten Schwerindustrie haben! Was sollten wir damit? Wir waren ein kleines Land, wir produzierten weder Maschinen noch Traktoren, aber wir wollten es doch. Und was produzierten wir? Unser Fehlschlag war die Schwerindustrie, denn die Politik der Industrialisierung Albaniens war richtig." Nach Bici, Industrializing Albania, 97.

[67] Kushtetuta e Republikës Popullore Socialiste të Shqipërisë [Die Verfassung der Sozialistischen Volksrepublik Albanien], *Gazeta Zyrtare* 31 (1976), H. 5, 75–104, Artikel 28.

[68] Ebenda, Artikel 14.

[69] Ebenda, Artikel 15. Mit den „sozialistischen" Staaten war zu diesem Zeitpunkt Ende 1976 aus der Perspektive der Führung in Tiranë gerade noch die Volksrepublik China abgedeckt, aber nicht etwa die „revisionistischen" Staaten rund um die Sowjetunion, deren Sozialistischsein albanischerseits nicht mehr als gegeben betrachtet wurde.

Tab. 2: Handelsvolumen Albaniens in den Jahren 1976–1983 (Angaben in Prozent)

	1976	1977	1978	1979	1980	1981	1982	1983
OECD[70]	25	38	40	43	37	39	39	37
Jugoslawien	6	9	9	13	20	20	21	14
RGW	36	33	38	39	35	36	36	44
China	31	16	9	–	–	–	1	2
Entwicklungsländer	2	4	1	5	8	5	3	3

Quelle: Masotti-Cristofoli, Tabelle 16, 305, zitiert nach: Roland Schönfeld, Außenwirtschaft, Tabelle 4, 440.

Die Frage, ob das Ziel der von der kommunistischen Führung verfolgten Industrialisierungspolitik bereits vor dem Bruch mit China eine autarke, von der Außenwelt abgekoppelte Nationalökonomie war, verdient eine nähere Betrachtung. Für eine solche Grundausrichtung kommen in der Literatur verschiedene Bezeichnungen zum Tragen, die das albanische Wirtschaftsentwicklungskonzept zu erklären versuchen: „autarkisch",[71] „orientiert an die ökonomische Unabhängigkeit"[72]oder "self-reliant"[73]. Laut Wildermuth gaben sich Hoxha und seine Umgebung mit dem Ziel der Unabhängigkeit von ausländischer Wirtschaftshilfe nicht zufrieden, sie strebten nach Autarkie.[74] Es fällt jedoch schwer, die von der damaligen Führung betriebene Wirtschaftspolitik für die gesamte Ära des albanischen Staatssozialismus als „nach Autarkie strebend" zu bezeichnen. Als die albanischen Kommunisten 1944 an die Macht kamen, musste ihnen unter den Bedingungen, die im Lande herrschten, jeder Gedanke an Autarkie geradezu wahnwitzig erscheinen. Sie war auch nicht notwendig, da Albanien Teil des sozialistischen Lagers war. Das Credo „Sich stützen auf die eigenen Kräfte" begann Anfang der siebziger Jahre Bestandteil des albanischen sozialistischen Jargons[75] zu werden. Es war 1961 aus der Not heraus entstanden, als die

70 Vor allem Italien, Frankreich, Westdeutschland und Griechenland, in geringerem Maße Österreich, die USA (indirekt), Schweden und Japan. Siehe Masotti-Cristofoli, Albania's Economy, 292 f.

71 Siehe Wildermuth, „Sich stützen auf die eigenen Kräfte", insbesondere 51–61.

72 Vgl. Russ, Der Entwicklungsweg Albaniens, insbesondere 304–315.

73 Kaser, Economic system, insbesondere 301–303.

74 Wildermuth, „Sich stützen auf die eigenen Kräfte", 58.

75 Der albanische Forscher Ardian Vehbiu verwendet dafür in seiner Studie über die in der albanischen Öffentlichkeit gesprochene Sprache in den Jahren 1945–1990 den Begriff „totalitäres Albanisch". Siehe: Vehbiu, Shqipja totalitare.

Sowjetunion Albanien ihre Unterstützung entzog.[76] Es war zu dieser Zeit, als Enver Hoxhas Slogan propagiert wurde: „Selbst wenn wir uns von Gras ernähren [müssen], werden wir nicht aufgeben." "Self-reliance" bedeutete in der Vorstellung der albanischen Führung nicht zwangsläufig, eine in sich geschlossene Volkswirtschaft aufzubauen, die alles selbst produzierte, was sie zu Erhaltung und Wachstum brauchte. Berit Backer hat hierzu aus dem offiziellen Lehrbuch des albanischen Staatssozialismus für politische Ökonomie sechs wesentliche Richtlinien zur Politik der "self-reliance" (SR) ausgemacht:

1. "SR means that 'internal' factors should be the driving force in socialist construction.
2. SR does not imply autarchy and is compatible with commercial exchange on an equal basis with other countries.
3. SR does not preclude 'sincere' socialist aid, but such external resources should have an impact on the economy through the 'internal' factors.
4. SR should be practiced on all levels and in all branches of the economy.
5. SR implies a policy of strict savings aimed at avoiding waste of manpower, raw materials, energy or financial resources.
6. SR requires a strong commitment to research on and development of an indigenous scientific and technological capacity. "[77]

So wurde ausländische Hilfe nicht vom Anfang an abgelehnt, sondern akzeptiert, wenn die politische Führung sie als „aufrichtig" betrachtete, was normalerweise nur dann der Fall war, wenn sie von Regierungen kam, die als Verbündete der albanischen Kommunisten angesehen wurden, sei es aus Jugoslawien zu Beginn der PAA-Herrschaft, aus der Sowjetunion oder von den anderen Ostblockländern in den fünfziger Jahren und anschließend aus der Volksrepublik China. Die Jahre 1960–1977 waren diejenigen, in welchen die Industrialisierung in Albanien, dank der bedingungsfreien chinesischen Hilfe, mit dem größten Nachdruck betrieben wurde. Die Allianz der Führung mit China hat am längsten gedauert, und Letzteres war der großzügigste Unterstützer der albanischen Wirtschaft (siehe Tabelle 3). Angesichts des Rhythmus der Industrialisierung des Landes sowie der die längste Zeit ungebrochenen chinesischen Wirtschaftshilfe, hätte die albanische Führung durchaus die Möglichkeit gehabt, mittel- bis langfristig ein Ziel der Autarkie für erreichbar halten zu können, denn die Unterstützung durch China nahm erst ab 1976 merklich ab.[78]

[76] Vgl. Backer, Self-Reliance under Socialism, 356; siehe auch Ekonomia politike (Socializmi) [Politische Ökonomie (Der Sozialismus)]. Tiranë 1986, 153–156.

[77] Ebenda.

[78] Wildermuth, „Sich stützen auf die eigenen Kräfte", Tabelle 7, 16, 58.

Tab. 3: Schätzung der vom Ausland geleisteten Hilfe für die albanische Wirtschaft

Geber	**Zeitabschnitt**	**Summe** (in Mio. Dollar)
UNRRA	1945–1948	26*
Jugoslawien	1945–1948	33**
UdSSR	1947–1961	156
Andere osteuropäische Länder 1948–1961	1948–1961	133
China	1959–1975	838
Westliche Handelskredite[79]	1965–1975	94

* Davon 20,4 Millionen von den Vereinigten Staaten.

** Zusätzlich technische und militärische Unterstützung im Wert von ca. 100 Millionen Dollar.

Quelle: Michael Kaser, Trade and Aid in the Albanian Economy, in: US Congress (Hg.), East-European Economies Post-Helsinki. Washington 1977, 1325–1340, 1335.

Die Industrialisierung galt übrigens sowohl für die sozialistischen Länder Osteuropas als auch für die meisten Entwicklungsländer als ein wichtiger Schritt zur Stärkung der eigenen Souveränität, da in den Augen ihrer Regierungen die ökonomische Unabhängigkeit die Voraussetzung nationaler Unabhängigkeit bildete. Als ihr Vorbild diente die Sowjetunion, die sich von einem Ausgangspunkt als Land mit einer rückständigen Agrarwirtschaft bis nach dem Zweiten Weltkrieg in eine Industriemacht umgewandelt hatte. Das kommunistische Albanien bildete mit seiner Industriefokussierung also keine Ausnahme; jedoch war den dortigen neuen Machthabern die Rückständigkeit ihres Landes durchaus bewusst, so dass sie wie gesehen nicht nach einer Autarkie strebten, trotz der Euphorie über die raschen Fortschritte in der Wirtschaft. Zwar könnte man zunächst meinen, nach dem Bruch mit der Sowjetunion wäre die Führung dann aber gezwungen gewesen, nach Autarkie zu streben, weil sie sich in keinen der beiden europäischen Machtblöcke integrieren lassen wollte. Jedoch wollte sich die politische Elite auch dann nicht durch die ihnen vorgelegten Wachstumsziffern täuschen lassen, da sie den Beitrag ihrer vorherigen (und mit China: neuen) Verbündeten für die Konsolidierung der eigenen Nationalökonomie realistisch einschätzte.

So kamen etwa am 11. Februar 1969 bei einer Diskussion des Politbüros der PAA über eine vom Ministerrat vorgelegte Studie, welche die Entwicklungsaussichten der Landwirt-

[79] Die Kredite welche bei der G10 aufgenommen wurden, dienten hauptsächlich zum Erwerb von Ausrüstung und Technologie aus den westlichen Staaten, aber auch dem Schuldendienst. Siehe Masotti-Cristofoli, Albania's Economy, 287; Wildermuth, „Sich stützen auf die eigenen Kräfte", 140.

schaft für das nächste Jahrzehnt zum Thema hatte, auch die Rhythmen der Industrieentwicklung sowie die langfristigen Ziele der Wirtschaftspolitik zur Sprache.[80] Dabei warnten sowohl Hoxha als auch andere Politbüromitglieder ausdrücklich vor der Erwartung, dass Albanien eine Autarkie erreichen könne. In ihren Augen war es sehr wichtig, aus der Wirtschaft das Maximum herauszuholen: Autarkie aber wurde als „ein Ausdruck [gesehen], der nicht der Realität und unserer Zielsetzung" entspricht.[81] Die hohen Wachstumsraten in der Industrie und die These „die Industrie ist die Grundlage des sozialistischen Aufbaus in einem Land" sollten nicht zu einer Politik der forcierten Industrialisierung verführen. Hoxha fügte noch hinzu:

> „Eine Politik der Superindustrialisierung erscheint mir für unser Land und unsere Bedingungen falsch und schädlich. Unter diesem Begriff verstehen wir nicht den Bau einer Verarbeitungsfabrik für Ferrochrom, sei es auch mit einer jährlichen Kapazität von 800.000 Tonnen. Superindustrialisierung würde bedeuten, dass wir in unserem Land eine Maschinenbauindustrie, oder eine Metallverarbeitungsindustrie aufbauen, wofür uns Ressourcen in sehr großen Mengen zu Verfügung stehen müssten. Eine Superindustrialisierung setzt kolossale Mengen von Rohstoffen voraus, die wir, ganz egal welchen Rohstoff wir im Lande gewinnen, nicht besitzen [...]."[82]

Nach Hoxhas Ansicht hätte eine forcierte Industrialisierung – oder „Superindustrialisierung", um seine Worte und die der besagten Studie aufzugreifen – bedeutet, dass nur 15–20 Prozent der Bevölkerung auf dem Lande lebten. Nicht einmal die „revisionistischen Länder", die sich auf einem höheren Industrialisierungsstand befanden, würden solche Raten erreichen. Angesichts der gegebenen Bedingungen in Albanien seien solche Vorstellungen falsch und schädlich. Hoxha deutete an, dass man das auch nicht wolle, da im Falle einer schnellen industriellen Modernisierung die Arbeitslosigkeit ansteigen würde.[83] Hinsichtlich einer autarken Entwicklung in der Landwirtschaft sagten Ramiz Alia und Spiro Koleka, der damalige Vorsitzende der SPK, Autarkie sollte nicht damit gleichgesetzt werden, dass man seinen Getreidebedarf selbst sicherstelle, deshalb sei ein solcher Begriff fehl am Platz.[84]

Die Notwendigkeit aber der Deckung des heimischen Getreidebedarfs aus eigenen Mitteln, was Alia explizit betonte, war nicht nur ein Ausdruck des kommunistischen Primats der ökonomischen Unabhängigkeit, sondern entsprang konkreten Erfahrungen aus den albanisch-sowjetischen Beziehungen. So hatte die Sowjetunion im Winter 1960 wegen

80 AQSh, KQ i PPSh, 14, 1969/4, 603–635 [Besprechung der Studie „Über einige Probleme der perspektivischen Entwicklung der Landwirtschaft"].

81 Enver Hoxha in: ebenda, 634.

82 Ebenda, 635.

83 Der Vorsitzende der Staatlichen Planungskommission Abdyl Këllezi, der später verurteilt wurde, sagte im Rahmen der erwähnten Sitzung, Ziel der Wirtschaftspolitik sei eine Beschäftigung von 30–35 % der Arbeitskräfte in der Industrie, des Restes in der Landwirtschaft. Ebenda, 611.

84 Ebenda, 611, 633.

einer Dürre dringend benötigte Getreidelieferungen abgesagt, was dann durch China kompensiert wurde.[85] Diese Situation sollte sich nicht wiederholen, denn sie barg unvorhersehbare Risiken für das Regime.

In der besagten Studie wurde zudem festgestellt, dass der Ackerboden bis 1980 aufgrund der Neulanderschließung um 23,4 Prozent zunehmen würde, während die Bevölkerung um 27 Prozent wachsen würde. Dieser Trend würde sich in Zukunft fortsetzen, was den kommunistischen Führern hinsichtlich der Lebensmittelversorgung Sorgen bereitete. Bisher sei extensive Landwirtschaft betrieben worden, was sich ändern müsse; aber um eine intensive zu betreiben, sollten nach ihrer Auffassung landwirtschaftliche Maschinen und Ersatzteile im Lande selbst hergestellt werden. In Zukunft müssten Lebensmittel im Ausland gekauft werden, was mit einer Steigerung der Exporte gekoppelt werden sollte, damit die Zahlungsbilanz positiv bleibe. Wenn man die ökonomischen Statistiken und die späteren öffentlichen Reden der albanischen Führer betrachtet, stellt man fest, dass eine ausgeglichene Zahlungsbilanz die Leitlinie der albanischen Wirtschaftspolitik während der Phase der „*splendid isolation*" ab 1978 war. Sie wurde dann zum Selbstzweck, mit zuletzt tragischen Konsequenzen.

Der Verfassungsartikel von 1976 und die geringen Devisenreserven des Landes ließen auf diesem Stand einen erhöhten Außenhandel nicht zu, so dass Chinas Abbruch der Wirtschaftshilfe die albanische Industrie spürbar traf. Zum ersten Mal stützte sich das Land tatsächlich „auf die eigenen Kräfte", was aber in dieser Form nicht Ziel der kommunistischen Wirtschaftspolitik war,[86] sondern der Tatsache geschuldet, dass sich Albanien ins politische Abseits hineinmanövriert hatte. Dass ein solcher Zustand auf die Dauer unhaltbar war, scheint Hoxha jedoch geahnt zu haben. Schon zu seinen Lebzeiten lief die albanische Wirtschaft der Katastrophe entgegen. Wie Roland Schönfeld sagt:

> „Die Lektion, dass kein Entwicklungsland imstande ist, seine Wirtschaft erfolgreich zu industrialisieren und zugleich die notwendige Motivation der Bevölkerung durch einen angemessenen Lebensstandard zu erhalten, ohne sich ausländischen Kapitals zur Importfinanzierung zu bedienen, hatte die albanische Führung in den 80er Jahren zu lernen."[87]

Der britische Forscher James F. Brown vertritt hingegen die These, Hoxha habe Perspektiven für das Überleben der albanischen Wirtschaft in drei Richtungen gesucht: a) eine Intensivierung der ökonomischen Beziehungen zu den Dritte-Welt-Ländern; b) eine partielle Verbesserung der wirtschaftlichen Beziehungen zu China; c) eine Verbesserung der wirtschaftlichen Beziehungen zum Westen.[88] Hoxha starb jedoch, bevor sich dieser Kurs implementieren ließ. Unter seinem Nachfolger Alia versuchte man die Schwerpunkte auf die

[85] Siehe Grothusen, Außenpolitik, 121. Hoxha selbst schreibt in seinen Memoiren, die Albaner seien gezwungen gewesen, in ihre Devisenreserven zu greifen, um in Frankreich Weizen einzukaufen. Hoxha, Die Chruschtschowianer, 451 f.

[86] Schönfeld, Außenwirtschaft, 439–451.

[87] Ebenda, 441.

[88] James F. Brown, Eastern Europe and Communist Rule. Durham, London 1988, 379.

Leicht- und Nahrungsmittelindustrie zu legen und weniger Kapital in den Ausbau der Schwerindustrie zu stecken, da dieser kostenintensiv und ohne ausländische Hilfe nicht zu bewerkstelligen war. Die albanische Industrie war jedoch zu marode, der Bedarf an Kapital besonders dringend und die Veränderungen in der Wirtschafts- und Außenpolitik viel zu zögerlich, als dass das albanische System den Zusammenbruch des sozialistischen Blocks in Ost- und Südosteuropa hätte überleben können.

2.5 Die industrielle (Real-)Entwicklung 1: Zur Umsetzung kommunistischer Industrialisierungsansätze im Rahmen des Ostblocks (1944–1961)

Die albanischen Kommunisten vertraten die Ansicht, dass eine Modernisierung der Wirtschaft ohne Hilfe aus dem Ausland nicht zu bewerkstelligen war. Als sie im November 1944 an die Macht kamen, unternahmen sie radikale Schritte zur Nationalisierung der Produktionsmittel und zur Einführung der Planwirtschaft. Unter dem neuen Regime wurden Gesetze erlassen, die alle Industrie- und Handelsgesellschaften genauso wie die Handelsbeziehungen unter strikte staatlicher Kontrolle stellten. Im Frühjahr 1945 wurden alle in Albanien vorhandenen italienischen und deutschen Vermögensbestände konfisziert, die früheren ausländischen Konzessionen annulliert, Elektrizitätswerke und Transportmittel nationalisiert und ein Netz von Handwerkerkooperativen gebildet, die vom Staat protegiert wurden. Ende 1946 befanden sich 89 Prozent der Industrieproduktion in staatlichen Händen, während ein Jahr später Privateigentum im industriellen Sektor dann praktisch nicht mehr vorhanden war.[89] Getreu der marxistisch-leninistischen Ideologie, wonach der Sozialismus nur durch einen starken Industriesektor aufgebaut werden könne, beabsichtigten die kommunistischen Führer eine rapide Industrialisierung des Landes. Als sie im Rahmen ihres ersten Parteitages 1948 erklärten, die Hauptaufgaben der Partei seien „die sozialistische Industrialisierung und die Elektrifizierung des Landes“,[90] orientierten sie sich an Lenins Zitat: „Kommunismus ist Sowjetmacht plus Elektrifizierung des ganzen Landes.“[91]

Die Ideologie diktierte ihnen den Weg, wie die ökonomische Transformation des Landes zu geschehen hatte. Alia selbst schilderte dies nach dem Systemwechsel in einem Interview so:

[89] Fishta / Ziu, Historia e ekonomisë, 137 f.
[90] Geschichte der PAA, 353.
[91] Lenin in seinem Bericht über die Tätigkeit der Volkskommissare am 21. November 1920. Siehe Wladimir I. Lenin, Unsere außen- und innenpolitische Lage und die Aufgaben der Partei, in: ders., Werke. Bd. 31. Essen 1966, 402–422, 414.

„Damals waren wir alle für die Industrialisierung Albaniens. Auch ich stand dahinter, voll und ganz, denn Enver tat all das nicht alleine, sondern mit uns. Ich habe dafür gestimmt, denn ich war überzeugt, dass Albanien dadurch entwickelt werden würde."[92]

Zunächst setzte man jedoch die Priorität auf die Verbesserung der schlechten Wirtschaftslage und vor allem auf die Versorgung der Bevölkerung. Es galt als erstes die Kriegsschäden zu beheben, um die Wirtschaft anzukurbeln und das Wohlwollen der Bevölkerung zu erhalten. Unmittelbares Ziel war die Wiederherstellung der Produktionskapazitäten in den Bereichen Infrastruktur, Leicht- und Bauindustrie und Bergbau, sowie die Wiedererrichtung der zerstörten Wohnstätten, bei welcher sich die Betroffenen oft freiwillig beteiligten. Dies betonte auch Hoxha in seinem Bericht vor dem 4. Plenum des ZK der KPA am 17. Oktober 1945:

„In der ersten Phase des Wiederaufbaus werden wir im Wirtschaftssektor all das wiederaufbauen, was durch den Krieg zerstört wurde und schnellstmöglich an die Vorkriegssituation anknüpfen. Damit dies erreicht wird, müssen die Kleinhändler und die Kleinunternehmer ihre Tätigkeit wiederaufnehmen [...]."[93]

Die Hilfe, die die „United Nations Relief and Rehabilitation Administration" (UNRRA) gewährte und die bis 1948 26 Millionen Dollar betrug, reichte für die Versorgung der Menschen nicht aus. Auch Jugoslawien leistete wirtschaftliche Unterstützung, was die Belgrader Regierung als eine Investition in ein Land betrachtete, das früher oder später in den jugoslawischen Staatsverband integriert werden sollte. Mehrere bilaterale Abkommen folgten, in welchen die jugoslawische Regierung unter anderem zusicherte, albanische Experten auszubilden und technische sowie finanzielle Hilfe für den Aufbau der Industrie und die Modernisierung der Landwirtschaft zu leisten. Der Warenaustausch und -transport, der Kapitalverkehr und die Erschließung der Bodenschätze sollte binationalen Gesellschaften übertragen werden, in welchen Vertreter beider Länder jeweils zur Hälfte beteiligt waren. Allerdings erhoben die Albaner bald Einwände gegen die Implementierung der Abkommen und bezichtigten Jugoslawien der Einflussnahme auf die wirtschaftliche Entwicklung ihres Landes.[94] Während die albanische Führung um Investitionen in der Leichtindustrie und um Unterstützung für den Bau einer Ölraffinerie bat, wollte Belgrad seine Prioritäten im Bereich der Landwirtschaft und beim Abbau der Bodenschätze setzen. Der projugoslawische Flügel wurde zunehmend stärker, das Land geriet in eine größere Abhängigkeit von Jugoslawien, und der Einjahresplan, der im Frühjahr 1948 in Tiranë angekündigt wurde, sollte die beiden Wirtschaften einander praktisch angleichen, was Albanien in ein ähnliches Verhältnis gebracht hätte wie zur Herrschaftszeit Zogus gegenüber Italien. Dies kam jedoch durch den jugoslawisch-sowjetischen Konflikt und den darauffolgenden Ausschluss Jugoslawiens aus dem Kominform nicht zustande. Gestützt auf die

92 Ramiz Alia während eines Interviews aus dem Jahr 2007. Siehe Bici, Industrializing Albania, 48.

93 Hoxha, Raport i mbajtur në Plenumin IV., 153.

94 Schnytzer, Stalinist Economic Strategy, 10 f.

Sowjetunion, schalteten Enver Hoxha und seine Anhänger den jugoslawienfreundlichen Flügel innerhalb der Kommunistischen Partei aus und kappten alle wirtschaftlichen Verbindungen zum Nachbarland. In der Folgezeit wurde Albanien zum schärfsten Kritiker der jugoslawischen Führung und warf ihr vor, sie hätte Albanien in eine Kolonie verwandeln wollen, worauf diese konterte, die albanische Führung hätte den sowjetisch-jugoslawischen Konflikt nur dazu genutzt, um sich der Auslandsschulden zu entledigen. Mit einem analogen Vorwurf wurde Albanien später auch von der sowjetischen beziehungsweise chinesischen Führung konfrontiert.[95]

Die Hilfe von neuer Seite ließ nicht auf sich warten. Da die geopolitische Bedeutung Albaniens im Mittelmeerraum für die UdSSR – vor allem nach dem Bruch mit Jugoslawien – sehr hoch war, gewährte sie großzügige wirtschaftliche Unterstützung. Ihre Verbündeten taten es ihr nach; sogar Bulgarien, das zweitärmste Land im RGW, gab Albanien 1954 eine langfristige Anleihe.[96] Anders als in den ersten Nachkriegsjahren, in denen die Schwerpunkte der Industrialisierungspolitik auf dem Wiederaufbau der zerstörten Infrastruktur, in der Verstaatlichung des Privatbesitzes und in der Gründung von staatlichen Betrieben lagen, ging die Führung der PAA ab 1948 dazu über, mehr in die Entwicklung des Bergbaus, der Elektrizitätserzeugung und der Leicht- und Nahrungsmittelindustrie zu investieren. Der Anteil der Industrie an den gesamten staatlichen Investitionen wuchs bereits 1949 auf 47 Prozent. Hierfür kamen Kredite aus der UdSSR und später auch von anderen Staaten des RGW, dem Albanien bereits im Februar 1949 beigetreten war. Intern gab es gegen die breiten Investitionsschwerpunkte auch Gegenrede: Tuk Jakova, damaliges Politbüro-Mitglied, verhielt sich distanziert. Er vertrat die Ansicht, dass unter den gegebenen Bedingungen in der albanischen Ökonomie der Vorrang der Investitionslenkung der Leichtindustrie gebühre. Seine Meinung wurde jedoch als nichtmarxistisch verworfen.[97]

Als Problem gestaltete sich bei der Verwirklichung der industriellen Vorhaben die Rekrutierung der Arbeitskräfte, und zwar sowohl im Rahmen der Errichtung von Industrieanlagen als auch für deren nachfolgende Inbetriebnahme. So sollten bis April 1949 für den Industriesektor 13.785 Arbeitskräfte zur Verfügung gestellt werden. Tatsächlich wurden es jedoch aufgrund der fehlenden „notwendigen Sorgfalt“ der Kreisparteikommitees und der zuständigen staatlichen Stellen vor Ort nur 7987 oder 59 Prozent der Planung.[98] Nicht nur die Anzahl der Facharbeiter und Spezialisten war gering, auch ihre Ausbildung ließ zu wünschen übrig.

Die von der Sowjetunion und den übrigen RGW-Staaten gewährte finanzielle Unterstützung wurde von der PAA dafür verwendet, neue Bergwerke zu erschließen sowie die Erdölproduktion und die Leicht- und der Nahrungsmittelindustrie zu fördern, welche

[95] Bartl, Albanien, 244–247.
[96] Schönfeld, Außenwirtschaft, 431.
[97] Historia e popullit shqiptar, Bd. 4, 215.
[98] Siehe Fishta / Ziu, Historia e ekonomisë, 297.

beim Parteitag von 1952 im Zuge des ersten Fünfjahresplans 1951–1955 zu vorrangigen Sektoren erklärt wurden. Die Wachstumsrate der Industrieproduktion sollte jährlich 27,7 Prozent beitragen, dabei jährlich 31 Prozent im Bereich der Kapitalgüter (im kommunistischen Sprachgebrauch „Gruppe A") und 26,5 Prozent im Bereich der Konsumwaren („Gruppe B").[99] Bei der Erarbeitung des Plans – wie auch bei der Erstellung der nachfolgenden Fünfjahrespläne – hatten nicht die Wirtschaftsfachleute das letzte Wort, sondern die Politiker. Für diese waren die ideologischen Prämissen vorrangig. Ökonomische Erwägungen kamen erst an zweiter Stelle.

In den ersten beiden Jahren der Fünfjahresplanung kam es zu Verzögerungen und Misserfolgen. Ursachen gab es mehrere. So erwiesen sich die Baufristen für die geplanten Objekte als zu knapp bemessen und waren deshalb nicht einzuhalten. Die Agrarinvestitionen entsprachen nicht dem Bedarf in diesem Sektor, was eine Nichterfüllung der Planvorgaben zur Folge hatte und die Bewegung zur Genossenschaftsbildung in der Landwirtschaft zu kompromittieren drohte. Auch die Produktion von Konsumgütern entsprach nicht den Erwartungen. Bei einer derartigen Entwicklung drohte der ganze Plan ein Desaster zu werden. Aus diesen Gründen beschloss die Parteiführung 1953, einen Teil der für die Industrie geplanten Investitionen in die Landwirtschaft umzuleiten und die Fertigstellung einiger Industrieprojekte auf später zu verschieben. Gleichzeitig unternahm man verstärkte Bemühungen zur Erhöhung der Qualifikation der Arbeitskräfte. Diese Änderungen brachten einen gewissen Erfolg, denn zum Abschluss des Fünfjahresplans wurde berichtet, die jährliche Wachstumsrate der Industrieproduktion sei 22,8 Prozent gewesen – immerhin, aber doch deutlich weniger als die ursprünglich anvisierten 27,7 Prozent –, wobei die Wachstumsrate bei den Konsumgütern 24,3 Prozent und bei den Kapitalgütern 20,7 Prozent betragen habe.[100] Im Agrarsektor war es jedoch schwer gewesen, die ursprünglichen Ziele der kommunistischen Führung zu verwirklichen, wonach bis Ende 1955 85 Prozent des Ackerlandes kollektiviert werden sollten. Die Bauern standen dem Kollektivierungsprozess ablehnend gegenüber, viele derjenigen, die Mitglieder in den Landwirtschaftlichen Produktionsgenossenschaften (LPG)[101] geworden waren, traten sogar wieder aus. Ende 1955 war nur 13,4 Prozent des Ackerlandes kollektiviert, genauso hoch war der Anteil an der landwirtschaftlichen Produktion, der aus dem sozialistischen Sektor stammte.[102] Die Landwirtschaft entwickelte sich zwar, aber nicht in demselben Rhythmus wie die Industrie. Diese verzögerte Entwicklung blieb in Sachen der Produktion bis zum Ende des sozialistischen Regimes sichtbar.

[99] Fishta / Ziu, Historia e ekonomisë, 304.

[100] Vgl. Besim Bardhoshi, Probleme të planifikimit dhe te zhvillimit të ekonomisë së planifikuar në R. P. Sh. [Probleme der Planung und der Entwicklung der Planwirtschaft in der VRA]. Tiranë 1965, 145; auch Adi Schnytzer / Ramat Gan, Industry, in: Grothusen (Hg.), Albanien, 312–343, 316.

[101] In Albanien wurden sie „Kooperativen" genannt und ihre Mitglieder „Kooperativisten".

[102] Historia e popullit shqiptar, Bd. 4, 212.

Die verstärkte Förderung der Landwirtschaft ab 1953 war möglicherweise Ergebnis sowjetischen Drucks. Nach Aussagen Hoxhas drängte die neue sowjetische Führung Albanien nach Stalins Tod dazu, sich mehr auf die agrarische Entwicklung zu konzentrieren und sie reduzierte dementsprechend ihre Unterstützung für Albanien.[103] Die Führung in Tirana musste darauf entsprechend reagieren, da sie, allein gestützt auf die inländische Landwirtschaft (und die noch schwache Industrie), die weitere Industrialisierung nicht aus eigener Kraft durchführen konnte, wie das gemäß der stalinistischen Entwicklungsstrategie eigentlich geschehen sollte. Das bedeutete jedoch nicht, dass sie diese verworfen hatte. Sie war auf ausländische Hilfe angewiesen, solange sie der Meinung war, dass das Prinzip des „Sich Stützens auf die eigene Kraft" in Albanien nicht umsetzbar war. Die Zielvorgaben für den zweiten Fünfjahresplan 1956–1960 waren insofern im Vergleich zum vorigen bescheidener, obwohl die Schwerpunkte der Investitionsausgaben unverändert blieben. So sollte die jährliche Wachstumsrate der Industrieproduktion für die Gruppe A 14,8 Prozent und die der Gruppe B 13,5 Prozent betragen. Vor allem sollten die Erdöl-, Chrom- und Kohleförderung und die Produktion der elektrischen Energie und der Massenbedarfsartikel rasch entwickelt werden. Die Ergebnisse der ersten beiden Jahre waren für die Führung derart zufriedenstellend,[104] dass im Februar 1958 beschlossen wurde, die Zielvorgaben nach oben zu korrigieren, da laut offizieller Begründung „unausgenützte innere Reserven"[105] ausgemacht wurden. Die Zielvorgabe für das jährliche Wachstum der Industrieproduktion wurde von 14 auf 17 Prozent hochgeschraubt, nämlich für die Gruppe A auf 20 Prozent und für die Gruppe B auf 15,8 Prozent.[106] Diese Ziffern wurden nicht ganz erreicht; dennoch waren die Wachstumsraten in der Leistung der Schwerindustrie seit 1955 gemäß den offiziellen Statistiken mit 16 Prozent jährlich durchaus beachtlich.

Die technologische und finanzielle Unterstützung von Seiten des RGW spielte für den Erfolg des II. Fünfjahresplans eine maßgebliche Rolle. Die RGW-Staaten hatten in den ersten Jahren des Bestehens ihrer Organisation noch keine effizienten Versuche zur Koordinierung ihrer Wirtschaften unternommen, sondern bis auf Albanien allesamt eine forcierte Industrialisierungspolitik betrieben, die sich an Autarkie orientierte und den Aufbau einer heimischen Schwerindustrie zum Ziel hatte. Dadurch wurden innerhalb des Rates zahlreiche Parallelinvestitionen getätigt, welche – vor allem im Maschinenbau – aufgrund der nicht ausgelasteten Produktionskapazitäten, hohen Stückkosten und Absatzschwierigkeiten der Produkte keine Rentabilität zur Folge hatten. Auf der VII. Ratstagung vom 18.–25.5.1956 in Ost-Berlin wurden infolgedessen Vereinbarungen über die Koordinierung der Produktionspläne der RGW-Staaten getroffen, die Albanien zunächst nicht miteinbezogen.[107]

103 Hoxha, Die Chruschtschowianer, 69–77.

104 Die gesamte Industrieproduktion soll 1957 um 26 % gesteigert worden sein, die landwirtschaftliche Produktion um 15 %. Siehe Geschichte der PAA, 469.

105 Ebenda.

106 Schnytzer / Gan, Industry, 320.

107 Wildermuth, „Sich stützen auf die eigenen Kräfte", 126 f.

Solange Albanien keine gesonderte Funktion innerhalb des RGW zugewiesen erhielt, konnte die PAA ihre Industrialisierungspolitik ungestört fortsetzen. Man hatte einstweilen auch nicht mit den Umstellungsschwierigkeiten der übrigen RGW-Mitgliedsstaaten zu kämpfen, da im albanischen Sonderfall vor dem Tode Stalins die Schwerpunkte der Industrialisierung wie gesehen auf der Bergbaundustrie, dem Ausbau der eigenen Elektrizitätskapazitäten und bei der Leicht- und der Nahrungsmittelindustrie gelegen waren. Nach dem Treffen in Ost-Berlin geriet die PAA im weiteren aber doch unter Druck, als auf der XII. Ratstagung des RGW vom 10.–14.12.1959 in Sofia die Rolle der südosteuropäischen Länder innerhalb des Rates konkretisiert wurde. Albanien wurde hier die Rolle eines Lieferanten von Bodenschätzen, landwirtschaftlichen Roherzeugnissen und Halbfertigprodukten zugewiesen. Die Schwerpunkte der Nationalökonomie sollten im Zuge dessen auf die Produktion von landwirtschaftlichen Erzeugnissen sowie auf den Abbau von Chrom, Eisenerz, Steinkohle, Bitumen (Erdpech) und Rohöl gelegt werden.[108] Dadurch entstand eine Diskrepanz zwischen den langfristigen wirtschaftspolitischen Zielen der albanischen Kommunisten und den Erwartungen der übrigen RGW-Staaten. Die kommunistische Führung hatte sich entweder zu fügen oder nach einem Ausweg umzusehen, falls sie ihre Langzeitstrategie in der Wirtschaftspolitik nicht ändern wollte.

Aufgrund der wirtschaftlichen Abhängigkeit Albaniens vom RGW besaßen dessen Mitglieder durchaus Druckmittel, um die Entwicklung der einzelnen Wirtschaftsbranchen im eigenen Sinne zu beeinflussen. Da sich die Funktionstüchtigkeit der in Albanien in Betrieb genommenen Werke auf die importierte Technologie stützte, lässt sich anhand ihres Umfangs und Profils die Einwirkung der RGW-Hilfe auf die industrielle Entwicklung Albaniens einschätzen. So gehörten von den 37 Unternehmen, die zwischen 1947 und 1961 in Betrieb genommen wurden, acht zum Bergbau und zur Schwerindustrie, die restlichen zur Leicht- und Nahrungsmittelindustrie.[109] Das entsprach wie gesehen für einen bestimmten Zeitraum durchaus den ursprünglichen Prioritäten der albanischen Industrialisierungspolitik, da die Zusammensetzung der Importe keine massive Einfuhr von Maschinen und elaborierter technologischer Ausstattung erforderte. So machte beispielsweise im Jahr 1950 der Anteil der Importe an Konsumgütern 37,1 Prozent der Gesamtimporte aus.[110] Dadurch waren umgekehrt die Importkapazitäten für Maschinen und Ausrüstung engen Grenzen unterworfen. Um Devisen für deren Einfuhr freizubekommen sowie um den Lebensstandard der wachsenden Bevölkerung zu erhöhen, musste der Textil- und der Nahrungsmittelindustrie in den fünfziger Jahren Vorrang eingeräumt werden. Auch hier war man zwar zuerst auf die Importe von Technologie angewiesen, doch die Tatsache, dass in den späten fünfziger Jahren die gesamtwirtschaftlichen Importe von Maschinen und Ausrüstung stiegen, zeigt, dass die vorangegangene Konsolidierung der Leicht- und Lebensmittelindustrie der Handelsbilanz zugutekam.

[108] Ebenda, 127.
[109] Schnytzer/Gan, Industry, 320.
[110] Wildermuth, „Sich stützen auf die eigenen Kräfte", 127.

Ein anderer Grund für die Entscheidung, Großprojekte in der Schwerindustrie vorerst zurückzustellen, lag in der schon angesprochenen geringen Qualifizierung der Arbeitskräfte (siehe Tabelle 4). Dem Land fehlte es an ausgebildeten Facharbeitern, Technikern wie auch an hochqualifizierten Führungskräften. So standen zur Zeit der kommunistischen Machtergreifung den neuen Herrschern zum Wiederaufbau der Wirtschaft nur 380 hochqualifizierte Spezialisten zur Verfügung.[111] Es musste Zeit vergehen, bis sich eine erfahrene Arbeiterschaft bildete, mit welcher man neue Industriezweige entwickeln und komplexe Unternehmen in Angriff nehmen konnte. Bis dahin konnte man sich nur auf die Branchen, die schon vor 1944 in Albanien existiert hatten, konzentrieren und ein Reservoir an zuverlässigen Arbeitskräften bilden.

Der Ausbau der Elektrizitätswirtschaft, der Leicht- und Nahrungsmittelindustrie sollte aber eben nur eine Übergangsphase auf dem Weg zur Bildung einer Schwerindustrie bilden, was nun jedoch die RGW-Partner ab 1958 nicht mehr so sahen. Dadurch war der Ausbruch eines Konflikts nur eine Frage der Zeit. Die ersten bedeutenden Meinungsverschiedenheiten ereigneten sich rund um den Aufbau einer albanischen Eisen-Nickel-Metallurgie. Nachdem man die Erkundung von Eisen-Nickel-Erzvorkommen in den im Osten des Landes gelegenen Kreisen Pogradec und Librazhd nach Kriegsende wiederaufgenommen hatte, wurden im Jahre 1957 die Lagerstätten in Pishkash für die industrielle Erschließung freigegeben und schon im Mai begannen die Arbeiten für den Abbau des Minerals. Albanien drängte nun auf den Aufbau einer Eisen-Nickel-Verarbeitungsindustrie, was die Führungen der Tschechoslowakei, Ungarns und der DDR ablehnten, da sie das albanische Eisen-Nickel-Erz in eigenen Fabriken verarbeiten wollten. Die Tschechoslowakei hatte sogar schon eine Fabrik gebaut, die auf die Verarbeitung des albanischen Erzes spezialisiert war. Auch Chruschtschow lehnte den Aufbau einer Schwarzmetallurgie in Albanien ab und versuchte die Albaner mit dem Hinweis zu trösten, die sowjetische Tagesproduktion würde ausreichen, um den albanischen Bedarf für Jahre zu erfüllen. Letztlich bekam die albanische Führung von sowjetischer Seite keinen Kredit für den Aufbau einer Schwarzmetallurgie.[112] Dadurch wurde ihr bewusst, dass die sowjetische Führung ihre Strategie der wirtschaftlichen Unabhängigkeit ablehnte. Die Albaner versuchten Zeit zu gewinnen und stimmten einem Lieferabkommen mit der tschechoslowakischen Regierung zu, unter der Bedingung, dass Albanien dafür nicht mehr als 300.000 Tonnen Eisen-Nickel-Erz freigeben solle.[113] Gleichzeitig wurden eigene Explorationen zur Erforschung der heimischen Erzvorkommen unterstützt.

[111] Vladimir Misja, Baza materialo-teknike dhe efektiviteti i investimeve në industri [Die materiell-technische Basis und die Effizienz der Industrieinvestitionen]. Tiranë 1983, 20.
[112] Wildermuth, „Sich stützen auf die eigenen Kräfte", 127.
[113] Fishta / Ziu, Historia e ekonomisë, 462.

Tab. 4: Die Bildungsstruktur der erwachsenen Bevölkerung in den Jahren 1950 und 1960 (Angaben in Prozent)[114]

Abschluss	**1950**	**1960**
Grundschule oder siebenjährige Schule	93,5	89,8
Hochschulreife	5,9	8,4
Hochschulabschluss	0,6	1,8
Insgesamt	100	100

Quelle: Fishta/Ziu, Historia e ekonomisë, 588.

Die albanischen Führer hätten sich schwerlich der für sie vorgesehenen Rolle innerhalb des RGW entziehen können, wenn es nicht zum Bruch Chinas mit der Sowjetunion gekommen wäre. Dieser bot ihnen eine willkommene Möglichkeit, das Abhängigkeitsverhältnis gegenüber der Sowjetunion abzuschütteln und ein Bündnis mit einem Partner einzugehen, der sich nicht in die Gestaltung ihrer wirtschaftspolitischen Ziele einmischte. Zwar rechnete man damit, dass die Unterstützung seitens der Volksrepublik China aufgrund derer wirtschaftlicher Entwicklung nicht so großzügig ausfallen würde wie zuvor durch die Sowjetunion, man hoffte aber dennoch, dass es der zweiten kommunistischen Großmacht aufgrund der für chinesische Verhältnisse *quantité négligeable* des albanischen Bedarfs nicht viel ausmachen würde, die albanischen Bedürfnisse zufriedenzustellen. Bereits 1954 hatte China Albanien den ersten Kredit gewährt und schon ab dieser Zeit hatten sich die Beziehungen Albaniens zu China intensiviert.[115]

Im selben Jahr hatten in Moskau zwei RGW-Ratstagungen stattgefunden, in welchen man sich auf eine interne Arbeitsteilung innerhalb des RGW, vor allem im Hinblick auf die Produktionsgüterindustrie geeinigt hatte. Die Rolle Albaniens war damals nicht festgelegt worden, dies geschah erst 1959, aber die für sie entstandenen Konsequenzen der Moskauer Beschlüsse dürften den Albanern bewusst gewesen sein. Da sowohl sie als auch die chinesische Führung hinsichtlich des sowjetischen Entstalinisierungskurses Chruschtschow distanziert gegenüberstanden und in ideologischer Hinsicht viele Gemeinsamkeiten entdeckten, ergriff die PAA-Führung auf dem Parteitag der Rumänischen Kommunistischen

114 Ebenda, 588. Ende September 1950 bzw. Anfang Oktober 1960 lebten in Albanien 1.218.900 resp. 1.625.300 Einwohner (Fishta / Ziu, Historia e ekonomisë, 577). – Die Zahlen zur Bildungsstruktur dürften zum Teil irreal gewesen sein, da sie mit Blick auf die Volksschulstufe eine rasante Entwicklung und umfassende Alphabetisierung von bis 1945 nicht alphabetisierten Erwachsenen zur Voraussetzung gehabt hätten, die in dem Umfang kaum verwirklicht worden sein kann.

115 Grothusen, Außenpolitik, 122.

Partei im Juni 1960 anlässlich der chinesisch-sowjetischen Divergenzen die Gelegenheit, offen aus der drückenden Allianz mit der Sowjetunion freizukommen und sich auf Chinas Seite zu stellen.[116]

Die ideologischen Streitigkeiten hatten drastischen Einfluss auf die wirtschaftliche Kooperation Albaniens mit der Sowjetunion und den übrigen RGW-Mitgliedern. Diese schlugen sich auf die Seite der Sowjetunion und die Beziehungen zwischen Albanien und dem übrigen Ostblock verschlechterten sich derartig, dass von den vorherigen Partnerstaaten alle für den albanischen III. Fünfjahresplan versprochenen Kredite von insgesamt 132 Millionen Dollar gekündigt wurden, die Experten aus den RGW-Staaten das Land verließen und sogar die sowjetische Marinebasis bei Vlorë abgebaut wurde.[117] Anstatt dessen sprang China als Kreditgeber mit einem Darlehen von 123 Millionen Dollar und mit Experten ein, die von großer Wichtigkeit waren, da Albanien zu dieser Zeit immer noch eine nur geringe Zahl von gut ausgebildeten Spezialisten hatte.[118] Zum endgültigen Abbruch der diplomatischen Beziehungen mit der Sowjetunion kam es am 3. Dezember 1961.

Der Allianzwechsel hatte grundlegende Folgen für die albanische Wirtschaft, zumal natürlich für deren Außenbeziehungen. Das Land hatte sich bis dahin in Bezug auf die Industrieausrüstung und den Import von Maschinenersatzteilen an den RGW-Staaten orientiert und seinen Handel vorwiegend mit ihnen abgewickelt. Viele albanische Studenten, die zur Ausbildung in die osteuropäischen Staaten entsendet worden waren (umso wichtiger in einem Land, das selbst erst seit 1957 in Tirana über eine erste Universität und dort längst nicht über alle nötigen Spezialisierungsmöglichkeiten verfügte), mussten zurückkehren, mit entsprechend negativen Folgen für das Bildungswesen. Die chinesischen Möglichkeiten zur Unterstützung Albaniens mit technischem Wissen waren dagegen aufgrund von Chinas desolater Wirtschaftssituation infolge des „Großen Sprungs nach vorne" anfangs begrenzt.[119] Viele Projekte, welche 1961 noch nicht abgeschlossen waren, brauchten wegen des notgedrungenen Umstiegs von der sowjetischen zur chinesischen Technologie mehr Zeit zur Produktionsaufnahme als geplant. Von neun großen Bauprojekten, die im Jahre 1961 abgeschlossen wurden, konnte nur ein einziges, eine Brikettfabrik, zur Erhöhung der industriellen Kapazitäten beitragen. Projekte wie das Textilkombinat „Mao Zedong" in Berat oder eine Fabrik für chemische Düngemittel in Fier wurden drei Jahre später abgeschlossen als geplant. 1962 leisteten nur sechs von den in den Jahren bis dahin

[116] Ebenda, 120–123.

[117] Schnytzer/Gan, Industry, 320.

[118] Siehe dazu Schnytzer, Stalinist Economic Strategy, 73; Schönfeld, Außenwirtschaft, 435; Wildermuth, „Sich stützen auf die eigenen Kräfte", 129f.

[119] Siehe Jean-Luc Domenach, Volksrepublik China, in: Stéphane Courtois (Hg.), Das Handbuch des Kommunismus. Geschichte – Ideen – Köpfe. München, Zürich 2010, 243–249, 246f.

23 realisierten Großprojekten einen wirklichen Beitrag zur Erhöhung des Industriekapitals und erst 1965 hatte die überwiegende Anzahl der vollendeten Projekte ein industrielles Profil; die übrigen gehörten anderen Sektoren an.[120]

Abb. 1: „Ewige Freundschaft" wird in der Titelseite dieser Ausgabe der Sowjetunion gelobt. Die inneren Differenzen beider Parteiführungen führen erst drei Jahre später zum endgültigen Bruch und machen aus dem „Freund" eine sozialimperialistische Macht.

Als im Februar 1961 der 4. Parteitag der PAA stattfand, war von eventuellen negativen Effekten der albanisch-sowjetischen Divergenzen allerdings keine Rede. Die Richtlinien für den III. Fünfjahresplan wurden vom Premierminister Mehmet Shehu vorgegeben. Shehu erklärte, Albanien habe „eine neue historische Phase betreten – die des vollständigen Aufbaus der sozialistischen Gesellschaft".[121] Der Schwerpunkt der künftigen Aufgaben wurde auf die „Fortsetzung der Industrialisierung" gelegt und auf den „Aufbau der materiellen und technischen Basis des Sozialismus".[122] Im Unterschied zu den früheren Fünfjahresplänen jedoch wurde der Entwicklung der Landwirtschaft eine größere Bedeutung beigemessen, die Wachstumsraten dort sollten nunmehr diejenigen des Industriesektors übertreffen.[123] Dadurch sollte die Ungleichmäßigkeit im Entwicklungstempo der beiden Sektoren überwunden und ein ausgeglichenes Wachstum der gesamten Volkswirtschaft erreicht werden.

Als es klar wurde, dass die Sowjetunion sämtliche versprochenen Kredite annullieren würde, erfolgte die Einberufung eines Plenums des Zentralkomitees, welches am 1.7.1961 einen Beschluss veröffentlichte „über die Maßnahmen, welche für eine weitere Festigung des Sparsamkeitsregimes unternommen werden müssen"[124]. Die Albaner wurden aufgerufen, in allen Lebensbereichen größtmögliche Sparsamkeit walten zu lassen. Die Ministerien sollten darauf achten, dass in Betrieben und Institutionen keine

[120] History of the Party, 491; Schnytzer, Stalinist Economic Strategy, 73 f.; Schnytzer / Gan, Industry, 322.

[121] So Mehmet Shehu in seinem Bericht über die Direktiven des 4. Parteikongresses für den dritten Fünfjahresplan für die wirtschaftliche und kulturelle Entwicklung der VRA, in: Kongresi IV. i PPSH, 201.

[122] Ebenda.

[123] Die Industrieproduktion sollte um 52 % erhöht werden, dabei um 54 % die Produktion in der Gruppe A und um 50 % in der Gruppe B. In der Landwirtschaft sollte die Produktion um 72 % gesteigert werden. Vgl. Geschichte der PAA, 519.

[124] Schnytzer / Gan, Industry, 321.

unvorhergesehenen Ausgaben entstünden, die Arbeiter wurden ermahnt, äußerst umsichtig mit den Maschinen und Ausrüstungen umzugehen, Material für die Produktion einzusparen und es möglichst rationell zu verwenden. Durch die Erhöhung der Ausfuhreinnahmen sollten weitere Einsparungen gemacht werden, um weitere notwendige Maschinen und Ausrüstungen im Ausland erwerben zu können. Die Rentabilität der noch zu errichtenden Werke sollte nochmals überprüft werden, ohne aber dabei ihre politische Bedeutung außer Acht zu lassen.[125] Dieser Beschluss dürfte der erste Hinweis gewesen sein, der den Menschen klar machen sollte, dass die wirtschaftliche Lage im Lande durch den Bündniswechsel Albaniens beeinflusst werden würde. Als im Gefolge der Sowjetunion auch die osteuropäischen Staaten die versprochenen Kredite aufkündigten, mussten die Importe gesenkt werden und das Handelsdefizit sank von 206 Millionen Lek im Jahre 1959 auf 103 Millionen Lek 1962 wie auch im darauffolgenden Jahr.[126] Die vorgenommenen Ziele für den dritten Fünfjahresplan wurden weder in der Industrie noch in der Agrarwirtschaft erreicht. Der Plan der gesamten Industrieproduktion wurde zu 97 Prozent erfüllt. Die Industrieproduktion wurde im Vergleich zum vorigen Jahrfünft „nur" um 50 Prozent gesteigert und die landwirtschaftliche Produktion um 22 Prozent.[127] Laut Schnytzer konnte die albanische Wirtschaft erst 1973 dieselbe Effizienz an den Tag legen wie 1959.[128] Die Importe von Maschinen und Ausrüstungen mussten gezwungenermaßen gesenkt werden, da die albanische Führung den Zusammenbruch der Ökonomie und der Versorgung der Bevölkerung vermeiden wollte. In den Jahren 1961–1963 lagen die durchschnittlichen jährlichen Importe von Maschinen und Ausrüstungen um 40,2 Prozent niedriger als 1960. Erst nach 1963 hatte sich die chinesische Wirtschaft von den Folgen des „Großen Sprunges nach vorn" erholt, die albanische Wirtschaft die Engpässe überwunden und erst ab diesem Zeitpunkt konnte sich Albanien dank chinesischer Hilfe wieder größere Handelsbilanzdefizite leisten.[129] Albaniens Wachstum war zu dieser Zeit niedriger als in den Jahren davor und auch geringer als in den Jahren 1966–1975. In einer solchen Situation könnte Autarkie als Ziel vielleicht für die lange Frist ein Wunschgedanke in den Köpfen der kommunistischen Herrscher gewesen sein, aber nichts, was ihnen ernsthaft erreichbar erschienen sein kann.

Die Führer der PAA haben wiederholt zugegeben, die Jahre 1961–1965 seien die schwierigste Periode gewesen, seit sie die Macht 1944 errungen hatten.[130] Nichtsdestoweniger zeigte sich die Wirtschaft widerstandsfähiger, als es die sowjetische Führung angenommen hatte. Es war weiterhin eine beachtliche Steigerung in der Industrieproduktion vorhanden. Unter den Industrieprojekten, die im III. Fünfjahresplan vollendet wurden, waren zwei metallurgische Fabriken in Elbasan und dem in der Puka gelegenen Gjegjan,

[125] Geschichte der PAA, 520.
[126] Schnytzer / Gan, Industry, 315.
[127] Ebenda, 322.
[128] Ebenda, 326.
[129] Wildermuth, „Sich stützen auf die eigenen Kräfte", 133.
[130] Prifti, Socialist Albania, 58.

eine Fabrik zur Kupferanreicherung in Rubik am Rande der Mirdita, mehrere Bergwerke sowie weitere Produktionsstätten der Leicht- und Nahrungsmittelindustrie, zudem zwei Wasserkraftwerke.[131]

2.6 Die industrielle (Real-)Entwicklung 2: Die Jahre der Schwerindustrie – das Bündnis mit China (1964–1978)

Zu Beginn des IV. Fünfjahresplans im Jahr 1966 war die wirtschaftliche Lage, dank der massiven chinesischen Unterstützung, entspannter als zu Beginn der sechziger Jahre. Unter diesen Umständen wurden auch die Ziele des neuen Planes formuliert, als dessen Hauptaufgabe die „Beschleunigung des vollständigen Aufbaus der technisch-materiellen Basis des Sozialismus durch Fortsetzung der sozialistischen Industrialisierung und Steigerung der Industrieproduktion“[132] beschrieben wurde. Im Mittelpunkt der Förderung im Bereich der Schwerindustrie stand die Weiterverarbeitung der Rohstoffe. Die Industrieproduktion sollte im Vergleich zu 1965 um 50–54 Prozent anwachsen, mit einem Jahresdurchschnitt von 8,7 Prozent. Die Erzeugung der Produktionsmittel (Gruppe A) sollte 10,8 Prozent jährlich und jene der Konsumgüter (Gruppe B) um 6,2 Prozent ansteigen.[133] Um dies zu erreichen, sollten die Investitionen gegenüber dem III. Fünfjahresplan um 34 Prozent erhöht werden.

Offiziell wurden die Ziele in den meisten Sektoren übertroffen. Der Produktionsanteil der Schwerindustrie stieg von 26 Prozent im Jahre 1965 auf 38,5 Prozent im Jahre 1970 an, soviel wie in keinem vorherigen Fünfjahresplan. Insgesamt wuchs die Industrieerzeugung im ganzen Jahrfünft um 83 Prozent, und zwar in der Gruppe A mit 15,8 Prozent und in der Gruppe B mit 9,5 Prozent jährlich. Zur Entwicklung der Arbeitsproduktivität in der Industrie wurden aber keine konkreten Angaben veröffentlicht. Der damalige Premierminister Mehmet Shehu ging bei seinem Rapport über die Erreichung der Planziele am Parteitag von 1971 auf diesen Punkt gar nicht ein. Enver Hoxha fand in seinem Bericht Anlass zuzugeben, dass man in diesem Punkt das vorgenommene Ziel nicht erreicht hatte, aber auch er machte keine genauen Angaben.[134]

Konkrete Angaben über Planerreichungen oder -verfehlungen wurden über die gesamte Zeit der PAA-Herrschaft hindurch in der Öffentlichkeit kaum verkündet. Die Erfolge wurden jedes Mal dem Parteiprogramm zugeschrieben. Folgender Stil war für die öffentliche Verlautbarung der Ergebnisse der Fünfjahrespläne typisch:

[131] Siehe Historia e popullit shqiptar, Bd. 4, 276.
[132] Zitiert nach: Geschichte der PAA, 641.
[133] Nach Schnytzer, Stalinist Economic Strategy, 83.
[134] Ebenda.

> „Im Vergleich zu 1960, als die harte Blockade der sowjetischen Revisionisten begann, liegt 1975 unsere gesamte Industrieproduktion 3,9-mal höher, dabei ist die Produktion der Öl- und Chromindustrie 3,1-mal höher, die Produktion der Kupferindustrie 21-mal höher, der Elektroindustrie 7,1-mal höher, der chemischen Industrie 24,8-mal höher und der mechanischen Industrie 14,4-mal höher."[135]

Die im Großen und Ganzen erfolgreichen Ergebnisse des IV. Fünfjahresplans im Bereich der Industrieproduktion wurden nicht nur durch die erhöhten Investitionen herbeigeführt, sondern entstanden auch infolge einer Verfeinerung der Vorgehensweise gegenüber den angesteuerten Zielen. Während man in den vorherigen Fünfjahresplänen auf eine Konsolidierung der Schwerindustrie hingearbeitet hatte, ohne genauere Präzisierung der zu fördernden Bereiche, konzentrierte man sich ab 1967 auf diejenigen Branchen, welche der PAA-Führung als geeignet für die albanischen Bedingungen erschienen. Dort wurde versucht, die Effizienz zu erhöhen. Dieser Strategiewechsel wurde auf dem 3. Plenum des Zentralkomitees vom 13. – 14. Oktober 1967 öffentlich gemacht. Mehrere Redner betonten die Notwendigkeit einer Reorganisierung der Maschinenbauindustrie, sprachen die Ursachen für die Misserfolge an und entwarfen zum ersten Mal eine präzise Entwicklungsstrategie für die albanische Industrie. Die Erfahrung mit den Konflikten mit Jugoslawien und der Sowjetunion und den darauf entstandenen Schwierigkeiten in der Ökonomie diente den PAA-Führern als Argument für den Versuch, die wirtschaftliche Entwicklung des Landes so weit wie möglich auf die heimischen natürlichen Ressourcen zu begründen, in der Hoffnung, dass sich dadurch die Wirtschaft störungsfrei konsolidieren würde.[136] Wirtschaftliche Unabhängigkeit erschien ihnen anhand von Albaniens Naturressourcen als ein realistisches Ziel. Damit die für die Industrieproduktion notwendigen Infrastrukturen aufgebaut werden konnten, mussten kurzfristig massiv ausländisches Kapital und ausländische Technologie in Anspruch genommen werden. Dass diese Strategie zunächst Früchte trug, belegen in der Tendenz, ungeachtet der nötigen Skepsis gegen die Genauigkeit der damaligen Statistiken, die hohen Quoten der Produktionssteigerung in drei prioritären Sektoren der Industrie: Die jährlichen Wachstumsquoten waren bei der chemischen Industrie und beim Maschinenbau in den Jahren 1965–1970 mit 47,5 Prozent und 25,5 Prozent höher als in den anderen Industriebranchen, während die Elektrizitätsindustrie mit jährlich 21,3 Prozent nach der Kupfer- und Eisen-Nickel-Industrie an fünfter Stelle stand.[137]

135 Enver Hoxha, Raport në Kongresin e 7-të të PPSh [Bericht vor dem 7. Parteitag der PAA] (1.11.1976), in: ders., Vepra [Werke]. Bd. 62. Tiranë 1988, 1–283, 38.

136 Siehe Dokumenta kryesore të PPSH [Hauptdokumente der PAA]. Bd. 5. Tiranë 1974, 349–372.

137 Nach 30 vjet Shqipëri socialiste [30 Jahre sozialistisches Albanien]. Tiranë 1974, 64.

Abb. 2: Propagandastatistik zum Wachstum der metallverarbeitenden Industrie

Zu dieser Zeit kam es zu immensen Veränderungen, die auch im Wirtschaftsleben deutliche Spuren hinterließen: von 1966 bis 1969 fand in Albanien die „Kulturrevolution" statt,[138] in welcher den „bürokratischen Praktiken" – worin die PAA die Hauptquelle des sowjetischen Revisionismus sah – der Kampf angesagt wurde. Der Bürokratie wohne das Potential inne, eine neue, herrschende Schicht zu bilden, die sich eines Tages in eine neue Bourgeoisie verwandeln könne. Deshalb sollten die Ausgaben für den Verwaltungs- und Parteiapparat gekürzt und dieser Apparat entsprechend verkleinert werden.[139] Die Ersparnisse kamen dem Produktionsbereich zugute. Die Anzahl der Ministerien wurde von 19 auf 13 verringert. Auf Beschluss des Politbüros folgte eine Kampagne, im Rahmen derer sich viele Spezialisten und Verwaltungsmitarbeiter verpflichteten, in die Produktion zu gehen, vornehmlich in die Landwirtschaftlichen Genossenschaften. Unter anderem wurde beschlossen, dass Verwaltungsbeamte, Partei- und Gewerkschaftsfunktionäre, Intellektuelle und Offiziere künftig 30 Tage im Jahr in der Produktion zu arbeiten und auch ihre Freizeit mit den Bauern beziehungsweise Arbeitern zu verbringen hätten. Die materiellen Anreize wurden eingeschränkt, die höheren Lohngruppen gekürzt und an die Menschen wurde appelliert, die individuellen Interessen denjenigen der Gemeinschaft unterzuordnen. Zu dieser Zeit wurde auch das Einkommensteuersystem abgeschafft.[140]

Die Regierung versuchte zugleich die Stellung der Arbeiter gegenüber den Betriebsleitern zu stärken. Umgekehrt setzte ab 1968 eine Kampagne zur Einrichtung von Arbeiterkontrollen im Industriebereich ein, welche sie zu größerem Arbeitseifer und „erhöhtem Klassenbewusstsein" im Betriebsleben motivieren sollte. Man versuchte außerdem die Arbeiter dazu zu bewegen, sich für Arbeit auf dem Land freiwillig zu melden, um „die Führungsrolle der Arbeiterklasse" beim Aufbau der sozialistischen Ökonomie zu stärken – aber wahrscheinlich auch, weil man sich dadurch einen größeren Effekt bei der Indoktrinierung der Bauern erhoffte. In puncto Kampf gegen die Bürokratie und für die Modernisierung der Wirtschaft zeitigten derlei Maßnahmen aber keine großen Ergebnisse. Dafür nahm die Anzahl der Arbeiter mit Fortschreiten der Industrialisierung stetig zu. Ihre Ziffer verdoppelte sich im Jahrzent von 1960 bis 1970 von 154.000 auf 307.000 und 1976 waren es 370.000.[141] Ungeachtet des allgemeinen Bevölkerungswachstums änderte sich damit auch die soziale Zusammensetzung der Bevölkerung zu Gunsten der Arbeiterschaft; von 11,2 Prozent 1950 stieg ihr Anteil an der Beschäftigungsstruktur auf 36,2 Prozent im Jahr 1973.[142]

138 Aus Platzgründen wird hier nur auf die Stoßrichtungen der albanischen „Kulturrevolution" eingegangen, die in erster Linie das Wirtschaftsleben betrafen. Für ausführliche Angaben siehe u. a. Schmidt-Neke, Innenpolitik, 68–73.

139 Ebenda, 70 f.

140 Ebenda, 70 f.

141 Hierbei zeigen sich große Widersprüche zwischen den publizierten Statistiken und denjenigen für den internen Gebrauch. Es sollte nicht vergessen werden, dass Publikationen wie „30 Jahre sozialistisches Albanien" eher propagandistische als informative Funktion hatten.

142 Prifti, Socialist Albania, 59 f.

Tab. 5: Die albanische Beschäftigungsstruktur 1950–1973 (Angaben in Prozent)

	1950	1960	1969	1973
Verwaltungspersonal	10,1	11,3	11,3	14,4
Industriearbeiter	11,2	29,1	32,9	36,2
Bauern	74,3	58,7	55,7	49,4
dabei LPG-Mitglieder	1,7	41,6	55,4	49,4
Bauern außerhalb der LPG	72,6	17,1	0,3	–
Beschäftigte im Handelssektor	4,4	0,9	0,1	–

Quelle: Prifti, Socialist Albania, 61.

Im Zuge des fünften Fünfjahresplans (1970–1975) setzte die Führung die Schwerpunkte auf die Entwicklung der Rohstoffgewinnung und der verarbeitenden Industrien. Zum Ziel wurde erklärt, die Verarbeitungskapazitäten für Albaniens Erzressourcen nochmals zu erhöhen, da dies nach Meinung der PAA-Führer der richtige Weg war, um den Unabhängigkeitsgrad der Wirtschaft zu erhöhen, und somit auch den eigenen außenpolitischen Spielraum zu erweitern. Die intensiven Bauarbeiten für die drei ehrgeizigsten Projekte des kommunistischen Regimes wurden zu dieser Zeit begonnen. Das erste war das Wasserkraftwerk von Fierzë am nordalbanischen Drin, welches eine Kapazität von 500.000 kWh und eine Jahreskapazität von 1,5 Milliarden kWh haben sollte. Dabei betrug die gesamte Jahresproduktion Albaniens an elektrischer Energie 1973 erst 1,6 Milliarden kWh. Das zweite Projekt war das für unsere Arbeit im Weiteren zentrale Metallurgische Großkombinat in der mittelalbanischen Stadt Elbasan mit einer Jahresproduktionskapazität von 800.000 Tonnen Eisen-Nickel (mehr als doppelt so viel wie die 1973 produzierte Menge von 384.000 Tonnen). Das dritte wichtige Vorhaben war die Erdölraffinerie von Ballsh im Südwesten des Landes, mit einer Jahreskapazität von einer Mio. Tonnen (während im ganzen Land 1973 ansonsten nur insgesamt 624.000 Tonnen Öl raffiniert wurden).[143] Die anvisierten Ziele sollten nicht nur die Volkswirtschaft entscheidend verändern, sondern auch eine propagandistische Wirkung haben. Der Außenwelt sollte demonstriert werden, dass das sozialistische Albanien sich auf dem unumkehrbaren Weg der Modernisierung befinde. Den Albanern sollte bewiesen werden, dass die eigene Führung in der Lage sei, das Land entscheidend umzugestalten und ihre Ziele Wirklichkeit werden zu lassen, getreu dem Slogan: „Es gibt keine Burg, die die Kommunisten nicht einnehmen können!"

Der 6. Parteitag der PAA sah bei der Industrieproduktion für 1975 eine Steigerung von 61–66 Prozent gegenüber 1970 vor, wobei die Produktion der Gruppe A um 78–83 und

[143] Ebenda, 61.

der Gruppe B um 40–44 Prozent wachsen sollte. Tatsächlich stieg die Produktion in den beiden Großsektoren nur um 57 Prozent beziehungsweise 45 Prozent.[144] Die Gründe für ein solches unterplanmäßiges Wachstum sind zu einem großen Teil in den sich abzeichnenden albanisch-chinesischen Divergenzen zu suchen. Bis Ende der sechziger Jahre konnte man sich auf die chinesische Hilfe in der Schwerindustrie verlassen. Dank Ausrüstungs- und Maschinenimporten aus China konnten die Befürworter des Aufbaus der Schwerindustrie ab 1966 ihre Ziele ernstlich in Angriff nehmen. Mit chinesischer Kapitalhilfe wurden die Kapazitäten in der Elektrizitätswirtschaft, im Kohlebergbau, der Ölindustrie, im Maschinenbau, in der Leicht-, Textil- und Baustoffindustrie, im Fernmeldewesen und beim Rundfunk stark ausgebaut. Es entstanden neue Zweige, die in Albanien zuvor nicht existiert hatten, wie die Eisen- und Stahlproduktion, die Erzeugung von Kunstdünger, von Säuren und Glas, die Kupferverarbeitung, die Papier- und Kunststoffproduktion oder die Waffenherstellung.[145]

Tab. 6: Die erreichten Wachstumsraten der Fünfjahrespläne im Bereich Industrie, unterteilt nach Produkten (Angaben in Prozent)[146]

	1. Fünfjahresplan (1951–1955)	**2. Fünfjahresplan** (1956–1960)	**3. Fünfjahresplan** (1961–1965)	**4. Fünfjahresplan** (1966–1970)	**5. Fünfjahresplan** (1971–1975)
Gesamtwachstumsrate	22,6	16,9	6,8	12,9	8,7
Erdöl	7,4	33,1	4,7	15,2	4,3
Chrom	18,5	19,1	1,4	9,3	11,0
Kohle	36,5	7,8	6,2	11,9	7,6
Kupfer	3,2	13,8	38,7	25,1	8,8
Lebensmittel	14,9	15,4	6,1	5,8	k. A.

Quelle: Prifti, Socialist Albania, 62.

Das Bündnis Albaniens mit China war in den sechziger Jahren sehr stabil und der Partner sorgte dafür, dass Albanien nicht isoliert wurde, nachdem es die Beziehungen zur UdSSR abgebrochen hatte.

144 Schnytzer / Gan, Industry, 329.

145 Wildermuth, „Sich stützen auf die eigenen Kräfte", 134.

146 Da auch Prifti nur die offiziellen Publikationen als Grundlage für seine Angaben verwendet, sind diese Zahlen aufgrund der allgemeinen Beschönigungstendenz sozialistischer Statistikexperten mit Vorsicht zu behandeln.

Albanien bezog bereits 1962 65 Prozent seiner Importe aus China und lieferte 29 Prozent seiner Exporte in die Volksrepublik.[147] 6000 chinesische Spezialisten sollen in Albanien ihren Beitrag zur wirtschaftlichen Konsolidierung geleistet haben und die Gesamtsumme der Kredite, die China Albanien in der Zeit ihrer Kooperation gewährt haben soll, wird auf 838 Millionen Dollar geschätzt.[148]

Die chinesischen Führer versuchten aber nach 1969, machtpolitisch wirksame Verbündete gegen die als Bedrohung empfundene UdSSR zu gewinnen (siehe 2.4.), wodurch der albanische Alliierte nicht mehr den Stellenwert besaß, den er vor der chinesischen Neuorientierung in der Außenpolitik besessen hatte. Die Unterstützung für die albanische Wirtschaft ging zunächst weiter, jedoch in wesentlich geringerem Umfang, und sie verlief nicht mehr so reibungslos wie ehedem. Die ideologischen Divergenzen hinsichtlich der „Dreiweltentheorie", der veränderten chinesischen Haltung gegenüber den USA oder anderer maoistischer Ideen blieben nicht ohne Einfluss auf die Zusammenarbeit, was sich in den Ergebnissen des V. Fünfjahresplans deutlich zeigte. Das Ende der chinesischen Hilfe für Albanien war jedoch, nachdem die albanische Kritik an der chinesischen „Dreiweltentheorie" im offiziellen Parteiorgan *Zëri i popullit* vom 7.7.1977 veröffentlicht worden war,[149] absehbar gewesen und schrittweise eingeleitet worden. Die Gründe für das Auseinanderbrechen der ungleichen Allianz sind in der Forschung mehrfach kontrovers diskutiert worden und es ist hier nicht nötig, sie im Detail zu beschreiben.[150] Für unseren Zusammenhang ist von besonderer Bedeutung, dass sie auch wirtschaftspolitischer Natur gewesen sind. In Albanien hatte man den Bruch kommen sehen und versucht, die eigene Wirtschaft darauf einzustellen. Die Investitions- und Wachstumsziele des VI. Fünfjahresplans (1976–1980) waren dementsprechend im Vergleich zu den vorigen Plänen recht bescheiden formuliert worden. Durch beträchtliche Investitionen sollte die Herstellung von Ersatzteilen gefördert werden, um den Unabhängigkeitsgrad der Industrie vom Ausland zu erhöhen. Die Erschließung, Förderung und Weiterverarbeitung von Naturressourcen und die Nutzung der Wasserreserven für die Stromversorgung wurden forciert. Das vorhandene Potential sowie die reichen Bodenschätze bestärkten die kommunistischen Führer in ihrer Entscheidung, das Wirtschaftswachstum des Landes nicht von chinesischer Hilfe abhängig zu machen, sondern einen Bruch zu vollziehen und die Wirtschaft auf die eigenen Füße zu stellen. Am 25.10.1970 hatte man die Elektrifizierung des gesamten

[147] Zhou Enlai betonte allerdings 1965, dass die albanischen Exportgüter Qualitätsmängel aufwiesen und die Chinesen von der albanischen Seite gezwungen worden seien, sich zu ihrem Import zu verpflichten. Siehe MËHILLI, From Stalin to Mao, 213.

[148] BARTL, Albanien, 254.

[149] GROTHUSEN, Außenpolitik, 127.

[150] Eine kurze, aber informative Darstellung findet man bei GROTHUSEN, Außenpolitik, 125–135. Ausführliche Erkenntnisse bieten Horst-Dieter TOPP, Der Konflikt zwischen Albanien und der VR China und Tiranas außenpolitische Optionen. Köln 1979, und BIBERAJ, Albania and China. Auch Mëhillis Ausführungen zu den Beziehungen innerhalb der bilateralen Allianz sind erkenntnisreich. MËHILLI, From Stalin to Mao, 228–230.

Landes abgeschlossen. 1976 erklärte die PAA-Führung das Land zum ersten Mal in seiner Geschichte als unabhängig von der Einfuhr von Brotgetreide, was die Entscheidung erleichterte, sich von China zu trennen.[151]

Schon auf dem siebten Parteitag am 1.11.1976 hatte Enver Hoxha die Notwendigkeit einer „umfassenden Stärkung der wirtschaftlichen Unabhängigkeit des Landes" verkündet.[152] Anfang Juli 1978 berichtete der Vorsitzende der SPK Petro Dode von Beschlüssen des Ministerrates, die eine effizientere Mobilisierung aller wirtschaftlichen Ressourcen durch das „totale Verlassen auf die eigenen Kräfte" propagierten, um auch einer „imperialistisch-revisionistischen Blockade" widerstehen zu können.[153] Wenig später, am 13.7.1978, wurde dann bekannt gegeben, dass China seine finanzielle und technische Unterstützung eingestellt habe.[154]

2.7 Die industrielle (Real-)Entwicklung 3: Die Entwicklung der Industrie nach dem Bruch mit China bis zum Ende der Herrschaftszeit der PAA (1978–1991)

Der Industrialisierungsprozess war freilich nach dem Bruch mit China nicht so weit vorangeschritten, dass eine eigenständige Entwicklung der albanischen Industrie problemlos erfolgen konnte. Der Wegfall der chinesischen Wirtschaftshilfe verengte die Importspielräume, so dass die kommunistischen Führer die Importe von Maschinen und Ausrüstungsmitteln verringern mussten, um den Bedarf der eigenen Wirtschaft an Vorleistungen zu decken.[155] Die Arbeiten an vielen Projekten, die man gemeinsam mit den Chinesen begonnen hatte, so das Stahlwerk von Elbasan, das Kraftwerk von Fierzë oder die Ferrochromfabrik von Burrel brauchten mehr Zeit zum Abschluss der Bauarbeiten als geplant und mussten aus eigenen Mitteln in Gang gehalten werden.[156]

Die in der Industrie verwendete veraltete Technik sowie der Kapitalmangel verhinderten eine effektive Nutzung der Rohstoffvorkommen. Nach dem Bruch mit China fehlte ein

[151] Schönfeld, Außenwirtschaft, 437 f.

[152] Enver Hoxha, Report Submitted to the Seventh Congress of the PLA. Tirana 1976, 33, nach: ebenda, 438.

[153] Petro Dode, Të njohim dhe të zbatojmë drejt metodologjinë e planifikimit të ekonomisë sonë Socialiste [Lernen wir die Methodologie der Planung unserer Wirtschaft kennen und wenden sie richtig an], *Probleme Ekonomike* 25 (1978), H. 4, 9–34.

[154] Siehe Njoftim i ATSh [Mitteilung der Albanischen Nachrichtenagentur], *Zëri i Popullit* 13.7.1978, nach: Schönfeld, Außenwirtschaft, 438.

[155] Wildermuth, „Sich stützen auf die eigenen Kräfte", 157.

[156] Vgl. Veniamin Toçi, Zhvillimi i industrisë në Shqipëri 1960–1980 [Die Entwicklung der Industrie in Albanien]. Tiranë 1989, 267 f.

Kreditgeber, der durch weitere Investitionen eine Modernisierung der Wirtschaft und eine verbesserte Exportwarenstruktur möglich gemacht hätte. Dies belastete die Handelsbilanz und beeinträchtigte das Wirtschaftswachstum.[157]

Die gravierende Abhängigkeit Albaniens von fremder Hilfe spiegelte sich in den Ergebnissen des sechsten Fünfjahresplans (1976–1980). Während sich die jährliche Wachstumsrate der Industrieproduktion in der Gruppe A im Vergleich zum vorigen Jahrfünft mit 8,7 Prozent nur geringfügig änderte – 1971–1975 waren es 9,3 Prozent – sank die Wachstumsrate in der Gruppe B von 7,7 auf 2,0 Prozent und die Industrieproduktion stieg für den gesamten Fünfjahresplan nur um 35 anstatt der geplanten 44 Prozent.[158] Die schlechten Leistungen in der Leicht- und Nahrungsmittelindustrie sind laut Hutchings und Wildermuth auch darauf zurückzuführen, dass in den Jahren 1978–1981 sehr viel in den Bau der als Landesspezifikum später weithin berühmt gewordenen zahllosen Bunker investiert wurde, die den Kern des albanischen Verteidigungssystems gegenüber möglichen ausländischen Invasoren bilden sollten. Man hatte mit dem Bunkerbau schon früher angefangen,[159] aber angesichts der chinesischen Hilfe waren die Kosten weniger drückend gewesen. Nach dem Ende der Allianz mit China mussten Kapital und Arbeitskräfte, die normalerweise anderen Projekten zur Verfügung gestanden hätten, zur Intensivierung der Verteidigungsarbeiten umgeleitet werden. Eine große Anzahl von Bunkern wurde auf Ackerland gebaut, was die Fläche des bebaubaren Landes verringerte. Auch Projekte für den Bau von Straßen, Wohnungen und sonstigen Betriebsanlagen dürften deshalb verzögert worden sein.[160]

Diese These ist plausibel, auch wenn sie aufgrund der bis heute geltenden Unzugänglichkeit relevanter Archivalien aus dem Feld der Sicherheitspolitik nicht zusätzlich erhärtet werden kann. Faktum ist, dass die albanische Wirtschaft ab Anfang der achtziger Jahre in eine Stagnationsphase geriet. Die Gelder, die man für eine Erneuerung des Maschinenparks hätte einsetzen können, hatte man zuungunsten der Maschinen- und Ausrüstungsinvestitionen verwendet und somit die zunehmende Veraltung des Maschinenparks ignoriert. Die kommunistische Führung wollte die Industrialisierung des Landes fortsetzen, sie ließ sich jedoch aus eigener Kraft nicht durchführen, denn man war auf Importe von Maschinen, Ausrüstung und Vorleistungsgütern angewiesen. Um eine ausgeglichene Außenhandelsbilanz zu halten und somit den hoxhaistischen Prinzipien zur Wahrung der

157 Schönfeld, Außenwirtschaft, 440.

158 Vjetari statistikor i Shqipërisë. Statistical Yearbook of Albania. Tiranë 1991, 145.

159 Der Zeitpunkt des Beginns der „Bunkerisierung" des Landes ist umstritten. Laut Alfred Moisiu, Leiter der Pionierverbände in den siebziger Jahren und einer der späteren Präsidenten der nachkommunistischen Republik Albanien, hatte der Bunkerbau nach dem Austritt Albaniens aus dem Warschauer Pakt im Jahre 1968 angefangen und seinen Höhepunkt 1976 erreicht, nach einer Säuberung in der Armeeführung. Siehe Blendi Fevziu, Alfred Moisiu, Presidenti i Republikës [Alfred Moisiu, der Präsident der Republik], *Koha Jonë*, 28.2.2002, unter https://web.archive.org/web/20120417201946/http://www.kohajone.com/html/artikull_17125.html am 18.2.2014 zuletzt aufgerufen.

160 Hutchings, Albanian Industrialization, 118; Wildermuth, „Sich stützen auf die eigenen Kräfte", 367–369.

nationalen Souveränität treuzubleiben, versuchten die Machthaber an Wert nur so viel einzuführen, wie ausgeführt werden konnte. Zum wichtigsten Handelspartner wurden die kleineren RGW-Staaten, mit welchen Albanien seit Anfang der siebziger Jahre seinen Warentausch intensiviert hatte und welche es mit Ersatzteilen für die Maschinen aus sowjetischer Produktion belieferten. Ihr Anteil am Außenhandel betrug mehr als 30 Prozent. Die OECD-Staaten, mit denen Albanien 1976 circa 25 Prozent des Warentausches abwickelte, erhöhten ihren Anteil zu Beginn der achtziger Jahre auf knapp 40 Prozent. Auch der Handelsaustausch mit Jugoslawien intensivierte sich und betrug 1980 beträchliche 20 Prozent.[161] Von den westlichen Staaten stand Italien an erster Stelle der Handelspartner.[162]

Die entstandenen Einnahmen aus dem Außenhandel reichten dennoch für eine Erneuerung der in verschiedenen Industriezweigen verwendeten Technologie und eine Überholung der Ausrüstung nicht aus. Ein großer Teil der für den Maschinenpark notwendigen Investitionsgelder stammte aus Ersparnissen, die man durch die erhöhte Besteuerung der Genossenschaftsbauern erzielt hatte. Die Überholung des Maschinenparks führte zu hohen Vorleistungsimporten und einer Erhöhung der Kapazitätsauslastung der albanischen Industrie in den Jahren 1978–1982, was dadurch verstärkt wurde, dass in jenen Jahren viele wichtige Industrieobjekte in Betrieb genommen wurden. Ab den achtziger Jahren entschied man sich wieder für erhöhte Maschinen- und Ausrüstungsinvestitionen, um der zunehmenden Veraltung des Maschinenparks entgegenzusteuern.[163]

Die Erwartungen an den Industriesektor wurden nun zwar von vornherein bescheidener formuliert, aber die Ergebnisse dürften jedem Wirtschaftsexperten der PAA Kopfzerbrechen bereitet haben. Von einem Bericht Mehmet Shehus vor dem 8. Parteitag ist zu erfahren, dass man für den siebten Fünfjahresplan eine jährliche Wachstumsrate von 6,3–6,7 Prozent in der Industrie erwartete. Tatsächlich stieg die Industrieproduktion nur um jährlich 2,7 Prozent, dabei 2,6 Prozent in der Gruppe A und 2,9 Prozent in der Gruppe B. Im folgenden Fünfjahresplan 1985–1990 war überhaupt kein Wachstum in der Gruppe A mehr zu verzeichnen. Die Industriewachstumsrate hätte jährlich 5,5 Prozent betragen sollen, tatsächlich stieg sie nur 1,1 Prozent, dank einem Anstieg von 2,9 Prozent in der Gruppe B.[164]

Diese wirtschaftliche Stagnation ist darauf zurückzuführen, dass Albanien die Vorleistungsimporte radikal kürzte, wodurch die Kapazitätsauslastung in den Industriebetrieben zurückging. Der Effekt beeinflusste auch andere Wirtschaftszweige, so dass manchmal die Produktion in einigen Industriebetrieben ganz eingestellt werden musste. Dies betraf auch Exportbranchen, was die Krise weiter verstärkte.

161 Bartl, Albanien, 257 f.
162 Masotti-Cristofoli, Albania's Economy, 294–297; Schönfeld, Außenwirtschaft, 441; Bartl, Albanien, 260.
163 Wildermuth, „Sich stützen auf die eigenen Kräfte", 156–160.
164 Vjetari statistikor 1991, 145.

Nach dem Tod Hoxhas 1985 versuchten seine Nachfolger, die Prioritäten in der Industrie zu ändern und weniger Kapital in die kostspielige Schwerindustrie zu investieren, dafür umso mehr die Leicht- und die Nahrungsmittelindustrie sowie die Landwirtschaft zu fördern. Ziele des Fünfjahresplans von 1986–1990 waren eine Steigerung der Industrieproduktion um 29–31 Prozent sowie der landwirtschaftlichen Erzeugnisse um 35–37 Prozent. Innerhalb der Industrie sollte die Produktion der Leicht- und Nahrungsmittelindustrie jährlich um 5,5 Prozent erhöht werden, während für den Maschinenbausektor nur 4,3 Prozent geplant waren.[165]

Abgesehen von der Leichtindustrie, die die Planziffer mit 15 Prozent übererfüllte, sind die übrigen Sektoren zumal in der Schwerindustrie ihrem Ziel nicht einmal nahegekommen. Die PAA-Führung dürfte nun eingesehen haben, dass ihre Industrialisierungsstrategie ein Fehlschlag war. Importe von Maschinen und Ausrüstungen nahmen hohe Devisenreserven in Anspruch und diese Einsicht ist wahrscheinlich der Grund, wieso der Kapitalanteil bei den Industrieimporten nur ein Drittel der gesamten Importausgaben ausmachte, genauso viel wie einst in den ersten Jahren nach dem Bruch mit der Sowjetunion. Die zunehmende Veraltung des Maschinenparks und das Fehlen von Produktionskapazitäten in der Leicht- und Nahrungsmittelindustrie hielten die albanischen Exporte auf einem sehr niedrigen Stand. Die Lage wurde dadurch erschwert, dass im albanischen Wirtschaftssystem die Anreize für eine exportorientierte Produktion fehlten, weil man sich vorrangig auf den Binnenmarkt konzentrierte. Aber selbst wenn diese Anreize unter dem Nachfolger Hoxhas, Ramiz Alia, frühzeitig geschaffen worden wären, hätten die strukturellen Schwächen der Exportwirtschaft, die man jahrelang zugunsten des Aufbaus von kostspieligen importsubstituierenden Branchen vernachlässigt hatte, nicht wettgemacht werden können. Alia gab 2007 im Rückblick unumwunden zu, er habe im industriellen Sektor keine Möglichkeit für Verbesserungen gesehen.[166]

[165] Siehe Adil Çarçani, Raport për direktivat e Kongresit të 9-të të Partisë për planin e tetë pesëvjeçar të zhvillimit të ekonomisë e të kulturës të RPSSH për vitet 1986–1990 [Bericht über die Direktiven des 9. Parteitages für den achten Fünfjahresplan für die wirtschaftliche und kulturelle Entwicklung der SVRA für die Jahre 1986–1990], in: Kongresi i 9-të i PPSH, 3–8 nëntor 1986 (Përmbledhje materialesh) [Der 9. Parteitag der PAA, 3.–8. November 1986 (Materialsammlung)]. Tiranë 1986, 237–250.

[166] „Wir hatten keine besonderen Ziele, da wir keine Möglichkeiten hatten." Zitiert nach Bici, Industrializing Albania, 65.

Die albanische Regierung versuchte die Handelsbilanzdefizite über die eigenen Devisenreserven zu finanzieren.[167] Das Experiment, die eigene Wirtschaft ohne ausländische Direktinvestitionen zu entwickeln, war gescheitert und deshalb mussten diese eigentlich dringend zugelassen und marktwirtschaftliche Reformen eingeleitet werden. Stattdessen versuchte man die eigenen Devisenbestände durch Spekulationsgewinne auf den internationalen Geld- und Finanzmärkten zu erhöhen, in der Hoffnung, dadurch die eigenen Handelsbilanzdefizite finanzieren zu können. Das Ergebnis waren Spekulationsverluste in Höhe von 237,6 Millionen Dollar.[168]

Die albanische Industrie – und mit ihr die albanische Wirtschaft – machte noch einmal eine Transitionsphase durch. Diesmal jedoch führte sie in die wirtschaftliche Katastrophe. Das wurde deutlich in der Rede von Fatos Nano, dem letzten albanischen Premierminister der sozialistischen Epoche, am 9.5.1991, als dieser zugab, die Bruttoindustrieproduktion habe 1990 1,4 Milliarden Lek weniger betragen als 1989.[169] Das bedeutete einen Niedergang von 7 Prozent, den höchsten in der albanischen Geschichte. Er sagte auch nichts Optimistisches für die folgenden Jahre voraus. Dadurch gestand Nano das Scheitern des Wirtschaftsprogramms seiner Partei.

Tatsächlich fiel 1991 die Industrieproduktion sogar auf 58 Prozent im Vergleich zum Vorjahr, sie war damit nur noch genauso hoch wie im Jahr 1976. Ironischerweise waren nur in zwei Sektoren, die in den Wirtschaftsplänen der PAA ganz besonders gefördert worden waren, im Jahresvergleich von 1991 zu 1990, noch Steigerungen zu verzeichnen: Die Elektrizitätsleistung lag noch um 19 Prozent und die Produktion von Karbonat-Ferrochrom (chemische Industrie) um 6 Prozent höher. In den restlichen Sektoren war die Lage dramatisch: Rückgang bei der Ölgewinnung auf 79 Prozent, bei der Kohlenförderung auf 52 Prozent, beim Chromabbau auf 56 Prozent, 47 Prozent bei der Zementproduktion,

[167] Diese hatten sich akkumuliert durch in frei konvertierbarer Valuta ausgezahlte langfristige Kredite Chinas sowie durch die Verbesserung der "terms of trade" im Gefolge der OPEC-Ölpreiserhöhung 1973. 1980 machten die Einnahmen Albaniens aus dem Export von Rohöl und Erdölprodukten 52,7 % der Gesamtexporteinnahmen in frei konvertierbaren Devisen aus. Mit dem Zerfall des OPEC-Kartells 1985 sanken auch die Einnahmen aus diesem Energieträgerexport im Hartwährungshandel. Andere nennenswerte Exporteinnahmen kamen aus dem Export von Chromerz, der Ferrochromproduktion ab 1980, von Kupferdrähten und -kabeln und von Nickel. Aufgrund der veralteten Technologie blieben jedoch die Exporte begrenzt und sanken in den achtziger Jahren rapide ab, da die unzureichenden Investitionen eine Modernisierung der betroffenen Wirtschaftszweige und somit eine Steigerung der Exporteinnahmen nicht zuließen. Siehe dazu Wildermuth, „Sich stützen auf die eigenen Kräfte", 140 und 182 f. und Kapitel 9.

[168] Ebenda, 164 f.

[169] Vgl. Fatos Nano, Platform of the Program of the Government put forth at the 12th Session of the People's Assembly, *Albanian Telegraphic Agency*, 9.5.1991, zitiert in Schnytzer / Gan, Industry, 338.

25 Prozent bei den Textilwaren und 55 Prozent bei den Strickwaren.[170] Die Aufsicht über die staatlichen Unternehmen war am Ende des Systems völlig unzureichend, somit waren auch die Zwangsmaßnahmen zur Einhaltung der Planrichtlinien praktisch inexistent.

Dieser Kollaps spiegelte sich auch ganz konkret in der wirtschaftlichen Aktivität wider. In fast einem Drittel der 1450 Produktionsstätten des Landes war es aufgrund des Fehlens vom Rohmaterial zum Produktionsstopp gekommen. Bei einer durchschnittlichen Belegschaftsgröße von 445 Arbeitern pro Betrieb[171] wäre es für das Regime von katastrophalen Folgen gewesen, hätte man die Betriebe aufgelöst und die Belegschaften entlassen. Damit es nicht zu Massenunruhen kam, wurde bis Mitte 1992 ca. 114.000 Arbeitern 80 Prozent ihres Normallohns ausgezahlt, obwohl sie nicht arbeiteten, während 78.000 Menschen doch entlassen wurden. 1989 waren im staatlichen Sektor noch 837.000 Menschen tätig gewesen, 9,3 Prozent von ihnen waren 1992 offiziell arbeitslos, und diejenigen mit Lohnfortzahlung ohne tatsächliche Arbeit faktisch ebenso. Begleitet wurde diese missliche Lage durch eine hohe Inflation, welche die Lebensqualität der Menschen zusätzlich verschlechterte. Die Inflationsrate erreichte 1991 156,8 Prozent und für 1992 wurden 144 Prozent erwartet.[172]

Die unbefristete 80-Prozent-Lohn-Regelung förderte nicht unbedingt die Arbeitsdisziplin, so dass die Arbeitsmoral sank. Ein dreiwöchiger Generalstreik von Mitte Mai bis Anfang Juni 1992, der eine Lohnerhöhung von 50 Prozent für die Beschäftigten im staatlichen Sektor sowie den Rücktritt der letzten von der PAA allein geführten Regierung unter Nano zur Folge hatte,[173] trug zu dem endgültigen Zusammenbruch der Industrie der sozialistischen Epoche bei.

2.8 Zwischenfazit

Die PAA-Führung betrachtete die kommunistische Ideologie als das richtige Rezept, um das Land aus der Rückständigkeit zu befreien, die die wirtschaftlichen und somit auch die gesellschaftlichen Strukturen prägte. Als Modell diente ihr dabei das „Mutterland des Sozialismus“: die Sowjetunion. Nachdem die inneren Divergenzen überwunden waren, verfolgten die albanischen Führer das Ziel, eine Schwerindustrie im eigenen Lande aufzubauen, damit die heimischen Rohstoffe innerhalb der eigenen Volkswirtschaft verarbeitet werden konnten. In ihren Vorstellungen sollte Albanien nicht die Funktion eines Lieferanten für Bodenschätze haben und für andere Staaten als Absatzmarkt dienen – durchaus ehr-

170 *Tribuna Ekonomike Shqiptare* [Die Albanische Wirtschaftstribüne] 2 (1992), 34 f.

171 Errechnet anhand der Angaben von Vjetari statistikor 1991, 77. Da die angegebenen Zahlen nicht zuverlässig sind und Angaben aus früheren Jahrbüchern widersprechen, sollte diese Zahl mit Vorbehalt betrachtet werden.

172 Schnytzer / Gan, Industry, 339; *Tribuna Ekonomike* 2 (1992), 33 f.

173 Siehe Elez Biberaj, Albania at the Crossroads, *Problems of Communism* 40 (1991), H. 5, 1 – 16, 9, 12.

geizige Ziele. Der Aufbau der Schwerindustrie sollte auch die Arbeiterklasse bilden, damit die klassische Grundlage für eine „Diktatur des Proletariats" gelegt werden konnte. Als Hauptinstrumente dafür sollten „internationalistische Hilfe" aus den anderen sozialistischen Staaten sowie die Massenmobilisierung dienen. Die befreundeten Länder aus dem RGW waren allerdings nicht bereit, das kostspielige Industrialisierungsprogramm der PAA mitzutragen und die albanischen Führer wollten von ihrem Endziel – dem Aufbau der Schwerindustrie – nicht abweichen, was den außenpolitischen Spielraum der PAA immer enger gestaltete. Mit Hilfe der chinesischen Volksrepublik wurden dann der Industrialisierungskurs ehrgeizig verfolgt und Projekte verwirklicht, die die eigenen Ziele in greifbarer Nähe erscheinen ließen.

Die Veränderung der weltpolitischen Konstellation und die Unnachgiebigkeit der kommunistischen Führung hatten zur Folge, dass das Land nach dem Bruch der albanisch-chinesischen Allianz isoliert dastand. Zum ersten Mal stützte sich die PAA-Führung wirklich auf „eigene Kraft" bei der Verfolgung ihres Wirtschaftskurses, allerdings notgedrungen. Dabei zeigte sich, dass die gesetzten Prioritäten bei der Förderung der Industrie einer Fehlpolitik entsprangen, welche sich auf verhängnisvolle Weise auf die albanische Volkswirtschaft auswirkte. Das Industrialisierungsprogramm nahm finanzielle Mittel in Anspruch, die anderswo eingesetzt dem Staatshaushalt mehr Gewinn eingebracht und den Lebensstandard der Bevölkerung wahrscheinlich erhöht hätten. Das konnte jedoch nicht kurzfristig geschehen und es hätte dafür einer langfristigen Strategie bedurft, welche die PAA-Führer von Anfang an nicht verfolgen wollten. Die von der PAA betriebene Industrialisierungspolitik, mit der die albanische Wirtschaft konsolidiert und die nationale Unabhängigkeit sichergestellt werden sollte, hatte aufgrund der falsch gelegten Prioritäten das Land in die Katastrophe geführt und keine Strukturen für eine konkurrenzfähige Industrie geschaffen. Der Untergang des Regimes wurde durch die Umbruchssituation in allen sozialistischen Staaten Europas beschleunigt; aber angesichts der totalen Erschöpfung aller inneren Reserven, der rapiden Verschlechterung der ökonomischen Lage und der damit verbundenen Diskreditierung des Regimes in den Augen seiner Bürger wäre sein Ende auch in der inneren Geschehenslogik nur eine Frage der Zeit gewesen. Am Beispiel des Stahlwerks von Elbasan wollen wir diese Entwicklung sowohl in wirtschaftlicher als auch in soziopolitischer Hinsicht näher betrachten.

3 Die betriebliche Entwicklung von „Der Stahl der Partei"

Dem Metallurgischen Kombinat von Elbasan kommt innerhalb der Industrialisierungspläne, die die albanischen Kommunisten für die Veränderungen in der albanischen Gesamtvolkswirtschaft ausgearbeitet hatten, eine Sonderrolle zu. Das Kombinat mit dem bezeichnenden Namen „Der Stahl der Partei" sollte nicht irgendein beliebiges Industriewerk werden, das inmitten der Reihe der Industriebetriebe stünde, welche die PAA-Führung seit dem Beginn des ersten Fünfjahresplanes zu errichten in Begriff war, sondern ihr Höhepunkt.

Vor allem sein wirtschaftlicher Stellenwert soll in diesem Kapitel untersucht werden, wobei sich das Augenmerk auf die Entscheidungsprozesse richten wird, auf die besondere Rolle, die der Volksrepublik China bei der Umsetzung der Pläne zukam sowie auf die Hindernisse, auf welche die Entscheidungsträger und übrigen Akteure während der Errichtung wie auch nach der Inbetriebnahme des Großkombinats stießen. Es lohnt sich dabei zu untersuchen, inwieweit sich die politischen Machthaber bei allen Prozessen einmischten, um darüber herauszustellen, welche spezifische Rolle ihnen in der Entwicklungsgeschichte des Stahlwerks zukam. Seine wirtschaftliche Entwicklung ist wie in allen staatssozialistischen Systemen von der politischen Einflussnahme nicht loslösbar, wie auch umgekehrt die Politik bei ihrem wirtschaftlichen Kurs das Stahlwerk aufgrund seiner faktischen und symbolisch immens geladenen Bedeutung stets berücksichtigen musste.

3.1 Intentionen und Erwartungen der PAA-Führung

Bei einer Rede vor Bergwerksarbeitern im nordöstlichen Kreis Peshkopi im Juni 1960 gab Enver Hoxha den Anwesenden unter anderem Folgendes kund:

> „Das Zentralkomitee der Partei ist der Ansicht, dass in Albanien ein Stahlwerk gebaut werden soll, was wir auch den Freunden vorgeschlagen haben und sie haben im Prinzip zugestimmt, dass sie auch uns bei der Nutzung des Eisen-Nickels und beim Aufbau der Schwarzmetallurgie unterstützen werden. Das Stahlwerk ist für unser Land ein großes Vorhaben und es benötigt Strom. Wir haben deshalb vorgesehen, gleichzeitig in der Nähe von Kukës ein großes Kraftwerk zu bauen. Der Bau des Stahlwerks, welches die Basis unserer Industrie sein wird, wird für die Weiterentwicklung der albanischen Wirtschaft einen großen Sieg bedeuten. Der

Beginn der Vorarbeiten für dieses große Werk ist zum Ende dieses Jahrfünfts [1956–1960; V. N.] vorgesehen. Durch seinen Bau werden wir in Albanien eine Reihe von Eisenprodukten selbst herstellen, die wir bisher durch Import beziehen."[1]

Nicht einmal ein Jahr später sagte er anlässlich eines Besuchs in Elbasan vor der Schüler- und Lehrerschaft der traditionsreichen dortigen Pädagogischen Schule: „Das Stahlwerk, das in eurer Stadt errichtet wird, wird das erste bedeutende Zentrum der Metallurgie unseres Landes sein."[2]

Diese öffentlichen Aussagen lassen darauf schließen, dass sich in den Führungsstrukturen von Partei und Staat zwischen Anfang 1960 und Juni 1961 die Entscheidung für den Bau eines Stahlwerkes in Elbasan herauskristallisiert haben dürfte. Interessanterweise jedoch ist in den veröffentlichten Dokumenten der PAA, die diese Zeit betreffen, von dem Projekt nicht die Rede. In den ZK-Gremien wird 1960 allgemein darüber geschrieben, dass „neue Industriezweige entstehen werden – die chemische und die Metallindustrie".[3] In der Schlussresolution des 4. Parteitages der PAA vom Februar 1961 wird unter den Zielen für den III. Fünfjahresplan 1961–1965 mit Blick auf die Metallindustrie nur auf eine Intensivierung des Abbaus von Eisen-Nickel-Erz „durch eine bessere Nutzung der vorhandenen und die Exploration von neuen Vorkommen"[4] hingewiesen. Auch im Vortrag von Staats- und Parteichef Hoxha auf diesem Parteitag ist nur allgemein von „Vorbereitungen zum Aufbau der Basis der Schwarzmetallurgie in der Zukunft"[5] die Rede und „von neuen Werken der Metallurgie, [...] die während des dritten Fünfjahresplanes und in den darauffolgenden errichtet werden",[6] das Stahlwerk selbst hingegen wird nirgendwo erwähnt.

Zwar haben die Herausgeber von Hoxhas Werken seiner Rede einen Kommentar hinzugefügt, wonach auch die Errichtung des Kombinats während jenes Zeitraumes geplant worden sei, aber wegen der „Blockade der chruschtschowianischen Revisionisten und ihrer Anhänger" verschoben werden musste. Nichtsdestoweniger ist in der Rede selbst und in den Beschlüssen der PAA-Führung aus der Zeit nichts Explizites dazu enthalten. Es drängt sich der Eindruck auf, dass Hoxha und seine nächsten Mitarbeiter die Angelegenheit des Stahlwerks als ureigene Chefsache betrachteten und es ihnen daher nicht als notwendig oder wünschenswert erschien, die Mitglieder des Zentralkomitees über die genaueren

1 Enver Hoxha, Me vullnet të çeliktë minatorët kapërcejnë çdo vështirësi [Mit stählernem Willen überwinden die Bergarbeiter jedes Hindernis] (2.6.1960), in: ders., Vepra [Werke]. Bd. 18. Tiranë 1975, 320–330, 323 f.

2 Ders., Të mësojmë përditë dhe dijen ta vëmë në shërbim të popullit [Lernen wir tagtäglich und stellen wir unser Wissen dem Volke zu Diensten] (3.5.1961), in: ders., Vepra [Werke]. Bd. 21. Tiranë 1976, 1–10, 4.

3 Dokumenta kryesore të PPSH [Wichtige Dokumente der PAA]. Bd. 3. Tiranë 1970, 319.

4 Ebenda, 524 f.

5 Enver Hoxha, Raport në Kongresin IV. të PPSh „Mbi aktivitetin e Komitetit Qendror të PPSh" [Bericht vor dem 4. Parteitag der PAA über die Tätigkeit des Zentralkomitees] (13.2.1961), in: ders., Vepra [Werke]. Bd. 20. Tiranë 1976, 79–292, 163.

6 Ebenda, 169.

Modalitäten in Kenntnis zu setzen. Hingegen dürfte Hoxha wohl fest damit gerechnet haben, dass die sowjetische Führung Albanien die für den Bau des Stahlwerks benötigte Unterstützung gewähren würde. Es wäre interessant, wann Hoxha in der Folge definitiv klar wurde, dass die Errichtung einer Schwerindustrie innerhalb der Strukturen des RGW für Albanien unmöglich zu schaffen war. Vermutlich dürfte das zwischen Mai 1961 – als er in Elbasan den Bau des Stahlwerks ankündigte – und Ende Oktober desselben Jahres gewesen sein, als Chruschtschow offen zum Sturz Hoxhas aufrief.[7] Um Genaueres dazu zu erfahren, wäre ein Einblick in die entsprechenden sowjetischen albanischen Archivalien des Außenministeriums nötig. Das war im Rahmen des vorliegenden Projekts nicht zu leisten. Es sei aber die Hypothese gewagt, dass diese diplomatischen Akten für das Stahlwerk wohl eine ganz grundsätzliche Bedeutung auch für die albanische Außenpolitik zeigen dürften und damit Wildermuths These stützen würden, wonach die unterschiedlichen wirtschaftsstrukturpolitischen Ziele der PAA und der Sowjetunion über die RGW-interne Rolle Albaniens den Konflikt vorprogrammierten.[8] Plausibel erscheint mir auch die noch weitergehende Annahme, dass sie den Verlauf der Beziehungen insgesamt und ganz grundsätzlich bestimmt haben.

Anfang der sechziger Jahre, als Albanien mit der Sowjetunion brach und seine Beziehungen zu den übrigen Mitgliederstaaten des RGW sich merklich abkühlten, hatte die PAA-Führung den „Aufbau der ökonomischen Basis des Sozialismus" für abgeschlossen erklärt[9] und den Übergang ihres Landes zu einem Industrie-Agrarland ins Visier genommen,[10] also eine Etappe in der Phasenfolge der sozialistischen Wirtschaftsentwicklung, in der die Industrie selbst den entscheidenden Anteil zur Akkumulation und Finanzierung der weiteren Industrialisierung tragen sollte.[11] Zu diesem Zeitpunkt war der staatliche Anteil an der albanischen Gesamtwirtschaft bereits enorm hoch. An der Gesamtindustrieproduktion betrug er 1961 99,2 Prozent und an der landwirtschaftlichen 80,7 Prozent.[12] Zum staatlichen Sektor gehörte der Großhandel zur Gänze, 90 Prozent des Kleinhandels und 100 Prozent des Transportwesens. Offiziell waren der private Wirtschaftssektor und insbesondere ein privater Anteil an der Warenproduktion sogar überhaupt nicht mehr vorhanden, denn es existierte nur noch staatliches und genossenschaftliches Eigentum.[13] Die Zahlungsbilanz des Landes war nicht ausgeglichen, die Importe übertrafen 1960 die Exporte um 40 Prozent und bis 1970 änderte sich diese Lage nur geringfügig. Der Getreideeinfuhr war gestiegen, nur dass anstelle der Sowjetunion (1960: 100.000 Tonnen) China (1961: 121.000 Tonnen) eingesprungen war.[14] Der größte Teil der Importe sollte

7 Grothusen, Außenpolitik, 122.
8 Wildermuth, „Sich stützen auf die eigenen Kräfte", 127.
9 So Mehmet Shehu in seiner Rede am 4. Parteitag der PAA. Siehe: Kongresi IV. i PPSH, 201.
10 Banja / Toçi, Das sozialistische Albanien auf dem Weg der Industrialisierung, 83.
11 Vgl. Russ, Der Entwicklungsweg Albaniens, 135.
12 Albanische Wirtschafts-Statistiken, *Wissenschaftlicher Dienst Südosteuropa* 2 / 3 (1963), 37 – 39, 38.
13 Fishta / Ziu, Historia e ekonomisë, 590.
14 Albanische Wirtschafts-Statistiken, 39.

freilich nicht dem Konsum, sondern dem Ausbau der Wirtschaftsstrukturen dienen. 1960 betrug der Anteil der Vorleistungsgüter am Import 43 Prozent,[15] Maschinen, Ersatzteile und Ausrüstung machten 46,9 Prozent aus und Konsumwaren lediglich 9,8 Prozent.[16] Zwar führte der Konflikt mit Moskau zu einem Rückgang des Anteils der Importe von Maschinen und Ausrüstungen (1960: 46,9 Prozent, 1961: 37,3 Prozent),[17] doch waren die Einfuhrmengen an Eisen- und Stahlprodukten weiter relativ hoch.[18]

Exportiert wurden hingegen in erster Linie Erze, Metalle und Energieträger (1960: 55,9 Prozent), pflanzliche und tierische Rohprodukte (1960: 19,3 Prozent) sowie Nahrungsmittel (1960: 19,6 Prozent).[19] Die größten Abnehmer für das heimische Eisen-Nickel-Erz innerhalb des RGW waren die Tschechoslowakei (1960: 225.700 Tonnen, 1961: 345.400 Tonnen) und mit weitem Abstand Ungarn (1960: 19.800 Tonnen, 1961: 28.100 Tonnen). Später kamen außerhalb dieser Ländergruppe die Volksrepublik China und Italien hinzu.[20] Die albanische Führung hatte jedoch vor, nach dem Aufbau der notwendigen Strukturen in der Nahrungsmittel- und Leichtindustrie zielgerichtet auf einen Weg zum Aufbau einer Schwerindustrie hinzuarbeiten, worin die Metallurgie einen unentbehrlichen Bestandteil bilden sollte.

Eisen-Nickel-Erz wurde im Land seit 1958 gewonnen und zuerst nur in die RGW-Staaten exportiert. Die Tschechoslowakei hatte sich in einem Vertrag verpflichtet, die Technik zur Nickel-Gewinnung zur Verfügung zu stellen und im Gegenzug der größte Bezieher zu werden, was über alle außenpolitischen Brüche hinweg bis 1978 auch wirklich der Fall war. Die Führung der PAA wollte jedoch die Verarbeitung der heimischen Eisen-Nickel-Erze nicht ausschließlich den RGW-Mitgliedstaaten überlassen, sondern betrachtete die inländischen Vorkommen als Basis für den Aufbau einer eigenen Metallindustrie.

Es war zwar schon lange bekannt gewesen, dass Albanien über eisenhaltige Mineralien verfügte. Jedoch hatte man erst nach dem Zweiten Weltkrieg angefangen, die Eisen-Nickel-Vorkommen zu erschließen. Aus diesem Grund begann man mit dem Aufbau der Eisenindustrie auch erst im II. Fünfjahresplan (1956–1960), nachdem die Erzvorkommen von Pogradec und Librazhd erschlossen worden waren.[21] Diese sind besonders reichhaltig an Eisen, Nickel, Kobalt sowie anderen Metallen; der PAA-Führung lag deshalb der Gedanke nahe, dass man die Erze im eigenen Lande verarbeitete, anstatt fortdauernd auf Importe angewiesen zu sein. Die Aussichten zur Entdeckung weiterer Lagerstätten waren

15 Bei den Vorleistungsgütern handelte es sich um Erze, Metalle und Energieträger, chemische Produkte, Gummi, Baustoffe, pflanzliche und tierische Rohmaterialien sowie Rohstoffe zur Produktion von Nahrungsmitteln. Wildermuth, „Sich stützen auf die eigenen Kräfte“, 124.

16 Wildermuth, „Sich stützen auf die eigenen Kräfte“, 130–132.

17 Ebenda, 132.

18 Zu Details siehe Albanische Wirtschafts-Statistiken, 39.

19 Wildermuth, „Sich stützen auf die eigenen Kräfte“, 172.

20 Albanische Wirtschafts-Statistiken, 38.

21 Karl Schappelwein, Bergbau und Energiewirtschaft, in: Grothusen (Hg.), Albanien, 376–390, 380 f.

vorhanden, die Reserven boten die Voraussetzung für den Bau einer Verarbeitungsindustrie, die die eigenen Rohstoffe verwerten, die Stahlimporte senken und sich positiv auf die Zahlungsbilanz auswirken würde – ganz zu schweigen von der ideologischen und soziokulturellen Bedeutung der Verwirklichung eines solchen Zieles. Durch die heimische Produktion von Stahl, „des Brots der Industrie und der Volkswirtschaft",[22] würde ein Beitrag zur Konsolidierung der Wirtschaft und der Wehrhaftigkeit des Landes geleistet werden. Genauso wie Stalin die Industrialisierung als eine Überlebensfrage der Sowjetunion betrachtet hatte,[23] ging es für Hoxha in Albanien beim Aufbau einer Schwerindustrie nicht nur um eine Prestigefrage der Partei, sondern auch um eine Konsolidierung der nationalen Unabhängigkeit.[24] Es bestand aber keine wirtschaftsimmanente Entwicklungslinie wie bei den Stahlwerken im polnischen Nowa Huta, in Kunčice in der Tschechoslowakei oder beim Eisenhüttenkombinat in der DDR.[25] Dafür waren die Industriestrukturen in Albanien insgesamt zu wenig ausgebildet.

Allerdings spielte noch ein weiterer Aspekt eine wichtige Rolle, die allen sozialistischen Staaten eigen war: Wie Brunnbauer sagt, „ging es doch sowohl um die Errichtung neuer Fabriken, Straßen, Eisenbahnlinien und Staudämmen, als auch um die Arbeit am Selbst, um die Schaffung des ‚Neuen Menschen'".[26] Die Entstehung des Kombinats sollte die Bildung eines modernen Proletariats beschleunigen und die Mentalität der albanischen Landbevölkerung dergestalt verändern, dass Bräuche, die in den Augen des Regimes als rückständig galten und angeblich infolge der „fremden Besatzungen" (vorrangig der osmanischen) entstanden waren, neuen Eigenschaften Platz machen sollten. Diese hatten im Einklang mit der marxistisch-leninistischen Ideologie zu stehen. Dazu gehörten Disziplin, Sauberkeit, Effizienz, Ordnung, berufliche Kompetenz, ideologisch-politische Bildung und damit ein Bekenntnis zum Klassenkampf und Atheismus, „kultiviertes" Verhalten, Kollektivgeist, Patriotismus und noch weiteres mehr. Während der Arbeit und durch dieselbe sollten diese Eigenschaften den Werktätigen anerzogen und unter ihnen gefördert werden. Hoxha selbst sagte dazu:

> „Die Bildung des ‚neuen Menschen', diese breite, wichtige und komplizierte Angelegenheit, kann nicht ohne den Prozess der Arbeit verstanden und niemals davon losgelöst konzipiert werden."[27]

22 Kareco, Shqipëria në rrugën e ndërtimit, 123.

23 Sheila Fitzpatrick, War and Society in Soviet Context: Soviet Labor before, during and after World War II, *International Labor and Working-Class History* 35 (1989), 37–52, 38.

24 Hutchings, Albanian Industrialization, 113.

25 Jajeśniak-Quast, Stahlgiganten in der sozialistischen Transformation, 313–315.

26 Brunnbauer, Staat und Gesellschaft im Realsozialismus, 32.

27 Enver Hoxha, Edukimi i punonjësve me moralin komunist është problem kyç [Die Erziehung der Werktätigen gemäß der kommunistischen Moral ist ein Kernproblem] (9.7.1964), in: ders., Vepra [Werke]. Bd. 27. Tiranë 1978, 243–287, 248.

Tab. 7: Industrieproduktion 1961 (in Mio. Lek)

Elektroindustrie	882
Brennstoffindustrie	2165,5
Chromindustrie	367,4
Kupferindustrie	254,9
Eisen-Nickel-Industrie	333,7
Bitumenindustrie	144,5
Metallverarbeitungsindustrie	1490,3
Chemische Industrie	229,5
Baumaterialienindustrie	1619,1
Glas- und Porzellanindustrie	193,5
Holzverarbeitungsindustrie	3374,7
Leichtindustrie	8447,7
Polygraphische Industrie	243,3
Lebensmittelindustrie	14.390
Sonstiges	135,4

Quelle: Albanische Wirtschafts-Statistiken, *Wissenschaftlicher Dienst Südosteuropa* 2/3 (1963), 37–39, 37.

In Albanien, nicht anders als in sonstigen staatssozialistischen Systemen, vereinigte die Arbeit in sich die wichtigsten Ordnungsprinzipien. In all diesen Ländern war physische Arbeit höher angesehen als intellektuelle, Industriearbeit rangierte über der in der Landwirtschaft. Großprojekte wie die schon mehrfach angesprochene Errichtung von Stahlwerken in Magnitogorsk (Sowjetunion), Nowa Huta (Polen) oder Kremikovci (Bulgarien) sollten die Umwelt umgestalten und die Menschen verwandeln. Auch in Rumänien sollte nach den Vorstellungen der dortigen Kommunisten die gigantische Baustelle des Donau-Schwarzmeer-Kanals „nicht nur das Antlitz der Wirtschaft der Region verändern, sondern auch die Mentalität der Menschen, weil diese Baustelle ein Laboratorium sein wird, wo die Kader geschaffen werden, wo technische Bildungsstätten entstehen werden."[28] Die Arbeiter in der Schwerindustrie sollten den übrigen Werktätigen mit gutem Beispiel vorangehen, weshalb auch Hoxha die Metallarbeiter in einer anderen Rede als den

[28] Nach van Meurs, Der Donau-Schwarzmeer-Kanal, 121.

stärksten Bestandteil der Arbeiterklasse bezeichnet hat, als ihre „Schwertspitze",[29] was die strategische Bedeutung dieses Zweiges und der Beschäftigten dort in sozialökonomischer Hinsicht erneut eindrücklich unterstreicht.

Tab. 8: Investitionen 1961 (in Mio. Lek)

Industrie	5067,2
Landwirtschaft	1701
Verkehr	2534
Bauwesen	1300,6
Schulwesen, Kultur- und Gesundheitswesen	745,6
Sonstiges	942,3

Quelle: Albanische Wirtschafts-Statistiken, *Wissenschaftlicher Dienst Südosteuropa* 2/3 (1963), 37–39, 37.

Die Führung der PAA und die Wirtschaftsplaner hofften, Stahl auch exportieren zu können. Devisen, die bis dahin für Stahlimporte ausgegeben wurden, würden daher im Falle einer eigenen Metallurgie nicht nur nicht weiter aufgebraucht, sondern akkumuliert werden und Kapitalinvestitionen in anderen Industriezweigen ermöglichen.[30] 1971, also zu Beginn der intensiven Bauphase des Kombinats, berechnete ein Wirtschaftsexperte, dass durch die heimische Produktion von Stahl, Gusseisen und Ferrochrom die Importausgaben des Landes um 18 Prozent gesenkt werden könnten. Eine eigene Metallindustrie würde in den Augen der Parteiführer auch die mechanische Industrie stärken und Grundlagen für einen eventuellen späteren Aufbau eine Maschinenbauindustrie schaffen. Neue Verarbeitungsketten würden den bestehenden Industriezweigen in der Elektroindustrie, Bauindustrie, dem Transportwesen hinzugefügt und neue Tätigkeitsfelder im Bereich der Produktion von feuerfestem Material, Eisenverbindungen und dergleichen mehr entstehen.[31] Kurz gesagt hieß es bei Hoxha: Eine Entfaltung der Kombinatskapazitäten werde „eine Revolution in die Struktur der Industriezweige" herbeiführen.[32]

Der Bau des Kombinats ließ Auswirkungen auch auf die Beschäftigtenstruktur und deren Qualifikation erwarten. 1960 standen rund 751.000 Menschen oder etwa 55 Prozent der Gesamtbevölkerung im arbeitsfähigen Alter. Nach den offiziellen Statistiken waren

29 Enver Hoxha, Minatorët e metalurgët janë pjesa më e fortë e klasës punëtore [Die Berg- und Metallarbeiter sind die stärkste Kraft der Arbeiterklasse] (28.5.1970), in: ders., Vepra [Werke]. Bd. 43. Tiranë 1984, 271–295, 275.

30 Ebenda, 124 f.

31 Ebenda, 125.

32 Ebenda, 123.

70.035 davon Industriearbeiter.[33] Diese Zahl dürfte stark übertrieben sein, denn noch fünf Jahre später waren laut einem internen Bericht des Ministeriums für Industrie und Bergbau nur 30.000 Arbeiter im Industriesektor tätig, darunter 73 Prozent qualifizierte. Zur selben Zeit (1965) arbeiteten in der Industrie 1860 mittlere Techniker, immerhin mehr als doppelt so viele wie 1960; die Anzahl der hochqualifizierten Kader betrug an die 600.[34] Durch den neuen Industriezweig und die Anforderungen, die das Kombinat an die Führungskräfte stellen würde, sowie dank des chinesischen Know-hows, sollte ein größeres Reservoir an qualifizierten Fachkräften entstehen, die später bei anderen Projekten oder in anderen Industriebereichen effektiv eingesetzt werden könnten. Allerdings mussten sie zuerst ausgebildet werden, und das konnte man nicht dem Zufall überlassen. Nicht den Staat oder den Betrieb hielten die kommunistischen Führer dafür zuständig, sondern die Partei. So betonte Hoxha in seinem Bericht vor dem 7. Parteitag 1976:

> „Es ist notwendig, dass unsere Partei die ideologisch-politische und berufliche Erziehung der jungen Metallarbeiter, angefangen bei den einfachen Arbeitern oder Technikern bis zu den Ingenieuren oder Führungskräften, selbst in die Hand nimmt, damit sie sich die fortschrittliche Technologie aneignen und diesen schwierigen, heiklen Beruf erlernen und für die Heimat möglichst viel hochwertiges Stahl und andere Metalle produzieren.“[35]

Als die PAA-Spitze auf dem 4. Parteitag 1961 den Beschluss zum Bau des Metallurgischen Kombinats traf,[36] nahm sie sich dabei die Gesamtlinie der sowjetischen Wirtschaftsentwicklungspolitik zur Zeit Stalins zum Vorbild, bei welcher wie gesehen der Schwerpunkt auf der Entwicklung der Schwerindustrie gelegen hatte, und zwar auf Kosten der Landwirtschaft.[37] Die geplanten konkreten Anfänge des Projekts waren gemessen daran aber vergleichsweise bescheiden: Zu Beginn sollte nur ein Walzwerk mit einer Kapazität von rund 28.000 Tonnen Stahl gebaut werden; es hatte zugleich zur Ausbildung der Facharbeiter zu dienen, die später im zu errichtenden Kombinat eingesetzt werden würden.[38]

Die Entscheidung des Parteitags stieß auf Zurückhaltung bei den Regierungen mehrerer Länder des Ostblocks. Allen voran weigerte sich die sowjetische Regierung, Albanien beim Aufbau der eigenen Metallurgie zu unterstützen.[39] Die Führung der PAA verschob daraufhin vorerst diesen Aufbau. Erst nachdem sich die Beziehungen zu den chinesischen Kommunisten gefestigt hatten, sah sie den Zeitpunkt für gekommen, die Pläne umzusetzen.

33 Anuari statistikor i R. P. Sh. 1961 [Statistisches Jahrbuch der VRA 1961]. Tiranë 1962, 84; siehe auch Dyrmishi, Punëtorët në Shqipëri, 116.

34 AQSh, Ministria e Industrisë dhe Minierave, 496, 1965 / 62, 22–24 [Bericht der Vizeministerin Eleni Pashko bei einer internen Besprechung am 20.9.1965 betr. Qualifikationsmaßnahmen zur Vorbereitung der Arbeiter und Techniker].

35 Enver Hoxha, Raport mbi veprimtarinë e Komitetit Qendror të Partisë së Punës të Shqipërisë. Mbajtur në Kongresin VI. të PPSh [Bericht über die Tätigkeit des Zentralkomitees der Partei der Arbeit Albaniens. Vorgetragen auf dem VI. Parteitag der PAA]. Tiranë 1971, 50.

36 Ebenda, 49 f.

37 Vgl. dazu Historia e popullit shqiptar, Bd. 4, 280 f.

38 Elbasani-Enciklopedi [Elbasan-Enzyklopädie]. Elbasan 2003, 187 f.

39 Wildermuth, „Sich stützen auf die eigenen Kräfte“, 128 f.

Am 2. Februar 1961 unterzeichneten in Peking der albanische Vizepremierminister Spiro Koleka und sein chinesischer Widerpart ein Wirtschaftsabkommen, das bald darauf am 23. April 1961 von einer Delegation, geführt durch den weiteren Vizepremierminister und Vorsitzenden der fast drei Jahre früher gegründeten „Chinesisch-Albanischen Freundschaftsgesellschaft" Abdyl Këllezi, und der chinesischen Seite konkreter ausgestaltet wurde. Die VR China erklärte sich bereit, Albanien eine Anleihe von 112.500.000 Rubeln[40] zu gewähren und verpflichtete sich zur Lieferung von 25 kompletten Fabrikausrüstungen sowie zur Entsendung von Spezialisten.[41] Eines der mit chinesischer Hilfe zu entstehenden Werke sollte das Walzwerk sein, für das man im Einklang mit dem Parteitagsbeschluss der PAA eine jährliche Verarbeitungsmenge von 100.000 Tonnen Eisen-Nickel-Erz und eine Produktion von 28.000–30.000 Tonnen Stahl plante. Das Eisen-Nickel-Erz sollte aus der von Elbasan nicht weit entfernten Region Librazhd-Pogradec kommen.[42] Der genaue Entstehungsort des Walzwerks war durch albanisch-chinesische Spezialistengruppen festzulegen, und die Bauarbeiten sollten 1964 (später hieß es dann: 1965) abgeschlossen werden.[43] Das Abkommen wurde nicht bis ins Detail präzisiert, wodurch hinsichtlich der Baufristen, der Zusammensetzung der herzustellenden Stahlsorten und der Kapazitäten des künftigen Kombinats ausreichend Spielraum für Streitigkeiten zwischen den Albanern und den Chinesen verblieb.[44]

Überdies gab es trotz des vorliegenden Parteitagsbeschlusses innerhalb der Führungsspitze der PAA wichtige Figuren, die dem Bau des Stahlwerk-Komplexes ablehnend gegenüberstanden. Für sie war das Ganze eine falsche politische Entscheidung, mit der der Schwerindustrie eine Vorrangstellung auf Kosten der Landwirtschaft gegeben werde. Zu dieser Führungsgruppe zählten laut den späteren Vernehmungsprotokollen der Staatssicherheit die 1975 wegen Verdacht auf Wirtschaftssabotage festgenommenen und verurteilten Regierungsmitglieder Abdyl Këllezi, Koço Theodhosi und Kiço Ngjela. Der Letztgenannte war von 1954 bis zu seiner Verhaftung 1975 Handelsminister. Er befürwortete die Förderung der Leicht- und Nahrungsmittelindustrie, um die Importe in diesem

40 Albanien und China verrechneten ihren Zahlungsverkehr vorwiegend in Rubeln oder Yuan. Auf albanischer Seite lag der Grund vermutlich an der geringen Devisendisponibilität und dem eingeschränkten Handel mit westlichen Staaten, weshalb sie die Chinesen oft um Kreditvergabe in Dollar bat. Die Chinesen zogen es jedoch vor, Kredite in Yuan oder in Rubeln zu gewähren (Siehe Bytyçi, Shqipëri-Kinë, 201).

41 Tirana – Peking – Moskau – Belgrad, *Wissenschaftlicher Dienst Südosteuropa* 10 (1962), H. 1, 7–10, 8.

42 AQSh, Këshilli i Ministrave, 490, 1965 / 787, 25 [Bericht von Bauminister Josif Pashko und dem Minister für Bergbau und Geologie Çarçani an den Ministerrat betr. die Aufgaben zur Projektierung des Walzwerks].

43 Ebenda, 146 [Schreiben von Bauminister Dragoti an Premierminister Shehu vom 9.4.1965 betr. die Pläne für die Bau-Montage-Arbeiten für das Walzwerk].

44 Vgl. AQSh, Këshilli i Ministrave, 490, 1969 / 302, 82–88 [Mitteilung des Ministers für Industrie und Bergbau Theodhosi an den Premierminister Shehu vom 20.9.1969 betr. Probleme hinsichtlich der Planung des Kombinats].

Bereich zu senken. Seine Einwände, der Bau des Stahlwerks werde unrentabel sein, da allein die Importausgaben für die benötigte Kokskohle jährlich 30 Millionen Dollar betragen würden, war intern kritisiert worden. Nach Ngjelas Ansicht würden sogar die Gewinne aus der Nutzung der künftig vom Großkombinat eingenommenen Fläche zu landwirtschaftlichen Zwecken höher ausfallen[45], als die erwarteten Importeinsparungen durch den Bau des Kombinats. Ngjela hat auch auf die schwerwiegenden Folgen für die Umwelt und auf die hohen Kosten hingewiesen, die der Bau des Stahlwerks nach sich ziehen werde. Sein Alternativvorschlag, an dessen Stelle eine Fabrik zur Verpackung der diversen Exportwaren zu bauen, da sich dadurch die Gewinne aus den Ausfuhren um 50 Prozent steigern ließen, war aber ignoriert worden.[46] Solche Vorstellungen passten nicht in die Ideenwelt Hoxhas, der sich vorgenommen hatte, ein vorwiegend rohstofflieferndes Land wie Albanien in einen modernen Staat mit einer soliden Arbeiterklasse umzugestalten.

Ähnliche Ansichten wie Ngjela hatte auch sein Mitangeklagter des Jahres 1975 vertreten, Koço Theodhosi, der in mehreren Regierungen Vorsitzender der Staatlichen Planungskommission und von 1962 bis eben 1975 Minister für Industrie und Bergbau gewesen war. Theodhosi stand überdies der Arbeitsgruppe vor, die 1962 gemeinsam mit der chinesischen Seite die Pläne für die Errichtung des Stahlwerks ausgearbeitet hatte. Ursprünglich befürwortete er im Zuge dessen die Entscheidung für die Errichtung, 1968 aber, als die Parteispitze die Vorhaben für den Bau gleich mehrerer schwerindustrieller Werke in die Wege zu leiten beabsichtigte, fing er an, von der Strategie der Förderung der Schwerindustrie auf Kosten der Landwirtschaft und der Konsumgüterindustrie Abstand zu nehmen. Er begründete seine Haltung mit den seinerzeitigen Versorgungsproblemen, mit denen die Bevölkerung zu kämpfen hatte. Theodhosi betrachtete auch die kurzen Baufristen, binnen derer die großen Industrievorhaben verwirklicht werden sollten, durchaus skeptisch, da sie seiner Ansicht nach die Kräfte des Landes überforderten.[47] Seine Skepsis und die Bedenken anderer Gegner der industriellen Großprojekte stützten sich in erster Linie auf betriebswirtschaftliche und ökologische Erwägungen, während die Befürworter der Schwerindustrie ihren Entscheidungen – nicht anders als in der Sowjetunion unter der Führung Stalins – mehrere Bedeutungen beimaßen, die für die Herrschaft der PAA schwerer wogen: Sie hoben (um in den Worten eines späteren Historikers zu sprechen) den „doppelten Machtcharakter technischen Handelns“ hervor, die Vorstellung, „dass ‚die Macht über die Kräfte

[45] Tatsächlich war die für das Kombinat umgewidmete Fläche vor der Verwendung als Industriegrund besonders fruchtbar gewesen, woran auch die heutige lokale Erinnerung sehr deutlich ist. Auch sonst hatte Ngjela mit seiner Skepsis ökonomisch im Rückblick wohl weitestgehend recht.

[46] Hetuesi: Kiço Ngjela kundërshtoi ndërtimin e Metalurgjikut [Der Ermittler: Kiço Ngjela sprach sich gegen den Bau des Stahlwerks aus], *Panorama* 8.11.2012, unter http://www.panorama.com.al/hetuesi-kico-ngjela-kundershtoi-ndertimin-e-metalurgjikut/, am 25.10.2019 zuletzt aufgerufen.

[47] Theodhosi në hetuesi: Nuk “besoja te socializmi me forcat tona”.

der Natur' einher gehe mit der ,objektvermittelten Entscheidungsmacht über die Lebensbedingungen anderer Menschen', um ihnen mit aller Entschiedenheit den Weg in das kommunistische Diesseitsparadies weisen zu können."[48] Innerhalb der albanischen Parteiführung setzten sich diese Stalinisten durch.

3.2 Die Pläne zur Errichtung des Stahlwerks

Die heimischen Ressourcen an Eisen-Nickel-Erz erschienen vielversprechend. Sie konnten aber aufgrund der fehlenden Verwertungstechnik nicht effektiv genug in Anspruch genommen werden. Bis 1968 ließen sich in den vorhandenen Bergwerken jährlich nur 400.000 Tonnen Eisen-Nickel-Erz gewinnen und das reichte nicht für die künftige Auslastung des Kombinats. Damit sich dies änderte, wurde vorgeschlagen, die chinesische Seite bei der weiteren Einrichtung von Bergwerken in Prrenjas und Gur i Kuq (Region Librazhd-Pogradec) um Unterstützung zu bitten. Die Chinesen sagten zu. Die Bergwerke sollten in den Jahren von 1969 bis 1975 errichtet werden; dadurch würden gemäß den Prognosen zusätzlich 1.200.000 Tonnen Eisen-Nickel-Erz jährlich zur Verfügung stehen.[49] Die wichtige Rolle von Prrenjas für den Aufbau der Metallindustrie hatte schon Premierminister Mehmet Shehu am 4. Parteitag der PAA 1961 hervorgehoben:

> „Im 3. Fünfjahresplan wird die Gewinnung des Eisen-Nickel-Erzes um 88 Prozent wachsen. Neben den bestehenden Lagern wird auch das neue Bergwerk von Prrenjas gebaut, welches Anfang 1966 die Arbeit aufnehmen wird. Später wird ihre Produktion verdoppelt, damit der Bedarf der Schwarzmetallurgie, die in Zukunft in unserem Land entstehen wird, gesättigt wird. Während des 3. Fünfjahresplans werden die Untersuchungsarbeiten und Planungen zur Entstehung der Schwarzmetallurgie auf der Basis von Eisen-Nickel abgeschlossen."[50]

Vonnöten waren aber auch noch genaue Überlegungen, auf welcher Fläche das künftige Kombinat erreichtet werden sollte. Denn es galt nicht bloß einen Ort zu bestimmen, an dem genügend ebener Raum für das Walzwerk vorhanden war. Vielmehr waren die sämtlichen weitläufigen Dimensionen des Stahlwerks zu berücksichtigen, mit allen seinen künftigen Teilwerken, zugehörigen Betrieben und Lagern. Dabei sollte aber auch möglichst wenig Ackerfläche in Anspruch genommen werden, da die Nutzfläche für eine ertragreichere Landwirtschaft in Albanien schon aus topographischen Gründen ohnehin gering war. Dem Potential zu intensiver Landwirtschaft sollten daher durch die Entnahme der für den Kombinatsbau benötigten Fläche nur nach Möglichkeit reduzierte Nachteile entstehen. Bei einer Politbürositzung aus dem Jahr 1969 drückte dementsprechend der Vizepremierminister Toska seine Besorgnis aus, dass das Stahlwerk eine Anbaufläche von rund

48 Gestwa, Die Stalinschen Großbauten, 16.

49 AQSh, Komisioni i Planit të Shtetit, 495, 1968 / 16, 38 f. [Studie des Industriedirektoriums über den Bau des Walzwerkes].

50 Shehu, Kongresi IV. i PPSH, 209.

250 ha der Landwirtschaft wegnehmen werde, und dass wenn möglich doch weniger Raum in Anspruch genommen werden solle.[51] Nicht weniger wichtig für die Planung war es, ein ausreichendes Arbeitskräftereservoir für die umfassenden Bauarbeiten zur Verfügung zu erhalten und die vorhandene Infrastruktur möglichst effizient in Anspruch zu nehmen. Lange Transportwege zur Lieferung der benötigten Bau- und später dann der Rohstoffe sollten vermieden werden und das Terrain für die Bauflächen sollte leicht abzutragen beziehungsweise einzuebnen sein.

Nach einer gründlichen Untersuchung verschiedener Regionen, die vorrangig in Zentralalbanien lagen – da dort die Infrastruktur in Vergleich zu den anderen Landesteilen am besten entwickelt und die höhere Bevölkerungsdichte relativ wenig Probleme für die Arbeitskräfterekrutierung versprach – wurde am 28.7.1961 beschlossen, das Walzwerk in der Ebene von Bradashesh zu errichten, rund fünfeinhalb Kilometer westlich der Stadt Elbasan, nahe am Fluss Kushë.[52] Elbasan war damals durch vergleichsweise gute Überlandstraßen und auch per Gütereisenbahn für die weitere Region und auch von der Hauptstadt Tiranë aus bereits recht gut erreichbar.[53] Der Bau einer Eisenbahnstichstrecke zum Bauplatz verhieß einen zusätzlich erleichterten Transport der Baumaterialien und Ausrüstung direkt zur Baustelle. Diese selbst war zwar nicht direkt an die Stadt angeschlossen und es würden zusätzliche Investitionen für den Transport der am Bau und später in den Werken beschäftigten Arbeiter notwendig werden. Dafür aber war genügend Raum vorhanden, um in der Zukunft dort das komplette Stahlwerk zu errichten.

Der konkrete Baugrund entsprach in großen Teilen der Fläche des vormaligen Çiftlikgutes, das die führende Elbasaner Bejfamilie Vërlaci dort bis 1944 besessen und bewirtschaften lassen hatte.[54] Der Bevölkerung in Elbasan war (und ist auch noch heute) die Erinnerung daran bestens vertraut. Dieses Moment muss 1961, nur knapp zwei Jahrzehnte nach der Enteignung und herrschaftspolitischen Verdrängung der Vërlaci, noch umso aktueller gewesen sein, als ausgerechnet diese Familie mit Shefqet Bej Vërlaci den

[51] AQSh, KQ i PPSh, 14, 1969 / 4, 613 [Protokoll der Sitzung des Politbüros am 4.3.1969 betr. Besprechung der Studie „Über einige Probleme der perspektivischen Entwicklung der Landwirtschaft"]. Mehr Informationen über die Problematik der Anbaufläche im sozialistischen Albanien gibt es bei Andreas Wildermuth, Land- und Forstwirtschaft, in: Grothusen (Hg.), Albanien, 343–375.

[52] AQSh, Këshilli i Ministrave, 490, 1965 / 787, 19 [Ministerratsbeschluss vom 28.7.1965 betr. die Entscheidung über den Bauplatz des Walzwerks].

[53] Allerdings sollte die geringe Größe des Landes nicht zur Annahme verführen, man könne schnell überall hinkommen – zumal nicht in sozialistischer Zeit. Bedingt durch die Enge der Straßen und deren schlechten Zustand war die Fahrtgeschwindigkeit selbst entlang der größeren Verkehrsachsen gering. Noch 1989 brauchte ein Lastkraftwagen einen ganzen Tag, um von der Küstenstadt Durrës in das 250 km entfernte Sarandë zu gelangen. Siehe dazu Raymond Hutchings, The Infrastructure of the Albanian Economy, in: Franz-Lothar Altmann (Hg.), Albanien im Umbruch. Eine Bestandsaufnahme. München 1990, 139–170, 150.

[54] Shefqet Vasjari, Shoqet e Metalurgjikut [Die Genossinnen des Metallurgischen Kombinats], *Puna*, 23.5.1978, S. 1 u. 4, hier S. 1.

reichsten Großgrundbesitzer Albaniens gestellt hatte.[55] Er hatte ursprünglich den ehemaligen König Zogu unterstützt, sich aber anschließend mit diesem überworfen und war nach der italienischen faktischen Annexion des Landes zum Ministerpräsidenten geworden. 1946 oder 1947 ist er dann nach seiner Flucht im Exil in Zürich gestorben. Der symbolische Effekt dieser sehr speziellen Ortsgeschichte muss den kommunistischen Entscheidungsträgern deutlich vor Augen gestanden haben und mehr als willkommen gewesem sein. In welcher konkreten Weise sie für sich und die Verbreitung ihres Narrativs von der „zweiten Befreiung" des Landes daraus Vorteil zogen, geht aus von mir benützten Dokumenten allerdings nicht hervor. Ein zweiter Vorteil, der sich aus der Çiftlik-Vergangenheit und der von Alters her intensiven landwirtschaftlichen Nutzung der Grundfläche ergab, war ebenfalls wichtig, von Grund auf praktischer Natur: Das Gelände selbst war nahezu unbewohnt, bewohnte Hofstellen gab es dort fast keine, so dass auch kaum Enteignungen von Privathäusern für das Bauvorhaben vorgenommen werden mussten. Die Böden in der Ebene von Bradashesh bestanden aus Tonerde, was die anstehenden Bauarbeiten ebenfalls erleichtern sollte. Man rechnete daher insgesamt mit einem relativ geringeren Arbeitsvolumen, weniger Investitionen und kürzeren Baufristen als anderswo.

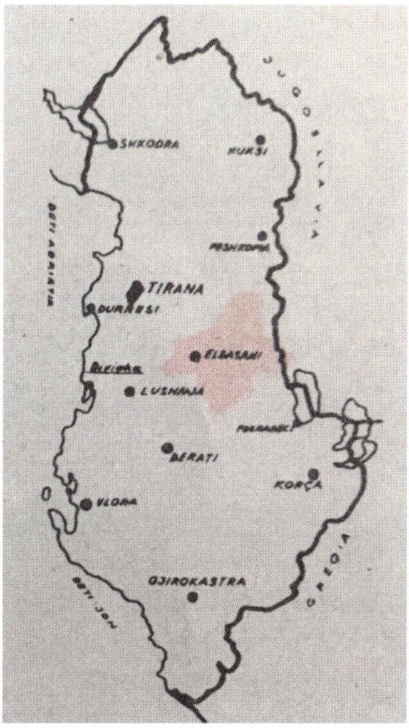

Abb. 3: Die geographische Lage des Landkreises Elbasan

Abb. 4: Panorama der Ebene von Bradashesh vor Errichtung des Großkombinats (Zustand von 1966)

55 Michael SCHMIDT-NEKE, Entstehung und Ausbau der Königsdiktatur in Albanien (1912–1939). München 1987 (Südosteuropäische Arbeiten, 84), 353; Robert ELSIE, A Biographical Dictionary of Albanian History. London, New York 2013, 470.

Strategische Überlegungen dürften desgleichen eine Rolle bei der Standortwahl gespielt haben. Der Landkreis von Elbasan befand sich fern der Landesgrenzen (siehe Abb. 3) und war daher im Kriegsfall keiner sofortigen Gefahr ausgesetzt, was für ein Werk von derartiger nationaler Bedeutung angesichts der Gefahrenperzeption der Regierung von immenser Wichtigkeit war. An Bevölkerungsstärke war Elbasan der sechstgrößte Landkreis der Republik. Verglichen mit dem Landesdurchschnitt (im Jahr 1960 von 56 Einwohnern pro Quadratkilometer war er recht dicht besiedelt,[56] so dass die Planer sich wenig Sorgen um die Rekrutierung von Arbeitskräften und deren Unterbringung machen zu müssen glaubten. 1961 lebten im Kreis nach offiziellen Angaben insgesamt 107.300 Einwohner,[57] davon 30.625 in der Kreisstadt Elbasan, 4850 in Cërrik, der zweitgrößten Stadt des Kreises, und 3600 Menschen in der Stadt Peqin.[58] Im Kreis waren angeblich damals schon 9864 Arbeiter tätig, von denen 4331 in Industriebetrieben beschäftigt waren.[59] Ihre Tätigkeit konzentrierte sich hauptsächlich auf die Holzindustrie und -verarbeitung, die Lebensmittelbranche und auf den Rohstoffabbau.[60] Die Mehrheit der Bevölkerung lebte jedoch auch im vergleichsweise stark vorindustrialisierten Kreis Elbasan von der Feldwirtschaft, in der Mais, Getreide, Tabak oder Hafer gute Ernten abwarfen, oder von der Vieh- und Geflügelwirtschaft, etwa der Haltung von Schafen, Ziegen oder Hühnern.[61] Die Kollektivierung war schon weit vorangeschritten: 84 Prozent der Ackerfläche gehörten 87 Landwirtschaftlichen Genossenschaften *(kooperativa)* oder den von deren Mitgliedern bewirtschafteten sogenannten Kooperativisten-Höfen *(oborre kooperativiste)*, einer Nebenwirtschaft der Genossenschaftsbauern.[62]

Das in Errichtung befindliche Bergwerk von Prrenjas, dem der Großteil des im Walzwerk zur Verarbeitung vorgesehenen Eisen-Nickel-Erzes entnommen werden sollte, befand sich nur 55 Kilometer von Bradashesh entfernt. Auch die Versorgungsquellen für Brennstoffe und Methangas waren nahe gelegen. Hinsichtlich seines Standorts erwies sich Elbasan dann auch in der Tat als eine bessere Wahl als beispielsweise sein bulgarisches Gegenstück Kremikovci.[63] In der Umgebung befanden sich mehrere ergiebige Wasser-

[56] Mit 70 Einwohnern/km²; Anuari statistikor 1961, 54.

[57] Ebenda, 53.

[58] Ebenda, 55.

[59] Diese Beschäftigtenzahlen fußen auf der von offiziellen Publikationen angegebenen Gesamtzahl von 59.731 Industriearbeitern im Jahre 1961. Ebenda, 86 f. Jedoch möchte ich erneut auf die Unzuverlässigkeit der Zahlen in den sozialistischen Statistiken hinweisen.

[60] Ebenda, 108 f.

[61] Ebenda, 148–153 und 172 f.

[62] Ebenda, 126 f. Ein Kooperativisten-Hof verfügte bis 1967 über 0,3 ha Fläche; gehalten werden durften eine Kuh plus deren Kalb sowie 15 Schafe oder Ziegen. Diese Obergrenzen wurden aber später reduziert. Die Überschüsse mussten ab 1981 / 82 an die Genossenschaft zu festgesetzten Preisen verkauft werden und der Bauernmarkt in den Städten wurde verboten, was allerdings nur den Schwarzmarkt förderte. Wildermuth, Land- und Forstwirtschaft, 345.

[63] Vgl. Palairet, „Lenin“ and „Brezhnev“, 498.

quellen etwa in Gestalt der Flüsse Shkumbin oder Krastë, und sonstige brauchbare Baumaterialien wie Sand, Zement oder Brennmaterialien sowie Holz waren ebenfalls reichlich vorhanden.

Das Pionierwerk des Großkombinats, das Walzwerk, sollte sich auf eine Fläche von 11,6 ha erstrecken. Um diese Fläche herum sollte das weitere Kombinat entstehen. Der Bau der Fabrik hatte von Beginn an höchste Prioritätsstufe, das hieß, die Regierung nahm wenn nötig zu seiner fristgerechten Erstellung die Verzögerung von Arbeiten bei anderen Projekten in Kauf[64], was etwa das Textilkombinat „Mao Zedong“ in Berat betraf[65]. Die Bauarbeiten am Walzwerk sollten am Ende von März 1963 bis Ende 1965 andauern.[66] Mit den Vorbereitungsarbeiten, also etwa der Bereitstellung von elektrischen Stationen oder elektrischen Versorgungsleitungen zu der Fabrik hatte man schon 1962 begonnen.[67] Der Strom sollte zunächst aus dem nahegelegenen Wärmekraftwerk von Cërrik bezogen werden, während die für die Produktion notwendige Wassermenge dem Fluss Shkumbin entnommen werden sollte. Die Abwässer sollten über den Fluss Kushë abgeleitet werden.[68]

Die notwendigen Rohstoffe sollten mit der schon erwähnten Stichstrecke zu einer Eisenbahnlinie, welche Elbasan seit 1950 mit der Hafenstadt Durrës verband,[69] bis in das Fabrikterritorium hinein gebracht werden. Innerhalb des Fabrikgeländes waren außer den direkten Produktionseinrichtungen auch die Verwaltungsgebäude, Arbeiterkantinen, Duschräume, Garderoben, Hygieneräume und Zimmer für die Kinderernährung (nur für Frauen), Notarzträume und ein Luftschutzbunker geplant.[70] Nach ihrer Fertigstellung sollte das Personal der Walzfabrik aus 349 Arbeitern bestehen, hinzu waren 43 Ingenieure und Techniker sowie 27 Mitarbeiter in der Verwaltung vorgesehen. Rund fünf Prozent der

64 AQSh, Këshilli i Ministrave, 490, 1962 / 974, 302 [Ministerratsbeschluss vom 16.5.1962 über nötige Maßnahmen zum Bau der Industriewerke].

65 Prifti, Socialist Albania since 1944, 58.

66 AQSh, Këshilli i Ministrave, 490, 1962 / 730, 64 [Mitteilung des Industrieministeriums an den Premierminister vom 19.4.1962 betr. Prognose der Planrealisierung für das Jahr 1963]; ebd., 1965 / 787, 146 [Schreiben von Bauminister Dragoti an Premierminister Shehu vom 9.4.1965 betr. die Pläne für die Bau-Montage-Arbeiten für das Walzwerk].

67 AQSh, Këshilli i Ministrave, 490, 1962 / 730, 6 [Mitteilung von Industrieminister Spahiu an Premierminister Shehu vom 5.2.1962 betr. die Pläne für den Bau der elektrischen Versorgungspunkte und Hochspannungsleitungen].

68 AQSh, Këshilli i Ministrave, 490, 1965 / 787, 27 f. [Bericht von Bauminister J. Pashko und des Ministers für Bergbau und Geologie Çarçani an den Ministerrat betr. die Aufgaben zur Projizierung des Walzwerks].

69 Siehe das Stichwort: Hekurudha Shqiptare [Albanische Eisenbahn], unter: https://de.wikipedia.org/wiki/Hekurudha_Shqiptare#Streckennetz, am 14.10.2019 zuletzt aufgerufen.

70 AQSh, Këshilli i Ministrave, 490, 1965 / 787, 31. [Bericht von Bauminister J. Pashko und des Ministers für Bergbau und Geologie Çarçani an den Ministerrat betr. die Aufgaben zur Projizierung des Walzwerks]. Siehe auch AQSh, Komisioni i Planit të Shtetit, 495, 1968 / 10, 118 – 133 [Schreiben von Bauminister Dragoti und Industrie- und Bergbauminister Theodhosi an Vizepremierminister Çarçani vom 10.11.1968 betr. Kapazität und Umfang des künftigen Stahlwerks].

Beschäftigten sollten weiblichen Geschlechtes sein. Es galt die Sechs-Tage-Woche. Die Arbeiter hatten in drei Schichten rund um die Uhr zu arbeiten. Sie hatten Anspruch auf 18 Urlaubstage jährlich;[71] für Krankenstand oder sonstigen persönlichen Bedarf an Arbeitsfreistellung waren nicht mehr als neun weitere Tage kalkuliert. Abzüglich der sechs amtlichen Feiertage blieb dadurch ein Rest von 280 Arbeitstagen im Jahr.[72]

Die Inbetriebnahme des Komplexes sollte in zwei Phasen vor sich gehen. Während der ersten Phase, die 1965 beginnen und bis 1970 andauern sollte, war eine Verarbeitungskapazität von jährlich 100.000 Tonnen Eisen-Nickel-Erz vorgesehen. In den Jahren 1969 bis 1972 sollte diese Ziffer auf 300.000 Tonnen erhöht werden. Bei Vollauslastung des komplettierten Kombinats sollten dort dann 800.000 Tonnen Eisen-Nickel-Erz verarbeitet[73] und daraus 250.000 Tonnen Walzstahl, 20.000 Tonnen Gusseisen, mehrere Tausend Tonnen Magnesitziegel, Magnesit-Chrom-Ziegel und andere Produkte hergestellt werden.[74] Als Termin für die Inbetriebnahme aller Kombinatswerke wurde das Jahr 1976 bestimmt, später indessen auf Januar 1975 vorverlegt.[75] Während der ersten Phase der Kombinatserrichtung bis 1970 sollten auch die Bergwerke von Prrenjas und Gur i Kuq in Betrieb genommen werden. Die Planer sahen ursprünglich sogar eine dritte Phase vor, die 1979 beginnen und die Verarbeitungskapazitäten des Kombinats noch auf 1.200.000 Tonnen erweitern sollte. Diese Planstufe wurde aber angesichts der außenpolitischen Verwicklungen später fallengelassen.[76]

Die langfristigen Intentionen der albanischen Führung brachte Enver Hoxha 1971 in einer seiner Reden zum Ausdruck:

> „Von besonderer Bedeutung für unsere Wirtschaft ist der erstmalige Aufbau der Schwarzmetallurgie. Das Metallurgische Kombinat, das in Elbasan entstehen wird, ist ein gigantisches Werk, welches die Unabhängigkeit und die Souveränität unserer Wirtschaft konsolidieren wird. Es wird uns die Grundstoffe sichern, die wir für die Entwicklung der mechanischen Industrie und für die künftige Herstellung von Maschinenproduktion benötigen, sowie die Grundlage für künftige Bauwerke stärken. Auch in diesem Fünfjahresplan wird bei der kom-

[71] In anderen Betrieben hatten die Arbeitnehmer laut geltendem Arbeitsrecht Anspruch auf zwölf Tage Urlaub. Die Beschäftigten im Stahlwerk scheinen diesbezüglich bevorzugt worden zu sein. Vgl. Wolfgang Stoppel, Rechtssystem, in: Grothusen (Hg.), Albanien, 243–288, 272.

[72] AQSh, Këshilli i Ministrave, 490, 1965 / 787, 30 [wie Anm. 68].

[73] AQSh, Komisioni i Planit të Shtetit, 495, 1968 / 16, 8 [Studie des Industriedirektoriums über den Bau des Walzwerks].

[74] AQSh, Komisioni i Planit të Shtetit, 495, 1968 / 10, 122 f. [Schreiben von Bauminister Dragoti und Industrie- und Bergbauminister Theodhosi an Vizepremierminister Çarçani vom 10.11.1968 betr. Kapazität und Umfang des künftigen Stahlwerks].

[75] Ebenda, 118.

[76] AQSh, Ministria e Tregtisë së Jashtme, 503, 1968 / 83, 6 [Schreiben von Industrie- und Bergbauminister Theodhosi an Handelsminister Ngjela vom 8.2.1968 betr. nähere Angaben zum Stahlwerk].

plexen Industrieentwicklung der Vorrang den extraktiven Industrien von Mineralien und Rohstoffen gegeben. Ziel ist einer Erweiterung der Rohstoffbasis für die Metallurgie und für die chemische Industrie [...].“[77]

Damit lange Transportwege vermieden, die Fristen eingehalten und die Kosten niedrig gehalten werden könnten, hatte die staatliche Planungsbehörde beschlossen, auch eine Fabrik für die Herstellung von feuerfesten Ziegeln zu bauen.[78] Die chinesischen Partner erklärten sich auch zu deren Finanzierung bereit.

An den Bauarbeiten für das Walzwerk sollten sich 550 Arbeiter beteiligen, das waren nicht einmal sechs Prozent der für die Errichtung des späteren gesamten Stahlwerks vorgesehenen Arbeitskräfte.[79] Sofern ihre Ausbildung nicht ausreichte, sollten sie frühzeitig in anderen Betrieben mit dem erforderlichen Profil oder zum Teil in China qualifiziert werden. Zu den Arbeitern kamen noch 400 Soldaten, die 1964–1965 eingesetzt wurden, sowie mehrere chinesische Ingenieure, die sich aber nur um die technischen Aspekte der Arbeit kümmern sollten. Die organisatorischen Gesichtspunkte blieben der albanischen Seite überlassen.[80] Vom Ministerrat wurde beschlossen, dass mit der Verantwortung für den Ablauf der Arbeiten, hier und in anderen Industrieprojekten, wichtige Personen aus der Staatsführung betraut werden sollten, die persönlich Rechenschaft abzulegen hatten. Dies sollte auch für das Stahlwerk gelten.[81] Während in anderen Werken auch Häftlinge beim Bau hinzugezogen werden sollten, suchte die Führung dies beim Walzwerk aufgrund des strategischen Charakters des Projekts zu vermeiden.[82] Im Unterschied zu den Führern ihrer Schwesterpartei in Rumänien beim Donau-Schwarzmeer-Kanal ging es der PAA-Führung beim Bau des Stahlwerks nicht um eine Unterdrückung politischer Gegner und unliebsamer Minderheiten.[83] Somit verband sich die Begeisterung der Machthaber für das Kombinat nicht mit Repressionsmotiven.

Der Kalk für die Eisen- und Stahlherstellung sollte aus dem Steinbruch von Metaj, einer benachbarten Gemeinde, herangeschafft werden.[84] Die Stromversorgung sollte nunmehr in abgewandelter Planung aus der weiteren Ferne erfolgen, nämlich während der

77 Hoxha, Raport mbi veprimtarinë, 67 f.

78 AQSh, Komisioni i Planit të Shtetit, 495, 1965 / 15, 54 [Rede des Delegationsleiters Koleka in Peking am 29–30.4.1965 betr. die Industriewerke des Fünfjahres 1961–1965].

79 Ebenda, 73.

80 AQSh, Këshilli i Ministrave, 490, 1962 / 730, 250 f. [Informationsbericht von Bauminister J. Pashko und dem Vizevorsitzenden des Ministerrates Koleka an den Ministerrat betr. Maßnahmen für den Bau der Industriewerke, die mit Hilfe der VR China gebaut werden].

81 Ebenda, 240 f.

82 Ebenda, 250 f..

83 Van Meurs, Der Donau-Schwarzmeer-Kanal, 120

84 AQSh, Komisioni i Planit të Shtetit, 495, 1968 / 10, 121 [Schreiben Bauminister Dragoti und Industrie- und Bergwerksminister Theodhosi an Vizepremierminister Çarçani vom 10.11.1968 betr. Kapazität und Umfang des künftigen Stahlwerks].

ersten Phase aus dem nordalbanischen Wasserkraftwerk am Unterlauf des Drin bei Vau i Dejës (Leistung: 250 Megawatt, freilich erst 1973 wirklich in Betrieb genommen), in der zweiten Phase dann auch aus demjenigen von Fierzë (500 Megawatt, 1978 in Betrieb genommen) hinzukommen. Man hatte sich für zwei unabhängige Stromquellen entschieden, damit in dieser Hinsicht ein störungsfreier Betrieb des Kombinats gewährleistet werde.[85] Das Stahlwerk war nämlich ein immenser Energieschlucker und deshalb anfällig gegenüber jedweden Engpässen bei der Stromversorgung, wie es sich dann in den achtziger Jahren auch zeigte.[86]

Der Ministerrat erließ 1962 die Weisung, dass der Staatliche Baubetrieb von Elbasan die Baustelle für die Fabrik einrichten, hingegen die Montagearbeit einem spezialisierten Betrieb für industrielle Montagen überlassen werden sollte, der 1963 gegründet wurde.[87] Die Montagearbeit sollte zentral geleitet, ihre Fristen vom Bauministerium vorgegeben werden.[88] Während die Kosten für das Walz- und das Stahlwerk von der VR China übernommen wurden, hatte das Budget des Bauministeriums die Planung und Durchführung der Arbeiten für die Wasserleitung, die Eisenbahnstichlinie und die übrigen Werkbereiche sowie die Gebäude und Einrichtungen, die keinen direkten Bezug zum Produktionsprozess im Stahlwerk hatten – wie Garagen, Benzinlager, Feuerwehrgebäude, Büros, Kantinen, Duschen usw. – zu tragen.[89]

Ursprünglich wurde geplant, zur Erzeugung von Stahl oder Gusseisen das Verfahren der Elektrometallurgie anzuwenden und zur Weiterverarbeitung der Erze Elektroöfen aus China heranzubringen. Die Chinesen hatten das vorgeschlagen, da sie das albanische Wasserkraftpotential dafür als geeignet betrachteten. Die albanische Seite, welche von Prof. Hajredin Kumbaro geleitet wurde, der in der Sowjetunion ausgebildet worden war, bestand jedoch auf Öfen, die Kokskohle verwendeten, da sie mit elektrischen Öfen keine Erfahrung besaß.[90] Die Braunkohle, die Anfang der sechziger Jahre in Albanien abgebaut

85 Ebenda, 127.

86 Nach Aussagen Ramiz Alias wurden in Albanien (gemeint sind wohl die achtziger Jahre) täglich 13 Mio. kWh Strom produziert, was für Albaniens Industriebedarf ausreichte. Davon benötigte das Stahlwerk 1 Mio. kWh täglich. Bici, Industrializing Albania, 76.

87 AQSh, Këshilli i Ministrave, 490, 1962/730, 240 f. [Informationsbericht von Bauminister J. Pashko und vom Vizevorsitzenden des Ministerrates Koleka an den Ministerrat betr. Maßnahmen für den Bau der Industriewerke, die mit Hilfe der VRC gebaut werden].

88 Ebenda, 257.

89 AQSh, Ministria e Ndërtimit, 499, 1964/369, 7 [Interne Liste betr. Investitionen für Industriewerke im Jahre 1964].

90 Përparim Demi, Nostalgjikët e enverizmit apo Shqipëria ndërmjet luftës nacional çlirimtare dhe kolapsit (1945 – 1990) [Die Nostalgiker des Enverismus oder Albanien zwischen dem nationalen Befreiungskrieg und dem Kollaps (1945 – 1990)], Blog: *Zemra Shqiptare*, 12.2.2011, unter http://www.zemrashqiptare.net/news/20227/perparim-demi-nostalgjiket-e-enverizmit-apo-shqiperia-ndermjet-luftes-nacional-clirimtare-dhe-kolapsit-1945--1990.html?skeyword=dhe%20kolapsit, am 25.10.2019 zuletzt aufgerufen.

wurde, war jedoch aus Qualitätsgründen für das elektrometallurgische Verfahren nicht geeignet. Nach mehreren Versuchen zur Stahlherstellung mit der albanischen Kohle in China wurde deshalb beschlossen, das hydrometallurgische Schema zu verwenden und die für Elbasan notwendige Kokskohle zu importieren.[91] Die chinesische Seite schätzte die durchschnittliche Anzahl der Arbeiter, die für die Bau-Montage-Arbeiten während der Errichtung des Stahlwerks benötigt werden würden, auf 10.000 und in der arbeitsintensivsten Phase auf höchstens 15.000.[92]

Um die Bauarbeiten zu beschleunigen, wurde von den örtlichen Behörden geplant, zwischen den einzelnen Brigaden Leistungswettbewerbe zu organisieren und alle 14 Tage eine Arbeitsprognose zum künftigen Ablauf zu veröffentlichen. Für Arbeiten, die zweitrangig waren, sollten Freiwillige aus verschiedenen Betrieben, Schulen, Gymnasien oder Genossenschaften hinzugezogen werden, um die qualifizierten Arbeiter entlasten zu können und ein möglichst großes Reservoir an Arbeitskräften zur Verfügung zu halten. Die von der Jugendorganisation zu stellenden Arbeitskräfte sollten neben ihrer Arbeit Qualifizierungskurse besuchen, damit sie zum Ende der Bauarbeiten im Stahlwerk mit der benötigten Ausbildung tätig werden könnten. So bestünden weniger Engpässe bei der Rekrutierung von Bau- und Facharbeitern.

Die Kosten des Walzwerks sollten 250 Millionen Lek oder rund 19 Millionen Rubel betragen,[93] das waren etwas mehr als vier Prozent der Gesamtinvestitionen für den gesamten Fünfjahresplan 1961–1965.[94] Im Laufe der Bauarbeiten sahen sich die Verantwortlichen jedoch gezwungen, die vorgesehene Kostengrenze beim Walzwerk zu überschreiten, was später auch für die Kosten für den Bau des gesamten Kombinats galt. Die Leitungen für die Errichtung verschiedener Objekte sollten je nach ihrem Charakter den entsprechenden Ressorts unterstehen, wobei deren Koordinierung dem Direktor der Bau-Montage-Arbeiten oblag, der nach dem Beginn der Inbetriebnahme dann seinerseits dem Produktionsdirektor des Stahlwerks unterstand. Eine klare Verwaltungshierarchie sollte somit der Garant für die erfolgreiche Fertigstellung des Kombinats werden – und sie war auch eine der größten Herausforderungen, mit welchen die PAA-Führung bei den Bau- und Produktionsprozessen konfrontiert wurde.

91 Vgl. AQSh, Komisioni i Planit të Shtetit, 495, 1968 / 10, 118 – 133 [Schreiben von Bauminister Dragoti und Industrie- und Bergbauminister Theodhosi an Vizepremierminister Çarçani vom 10.11.1968 betr. Kapazität und Umfang des künftigen Stahlwerks]; siehe auch AQSh, Ministria e Ndërtimit, 499, 1971 / 56, 6 [Bericht von Bauminister Dragoti und Industrie- und Bergbauminister Theodhosi an den Ministerrat vom 26.1.1971 betr. die Pläne zum Umfang und Kapazität des Kombinats].

92 AQSh, Ministria e Ndërtimit, 499, 1971 / 56, 6 [wie eben].

93 AQSh, Ministria e Ndërtimit, 499, 1964 / 369, 7 [Interne Liste betr. Investitionen für Industriewerke im Jahre 1964].

94 40 vjet Shqipëri socialiste [40 Jahre sozialistisches Albanien]. Tiranë 1984, 103.

3.3 Die chinesische Rolle bei den Planungsarbeiten

Als die Entscheidung zum Bau des Stahlwerks in Elbasan fiel, machte China gerade den „Großen Sprung nach vorn" durch. Nach Maos Vorstellungen sollte eine durch die Volkskommunen bewirkte revolutionäre Entwicklung auf dem Lande die Basis für eine rasche Industrialisierung bilden. Gigantische Erträge in der Landwirtschaft sollten den erhöhten Import von Maschinen und Werken aus dem Ausland möglich machen, um in einem einzigen großen Schub den Westen in seiner industriellen Produktion zu überholen. Bezweckt wurde also eine gleichzeitige Förderung der Landwirtschaft und der Industrie,[95] oder wie es die chinesischen kommunistischen Führer nannten, ein „Auf-zwei-Beinen-Gehen".[96] Als Chruschtschow während einer Rede zur Feier der Oktoberrevolution 1957 vor den internationalen Gästen proklamierte, die Sowjetunion würde die USA hinsichtlich ihres Produktionsvolumens in 15 Jahren überholen, betrachtete Mao dies als Herausforderung und ging mit folgenden Worten in einer ins Englische übersetzten Rede, die auf Chruschtschows Äußerungen Bezug nahm, darauf ein:

> "This year our country has 5.2 million tonnes of steel, and after five years we can have 10 to 15 million tonnes; after a further five years 20 to 25 million tonnes, then add five more years and we will have 30 to 40 million tonnes. Maybe I am bragging here, and maybe when we have another international meeting in future you will criticise me for being subjective, but I speak on the strength of considerable evidence. [...] Comrade Khrushchev tells us that the Soviet Union will overtake the United States in fifteen years. I can tell you that in fifteen years we may well catch up with or overtake Britain."[97]

Die Erhöhung der Stahlproduktion sollte den Kern von Maos Industrialisierungspolitik ausmachen, und 1960/61 stand das entsprechende Programm auf seinem Höhepunkt. Die ambitionierten Ziele der chinesischen Kommunisten dürften auf die Regierungen der sozialistischen Staaten durchaus imponierend gewirkt haben, vor allem auf die Führungen derjenigen Länder, die agrarwirtschaftlich geprägt waren, eine ehrgeizige Industrialisierungspolitik verfolgten und möglichst rasch moderne Wirtschaftsstrukturen schaffen wollten. Diese Stoßrichtung traf in besonderem Maße auf die Balkanländer zu, also auch auf die albanischen Kommunisten. Während diese bis dahin gemäß der stalinschen Richtlinien zur Förderung der Industrie auf Kosten der Landwirtschaft den Vorrang gegeben hatten, waren die Stoßrichtungen des Großen Vorsitzenden der Kommunistischen Partei Chinas eine Alternative, die einen raschen Fortschritt versprach und deshalb durchaus

95 Wolfgang Zank, Maos blutige Ernte, *Die Zeit* 25.10.2019, unter http://www.zeit.de/2012/17/Riesenreich-China, am 20.8.2015 zuletzt aufgerufen.

96 Jan Meyer, Partizipation und Wirtschaftssystem der VR China, in: Hans-Hermann Höhmann (Hg.), Partizipation und Wirtschaftsplanung in Osteuropa und der VR China. Stuttgart 1980, 207–280, 228.

97 Frank Dikötter, Mao's Great Famine: The History of China's Most Devastating Catastrophe, 1958–1962. London, Berlin, New York 2010, 14.

anziehend gewirkt haben dürfte.[98] Auch die von der chinesischen Regierung verlautbarten Erfolgsziffern schienen Maos Konzept Recht zu geben.[99] Gleichwohl liegen ausführliche Aussagen wichtiger politischer Entscheidungsträger Albaniens zum „Großen Sprung" in den von mir benutzten Archivquellen nicht vor. So ist es ratsam, in der staatlich gelenkten albanischen Presse nach Artikeln zu suchen, in denen die chinesischen Rezepte als vorbildhaft für die eigene Volkswirtschaft betrachtet werden.

Die Kontakte der albanischen zur chinesischen Führung waren in den fünfziger Jahren noch relativ begrenzt. Sie begannen Ende 1954 und intensivierten sich ab 1959, als die kommunistische Führung Chinas auf der Suche nach Verbündeten im sozialistischen Lager Albanien umwarb. Ab dieser Zeit fanden häufig gegenseitige Besuche statt, und sowohl *Zëri i popullit* als auch andere Zeitungen berichteten regelmäßig darüber. Wiedergegeben werden zu beiden Seiten die üblichen Lippenbekenntnisse, wobei die albanischen Führer Maos Ideen loben, ebenso Chinas Treue gegenüber der orthodoxen Linie, das Programm des „Großen Sprunges" sowie das Konzept der Volkskommunen.[100] Jedoch, obwohl oft von immensen Fortschritten in China die Rede ist, redet man in der Publizistik niemals davon, den wirtschaftspolitischen Kurs Chinas auf die albanische Wirtschaft zu übertragen. Dies passiert nicht 1959, als der chinesische Verteidigungsminister Peng Dehuai und andere wichtige Persönlichkeiten der KPCh zu einem mehrtägigen Besuch kamen, und auch nicht 1964, als der Premierminister Zhou Enlai eine ganze Woche in Albanien blieb.[101]

Der Grund dürfte in der Skepsis der albanischen kommunistischen Führer gegenüber den Ideen des Großen Vorsitzenden liegen. Der Respekt gegenüber der Sowjetunion als Mutterland des Sozialismus war in den fünfziger Jahren besonders groß und Stalin genoss in Tiranë, bekanntlich gar bis zum Ende des sozialistischen Regimes, als Theoretiker des Marxismus-Leninismus hohes Ansehen. Obwohl die chinesischen Kommunisten als Verbündete geschätzt wurden, war die albanische Führung nicht bereit, den sowjetischen Industrialisierungskurs zugunsten eines Experiments aufzugeben, dessen Ausgang ungewiss war. Chinesische Parolen wie „Drei Jahre harte Arbeit und Entbehrungen, dann tausend Jahre Wohlstand"[102] dürften nicht unbedingt dazu beigetragen haben, Vorbehalte in Tiranë zu beseitigen. Abgesehen davon waren die Unterschiede zwischen den Volkswirtschaften beider Länder relativ offensichtlich. Während die chinesischen Volkskommunen die vorherige Kollektivierung voraussetzen, wurde diese in Albanien erst 1967 abgeschlossen.[103]

98 Ausführlicher dazu siehe bei Dikötter, Mao's Great Famine oder Jean-Luc Domenach, Großer Sprung nach vorn, in: Courtois (Hg.), Das Handbuch des Kommunismus, 343–346.

99 Domenach, Großer Sprung nach vorn, 344.

100 Siehe *Zëri i Popullit* vom 3.1.1961, 14.1.1961, 26.1.1961, 7.1.1964. Vor allem 1961 nehmen die zuständigen Funktionsträger in ihren Reden regelmäßig Bezug auf den „Großen Sprung", ohne jedoch mehr als allgemeines Lob zu äußern.

101 Siehe *Zëri i Popullit* 15.5.–15.6.1959 und 1.1.–31.1.1961.

102 Zank, Maos blutige Ernte.

103 Kaser, Economic system, 301.

Somit waren die Voraussetzungen für eine Vorgehensweise zum Aufbau einer Stahlindustrie, ähnlich derjenigen Maos, nicht vorhanden. Einige Eindrücke aus China lassen sich dem Werk Hoxhas “Die Chruschtschowianer“ entnehmen, die – wiewohl sie nach dem Bruch der Allianz mit China veröffentlicht worden sind –, in dieser Hinsicht eine einigermaßen authentische innere Haltung der kommunistischen Machtspitze gegenüber Chinas Führung wiedergeben dürften.[104]

Im Abkommen zwischen den beiden Regierungen war festgelegt worden, dass der chinesische Partner die Kosten für den Bau des Walzwerkes in Form einer Kredithilfe übernehmen würde.[105] Die chinesische Regierung sollte die gesamte Ausrüstung des Werkes zur Verfügung stellen, sei es aus eigener Produktion oder durch Zukäufe in anderen Ländern. Sie würde überdies einige Spezialisten schicken, die der albanischen Seite beim Bau des Walzwerkes zu assistieren hatten. Deren tatsächliche Zahl sollte in den Jahren des Kombinatsbaus rapide ansteigen. Sie waren auch dringend notwendig, denn der 1961 vollzogene Abzug der sowjetischen Spezialisten hatte große Lücken hinterlassen, da 80 Prozent von ihnen in der Montanindustrie tätig gewesen waren.[106] In der Gegenrichtung sollten albanische Experten nach China gehen, um in Betrieben ähnlichen Profils eine Fortbildung zu erhalten, und auch im Elbasaner Fall sollte eine hohe Anzahl von albanischen Arbeitern in China einen Beruf erlernen, der für die Tätigkeit in der Fabrik und im künftigen Kombinat von Nutzen war.[107]

Die chinesische Regierung hatte sich im Rahmen des Vertrags zum Bau des Walzwerkes bereit erklärt, die Eigenschaften der zur Verarbeitung vorgesehenen albanischen Rohstoffe sowie der für die Verarbeitung notwendigen Brennstoffe und der Endprodukte im eigenen Lande zu testen, um eine endgültige Aussage zur Rentabilität des Kombinats abgeben zu

104 Zum Verhältnis der albanischen Führer gegenüber der Führung der KPCh vor seinem Besuch im Oktober 1956 berichtet Hoxha: „[Es] war uns bekannt, dass an der Spitze der Kommunistischen Partei Chinas Mao Tsetung stand, über den wir, wie auch über die Partei, die er führte, nicht mehr wussten als das, was wir von den sowjetischen Genossen erfuhren. Weder während dieser Zeit [bis 1949] noch nach 1949 hatten wir Gelegenheit gehabt, eines der Werke oder der Arbeiten Mao Tsetungs zu lesen, von dem es hieß, er sei auch Philosoph und habe eine lange Reihe von Werken verfasst. […] Es hieß, Mao verfolge beim Aufbau des Sozialismus in China eine ‚interessante‘ Linie, indem er mit der einheimischen Bourgeoisie und mit anderen Parteien zusammenarbeite, die ‚demokratisch‘, ‚Industriellenpartei‘ usw. genannt wurden. Die Kommunistische Partei, so hieß es weiter, erlaube und fördere dort gemischte privat-staatliche Unternehmen, ermuntere und entschädige die Angehörigen der reichen Klassen, beteilige sie sogar an der Leitung von Betrieben und von Provinzen usw. usf. All das war für uns ganz unbegreiflich; so sehr man sich auch den Kopf darüber zerbrach, es ließ sich kein Argument dafür finden, dass dies im Einklang mit dem Marxismus-Leninismus stand. Hoxha, Die Chruschtschowianer, 258–260.

105 AQSh, Këshilli i Ministrave, 499, 1965 / 1011, 10 [Brief Mehmet Shehus an Zhou Enlai vom 22.1.1965].

106 Albaniens Mineralölexporte, *Wissenschaftlicher Dienst Südosteuropa* 3 (1964), 44 f.

107 AQSh, Këshilli i Ministrave, 499, 1965 / 1017, 26 f. [Bericht des Gesandten Koleka für die chinesische Seite betr. die Bedeutung der Industriewerke des IV. Fünfjahresplans (1966–1970)].

können. Der chinesische Premierminister Zhou Enlai persönlich brachte sich in die Planungsphase und in Angelegenheiten technologischen Charakters ein.[108] Um die notwendige Ausrüstung und Baumaterialien zu schicken, die in Albanien nicht vorhanden waren, war bereits am 26. Dezember 1961 eine gemeinsame albanisch-chinesische Schifffahrtsgesellschaft gegründet worden.[109] Die Lieferungen gelangten auf dem Seeweg vom Pazifischen Ozean über das Kap der Guten Hoffnung ins Mittelmeer, was freilich relativ lang dauerte. Als etwa die Maschinen für das Textilkombinat „Mao Zedong" vom Herstellungsort in China nach Berat transportiert wurden, nahm das volle anderthalb Jahre in Anspruch.[110] Solche Verzögerungen, die außer organisatorischen Gründen auch schlicht der riesigen Entfernung zwischen den beiden zunehmend enger verbündeten Ländern geschuldet waren, brachten Nachteile für die Verwirklichung vieler Ziele mit sich, die in die albanischen Fünfjahrespläne aufgenommen worden waren, folglich auch für die Bauarbeiten im Kombinat. Mit solchen distanzbegründeten Problemen hatten die übrigen Länder des Ostblocks, die mithilfe Moskaus ähnliche Großprojekte durchführten, nicht kämpfen müssen.[111]

Auf Anweisung durch die chinesische Führung konzentrierten sich zwei dortige wissenschaftliche Institute auf Entwürfe und Experimente zum künftigen Stahlwerk. Zugleich wurden aus China Experten nach Kuba geschickt, um Erfahrung im metallurgischen Bereich zu sammeln und benötigte Baumaterialien zu kaufen. 1961 begannen sie mit der Untersuchung der Eigenschaften des albanischen Eisen-Nickel-Erzes und der Eignung der albanischen Kohle für die Stahlschmelze. Sie errichteten eine Versuchsfabrik in Anshan, ein Industriezentrum im Nordosten Chinas, das von der Stahlindustrie geprägt war. Dort sollten die albanischen Erze genauestens untersucht werden; die Albaner wurden von den chinesischen Experten darum gebeten, ihnen weitere Eisen-Nickel-Erz-Proben zu schicken, damit sie die geeignetere Verarbeitungstechnologie herausfänden. Da die chinesischen Experten aber in der Metallurgie – wie sie selbst zugaben – doch viel an Fachwissen aufzuholen hatten, gingen die Planungsarbeiten relativ langsam voran.[112] Dies war ein Grund, wieso sie gegenüber den albanischen Vorschlägen zur Erweiterung der Stahlsortimente, welche aus dem albanischen Erz produziert werden sollten, eine reservierte Haltung einnahmen. Die geplanten Kapazitäten und das von den Albanern erwartete weitere Ausbaupotential des künftigen Stahlwerks machten der chinesischen Seite ihre begrenzten

[108] AQSh, Këshilli i Ministrave, 490, 1962 / 730, 21 f. [Bericht von Industrieminister Spahiu vom 7.3.1962 an den Ministerrat über die Gespräche mit der chinesischen Seite betr. die Industriewerke, die gemeinsam gebaut werden sollen].

[109] Bartl, Albanien, 254.

[110] Biberaj, Albania and China, 69.

[111] Siehe Jajeśniak-Quast, Stahlgiganten in der sozialistischen Transformation; Brunnbauer, „Die sozialistische Lebensweise", 169 – 195.

[112] AQSh, Ministria e Tregtisë së Jashtme, 503, 1967 / 141, 32 [Bericht des Gesandten Kumbaro an das Handelsministerium vom 2.9.1967 betr. Ergebnisse der Versuche in China und Schlussfolgerungen]; AQSh, Komisioni i Planit të Shtetit, 495, 1965 / 15, 48 f. [Rede des Delegationsleiters Koleka in Peking am 29 – 30.4.1965 betr. die Industriewerke des Fünfjahresplans 1961 – 1965].

Möglichkeiten zur Verwirklichung dieses Projektes erst recht bewusst. Laut Hoxha teilte Zhou Enlai 1962 einer albanischen Delegation mit, es werde China schwerfallen, Albanien mit allen im Vertrag versprochenen Gütern zu beliefern. Der Grund dafür wurde nicht erwähnt, aber zu jener Zeit befand sich China ganz im Sog des „Großen Sprunges“ und die eigene Wirtschaft musste noch mit den Folgen kämpfen. Die Albaner hatten aber vor, durch das Kombinat allen Bedarf ihrer Volkswirtschaft an Stahl zu decken und die Importe auf ein Mindestmaß zu senken. Enver Hoxha bezeichnete denn auch diese Aussage Zhous in seinem Tagebuch als „wirtschaftlichen Druck“ und „Provokation“, und auch die Delegation vor Ort äußerte angeblich kein Verständnis für die chinesischen Nöte.[113] Bei diesen Aussagen fällt allerdings stärker als bei der oben zitierten Passage, in der es um die ursprünglich geringe Kenntnis des Maoismus seitens der albanischen Führung ging, die retrospektive Veröffentlichung von Hoxhas Eintragungen zu China ins Gewicht. Grundsätzlich trat bei Hoxhas „Erinnerungen“ die Authentizität der Berichte gegenüber der Propagandafunktion zurück. Grothusen merkt überdies an, dass zu keiner Zeit der albanischen Nachkriegsgeschichte die Texte der Originalquellen so flagrant von den späteren Nachdrucken und offiziellen Darstellungen abwichen wie für die Zeit der chinesisch-albanischen Partnerschaft.[114] Fest steht aber, dass China zur erwähnten Zeit eine schwere Phase durchmachte, und da Zhou Enlai der Pragmatiker unter den chinesischen Führern war,[115] ist es durchaus nachvollziehbar, dass er gegenüber der albanischen Seite seine Bedenken äußerte. Aber Mao hatte das letzte Wort.

1965 schlugen die chinesischen Spezialisten vor, die Verarbeitungskapazität des Walzwerkes sollte 100.000 Tonnen Erz betragen und nicht die geplanten 300.000 Tonnen, da sie nach eigenen Aussagen bis dahin noch nicht ein einziges Werk mit derlei Produktionskapazitäten gebaut hatten. Die albanischen Verantwortlichen aber lehnten diese Einschränkung mit Hinweis auf einen raschen Entwicklungsbedarf der Wirtschaft und den Ausbau der Landesverteidigung ab.[116] Auch später erging chinesischerseits der Vorschlag, die Verarbeitungskapazitäten des Stahlwerks zu senken, wogegen die albanische Regierung plante, die Chinesen zu einem späteren Zeitpunkt von einer Erhöhung von 800.000 Tonnen auf 1.000.000 Tonnen zu überzeugen, wie es die Führung der PAA auch schon ursprünglich vorgehabt hatte.[117]

Hinsichtlich verschiedener Produktionsaspekte, aber auch bezüglich der Entscheidungsstruktur im Kombinat, gaben die chinesischen Experten Ratschläge, die auf eigenen

[113] Hoxha, Betrachtungen über China I, 27.

[114] Grothusen, Außenpolitik, 126.

[115] Schönfeld, Außenwirtschaft, 435.

[116] AQSh, Komisioni i Planit të Shtetit, 495, 1965 / 17, 51 f. [Protokoll der Gespräche der albanischen Delegation mit der chinesischen Seite am 12.5.1965 betr. die Pläne für die während des Fünfjahresplanes 1965 – 1970 zu bauenden Industriewerke].

[117] AQSh, Këshilli i Ministrave, 490, 1969 / 302, 88 [Mitteilung des Ministers für Industrie und Bergbau Theodhosi an Premierminister Shehu vom 20.9.1969 betr. Probleme hinsichtlich der Planung des Kombinats].

Erfahrungen aus der Zeit des „Großen Sprunges" gründeten. Bei einem Gespräch am 6. Februar 1975 in Elbasan zwischen dem Minister für Industrie und Bergbau Theodhosi, Vertretern der Kombinatsleitung und chinesischen Spezialisten sagte der Leiter der Letzteren, Van,[118] unter anderem:

> „Wir sind der Ansicht, dass das Stahlwerk eine starke Verwaltung benötigt, die nach dem Prinzip der Einzelleitung oder des Einzelkommandos verfährt. Bei uns haben riesige Stahlwerke normalerweise eine Vier-Stufen-Leitung: Generaldirektorium-Fabrikleitungen-Werkbereichsverwaltung und Teilbereichs- oder Sektorenverwaltung."[119]

Interessanterweise hatte das Direktorialprinzip der „Ein-Mann-Leitung" in China bis zur Mitte der fünfziger Jahre geherrscht. Ab dem „Großen Sprung" setzte sich mit kleinen Unterbrechungen die Vorstellung einer kollektiven Leitung bestehend aus Arbeiter-Techniker-Kadern durch, wobei das Prinzip des „demokratischen Zentralismus" beibehalten wurde.[120] Die chinesischen Spezialisten empfahlen also für Albanien eine Struktur, die in China nicht mehr praktiziert wurde.

Zur Qualifizierung der Männer in wichtigen Positionen schlugen sie vor, dass diese ein Jahr vor dem Abschluss der Montagearbeiten zum Kombinat kämen, um sich an deren Beendigung zu beteiligen und das Kombinat kennenzulernen. Gemäß dem chinesischen Motto „Kräftige Unterstützung der neuen Betriebe durch die alten" sollten technisches oder administratives Personal sowie Arbeiter in ähnlichen Tätigkeiten zum Nutzen des Kombinats herangezogen werden.[121]

Die albanischen Planer ersuchten die chinesische Seite, ihnen die versprochenen Entwürfe, Baumaterialien und Ausrüstung möglichst frühzeitig zu übersenden, damit sie plangerecht mit den Bauarbeiten beginnen und sie abschließen könnten. Das fiel den chinesischen Experten nicht leicht, da sie mit der Anfertigung der Entwürfe und Arbeitszeichnungen nicht begannen, nachdem die Laboruntersuchungen und Testversuche abgeschlossen waren, sondern die Entwurfsplanung verlief parallel.[122] Möglicherweise aufgrund der fehlenden Kenntnisse und der älteren Technologie nahmen ihre Untersuchungen länger Zeit in Anspruch, als man angenommen hatte. Entwürfe, die schon abgeschlossen waren, mussten in Abhängigkeit von den Testergebnissen wieder korrigiert werden. Verständlicherweise kam es durch die nachträglichen Planungsmodifikationen teilweise zu chaotischen Zuständen bei den Bauarbeiten und bei den Lieferungen. Um dies tunlichst zu vermeiden und Zeit zu gewinnen, verschoben die Chinesen nach Möglichkeit den Bau vieler Einzelwerke

118 In den albanischen Quellen ist nur der Nachname vorhanden.

119 AQSh, Ministria e Industrisë dhe e Minierave, 496, 1975 / 173, 2 [Empfehlungen der chinesischen Spezialisten an den albanischen Industrieminister und an die Kombinatsleitung vom 6.2.1975 betr. die Verbesserung der Strukturen zur Inbetriebnahme des Kombinats].

120 Meyer, Partizipation und Wirtschaftssystem der VR China, 231, 259.

121 Ebenda, 2–5.

122 AQSh, Komisioni i Planit të Shtetit, 495, 1973 / 9, 1 [Bericht der SPK vom 23.3.1973 betr. Verschiebung der Fristen zum Abschluss der Bauarbeiten].

des Kombinats auf einen späteren Zeitpunkt als vertraglich vorgesehen, womit man wiederum in Albanien naheliegenderweise nicht besonders glücklich war. Einen genauen Zeitplan der Bau-Montage-Arbeiten und der aus China kommenden Lieferungen zu liefern, waren die Chinesen gleichfalls nicht in der Lage. Dies bereitete der albanischen Regierung Sorgen, da sie zu Recht befürchtete, derlei könne Verzögerungen und Unregelmäßigkeiten beim Arbeitstempo zur Folge haben.[123] Zu den Gesamtabläufen passt, dass die Übergabe des Generalentwurfs für den Bau des Stahlwerks den albanischen Verantwortlichen von den chinesischen Partnern Ende 1971 versprochen wurde – da hatten die Bauarbeiten schon längst begonnen.

Um Zeit und Aufwand zu sparen, hatte Zhou Enlai bereits 1962 den Vorschlag gemacht, dass die Zusammenstellung der Entwürfe mithilfe tschechoslowakischer Experten erfolgen sollte, da diese die Eigenschaften des albanischen Eisen-Nickels untersucht hatten. Das war jedoch nicht möglich, da die Prager Regierung sich von Anfang an gegen den Bau des Walzwerkes ausgesprochen hatte.[124] Trotzdem waren die in Albanien noch vorhandenen bulgarischen, tschechoslowakischen, sowjetischen und italienischen Studien den chinesischen Planern bei der Ausarbeitung des Generalentwurfs von Nutzen.[125]

Ihre Experten schlugen 1970 vor, dass im Kombinat jährlich 200.000 Tonnen „gewöhnlicher“ Stahl und 50.000 Tonnen „besserer“ Stahl produziert werden sollte, während nach den Vorstellungen der albanischen Regierenden das Stahlwerk geeignet sein sollte, jährlich 130.000 Tonnen „gewöhnlichen“ Stahl und 120.000 Tonnen besserer Qualität herzustellen. Überdies erwartete die albanische Führung, dass abgesehen von Reparaturen an schweren Maschinen und Präzisionsgeräten alle übrigen Reparaturarbeiten und Wartungen im Kombinat selbst erledigt werden könnten, das Kombinat also technologisch ein hohes Maß an Autonomie besaß. Noch dazu bestanden bis kurz vor dem Baubeginn zwischen den beiden Seiten Divergenzen hinsichtlich der Kapazität und des Sortimentspektrums.[126] Die chinesische Seite bezweifelte die Umsetzbarkeitder albanischen Vorstellungen, da sie nach der genauen Untersuchung der albanischen Muster an Eisen-Nickel-Erz dessen Eisenhaltigkeit als niedrig eingestuft hatte. Überdies wollte sie die eigenen Kosten für den Bau des Stahlwerkes möglichst geringhalten, während die albanische Führung

[123] AQSh, KQ i PPSh, 14, 1972 / 160, 23 – 25 [Bericht von Bauminister Dragoti an das ZK der PAA vom 8.9.1972 betr. den Arbeitskräftebedarf und die Planerreichung im Bausektor].

[124] AQSh, Këshilli i Ministrave, 490, 1962 / 730, 22 [Bericht der albanischen Delegation an den Ministerrat betr. die Ausarbeitung der Pläne für die neuen Industriewerke].

[125] Ebenda, 95 [Bericht von Vizepremierminister Koleka an den Ministerrat vom 1.8.1962 betr. die Ausarbeitung der Pläne für die neuen Industriewerke].

[126] AQSh, Ministria e Ndërtimit, 499, 1970 / 99, 3 – 14 [Schreiben des chinesischen Gesandten an Industrie- und Bergbauminister Theodhosi vom 27.2.1970 betr. die albanischen Vorschläge zu den Stahlsorten, die im Kombinat produziert werden sollen]; siehe auch AQSh, Këshilli i Ministrave, 490, 1969 / 302, 83 – 88 [Mitteilung von Industrie- und Bergbauminister Theodhosi an Premierminister Shehu und den Vorsitzenden der SPK Koleka vom 19.9.1969 betr. die Meinungsverschiedenheiten mit den Chinesen hinsichtlich der künftigen Produktion des Kombinats].

sich am Bedarf ihrer eigenen Volkswirtschaft orientierte. Dennoch gewährten die chinesischen Führer der albanischen Regierung zur Finanzierung des Fünfjahresplans 1971–1976 einen Kredit von 1.880 Millionen Yuan oder 445 Millionen Rubel, welcher bis zum Jahr 2000 zurückgezahlt werden sollte. Damit sollten in Albanien 36 Industrieanlagen errichtet werden, unter denen neben dem Vorhaben in Elbasan eine Nickel-Kobalt-Fabrik, eine zur Verarbeitung von Magnesit, eine Fabrik zur Antibiotikaherstellung sowie eine zur Herstellung von Gummisortimenten herausragten. Dazu verpflichteten sie sich, Vorleistungsgüter, Fahrzeuge und Ausrüstung für die Industrie und die Landwirtschaft zu liefern.[127] Die chinesische Regierung betrachtete das als internationalistische Unterstützung, was auch der Vorsitzende der Staatlichen Planungskommission und der Chinesisch-Albanischen Freundschaftsgesellschaft Këllezi bestätigte, als er 1970 an den Ministerrat schrieb:

> „Mehrmals teilte uns Genosse Fang Yi [chinesischer Verantwortlicher für Angelegenheiten der Auslandshilfe; V. N.] die Ansicht seiner Regierung mit, wonach sie die Kredite als Ausgaben betrachten und nicht mit ihrer Rückzahlung rechnen. Wir erklärten ihnen, dass unsere Regierung vorsieht, die gegebenen Kredite zurückzuzahlen und wir uns deshalb Sorgen machen."[128]

3.4 Bauphasen des Kombinats

Es war wichtig, dass vor Beginn der Bauarbeiten alle Vorkehrungen für einen reibungslosen Ablauf getroffen wurden. Die Arbeiten unterstanden je nach ihrem Profil den entsprechenden Ministerien. Die Zuständigkeit für die Rekrutierung der Arbeitskräfte oblag dem Exekutivkomitee des Kreises Elbasan. Studien zur Rekrutierung der Arbeitskräfte sowie ihrer Ernährung und Beherbergung wurden angefertigt und Pläne ausführlich ausgearbeitet, die die genauen Standorte der Teilwerke der Fabrik festlegten, und zwar so, dass auch für das künftige Kombinat ausreichend Raum verblieb.[129]

Die Enteignung der wenigen Bewohner der Baugrundstücke ging problemlos vor sich.[130] Die Erschließung zusätzlicher Lagerstätten, die das Erz und die übrigen Rohstoffe

[127] Bytyçi, Shqipëri-Kinë, 201–203.

[128] Ebenda, 203.

[129] AQSh, Ministria e Ndërtimit, 499, 1971 / 56, 17 f. [Mitteilung des Direktoriums für Industrielles Bauen für das Bauministerium vom 17.11.1971 betr. nähere Informationen zum Stahlwerk]; AQSh, Ministria e Ndërtimit, 499, 1974 / 96, 5 [Rede des chinesischen Spezialisten Je Xe Xiang beim Treffen mit dem Vizebauminister Çaçi und mit der Kombinatsleitung am 13.11.1974].

[130] AShVE, Komiteti Ekzekutiv i Elbasanit [Keine Fondsnummer], 1965 / 494, 10 [Weisung des Leiters des Exekutivkomitees des Kreises Elbasan Rrapo an die Gewerkschaft und an den Baubetrieb betr. Maßnahmen zum Abschluss der Bauarbeiten für die Fabrik für Schwarzmetallurgie im Dezember 1965]; AShVE, Komiteti Ekzekutiv i Elbasanit [Keine Fondsnummer], 1972 / 283, 3 f. [Beschluss des Kreisexekutivkomitees von Elbasan vom März 1972 betr. Enteignung einiger Häuser wegen des Baus des Kombinats].

liefern sollten, ging in schnellem Tempo voran und auch die vorhandenen Industriebetriebe machten sich bereit zur Neueinstellung der Arbeitskräfte, die nach einer intensiven Ausbildung im Kombinat beschäftigt werden sollten.

Der erste und entscheidende Schritt war der Bau des Walzwerkes, wofür die Erzreserven des Landes Anfang der sechziger Jahre ausreichten und wofür auch das nötige technische Wissen vorhanden war. 1961 plante man, es schon 1964 in Betrieb zu nehmen. Die Bau-Montage-Arbeiten zogen sich jedoch in die Länge, und mit ihnen wurden auch die vorgesehenen Kosten überschritten. Es zeigte sich, dass der Ministerratsbeschluss vom Jahre 1961, ein zusätzliches Fondspolster für die zu bauenden Werke zu schaffen,[131] die richtige Entscheidung gewesen war.

Die albanische Seite hatte Rekrutierungsprobleme – worauf später eingegangen wird – und ihre Pläne zur Durchführung der Arbeiten waren nicht präzise genug. Versorgungsengpässe und eine Verzögerung der Bauarbeiten waren die Folge. Dies musste Spiro Koleka bei einem Gespräch in Peking gegenüber seinen chinesischen Verhandlungspartnern 1965 zugeben.[132] Es kam zu Schwierigkeiten bei Vertragsabschlüssen, bei der Arbeiterqualifikation, bei der Sicherung von Logistik oder Importwaren und bei der Lieferung von Baumaterialien. 1964 stand beispielsweise nicht genügend Betonstahl zur Verfügung, wodurch man auf eine chinesische Lieferung warten musste.[133]

Die chinesischen Verbündeten hatten ihrerseits Probleme mit der Koordinierung ihrer Hilfe, denn sie hielten sich bei ihren Lieferungen nicht an die Reihenfolge gemäß dem Generalplan und schickten auch die Pläne für den Bau einzelner Werke mit monatelanger Verspätung.[134] So kamen die Arbeitszeichnungen für das Walzwerk vier Monate später als geplant. Dadurch hatten auch die albanischen Planer nicht genügend Zeit, um die nötigen Maßnahmen zur Arbeitskräftebeschaffung und Rohstoffversorgung zu treffen. Auch deshalb waren die Planungen relativ ungenau und mussten mehrfach korrigiert werden, was sich negativ auf das Arbeitstempo auswirkte. Beide Seiten beschwerten sich über unzulängliche Informierung.[135]

[131] AQSh, Këshilli i Ministrave, 490, 1962/730, 257 [Mitteilung von Vizepremierminister Koleka und Bauminister Pashko an den Ministerrat vom 9.11.1962 betr. Maßnahmen zum Bau der Industriewerke].

[132] Vgl. AQSh, Këshilli i Ministrave, 490, 1965/1017, 68 [Bericht des Gesandten Koleka für die chinesische Seite betr. die Bedeutung der Industriewerke des IV. Fünfjahresplans (1966–1970)].

[133] AQSh, Komisioni i Planit të Shtetit, 495, 1965/15, 47–49 [Rede des Delegationsleiters Koleka vom 29.4.1965 in Peking betr. aufgetretene Probleme während der Bauarbeiten für verschiedene Industriewerke des Fünfjahresplans (1961–1965)].

[134] AQSh, Këshilli i Ministrave, 490, 1962/974, 362 [Bericht einer Spezialistengruppe und des Handelsattachés Kati an den Ministerrat betr. Übergabedaten der Arbeitszeichnungen].

[135] Vgl. AQSh, Këshilli i Ministrave, 490, 1965/1017, 46 [wie Anm. 132]; AQSh, Këshilli i Ministrave, 490, 1962/730, 38 [Mitteilung des Leiters von Makinaimport (Staatliches Unternehmen zum Maschinenimport) Demi an das Ministerium für Bergwerk und Geologie, an den Premierminister und an das Handelsministerium vom 11.4.1962 betr. Anforderungen der chinesischen Seite].

Infolgedessen wurde das Walzwerk statt 1964 erst am 1. Dezember 1965 im Betrieb genommen.[136] Bei der Einweihungszeremonie für das Walzwerk am 17. Oktober 1966 waren Koço Theodhosi, der Minister für Industrie und Bergbau, der Kultur- und Bildungsminister Thoma Deliana, der Bauminister Shinasi Dragoti sowie die Vorsitzenden des Partei- und Kreisexekutivkomitees Jashar Menzelxhiu und Jorgji Grabocka vor Ort.[137] Schließlich hatte der Abschluss des Werks eine symbolische Bedeutung für die künftige Schwerindustrie. Auch der chinesische Geschäftsträger Van Cin Cuan[138] war anwesend. Walzwerkleiter wurde Ilo Kerenxhi, der später im Stahlwerk im Investitionsbereich tätig war.[139]

Diese Teilfabrik (Abb. 5), welche gemäß dem Plan rund 30.000 Tonnen Walzstahl jährlich produzierte, bildete den Kern des künftigen Kombinats, dessen Gesamterrichtung 1971 begann. Abgesehen von den Fortbildungskursen, die neben ihrer laufenden Arbeit besucht wurden, konnten sich die Arbeiter ab 1969 im Berufsgymnasium weiter qualifizieren. Entspre-

Abb. 5: Außenansicht des Walzwerks (Zustand von 1968)

136 AQSh, Komisioni i Planit të Shtetit, 495, 1964 / 61, 4 [Mitteilung des Vorsitzenden der SPK Theodhosi an das Bauministerium vom 13.4.1964 betr. Angaben über die zu bauenden Industriewerke]; AQSh, KQ i PPSh, 14, 1961 / 44, 205 [Liste für die Sitzung des Politbüros betr. die geplanten Industriewerke in den Jahren 1961 – 1965 (Autor unbekannt)].

137 Në të katër anët e atdheut tonë socialist inaugurohen vepra të reja të rëndësishme ekonomike: Uzina e petëzimit të çelikut [Überall in unserer sozialistischen Heimat werden wichtige wirtschaftliche Werke eingeweiht: Das Walzwerk], *Zëri i Popullit* 18.10.1966, S. 1. Am selben Tag empfing Enver Hoxha in Tiranë eine Delegation der Chinesisch-Albanischen Freundschaftsgesellschaft. Dass er ein solches Treffen der Einweihung des Elbasaner Walzwerks vorzog, erscheint befremdlich. Man ist geneigt zu vermuten, dass Hoxha wegen den ständigen Verzögerungen, die den Bau begleitet hatten, verärgert war. Andererseits sollte berücksichtigt werden, dass das bloße Walzwerk aufgrund seiner beschränkten Kapazitäten nicht denselben Propagandaeffekt hervorrief wie das spätere Stahlwerk. Zur selben Zeit befand sich China in einer kritischen Phase der Kulturrevolution, weshalb Hoxha wahrscheinlich eine Zusammenkunft mit Gesandten des Bündnispartners, die ihm neuere Erkenntnisse überbringen könnten, einer Anwesenheit in Elbasan vorzog. Die offizielle Presse schweigt sich auch darüber aus, wo Shehu sich an diesem Tag befand. Siehe ebenda. Sicher ist hingegen, dass Hoxha mindestens 1973 und 1977 jeweils allein wegen des Stahlwerks nach Elbasan angereist kam: Mataj, Kur jeta kërkon të flas, 121 und 145.

138 Den Quellen war nur die albanische Schreibweise zu entnehmen.

139 Vgl. den Dokumentarfilm „Der Ofen" von 1970; AQSh, KQ i PPSh, 14, 1975 / 841, 48 [Bericht des Stahlwerkleiters Çeliku und des Leiters der Parteiorganisation für die Kombinatsleitung Çipi an das ZK der PAA vom 14.3.1975 betr. Stand der Arbeiten].

chend den industriellen Schwerpunkten der Stadt hatte das Gymnasium sein Augenmerk auf den Bereichen Metallurgie, Mechanik, Holzhandwerk und Bauwesen. Den internen Archivquellen lässt sich entnehmen, dass das Walzwerk nicht von Beginn an mit Gewinn arbeitete, was mit dem geringen Bildungsniveau der eingestellten Arbeitskräfte und dem Mangel an Erfahrung mit dem neuen Industriezweig begründet wird. Die Kollektive waren heterogen zusammengesetzt, da viele Arbeiter früher arbeitslos gewesen waren; zudem befanden sich darunter mehrere ehemalige Insassen der Jugenderziehungsanstalt. Offiziell jedoch arbeitete das Werk bereits 1968 mit Gewinn.[140]

Die zweite Bauphase, die Errichtung des Stahlwerks, begann plangerecht 1971.[141] Die chinesischen Partner hatten sich in den vorigen Jahren wie gesehen mit den albanischen Erzen beschäftigt und auch die zu benutzende Technologie untersucht. Sie ermutigten ihre Gegenüber bei ihren Plänen zum Weiterbau des Kombinats. Auch die Albaner hatten seit dem Bau des Walzwerkes nun schon einige Jahre Erfahrung hinter sich, so dass das Politbüro die Zeit für reif erachtete, die zweite Phase des Kombinatsbaus einzuleiten. Das Kombinat sollte sich über eine Fläche von 155 ha erstrecken und sich nach der Errichtung der Nickel-Kobalt-Fabrik auf 200 ha ausweiten.[142] Es sollte zwei Hochöfen und 25 Betriebe oder Teilfabriken beinhalten, darunter die Schmelzfabrik, die mechanische Fabrik, die Stahlfabrik und die bereits erwähnte Nickel-Kobalt-Fabrik. Das schon vorhandene Walzwerk sollte die kleinste von ihnen sein. 26 Kilometer interne Eisenbahngleise sollten dem Transport der Güter zu den verschiedenen Werken dienen. Nach dem Abschluss der Bauarbeiten sollten 10.000 Arbeiter die Stammbelegschaft des Stahlwerks ausmachen. Jedes Jahr sollten, neben anderen Industriestoffen, 250.000 Tonnen Stahl und 20.000 Tonnen Gusseisen gegossen werden. Damit die erwarteten Produktionsziffern auch aufrechterhalten werden konnten, waren außer den heimischen Erzen und sonstigen Rohstoffen auch 112.000 Tonnen Masut, 150.000 Tonnen Kokskohle und 5.000 Tonnen Anthrazit aus dem Import erforderlich. 90 Prozent des Bedarfs an Ersatzteilen und sonstiger Ausrüstung sollte nach Beginn der Inbetriebnahme von der kombinatseigenen mechanischen Fabrik gestillt werden. Die Kosten des Kombinats wurden auf 1400 Millionen Lek oder

140 AQSh, KQ i PPSh, 14, 1968 / 259, 7 [Vortrag des Kreisparteisekretärs [Name unbekannt] von Elbasan bei der Kreisparteiversammlung vom 4.4.1968].

141 Plangerechtigkeit: AQSh, Komisioni i Planit të Shtetit, 495, 1968 / 10, 118 [Schreiben von Bauminister Dragoti und Industrie- und Bergwerksminister Theodhosi an Vizepremierminister Çarçani vom 10.11.1968 betr. Kapazität und Umfang des künftigen Stahlwerks]; AQSh, KQ i PPSh, 14, 1971 / 592, 18 – 20 [Bekundungen, verlautbart auf einer Massenversammlung (Absender unbekannt) vom 16.10.1971 anlässlich des Beginns der Bauarbeiten für das Stahlwerk].

142 AQSh, Ministria e Ndërtimit, 499, 1971 / 56, 16f. [Mitteilung des Direktoriums für Industrielles Bauen an das Bauministerium vom 17.11.1971 betr. nähere Informationen zum Stahlwerk].

fast 13 Millionen Rubel geschätzt.[143] Zum Bau selbst würden laut einer Prognose in den Jahren 1971–1974 bis zu 1200 Fahrzeuge benötigt werden[144] – eine besonders hohe Zahl für die kleine und wenig motorisierte albanische Volkswirtschaft zu Anfang der siebziger Jahre. Die Organisierung und Durchführung der Arbeiten für solch einen riesigen Industriekomplex konnten wie schon beim viel kleineren Walzwerk nicht nur einer Behörde überlassen werden. Entsprechend wurde die Verantwortung für verschiedene Aspekte des Kombinatsbaus auf mehrere Schultern verteilt: Je nach Aufgabenart verteilte sich die Zuständigkeit über das Bauministerium, das Ministerium für Industrie und Bergbau, das Handelsministerium, das Kommunikationsministerium, das Gesundheitsministerium, die SPK und die Exekutivkomitees der betroffenen Kreise. Vor Ort wurden die Bau- und Montagearbeiten vom neugegründeten Generaldirektorium für den Kombinatsbau geleitet.

Parallel zu dem Stahlwerk sollten das Kraftwerk von Fierzë am Fluss Drin im Nordosten des Landes, mit einer Kapazität von 500.000 kWh und einer Jahreskapazität von 1,5 Milliarden kWh und die Ölraffinerie im südwestlich gelegenen Ballsh verwirklicht werden.[145] Das waren also noch zwei weitere Industrieprojekte, welche die Bestrebungen der PAA-Führung, die Schwerindustrie in Albanien auszubauen, noch mehr verdeutlichten, aber auch die spezielle Bedeutung Elbasans, mit dem zumindest das Kraftwerk von Fierzë wie gesehen im unmittelbaren Planungszusammenhang stand. Hinzu kam eine Reihe von kleineren Vorhaben. Enver Hoxha zählte während seiner Rede beim 6. Parteitag im November 1971 die wichtigsten Werke auf, die im Laufe des Fünfjahresplanes Wirklichkeit werden sollten:

> „Der fünfte Fünfjahresplan kennzeichnet sich durch Investitionen und Bauarbeiten im Großmaßstab, angefangen bei Werken mit einer komplexen Technologie, wie das Metallurgische Kombinat, das große Kraftwerk von Fierzë, die Ölraffinerie, die Kunstdüngerfabrik, die Fabrik für die Produktion vorn Fertigteilen für Wohnbauten, das polygraphische Kombinat und viele andere Werke in allen Zweigen der Volkswirtschaft."[146]

Ihr Bau sollte in Summe einen weiteren Schritt in Richtung des Baues der materiellen Basis des Sozialismus bedeuten. Auch beim Abbau von für die Industrie strategisch wichtigen

143 Ebenda, 71 [Bericht von Vizebauminister Gjebero an den Ministerrat vom 5.3.1971 betr. verschiedene Baumaßnahmen]; Die genaue Summe wäre 13.602.776.45 Rubel gewesen. Siehe den Umrechnungskurs bei HistorischeWechselkursefxtop.com, unter https://fxtop.com/de/historischewechselkurse.php?A=1400000000&C1=ALL&C2=RUB&DD1=01&MM1=04&YYYY1=1961&B=1&P=&I=1&DD2=18&MM2=09&YYYY2=1962&btnOK=Gehen, am 18.9.2019 zuletzt aufgerufen.

144 AQSh, Ministria e Ndërtimit, 499, 1971 / 56, 16 f. [Mitteilung des Direktoriums für Industrielles Bauen für das Bauministerium vom 17.11.1971 betr. nähere Informationen zum Stahlwerk].

145 Prifti, Socialist Albania since 1944, 61.

146 Hoxha, Raport mbi veprimtarinë, 63.

Rohstoffen, wie Steinkohle, Chromerz, Kupfererz und Eisen-Nickel wurden ehrgeizige Ziele gesetzt und Hoxha mahnte, die Mittel und Arbeitskräfte besser zu konzentrieren, damit die Effizienz erhöht werde.[147]

Am 16. Oktober 1971, punktgenau zum 63. Geburtstag von Enver Hoxha, legte der Premierminister Mehmet Shehu vor 5000 Arbeitern und mehreren Tausend Zuschauern den Grundstein zum Beginn der Arbeiten am Kombinat.[148] In einem öffentlichen Brief an das Zentralkomitee und an den Ministerrat wurde dieser Tag als „der Beginn einer großen, ruhmreichen Schlacht, als der Beginn einer Epopöe, die das Mutterland zu neuen Höhen erheben wird“, bezeichnet.[149] Anfang 1975 plante man die Bau- und Montagearbeiten für das Wärmekraftwerk, die Nickel-Kobalt-Fabrik und die Fabrik für mechanische Überholung sowie den größten Teil der Schmelzfabrik, das zusätzliche Walzwerk, die Energiefabrik und den Transportbetrieb abzuschließen.[150]

Die Fabrik Nr. 12, welche zur Produktion von Eisenkonzentrat für die Gusseisenfabrik und andere Nickel-Kobalt-Grundstoffe für die Nickel-Kobalt-Fabrik bestimmt war, sollte der größte Betrieb des Kombinats sein. In den ursprünglichen Entwürfen war sie noch gar nicht eingeplant gewesen, da die Chinesen von dieser Spezialisierung abgeraten hatten. Die Untersuchungen des albanischen Erzes, welches im Bergwerk von Pishkash, 50 Kilometer von Elbasan entfernt, abgebaut wurde, hatten negative Ergebnisse gehabt, da von ihm erst Nickel- und Chromanteile ausgeschieden werden mussten, um gewöhnlichen Betonstahl herzustellen. Der daraus entstandene Stahl hätte hohe Kosten erfordert und wäre auf dem Weltmarkt nicht konkurrenzfähig gewesen. Deshalb hatten die Chinesen vorgeschlagen, wenn denn die albanischen Führer unbedingt auf dem Bau einer Fabrik zur Erzverarbeitung bestünden, das Erz aus Marokko importiert werden sollte, da dies rentabler sei als eine eigene Fabrik zur Verarbeitung des eigenen Erzes zu errichten.[151] Dieser chinesische Vorschlag wurde jedoch ignoriert, da es der PAA-Führung ja gerade vorrangig darum ging, die Stahlimporte, die die mechanische Industrie benötigte, durch heimische Produkte zu substituieren.[152] Das Politbüro weigerte sich bis zum Ende die Realität anzuerkennen, trotz der Warnungen der Experten. So sagte Hoxha anlässlich einer Diskussion 1983 über die Produktionsprobleme des Stahlwerks und die damit verbundenen finanziellen Schwierigkeiten:

147 Ebenda, 68.

148 Një ekspozitë fotografike mbi kombinatin metalurgjik [Eine Fotoausstellung über das Metallurgische Kombinat], *Shkumbini* 23.11.1971, S. 1.

149 AQSh, KQ i PPSh, 14, 1971 / 592, 18 [Bekundungen, verlautbart auf einer Massenversammlung (Absender unbekannt) vom 16.10.1971 anlässlich des Beginns der Bauarbeiten für das Stahlwerk].

150 AQSh, Ministria e Ndërtimit, 499, 1971 / 56, 74–76 [Bericht von Vizebauminister Gjebero an das Ministerium für Industrie und Bergbau vom 5.3.1971 betr. Informationen zur Produktionskapazität des Kombinats und Maßnahmen zur Durchführung der Bauarbeiten].

151 Mataj, Kur jeta kërkon të flas, 138.

152 Demi, Nostalgjikët e enverizmit.

„... es gibt Sektoren wie derjenige von Erdöl, aber auch der metallurgische Sektor, [...] wo man die Tendenz der Spezialisten merkt, uns ihre pseudowissenschaftlichen Ansichten aufzudrängen, was sie bisher auch getan haben. [...] In Zukunft werden wir nicht zulassen, dass uns unter der Tarnung des Expertentums falsche Ansichten aufgezwungen werden. [...] In Albanien ist das Erz viel weniger als 50 Prozent eisenhaltig, aber wir haben nur es, und deshalb ist die Fabrik Nr. 12 auch gebaut worden, weshalb wir uns den Umständen anpassen müssen und nicht daran denken, wie man es im Ruhrgebiet macht."[153]

Hoxhas „wirklichkeitsschaffende" Vorstellungen sollten somit beweisen, dass die Kommunisten Albanien verändern könnten, auch wenn sie deutlich schlechtere Ausgangsbedingungen als die kapitalistischen Staaten Mittel- und Westeuropas hatten. Als industrielles Großprojekt besaß das Stahlwerk ein besonderes Prestige und sein Bau war außergewöhnlichen Planungsaktivitäten unterworfen. Die Arbeiten vor Ort wurden von Betrieben durchgeführt, die – zumindest auf dem Papier – auf ihre Ausrichtung spezialisiert waren und ausgebildete Arbeiter beschäftigten. Sie wurden just für den Bau des Kombinats gegründet. Solcher Art waren der Betrieb für die Produktion von Baumaterialien, drei Betriebe für Industrielles Bauen, der Transportbetrieb für den Kombinatsbau, der Betrieb für Versorgung mit technischem Material, der Betrieb für die Instandsetzung von Ausrüstung, sowie der später gegründete Betrieb für Industriemontagen.[154] Um die Lebensmittelversorgung der Arbeiter kümmerte sich das Staatliche Unternehmen für Arbeiterversorgung (NShFP).

Bei der Bildung der Leitungsstrukturen hatte man sich an den chinesischen Empfehlungen orientiert. Die Kombinatsleitung wurde vom Zentralkomitee bestimmt. Sie war allen anderen Verwaltungsinstanzen übergeordnet und nur den zuständigen Ministern, dem Politbüro oder gegenüber Sonderbeauftragten der Staats- und Parteiführung verantwortlich. Theoretisch war sie genauso wie andere Betriebe im Lande[155] dem Stahlwerksparteikomitee untergeordnet, aber da sie praktisch von der höchsten Ebene – vom Premierminister und vom Politbüro – ernannt wurde, war diese Unterordnung real betrachtet wenig überzeugend.[156] Der Leitung unterstanden die verschiedenen Betriebs- und Fabrikleitungen des Stahlwerks.

Das hohe Interesse der Staatsspitze an die Verwirklichung des Stahlwerkprojektes belegen die häufigen Besuche hochrangiger Partei- und Staatsführer. Bis 1974 besuchten die Baustelle mehrmals der Industrieminister Koço Theodhosi und der Bauminister Rahman

[153] AQSh, KQ i PPSh, 14, 1983/11, 70 f. [Bericht des Ministers für Industrie und Bergbau Çeliku für die Sitzung des Politbüros am 8.6.1983 betr. Maßnahmen zur Erhöhung der Produktivität des Stahlwerks].

[154] AQSh, KQ i PPSh, 14, 1972/160, 4–6 [Bericht von Bauminister Dragoti an das ZK vom 15.2.1972 zum Stand der Arbeiten im Kombinat und andere Werke]. Siehe auch Mataj, Kur jeta kërkon të flas, 139.

[155] Adi Schnytzer, Mitbestimmung in Albanien, in: Höhmann (Hg.), Partizipation und Wirtschaftsplanung in Osteuropa und der VR China, 186–206, 199.

[156] Ebenda, 206.

Hanku. Während dieser Zeit inspizierten die Lage vor Ort auch Mehmet Shehu als Vorsitzender des Ministerrates (Premierminister), sein Stellvertreter Adil Çarçani oder Spiro Koleka, der Vorsitzende der SPK. 1973 kam auch Enver Hoxha selbst, um sich vor Ort ein Bild über den Fortgang der Bauarbeiten zu machen. Die Staats- und Parteispitze machte sich Sorgen über die ständigen Verzögerungen, die nach dem Beginn der Bauarbeiten auftauchten und einen plangerechten Fortgang hinderten, was sich in den häufigen Treffen des Politbüros und der Parteisekretäre zeigte, die sie zum Diskussionsgegenstand machten.

Auf Vorschlag des Parteikomitees von Elbasan wurde Ende 1971 das Parteikomitee des Kombinats gegründet, mit dem Ziel, die Arbeit der Parteigrundorganisationen vor Ort zu koordinieren.[157] Angesichts der hohen Anzahl der Beschäftigten wurde es vom Zentralkomitee für besonders wichtig erachtet, möglichst viele Kommunisten einzustellen, weil man sich dadurch einen raschen Fortgang der Arbeiten und einen besseren Indoktrinierungsgrad erhoffte. Da die Mehrheit der Arbeiter jung sein würde und sie eine altersgerechte Betreuung brauchten, wurden parallel dazu auch ein Gewerkschaftskomitee und ein Betriebsjugendkomitee gegründet, die den neu gebauten Arbeiterfreizeitklub zur Verfügung gestellt erhielten.

Das Stahlwerksparteikomitee sollte neben seinen organisatorischen Aufgaben die Arbeit der Kombinatsleitung und deren Beziehung zum Betriebsführungspersonal überwachen sowie auf die Tätigkeit der Gewerkschafts- und Jugendorganisation Einfluss nehmen. Die betriebswirtschaftliche Verantwortung oblag offiziell den einzelnen Betriebsleitungen, während sich die Parteizellen auf die ideologisch-politische Arbeit fokussierten. Sie propagierten die Erhöhung der Produktivität und der Effizienz. Um jedoch die erwartete Erziehungsarbeit zu leisten, war eine ausreichende Anzahl von Parteimitgliedern notwendig, die „als Avantgarde der Arbeiterklasse" die Impulse der Parteiführung bis zur kleinsten Brigade weitergeben und über den Fortgang der Arbeiten der eigenen Führung berichten sollten. So viele Parteimitglieder waren aber in den ersten Jahren nicht vorhanden, da die Landkreise in erster Reihe jeweils ihre unbeschäftigten Arbeitskräfte der Städte oder vom flachen Lande nach Elbasan schickten, und somit eine relativ geringe Anzahl an Parteimitgliedern. 1974 war das Verhältnis der Parteimitglieder zu der allgemeinen Beschäftigtenzahl im gesamten Stahlwerk 1:12, im Baubereich sogar nur 1:14.[158] Das passte nicht recht zu den Vorstellungen Hoxhas, der 1964 in einer seiner zahlreichen Reden über die Erziehung behauptet hatte, „durch die Arbeit hat die Partei Hunderttausende wunderbare Menschen erbaut und erzogen, welche mit einem prächtigen Elan den Sozialismus bauen. In der ersten Reihe stehen die Kommunisten."[159]

[157] AQSh, KQ i PPSh, 14, 1971 / 267, 5 f. [Vorschlag des Parteikomitees des Kreises Elbasan an das ZK vom 27.11.1971 zur Gründung eines Parteikomitees für das Stahlwerk].

[158] AQSh, KQ i PPSh, 14, 1974 / 18, 5 [Bericht des Parteisekretärs des Stahlwerks Koçollari – in den Akten findet sich auch die Schreibung Koçllari an das ZK vom 18.2.1974 betr. die Rolle der Parteiorganisationen im Stahlwerk].

[159] Hoxha, Edukimi i punonjësve, 250.

Bedingt durch die Rekrutierungsprobleme, die Qualifikationsmängel und die Unregelmäßigkeiten bei der Versorgung, mussten die Verantwortlichen für den Kombinatsbau Planverfehlungen in Kauf nehmen. Sie ließen sich aber nicht nur auf die oberflächliche Planung, sondern auch auf die langen Lieferungszeiten aus China zurückführen sowie auf die Transportprobleme vor Ort. 1972 lagerten im Hafen von Durrës 14.000 Tonnen Güter und Ausrüstung für das Kombinat, die nicht weiterbefördert worden waren, weil die Transportmittel nicht rechtzeitig ankamen. Auch der Transportweg von Durrës zum Stahlwerk war noch 1972 in einem sehr schlechten Zustand.[160] Um die Situation zu verbessern, verfügte das Bauministerium im selben Jahr die Gründung eines Transportunternehmens ausschließlich für die für das Stahlwerk bestimmten Materialien. Im Allgemeinen jedoch ließ das Verkehrsnetz zu wünschen übrig. Es mangelte an Fahrzeugen und das Straßennetz bedurfte eines Ausbaus. Sogar noch 1986 war das albanische Straßennetz für balkanische Standards wenig ausgebaut. Es hatte eine Gesamtlänge von nur 11.000 Kilometern, davon waren aber wiederum nur 6800 Kilometer unter Aufsicht des Kommunikationsministeriums und nur 40 Prozent waren asphaltiert, der Rest waren Lokalstraßen[161] aus Naturstein oder Schotter, auf denen eigentlicher motorisierter Verkehr vielfach kaum möglich war. 1987 fuhren auf diesen Straßen etwa 15.000 alte Lastkraftwagen (während private Personenkraftwagen ja bis zuletzt verboten waren).[162] Die lange zuvor geplante Eisenbahnverbindung (Stichlinie) zwischen Elbasan und dem Stahlwerk wurde erst im Februar 1983 begonnen und sollte Mitte Dezember abgeschlossen werden, was aber zumindest bis März 1985 nicht gelang.[163] Das dürfte einen Export der Produkte des Kombinats nicht gefördert haben, wenn er überhaupt stattfand.

Die Arbeitsvorgänge wurden aufgrund weiterer infrastruktureller Schwierigkeiten noch zusätzlich erschwert. So bestanden zwischen den Arbeitskadern und den Baustellen noch 1972 keine Telefonverbindungen, weshalb oft Stunden vergehen mussten, bis erstere über eventuelle Probleme und letztere über kurzfristige Weisungen informiert wurden. Ihre Bereitschaft, in den Nachtschichten zu arbeiten oder Zusatzschichten zu erbringen war gering. Die Führungskräfte gingen nur ungern zu den Propagandaveranstaltungen und sie verhielten sich passiv gegenüber Brigaden, auch wenn die ständig die Arbeitsziele verfehlten. Die Propagandaarbeit in den Kollektiven des Stahlwerks überließen sie dem Parteikomitee oder den Massenorganisationen, weshalb ihnen „liberale Haltung“[164] zum gravierenden Vorwurf gemacht wurde. Durch die fehlerhafte Arbeitsorganisation trugen auch sie ihren Teil zu den Missständen bei. So mussten manchmal die Mitglieder einer

160 AQSh, KQ i PPSh, 14, 1972 / 160, 12 [Bericht von Bauminister Dragoti an das ZK der PAA vom 15.2.1972 betr. den Verlauf der Bauarbeiten in verschiedenen Industriewerken].

161 Hutchings, The Infrastructure of the Albanian Economy, 148f.

162 Raymond E. Zickel / Walter R. Iwaskiw, Albania: a Country Study. Washington / DC 1994, 151.

163 Hutchings, The Infrastructure of the Albanian Economy, 156.

164 AQSh, KQ i PPSh, 14, 1973 / 576, 73 [Bericht des Parteisekretärs des Stahlwerks Koçollari an das ZK der PAA vom 14.12.1973 betr. den Verlauf der Bauarbeiten und die auftretenden Probleme].

Arbeitsbrigade in mehreren Objekten gleichzeitig arbeiten, was die Zahl der verlorenen Arbeitsstunden erhöhte und einer konzentrierten Arbeit im Wege stand. Ein großes Problem bestand darin, dass die Brigaden bei ihrer Tätigkeit im Allgemeinen die Tendenz zeigten, bei den Bauwerken den Hochbau fristgerecht abzuschließen, aber dabei die Detailarbeiten zu vernachlässigen, so dass die Werke nicht fristgerecht übergeben werden konnten. Im Jargon der Kombinatsleitung wurde diese Erscheinung „Schwänze hinterlassen“ genannt.[165] Aus diesem Grund wurden 1975 anstatt der geplanten 39 Werkbereiche nur 12 abgeschlossen.[166]

Um Kosten zu sparen und die Arbeiten zu beschleunigen, schlug Mehmet Shehu 1975 im Rahmen der sogenannten „Rationalisierungswelle“ vor, alle 13 Betriebe des Kombinats in zwei Großbetrieben zu vereinigen, die zwei Direktoren unterstehen würden: dem Stahlwerksbauleiter und dem Leiter der in Betrieb genommenen Produktionseinheiten.[167] Praktisch wurde damit das Prinzip der „Ein-Mann-Leitung“ *(drejtimi unik),* was dem Modell der sowjetischen Betriebsleitung entsprach,[168] im Kombinat zur Wirklichkeit, und somit war der Weg frei für Personalkürzungen in der Verwaltung. Diese hatten schon im Rahmen der albanischen Kulturrevolution in den sechziger Jahren begonnen, als Hoxha in einer Rede vom 6. Februar 1967 zur Bekämpfung des Bürokratismus den Vorschlag machte, für eine bessere Zirkulation der Kader in der Wirtschaft zu sorgen, indem alle in der Verwaltung und in den Büros Beschäftigten jedes Jahr 100 Tage in der Produktion arbeiteten – die Zeitspanne wurde jedoch in der Umsetzung auf 30 Tage reduziert.[169] Gleichzeitig sollte eine Reduzierung des Personals in den bürokratischen Strukturen des Staates und der Partei stattfinden.[170] Diese Empfehlungen ließen sich jedoch aus mehreren Gründen nicht ohne Weiteres verwirklichen. Viele Exekutivkomitees hatten Schwierigkeiten damit, Unterkünfte für die Versetzten und Beschäftigungen für deren Familienmitglieder zu finden. Andere nahmen es lieber hin, in einer niedrigeren Position zu arbeiten, ihr Arbeitsprofil zu ändern oder beliebige Arbeiten zu verrichten, als versetzt zu werden. Viele Betroffene unternahmen alles, um in ihre vormalige Stelle zurückzukehren.[171] Eine Entflechtung von Verwaltung und Partei fand somit nicht wirklich statt. Der Anteil der nichtproduktiv Beschäftigten an der Gesamtzahl der Arbeitskräfte blieb bei 10–12 Prozent.[172]

165 Mataj, Kur jeta kërkon të flas, 139.

166 AQSh, Ministria e Industrisë dhe e Minierave, 496, 1975/314,1 [Vorlage für die Kollegialversammlung des Ministeriums für Industrie und Bergbau am 15.2.1975 betr. Maßnahmen zur Inbetriebnahme des Stahlwerks].

167 AQSh, Këshilli i Ministrave, 490, 1975/327/1, 61 f. [Protokoll der Ministerratssitzung vom 5/6.6.1975 zur Überprüfung der Organisationsstrukturen verschiedener Industriewerke].

168 Meyer, Partizipation und Wirtschaftssystem der VR China, 222.

169 Schnytzer, Mitbestimmung in Albanien, 195 f.

170 Blumi, Hoxha's Class War, 313.

171 AQSh, KQ i PPSh, 14, 1969/155, 2 f. [Offener Brief des Sekretärs des ZK der PAA Kapo an alle Kreisparteikomitees und Institutionen betr. Versetzung der Führungskräfte].

172 Schmidt-Neke, Innenpolitik, 73.

Shehus Vorschläge zur Reorganisierung der Arbeiten wurden von einzelnen Mitgliedern des Politbüros nicht ohne Sorge betrachtet, da man der Meinung war, während der intensiven Bauphase im Stahlwerk könnten sie zu chaotischen Zuständen führen. Um solche Bedenken zu zerstreuen, wurde das Kombinat 1974 vom Bauministerium zu einem Objekt besonderer Bedeutung erklärt, was implizit zur Folge hatte, dass die Tätigkeit derjenigen, die in diesem Ressort den reibungslosen Fortgang der Arbeiten garantieren sollten, einer besonderen Belastung unterlag.

Das Zentralkomitee der PAA hielt sich ständig über den Fortgang der Bauarbeiten auf dem Laufenden. Der erste Bauleiter, Veiz Gjebero, war Mitglied des Zentralkomitees und blieb im Stahlwerk bis 1974, als er durch Eqerem Shijaku, dem damaligen Vizebauminister, ersetzt wurde. Die Parteiführung war unzufrieden mit dem langsamen Tempo der Bauarbeiten und der Unerfahrenheit Gjeberos bei der Leitung und Organisation von Arbeiten großen Umfanges. Aber auch bei seinem Nachfolger änderte sich nicht viel, woraufhin nach einem Vorschlag des Stahlwerksparteikomitees 1976 Feruz Mataj, bis dahin Vorsitzender des Kreisexekutivkomitees von Elbasan, zum Generaldirektor der Bau-Montage-Arbeiten ernannt wurde. Vor seiner Ernennung wurde ihm von Hysni Kapo, dem dritten Mann in der Führungsspitze von Staat und Partei, angekündigt, dass man spätestens Ende 1976 den Beginn der Inbetriebnahme des Kombinats von ihm erwartete.[173] Hajredin Çeliku, Mitglied des Zentralkomitees, der seit 1966 den Fortgang der Produktion im Walzwerk und die Organisation der Arbeiten zum Bau des Stahlwerks beaufsichtigte,[174] wurde nach dessen Inbetriebnahme zum Stahlwerksdirektor ernannt.[175] Er beaufsichtigte die Bauarbeiten und war für den Produktionsprozess verantwortlich, bildete gleichzeitig auch das Verbindungsglied zwischen dem Stahlwerk und der gesamtstaatlichen Parteispitze.

Abb. 6: Anlässlich des 8. Parteitags der PAA: Ismail Starja, Fotograf des Großkombinats, Hajredin Çeliku, Stahlwerksleiter, und Sotir Koçollari, Leiter des betrieblichen Gewerkschaftskomitees (von links nach rechts)

[173] Siehe dazu Mataj, Kur jeta kërkon të flas, 136 f.
[174] Çeliku, Punë më të mëdha, 51.
[175] Vgl. Mataj, Kur jeta kërkon të flas, 331.

Für die Verwirklichung der Industrievorhaben waren Zementmengen notwendig, die allein von den albanischen Zementfabriken nicht geliefert werden konnten; große Mengen mussten importiert werden.[176] Dies änderte sich auch in den folgenden Jahren nicht, da die PAA-Führung, abgesehen von ihren Vorhaben im zivilen Bereich, den Bunkerbau sowie die Errichtung sonstiger militärischer Einrichtungen intensivierte und dafür nicht nur Zement, sondern auch Betonstahl aus dem Stahlwerk in Anspruch nahm. Darüber investierte sie in einem Bereich, in dem mit keinem wirtschaftlichen Wachstum zu rechnen war.[177] Der verzögerte Baubeginn und somit auch -abschluss mehrerer Teilfabriken des Stahlwerks verursachte Probleme bezüglich der Beschäftigung diverser Arbeitskräfte, die für die im Kombinat notwendigen Berufe ausgebildet worden waren. Denn sie konnten dadurch einstweilen nicht in den geplanten Tätigkeiten eingesetzt werden, sondern mussten Arbeiten verrichten, die nicht ihrem Profil entsprachen[178] und eventuell schlechter entlohnt wurden. Es ist keine kühne Annahme, dass dies Unzufriedenheit förderte und der von den Planern gefürchteten Fluktuation Vorschub leistete.

Abb. 7: Teilansichten der Bauarbeiten am Kombinat (1974)

[176] AQSh, KQ i PPSh, 14, 1969 / 86, 48 [Bericht der SPK an Premierminister Shehu betr. Entwurf zum Fünfjahresplan 1971 – 1975].

[177] Vgl. Demi, Nostalgjikët e enverizmit; Hutchings, Albanian Industrialization, 119.

[178] AQSh, KQ i PPSh, 14, 1972 / 160, 24 f. [Bericht von Bauminister Dragoti an das ZK der PAA vom 8.9.1972 betr. den Arbeitskräftebedarf und die Planerreichung im Bausektor].

Die verspätete Ankunft der Entwürfe und Arbeitszeichnungen aus China war ein wichtiger Faktor, der zum Teil chaotische Verhältnisse bei den Arbeiten zur Fertigstellung des Kombinats verursachte. 1973 kamen die Entwürfe für die Fabrik für Stahlschmelze und für die Nickel-Kobalt-Fabrik mit sechsmonatiger Verspätung, für das Wärmekraftwerk und für das mittlere Walzwerk waren es „nur" fünf Monate. Dadurch gingen tausende von Arbeitsstunden verloren. Als die Pläne dann für alle Werke gleichzeitig ankamen, mussten die Arbeiter Stoßarbeit leisten, was eine Überbelastung bedeutete, da in möglichst kurzer Zeit die Grabungsarbeiten, die Betonierung der Fundamente und die Vorbereitung der Gerüste vollendet werden mussten. Dazu fehlten aufgrund des schlechten Managements dann auch wieder Baumaterialien wie Zement, Holz oder Betonstahl. Der Bau-Montageplan etwa für das Jahr 1971 wurde infolgedessen nicht erfüllt, wozu die ausgebliebene Ankunft von Maschinen und Ausrüstung aus China nicht unerheblich beitrug.[179] Dies war eine ständige Begleiterscheinung der Bauarbeiten bis zu ihrem vollständigen Abbruch nach dem Abzug der chinesischen Spezialisten 1978. So langte die benötigte Ausrüstung für den Kalksteinbruch von Metaj 15 Monate später ein als geplant, was zur Folge hatte, dass er nicht am 1. Januar 1974, sondern erst 1976 zur Nutzung freigegeben wurde.[180] Die Fabrik für Schamottziegel hätte Ende 1977 bereit für die Inbetriebnahme sein sollen, aber bis zum Abbruch der chinesischen Lieferungen in der ersten Jahreshälfte 1978 waren die benötigten Maschinen und Ausrüstung noch nicht alle angekommen.[181]

Durch eine straffere Kontrolle seitens der Parteiorganisationen gedachte das Politbüro die Arbeit des Managements im Stahlwerk zu verbessern. Da die Führung der Ansicht war, dass die Parteimitglieder den Arbeiterbrigaden als Vorbild dienen sollten, erging 1974 die Weisung, dass die Kommunisten an den Stellen, wo die Arbeiter stärker mobilisiert werden sollten, beispielsweise in den Bau-Montage-Brigaden, stärker vertreten sein sollten.[182] Gleichzeitig wurden die Gewerkschafts- und Jugendorganisationen zu einer erhöhten Tätigkeit aufgerufen, damit die Planaufgaben erreicht, die Disziplin gestärkt und die Arbeiter stärker indoktriniert würden, in der Hoffnung, dass eine angemessene politische Erziehung den Arbeitseifer fördern würde. Die Propagandamaßnahmen sollten sich auch auf die Freizeit der Arbeiter erstrecken. In allen Teilbetrieben und Baustellen wurden Presse

[179] AQSh, KQ i PPSh, 14, 1974/18, 4, 11 [Bericht des Sekretärs des Stahlwerksparteikomitees Koçollari an das ZK der PAA vom 18.2.1974 betr. Arbeit der Parteiorganisationen beim Bau des Stahlwerks].

[180] AQSh, Ministria e Industrisë dhe e Minierave, 496, 1978/543, 77f. [Bericht des Ministeriums für Industrie und Bergbau an den Ministerrat vom 9.12.1978 betr. wirtschaftliche Schäden aufgrund der feindlichen Tätigkeit der chinesischen Revisionisten].

[181] Ebenda, 82f.

[182] AQSh, KQ i PPSh, 14, 1974/18, 21 [Beschlussentwurf des Sekretariats der ZK der PAA vom März 1974 betr. Verbesserung der Parteiarbeit beim Kombinatsbau].

und „Blitzblätter“[183] in verstärktem Maße eingesetzt sowie Emulationstabellen[184] und Agitationsecken eingerichtet, während man die vorhandenen dem aktuellen Arbeitsstand anpasste. Dazu initiierten die Massenorganisationen Wettbewerbe zwischen Betrieben, Individuen, Objekten und Baustellen, um das Arbeitstempo zu beschleunigen. Seit der albanischen Kulturrevolution wurden solche Mittel als geeignete Instrumente zur Erfüllung der Produktionsnormen, Senkung des Absentismus und Erhöhung der Freiwilligenarbeit betrachtet.[185] Allerdings waren die Ergebnisse insgesamt gesehen nicht gerade zufriedenstellend. Die Mobilisierung der albanischen Bevölkerung brachte nicht die erwarteten Ergebnisse in der Produktion, da weder die Arbeitszeiten eingehalten noch die Planziele erfüllt wurden.[186]

Die Parteizellen sollten unter anderem die Tätigkeit der Massenorganisationen im Bereich der Erziehung zur Arbeit und der Organisierung der Freizeit unterstützen. Der Gewerkschaftsverband hatten die Arbeiter zur Fortbildung zu motivieren und „deviantes Verhalten“ während der Arbeit, wie zum Beispiel unbegründetes Fehlen, Beschädigung von „sozialistischem Eigentum“, Verlassen des Arbeitsplatzes, Materialverschwendung oder -entwendung und sonstige „fremde Erscheinungen“ zu bekämpfen. Für ihre Propagandaarbeit standen ihnen die bereits erwähnten Mittel zur Verfügung. Ähnliche Aufgabenbereiche hatten im Übrigen auch die Jugendorganisationen, deren Zielgruppe die Arbeiter unter 26 Jahren waren, welche 1974 nicht weniger als 70 Prozent der Beschäftigten ausmachten.[187] Sowohl die Gewerkschafts- als auch die Jugendorganisationen regten Aktionskampagnen an und kümmerten sich um deren Organisation.

3.5 Schwierigkeiten nach der Inbetriebnahme

Die Errichtung von „Der Stahl der Partei“ wurde wie gesehen erst nach dem Abbruch der Beziehungen der Sowjetunion zu Albanien in Angriff genommen, und dies mit chinesischer Hilfe. Das waren zwei besondere Umstände, die das metallurgische Großprojekt von seinen Pendants in den anderen sozialistischen Staaten unterschieden. Dennoch hat die Feststellung des britischen Wirtschaftshistorikers Michael Palairet zum Stahlwerk in

[183] Das Blitzblatt war die albanische Version der chinesischen Dazibao (Wandzeitung), die in der chinesischen Volksrepublik während der Kulturrevolution verstärkt angewendet wurde. Für Details dazu siehe im Abschnitt „Konfliktlagen und Ausdrucksformen“.

[184] Laut dem seinerzeitigen „Wörterbuch der heutigen albanischen Sprache“ (Fjalor i gjuhës së sotme shqipe) verstand man unter „Emulation“ „eine Arbeits- und Vorgehensweise im Sozialismus, welche den allgemeinen Fortschritt mithilfe der Verbreitung der Erfahrung der Besten zum Ziel hat. Sie fördert die mutige Initiative, die eigenständige Handlung und Kreativität der Massen der Werktätigen.“ Fjalor i gjuhës së sotme, 428.

[185] Blumi, Hoxha's Class War, 320.

[186] Schmidt-Neke, Innenpolitik, 73.

[187] Ebenda, 8.

Kremikovci analog auch für jenes in Elbasan Geltung: Es handelte sich in der Wahl des Standortes, im Timing, in Sachen der Planungsarbeiten, der Finanzierung und seiner innewohnenden Defekte um ein sowjetisches Projekt, das in Albanien verwirklicht wurde.[188] Die Suche nach Eisen-Nickel-Vorkommen hatte schon zu der Zeit begonnen, als Albanien noch Teil des RGW gewesen war. Eine forcierte Industrialisierung war auf Stahlimporte angewiesen, und obwohl die sowjetische Führung für Albanien nicht den Aufbau einer Schwerindustrie vorgesehen hatte, befürworteten die chinesischen Partner dieses Konzept und die PAA verwirklichte mit deren Hilfe das in den übrigen RGW-Staaten schon altbekannte Muster.

Bereits zu Beginn der Inbetriebnahme des Großkombinats kündigten sich im Produktionsbereich Probleme an, die in der Folge das Stahlwerk Zeit seiner Existenz begleiteten: So wurde ein Teil der Kohle, die für die Herstellung von Gusseisen und Stahl im Kombinat notwendig war, aus dem Ausland importiert.[189] Im Falle einer verzögerten Versorgung mit Importware war die Kombinatsleitung auf heimische Reserven minderwertiger Qualität angewiesen, was seinerseits die Produktion beeinträchtigte. Aber auch die Importe scheinen aus organisatorischen Gründen eben nicht immer pünktlich eingetroffen zu sein. So war 1989 die vertraglich zugesicherte Menge Kohle aus Polen nicht rechtzeitig angekommen, weshalb man kurzfristig auf bulgarische Ware zurückgreifen musste, was die Kosten in die Höhe trieb.[190] Jedenfalls wurde versucht, die heimischen Kohlesorten verstärkt in die Stahl- und Gusseisenproduktion mit einzubeziehen, was bis zu einem gewissen Grade gelang; dafür musste aber bei der Produktion der benötigten Kokskohle heimische Kohle verwendet werden, die minderwertig war, und somit eine Senkung der Stahlproduktion in Kauf genommen werden.[191] Auch der Stromverbrauch im Stahlwerk war übermäßig hoch. Durch den Bau mehrerer Staukraftwerke in den sechziger und siebziger Jahren war jedoch ausreichend Kapazität geschaffen worden, um den Bedarf des Walzwerks und dann auch des Stahlwerks zu decken.

Ein Großteil der Brennmittel und der Rohstoffe, mit welchen das Stahlwerk zu Beginn in Betrieb genommen werden sollte, sollte aus China kommen. Ein anderer wurde aus sonstigen Ländern importiert, während das Erz für die Stahlschmelze, nachdem die wichtigsten Teilfabriken des Stahlwerks in Betrieb genommen worden wären, überwiegend aus den heimischen Reserven stammen sollte. Der Erzabbau in den Bergwerken erfolgte aber nicht effizient genug, da diese kaum mechanisiert waren, so dass während des Abbaus

[188] Palairet, „Lenin" and „Brezhnev", 494; Brunnbauer, „Die sozialistische Lebensweise", 184.

[189] AQSh, Ministria e Tregtisë, 503, 1967 / 141, 33 [Bericht des Gesandten Kumbaro an das Handelsministerium vom 2.9.1967 betr. Ergebnisse der Versuche in China und Schlussfolgerungen].

[190] AQSh, Bashkimet Profesionale, 657, 1989 / 41, 6 [Mitteilung des Gewerkschaftsvorsitzenden von Elbasan Biçaku an den Zentralrat der Gewerkschaft vom 6.1.1989 betr. Kontrollen in mehreren Kreisbetrieben].

[191] Marko Menahmen u. a., Mbi prodhimin e koksit me qymyre vendi [Über die Produktion von Kokskohle mit heimischer Kohle], *Probleme ekonomike* 25 (1978), H. 3, 76–88, 78.

durch die Vermischung mit Gehölz, Staub oder Schlamm an sich brauchbare Mengen unbenutzbar gemacht wurden.[192] Überdies hatten die albanischen Reserven an Erz einen niedrigeren Eisengehalt als zur Produktion der geplanten Sortimente benötigt, weshalb das für das Stahlwerk notwendige Erz importiert werden musste. Dies wurde von der Parteiführung mit Sorge betrachtet, denn schließlich ging es beim Aufbau des Stahlwerks ja von Beginn weg vorrangig um die Verwendung eigener Ressourcen. Eine Aufrechterhaltung der Arbeit im Kombinat durch Rohstoffe aus Import arbeitete der Rentabilität des ganzen Werkes entgegen. Tatsächlich war das albanische Eisenerz, aufgrund seines Nickel- und Chromgehaltes, für die Herstellung von speziellen Stahlsorten durchaus geeignet. Aber da die PAA-Führung erwartete, dass das Stahlwerk vorrangig den Bedarf der albanischen Wirtschaft befriedigte, konnte man sich nicht auf bestimmte weltmarkttaugliche Sortimente spezialisieren, so dass die Produktionskosten hoch blieben und die Qualität des Erzeugten zu wünschen übrig ließ.[193]

Genauso konnte der Bedarf an feuerfesten Materialien nicht allein durch die an das Kombinat angeschlossene Fabrik befriedigt werden, was weitere Importe notwendig machte. Diese kamen jedoch nicht immer rechtzeitig, so dass es passieren konnte, dass die Arbeiter mehrere Tage lang unterbeschäftigt waren und nach der Ankunft der Ware dann Überstunden leisten mussten, wie das 1978 in der Fabrik Nr. 12 der Fall war, wo die Arbeiter zwei Schichten ohne Unterbrechung arbeiteten.[194]

Hajredin Çeliku beschwerte sich 1977 bei den Chinesen, dass man trotz der Aufstellung des ersten Hochofens (siehe Abb. 8) auf Importeisen angewiesen war und nicht auf die heimischen Reserven zurückgreifen konnte. Die Chinesen entgegneten, es sei die Entscheidung der albanischen Seite gewesen, den Hochofen vor der Fabrik Nr. 12 zu errichten, was zur Folge hatte, dass im Stahlwerk kein Eisenkonzentrat produziert werden konnte, wodurch es auf Importe angewiesen war.[195] Tatsächlich wurde albanisches Eisenerz erst 1979 offiziell zur Gusseisen- und Stahlherstellung verwendet, nachdem die Fabrik Nr. 12 in Betrieb gegangen war. Mit ihrem Bau stieg der Bedarf des Stahlwerks an Importrohstoffen für die Jahre 1981–1985 auf 600.000 Tonnen. Die Folge waren finanzielle Verluste,

[192] AQSh, KQ i PPSh, 14, 1961 / 44, 224 [Bericht von Industrieminister Spahiu an das Politbüro vom 28.6.1961 betr. den Abbau von wichtigen Rohstoffen].

[193] Demi, Nostalgjikët e enverizmit.

[194] AQSh, Bashkimet Profesionale, 657, 1978 / 25, 16 [Bericht des Stahlwerksgewerkschaftsvorsitzenden Shkëmbi vor dem Gewerkschaftspräsidium bei dessen Versammlung vom 15.5.1978 betr. Tätigkeit der Gewerkschaft zur Mobilisierung der Arbeiter].

[195] AQSh, Ministria e Industrisë dhe e Minierave, 496, 1977 / 524, 87 [Protokoll des Gesprächs der Kombinatsleitung mit einigen chinesischen Spezialisten betr. die Übergabe von sechs Werkbereichen an die albanische Seite].

die vom Staatshaushalt großzügig kompensiert wurden.[196] Mehrere Havarien des Hochofens, die durch die unregelmäßige Versorgung mit Brennmaterialien verursacht wurden, erhöhten die Ausgaben.[197]

Ein Problem stellte auch die Tatsache dar, dass Baumaterialien oder Vorprodukte nicht gut gelagert wurden und deshalb Schaden litten. 1975 beschwerte sich Rita Marko, der Vorsitzende der Landesgewerkschaft, in einem Schreiben an das ZK:

> „dass Zement, Dachträger, Bretter, Eisenpfeiler einfach so weggeworfen werden, zeigt, dass Nachlässigkeit im Umgang mit dem Eigentum besteht. Außerdem werden auch Maschinenteile gestohlen. [...] Die Facharbeiter und die Arbeiter verhalten sich gleichgültig. Die Arbeitszeiten werden nicht respektiert, die Qualität der Arbeit ist schlecht, Material wird veruntreut, [...] die Organisation ist mangelhaft, aber niemand reagiert, [...] weil einige keine politische Verantwortung fühlen."[198]

Abb. 8: Der erste Hochofen nach der Fertigstellung. „Es lebe unsere Arbeiterklasse!"

[196] Robert Koli, Disa probleme të rritjes së efektivitetit të prodhimit në Kombinatin Metalurgjik „Çeliku i Partisë" [Einige Aspekte der Effizienzerhöhung im Stahlwerk „Der Stahl der Partei"], *Probleme Ekonomike* N.S. 2=31 (1984), H. 4, 71–77, 71 f.; AQSh, Këshilli i Ministrave, 490, 1979/339, 17 [Bericht des Leiters des Kreisexekutivkomitees von Elbasan Shkalla an den Ministerrat vom 29.12.1978 betr. Rentabilitätsprobleme im Stahlwerk]; AQSh, KQ i PPSh, 14, 1980/97, 34 [Protokoll des Treffens der Vertreter des Ministeriums für Industrie und Bergbau und der Kombinatsleitung vom 19.8.1980 betr. Probleme mit der Fabrik Nr. 12]; AQSh, KQ i PPSh, 14, 1982/83, 35 [Bericht des Stahlwerkleiters Çeliku an das ZK der PAA betr. den Produktionsverlauf der Fabrik Nr. 12]; AQSh, KQ i PPSh, 14, 1983/11, 86 [Protokoll der Politbürositzung am 8.6.1983 betr. Maßnahmen zur Erhöhung der Produktion im Kombinat].

[197] Vgl. AQSh, Këshilli i Ministrave, 490, 1979/339, 30 f. [Bericht des Ministers für Industrie und Bergbau Spahiu an den Ministerrat vom 3.3.1979 betr. die Reparatur des Hochofens].

[198] AQSh, Bashkimet Profesionale, 657, 1975/90, 3 f. [Bericht des Gewerkschaftsvorsitzenden Marko an das ZK der PAA vom 26.3.1975 betr. Probleme der Arbeit der Gewerkschaft].

Die diversen Behörden und Einrichtungen versuchten durch Vorkehrungen verschiedener Art die mannigfachen Schwierigkeiten, die den Bau und die Nutzung des Kombinats begleitet hatten, schnellstmöglich zu überwinden, damit die angegebenen Fristen eingehalten werden konnten. So richteten die Kombinatsleitung und die Stahlwerksgewerkschaft zur Anhebung des professionellen Niveaus der Arbeiter Qualifikationskurse ein, die sechs Monate bis ein Jahr dauerten. Die Gewerkschaftsorganisationen propagierten die „Patronagearbeit", bei welcher ein erfahrener Arbeiter einen oder zwei Ungelernte während des Arbeitsprozesses betreute, bis diese durch die Praxis einen ausreichenden Wissensstand erworben hätten.[199] Das Ministerium für Industrie und Bergbau verordnete die Teilnahme der künftigen wissenschaftlichen Kader an den Montagearbeiten, damit die Kader durch Alltagsarbeit Erfahrung sammeln könnten, die ihnen nach der Inbetriebnahme des Stahlwerks nützlich sein würde.[200] Auch wurden Arbeiterkontrollen eingeführt, die verstärkt auf Missstände aufmerksam machen sollten.[201]

Ende der siebziger Jahre besserte sich die Lage etwas, was unter anderem dadurch bedingt war, dass die Arbeiter mehr an Erfahrung gewannen und ihr Qualifikationsniveau gestiegen war.[202] Trotzdem waren in mehreren Betrieben oder Teilfabriken die Produktionskosten höher als geplant, da mit den Produktionsmitteln sehr verschwenderisch umgegangen wurde. Dies war beispielsweise 1979 in der 1977 in Betrieb genommenen Stahlfabrik der Fall, deren Belegschaft zu 70 Prozent aus unerfahrenen Arbeitern vom Land mit geringem Bildungsgrad bestand.[203]

Häufig traten Versorgungsengpässe aufgrund der mangelhaften Vorkehrungen für Nachschub ein, die von den zuständigen Instanzen im Ministerium für Industrie und Bergwerk zu verantworten waren. Durch Improvisation versuchten die Betriebsleiter, die Mängel auszugleichen. So wurden 1979 aufgrund von Belieferungsproblemen des Wärmekraftwerks mit Steinkohle am Ende 12 Sorten Kohle anstatt von eigentlich nur zwei geplanten verwendet. Dies schädigte jedoch die Maschinen und verursachte Produktionsunterbrechungen.[204] Auch in anderen Industriesektoren bestanden aufgrund der stalinistischen Industrialisierungsstrategie Engpässe, die im Laufe der Jahre zunahmen, wie das Beispiel einer Strickwarenfabrik in Korçë zeigt, wo 1983 eine Nähmaschine der Marke

199 AQSh, KQ i PPSh, 14, 1972/18, 43 [Bericht des Ersten Stahlwerkparteisekretärs Koçollari für die Versammlung des Sekretariats des ZK der PAA am 21.9.1972 betr. die Parteitätigkeit zur Erziehung der jungen Arbeiter und derjenigen aus dem Lande].

200 AQSh, KQ i PPSh, 14, 1974/18, 31 [Beschluss des Sekretariats des ZK der PAA vom 30.3.1974 betr. Maßnahmen zur Stärkung der Führungsrolle der Partei beim Kombinatsbau].

201 Petrit Stambollxhiu, Më shumë kujdes për ruajtjen e materialeve! [Mehr Vorsicht bei der Instandhaltung des Materials!], *Shkumbini*, 17.10.1973, S. 2.

202 Vgl. Mataj, Kur jeta kërkon të flas, 332.

203 AQSh, Bashkimet Profesionale, 657, 1979/79, 71 [Studie des Gewerkschaftskomitees von Elbasan für den Zentralrat der Gewerkschaft betr. Einstellung der lokalen Arbeiterklasse zu Arbeit und Eigentum].

204 Vgl. AQSh, Këshilli i Ministrave, 490, 1979/339, 59 f. [Mitteilung von Vizeinnenminister F. Shehu an Vizepremierminister Çarçani vom 1.6.1979 betr. Versorgungsschwierigkeiten].

Mauser „Spezial" aus der Zeit vor dem Ersten Weltkrieg und weitere aus China, der DDR und Italien im Einsatz standen, die immerhin zwischen 1961 und 1982 gebaut worden waren. Das Nähmaterial wurde aus Griechenland importiert. Die Ersatzteile für alle Maschinen sollten importiert oder im Stahlwerk Elbasan produziert werden.[205] Man kann sich vorstellen, was eine Produktionsunterbrechung im Großkombinat für die albanische Wirtschaft bedeutete, falls die benötigten Importe ausfielen.

Versorgungsengpässe entstanden auch künstlich durch die Neigung mehrerer Kombinatsbetriebe, möglichst große Mengen an Rohstoffen und Baumaterial zu horten, um im Falle von Nachschubknappheit eine ununterbrochene Arbeit zu gewährleisten. Dementsprechend beschwerte sich die Versorgungsstelle des Kombinats anlässlich der Rechenschaftsversammlung im April 1977, die Betriebe würden mehr Material anfordern als sie brauchten und gingen sorglos damit um oder beschädigten die bei ihnen schon vorhandenen Reserven.[206]

Auch durch die mangelhafte Koordination der einzelnen Ministerien untereinander wurden Transportprobleme verursacht, die die Arbeit einzelner Teilfabriken im Kombinat ernsthaft beeinträchtigten. 1988 konnten mehrere Tausend Tonnen an Eisen-Nickel-Erz und Kohle aus den Bergwerken von Pogradec mangels Transportmitteln nicht zum Stahlwerk gelangen, weshalb die Fabrik Nr. 12 in Produktionsschwierigkeiten geriet.[207]

Die Probleme bei der Rohstofflieferung sowie die Diskrepanz, welche zwischen der Qualifikation der Arbeiter und der von ihnen verwendeten Ausrüstung bestand, verursachten Unterbrechungen im Arbeitsprozess und Havarien, die unmittelbaren Einfluss auf die Gesamtproduktion hatten, da mehrere Teilfabriken von der Versorgung durch andere Werke innerhalb des Kombinats abhängig waren. Die Ausbildung ließ nicht nur bei den Arbeitern, sondern auch bei den Ingenieuren, Technikern oder dem ökonomisch-administrativen Personal zu wünschen übrig, Das blieb nicht ohne Konsequenzen für die Planung, Versorgung und Produktion der Betriebe, wie Rita Marko beim 8. Kongress der Gewerkschaft im Juni 1977 feststellte.[208] Die Technologie des Kombinats war für die Industriebeschäftigten neu und die jungen Ingenieure, Betriebswirtschaftler oder Techniker hatten in diesem Bereich keine Arbeitspraxis, mit entsprechend negativen Auswirkungen auf die Arbeitsorganisation und die Umsetzung der technischen Vorschriften. Dies hatte dann wieder Folgen für die Qualität der Erzeugnisse, aber auch für das Spektrum der Stahl- und Gusseisensortimente, die gemäß den Fünfjahresplänen im Kombinat produziert werden

205 Schnytzer / Gan, Industry, 333.

206 Rikson Shkëmbi, Disa probleme që dualën nga konferencat e bashkimeve profesionale [Einige Probleme, die durch die Gewerkschaftskonferenzen ans Tageslicht kamen], *Metalurgu*, 5.5.1977, S. 4.

207 AQSh, Bashkimet Profesionale, 657, 1989 / 70, 4 [Mitteilung des Sekretärs des Zentralrates der Gewerkschaft Marko an das ZK der PAA vom 12.1.1989 betr. Probleme beim Produktionsverlauf in einigen Betrieben zu Beginn des Jahres 1989].

208 Horst-Dieter Topp, Die albanischen Gewerkschaften, *Wissenschaftlicher Dienst Südosteuropa* 25 (1977), H. 12, 320–325, 322.

sollten. So erfüllte das Stahlwerk den Plan für das Jahr 1977 nur hinsichtlich des Produktionsvolumens, nicht jedoch hinsichtlich der Stahlsortensortimente. Infolge der Vernachlässigung der Benutzungsvorschriften sowohl von Seiten der Arbeiter als auch seitens des technischen Personals, aber auch aufgrund von Stromunterbrechungen in der Sauerstofffabrik und im Hochofen, traten mehrere Havarien auf, die die Produktion von 45.000 Tonnen Walzstahl und anderen Stahlgussformen unmöglich machten.[209] Solche Probleme machten in der Summe eine Erfüllung des Produktionsplans eher zur Ausnahme als zur Regel. Zurecht sagt Heumos in einem ähnlichen Fall dazu: „Die Festschreibung der ‚Tonnenideologie‘ förderte die Produktion von Ausschuss.“[210]
Die Verzögerungen, die durch Engpässe bei der Versorgung mit Rohmaterialien, verspätete Lieferungen oder Arbeitskräfteknappheit entstanden, versuchte man durch „Aktionsarbeit“ zu beheben. 1973 wurden mehrere Aktionen organisiert, wo insgesamt 10.000 Stunden Freiwilligenarbeit geleistet wurden.[211] 1978 nahmen an einer Aktionskampagne im Stahlwerk 5000 Arbeiter fremder Betriebe und Gymnasialschüler teil.[212] Solche Maßnahmen dienten teils zur Kompensierung der Arbeitszeit, die durch unentschuldigte Fehlstunden, Verspätungen oder Entfernung vom Arbeitsplatz verloren ging. Informationsveranstaltungen der Stahlwerksgewerkschaft sollten die Arbeiter mit den Sanktionen bekannt machen, die ihnen bei solchen Vergehen drohten. Um solche Vorkommnisse zu verringern, schlug die Gewerkschaft vor, dass die Betroffenen finanzielle Entschädigung leisten sollten. Der gesetzliche Rahmen dafür war jedoch bis 1989 nicht vorhanden, weshalb finanzielle Sanktionen als Strafmaßnahme für Disziplinverstöße nur in eingeschränkter Form angewendet wurden.[213]

Liest man indes Mitteilungen wie die des Bauministers Rahman Hanku an den Sekretär des ZK Haki Toska vom Februar 1975, wonach vor allem in der Spät- und Nachtschicht bei den Beschäftigten aufgrund der mangelnden Beleuchtung, der niedrigen Temperaturen und der schlechten Versorgung der Arbeitseifer nachlasse, kann nicht unbedingt behauptet werden, dass die Arbeitsbedingungen der Effizienz zuträglich gewesen wären. Dazu kamen des Öfteren Fälle, bei denen die Arbeiter Maschinenteile oder sonstiges Material, das

[209] AQSh, KQ i PPSh, 14, 1978 / 401, 2 [Mitteilung von Vizepremierministers Çarçani an das ZK der PAA vom 20.2.1978 betr. Probleme beim Produktionssprozess].

[210] Peter Heumos, „Wenn sie sieben Turbinen schaffen, kommt die Musik“, in: Brenner / ders. (Hgg.), Sozialgeschichtliche Kommunismusforschung, 133 – 177, 164. Allerdings hingen Produktivitätsprobleme von mehreren Faktoren ab. Darüber ist aber an anderer Stelle schon gesprochen worden.

[211] Stambollxhiu, Më shumë kujdes, S. 2.

[212] AQSh, Bashkimet Profesionale, 657, 1978 / 57, 27 [Bericht des Leiters der Gewerkschaft von Elbasan Lumezi an den Zentralrat der Gewerkschaft vom Oktober 1978 betr. die Tätigkeit der Gewerkschaft gegen fremde Erscheinungen].

[213] AQSh, Bashkimet Profesionale, 657, 1989 / 13, 5 [Bericht des Sekretärs des Generalrates der Gewerkschaft S. Marko vom 22.9.1989 an die Versammlung des Präsidiums der Gewerkschaft betr. die Reaktionen in verschiedenen Kreisen auf die Initiative: „Wer unbegründet fehlt, soll entschädigen“].

Abb. 9: Aktion der Wirtschaftsschüler von Elbasan bei den Montagearbeiten des ersten Hochofens (1974)

ihnen von Nutzen war, entwendeten.[214] Die Nachlässigkeit der Beschäftigten im Umgang mit Maschinen und Ausrüstung war ein häufiger Beschwerdegrund für die Parteifunktionäre. Andere Kritikpunkte galten der fehlenden Koordination unter den verschiedenen Baubetrieben, sowie Schwierigkeiten bei der Rekrutierung von geeigneten Arbeitskräften,

[214] AQSh, KQ i PPSh, 14, 1975 / 841, 97 f. [Mitteilung von Vizeinnenminister F. Shehu an den Sekretär des ZK der PAA Toska vom 3.7.1975 betr. Beschädigungen und Diebstahl].

was eine fristgerechte Durchführung der Bauarbeiten erschwerte. So war 1974 der Plan nur zu 90 Prozent erfüllt worden, da anstelle der benötigten 7501 Arbeiter nur 6500 verfügbar waren.[215] Da es an Arbeitern mangelte, konnten in den Jahren 1977–1979 51.000 Tonnen Gusseisen nicht für die Stahlproduktion verwendet werden, was 80 Millionen Lek Verlust verursachte.[216]

Nach der Inbetriebnahme vieler Teilfabriken traten vermehrt Havarien auf, welche die Qualität der Erzeugnisse beeinträchtigten oder eine Erhöhung der Produktionskosten zur Folge hatten. Die chinesischen Experten spielten bei der Behebung der Probleme eine sehr konstruktive Rolle; aber nach ihrem Abzug verschlechterte sich die Lage aus mehreren Gründen rapide. So konnten die meisten Arbeiter aufgrund ihrer Qualifikationsdefizite nicht hinlänglich kompetent mit der Ausrüstung umgehen. In der Stahlfabrik wurden beispielsweise Arbeiter benötigt, die durchschnittlich die IV. Qualifizierungsstufe[217] vorzuweisen hatten. Solch qualifizierte Arbeiter waren jedoch unter den Werktätigen im Kombinat unterdurchschnittlich repräsentiert; 1978 etwa besaßen die in der Stahlfabrik Tätigen meist nur die II. Qualifizierungsstufe.[218] Außerdem wurde die Funktionstüchtigkeit der Fabrik wie schon angeklungen dadurch beeinträchtigt, dass die Maschinen bei Rohstoffknappheit die Tätigkeit einstellen und dann bei Wiederaufnahme der Produktion forciert in Gang gesetzt werden mussten. Sie wurden nach relativ kurzer Zeit schadhaft oder wartungsbedürftig. Nicht selten fehlten jedoch die Ersatzteile, sei es, weil sie nicht rechtzeitig importiert wurden oder weil die mechanische Fabrik, welche zum Stahlwerkkomplex gehörte, nicht genügend Ersatzteile zur Verfügung stellte. Wie ursprünglich geplant mehr als 90 Prozent aller notwendigen Ersatzteile für das Kombinat in ihm selbst herzustellen, erwies sich als nicht machbar. Die mechanische Fabrik, welche dies vollbringen sollte, wurde in ihrer Wirksamkeit noch dadurch behindert, dass sie ihre Aufträge nicht nur vom Stahlwerk, sondern auch von anderen Industriewerken des Landes entgegennahm, was sie überlastete. Die Kombinatsleitung beschwerte sich deshalb 1979 beim Ministerium für Industrie und Bergbau und bat darum, dass die Aufträge des Stahlwerks Priorität gegenüber den anderen Fabriken genießen sollten, aber Hoxha persönlich lehnte das mit Hinweis auf den Bedarf anderer Staatsbetriebe ab. An die mechanische Fabrik gingen daraufhin weiterhin Arbeitsaufträge für Ersatzteile für andere Produktionsstätten,

[215] AQSh, KQ i PPSh, 14, 1974/878, 2 [Mitteilung von Vizebauminister Musliu an das ZK der PAA vom 8.6.1974 betr. Planerfüllung der Bau-Montage-Arbeiten].

[216] AQSh, KQ i PPSh, 14, 1979/76, 81 f. [Mitteilung des Sekretärs des Stahlwerkparteikomitees Maksuti an den Sekretär des ZK der PAA Kapo vom 16.7.1979 betr. finanzielle Verluste des Stahlwerks und Ursachen].

[217] Der berufliche Bildungsgrad der Industriearbeiter war im sozialistischen Albanien in sieben Qualifizierungsstufen unterteilt. Ursprünglich sollten die Arbeiter mit der niedrigsten Qualifizierungsstufe die geringste Entlohnung erhalten. Durch Weiterbildungen und die Absolvierung zusätzlicher Qualifikationen konnte man in die nächsthöhere Stufe aufsteigen.

[218] AQSh, KQ i PPSh, 14, 1978/401, 30 [Mitteilung an das ZK der PAA vom 29.9.1979 betr. Produktionsschwierigkeiten im Stahlwerk].

denen sie schleunigst nachzukommen hatte.[219] Sie war jedoch unterbesetzt und konnte die Planvorgaben nicht erfüllen. Dadurch blieben viele Wartungsarbeiten im Kombinat aus, eine reibungsfreie Instandhaltung der Maschinen war nicht möglich und der technische Zustand vieler Teilfabriken war problematisch. Dabei waren die meisten zu diesem Zeitpunkt erst seit vier Jahren im Betrieb.

Die Abwicklung der Importe war dem Ministerium für Außenhandel vorbehalten. Bedingt durch die zu späte Ausarbeitung der Listen für die benötigten Importmengen an Ersatzteilen, Brennstoffen oder sonstigen nötigen Gütern seitens des Managements, wurden die Verträge mit den Lieferanten nicht selten zu spät abgeschlossen, so dass die benötigten Materialien nicht rechtzeitig ankamen. Manchmal entsprach aber auch ihre Qualität nicht den Erwartungen, so etwa 1979 bei den Schamottziegeln, die von der jugoslawischen Firma "Silica" geliefert worden waren. Sie erfüllten nicht die vereinbarten Standards, was zur Folge hatte, dass der schadhafte Hochofen für lange Zeit nicht repariert werden konnte.[220]

In der Fabrik Nr. 12, im damals gerade neu errichteten Herzstück des Großkombinats, waren zum Zeitpunkt ihrer Inbetriebnahme 62 Führungskräfte und 1550 Arbeiter beschäftigt. Schon bei ihren Bau- und Montagearbeiten waren verschiedene Probleme aufgetreten, die auch danach nicht endeten. Zunächst wurde sie im August 1978 im Betrieb genommen, aber nach einem schweren Unfall, bei welchem acht Arbeiter ihr Leben verloren, wurde ihr Betrieb unterbrochen. Offiziell nahm sie im Juni 1979 ihre Tätigkeit wieder auf, aber von Rentabilität konnte man hier nicht sprechen, da bei allen Produktionsschritten aus den bereits erwähnten Gründen große Mengen an Rohmaterialien verloren gingen. Es traten verschiedene Defekte und Havarien auf, die mitunter aufgrund fehlender Ersatzteile nur schwer behoben werden konnten. Allein in der ersten Hälfte des Jahres 1980 mussten an den Maschinen, an der Ausrüstung und den Produktionslinien 130 Reparaturen vorgenommen werden.[221] Die Maschinenschäden im gesamten Stahlwerk waren jedoch nicht nur der Missachtung der technischen Disziplin durch die Arbeiter geschuldet, sondern mussten zum Teil auf konzeptionelle und strukturelle Mängel zurückgeführt werden, auf die die Arbeiter keinerlei Einfluss hatten. Da sich die Bau- und Montagearbeiten des gesamten Kombinats auf eine längere Zeit erstreckten, die sogar die albanisch-chinesische Zusammenarbeit überdauerte, war die Ausstattung des Kombinats nicht aus einem Guss. Der Kombinatsleitung fiel es daher schwer, auch nur eine Inventur für alle notwendigen Ersatzteile und Maschinen durchzuführen, damit letztere im Notfall

219 Vgl. AQSh, Këshilli i Ministrave, 490, 1979/339, 98 f. [Mitteilung des Stahlwerkleiters Çeliku an Vizepremierminister Çarçani betr. dringende Probleme am Stahlwerk].

220 Ebenda, 59 f. [Mitteilung von Vizeinnenminister F. Shehu an Vizepremierminister Çarçani vom 1.6.1979 betr. Hindernisse beim Produktionsprozess im Stahlwerk].

221 AShVE, Komiteti i Partisë së Kombinatit Metalurgjik, 13, 1980/1, ohne Paginierung [Mitteilung des Sekretärs des Stahlwerkparteikomitees Maksuti an den Sekretär des ZK der PAA Isai betr. Qualitätsprobleme bei den Bauarbeiten des Kombinats].

repariert oder ersetzt werden konnten. Durch ihre übermäßige Nutzung kam es zu intensiver Korrosion, was nicht zuletzt auch daran lag, dass die Ausrüstung schon zur Zeit ihrer Montage nicht dem neuesten Stand entsprach und störanfällig war, wie ausländische Spezialisten diagnostizierten.[222]

3.6 Der chinesische Beitrag zu Errichtung und Inbetriebnahme des Kombinats

Die chinesische Unterstützung für die Errichtung des Stahlwerkes macht die strategische Bedeutung deutlich, die China seinem europäischen Verbündeten beimaß: Während in Albanien chinesische Spezialisten bei der Untersuchung des Bodens, der Brenn- und Rohstoffe berieten, waren in China selbst angeblich Tausende von Arbeitern, Zeichnern, Technikern und Wissenschaftlern aus 47 Institutionen und Betrieben aus 16 Provinzen des Landes mit der Durchführung von Arbeiten betraut worden, die die erfolgreiche Fertigstellung des Elbasaner Stahlwerkes betrafen. Sie sollten die geeignete Technologie auswählen, die Arbeitszeichnungen anfertigen, Bodenproben untersuchen und die Qualität des aus albanischem Eisen-Nickel hergestellten Stahles untersuchen.[223] Die Chinesen hatten in Bushang (Shanghai) eigens eine kleine Fabrik gebaut, die zum Schmelzen von Stahl aus albanischem Rohstoff dienen sollte. 1000 Planer aus 14 verschiedenen Institutionen arbeiteten in Shanghai die Entwürfe aus. Auch in Sachen technisches Wissen war die chinesische Hilfe von unschätzbarem Wert. Solange die Beziehungen zu Albanien gut verliefen, wurden Arbeiter oder Kader ausgebildet und in unterschiedlichen Bereichen spezialisiert. Die Praktikanten und Auszubildenden, die in China Berufserfahrung oder eine Qualifikation erwerben mussten, besuchten Halb- oder Ganzjahreskurse; bei Führungskräften dauerte die Ausbildung anderthalb Jahre.[224] Die Unterweisung erfolgte zu Beginn auf Russisch, später auf Albanisch. Die Lernenden wurden von einem Meister betreut, dem ein chinesischer Dolmetscher zur Seite stand.[225] Zu Beginn gab es manche Probleme mit den albanischerseits ausgewählten Personen, da sich nach Beginn ihrer Ausbildung herausstellte, dass einige von ihnen an Krankheiten litten und sich physisch nicht für den Beruf eigneten. Andere besaßen keine Wissensgrundlagen, die Arbeitsdisziplin ließ zu

[222] Vgl. AQSh, Këshilli i Ministrave, 490, 1979 / 339, 102 [Mitteilung des Stahlwerkleiters Çeliku an Vizepremierminister Çarçani betr. dringende Probleme am Stahlwerk].

[223] Kumbaro, Siderurgjia – Etapë e re, 19. Siehe außerdem AQSh, Ministria e Ndërtimit, 499, 1971 / 56, 66–69 [Zusammenfassung der Aussagen der chinesischen Spezialisten betr. Ergebnisse der Versuche in China].

[224] AQSh, KQ i PPSh, 14, 1973 / 582, 83 f. [Bericht von Bauminister Dragoti an das ZK der PAA vom 30.101973 betr. Angelegenheiten des Stahlwerks, die mit der chinesischen Gesandtschaft besprochen wurden].

[225] Vgl. Interview mit L. Ç. am 27.1.2013 in Elbasan.

wünschen übrig, oder sie waren mit der Arbeitsstätte oder ihren Betreuern unzufrieden.[226] Nach einer Verschärfung des Auswahlprozesses wurde von ähnlichen Fällen nicht mehr berichtet. Hinzu wurden in Elbasan Qualifikationskurse eingerichtet, die von chinesischen Spezialisten geleitet wurden; an ihnen nahmen insgesamt rund 1000 Menschen teil.[227]

1969 hielten die chinesischen Wissenschaftler als Ergebnis fest, dass das albanische Eisenerz einen niedrigen Eisengehalt aufwies und das Stahlwerk eine Anreicherungsfabrik benötigen würde, um die Produktionserwartungen zu erfüllen. Sie empfahlen Erz mit 45 Prozent Eisengehalt, während das albanische Erz durchschnittlich 42–44 Prozent besaß. Überdies stellten sie fest, dass der albanische Nickel einen hohen Chromgehalt hatte, was die Kosten für dessen Entfernung steigerte. Die Chinesen zeigten zwar die Bereitschaft, auch noch die Erzanreicherungsfabrik zu bauen, benötigten aber aus mangelnder Erfahrung zusätzliche Zeit für deren Planung, weshalb man die Pläne zur Beendigung der ersten Bauphase des Kombinats im Jahre 1974 ändern und das Abschlussdatum um ein Jahr verschieben musste.[228] Auch die Errichtung weiterer Objekte des Kombinats konnte nicht rechtzeitig begonnen werden, da wie gesehen mehrere chinesische Planentwürfe nicht binnen versprochener Frist ankamen.[229]

Ein anderes Problem lag darin, dass chinesischerseits versprochene Stahl- und Maschinenlieferungen oft nicht rechtzeitig geliefert wurden. Dabei war das Walzwerk auch nach seiner Fertigstellung für seine Herstellungsprozesse auf Vorprodukte aus China angewiesen. In einer Mitteilung vom Oktober 1971 machte das Parteikomitee von Elbasan das Zentralkomitee darauf aufmerksam, dass die von chinesischer Seite für das Jahr 1971 versprochene Menge von ca. 17.000 Tonnen Stahl noch nicht angekommen sei und die Rohmaterialreserven im Walzwerk knapp seien. Käme bis zum nachfolgenden Monat November noch immer keine Lieferung an, müsse die Produktion stillstehen, mit Folgen für viele andere Betriebe im Kreis Elbasan. Bis Ende Oktober waren die chinesischen Lieferungen noch immer nicht angekommen; die vorhandenen Archivalien offenbaren aber nicht, wie es mit dem Arbeitsprozess im Walzwerk in dieser Frage weiterging.[230]

[226] AQSh, Ministria e Industrisë dhe e Minierave, 496, 1971 / 610, 37 [Mitteilungen des Handelsgesandten Neço Konomi an das Ministerium für Industrie und Bergbau vom 10.4.1971 betr. die chinesische Unterstützung für verschiedene Industriewerke].

[227] AQSh, Ministria e Industrisë dhe e Minierave, 496, 1977 / 524, 3 [Bericht für das Ministerium für Industrie und Bergbau betr. das Gespräch des Kombinatsleiters und anderer Führungskräfte mit einem chinesischen Spezialisten am 30.12.1976].

[228] AQSh, Ministria e Industrisë dhe e Minierave, 496, 1971 / 610, 10 [Mitteilungen des Handelsgesandten Neço Konomi an das Ministerium für Industrie und Bergbau vom 10.4.1971 betr. die chinesische Unterstützung für verschiedene Industriewerke].

[229] AQSh, KQ i PPSh, 14, 1972 / 160, 22 f. [Bericht von Bauminister Dragoti an das ZK der PAA vom 8.9.1972 betr. den Arbeitskräftebedarf und die Planerreichung im Bausektor]; Siehe auch AQSh, Këshilli i Ministrave, 490, 1962 / 974, 362 [Bericht der Spezialistengruppe und des Handelsattachés Kati an den Ministerrat betr. Übergabedaten der Arbeitszeichnungen].

[230] AQSh, KQ i PPSh, 14, 1971 / 106, 9 [Mitteilung des Sekretärs des Elbasaner Parteikomitees Koçollari an das ZK der PAA vom 29.10.1971 betr. Probleme bei der Belieferung mit Rohstoffen].

Wiederholte Planungskorrekturen führten zu Schwierigkeiten bei Lieferungen oder bei Vertragsabschlüssen, bei der Arbeiterrekrutierung und -qualifikation sowie bei der Sicherung von Logistik oder Importwaren: all dies wirkte sich negativ auf das Arbeitstempo aus. In diversen Gesprächen zwischen ranghohen Offiziellen auf albanischer und chinesischer Seite wurden die verspäteten Lieferungen als geradezu chronisches Problem angesprochen. Die chinesischen Partner suchten sie zunächst durch ihre Unerfahrenheit im metallurgischen Bereich zu entschuldigen; später folgten Rechtfertigungsversuche auf der politischen Ebene nach, indem sie anfangs die Schuld auf Lin Biao und seine Anhänger schoben und nach Maos Tod 1976 dann die „Viererbande“ auch für diese Probleme verantwortlich machten.[231]

Die albanische Seite drängte vor dem Abschluss der ersten Bauphase 1975 auf die Entsendung einer höheren Anzahl von Spezialisten aus China, wenn möglich 800–1000. Aber ihre chinesischen Pendants hielten sich zurück.[232] Sie wiesen darauf hin, dass in China 1010 Betriebe mit der Herstellung von Maschinen und Gerät für das Stahlwerk beschäftigt waren und sie Überstunden leisteten, damit die Entwürfe zeitplangerecht übergeben werden konnten.[233] Deshalb wollten sie sich zunächst auf 571 Experten beschränken, sahen aber im Laufe der Bauzeit eine zusätzliche Notwendigkeit ein und erhöhten die Zahl dementsprechend.[234] Vertreter aus dem chinesischen Metallurgieministerium oder aus der chinesischen Botschaft in Tiranë besuchten das Kombinat in periodischen Abständen, um sich mit eigenen Augen ein Bild über den Fortgang der Bauarbeiten zu machen.

Ein wichtiger Diskussionspunkt bestand darin, inwiefern sich albanische Kokskohle für die Stahl- und Gusseisenschmelze eignete. Eine Antwort darauf war besonders wichtig, denn von dieser Frage hing die Rentabilität der künftigen Nickel-Kobalt-Fabrik ab. Die albanische Führung wollte für den Stahlwerksbedarf zu 65 Prozent Kohle aus den heimischen Bergwerken verwendet sehen und 35 Prozent Kokskohle mit geringem Schwefel-

[231] AQSh, KQ i PPSh, 14, 1972 / 161, 3 [Bericht von Industrie- und Bergbauminister Theodhosi an das ZK der PAA vom 23.12.1972 betr. die Gespräche mit der Delegation aus dem chinesischen Metallurgieministerium]. Siehe auch AQSh, Ministria e Industrisë dhe e Minierave, 496, 1978 / 539, 7 [Bericht des Delegationsleiters Bleta an den Minister für Industrie und Bergbau Miska vom 23.12.1977 betr. die Verhandlungen zwischen den albanischen und chinesischen Metallurgieexperten].

[232] AQSh, KQ i PPSh, 14, 1973 / 576, 3 [Bericht von Bauminister Hanku an das ZK der PAA vom 28.9.1973 betr. Verlauf der Bauarbeiten].

[233] AQSh, KQ i PPSh, 14, 1973 / 582, 24 [Mitteilungen des Handelsgesandten Neço Konomi an das ZK der PAA vom 22.2.1973 betr. die Versuchsergebnisse in China und die Maschinenlieferungen].

[234] Ende 1975 waren in Elbasan 940 chinesische Spezialisten tätig. Siehe AQSh, Ministria e Ndërtimit, 499, 1974 / 97, 2 [Mitteilung von Bauminister Hanku und vom Minister für Industrie und Bergbau Theodhosi an Vizepremierminister Koleka und an den Vorsitzenden der SPK Këllezi vom 2.2.1974 betr. Maßnahmen zum Wohnungsbau].

inhalt aus dem Ausland importieren. Die chinesischen Spezialisten wiesen aber darauf hin, dass zu metallurgischen Zwecken nur Kokskohle mit höchstens einem Prozent Schwefelgehalt verwendet werden könne. Da die albanische Kohle durchschnittlich mehr Schwefel aufwies (über 1,5 Prozent), hätte dies jedoch bedeutet, dass 80 Prozent der notwendigen Menge für das Kombinat importiert hätte werden müssen.[235] Im Hinblick auf die albanischen Finanzen wäre das Kombinat damit langfristig alles andere als ein Symbol der politischen und wirtschaftlichen Unabhängigkeit geworden (was später in der Tat eintrat). Die Problematik betonte 1980 auch der spätere Industrie- und Bergbauminister Murra während einer Besprechung in Tiranë mit Vertretern der Kombinatsleitung, als er sagte:

> „Das problematischste Glied im Stahlwerk ist die Fabrik Nr. 12, welche der Staat mit 200 Millionen Lek subventioniert, eine andere Subvention ist die Einfuhr von Rohstoffen. Aber ein Stahlwerk mit importierten Rohstoffen würde keinen Sinn machen und unsere Kosten sinken nicht, wenn wir Rohstoffe importieren."[236]

Hier lässt sich die Diskrepanz veranschaulichen, die zwischen Propaganda und Realität, zwischen den öffentlichen Ankündigungen der PAA-Führer und den Tatsachen klaffte. Bei den Entscheidungsträgern der Partei selbst war diese Diskrepanz aufgrund der symbolischen Bedeutung des Großkombinats als Mikrokosmos des albanischen Sozialismus nur durch eine verzerrte Wirklichkeitswahrnehmung aufzulösen. Sein repräsentativer Charakter erklärt ihre Bereitschaft zur ständigen Subventionierung der Elbasaner Großbaustelle, trotz der fehlenden Rentabilität und der fehlenden realen Aussicht auf Rentabilität. 1973 unterstrich der chinesische Vizeminister für Metallurgie gegenüber einer albanischen Delegation von Sachverständigen, dass man Ende 1975 die Montagearbeiten abschließen, wahrscheinlich jedoch nicht mit der systematischen Stahlproduktion beginnen könne. Durch die um ein Jahr verspätete Inbetriebnahme des Kombinats gingen der Volkswirtschaft laut albanischen Berechnungen 12.600 Tonnen Feinstahl, 35.400 Tonnen mittlerer Stahl, 1600 Tonnen Metallnickel, 50 Tonnen Metallkobalt, 6000 Tonnen Gusseisen und 10.000 Tonnen Walzdraht verloren, zusammengerechnet im Wert von 214 Millionen Lek oder 16 Millionen Rubel.[237]

Dazu gaben die chinesischen Experten zu verstehen, dass gemessen an der Anzahl der Beschäftigten die Produktivität des Kombinats gering sein werde, was seine Wirtschaft-

[235] AQSh, Komisioni i Planit të Shtetit, 495, 1972/27, 28 [Bericht der Arbeitsgruppe, die zu Besuch in China war, an die SPK vom 27.7.1972 betr. die Gespräche mit den chinesischen Experten].

[236] AQSh, KQ i PPSh, 14, 1980/97, 34 [Protokoll des Treffens der Vertreter des Ministeriums für Industrie und Bergbau und der Kombinatsleitung vom 19.8.1980 betr. Probleme mit der Fabrik Nr. 12].

[237] AQSh, Komisioni i Planit të Shtetit, 495, 1973/9, 1 [Bericht der SPK vom 23.3.1973 betr. Verschiebung der Fristen zum Abschluss der Bauarbeiten].

lichkeit noch einmal in Frage stellte.[238] Dennoch empfahlen sie, aus politischen Gründen alles zu tun, damit die elektrischen Öfen in Betrieb genommen werden konnten, um schon 1975 Stahl produzieren zu können, was sowohl für das eigene Volk als auch für das Ausland eine starke propagandistische Wirkung haben würde.[239] Dieser Rat wurde befolgt und am 16. Oktober 1975 wirklich der erste albanische Stahl produziert (siehe Abb. 11). Für viele der damaligen Arbeiter ist das, auch nach dem Zusammenbruch des Sozialismus, ein bewegendes Erlebnis gewesen, wie es sich anhand der für dieses Buch geführten Interviews belegen lässt.[240]

Tab. 9: Die wichtigsten Teilbetriebe des Metallurgischen Kombinats und die Daten ihrer Inbetriebnahme

Betrieb	**Jahr der Inbetriebnahme**
Walzwerk	1966
Mechanische Fabrik	1974
Hochofen Nr. 1	1976
Kokerei	1976
Stahlfabrik	1976
Glattwalzwerk	1976
Gusseisenfabrik	1976
Zentrallabor	1976
Agglomerationsfabrik	1977
Fabrik Nr. 12 (Herstellung von Eisenkonzentrat)	1978
Hochofen Nr. 2	1978
Institut für Metallurgische Studien und Entwürfe	1979
Fabrik zur Herstellung von feuerfesten Materialien	1981
Fabrik zur Herstellung von Carbonstahl	1984
Nickel-Kobalt-Fabrik	1989

Quelle: Elbasani-Enciklopedi [Elbasan-Enzyklopädie]. Elbasan 2003, 294f., 619–622.

238 Der Leiter der chinesischen Spezialistengruppe Han unterstrich 1975 in einem Gespräch gegenüber dem damaligen Industrieminister Koço Theodhosi, während man in „Der Stahl der Partei“ eine jährliche Produktion von 35 Tonnen Stahl pro Arbeiter erwarte, würden in einem Stahlwerk ähnlichen Ausmaßes in den USA 100 – 150 Tonnen Stahl pro Arbeiter erzeugt. Siehe AQSh, Ministria e Industrisë dhe e Minierave, 496, 1975 / 173, 4 [Protokoll des Gesprächs des Ministers für Industrie und Bergbau Theodhosi mit der chinesischen Spezialistengruppe am 6.2.1975].

239 AQSh, Ministria e Tregëtisë, 503, 1973 / 81, 98 f. [Gesprächsprotokoll zwischen den albanischen Gesandten aus dem metallurgischen Sektor und den Vertretern des chinesischen Ministeriums für Metallurgie in Peking am 16.5.1973].

240 Siehe Interviews mit P. L. am 18.2.2013 in Elbasan oder V. M. am 5.3.2013 in Elbasan.

Abb. 10: Der erste albanische Stahl. Progagandafoto von 1976

Nach dem Beginn der Nutzung mehrerer Betriebe des Stahlwerks waren beide Seiten damit beschäftigt, die Voraussetzungen zur Herstellung aller in den Protokollen festgelegten Stahlsorten im Kombinat zu schaffen – und dies benötigte Zeit. In China führte man die eigenen Schwierigkeiten auf die Unerfahrenheit in industrieller Massenproduktion zurück sowie auf die Komplexität des albanischen Eisen-Nickel-Erzes. Einige aus albanischem Erz hergestellte Stahlsorten waren von den chinesischen Spezialisten in Traktoren eingebaut worden und mussten rund 1500 Stunden dem Arbeitsdruck ausgesetzt werden, andere Fahrzeuge mussten ca. 180.000 Kilometer fahren, um ihre Ausdauer und Festigkeit zu testen, andere waren in Schiffen eingebaut worden, um die Korrosionseigenschaften zu überprüfen, oder in Röhren von Dampfkesseln.[241]

Zuvor hatte es manche Spannungen im chinesisch-albanischen Verhältnis gegeben, deren Ursachen in Kapitel 2 behandelt worden sind.[242] Nach dem Tod Zhou Enlais im Januar und der Degradierung von Deng Xiaoping durch den alternden Mao Zedong Anfang April 1976 verbesserten sich jedoch die zwischenstaatlichen Beziehungen, was das gemeinsame Auftreten Enver Hoxhas mit den chinesischen Spezialisten bei einem Besuch im Stahlwerk am 29. April 1976 auf seine Weise verdeutlichte.[243] Jedoch währte die Entspannung aufgrund der ideologischen Divergenzen nicht lange, was sich auch auf die Zusammenarbeit im Stahlwerk auswirkte.

241 AQSh, Ministria e Ndërtimit, 499, 1974/96, 6f. [Rede des chinesischen Spezialisten Je Xe Xiang beim Treffen mit dem Vizebauminister Çaçi und der Kombinatsleitung am 13.11.1974].

242 Die Reibungen resultierten aus der Reaktion der albanischen Führung auf die Intensivierung der chinesischen Beziehungen zu den blockfreien Staaten, auf das gesunkene chinesische Engagement für die internationale marxistisch-leninistische Bewegung und auf das Ende der chinesischen Kulturrevolution.

243 Topp, Der Konflikt zwischen Albanien und der Volksrepublik, 5f.

1974 bereits hatte der chinesische Vizeminister für Metallurgie Je[244] vorgeschlagen, das Bautempo zu verlangsamen, was der albanischen Führungsspitze Sorgen bereitete, da der chinesische Vorschlag den Abschluss der Bauarbeiten über 1980 hinaus verlängert hätte. Angesichts der Produktionsverzögerungen und des Bedarfs der Volkswirtschaft an Stahl war das „inakzeptabel".[245] Der Umfang der Unterstützung, aber auch die Änderung der grundsätzlichen Schwerpunkte in Chinas Außenpolitik, verursachten Divergenzen zwischen den Führungen beider Länder. Dies blieb nicht ohne Auswirkung auf den Fortgang der Arbeiten im Stahlwerk. Als 1976 eine albanische Delegation in Peking auf die verspäteten Lieferungen von Rohmaterial, Technologie und Planzeichnungen hinwies und um eine schnellere Anfertigung bat, rechtfertigten ihre chinesischen Verhandlungspartner die Verspätungen damit, dass sie wirtschaftliche Hilfe an 52 Staaten leisteten und gaben laut den albanischen Unterlagen an, dass sie „das letzte Wort" hatten.[246] Abgesehen davon schlugen die chinesischen Gesprächspartner vor, die Menge der im Werk geplanten Stahlsorten von 51 auf 38 zu reduzieren und wollten die Fertigstellung des Baus auf unbestimmte Zeit verschieben.[247] Die Verringerung der chinesischen Hilfe wurde von Tiranë als Druckmittel interpretiert. Ab November 1976 – Chinas Staats- und Parteichef Mao Zedong war unterdessen am 9. September des Jahres gestorben – umfasste der bilaterale Besuchsverkehr nur noch protokollarisch niedrigrangige Delegationen aus den Bereichen Wirtschaft, Verwaltung, Kultur und Wissenschaft.[248]

Ende 1976 eröffnete ein führender chinesischer Spezialist der Kombinatsleitung in einem Gespräch, die chinesische Seite sei der Meinung, dass ihre 500 Spezialisten das Kombinat verlassen könnten und nicht den vollständigen Abschluss der Arbeiten abwarten müssten, da mehrere Teilbetriebe schon die Produktion begonnen hätten. Zwar gebe es einige Schwierigkeiten mit der Fabrik Nr. 12, die anderen Störungen seien aber geringfügig, und resultiertenaus dem schlechten Umgang der Arbeiter mit den Maschinen oder aus Unregelmäßigkeiten bei der Rohstofflieferung.[249] Die Kombinatsleitung bestand jedoch

[244] In den albanischen Quellen ist nur der Nachname vorhanden. Möglicherweise handelt es sich um Yeh Chih Chiang [englische Schreibweise; V. N.]. Siehe: Japanese to Build Giant Steel Mill For Chinese in $2.03 Billion Deal, *The New York Times*, 6.12.1978, S. 1, unter: https://www.nytimes.com/1978/12/06/archives/japanese-to-build-giant-steel-mill-for-chinese-in-203-billion-deal.html, am 8.4.20 zuletzt aufgerufen.

[245] AQSh, KQ i PPSh, 14, 1974 / 938, 44 [Mitteilung des Gesandten Hamiti an das ZK der PAA vom 16.2.1974 über den Verlauf seiner Gespräche mit der chinesischen Seite betr. die Baufristen].

[246] AQSh, KQ i PPSh, 14, 1976 / 891, 22 f. [Mitteilung des Gesandten Bleta an das ZK der PAA vom 29.9.1976 betr. die Verhandlungen mit der chinesischen Seite über den Abschluss der Arbeiten im Kombinat].

[247] Ebenda, 25 und 43.

[248] Topp, Der Konflikt zwischen Albanien und der Volksrepublik, 8.

[249] AQSh, Ministria e Industrisë dhe e Minierave, 496, 1977 / 524, 1 [Bericht für das Ministerium für Industrie und Bergbau betr. das Gespräch des Kombinatsleiters und anderer Führungskräfte mit einem chinesischen Spezialisten am 30.12.1976].

Abb. 11: Arbeiterkollektiv und chinesische Spezialisten

darauf, dass die Spezialisten – wie es im Abkommen vereinbart worden sei – bleiben sollten, bis das gesamte Kombinat in Betrieb genommen worden sei,[250] und ganz besonders bis zur vollständigen Inbetriebnahme der Fabrik Nr. 12, da von deren Gelingen die entscheidende Frage abhing, ob das Stahlwerk weiterhin wesentlich auf Erzimporte angewiesen bliebe oder nicht. Das Verhältnis zwischen der Kombinatsleitung und den chinesischen Spezialisten kühlte zunehmend ab, beide Seiten warfen einander Verzögerungstaktik und politische Provokationen vor.[251]

Auf der Regierungsebene versuchten derweil die chinesischen Partner, die in den Abkommen bezüglich des Kombinats festgelegten Klauseln aufzuweichen. Eine albanische Delegation, welche vom albanischen Vizeminister für Industrie und Bergbau Maqo Bleta geleitet wurde, musste drei Monate warten, bis sie mit dem chinesischen Vizeminister für Metallurgie reden konnte. In China wollte man sich auf das genaue Abschlussdatum des Stahlwerks erst festlegen, wenn alle Testversuche dort durchgeführt worden seien, während die albanische Delegation wissen wollte, wie lange die Versuche andauern würden, worauf ihre chinesischen Pendants allerdings keine Antwort geben wollten.[252] Sie lehnten es auch ab, mit dem Bau und der Montage des zweiten Hochofens und anderer Werkbereiche des Kombinats zu beginnen mit der Begründung, zuerst müssten die schon im Bau befindlichen Einrichtungen abgeschlossen werden. Die Spezialisten, die aus unterschiedlichen Gründen nach China reisen mussten, kehrten nicht zurück, und es kamen auch keine neuen. Für diejenigen, die vor Ort waren, und deren Aufenthaltsfrist sich dem Ende zuneigte, lehnten die chinesischen Offiziellen eine Verlängerung ab, obwohl diese von albanischer Seite mehrfach gefordert wurde.

Auch die versprochenen Lieferungen und Kredithilfen erfolgten immer zögerlicher. Für das Jahr 1977 kam aus China nur 55 Prozent der angesagten Hilfe.[253] Die Bauarbeiten für mehrere Einrichtungen des Kombinats wurden mit Materialien bewerkstelligt, die aus dem übrigen Ausland importiert wurden, da sie aus China nicht geliefert wurden. Das

[250] Ebenda, 81 [wie eben].

[251] Vgl. ebenda, 125 [Bericht für das Ministerium für Industrie und Bergbau betr. das Gespräch des Kombinatsleiters und anderer Führungskräfte mit dem Leiter der chinesischen Spezialisten Liu Yao Tsung am 4.12.1977].

[252] AQSh, KQ i PPSh, 14, 1978 / 387, 47 [Erklärungsentwurf des Delegationsleiters Bleta an Enver Hoxha betr. die Verhandlungen mit der chinesischen Seite zum Stahlwerk].

[253] AQSh, KQ i PPSh, 14, 1978 / 387, 137 [Mitteilungsentwurf des albanischen Außenministeriums an die chinesische Botschaft vom Oktober 1978 betr. die Verzögerung der chinesischen Kredite].

angespannte Klima und die Zurückhaltung der chinesischen Spezialisten beeinflusste auch die Arbeitsvorgänge im Stahlwerk. Wenn es zu schweren Havarien kam, waren sie nicht mehr vor Ort und gaben auch keine Ratschläge. Sie bemühten sich, direkte Gespräche zu vermeiden und eiligst die laut dem Vertrag übernommenen Arbeiten zu beenden. Nach der offiziellen Verlautbarung der chinesischen Regierung am 7. Juli 1978, Albanien die gesamte zivile und militärische Unterstützung zu entziehen,[254] zogen sich auch diejenigen Spezialisten, die auf dem Kombinatsgelände wohnten, in die auswärts liegenden Wohnheime zurück. Laut albanischen Berichten kauften sie vor ihrer Abreise Konsumwaren in großer Menge und verbrannten alle Unterlagen, die sie nicht mit sich nahmen.[255]

Wie zuvor die letztmaligen hochrangigen Verhandlungen zwischen den beiden Regierungsseiten rund um das Stahlwerk abgelaufen waren, findet sich in den Akten des Ministeriums für Industrie und Bergbau detailreich dokumentiert. Es geht dabei um die diversen Gespräche, die die schon erwähnte albanische Delegation unter dem stellvertretenden Minister Maqo Bleta in China führte. Nachdem die Delegation zwischen Ende Dezember 1977 und Ende März 1978 mehrere Gespräche mit chinesischen Verantwortlichen mittleren Ranges hatte, ohne zu einem konkreten Ergebnis zu kommen, drohte sie mit sofortiger Abreise am 6.4.1978 worauf sich der chinesische Vizeminister für Metallurgie einen Tag vor der angekündigten Abreise endlich bereit erklärte, die dringenden Themen zu diskutieren. Laut den albanischen Akten versuchte er „[...] mit der Nervosität eines Vizeministers eines großen chauvinistischen Staates“ durch „niederträchtige Provokationen“ der albanischen Seite „seine falschen, boshaften und hinterhältigen Ansichten aufzuzwingen“.[256] Die chinesischen Verhandlungspartner räumten Lieferprobleme aufgrund unvorhergesehener Schwierigkeiten technischer Natur und durch die Sabotagearbeit der „Viererbande“ ein, wiesen ihre Gegenüber jedoch darauf hin, dass sie die für das Stahlwerk bestimmte Ausrüstung und Materialien mit einem Gesamtgewicht von 700.000 Tonnen zur Verfügung gestellt und eine große Anzahl an Ingenieuren und Technikern entsandt hätten. [257] Sie lehnten es ab, sich auf einen Termin für die Fertigstellung des Kombinats festzulegen und versuchten, sich jeder Lieferverpflichtung von Rohstoffen und Ausrüstung für das Stahlwerk zu entziehen. In erhitzter Atmosphäre erklärte die albanische Seite schließlich die Verhandlungen über das Stahlwerk für beendet.[258]

[254] Kastriot Dervishi, Historia e shtetit shqiptar 1912–2005 [Geschichte des albanischen Staates 1912–2005]. Tiranë 2006, 741.

[255] AQSh, KQ i PPSh, 14, 1978 / 458, 16 [Mitteilung des Sekretärs des Parteikomitees von Elbasan Kondi an das ZK der PAA vom 10.7.1978 betr. die Haltung der chinesischen Spezialisten].

[256] AQSh, Ministria e Industrisë dhe e Minierave, 496, 1978 / 539, 8 [Bericht des Delegationsleiters Bleta an den Minister für Industrie und Bergbau Miska vom 23.12.1977 betr. die Verhandlungen zwischen den albanischen und chinesischen Metallurgieexperten].

[257] AQSh, Ministria e Industrisë dhe e Minierave, 496, 1978 / 539, 78 [Rede des chinesischen Vizeministers für Metallurgie Je vor der albanischen Delegation vom 5.4.1978 betr. die chinesische Unterstützung für das Stahlwerk].

[258] AQSh, Ministria e Industrisë dhe e Minierave, 496, 1978 / 539, 79 [wie eben].

Schon die Wortwahl des Vizeministers für Industrie und Bergbau Bleta lässt ersehen, dass das albanisch-chinesische Verhältnis auf einem Tiefpunkt stand. Die politischen Veränderungen in der chinesischen Führung nach Maos Tod zerstörten jede Hoffnung der PAA-Spitze auf einen gemeinsamen ideologischen Block gegen die UdSSR und USA, vor allem nachdem Zhou Enlais und Maos Nachfolger Hua Guofeng eine Politik der Annäherung an Rumänien und Jugoslawien betrieb. Der linksradikale Flügel der KPCh um die „Viererbande" rund um Maos Gattin und Witwe Jiang Qing war entmachtet und Deng Xiaoping, den Hoxha 1976 im Umfeld seiner Degradierung durch Mao noch als einen „konterrevolutionären revisionistischen Verräter"[259] attackiert hatte, war rehabilitiert worden. Die Spannungen in den beiderseitigen Beziehungen brachten eine allgemeine Reduzierung der chinesischen Unterstützung mit sich, worauf sich die wirtschaftliche Lage verschlechterte und die innere Verschuldung Albaniens zunahm. Im Unterschied zu den früheren Fünfjahresplänen wurde für denjenigen von 1976–1980 kein bilaterales Abkommen für Unterstützung und Zusammenarbeit unterzeichnet.[260]

Der letzte Schritt, die Abreise der chinesischen Spezialisten, die noch vor Ort verblieben waren, dürfte diesen in Elbasan nicht leichtgefallen sein, da sie letztlich mehrere Jahre beim Aufbau des Stahlwerks verbracht hatten und das Kombinat auch ihr Werk war. Die Chinesen aßen in den letzten Wochen vor der Abreise separat von ihren albanischen Kollegen und versuchten jedweden Kontakt zu vermeiden.[261] Ansonsten vollzog sich der Abschied gemäß dem ideologischen Rahmen. Der Parteikommissar der chinesischen Spezialisten gab die Schuld für die Abreise der albanischen Führung, während die albanische Seite die politischen Missverständnisse nicht als ausreichenden Grund für den Entzug der Unterstützung erachtete.[262] Schließlich verließen alle 513 chinesischen Spezialisten, die noch im Lande waren, Albanien am 18. und am 20. Juli 1978.[263]

Die PAA-Führung warf der chinesischen Regierung vor, die Unterbrechung der Wirtschaftshilfe sowie die vorherige Verschiebung der Fristen zur Versendung der Arbeitspläne und der Ausrüstung hätten der albanischen Volkswirtschaft schwer geschadet, vor allem weil mehrere Werke sich noch im Bau befanden. Für deren Abschluss musste nun zusätzlich investiert werden, was die Staatskasse erheblich belastete. Ein minutiöser interner Bericht vom Dezember 1978 bezifferte die Schäden, die dem Stahlwerk durch Verschiebung der Baufristen, Amortisierung der Maschinen, unvorhergesehene Rohstoffimporte,

259 Nach Wildermuth, „Sich stützen auf die eigenen Kräfte", 148.

260 Bytyçi, Shqipëri-Kinë, 231 f.

261 AQSh, Ministria e Industrisë dhe e Minierave, 496, 1978/578, 24 [Bericht des Leiters der Zweigstelle für ausländische Spezialisten Dilo vom 9.7.1978 an das Ministerium für Industrie und Bergbau betr. die Haltung der chinesischen Spezialisten im Stahlwerk].

262 Ebenda, 25 [Protokoll des Gesprächs des Leiters der Zweigstelle für ausländische Spezialisten Dilo mit dem Kommisar der chinesischen Spezialisten Wu am 9.7.1978 betr. Vorkehrungen zum Abschied].

263 U larguan nga Shqipëria për në Kinë të gjithë specialistët kinezë [Alle chinesischen Spezialisten haben Albanien gen China verlassen], *Puna*, 21.7.1978, S. 6.

fehlende Exporte und zusätzliche Ausgaben für die Inbetriebnahme etc. entstanden, auf 28.826.218.457 Dollar![264] Möglicherweise wollten die Experten, die die Rechnung zusammenstellten, mit der enormen Summe gleichzeitig auch ihre Parteiloyalität unter Beweis stellen, hatten sie sich doch sehr in die Höhe gewagt. Ein später von Experten des Finanzministeriums verfasster Bericht begrenzte den der albanischen Wirtschaft durch den Abbruch der chinesischen Unterstützung verursachten Gesamtschaden auf 5.436.919.000 Dollar.[265] Anhand von diesen beiden so weit auseinanderliegenden Ziffern kann man sehen, wie schwierig es wird, wenn man zuverlässige Angaben über die Entwicklung der albanischen Volkswirtschaft unter den Kommunisten machen möchte. Während man die Schäden allein der chinesischen Seite anlastete, wurde die Tatsache verschwiegen, dass etwa die verspätete Inbetriebnahme der Teilfabriken des Stahlwerks auch eine Folge der Verzögerung der Bau- und Montagearbeiten aufgrund der Rekrutierungsprobleme oder der Organisationsdefizite war. Nach dem Abzug der chinesischen Experten ließ die Qualität der Arbeiten im Stahlwerk weiterhin zu wünschen übrig, und die Schuld dafür lag nach Aussagen höherer Regierungsmitglieder bei der Kombinatsleitung, da sie die Bauarbeiten ungenügend beaufsichtigte, die Bauprojekte unzureichend erarbeitete oder mit der technischen Dokumentation nachlässig umging.[266]

Trotz der ostentativen allgemeinen Euphorie und der Propaganda, die sich sowohl in den Berichten der Partei- und Gewerkschaftsorganisationen als auch in der Presse nach dem Bruch des Bündnisses mit China zunächst manifestierte, wonach die Schwierigkeiten des Stahlwerks dank der eigenen Innovations- und Tatkraft auch ohne chinesische Hilfe behoben werden würden, wurde das Kombinat 1978 und in den Jahren danach mit Problemen konfrontiert, deren Tragweite symptomatisch für die gesamte Wirtschaft war. Schon 1979 beschwerte sich der Kombinatsleiter Çeliku vor dem Zentralkomitee, dem Kombinat mangele es an Rohstoffen, die Produktion liege unter den Erwartungen, viele Maschinen seien überholungsbedürftig und störanfällig. Die Schuld dafür gab er „den chinesischen Revisionisten", die das Kombinat nicht mit den benötigten Kontingenten beliefert hätten. In vielen Fällen, in denen die Produktionsvorgänge im Stahlwerk nicht wie erwartet abliefen, man mit Defiziten zu kämpfen hatte oder Havarien auftraten, nahm die Führung des Stahlwerks die „chinesischen Verräter" als Sündenbock. Als sich am 15. August 1978 in der Fabrik Nr. 12 ein schwerer Unfall ereignete, im Zuge dessen sieben Menschen an Verbrennungen starben, gab man teilweise auch den chinesischen Spezialis-

264 AQSh, Ministria e Industrisë dhe e Minierave, 496, 1978 / 543, 87 [Bericht des Ministeriums für Industrie und Bergbau an den Ministerrat vom 9.12.1978 betr. erlittene wirtschaftliche Schäden wegen der feindlichen Tätigkeit der chinesischen Revisionisten].

265 AQSh, KQ i PPSh, 14, 1984 / 27, 18 [Protokoll der Sitzung des Politbüros vom 8.6.1984 betr. Schäden an der albanischen Wirtschaft durch Jugoslawien, die Sowjetunion und China].

266 AShVE, Komiteti i Partisë së Kombinatit Metalurgjik, 13, 1980 / 1, ohne Paginierung [Mitteilung des Sekretärs des Stahlwerkparteikomitees Maksuti an den Sekretär des ZK der PAA Isai betr. Qualitätsprobleme bei den Bauarbeiten des Kombinats].

ten die Schuld, die „mehrmals versucht haben, Sabotageakte zu verüben".[267] Die Tendenz, alle Misserfolge durch die „feindliche Tätigkeit" der ehemaligen Verbündeten zu exkulpieren, war derart auffällig, dass sogar Hoxha selbst in einer Versammlung des Politbüros 1983, in der es unter anderem um die Produktivitätserhöhung des Kombinats ging, dessen Werksleitung kritisierte, sie sollten nicht für alles, was im Stahlwerk unter ihrer Führung schief lief, die Chinesen verantwortlich machen.[268]

Es stimmte zwar, dass die Unterstützung aus China in den letzten Jahren vor dem Bruch immer spärlicher geflossen war, aber viele der auftretenden Probleme in verschiedenen Betrieben ließen sich auf ihre niedrige Produktivität sowie auf die ungenaue Planung des Bedarfs an Ausrüstung, Ersatzteilen und Rohstoffen zurückführen, was eine unausweichliche Folge der rigiden Zentralplanung war. Die schnelle Abnützung der technischen Geräte war einesteils der Fehlnutzung durch mangelnde Qualifikation der Arbeiter zuzuschreiben, aber vor allem der intensiven Nutzung der Maschinen und hatte daher damit zu tun, dass das Management in erster Linie Rücksicht auf die Planziffer nahm und weniger an einen pfleglichen Umgang mit Maschinen und Ausrüstung dachte. Viele notwendige Wartungsarbeiten wurden vernachlässigt oder die dafür zugeteilten Mittel reichten nicht aus. Es war da für die Betriebsleiter leichter, dem inneren oder ausländischen Feind die Schuld für auftretende Schwierigkeiten zu geben, da sie dadurch die Verantwortung von sich abwälzen konnten, zumal das politische Klima eine solche Haltung förderte. Jedenfalls war es weniger gefährlich, als auf Fehler im System aufmerksam zu machen oder die Wirtschaftsplaner in den höheren Ebenen zu kritisieren.

3.7 Maßnahmen zur Verbesserung der Situation

Das Stichwort „Sparsamkeit" war ein untrennbarer Bestandteil der gesamten sozialistischen Herrschaftszeit. Aber vor allem nach dem Abbruch der Beziehungen mit dem sozialistischen Lager wurde in der Presse, in den Agitationsecken und sonstigen Propagandamitteln des Regimes unablässig für einen sparsamen Umgang mit den vorhandenen Ressourcen appelliert. Die Sparsamkeit erlebte vollends einen Höhepunkt, als China seine Unterstützung einstellte. Sie ist auch eines der Stichworte, die den Zeitzeugen als erstes einfallen, wenn sie an die sozialistische Vergangenheit denken. Ob man die Menschen darauf aufmerksam machte, dass sie „schöner, besser, billiger" produzieren oder „wie unter Belagerung leben und arbeiten" sollten, das Ergebnis war dasselbe: Ihnen sollte klargemacht werden, dass sie in einem Ausnahmezustand lebten, in dem es galt, alle Kräfte für den Sieg des albanischen

[267] AQSh, Bashkimet Profesionale, 657, 1978 / 23, 38 [Mitteilung des Kreisleiters der Gewerkschaft Lumezi und des Leiters der Stahlwerksgewerkschaft Shkëmbi an den Zentralrat der Gewerkschaft vom 19.8.1978 betr. den schweren Unfall in der Fabrik Nr. 12].

[268] AQSh, KQ i PPSh, 14, 1983 / 11, 106 [Sitzungsprotokoll des Politbüros vom 8.6.1983 betr. die notwendigen Maßnahmen zur Erhöhung der Produktion des Stahlwerks].

Sozialismus einzusetzen. Das bedeutete natürlich auch: In solch einem Belagerungszustand galt es nichts zu verschwenden. Wohlweislich wurde im Übrigen niemand darauf hingewiesen, wie lange diese „Belagerung“ dauern und wann die Notsituation ein Ende nehmen würde.

Das Sparsamkeitsregime wurde auch im Elbasaner Stahlwerk als ein ökonomisches Mittel gesehen, um die finanziellen Verluste auf ein relativ annehmbares Niveau zu senken und den Arbeitern das Gefühl zu geben, dass sie durch ihre Bemühungen zur Senkung der Produktionskosten aktiv am Kampf gegen die „Belagerungsmächte“ und die „Blockade“ teilnahmen. Entsprechend waren die Unverletzlichkeit des sozialistischen Eigentums und die Sparsamkeit Grundpfeiler der gewerkschaftlichen Propagandaarbeit. Sparsamkeitswettbewerbe, Gespräche mit „Vorhutarbeitern“ und Konferenzen zu dieser Thematik wurden von den Gewerkschaftsorganisationen organisiert, um den Arbeitern sparsames Agieren als Tugend der Arbeiterklasse näherzubringen. Arbeiter, die nachlässig mit den Rohstoffen oder mit dem Baumaterial umgingen, wurden kritisiert, während Mitteilungen wie diejenige des Betriebes für den Maschinentransport, man habe im Jahre 1976 291.000 Liter Kraftstoff und 120 Reifen eingespart, sofort in der Presse und in allen Propagandaerzeugnissen veröffentlicht und belobigt wurden.[269]

Abb. 12: Parolen der Isolationszeit: Lasst uns alle Aufgaben erfüllen! Lasst uns die Blockade brechen!

Die Aufrufe zur Sparsamkeit fanden wiederkehrend statt. Aber ihr Ergebnis war nicht eine kontinuierliche Senkung der Produktionskosten, es zeigten sich allenfalls kurzfristige Verbesserungen, die in umgekehrtem Verhältnis zur Dauer der Propagandakampagnen standen. Zu Beginn der Kampagnen wurden von den Kollektiven feierlich Verpflichtungen zur Senkung der Kosten oder zum sparsamen Umgang mit Rohstoffen übernommen, welche aber nach einiger Zeit nicht mehr ernst genommen und auch nicht eingehalten wurden. Trotz der Erziehungsarbeit beschwerten sich die Vertreter der Massenorganisationen und der Kombinatsleitung regelmäßig über Havarien an Maschinen, die aufgrund des nachlässigen Umgangs der Arbeiter mit ihnen eine kurze Lebensdauer aufwiesen, oder sie beklagten sich wegen Baumaterialien, die die Montagebrigaden nicht ordentlich eingelagert hatten und die daher ungeordnet herumlagen, im Winter von Schlamm bedeckt wurden und

269 Me dashurinë për punën dhe pronën [Mit Liebe zur Arbeit und zum Eigentum], *Shkumbini*, 21.5.1977, S. 3.

anschließend unverwertbar waren.[270] Versuche aus der mittleren Parteihierarchie, derlei Verluste als vorsätzliche Sabotageakte der Führungskräfte des Kombinats zu betrachten, konnten auch nicht über die organisatorischen Mängel des Kombinats hinwegtäuschen. Dafür mussten zur Gewährleistung der Produktion Rohstoffe importiert werden, womit alle Bemühungen zur Senkung der Kosten und eine Erhöhung der Rentabilität des Kombinats zunichte gemacht wurden. 1980 wurden für den Import der für die Schmelze benötigten Kohle 20 Millionen Dollar ausgegeben.[271] Bei ihrem Kampf um Legitimationsbeschaffung scheute die kommunistische Führung keine Kosten.

Der Vorschlag eines Experten, die heimische Kohle, die eigentlich nicht verkokt werden konnte, bei der Koksherstellung für die Metallurgie miteinzubeziehen,[272] war von der Parteiführung begeistert aufgegriffen worden, da er ihren Richtlinien zur vorrangigen Nutzung der heimischen Vorkommen entsprach. Die so gewonnene Kokskohle war jedoch minderwertig und erhöhte automatisch die Produktionskosten für die Stahlherstellung ebenso wie für die Herstellung von Produkten anderer Betriebe, die die Kokskohle vom Stahlwerk kauften, beispielsweise die inländischen Kupferfabriken. Als ein metallurgischer Ingenieur in einem Presseartikel auf dieses Phänomen aufmerksam machte, stieß er damit bei Çeliku, der seit Ende 1982 Minister für Industrie und Bergbau geworden war,[273] nicht unbedingt auf Gegenliebe und wurde ignoriert.[274] Die Kupferwerke setzten derweil ihren Kurs einer indirekten Quersubventionierung der Verkokung der heimischen Kohle durch künstlich erhöhte Preise fort und deckten somit die finanziellen Verluste, die dem Stahlwerk bei diesem Prozess entstanden. Dies wiederum hatte ein Loch in ihrem Budget zur Folge, das sie aus eigenen Mittel nicht auffüllen konnten. Da das Finanzministerium keine Bereitschaft zeigte, ihnen Subventionen zukommen zu lassen – möglicherweise besaß es keine Mittel dazu –, führte das langfristig zu ihrem Bankrott.[275]

Mangels Quellen kann auf die Abnehmer der Stahlwerkprodukte nicht genau eingegangen werden. Auch systematische Angaben über ihre Rolle im Außenhandel liegen nicht vor. Es ist deshalb schwer zu sagen, welchen Anteil die Stahlwerkssortimente bei den

270 Lutfi Teta, Të mos shpenzojmë kot asnjë kovë beton, të na dhimbset edhe një fije teli e një gozhdë [Lasst uns keinen Eimer Beton sinnlos verbrauchen, auch ein Stück Draht und ein Nagel sollen uns teuer sein], *Puna*, 17.5.1977, S. 3.

271 AQSh, KQ i PPSh, 14, 1980 / 97, 34 [Protokoll des Treffens der Vertreter des Ministeriums für Industrie und Bergbau und der Kombinatsleitung vom 19.8.1980 betr. Probleme mit der Fabrik Nr. 12].

272 Menahmen u. a., Mbi prodhimin e koksit.

273 Zanga, Highest Political Institutions, 754.

274 Demi, Nostalgjikët e enverizmit [Ohne Seitenangabe].

275 Ebenda [Ohne Seitenangabe].

albanischen Exporten erbrachten und welche Länder die Abnehmer waren.[276] Im Unterschied beispielsweise zu den Stahlwerken von Nowa Huta, Eisenhüttenstadt und Kunčice, wo man aufgrund der Zusammenarbeit innerhalb des RGW einige Aussagen machen kann,[277] war das Kombinat „Der Stahl der Partei" nicht in das Kooperationssystem des RGW integriert und allein schon durch die isolierte Lage des sozialistischen Albaniens in einer ungünstigen Position auf dem Weltmarkt. Laut den Aussagen eines ehemaligen Beschäftigten soll das Stahlwerk in den 14 Jahren seiner Produktion insgesamt 1.800.000 Tonnen Betonstahl produziert haben, wovon an die 90 Prozent für militärische Zwecke verwendet worden seien.[278]

Tab. 10: Vorgesehener Stahlwerksbedarf an Rohstoffen aus Import zur Herstellung von Kokskohle, 1976-1980 (in Tausend Tonnen)

	1976	1988	1978	1979	1980	Insgesamt
Eisenerz	250,0	50,0	50,0	–	–	350,0
Eisen-Nickel-Erz	15,0	54,0	156,0	382,0	738,0	1345,0
Kohle	92,5	138,6	182,2	179,7	318,0	911,0

Quelle: AQSh, KQ i PPSh, 14, 1976/879, 107 [Bericht von Vizebauminister Dragoti an das ZK betr. die Inbetriebnahme des Stahlwerks].

In den achtziger Jahren verblieb das Kombinat aufgrund der dann schon längeren Dauer der Maschinen- und Versorgungsprobleme weiterhin in den roten Zahlen.[279] Die Folge war, dass die Maschinen noch mehr als zuvor nicht in voller Kapazität genutzt und die Maschinenschäden nicht rechtzeitig repariert wurden, wodurch die Planzahlen erst recht nicht zu erfüllen waren. Markant auffallend war jedoch, dass bei höher qualifizierten Arbeitern Arbeitsunterbrechungen wegen Materialdefekten selten vorkamen und ihre Produktivität anderthalbmal höher war als bei denjenigen mit geringer Qualifikation. Enver Hoxha selbst musste bei Betrachtung dieser Ziffern zugeben, dass die beruflichen Kenntnisse der Arbeiter den Erwartungen nicht entsprachen. Auch deshalb lagen die Produk-

276 Bekannt ist dank der Akten beispielsweise, dass die Volksrepublik Ungarn Schamottziegel vom Stahlwerk bezog. Siehe AShVE, Komiteti i Partisë së Kombinatit Metalurgjik, 13, 1989/21, 42 [Bericht des Kombinatsleiters Zonja betr. Planrealisierung 1989 und Planvorgaben 1990]. Auch in einem Zeitungsartikel von 1985 wird erwähnt, dass Albanien feuerfeste Ziegel des Stahlwerks aus Olivenit exportierte, „welche zu 100 Prozent aus heimischen Rohstoffen produziert" wurden. Siehe Suzana Zyrakja, Rritet rrjedha e metalit [Der Metallstrom wächst], *Bashkimi*, 8.2.1985, S. 1f.

277 Jajeśniak-Quast, Stahlgiganten in der sozialistischen Transformation, 261–277.

278 Demi, Nostalgjikët e enverizmit [Ohne Seitenangabe].

279 Siehe dazu Lekë Sokoli, Faktorë bazë për rritjen e efektivitetit të prodhimit [Grundvoraussetzungen für die Erhöhung der Produktionseffizienz], *Rruga e Partisë* 35 (1989), H. 11, 55–65, 56.

tionskosten auf einem relativ hohen Stand, bei nicht zufriedenstellener Qualität vieler Produkte, die teils schlicht unbrauchbar waren.[280] Mehrere Sortenerzeugnisse, die für inländische Betriebe oder für den Export bestimmt waren, mussten aufgrund der schlechten Qualität zurückgenommen werden.[281] Nicht anders war es bestellt um die Produkte in anderen Industriesektoren. Jandot sagt dazu, als er die Ergebnisse der von der PAA-Spitze betriebenen Industrialisierungspläne zusammenfasst:

> « Il n'empêche, confrontés aux dures lois du marché international, les autorités Albexport[282] se devaient de convenir de la rusticité de leurs productions. Confrontés aux problèmes multiples engendrés par la pollution atmosphérique, par la pollution phréatique, les responsables se devaient de convenir de l'ineptie de bien des localisations industrielles. Confrontés aux fortes proportions d'articles défectueux, les responsables de l'activité industrielle se devaient de convenir de la médiocrité de leurs productions. » [283]

Die größten Aufwendungen entstanden aufgrund der Produktionsprobleme in der so bedeutungsvollen Fabrik Nr. 12. Wegen der veralteten Technologie und des Eisenerzes mit zu niedrigem Eisengehalt, das von ihr als Rohstoff verwendet wurde, musste das Mineralgut zur Produktion von Eisenkonzentrat unter hohen Kosten angereichert werden, weshalb die Fabrik von ihrer Inbetriebnahme an vom Staat subventioniert wurde.[284] Obwohl sich zwischen 1978 und 1982 die Produktion im Stahlwerk verdoppelte, machte das Kombinat wegen der Fabrik Nr. 12 immer noch Verluste.[285] Hier sowie in der Gusseisenfabrik, in der Stahlfabrik und in der Energiefabrik, wurden 1988 80 Prozent der Erhöhung der Produktionskosten verursacht.[286] Die Einnahmen der anderen Kombinatsbetriebe wurden verwendet, um die Verluste der besagten Teilbetriebe sowie diejenigen der Fabrik Nr. 12 zu kompensieren. Auch hier zeigt sich in den Akten wieder das enorme gesamtvolkswirtschaftliche Gewicht des Kombinats und seine Wahrnehmung durch die damaligen Akteure: Eine Senkung der Produktionskosten der Stahlfabrik um nur ein Prozent, würde, so lautete die Aussage eines Experten, einen Ertrag bedeuten, welcher

280 AQSh, Bashkimet Profesionale, 657, 1983 / 201, 9 [Vortrag vor der Versammlung des Zentralrates der Industrie betr. Schwierigkeiten der Gewerkschaft bei der Motivierung der Arbeiter zu Neuerungen].

281 AShVE, Komiteti i Partisë së Kombinatit Metalurgjik, 13, 1989 / 21, 42 [Bericht des Kombinatsleiters Zonja betr. Planrealisierung 1989 und Planvorgaben 1990].

282 Staatliches Unternehmen, das die albanischen Exporte abwickelte.

283 Jandot, L'Albanie d'Enver Hoxha, 176.

284 AQSh, KQ i PPSh, 14, 1982 / 83, 35 [Bericht des Stahlwerkleiters Çeliku an das ZK der PAA über den Verlauf der Produktion in der Fabrik Nr. 12].

285 AQSh, KQ i PPSh, 14, 1983 / 11, 14 [Bericht des Ministers für Industrie und Bergbau Çeliku an das ZK der PAA vom 24.5.1983 betr. Maßnahmen zur Erhöhung der Produktivität des Stahlwerks].

286 Lekë Sokoli, Problem themelor ka qenë e mbetet përmirësimi i punës për një organizim e drejtim shkencor të prodhimit [Hauptproblem ist und bleibt die Verbesserung der Arbeit für eine wissenschaftliche Produktionsorganisierung und -leitung], *Rruga e Partisë* 34 (1988), H. 8, 36–46, 44.

dem Wert der gesamten Jahresproduktion der elektromedizinischen Fabrik in Tiranë entspräche.[287] Subventionierungen in solcher drastischen Höhe konnte sich Albanien nicht leisten, was selbst Enver Hoxha in seinem Werk „Zum siebten Fünfjahresplan" offen zugab, als er bemerkte: „der Staat kann nicht für lange Zeit die Differenzen der Produktpreise des Kombinats und die Verluste der Fabrik Nr. 12 finanzieren"[288].

Um den Eisengehalt zur Herstellung von Eisenkonzentrat zu erhöhen und dadurch die Qualität der Produkte des Stahlwerks zu verbessern, beschloss die Betriebsleitung mit dem Segen des Politbüros mehrere auf dem Weltmarkt erhältliche Eisenerzsorten zu verwenden, einschließlich derjenigen aus Polen, Algerien oder Marokko. Als Richtlinie galt jedoch die Weisung des Politbüros, die Importmengen möglichst gering zu halten und sich an den heimischen Sorten zu orientieren. 1983 erhielt die Kombinatsleitung die Weisung des Politbüros, bis zum Folgejahr eine Möglichkeit zu finden, mit den vorhandenen Erzsorten zu arbeiten und sie möglichst kostengünstig anzureichern. Der Druck war hoch, da der Rohstoffbedarf des Kombinats in den folgenden Jahren aufgrund der erhöhten Nachfrage nach seinen Produkten seitens der heimischen Betriebe ansteigen sollte. Derweil wurde der Maschinenpark immer älter, und um die Produktion aufrechtzuerhalten wurden zunehmend Ersatzteile benötigt, da die Mittel für die Einfuhr neuer Komplettausrüstung nicht vorhanden waren. 1988 hatte der Maschinenpark in der albanischen mechanischen Industrie ein Durchschnittsalter von gegen 19 Jahren.[289] Përparim Demi, seinerzeit als metallurgischer Ingenieur im Stahlwerk beschäftigt, schreibt zum Zusammenhang zwischen Parteidirektiven und den Folgen für die Wirtschaft:

> „Wir verzichteten auf die wirtschaftlichen Vorteile, die die Eigenschaften unseres Erzes uns einbringen würden, indem wir unsere Ausfuhrkapazitäten künstlich verringerten, nur damit wir uns wirtschaftlich isolieren und mit allem selbst versorgen konnten. Diese Parteivorgabe wurde dennoch nicht ganz umgesetzt, da wir für unsere mechanische Industrie Stahl importierten, während wir gleichzeitig den teuersten Betonstahl der Welt produzierten. Das Ministerium für Industrie hatte einen Jahresimportplan von fast 300 Millionen Dollar, welches unser Land unter großen Schwierigkeiten durch den Verkauf von Tomaten und Obst einnahm."[290]

Zu ergänzen ist: Auch der Export von Erdöl, Energie und Chrom erbrachte zusätzliche Einnahmen für den Staatshaushalt. 1981 wurden 500.000 Tonnen Energieträger exportiert, vor allem Erdöl. Allerdings nahm die Ausbeute im Laufe der späteren Jahre ab, die Ausfälle wurden jedoch durch den Export von elektrischer Energie kompensiert, aber nicht lange, da sich die Energieerzeugung in den letzten Jahren der kommunistischen Herrschaft vor allem aufgrund der veralteten Technik der großen Wasserkraftwerke stark

287 Koli, Disa probleme të rritjes, 74.
288 Ebenda, 71 f.
289 Wildermuth, „Sich stützen auf die eigenen Kräfte", 156.
290 Demi, Nostalgjikët e enverizmit (online).

verringerte.[291] Insgesamt stand jedem Einwohner im letzten Jahrzehnt der PAA-Diktatur 32 Prozent weniger Energie zur Verfügung als im Jahrzehnt davor, was einen weiteren Export von Energieträgern unmöglich machte. Ab 1988 musste Albanien sogar Elektrizität importieren.[292]

Zumindest laut den offiziellen Verlautbarungen bemühten sich in dieser Gesamtsituation die Leiter verschiedener Betriebe an jeder Ecke zu sparen, wo es nur möglich war, um die Ausgaben und somit auch die Verluste überschaubar zu halten. Beispielsweise wurden 1987 im Betrieb für Maschinentransport zur Einsparung von Kraftstoff vorwiegend Fahrzeuge mit Anhänger benutzt, es herrschte für jede Brigade ein tägliches Ausgabenlimit für Ersatzteile und Kraftstoff.[293]

Solche Einsparungen der einzelnen Werke waren jedoch minimal verglichen mit den Ausgaben, die dem Stahlwerk durch die Abnutzung der Ausrüstung, die Behebung von Maschinenschäden und die Zusatzausgaben für die benötigten Rohstoffe entstanden. Allein schon die Kosten für die Überholung von Maschinen und Ausrüstung hatten sich zwischen 1983 und 1988 verdreifacht. Dem stand bei den Produktionsziffern für den selben Zeitraum angeblich eine Verfünffachung gegenüber, aber die Einnahmen deckten auch 1988 noch immer nicht die Ausgaben. Für die Instandhaltung und laufende Produktion des Kombinats wurden zwischen 1982 und 1987 2,5 Milliarden Lek jährlich ausgegeben[294] – das waren 11,6 Prozent der Gesamtinvestitionen im staatlichen Fünfjahresplan 1981–1986![295] –, aber der Bedarf der Volkswirtschaft an Stahl- und Gusseisenprodukten wurde durch die in Elbasan hergestellte Menge alles andere als befriedigt. Das Kombinat hatte auch nicht die Möglichkeit, seine Verluste mithilfe einer aktiven Preispolitik im Binnen- oder Auslandsmarkt zu kompensieren, da die Preise für seine Produkte im Voraus festgelegt worden waren. Die geringe Palette von produzierten Stahlsorten sowie die veraltete Technologie erschwerten eine Erhöhung der Exporte, was dann wieder geringe Einnahmen bedeutete und zwangsläufig mit fehlenden Investitionen im technischen Bereich verbunden war. Die Importe an Erz mit erhöhtem Eisengehalt stiegen von den eigentlich geplanten 150.000 Tonnen auf 300.000 Tonnen im Jahre 1983; Premierminister Adil

291 Erebara, Elementi demografik, 120; Wildermuth, „Sich stützen auf die eigenen Kräfte“, 226.

292 Erebara, Elementi demografik, 120.

293 Bukurosh Neziri, Përvoja e punonjësve tanë të transportit në ndihmë të plotësimit të detyrave të planit të ndërmarrjes [Die Erfahrung unserer Transportarbeiter als Hilfe zur Planerfüllung des Betriebs], *Ndërtuesi* 29 (1987), H. 4, 4–6, 6.

294 Sokoli, Faktorë bazë,55. Angesichts des immensen Anteils, den diese Summe im Fünfjahresplan einnimmt, kann man mutmaßen, dass der Autor die Summe in „alten" Lek angab. Dann würden die Summen, die für die Instandhaltung und Produktion des Kombinats zwischen 1982 und 1987 ausgegeben wurden, genauso hoch sein wie 1,16 Prozent der Gesamtinvestitionen im Fünfjahresplan 1981 – 1986. Das ist allerdings nur eine Vermutung.

295 Vjetari statistikor 1991, 251.

Çarçani schätzte im gleichen Jahr 1983 in einem Gespräch mit den Parteisekretären der Kreisverwaltungen, dass diese Ziffer im Weiteren noch auf 800.000 Tonnen anwachsen und die wirtschaftliche Rentabilität des Kombinats in Frage stellen werde.[296]

Wie krisenhaft die Situation im Stahlwerk in der zweiten Hälfte der achtziger Jahre war, lässt eine Mitteilung der Kombinatsleitung an das Ministerium für Industrie und Bergwerk aus dem Jahr 1989 ermessen:

> „[...] überall wird zur Überwindung der Schwierigkeiten bei der Lieferung von technischem Material und Rohstoffen gekämpft. Eine der größten Sorgen war die Versorgung mit Kokskohle [...] und dies hat es uns unmöglich gemacht, unsere Produktionsvorgaben zu erreichen. Unser finanzieller und wirtschaftlicher Stand hat sich verschlechtert und es sind Havarien entstanden, die für die Koksbatterien schwerwiegende Folgen haben können. Momentan haben wir Havarien im Hochofen, in der Koksfabrik und im Walzwerk, was eine Unterbrechung der landesweiten Versorgung der Verbraucher zur Folge hat. [...] Solche Situationen sind aufgrund des Kohlemangels mehrmals vorgekommen [...]."[297]

Der schlechte Zustand der Ausrüstung beeinträchtigte die Erreichung der Planvorgaben. Es wurde jedes Jahr schlimmer und kam so weit, dass sich 30 Prozent der Beschäftigten ausschließlich um die Behebung von Maschinenschäden und sonstigen Defekten kümmern mussten.[298] Um nicht tatenlos dazustehen, versuchte die Kombinatsleitung durch Sanktionen die Arbeitsorganisation zu verbessern und die Disziplin zu stärken. So mussten allein im Jahr 1986 1776 Beschäftigte aufgrund von Überschreitung der Produktionskosten, Disziplinarvergehen, minderwertiger Arbeit oder Beschädigung von Maschinen und Ausrüstung finanzielle Einbußen in Kauf nehmen.[299] Diese Maßnahmen hatten zwar positive Auswirkungen auf die Produktionskosten und die Anzahl der Fehltage, konnten aber die Probleme struktureller Natur, mit denen das Kombinat konfrontiert war, nicht aus dem Feld schaffen.

Die genuine Produktqualität im Stahlwerk jedoch scheint sich durch die Zunahme an Arbeitserfahrung seitens der Beschäftigten, die verbesserte Qualifizierung sowie durch erhöhte Investitionen durch den Staat ab Mitte der achtziger Jahre verbessert zu haben. Beim 9. Parteitag der PAA im Jahre 1986 wurde folgerichtig die Direktive ausgegeben, für die mechanische Industrie die Voraussetzungen zu schaffen, damit diese durch die Nutzung des heimischen Stahls nicht vorrangig Ersatzteile bauen und reparieren, sondern

[296] Vergleiche Adil Çarçani in AQSh, KQ i PPSh, 14, 1983/70, 1–54, 42 [Protokoll der Versammlung der Sekretäre des ZK der PAA vom 23.3.1983 betr. Probleme mit der verwendeten Technologie in der Fabrik Nr. 12].

[297] AShVE, Komiteti i Partisë së Kombinatit Metalurgjik, 13, 1989/20, 1 f. [Mitteilung des Sekretärs des Stahlwerkparteikomitees Sokoli an den Sekretär des ZK der PAA Isai vom 18.12.1989 über die Lage im Stahlwerk infolge der Versorgungsprobleme].

[298] Sokoli, Faktorë bazë, 60 f.

[299] AShVE, Komiteti i Partisë së Kombinatit Metalurgjik, 13, 1987/10, 2 f. [Bericht des Sekretärs des Stahlwerkparteikomitees Maksuti an das ZK der PAA vom 10.6.1987 betr. Maßnahmen zur Bewachung und Verwaltung des sozialistischen Eigentums].

auch den wachsenden gesamtökonomischen Bedarf an komplexen Maschinen und Ausstattung, vor allem für die neuen Werke befriedigen konnte.[300] Es fiel jedoch der Kombinatsleitung schwer, den wachsenden heimischen Stahlbedarf zu bedienen. Technische Herstellungsprobleme kamen trotz der Appelle der Gewerkschaftsorganisationen zu erhöhtem Arbeitstempo, Überstunden und den Aufrufen zu Innovationen immer wieder vor. Einen Ausweg sahen sie in der Aktivierung von Kontrollgruppen, welche die Zustände in den verschiedenen Betrieben hinsichtlich Arbeitsdisziplin und -organisation überprüfen sollten. Sie stellten fest, dass viele Führungskräfte eine lasche Arbeitsdisziplin an den Tag legten. In mehreren Teilfabriken kamen sie spät zur Arbeit und gingen früh. Viele von ihnen fingen den Arbeitstag in den Büffets oder Arbeitermensen an.[301] Von der Stahlwerksgewerkschaft wurden die Produktionsdefizite der ineffizienten Arbeitsorganisation durch die Betriebsführungskräfte angelastet.

Unter Hoxhas Nachfolger Ramiz Alia sah es ab 1985 vorerst aus, als würde sich wenig ändern. Der Enver-Kult wurde ausgebaut, an den unrealistischen Wachstumsziffern wurde festgehalten. Allerdings berichteten die Medien häufiger als früher über Einzelprobleme, ohne jedoch die strukturellen Probleme des Systems oder seine Führer direkt zu kritisieren. Nach dem 9. Parteitag (1.-7. November 1986) ging Alia jedoch öfter auf die Wirtschaftsprobleme ein und griff die Bürokratie an, welche nicht fähig war, der Schwierigkeiten Herr zu werden.[302]

Zur gleichen Zeit, in der zweiten Hälfte der achtziger Jahre, übertrafen die Produktionskosten im Stahlwerk die Vorgaben um 30 Millionen Lek jährlich.[303] Die Regierung hatte schon zuvor versucht, ihre Investitionspolitik zu modifizieren, indem sie, um mit dem Bevölkerungswachstum Schritt zu halten, mehr in die Landwirtschaft investierte sowie in Bereiche, die erhöhte Exporte und somit Devisen versprachen, beispielsweise in den Bergbau. Indirekt beeinträchtigte das die Versorgungslage im Stahlwerk. So hatte das Stahlwerk in den Monaten August-September 1984 mit einem Engpass bei Eisen-Nickel-Erz zu kämpfen, weil die Bergwerke von Pishkash ihr Erz in erster Linie exportierten – und dabei ihre Planziffern bezüglich der Einnahmen übererfüllten.[304] Dazu kamen Veränderungen der außenwirtschaftlichen Situation, die eine Instandhaltung des Maschinenparks erschwerten. Während bis in die achtziger Jahre hinein Ersatzteile und Ausrüstung in den kommunistischen Staaten Osteuropas erworben wurden, hatten diese Länder ab dann selbst mit starken wirtschaftlichen Problemen zu kämpfen. So entstanden Versorgungsprobleme, und auch potentielle Absatzmärkte fielen damit für „Der Stahl der Partei"

[300] Hap i ri në shfrytëzimin racional të nikelit e kromit për prodhimin e çeliqeve [Ein neuer Sprung in der rationalen Nutzung von Nickel und Chrom für die Stahlproduktion], *Puna*, 22.7.1986, S. 3.

[301] Dy të kundërta [Zwei Gegensätze], *Metalurgu*, 25.12.1986, S. 3.

[302] Schmidt-Neke, Innenpolitik, 79 f.

[303] Sokoli, Faktorë bazë, 56.

[304] Hutchings, Albanian Industrialization, 123.

aus.[305] Selten kam es vor, dass alle Betriebe oder Teilfabriken des Kombinats in ihrer Produktionskapazität ausgelastet waren. In mehreren Betrieben hatte das Management vom Drei- auf Zwei-Schichten-Tag umgestellt, da die Stromversorgung nicht ausreichte.[306] Die Leistungen blieben auch dort unter den Erwartungen, wo die Parteimitglieder in größerer Zahl vertreten waren. So waren 25 Prozent der Arbeiter der Konverterabteilung in der Stahlfabrik Mitglieder in den Parteigrundorganisationen, was ein Defizit von 7000 Tonnen Stahl und eine Erhöhung der Produktionskosten um 8 Millionen Lek bis September 1989 nicht verhinderte.[307]

In den letzten Jahren seiner Existenz kam in der obersten Hierarchie des Kombinats der Gedanke auf, den Kombinatsbetrieben mehr Selbständigkeit zu gewähren und sie eigene Konten einrichten zu lassen, weil man dadurch die Wirtschaftlichkeit und die Effizienz zu erhöhen hoffte. Gleichzeitig sollten die Kompetenzen der Fabrikleitungen im Verhältnis zur Kombinatsleitung und zum Ministerium erhöht werden, um von dieser Seite die Anreize für ihr Management zu erhöhen. Die Parteileitung des Stahlwerks stellte sich hinter dieses Konzept.[308] Das wäre ein erster bescheidener Schritt in Richtung gradueller Liberalisierung der Wirtschaft gewesen, wie ihn davor Staaten wie Ungarn oder Polen beschritten hatten.[309] Allerdings konnten auch solche organisatorischen Umstellungen nicht zu einer Senkung der Produktionskosten führen, solange sich die PAA-Führung nicht zu Importen von Ausrüstung und Maschinen durchringen konnte. Auch der gesetzliche Rahmen zur Privatisierung von Betrieben in der allerletzten Phase des Regimes kam sehr langsam voran. Das Gesetz über die Staatsbetriebe wurde am 8. Mai 1990 verabschiedet und der erste Privatbetrieb erst im Dezember 1991 gegründet.[310] Die Veränderungen kamen viel zu zögerlich, als dass das Kombinat das kommunistische System hätte überleben können.

3.8 Zwischenfazit

Das Kombinat „Der Stahl der Partei“ bedeutete für die kommunistischen Industrialisierungspläne den Eintritt in eine neue Phase der wirtschaftlichen Entwicklung, an deren Ende Albanien als industrialisiertes Land dastehen würde, mit einer klassenbewussten Arbeiterschaft und einer Volkswirtschaft, die im Stande wäre, sich selbst zu tragen und

305 AShVE, Komiteti i Partisë së Kombinatit Metalurgjik, 13, 1989/21, 12 [Bericht des Stahlwerkleiters Zonja betr. Planrealisierung 1989 und Planvorgaben 1990].

306 Hutchings, Albanian Industrialization, 116.

307 Sokoli, Faktorë bazë, 57.

308 Ders., Problem themelor ka qenë, 43.

309 Christoph Boyer, Sozialgeschichte der Arbeiterschaft und staatssozialistische Entwicklungspfade: konzeptionelle Überlegungen und eine Erklärungsskizze, in: Hübner u.a. (Hgg.), Arbeiter im Staatssozialismus, 71–86, 83 f.

310 Kaser, Economic System, 308.

nicht auf Hilfe von außen angewiesen zu sein. Dabei waren Enver Hoxha und die übrigen Entscheidungsträger gefangen in der Vorstellung, die nationale Souveränität des Landes könne ohne den Aufbau einer starken Metallindustrie nicht erreicht werden, ein Konzept, das von allen kommunistischen Führern des sozialistischen Lagers geteilt wurde. Der Prozess der Modernisierung des Landes sollte Hand in Hand gehen mit der Entstehung des neuen sozialistischen Menschen. Um so weit zu kommen, musste zunächst Unterstützung von einem mächtigen Verbündeten in Anspruch genommen werden, da die albanische Wirtschaft es nicht vermochte, die Industrialisierung aus eigenen Kräften zu stemmen, was der PAA-Führung bewusst war. Bedingt durch die ideologischen Einschränkungen und die politische Weltlage kamen nur zwei Mächte in Frage, die das Potential hatten, die Pläne der albanischen Kommunisten bis zur Umsetzung mitzutragen: die Sowjetunion und die Volksrepublik China. Während aber die Sowjetunion unter Chruschtschow es ablehnte, Albanien eine Schwerindustrie zuzugestehen, ja das Land sogar innerhalb des sozialistischen Lagers zunächst einem Embargo unterwarf, waren die kommunistischen Führer Chinas aus ideologischen und strategischen Gründen bereit, die PAA-Führung bei ihren Industrialisierungsplänen zu unterstützen.

Im vorliegenden Buch betrachten wir den Verlauf der Beziehungen beider Staaten nicht nur auf der Regierungsebene, wie es bei den meisten Forschern bisher üblich gewesen ist,[311] sondern auch auf der lokalen Ebene, bei der konkreten Zusammenarbeit im industriellen Bereich. Ideologische Grundsätze und politische Entscheidungen hatten gegenüber wirtschaftlichen Sachfragen das ausschlaggebende Gewicht, Dies zeigte sich über die ganze Zeit hinweg, beginnend mit den Planungsmaßnahmen, dann bei den Bauarbeiten für das Kombinat und in seinem Produktionsprozess. Die Divergenzen mit den chinesischen Alliierten, die sich von den albanischen Erwartungen im Nachhinein überfordert fühlten, überschatteten den Bau und die Inbetriebnahme des Kombinats vom Beginn der Planungsarbeiten an bis zum Ende des albanisch-chinesischen Bündnisses 1978. Es war allerdings nicht so, dass die Zusammenarbeit im Kombinat nur eine schlichte Projektionsfläche der Beziehungen beider Parteiführungen darstellte, sondern der Verlauf des Bau- und Produktionsprozesses beeinflusste umgekehrt sowohl die Interaktion vor Ort wie auch die übergeordneten bilateralen Beziehungen. Das wiederum rief Verwicklungen hervor, die im Gemenge mit ideologischen Divergenzen die Situation noch komplizierter gestalteten. Für die Fortsetzung der Arbeiten und für den Produktionsprozess brachte dies Nachteile mit sich, welche sich nicht einfach durch Propaganda oder Durchhalteparolen verschleiern ließen. Auch allgemein betrachtet, ließ sich die forcierte Industrialisierung aufgrund der strukturellen und politischen Einschränkungen, denen Albanien teils historisch, teils aufgrund des Kurses der eigenen Führung unterworfen war, nicht erfolgreich bewerkstelligen. Die PAA-Führer bestanden hartnäckig auf ihrem politischen Kurs, auch

[311] Mëhilli geht in seiner Studie neben den Beziehungen auf der Regierungs- und Parteiebene auch kurz auf die Einflüsse der chinesischen Ideologie im Arbeitsleben ein. Siehe MËHILLI, From Stalin to Mao, 222–224.

als sich zeigte, dass der Bau des Kombinats in wirtschaftlicher Hinsicht eine fatale Entscheidung gewesen war. Die Mängel wurden zwar angesprochen, aber ein Abbruch der Tätigkeit des Stahlwerks stand nicht zur Frage. Schließlich half das grandiose Vorhaben durch die Wirksamkeit der Wunschbilder, die es bei der Bevölkerung hervorrief – wovon in Kap. 6 und zum Teil bei den Schlussfolgerungen näher die Rede sein wird –, der kommunistischen Herrschaft zur weiteren Legitimationsbeschaffung. Immense Summen wurden in ein Projekt investiert, das durch sein Misslingen zum Symbol für die Fehlentwicklung der albanischen Wirtschaft wurde und das Versagen der kommunistischen Strategie sowohl in erziehungspolitischer als auch in ökonomischer Hinsicht offenbarte.

4 Arbeitskräfte und Arbeitsverhältnisse

Albanien war wie gesehen das letzte Land unter den sozialistischen Staaten in Europa, das sich im Zeichen des Nacheiferns der sowjetischen Industrialisierungspolitik den Bau eines Stahlwerks vorgenommen hatte. Allerdings war das auch strukturbedingt. Nicht zuletzt fehlte es an vorbereitenden Faktoren und an geeigneten Mitarbeitern. Trotz der Qualifizierungskurse, die unter der Leitung des Ministeriums für Industrie und Bergbau angeboten wurden, entsprach die Anzahl derjenigen, die für die von ihnen verrichtete Tätigkeit qualifiziert waren, nicht den Anforderungen. Und auch die Gesamtzahl der Industriearbeiter im Lande war noch lange Zeit gering: In den albanischen Industriebetrieben arbeiteten Anfang der zweiten Hälfte der 1960er Jahre erst rund 30.000 Arbeiter. Diese intern auf Regierungsebene festgehaltene Zahl ist bezeichnenderweise viel geringer, als die damals für die Öffentlichkeit bestimmten Zahlen vermitteln sollten. Die Diskrepanz wirft nicht nur ein weiteres Mal ein bezeichnendes Licht auf die mangelnde Verlässlichkeit vieler der amtlichen Statistiken im damaligen Albanien, sondern auch konkret darauf, wie sehr die Führung herrschaftspolitisch daran interessiert war, den für sie ideologisch wünschbaren Zustand – das Vorhandensein einer starken Arbeiterklasse – schlicht als existent zu behaupten. Im Übrigen ließ das Qualifikationsniveau der real existierenden Arbeiterschaft zu wünschen übrig: Von den 30.000 Industriearbeitern waren 21.300 innerhalb des siebenstufigen Systems nur bis maximal zur III. Stufe qualifiziert. [1]

1970, ein Jahr vor dem Beginn der Bauarbeiten, machten die Arbeiter im Lande in den Bereichen Industrie, Bergbau und Bauwirtschaft selbst nach den großzügigen amtlichen Schätzungen nur 29,1 Prozent der Beschäftigten aus.[2] Wenn die PAA ihre Behauptung in den Augen der Welt legitimieren wollte, sie erbaue die Diktatur des Proletariats, und ihren Machtanspruch im Inneren ideologisch konsolidieren wollte, konnte durch das Stahlwerk oder ein Werk ähnlichen Ausmaßes die Zukunftsvision des neuen Staates auch vor aller Augen unter Beweis gestellt werden. Da aber für das Industrialisierungsprogramm

1 AQSh, Ministria e Industrisë dhe e Minierave, 496, 1965 / 62, 2 [Bericht der Vizeministerin für Industrie und Bergbau Eleni Pashko für eine interne Sitzung am 20.9.1965 zum Stand der Qualifikation der Arbeiter und Verbesserungsmaßnahmen]. Laut dem veröffentlichten Statistikbuch „40 vjet Shqipëri socialiste" war jedoch die Anzahl der Industriearbeiter 1960 58.500 (bei insgesamt 202.200 Arbeitern landesweit) und 1970 128.200 (bei insgesamt 392.000 Arbeitern). Zu 1965 konnte keine Angabe gefunden werden. Siehe 40 vjet Shqipëri socialiste, 42.

2 Nach Ulf Brunnbauer, Gesellschaft und gesellschaftlicher Wandel in Südosteuropa nach 1945, in: Clewing / Schmitt (Hgg.), Geschichte Südosteuropas, 651 – 707, 669.

ein ausreichendes Reservoir an Arbeitskräften benötigt wurde, geht es im Folgenden vertieft um die Fragen, welche Rekrutierungsmaßnahmen das Regime getroffen hat, um seine Ziele zu verwirklichen, wie die Rekrutierungs- und Qualifizierungsprozesse verliefen und mit welchen Hindernissen die ausführenden Organe vor Ort sich dabei konfrontiert sahen. Mehr Informationen über die Wirksamkeit dieser Maßnahmen helfen uns auch dabei, die realgesellschaftlichen Grenzen für die Kontrollbestrebungen des Herrschaftsapparats aufzuzeigen. Es geht dabei auch darum, bis zu welchem Grad eine „Durchherrschung" der Bevölkerung in der Arbeitswelt stattgefunden hat.

Während im vorigen Kapitel auf die betrieblichen und ökonomischen Aspekte des Kombinats eingegangen wurde, werden wir uns nun also mit der großen Masse derer beschäftigen, die im Stahlwerk tätig wurden. Die Belegschaft bestand zwar weit überwiegend aus Männern, die wiederum überwiegend vom Lande kamen. Es gab unter ihr aber auch Frauen, deren Anzahl im Laufe der Zeit zunahm – damit ein willkommener Anlass, auch ihre Rolle im Stahlwerk zu betrachten. Die Arbeitsverhältnisse im Stahlwerk werden untersucht, die Probleme, die auftraten und wie vor allem die Kombinatsleitung mit ihnen umging – und welche Beziehung sie zur Zentralgewalt hatte. Solche Fragen sind freilich nicht losgelöst von der Rentabilitätsfrage zu betrachten, da die Ausbildung der Arbeiter sowie ihre Arbeitshaltung auch in dieser Hinsicht „wichtige Faktor[en] im Transformationsprozess"[3] sind. Eine „Kommandowirtschaft" von der Art des Wirtschaftssystems in Albanien wurde in den sozialistischen Ländern auch sonst auf dem Feld der Beschäftigten betrieben, da das angesichts des beschränkten Arbeitskräftereservoirs im Zuge der Gesamtplanung Erfolg versprach. Dabei tauchten in Albanien für den Staatssozialismus typische Probleme auf, deren große Vergleichbarkeit mit den anderen Ländern aufgrund des Sonderweges des albanischen Sozialismus doch überrascht. Neben Phänomenen wie Fluktuation oder Umweltfolgen (die mit Blick auch auf die Lage der Arbeitskräfte wichtig waren) wird auf Besonderheiten des realsozialistischen Alltags im Umfeld des Stahlwerks in der Zeit von dessen Entstehung und im laufenden Betrieb eingegangen. Das betrifft beispielsweise die Position der Ausländer und ihre Interaktion mit der Belegschaft oder die Angst vor Sabotagen, welche in Albanien mit Mottos wie „In einer Hand die Spitzhacke, in der anderen das Gewehr"[4] von der Staats- und Parteiführung gezielt genährt wurde. Solche Phänomene waren in der Sowjetunion zur Zeit Stalins typisch; deshalb bietet uns deren Untersuchung über die Unterschiede in der Chronologie hinweg in diesem Kapitel eine willkommene zusätzliche Vergleichsmöglichkeit.

3 Jajeśniak-Quast, Stahlgiganten in der sozialistischen Transformation, 102.
4 Zitiert nach Kote, Në vetërrethim, 219.

4.1 Projekte von Stahlwerken in den anderen Ländern des Ostblocks

Nicht nur in Albanien hatten die kommunistischen Führer symbolhafte Projekte in die Tat umzusetzen versucht. Den RGW-Staaten insgesamt diente das sowjetische Vorzeigeprojekt Magnitogorsk als Vorbild, welches südlich des Urals zur Zeit der stalinistischen Industrialisierung errichtet worden war. Dort wurde im Rahmen des ersten sowjetischen Fünfjahresplans im Jahre 1929 mit der Errichtung des Stahlwerks begonnen,[5] das in diesem Fall zugleich als Grundlage für die Entstehung einer Stadt diente, die zur Verkörperung der Zukunftsgewandtheit des neuen Staates werden sollte. Zur Rekrutierung neuer Arbeiter wurden Verträge mit Kolchosen geschlossen, welche dann Arbeitskräfte entsenden sollten. Allerdings hatte diese Art der Anwerbung nur mäßigen Erfolg, da die Kolchosen selbst auf Arbeitskräfte angewiesen waren und überdies die Arbeitssuchenden die Wohn- und Arbeitsbedingungen in Magnitogorsk als unzumutbar empfanden. Deshalb versuchte die Werksleitung, den chronischen Beschäftigtenmangel durch Anwerber zu kompensieren, die eigens von ihr engagiert wurden. Auch sollten durch die Unterstützung der staatlichen Propaganda sowie mittels Anreizen wie freie Fahrtkosten, Lebensmittelkarten und vergleichsweise hohen Löhnen Angestellte, die wenigen verfügbaren Facharbeiter sowie arme Bauern zur Arbeitsaufnahme in Magnitogorsk bewegt werden. Auch in den Jahren danach herrschte in der Sowjetunion im metallurgischen Sektor, im Bergbau, dem Transportwesen und der Bauindustrie ein Mangel an Facharbeitern, Ingenieuren und Technikern. Mithilfe von Boni und zusätzlichen Vorteilen versuchten die Betriebsleitungen, die Motivation der Belegschaften zu erhöhen und die Arbeitskräftefluktuation möglichst gering zu halten.[6] Die Facharbeiter hatten dabei einen breiteren Verhandlungsspielraum als die übrigen Beschäftigten, da sie aufgrund ihrer Seltenheit sehr gesucht waren.

In Polen, der Tschechoslowakei und der DDR stellte nach 1945 der Bau von Stahlwerken den Versuch dar, die jeweiligen Strukturen nach dem stalinistischen Industrialisierungsmodell zu formen. Dabei bestand eines der größten Probleme dieses Weges darin, dass er unabhängig vom Industrialisierungsstand der einzelnen Länder verfolgt wurde. Die Tschechoslowakei und die DDR verfügten bereits über ausgebildete industrielle Strukturen und ihre Territorien hatten schon vor dem Zweiten Weltkrieg zu den entwickelten Industrienationen gezählt. Auch das Arbeitskräftepotential war in allen drei Ländern im Vergleich zur Sowjetunion sehr unterschiedlich. Zum Stahlwerk von Nowa Huta in Polen kamen beispielsweise vor allem Bauern, die einen Industrieberuf erst noch erler-

[5] Kotkin, Magnetic Mountain, 39.
[6] Mitchell, Work Authority in Industry, 690.

nen mussten. In den Stahlwerken von Kunčice in der Tschechoslowakei und in Stalinstadt (spätere Eisenhüttenstadt) in der DDR wurden vor allem Arbeiter aus anderen Industriebranchen rekrutiert, die lediglich umlernen mussten.[7]

In Nowa Huta wiederum wurden die Arbeiter nur kurz angelernt, was zur Folge hatte, dass sie ihre nachherige Arbeit kaum selbständig ausführen konnten. Von Beginn weg bestand ein großer Mangel an qualifizierten Fachkräften. Die von den Betrieben organisierten Qualifizierungsmaßnahmen führten nicht zu der erhofften Entspannung. Auch herrschte durch den überall im Lande einsetzenden Wiederaufbau von Kriegsschäden ein chronischer Mangel an Bauarbeitern. Dasselbe Bild zeigte sich im tschechoslowakischen Stahlwerk in Kunčice: Auch dort wurden ständig mehr Menschen gebraucht, als tatsächlich angeworben werden konnten. Darüber hinaus waren viele slowakische Arbeiter, die dort im tschechischen Landesteil tätig wurden,[8] überwiegend ländlicher Herkunft, also ohne industrielle Ausbildung. Das Stahlwerk wurde immer wieder von wichtigen Verfechtern der sozialistischen Industrialisierungspläne aufgesucht, die dann im ganzen Land für sie warben.

Dem Eisenhüttenkombinat-Ost (EKO) in Eisenhüttenstadt standen am Anfang viele aus dem 1945 deutscherseits verlorenen Schlesien stammende und mit einem erlernten Industrieberuf ausgestattete Flüchtlinge und Vertriebene zur Verfügung. Auch aus den aufgelösten kleineren Privatbetrieben in der Umgebung kamen viele Arbeitskräfte ins Stahlwerk. Die meisten Arbeiter des EKO hatten also schon früher der Arbeiterschaft angehört.[9] Es zeigte sich jedoch bald, dass das Problem des Arbeitskräftemangels unter anderem aufgrund der Abwanderung nach Westdeutschland bis vor dem Bau der Berliner Mauer nirgendwo ausgeprägter war als in der DDR. Anders als sonst war dort noch dazu die Rekrutierung von Arbeitskräften vom Lande streng untersagt, weil in der Landwirtschaft Facharbeiter sogar noch dringlicher benötigt wurden.

Arbeitskräftedefizite wurden in der DDR mit der Einführung unzähliger Überstunden sowie der Einbeziehung von Jugendbrigaden, des Militärs und sogar von Strafgefangenen zu mildern versucht. Landesweite Werbung förderte auch die Binnenmigration von Arbeitskräften. Die Werbung erfolgte in Form von organisierten Besuchen der auswärtigen Arbeiter und ihrer Familien in Eisenhüttenstadt, über individuelle Gespräche bis hin zum Einsatz von Werbebroschüren, Flugblättern oder Plakaten. Während in den fünfziger Jahren bis zu 75 Prozent des Arbeitskräftebedarfs dadurch gewonnen wurden, sollten in den 1960er Jahren deutsche Spätaussiedler aus Polen im EKO beschäftigt werden.[10]

In allen drei Ländern wurde die berufliche Aktivierung der Frauen gefördert, wenn auch aus unterschiedlichen Gründen. In Polen wollte man zusätzliche Arbeitskräfte gewinnen, ohne dafür zusätzliche Wohnungen bauen zu müssen. In der DDR war auf-

[7] Jajeśniak-Quast, Stahlgiganten in der sozialistischen Transformation, 102.
[8] 1951 betrug ihr Anteil an der Belegschaft 43 Prozent: Ebenda, 106.
[9] Ebenda, 113 f.
[10] Ebenda, 112.

grund des Frauenüberschusses und des allgemeinen Arbeitskräftemangels eine Qualifizierung und Steigerung der Quote erwerbstätiger Frauen von hoher Dringlichkeit. Deshalb war der Frauenanteil in Eisenhüttenstadt von Anfang an höher als im polnischen Werk.[11] Trotz der enormen Zuwanderung blieb der Mangel an qualifizierten Arbeitskräften in Nowa Huta, Eisenhüttenstadt und Kunčice aber bis zum Ende der sozialistischen Ära bestehen.

Unter den sozialistischen Ländern der Balkanhalbinsel hatte vor allem Bulgarien eine ähnliche Wirtschaftsstruktur wie Albanien.[12] Die Zahl der Industriearbeiter war in beiden Ländern vor 1945 sehr gering. 1950 betrug der Anteil der Beschäftigten in Industrie, Bergbau und Bauwirtschaft in Albanien erst sieben und in Bulgarien 11,4 Prozent.[13] Ebenso wie die albanischen beabsichtigten auch die bulgarischen Kommunisten, eine ökonomische Industrialisierung nach sowjetischem Modell durchzuführen. 1956 hatte die Führung der Bulgarischen KP beschlossen, beim Dorf Kremikovci nahe der Hauptstadt Sofia ein Stahlkraftwerk errichten zu lassen,[14] welches jährlich eine Million Tonnen Stahl sowie 1,4 Millionen Tonnen Kokskohle produzieren sollte. Das Projekt sollte mithilfe der Sowjetunion verwirklicht werden, die mehr als 2000 Spezialisten schickte. Die meisten Bauarbeiten wurden bis zum Ende der 1970er Jahre abgeschlossen.[15]

Die bulgarischen Wirtschaftsplaner hatten vorgesehen, dass 30 Prozent der Bauarbeiter aus Sofia kommen sollten. Diese Zahl erwies sich jedoch als zu optimistisch, deshalb wurden in erster Reihe ungelernte Arbeiter vom Lande sowie Jugendbrigaden eingesetzt, die vom Komsomol zusammengestellt wurden. Viele Facharbeiter wurden im Lenin-Werk in Pernik angeheuert. Die Arbeits- und Wohnbedingungen in Kremikovci waren jedoch viel zu schlecht, um auf Beschäftigte aus anderen Betrieben attraktiv zu wirken. Auch nach der Fertigstellung war das Stahlwerk für potentielle Arbeitskräfte kein attraktiver Beschäftigungsort.[16]

Durch andere Anreize versuchte man die Anziehungskraft zu erhöhen. So konnten die Arbeiter des Kombinats in den Besitz eines Wohnrechts in Sofia kommen und es wurden ihnen spezielle Lohnprämien bezahlt. Wehrpflichtige, die sich bereit erklärten, über fünf Jahre in Kremikovci zu arbeiten, wurden vom Dienst an der Waffe befreit. Außerdem wurden Maßnahmen zur gezielten Anwerbung in Dörfern der türkischen Minderheit, zum Einsatz von Strafgefangenen und später auch zur Einstellung vietnamesischer Vertragsarbeiter getroffen. Trotzdem waren aufgrund des hohen Fluktuationsgrades und des Fehlens

11 Der Frauenanteil in Nowa Huta überstieg niemals 22 Prozent, während er im EKO schon 1954 28,2 Prozent betrug und in den folgenden Jahrzenten weiter zunahm. Nach: ebenda, 128.

12 Genauere Angaben siehe bei Brunnbauer, Gesellschaft und gesellschaftlicher Wandel, 669.

13 Ebenda.

14 Ulf Brunnbauer / Visar Nonaj / Biljana Raeva, Workers, Steel Factories and Communism: Labor in Kremikovci (Bulgaria and Elbasan (Albania) under State Socialism. Regensburg 2013, 22.

15 Brunnbauer, „Die sozialistische Lebensweise“, 177.

16 Ebenda,189 – 195.

einer industriellen „Reserve“ sowohl während der Bauarbeiten als auch danach Arbeiter mit einer gewissen beruflichen Qualifizierung im Stahlwerk von Kremikovci besonders rar.[17]

Die Probleme, die in all den erwähnten Ländern auftauchten, könnten als systemimmanent betrachtet werden. Die Untersuchung der Rekrutierungs- und Qualifizierungsprozesse im Elbasaner Werk „Der Stahl der Partei“ gibt uns daher nicht nur einen Einblick in die Arbeitsverhältnisse innerhalb des Stahlwerks, sondern auch Vergleichsmöglichkeiten für eine Antwort auf die Frage nach dem systemischen Charakter der beschriebenen Phänomene und der Lösungspraktiken, die von den Vertretern der Herrschaftsstrukturen vor Ort gehandhabt wurden.

4.2 Vorkehrungen zur Beschaffung von Arbeitskräften in Elbasan

Das Großkombinat sollte nach Aussagen der Experten der SPK das größte Projekt des albanischen V. Fünfjahresplans sein.[18] Im Elbasaner Stahlwerk sollten langfristig bis zu 12.000 Menschen arbeiten, und zwar in der großen Mehrzahl Männer. Um frühzeitig Maßnahmen zu ihrer Rekrutierung zu treffen, war im Ministerrat schon 1962 darüber beraten worden, einen Sonderstab zu bilden, der die Aktivitäten zur Bereitstellung der einfachen und der qualifizierten Arbeiter sowie der Kader koordinieren sollte.[19] Die benötigte Arbeitskraft sollte in Elbasan auf lange Frist nahezu eine Verdoppelung der zuvor vor Ort Erwerbstätigen bedeuten, wenn man berücksichtigt, dass im Jahre 1968 in der Stadt insgesamt nur 13.500 Menschen tätig waren.[20]

In der ersten Etappe der Bauarbeiten sollten sehr viele Arbeiter aus dem Umland und den Nachbarlandkreisen hinzugezogen werden. Damit die Kosten für die Unterbringung der Zuzügler möglichst niedrig blieben, betrachteten es die lokalen Machtorgane ebenso wie die zentralen Institutionen als eine primäre Aufgabe, möglichst massiv die freien Arbeitskräfte der Städte und Dörfer aus dem Elbasaner Kreis einzusetzen, da sie sich dadurch Einsparungen bei Infrastrukturausgaben erhofften, etwa bei den Transportkosten oder dem Wohnungsbau.[21] Inwiefern das Stahlwerk eine Rolle bei der Senkung der realen

17 Siehe dazu ebd., 189–201.

18 Vergleiche hierzu: AQSh, Komisioni i Planit të Shtetit, 495, 1963 [sic!]/77, 1 [Studie zur Rekrutierung der Arbeitskräfte]. Die Akte ist im Archiv versehentlich auf 1963 datiert worden. Tatsächlich entstammt die darin enthaltene Denkschrift dem Jahr 1968.

19 AQSh, Këshilli i Ministrave, 490, 1962 / 730, 248 [Bericht des Vizevorsitzenden des Ministerrates Koleka und des Bauministers Pashko an den Ministerrat vom 9.11.1962 betr. Maßnahmen für den Bau der Industriewerke].

20 Ebenda, 1. Noch dazu waren in der Zahl von 1968 ja mit der Belegschaft des Walzwerks bereits Beschäftigte aus dem entstehenden Kombinat inbegriffen.

21 Ebenda.

Arbeitslosenziffern spielen sollte, kann man nicht sagen. Von einer hohen Arbeitslosigkeit in diesen Jahren ist aus der bisherigen Forschung nichts bekannt, zumindest liegen keine Statistiken vor, die sie belegen könnten. Eine erhöhte faktische Arbeitslosigkeit in den Städten wurde durch die bestehenden strikten Migrationsbeschränkungen vermieden, da potentielle Arbeitslose in den ländlichen Genossenschaften beschäftigt wurden und blieben.[22] Anders als in Bulgarien ging es der PAA-Führung also nicht darum, die Arbeitslosigkeit zu senken;[23] angesichts des rasanten Bevölkerungswachstums im Lande war das Industrialisierungsprogramm jedoch ein geeignetes vorbeugendes Mittel gegen ihr etwaiges Aufkommen.

Eine Rekrutierung von Arbeitskräften aus dem näheren Umland betrachteten die Staatsorgane auch aus einem anderen Gesichtspunkt als nützlich. Die betroffenen Arbeiter würden ihre Familien im Dorf zurücklassen, was größere staatliche Aufwendungen beim Wohnungsbau unnötig machte. Implizit dürfte darin ebenso wie in Rumänien bei der Einstellung von Arbeiterbauern in den Köpfen der Planer auch der Gedanke eine Rolle gespielt haben, dass Engpässe bei der Lebensmittelversorgung dadurch leichter kompensiert werden könnten.[24] Zugleich konnten diese Arbeiter den eigenen Dörfern einen proletarischen Anstrich verleihen und, indem sie am Wochenende ihre Familien besuchten, die sozialistische Ideologie im Lande verbreiten helfen.[25] Diesen Punkt sprach Hoxha in einer Rede 1970 vor den Beschäftigten eines Bergwerks und einer Fabrik für Kupferschmelze in der nordöstlichen Region Kukës an:

> „Eure Familienmitglieder, Mütter oder Väter, Ehemänner, Ehefrauen, Brüder oder Schwestern, eure Kinder, die ihren Nächsten in der Fabrik oder im Bergwerk beschäftigt haben, müssen in euch, wenn ihr in die Genossenschaft zurückgeht, Menschen mit freien und klaren Ansichten erblicken, mit einem Herz rein wie Bernstein, die dafür kämpfen, dass die Dunkelheit zuerst aus der eigenen Familie und dann aus dem Dorf verschwindet. In den Familien, in den Genossenschaften und überall, wo ihr arbeitet und nach der Arbeit Zeit verbringt, müsst ihr eine Vorhut zur Bekämpfung aller noch existierenden Reste [an rückständigen Sitten; V. N.] bilden."[26]

Damit eine größere Anzahl an männlichen Arbeitskräften im Kombinat beschäftigt werden könnte, war geplant, sie in manchen Tätigkeiten außerhalb des Stahlwerks durch Frauen zu ersetzen. Wo es möglich schien, sollten Elbasaner Frauen auch bei den Bauarbeiten beteiligt werden, damit die Migration in die Stadt in Grenzen gehalten werden könnte. Ein gewisses Potential dazu war vorhanden, da in Elbasan 1968 laut internen Angaben

22 Hutchings, Albanian Industrialization, 120.

23 Brunnbauer, „Die sozialistische Lebensweise", 181 – 184.

24 Dragoş Petrescu, Workers and Peasant-Workers in a Working-Class' Paradise: Patterns of Working Class Protest in Communist Romania, in: Hübner u. a. (Hgg.), Arbeiter im Staatssozialismus, 119 – 140, 118.

25 AQSh, Komisioni i Planit të Shtetit, 495, 1963 [sic!] / 77, 27 [Studie zur Rekrutierung der Arbeitskräfte].

26 Hoxha, Minatorët e metalurgët, 287 f.

1200 Frauen „beschäftigungsfrei" waren.[27] Es wurde auch mit dem Gedanken gespielt, Frauen in verstärktem Maße in der Landwirtschaft zu beschäftigen, in der Hoffnung, in diesem Sektor würde künftig durch eine zunehmende Mechanisierung harte körperliche Arbeit weniger nötig und somit zusätzlich männliche Arbeitskräfte entbehrlich sein.[28] Derlei Mechanisierung ließ sich aber nicht ohne ausgebildete Fachkräfte realisieren. Deshalb schlug das Exekutivkomitee von Elbasan vor, die künftigen Facharbeiter in Maschinen-Traktoren-Stationen (MTS) [29] sowie in der Landwirtschaftsschule im benachbarten Kreis Durrës auszubilden. Zur Freistellung weiterer Arbeiter sollten im Kreis Elbasan ab 1968 einige bestehende Produktionsstätten für bestimmte Produkte geschlossen und in anderen Kreisen weitergeführt werden. Dieser Vorschlag betraf einen Handwerksbetrieb zur Schuhherstellung, einen Transportbetrieb für Eisen, einen Betrieb für die Herstellung und Reparatur von Metallsortimenten und andere mehr.

Nichtsdestoweniger war der Bau des Stahlwerks ausschließlich durch ortsvorhande Arbeitskräfte nicht zu bewältigen. Den Berechnungen von Experten zufolge würde spätestens bis 1971 der Zuzug von 8350 Arbeitern notwendig sein.[30] Der demographische Wachstumsrhythmus der Stadt wurde dadurch ganz erheblich verändert (siehe Schätzung der benötigten Arbeitskräfte, in Tabelle 11), zumal zu erwarten stand, dass die meisten Arbeiter mit der Familie kommen würden.

„Der Stahl der Partei" sollte nicht nur möglichst kostensparend realisiert werden, es sollte offensichtlich auch als eine Art Amboss dienen, auf dem der „neue albanische Mensch" sozialistischen Antlitzes geschmiedet werden konnte. Gleichzeitig dürften die Planer bei ihren Vorkehrungen die sozioökonomischen Unterschiede der Regionen berücksichtigt haben, wenngleich diesbezüglich, wie Schmidt-Neke und Sjöberg feststellen, eindeutige Beweise für deren Einflüsse auf demographische Erscheinungen und Prozesse fehlen.[31] Generell jedoch waren in den ländlichen Regionen und Randgebieten Albaniens die Lage der Gesundheitsversorgung und des Erziehungswesens sowie die Versorgung mit

27 Es sollte berücksichtigt werden, dass dies die offizielle, nicht die tatsächliche Zahl war. Man kann vermuten, dass letztere weitaus größer war, da viele Hausfrauen sich nicht als arbeitslos meldeten. AQSh, Komisioni i Planit të Shtetit, 495, 1963 [sic!] / 77, 1–15, dazu 53 und 57 f. [Studie zur Rekrutierung der Arbeitskräfte].

28 Dieser Kurs wurde auch verfolgt. Sjöberg berichtet über einen relativ hohen Feminisierungsgrad der Arbeitskraft in der Landwirtschaft, nicht anders als in anderen Ländern mit stark zentralisierter Planwirtschaft, beispielsweise Rumänien. Örjan Sjöberg, Social Structure, in: Grothusen (Hg.), Albanien, 491–504, 503.

29 Staatliche Ausleihstelle von Maschinen u. Traktoren für die landwirtschaftlichen Produktionsgenossenschaften. Siehe Fjalor i gjuhës së sotme, 1171.

30 AQSh, Komisioni i Planit të Shtetit, 495, 1963 [sic!] / 77, 8 [Studie zur Rekrutierung der Arbeitskräfte].

31 Michael Schmidt-Neke / Örjan Sjöberg, Bevölkerungsstruktur, in: Grothusen (Hg.), Albanien, 464–490, 484.

Lebensmitteln schlechter als in den übrigen Kreisen. Auch fiel es aufgrund der geographischen Besonderheiten den Bewohnern der Bergregionen schwerer, ihren Lebensunterhalt in der Landwirtschaft zu sichern,[32] was möglicherweise der Grund dafür war, dass in den Jahren 1970 bis 1976 in den Dörfern von Dibër und Korçë die höchsten Abwanderungszahlen landesweit festgestellt wurden (siehe Tabelle 12), obwohl beide Regionen nicht besonders dicht bewohnt waren.[33] Das waren Kreise, aus denen Arbeitskräfte für den Bau des Stahlwerks in besonderem Maße rekrutiert wurden. Was die Arbeitskräfte aus Dibër anging, spielte auch eine Anweisung Hoxhas eine Rolle, der diese aufgrund ihrer langen Tradition als Maurer und Bauarbeiter ausdrücklich empfohlen hatte.[34]

Tab. 11: Prognostizierte Beschäftigungszahlen für das Metallurgische Kombinat, 1971–1976[35]

	1971	1972	1973	1974	1975	1976
Arbeiter	510	1135	4624	7984	10.059	11.309
Mittlere Kader	84	163	324	591	647	671
Höhere Kader	42	103	180	298	311	332

Quelle: AQSh, KQ i PPSh, 14, 1972/169, 15 [Mitteilung von Industrie- und Bergwerksminister Theodhosi an das ZK vom 23.5.1972 betr. den Arbeitskräftebedarf für das Kombinat (1971–1976)].

Die Regierenden waren sich aber bewusst, dass die Masse derjenigen, die die Bauarbeiten für das Kombinat ausführten, einfache unqualifizierte Arbeiter sein würden. „Der Stahl der Partei" war die erste Industrieanlage solchen Ausmaßes, die in Albanien errichtet wurde, und da das Land keine industrielle Tradition vorzuweisen hatte, verfügte es wie gesehen nicht über eine solide, berufserfahrene Arbeiterklasse. Die Mehrheit der Arbeiter, (genauer gesagt: der potentiellen Arbeiter) wohnte noch auf dem Lande; die strengen Vorschriften des Regimes zur Migrationsbeschränkung ließen eine unkontrollierte Veränderung sozialer Strukturen nicht zu.

32 Ebenda.

33 Vgl. AQSh, Këshilli i Ministrave, 490, 1977/304, 4 [Studie der SPK vom 24.10.1977 betr. Bevölkerungsentwicklung und Migration].

34 AQSh, KQ i PPSh, 14, 1969/20, 163 [Versammlung des Sekretariats des ZK der PAA am 20.6.1969 betr. Rekrutierung und Ausbildung der Facharbeiter fürs Stahlwerk].

35 Die Angaben dürften sich auf die Anzahl der Beschäftigten im Produktionsprozess des Stahlwerks beziehen und sie umfassen auch den Bedarf der der Nickel-Kobalt-Fabrik und des Kalksteinbruchs in Metaj. Letzterer war eine wichtige Rohmaterialquelle des Kombinats.

Tab. 12: Landkreise mit den höchsten Migrationszahlen, 1970–1976

Kreise	Migration 1970–1976	
	Stadt	Land
	Zuwanderung	Abwanderung
Berat	2384	2309
Dibër	1152	4890
Durrës	3185	1948
Elbasan	4811	2058
Fier	4955	3882
Korçë	2111	4106
Shkodër	2874	2286
Tiranë	6297	1666
Vlorë	1133	2831

Quelle: AQSh, KQ i PPSh, 14, 1977/643, 29 [Studie der SPK für das ZK der PAA vom 24.12.1977 betr. Verhältnis Stadt-Land und Prognosen bezüglich Migration].

Der Ministerrat und die SPK hatten durch die entsprechenden Erlässe und Weisungen die Eckpfeiler für die Arbeitskräfterekrutierung durch die zuständigen Instanzen vor Ort festgelegt. 1966 hatte Mehmet Shehu in seiner Funktion als Vorsitzender des Ministerrates ein Gesetzesprojekt[36] unterbreitet, das landesweit die Möglichkeiten von Betriebsdirektoren, ungehindert Arbeitskräfte zu beschäftigen, stark einschränkte. In erster Reihe sollte es die SPK sein, welche den Exekutivkomitees der Landeskreise das Kontingent der Arbeitskräfte mitteilte, die sie erhalten oder etwa auf Baustellen außerhalb des eigenen Kreises schicken können würden. Die zuständigen Arbeitsämter würden zuerst die offiziell „freien Arbeitskräfte" aus den Städten zu den Betrieben schicken, deren Antrag auf Neueinstellungen bewilligt worden war. Erst dann konnten freie ländliche Arbeitskräfte aus dem Umland angeworben werden: Erhielten sie eine Freistellung durch ihre Genossenschaft, konnten sie in der Stadt eine Tätigkeit aufnehmen. Ihr Arbeitsvertrag musste

[36] Im Gesetzesblatt *Gazeta Zyrtare* ist dieser Entwurf nicht in Gesetzesform erschienen, was aber nicht bedeutet, dass er nicht als Gesetz verabschiedet worden ist. Die *Gazeta Zyrtare* veröffentlichte die im Laufe der Jahre verabschiedeten Gesetze und Erlasse nicht vollständig. Ob dies absichtlich oder versehentlich geschehen ist, lässt sich nur mutmaßen. Wie man auch anhand der unregelmäßigen Publikation von albanischen statistischen Jahrbüchern sehen kann, war die albanische Führung selbst im Vergleich mit den anderen sozialistischen Staaten besonders bemüht, möglichst wenige Informationen nach außen dringen zu lassen.

jedoch auf höchstens zwei Jahre befristet sein.[37] Sie hatten den Freistellungsschein und den Arbeitsvertrag vor Arbeitsaufnahme an der Arbeitsstelle amtlich vorzuzeigen. War der Arbeitsvertrag abgelaufen, mussten sie in ihre Genossenschaften zurückkehren. Und nur wenn es im eigenen Landkreis keine Möglichkeit gab, freie Arbeitskräfte zu rekrutieren, gelangten Arbeitssuchende aus anderen Kreisen in die Reihe der möglichen Beschäftigten.[38] Weitere Instrumente, die neben den so festgelegten Grenzen zur Migrationsbeschränkung dienen sollten, waren die erforderliche Umzugserlaubnis für Migrierende, ein sogenanntes Haushaltsbuch, das in den 50er Jahren abverlangt wurde, und eine Wohnerlaubnis. Andere Restriktionsmaßnahmen waren die Wohnungsvergabe durch die städtischen Behörden oder die bis 1957 und dann wieder ab Anfang der achtziger Jahre erneuerte Ausgabe von Lebensmittelkarten, die wohnortgebunden waren. Auch das sogenannte „Arbeitsbuch“, in welchem die früheren Beschäftigungen eingetragen wurden, diente den Regierenden dazu, die freie Bewegung der Bevölkerung zu unterbinden.[39] Um Facharbeiter dazu zu zwingen, die für sie bestimmten Stellen anzunehmen, hatte der Ministerrat schon 1959 beschlossen, dass junge Facharbeiter und Angestellte, die es ablehnten, die für sie bestimmten Stellen anzutreten oder die diese Stellen verließen, von keinem anderen Betrieb beschäftigt werden konnten.[40] Diese repressive Maßnahme sollte den Betroffenen jeden anderen Ausweg versperren als denjenigen, den die Machthaber in Tiranë zur Aufrechterhaltung ihrer „industriellen Despotie“[41] für sie vorhergesehen hatte. Um sie für die Bauprojekte des fünften Fünfjahresplanes effizient einzuteilen, sollte die SPK beispielsweise 1971 dem Bauministerium auch alle Kontingente der Absolventen in den Bereichen Bau, Mechanik, Elektrik und Wirtschaft zukommen lassen.[42]

37 In der 1964 verabschiedeten „Weisung zur Rekrutierung und Beschäftigung der Arbeitskräfte“ war eine Befristung auf drei Jahre vorgesehen. Die Genossenschafts- und die Betriebsleitungen schlossen vorab einen Vertrag, der die Arbeitsfrist der von der Arbeit in der Genossenschaft freigestellten Arbeitskräfte festhielt sowie die Verpflichtung der Betriebsleitung, sie nach Fristende zurückzuschicken. Falls Personen ohne Freistellungsschein der Genossenschaftsleitung beschäftigt wurden, hatte der Arbeitgeber mit einer Geldstrafe von bis zu 10.000 Lek zu rechnen, bei Personen ohne Arbeitsvertrag mit einer Geldstrafe von bis zu 5000 Lek. Siehe: Mbi sigurimin dhe sistemimin e fuqisë punëtore [Weisung zur Rekrutierung und Beschäftigung der Arbeitskräfte], *Gazeta Zyrtare* 8 (1964), 197–201.

38 AQSh, Komisioni i Planit të Shtetit, 1966, 86, 8–10 [Weisung des Premierministers Shehu an einige Kreisexekutivkomitees vom 24.6.1966 zur Rekrutierung und Unterbringung der Arbeitskräfte].

39 Als eine Art Arbeitsausweis diente es u. a. dazu, eventuelle Umzüge des Besitzers zu kontrollieren. Siehe Sjöberg, Rural Retention, 218f.

40 Vendim mbi mosmarrje në punë tjetër të specialistëve të rinj dhe nëpunësave që nuk shkojnë në vendin e caktuar [Beschluss zum Verbot weiterer Beschäftigung von jungen Spezialisten und Angestellten, die nicht den für sie bestimmten Arbeitsplatz antreten], *Gazeta Zyrtare* 2 (1959), 54.

41 Gestwa, Die Stalinschen Großbauten, 14.

42 AQSh, Ministria e Ndërtimit, 499, 1971/56, 94 [Bericht von Vizebauminister Gjebero an das Ministerium für Industrie und Bergbau vom 5.3.1971 betr. Informationen zur Produktionskapazität des Kombinats und Maßnahmen zur Durchführung der Bauarbeiten].

4.3 Der Ablauf der Rekrutierungsprozesse

Die besagten migrationspolitischen Vorschriften könnten den Eindruck entstehen lassen, ungehinderte Arbeitsmigration und die gezielte Rekrutierung von Arbeitskräften durch einzelne Unternehmen wären im sozialistischen Albanien eine Unmöglichkeit gewesen. Die Realität sah jedoch ganz anders aus: Sowohl die Betriebe als auch Einzelpersonen versuchten jene Regelungen zu umgehen und hatten damit durchaus Erfolg. So wurde in einer internen Besprechung der SPK vermerkt, dass verschiedene Elbasaner Betriebe Arbeitskräfte auf dem Lande rekrutierten, obwohl es in der Stadt genügend Arbeitslose gab. In der ersten Hälfte des Jahres 1977 sei dies bei 1500 Personen aus den Kreisen Elbasan, Tiranë, Fier und Korçë der Fall gewesen.[43] Der konkrete Vorgang war eine eindeutige Verletzung der Rekrutierungsvorschriften, da sowohl die Betriebsleitung des Kombinats als auch die Leitungen anderer Industriebetriebe nur diejenigen Personen einstellen sollten, welche von den Agrargenossenschaften freigegeben worden waren, was hier nicht der Fall war. Außerdem wurde die Reihenfolge „eigener Landkreis – übrige Landkreise“ nicht respektiert. Die unkontrollierte Anwerbung entzog den Genossenschaften potentielle Arbeitskräfte und gefährdete ihre Leistungsfähigkeit. Solche Probleme waren übrigens auch anderen sozialistischen Volkswirtschaften nicht unbekannt, wie etwa Dietmar Neutatz im Falle der Sowjetunion am Beispiel von Metrostroj und anderen Industriebetrieben schildert.[44]

1971 sandte der Sekretär des Zentralkomitees Hysni Kapo einen Mahnbrief an mehrere Kreisparteikomitees, einschließlich desjenigen von Elbasan, in welchem auf lokale gesetzeswidrige Praktiken bei der Beschäftigung von Arbeitskräften hingewiesen wurde. Die Antwort, die darauf aus Elbasan erfolgte, zeigt die Machtlosigkeit der örtlichen Behörden, die Verletzung der Arbeiterrekrutierungsvorschriften durch die städtischen Industriebetriebe von Elbasan – dazu zählt insbesondere auch das Kombinat – zu unterbinden. Nachdem die zuständigen Mitarbeiter die Verletzung der Rekrutierungsregelungen zugaben, wurde von ihnen eingestanden, dass auch in Zukunft weiterhin mit Gesetzesübertretungen gerechnet werde, da die Bauarbeiten im Stahlwerk intensiviert würden.[45] Selbst die Parteivertreter nahmen also eine Verletzung der Migrationsregelungen durch die Kombinatsleitung vorab an und in Kauf. Angesichts des großen Umfangs der Bauarbeiten passten sich anscheinend die linientreuen Funktionäre den realen Verhältnissen an. Ihr Pragmatismus hatte noch eine andere Seite: Die Vertreter der Parteigrundorganisationen, so

43 Siehe AQSh, Komisioni i Planit të Shtetit, 495, 1977 / 23, 30 [Vortrag, gehalten bei der Sitzung der SPK vom 21.11.1977 über die Migration und Beschäftigung der Arbeitskräfte].

44 Neutatz, Zwischen Enthusiasmus und politischer Kontrolle, 191.

45 Siehe dazu AQSh, KQ i PPSh, 14, 1971 / 162, 1–4 [Mitteilung des Sekretärs des ZK Kapo an die Parteikomitees der Kreise Tiranë, Durrës, Elbasan vom 28.1.1972 betr. Gesetzesübertretungen hinsichtlich der Beschäftigung der Arbeitskräfte].

mahnte Kapo, „erhoben nicht die Stimme und nahmen nicht Stellung",[46] als „Kulaken" an wichtigen Arbeitsfronten eingesetzt wurden und Auszeichnungen wie „Stolz des Betriebes" erhielten, und wurden deshalb vom Zentralkomitee getadelt.[47]

Aufgrund der schlechten Koordination zwischen der SPK und den anderen zuständigen Instanzen bei der Planung der Arbeiterzahlen, die die Kreise jährlich schicken sollten, aber wahrscheinlich auch wegen der überhaupt ineffizienten Arbeit der lokalen Behörden, waren diese nicht in der Lage, den Forderungen nach mehr Arbeitskräften nachzukommen. Das galt vor allem, wenn in den betroffenen Kreisen selbst irgendwelche Industrieanlagen im Bau befindlich waren. Schon von daher herrschte im Kombinat ein chronischer Arbeitskräftemangel, was die Nichterfüllung der Planvorgaben und finanzielle Verluste zur Folge hatte. Im Laufe des Jahres 1975 etwa benötigte das Kombinat 4000 Arbeiter mehr als am Jahresanfang, um die verpassten Produktionsvorgaben aus dem Vorjahr zu erfüllen; der Kreis Elbasan konnte jedoch nur 1000 zur Verfügung stellen. Die Planziffern von 1974 wiederum waren vor allem auch deshalb nicht erfüllt worden, weil die Kreise Berat, Korçë, Krujë, Lushnjë, Shkodër, Tiranë und Vlorë nicht genügend Arbeiter zur Verfügung gestellt hatten.[48] Ein Grund dafür war indessen auch die Tatsache, dass die Kombinatsleitung ihren Bedarf an Arbeitern nicht rechtzeitig gemeldet hatte.[49]

Manchmal stimmten die Angaben, die einige Kreise zu den von ihnen entsandten Arbeitskräften machten, auch nicht mit der tatsächlichen Anzahl überein. Während für den Zeitraum Januar-April 1974 von 267 bereits herbeigeschickten Arbeitskräften berichtet worden war, waren es in Wahrheit nicht mehr als 206.[50] Solche Fehlangaben verursachten wieder Defizite bei der Planerfüllung. Beispielsweise hatte die Tatsache, dass aus Krujë 312 Arbeiter weniger gekommen waren als vorgesehen, eine Verzögerung der Bauarbeiten zur Folge, durch die der an der Errichtung des Stahlwerks beteiligte Baubetrieb von Krujë allein von Januar bis Mai 1974 ein Projektdefizit von 5.000.000 Lek verursachte.[51]

46 Ebenda, 2.

47 Laut dem „Wörterbuch der heutigen albanischen Sprache" von 1980 (Fjalor i gjuhës së sotme shqipe) verstand man unter „Kulak" „einen reichen Bauern, der [...] die Arbeit der Tagelöhner und der armen Bauern ausnutzte und sich auf ihre Kosten bereicherte." Fjalor i gjuhës së sotme, 908. „Solche Feinde könnten als Antagonisten [der sozialistischen Ordnung; V. N.] bezeichnet werden." Hier zitiert nach: Vehbiu, Shqipja totalitare, 207. Den Schilderungen der entsprechenden Interviewpartner Idrizis ist zu entnehmen, dass sie als vermeintliche ehemalige Kulaken in Armut lebten, nicht einmal die notwendigsten Haushaltsgeräte hatten. Zugang zu höherer Bildung wurde ihnen verwehrt. Mitarbeiter des Sigurimi setzten sie psychisch unter Druck und versuchten sie als Spitzel zu rekrutieren. Siehe: Idrizi, Herrschaft und Alltag, 206, 226.

48 AQSh, Komisioni i Planit të Shtetit, 495, 1974/8, 1 [Vortrag, gehalten bei der Sitzung des SPK vom 20.6.1974, betr. Zustand der Rekrutierung der Arbeitskräfte für die geplanten Industriewerke].

49 Ebenda, 2

50 Aus Tiranë waren für denselben Zeitraum 200 rekrutierte Arbeitskräfte berichtet worden, tatsächlich waren von dort nur 170 nach Elbasan gekommen. Ebenda.

51 Ebenda.

Vertreter der Staatlichen Planungskommission beschwerten sich in ähnlicher Hinsicht im Jahre 1976, dass die Zahlen, die sie von den Kreisarbeitsämtern bekämen, ganz andere seien als diejenigen, die ihnen die Betriebe zuschickten, oder als diejenigen, die an den Premierminister Shehu gegangen waren. Es ist unklar, ob dies aus Nachlässigkeit geschah oder, wie in der Sowjetunion der Nachkriegszeit, Vorsatz war.[52] Die Tendenz, der Parteispitze Erfolge zu vermelden, dürfte bei den örtlichen Strukturen durchaus eine analoge Rolle gespielt haben.

Mitunter erhält der heutige Aktenleser den Eindruck, die zuständigen Stellen der Landkreise – es waren übrigens nicht in jedem Landkreis dieselben Instanzen für die Arbeitskräfterekrutierung verantwortlich, hier herrschte insgesamt eine sehr eigenwillige Praxis – hätten jeden Bürger, der sich als arbeitslos gemeldet hatte, nach Elbasan geschickt, ohne zu berücksichtigen, ob er dort gebraucht werden konnte, oder ob seine Beschäftigung in diesem wichtigen Werk im Einklang mit den eigenen ideologischen Prinzipien stand – solange man nur die Anforderungen der SPK erfüllte. Entsprechend kritisierte 1975 der damalige Bauminister Rahman Hanku „die Machtorgane" einiger Kreise, weil rund 200 Arbeiter und angebliche Facharbeiter, die von ihnen nach Elbasan geschickt worden waren, in Wahrheit für die Arbeit im Kombinat ungeeignet waren oder „eine schlechte moralisch-politische Haltung" an den Tag legten. Er forderte ihre Ersetzung durch fleißiges, politisch korrektes Personal.[53] Planziffern und Abgabefristen waren der Staatsführung demnach wichtig, aber die Ideologie sollte von den Lokalbehörden doch auch nicht vernachlässigt werden.

Die Bauarbeiten hatten einen derart großen Umfang, dass man unablässig auf weitere Arbeitskräfte angewiesen war. So wurden 120 Bauarbeiter aus dem Kreis Dibër, deren Arbeitsvertrag 1972 abgelaufen war, nicht vorschriftsgemäß zu ihren heimatlichen Wohnsitzen zurückgeschickt, sondern von der Leitung des Stahlwerks ohne Arbeitsvertrag weiterbeschäftigt. Als die SPK dies zwei Jahre später entdeckte, wurden die Arbeiter nicht zurückgeschickt und auch die Leitung nicht haftbar gemacht. Stattdessen wurden die Verträge schlicht verlängert und rückwirkend geltend gemacht![54] Die Nichteinhaltung der Fristen verursachte derweil ein derartiges Chaos, dass gleichzeitig auch das Gegenteil vorkommen konnte, wie das beispielsweise 1973 mit einem Arbeiterkontingent aus dem Kreis Lushnjë der Fall war, dessen Einstellung bei seiner Ankunft von der Kombinatsleitung abgelehnt wurde.[55]

52 Vgl. Filtzer, Soviet Workers and Late Stalinism, 33f.

53 AQSh, KQ i PPSh, 14, 1975/846, 8 [Mitteilung von Bauminister Hanku an das ZK vom 12.11.1975 betr. Arbeitskräftebedarf für das Stahlwerk].

54 AQSh, Komisioni i Planit të Shtetit, 495, 1974/8, 3 [Vortrag, gehalten bei der Sitzung des SPK vom 20.6.1974, betr. Zustand der Rekrutierung der Arbeitskräfte für die geplanten Industriewerke].

55 AQSh, Komisioni i Planit të Shtetit, 495, 1973/76, 6 [Bericht der SPK an den Premierminister vom 8.8.1973 betr. Rekrutierung der Arbeitskräfte für die geplanten Industriewerke], 7.

Abb. 13: Panorama des Stahlwerks (erste Bauphase)

1974 musste die Betriebsleitung auf weitere 900 Arbeiter zurückgreifen, die sich für die Verwendung im Kombinat qualifiziert hatten, um sie bei den Bauarbeiten einzusetzen. Die betroffenen Personen beschwerten sich jedoch, da sie schließlich andere Berufe erlernt hatten, in welchen sie sich künftig als qualifizierte Arbeiter betätigen wollten. Da die Tätigkeit beim Bau mit einem geringeren Lohn verbunden war, verließen viele von ihnen aus Unzufriedenheit den Arbeitsplatz. Hier half auch die Überzeugungsarbeit der Basisparteiorganisationen nicht viel.[56] Es scheint, dass auch in einer repressiven Diktatur wie im kommunistischen Albanien die „Werktätigen" durchaus Spielräume hatten, um sich dem Anspruch der PAA-Führung und der Wirtschaftsplaner auf Durchorganisierung der Arbeitsprozesse zu entziehen. Genauso wie beim bulgarischen Kremikovci „stellte sich das, was von der Partei und Wirtschaftsplanern als organisatorischer Missstand wahrgenommen wurde, aus der Perspektive der Arbeiter einfach als Freiraum heraus".[57]

Die Aufgabe des Arbeitsplatzes kam nach Aussagen des damaligen Kombinatsleiters Eqerem Shijaku bei Bauarbeitern ab Anfang der siebziger Jahre häufig vor, da ihre Entlohnung nicht ausreichte, um die eigene Familie zu versorgen, oder weil sie die Arbeit als zu

56 AQSh, Komisioni i Planit të Shtetit, 495, 1974/8, 3 [wie Anm. 54].
57 Brunnbauer, „Die sozialistische Lebensweise", 206.

anstrengend empfanden. In einigen Fällen lief der Arbeitsvertrag einfach aus, und die Spezialisten oder einfachen Arbeiter verließen unvermittelt den Arbeitsplatz, ohne auf ihre Ersetzung zu warten oder ihr Arbeitsbuch zu verlangen.[58] Nicht anders als in den übrigen sozialistischen Ländern[59] war Fluktuation in Albanien demnach kein unbekanntes Phänomen, wie an anderer Stelle noch detaillierter gezeigt werden wird.
Ein Faktor, der bis zum Ende der Tätigkeit des Stahlwerks die Bau- und Produktionsvorgänge beeinträchtigte, waren die Fehlzeiten. Wie auch in Bulgarien war infolge der Vollbeschäftigung der Verhandlungsraum der Arbeiter relativ breit, und dies ging auf Kosten der Arbeitsdisziplin.[60] So entfernten sich viele aus ländlichen Regionen stammende Arbeitskräfte in geradezu organisierter Weise vom Arbeitsplatz, um neben der Beschäftigung im Kombinat auch den Tätigkeiten auf der verbliebenen eigenen Hoffläche[61] oder in der Genossenschaft nachzugehen. Dies wurde durch Druck seitens der Genossenschaftsleitungen verstärkt, welche infolge des Arbeitskräftemangels ihrerseits auf ihre Mitglieder, die in Elbasan oder andernorts beschäftigt waren, angewiesen blieben und die sie deshalb – wie im Falle derjenigen aus Dibër – zu einer Mindestzahl von 15 Einsatztagen in der eigenen Genossenschaft verpflichteten.[62]

Das Parteikomitee und die Stahlwerksgewerkschaft versuchten durch massive Aktionskampagnen den Ausfall der Arbeitskräfte zu kompensieren. Aber mit unqualifizierten Freiwilligen ließen sich die Planziffern nicht erreichen. Aus diesem Grund musste Fuat Koçollari, der Parteisekretär des Stahlwerks, gegenüber dem Zentralkomitee 1973 zugeben, dass der Jahresplan nicht realisiert worden war und der Arbeitsrhythmus für die letzten zwei Jahre zu langsam gewesen sei.[63]

Um derlei Ausfälle zu kompensieren und die Planziffern zu erfüllen, wurde oft die Zahl der Arbeiter in den Brigaden und in der Spätschicht erhöht. Vom Zentralkomitee des Jugendverbandes sollten beispielsweise in den schulfreien Sommermonaten Juni – September 1976 1500 junge Arbeiter monatlich zum Stahlwerk geschickt werden.[64] Die Kombinatsleitung bat das Bauministerium, dem Stahlwerk Budgetzulagen zu gewähren,

[58] AQSh, KQ i PPSh, 14, 1975/846, 3 [Mitteilung des Stahlwerkdirektors Shijaku an das ZK vom 24.1.1975 betr. Arbeitskräftebedarf und Fluktuation].

[59] Christoph Klessmann/Arnold Sywottek, Arbeitergeschichte und DDR-Geschichte. Einige Bemerkungen über Forschungsperspektiven, in: Hübner/Tenfelde (Hgg.), Arbeiter in der SBZ-DDR, 897–905, 901.

[60] Brunnbauer, Stählerne Träume, 219.

[61] Ab 1980 durfte der Kooperativisten-Hof, also die private Eigenbewirtschaftung, nur noch 0,1 ha (1000 m²) in der Ebene und 0,15 ha im Bergland umfassen (Wildermuth, Land- und Forstwirtschaft, 109). Der Umfang war damit auf den eines Hausgartens reduziert.

[62] AQSh, KQ i PPSh, 14, 1973/576, 20 [Bericht des Parteisekretärs des Stahlwerks Koçollari an das ZK vom 22.10.1973 über verschiedene aufgetretene Probleme].

[63] Ebenda.

[64] Zu dieser Zeit arbeiteten im Kombinat 11.000 Arbeiter im Baubereich und 4000 im Betrieb. AQSh, KQ i PPSh, 14, 1976/879, 44 [Mitteilung von Vizebauminister Dragoti an das ZK vom 22.5.1976 betr. Bauarbeiten und Produkte des Stahlwerks].

damit mehr Arbeitskräfte beschäftigt werden konnten. Dabei waren schon früher aus Zeitnot mehr Arbeiter eingestellt worden als geplant. Zusätzlich bat die Leitung das Bauministerium sowie das Ministerium für Industrie und Bergbau darum, dass sie auf die anderen Landkreise einwirkten, damit diese die erwarteten Arbeitskräfte schickten, mit deren „Lieferung" sie in Rückstand geraten waren. Zur Unterstützung des Kombinats sollten Aktionskampagnen mit 1000 Freiwilligen monatlich organisiert werden.[65]

Die Exekutivkomitees der Kreise hatten aus Tiranë die Weisung bekommen, nur diejenigen Arbeitskräfte an auswärtige Baustellen zu entsenden, die eine höhere Qualifizierungsstufe aufzuweisen hatten. Dies geschah mit Rücksicht auf die Entlohnung, da die unqualifizierten Arbeiter auch weniger verdienten und bei einer großen Entfernung zwischen dem Wohn- und dem Arbeitsort die meisten Nachteile zu erleiden hätten. Diese Regelung wurde jedoch mehrmals umgangen, da sie aufgrund des ehrgeizigen Industrialisierungsprogramms der PAA nicht einzuhalten war. 1973 hatten 45 Prozent der Bauarbeiter in der gesamten Republik höchstens vier Jahre lang eine Schule besucht, [66] sie verdienten monatlich durchschnittlich 500 Lek, wovon durch die meisten mehr als die Hälfte für Lebensmittel ausgegeben wurde. Die Facharbeiter verdienten mehr, aber auch unter ihnen hatten diejenigen, die weit entfernt wohnten, hohe Ausgaben wegen der Fahrtkosten. Deshalb leisteten sie Überstunden und übertrafen oftmals die dafür zulässige Grenze von 180 Stunden im Jahr. Die durchschnittliche tägliche Arbeitszeit für einen Bauarbeiter in Elbasan betrug 1972 9 bis 10 Stunden, für einen Facharbeiter bis zu 12 Stunden.[67] Dies war unzulässig, und deshalb gaben es die Betroffenen nicht zu. Die Möglichkeit für so viel zusätzliche Arbeit war derweil aufgrund der schlechten Arbeitsorganisation und der fehlenden Arbeitskräfte gegeben. Ein solches Phänomen war auch im sozialistischen Bulgarien beim Bau des Stahlwerks in Kremikovci nicht unbekannt.[68] Solange sich die Lohnverhältnisse nicht änderten, konnte auch die Gewerkschaft dagegen faktisch nichts unternehmen.

Im Gegensatz etwa zu traditionellen Arbeitern wie Maurern oder Schreinern waren Fachkräfte in den erst in der Nachkriegszeit geförderten Berufen wie Monteur, Schweißer oder Installateur schwer zu finden.[69] Das ehrgeizige Industrialisierungsprogramm hatte den intensiven Bau mehrerer Werke in kürzester Zeit vorgesehen, so dass das Reservoir an ausgebildeten Fachkräften auch auf dem Bau schlichtweg nicht ausreichte. Ihr Fehlen war

65 AShVE, Komiteti i Partisë i Kombinatit Metalurgjik Elbasan, 873, 1977 / 11, 1 [Bericht vom 9.9.1977 betr. die Arbeit des Parteikomitees und der Kombinatsleitung zur Verpflegung und Erziehung der jungen Freiwilligen].

66 AQSh, Komisioni i Planit të Shtetit, 495, 1973 / 76, 6 [Bericht der SPK an den Premierminister vom 8.8.1973 betr. Rekrutierung der Arbeitskräfte für die geplanten Industriewerke], 12.

67 AQSh, Bashkimet Profesionale, 657, 1972 / 158, 22 f. [Mitteilung des Vorsitzenden des Zentralrats der Gewerkschaft Marko an Vizepremierminister Koleka vom 18.9.1972 betr. Probleme der Arbeiter in einigen Industriewerken].

68 Brunnbauer, Stählerne Träume, 214.

69 AQSh, KQ i PPSh, 14, 1975/846, 8 [Mitteilung von Bauminister Hanku an das ZK vom 12.11.1975 betr. Arbeitskräftebedarf für das Stahlwerk].

besonders empfindlich, denn während für die Ausbildung der Arbeitskräfte in den erst nach der Inbetriebnahme der Werksteile benötigten Berufen durchaus Zeit vorhanden war, stellte das Fehlen von fachkundigen Montagearbeitern die Bauverantwortlichen von Beginn an vor große Probleme. Mit der Zunahme der Montagearbeiten wurde es sogar immer schwieriger, derlei Fachkräfte zu bekommen, da auch die anderen Landkreise nicht auf sie verzichten wollten. Facharbeiter in der Transport- und erweiterten Baubranche, zum Beispiel in Berufen wie Traktorfahrer, LKW-Fahrer, Mechaniker, Elektriker oder Kranführer waren ebenfalls rar. In den ersten fünf Monaten des Jahres 1974 sollten 99 Facharbeiter mit diesen Berufen aus 12 Landkreisen im Kombinat ankommen, tatsächlich waren es nur 43, die zum Einsatz kamen.[70] Kreise wie Tiranë und Durrës blieben regelmäßig hinter den Erwartungen zurück, sowohl was Bau- und Montagearbeiter als auch was hoch qualifizierte Industriefacharbeiter anging. Das war möglicherweise auch der Grund, wieso 1973 der Erlass von 1959 zur Verpflichtung höher qualifizierter Spezialisten, die für sie bestimmten Arbeitsstellen anzutreten, nochmals verschärft wurde. Falls sie sich künftig weigerten, an den durch die „zuständigen Organe" bestimmten Ort zu gehen, hatten sie die Ausgaben, die der Staat für ihre Qualifizierung gehabt hatte, zurückzuerstatten.[71]

In den 1980er Jahren hielt der Mangel an Spezialisten weiter an, trotz der gestiegenen Anzahl an qualifizierten Arbeitskräften und der Investitionen im Bildungsbereich. Durch die Inbetriebnahme von neuen Objekten wie dem zweiten Hochofen, oder von wichtigen Werksbereichen der Fabrik Nr. 12 entstand im Elbasaner Werk ein erhöhter Bedarf an Schichtleitern, Ingenieuren, Technikern, die die Produktion überwachen sollten, wie auch Laborarbeitern, Qualitätskontrolleuren und Normprüfern. Außerdem brauchte das Stahlwerk Personal für die älteren Teilfabriken, wie auch für die neue Fabrik für Schamottziegel. Da dieses Personal nicht vorhanden war, aber auch aus finanziellen Gründen, mussten sowohl die Kombinatsleitung als auch die Wirtschaftsplaner die Übergabefristen für die einzelnen Teilwerke nach hinten verschieben und die Planziffern nach unten korrigieren.[72]

Ein makroökonomischer Faktor spielte bei der Anzahl der rekrutierten Kräfte eine nicht minder bedeutende Rolle: Das Großkombinat von Elbasan war nicht das einzige Projekt, das im Laufe des fünften Fünfjahresplanes verwirklicht werden sollte. Da verschiedenerorts ebenfalls Arbeiter benötigt wurden, die Kreisbehörden sich aber nicht in der Lage sahen, alle Wünsche zu erfüllen, griff das Bauministerium ein und transferierte eigenmächtig Arbeiter aus dem einen Kreis zu Bauplätzen in anderen Kreisen, ohne dies mit den zuständigen Exekutivkomitees abzusprechen.

70 AQSh, Komisioni i Planit të Shtetit, 14, 1974 / 8, 3 [Sitzungsbericht der SPK vom 20.6.1974 betr. Planerfüllung und Rekrutierung der Arbeitskräfte]

71 Dekret mbi detyrimin e specialistëve të rinj për të punuar në vendet ku caktohen [Erlass über die Verpflichtung junger Spezialisten zum Antreten der Arbeitsstellen, die für sie bestimmt werden], *Gazeta Zyrtare* 6 (1973), 100 f.

72 AQSh, Këshilli i Ministrave, 490, 1981 / 212, 34 [Bericht des Ministers für Industrie und Bergbau Gegprifti an den Ministerrat betr. zusätzliches Personal für die neuen Industriewerke].

In Notzeiten gab es noch ein Arbeitskräftereservoir, auf welches die Betriebsleitung und das Kreisparteikomitee zurückgreifen konnten. Dies waren die „freiwilligen" Arbeiter in den von Zeit zu Zeit verkündeten Aktionskampagnen. So findet man im Jahre 1974 in der Kombinatszeitung *Metalurgu* stolz vermeldet, dass rund 2000 Arbeiter aus verschiedenen Betrieben von Elbasan und der Stadt Cërrik den Bauarbeitern des Stahlwerks bei der Verlegung der Elektrokabel in der mechanischen Fabrik zu Hilfe gekommen seien.[73] Vor ihnen waren schon die Genossenschaftsbauern des Kreises an der Reihe gewesen.

In einem anderen Fall teilte dieselbe Zeitung mit, dass sich bis zu 10.000 junge Frauen und Männer an der Aktion zur Beschleunigung der Arbeiten im Bereich Bau-Montage in der Fabrik Nr. 12 beteiligten. Sie betätigten sich demzufolge bei Hilfsarbeiten wie Güterverlagerung oder Transport.[74] Das ist keine geringe Ziffer, wenn man bedenkt, dass die Zahl der Stahlwerksbeschäftigten 1990 10.768 Arbeiter betrug.[75] Diese Maßnahme als Ausweg bei geringer Arbeiterzahl oder bei Zeitdruck im Falle von bevorstehenden Werkabschlussfristen wurde auch im sozialistischen Bulgarien praktiziert, wo beispielsweise 1961 7000 Mitglieder der Jugendbrigaden in Kremikovci tätig waren – bei einer Gesamtzahl von 9500 Beschäftigten.[76]

Eine andere Rekrutierungsquelle, auf welche immer wieder zurückgegriffen wurde, waren ehemalige Wehrpflichtige. Die Anzahl der Wehrdienstleistenden war nicht gering, und ihre Verfügbarkeit für das Stahlwerk war – im Vergleich zu den Arbeitern, die von den Landkreisen entsandt werden sollten – deutlich leichter zu gewährleisten. So wurden im Jahre 1975 im Kombinat 250 ehemalige Wehrpflichtige des Kreises Elbasan eingestellt.[77] Auch in der Sowjetunion war in der Nachkriegszeit eine ähnliche Praxis verfolgt worden, dort allerdings bezüglich der Kriegsheimkehrer. Dies geschah aber nicht nur aus Gründen des Arbeitskräftemangels, sondern auch zur Integration der Heimkehrer in die berufstätige Bevölkerung. Ihre Anzahl war viel größer und es war den sowjetischen Unternehmen deshalb schwergefallen, sie alle überhaupt unterzubringen.[78]

Die Rekrutierungsprobleme hatten einen negativen Einfluss auf die Arbeit im Stahlwerk, da sie die Leitung zwangen, auch Arbeiter ohne die notwendigen beruflichen Kenntnisse einzustellen. Dies war einer der Gründe für die hohen Produktionskosten, die in den achtziger Jahren anhielten. Dazu kam es Ende jenes Jahrzehnts in mehreren Teilfabriken

73 Kolektivat punonjëse të qytetit në kombinatin metalurgjik [Die Kollektive der Werktätigen im metallurgischen Kombinat], *Metalurgu*, 26.9.1974, S. 4.

74 Aksionistë të rinj në kombinat [Neue Aktionsteilnehmer im Kombinat]. Ebenda, 9.2.1978, S. 2.

75 Lekë Sokoli, Në qëndrim ndaj punës të përdorim më mirë edhe levat ekonomike [Bei der Einstellung zur Arbeit sollten die ökonomischen Hebel besser eingesetzt werden], *Rruga e Partisë* 10 (1990), 16–25, 22.

76 Brunnbauer, „Die sozialistische Lebensweise", 191.

77 AQSh, Ministria e Industrisë dhe e Minierave, 496, 1975/707, 8 [Mitteilung des Stahlwerkleiters Çeliku an das Ministerium für Industrie und Bergbau vom 25.1.1975 betr. die Beschaffung der Arbeitskräfte für das Jahr 1975].

78 Filtzer, Soviet Workers and Late Stalinism, 21 f.

zu vielfachen Verstößen gegen die technischen Sicherheitsregeln und zu einem gleichgültigen Arbeitsverhalten sowohl bei den Arbeitern als auch bei den Führungskräften. Die Schuld dafür wurde den Gewerkschaftsorganisationen angelastet, deren Wirken „zur Bildung eines gesunden Bewusstseins und zur Disziplinstärkung" nicht ausreichend sei. [79] Beides waren Eigenschaften, die die Sozialingenieure innerhalb der PAA als schier unentbehrlich für die Persönlichkeit des beruflich gebildeten Industriearbeiters der Zukunft betrachteten.

4.4 Ausbildungsstand und Qualifizierungsmaßnahmen für die Arbeiter

Waren die Arbeiter einmal angeworben, musste man fast immer als nächstes daran gehen, sie anzulernen.[80] Laut den Schriften des Ministeriums herrschte im industriellen Sektor eine Disproportion zwischen der Technologie, mit welcher in den Industriebetrieben gearbeitet wurde, und dem technisch-beruflichen Niveau der Arbeiter.[81] Die wenig qualifizierten Arbeiter überwogen. Und auch nur ein Kern an höher qualifizierten Spezialisten war kaum vorhanden. 1971 zählte man im Elbasaner Kreis insgesamt 63 Ökonomen mit mittlerer und hoher Qualifikation. Während diejenigen mit hoher Qualifikation mehrheitlich in den Industriebetrieben beschäftigt worden waren, hatten die Parteigrundorganisationen der Industrie und Handelsbranche nur 17 Prozent der Mittelqualifizierten zugeteilt,[82] was gemessen an den Industrialisierungsabsichten der PAA-Führung eindeutig überrascht und für deren Verwirklichung gewiss nicht ausreichen konnte. Selbst in den vier Baubetrieben, die auf die Errichtung von Industriewerken spezialisiert waren, waren nur 76,1 Prozent der Arbeiter qualifiziert für die Tätigkeit, die sie verrichteten. Diese Qualifizierten fanden sich meist bei den Arbeiten mit hohem physischem Einsatz, wie Schreiner oder Maurer, die auch schon vor 1945 traditionelle Berufe gewesen waren. 40 Prozent der Arbeiter von zwölf Industriebetrieben im gesamten Elbasaner Kreis hatten

79 AShVE, Komiteti i Partisë i Kombinatit Metalurgjik Elbasan, 13, 1988 / 20, 11 [Bericht eines Vertreters des Gewerkschaftskomitees des Stahlwerks betr. Arbeit der Gewerkschaftsorganisationen].

80 Vgl. für gesamtstaatliche Zahlen auch oben, zu Beginn dieses Kapitels 4.

81 AQSh, Ministria e Industrisë dhe e Minierave, 496, 1965 / 62 [Bericht der Vizeministerin für Industrie und Bergbau Pashko für eine interne Sitzung am 20.9.1965 zum Stand der Qualifikation der Arbeiter und Verbesserungsmaßnahmen].

82 AQSh, KQ i PPSh, 14, 1971 / 254, 2, 5 [Bericht des Instrukteurs der Personalabteilung des Kreisparteikomitees von Elbasan Ekmeçiu an das ZK der PAA vom 15.1.1971 betr. Einteilung der Ökonomen im Kreis].

nur die Grundschule besucht (oder einen entsprechenden formalen Wissensstand).[83] Eine Ursache für den geringen Qualifikationsgrad der Beschäftigten insgesamt war nun auch die Tatsache, dass während der 1960er Jahre wegen der vielen neuen Bauprojekte und durch die Entstehung neuer Berufszweige in Industrie und Bergbau im Rahmen des „Großen Sprungs" für einzelne Industriezweige viele junge Menschen aus Stadt und Land, ehemalige Schüler und Hausfrauen rekrutiert wurden. Dadurch stieg die Prozentzahl der ungelernten Arbeiter und das durchschnittliche Qualifizierungsniveau sank noch einmal. Jedoch mangelte es zu Beginn entgegen der ministeriellen Sicht an modernen Technologien, so dass die Nachfrage nach niedrig qualifizierten Arbeitern – nicht anders als in anderen sozialistischen Volkswirtschaften, beispielsweise in Polen[84] – durchaus vorhanden war und bis zum Abschluss der großen Bauprojekte in der Industrie nach dem Abbruch der chinesischen Unterstützung auch hoch geblieben sein muss. Wo sie es mussten, fiel es vielen der Beschäftigten aber schwer, Maschinen zu bedienen, geschweige denn Innovationen zu entwickeln, was den Kampf um die Produktivitätssteigerung von einem gewissen Sockel aus zunehmend schwieriger gestaltete, wie 1971 im Zentralrat der Gewerkschaft mit Bedauern festgestellt wurde.[85] Die Folge auch dieses Faktors waren eine intensive Nutzung der Maschinen bis zum Verschleiß, eine schnell veraltete Ausrüstung, niedrige Produktivität und langfristig ein ökonomisches Fiasko, was die politische Führung zur Herrschaftsstabilisierung durch ihren Technikkult zu verschleiern versuchte.

Nach offiziellen Angaben hatten 1965 alle Arbeiter im Lande an den vom System gebotenen Qualifizierungskursen teilgenommen, 7000 davon erreichten die nächste Qualifikationsstufe.[86] Insgesamt haben in den 60er Jahren wohl gegen 46.000 Arbeiter betriebliche Fortbildungsstätten besucht, über 15.000 die technischen Abend- und Fernschulen und

[83] Vgl. AQSh, Bashkimet Profesionale, 657, 1971 / 12, 3 [Bericht des Sekretärs des Zentralrates der Gewerkschaft Dhrami für deren Präsidiumssitzung vom 12.10.1971 betr. Schwierigkeiten bei den Qualifikationsmaßnahmen für die Arbeiter]. Allerdings sagt die Formulierung nicht aus, ob sie auch wirklich vier Jahre in die Schule gegangen waren, oder nicht nur ihre entsprechenden Kenntnisse konstatiert wurden (daher meine Ergänzung in der Klammer). Offiziell waren seit 1949 sieben Jahre Schulbesuch für alle Sieben- bis Vierzehnjährigen obligatorisch und die Bevölkerung unter 40 Jahren zu Alphabetisierungskursen verpflichtet. Siehe Zuzana Finger, Schulsystem, in: Grothusen (Hg.), Albanien, 529 – 554, 531.

[84] Malgorzata Mazurek, Das Alltagsleben im sozialistischen Betrieb am Beispiel der „Rosa-Luxemburg-Werke" in Warschau an der Schwelle zur „kleinen Stabilisierung", in: Hübner u. a. (Hgg.), Arbeiter im Staatssozialismus, 291 – 318, 303.

[85] Siehe AQSh, Bashkimet Profesionale, 657, 1971 / 12, 1 f. [wie eben, Anm. 83].

[86] AQSh, Ministria e Industrisë dhe e Minierave, 496, 1965 / 62,5 [Bericht der Vizeministerin für Industrie und Bergbau Pashko für eine interne Sitzung am 20.9.1965 zum Stand der Qualifikation der Arbeiter und Verbesserungsmaßnahmen].

einige Hundert die sieben Zweigstellen der Staatlichen Universität.[87] Das waren Gesamtzahlen, die – ihre Glaubwürdigkeit einmal angenommen – gemessen an der Bevölkerungsgröße Albaniens im Vergleich zu Volkswirtschaften in anderen sozialistischen Ländern geradezu beneidenswert waren. Der Teufel steckt jedoch im Detail. Oft nahmen im selben Kurs Arbeiter verschiedener Bildungsgrade und unterschiedlicher Ausgangsvoraussetzungen teil. Die Lehrprogramme waren nicht systematisch aufgebaut und es fehlte an Unterrichtsmaterial. Die Unterrichtsräume waren relativ klein und die Ausstattung entsprach nicht den Anforderungen. Viele Kursleiter waren für ihr Fach nicht qualifiziert und taten auch wenig, um dies zu ändern. Sie wichen oftmals vom Lehrplan ab – manchmal auch durch den tatsächlichen Leistungsstand der Kursteilnehmer bedingt – und ihr Unterricht war oberflächlich. Von der anderen Warte her maßen viele Betriebsleitungen den Kursen nicht die erforderliche Bedeutung zu.[88]

Der Bedarf an ausgebildeten Arbeitskräften speziell für das Kombinat war in den ersten Jahren jedenfalls immens, da dieses Werk das erste seiner Art in Albanien war. Deshalb führte bei den Bemühungen um Produktivitätssteigerung, Qualitätsverbesserung oder einen fachgerechten Umgang der Arbeiter mit Maschinen kein Weg an intensiven Fortbildungsmaßnahmen vorbei. Um möglichst viele qualifizierte Arbeiter zur Verfügung zu erhalten, wurden die Kapazitäten der vorhandenen Berufsschulen erhöht sowie Qualifizierungskurse auf den Baustellen des Stahlwerks und in den Betrieben, von denen die Arbeitskräfte kamen, eingerichtet.[89] In Elbasan wurde in den Jahren 1969–1971 eine neue Berufsschule errichtet, die Elektriker, Mechaniker und Schweißer ausbildete. Von ihr her stießen in den Jahren 1974–1976 520 Facharbeiter zum Kombinat. Die Auswahl der Facharbeiter aus auswärtigen Betrieben für das Stahlwerk erfolgte derweil durch das Bauministerium in Zusammenarbeit mit den Exekutivkomitees. Die Stellen in den betroffenen Betrieben, die dadurch frei wurden, wurden oft durch Absolventen der Schulen für Arbeitsreserven[90] besetzt, wobei auch hier den Stadtbewohnern der Vorrang gegeben wurde.

Ein Teil der Kader und Facharbeiter wurde aus Betrieben mit ähnlicher Tätigkeit rekrutiert, der andere aus Berufs- oder Hochschulen. Dabei nahmen die Exekutivkomitees der jeweiligen Landkreise sowohl ihre soziale Herkunft als auch ihr sozialpolitisches Verhalten unter die Lupe. Diejenigen, die nicht in Elbasan wohnhaft waren, wurden durch

[87] Hans-Joachim HOPPE, Hochschulen und Wissenschaft, in: GROTHUSEN (Hg.), Albanien, 555–586, 574.

[88] Ebenda.

[89] AQSh, KQ i PPSh, 14, 1972 / 13, 20–22 [Bericht von Bauminister Dragoti vor dem Sekretariat des ZK der PAA vom 18.2.1972 betr. zeitige Ausbildung der Arbeitskräfte].

[90] Die Schulen für Arbeitsreserven waren Bildungseinrichtungen für 14 bis 17-Jährige, die zuerst 1940 in der Sowjetunion eingeführt wurden. Die Schüler erlernten dort einen Beruf, bekamen aber keine Ausbildungsvergütung. Ihre Unterhaltskosten wurden vom Staat übernommen, der sie dann in verschiedenen Betrieben einstellte. Siehe FILTZER, Soviet Workers and Late Stalinism, 34–39; FITZPATRICK, War and Society, 41.

eine Gehaltszulage von 15 Prozent angelockt. Diese Regelung galt auch für die Beschäftigten in der Verwaltung. Aber trotzdem fehlte es bei dieser bis 1975 an Personal.[91] Deshalb wurden Angestellte aus anderen Industriewerken wie dem Wärmekraftwerk oder der Stickstofffabrik von Fier, aus Betrieben von Korçë und anderen Orten geholt.

Ein Kreis von Facharbeitern wurde zum Teil in der Volksrepublik China ausgebildet. Auch für sie galt die Regel der „zuverlässigen sozialen Herkunft" und der „richtigen" politischen Haltung. Von den 5375 Arbeitskräften, die zum Ende der ersten Phase der Inbetriebnahme des Kombinats im Juni 1976 eingestellt werden sollten, sollten 328 oder sechs Prozent der Gesamtbelegschaft Ausbildungskurse in China besuchen, was in jenem Jahr auch noch geschah.[92]

Auch eine andere Praxis wurde für das Anlernen der Arbeitskräfte angewendet: Viele Arbeiter, welche die Landkreise zum Bau des Kombinats geschickt hatten, kehrten nach dessen Fertigstellung einfach nicht nach Hause zurück, sondern wurden bei der Inbetriebnahme der Werke übernommen. Da sie den Komplex selbst gebaut hatten, traute man ihnen zu, einiges an Arbeitserfahrung gesammelt zu haben, um mit der Tätigkeit am gewohnten Arbeitsort klarzukommen.

Die Qualifizierungskurse innerhalb Albaniens wurden, abgesehen von den jeweiligen Betrieben des Stahlwerks, in verschiedenen Industriebetrieben in Elbasan, Tiranë, Fier und Kavajë eingerichtet. Anfangs wurde man zum Facharbeiter durch eine Art *training on the job*: Diejenigen Arbeiter, die auf den verschiedenen Baustellen des Landes tätig gewesen waren, hatten sich eine gewisse Arbeitserfahrung und Fachwissen angeeignet, was dann durch die Arbeit im Kombinat und den Besuch der Kurse vervollständigt wurde. Die mittelstufig qualifizierten Facharbeiter wurden später in der neu eingerichteten Metallurgischen Mittelschule in Elbasan ausgebildet, während höher qualifizierte Spezialisten in der Staatlichen Universität in Tiranë in den Bereichen Metallurgie, Mechanik, Elektrik oder Bau-Montage diplomiert wurden.[93] Anschließend folgte ein neunmonatiges Praktikum in einem Betrieb.[94] Auch die diversen anderen am Industriesystem des Landes beteiligten Betriebe schickten Fachkräfte, die später in Elbasan ihre Tätigkeit aufnahmen, zur

91 AQSh, Ministria e Industrisë dhe e Minierave, 496, 1975 / 173, 2 f. [Protokoll des Treffens des Ministers für Industrie und Bergbau Theodhosi mit dem Leiter der chinesischen Spezialistengruppe Han am 6.2.1975 betr. den Abschluss der ersten Bauphase].

92 AQSh, Ministria e Industrisë dhe e Minierave, 496, 1975 / 173, 1–5 [Bericht des Vizeleiters der chinesischen Spezialistengruppe an das ZK der PAA vom 6.2.1975 betr. Inbetriebnahme einiger Werkbereiche].

93 AQSh, KQ i PPSh, 14, 1972 / 169, 4–6 [Bericht aus dem Ministerium für Industrie und Bergbau an das ZK der PAA vom 23.5.1972 betr. Bedarf an Facharbeitern und Arbeitskräften für die neuen Werke]. In den siebziger Jahren wurden in Elbasan Zweigstellen der Staatlichen Universität für die Fachbereiche Ökonomie und Maschinenbau eingerichtet. Hoppe, Hochschulen und Wissenschaft, 575.

94 Dekret mbi një ndryshim në ligjin nr. 4624 datë 24.12.1969 „Mbi sistemin e ri arsimor" [Änderungserlass zu Gesetz Nr. 4624 vom 24.12.1969 „Über das neue Bildungssystem"], *Gazeta Zyrtare*, 5 (1974), 67.

Fortbildung an die Universität. Trotzdem war, gemessen an den Industrialisierungsplänen der PAA-Führung, die Anzahl an hochqualifizierten Kräften gering, da in Wissenschaftsbereichen wie Metallurgie oder Rohstoffanreicherung nicht genügend Studenten ausgebildet wurden. Mehrere Landkreise, die Spezialisten zur Fortbildung an die Universität schicken sollten, damit diese für die Tätigkeit in den Industriewerken der Zukunft vorbereitet werden konnten, brachten zu wenige davon ins System.[95]

Die Betriebsleitungen des Stahlwerks zeigten in erster Reihe Interesse an Fortbildungskursen für Arbeiter, wenn sie nach der Arbeitszeit geboten wurden. Ansonsten überließen sie die Angelegenheit einem Verwaltungsangestellten, der sie am Jahresende über den Sachstand zu unterrichten hatte.[96] Die Folge dieser Vernachlässigung war eine hohe Anzahl von Kursabbrechern oder „Sitzenbleibern" (also hier Arbeitern, die aufgrund ihrer schwachen Leistung kein Schlusszeugnis erhielten). So bestanden von den Arbeitern, die im Schuljahr 1973/74 die achtjährige Volksschule durch Abendkurse nachholen wollten, im ersten Halbjahr nur 64 Prozent und in den Berufsschulen lediglich 50 Prozent die Abschlussprüfungen; nur 43 Prozent derjenigen, die ein Abitur erwerben wollten, erreichten dieses auch. Unter den Arbeitern, die die Abendschulen oder -kurse neben der Arbeit besuchten, waren die höchsten Fehlzahlen zu verzeichnen.[97] Der Gewerkschaftsrat machte für diese niedrigen Leistungen auch die Betriebsleitungen verantwortlich und forderte, sie unter Druck zu setzten, da in einigen Werkbereichen den Arbeitern auch noch nach vollbrachter Arbeitszeit Arbeitsaufträge erteilt werden würden, sie folglich Überstunden machen mussten und verspätet zu den Kursen kamen. Mit der Begründung, dass ansonsten die Produktion zu leiden habe, gäben die Führungskräfte die Stahlarbeiter nicht für die Qualifikationskurse frei.[98]

Gleichzeitig versuchte die Gewerkschaft durch Propagandaarbeit die Arbeiter zur Teilnahme an den Weiterbildungskursen zu motivieren. Nicht anders als bei ihren Schwesterorganisationen im Ostblock, beispielsweise bei den sowjetischen Gewerkschaften oder beim „Freien Deutschen Gewerkschaftsbund" in der DDR, lag der Schwerpunkt ihrer Tätigkeit eindeutig in den Bereichen von Schulung und Ausbildung.[99] Die Teilnehmer-

[95] AQSh, Ministria e Industrisë dhe e Minierave, 496, 1969 / 752, 60 [Bericht aus dem Ministerium für Industrie und Bergbau an den Premierminister vom 16.5.1969 betr. die Qualifizierung der Fachkräfte].

[96] AQSh, Bashkimet Profesionale, 657, 1971 / 12, 4 [Bericht des Sekretärs des Zentralrates der Gewerkschaft Dhrami für das Präsidium des Zentralrates der Gewerkschaft vom 12.10.1971 betr. Probleme bei den Qualifikationsmaßnahmen].

[97] AQSh, Bashkimet Profesionale, 657, 1974 / 4, 36 [Bericht des Sekretärs des Zentralrates Kamberi für den Zentralrat vom 18.2.1974 betr. den Stand der Qualifikationsmaßnahmen].

[98] Sotir Kamberi, Mbi disa probleme të kohës ne shkollat pa shkëputje nga puna [Über einige zeitliche Probleme in den Schulen ohne Arbeitsunterbrechung], *Puna*, 29.12.1970, S. 4.

[99] Anette Schuhmann, „Macht die Betriebe zu Zentren der Kulturarbeit". Gewerkschaftlich organisierte Kulturarbeit in den Industriebetrieben der DDR in den fünfziger Jahren: Sozialhistorisches Novum oder Modifizierung betriebspolitischer Traditionen?, in: Hübner u. a. (Hgg.), Arbeiter im Staatssozialismus, 271 – 289, 275.

zahl der Qualifizierungskurse nahm im Laufe der Jahre zu. So besuchten laut den Berichten, die an das Zentralkomitee der PAA geschickt wurden, im Jahre 1982 1385 Arbeiter des Stahlwerks Berufsschulen und 6800 Arbeiter nahmen an Qualifizierungskursen teil, was nicht ohne Einfluss auf die Arbeitsproduktivität bleiben sollte.[100]

Man kann dennoch nicht davon ausgehen, dass die überwiegende Mehrheit der Arbeiter mit großer Freude an den Qualifizierungskursen teilnahm. Viele derjenigen, deren Familien außerhalb von Elbasan wohnten, leisteten lieber Überstunden, damit sie das Wochenende bei diesen sein konnten. Andere waren nicht bereit, ihre Freizeit um der Fortbildung willen zu opfern. Es sollte nicht vergessen werden, dass es sich mehrheitlich um junge Männer bäuerlicher Herkunft handelte, die die Arbeit im Stahlwerk primär aus wirtschaftlichen Gründen und wohl auch wegen der propagandistischen Versprechungen als anziehend empfanden. Die Kurse sollten ihnen dagegen, neben den beruflichen Kenntnissen, nun auch ein „proletarisches Bewusstsein" vermitteln, nicht anders als beispielsweise in Bulgarien.[101] Bildungsangebote wahrzunehmen, gehörte aber mit aller Vorsicht formuliert nicht unbedingt zur angestammten Familienkultur des damaligen primär rural geprägten Stahlwerkarbeiters. Aus mehreren Gründen gingen viele Arbeiter, die in den Kursen offiziell eingetragen waren, nicht regelmäßig hin.[102] Diejenigen, die dort am häufigsten zu finden waren, waren die Arbeiter in den Hilfsberufen. Ihre Löhne waren niedrig, da sie wenig Fachbildung besaßen, deshalb hatten sie einen Anreiz, an den Kursen teilzunehmen und in eine höhere Qualifikations- und Gehaltskategorie aufzusteigen.[103] Wenn sie jedoch einmal in eine höhere Lohnkategorie aufgestiegen waren, so konnten sie eventuell aufgrund des vorherrschenden Mangels an Fachkräften an einen Arbeitsplatz versetzt werden, der die eigene Qualifizierungsstufe überstieg und wurden dann nach dem Schwierigkeitsgrad am Arbeitsplatz bezahlt. In solchen Fällen zeigten sie oftmals wenig Bereitschaft, sich weiter fortzubilden. So war in vielen Arbeitsbereichen – im Jargon des Regimes „Fronten" – wie zum Beispiel bei den elektrischen Öfen im Kombinat die Kluft zwischen der Qualifizierung der Arbeiter und dem Schwierigkeitsgrad des Arbeitsplatzes größer als die durchschnittliche Differenz unter der Gesamtheit der Industriearbeiter im Lande.[104]

[100] AQSh, KQ i PPSh, 14, 1982 / 114, 4 [Bericht des Vorsitzenden des Zentralrates der Gewerkschaft Marko an das ZK der PAA vom 8.3.1982 betr. Qualifikationsprobleme der Arbeitskräfte].

[101] Brunnbauer, Stählerne Träume, 225.

[102] AQSh, KQ i PPSh, 14, 1982 / 114, 4 [wie eben, Anm. 100].

[103] Eine der Beschwerden, die zu den Qualifizierungskursen oft vorgebracht wurde, war, dass die Zertifizierungsausschüsse die Teilnehmerurkunden oft unverdient erteilten. Sie unterstützten damit indirekt das Streben der Arbeiter in die nächsthöhere Kategorie. AQSh, KQ i PPSh, 14, 1982 / 114, 4 f. [Bericht des Vorsitzenden des Zentralrates der Gewerkschaft Marko an das ZK der PAA vom 8.3.1982 betr. Qualifikationsprobleme der Arbeitskräfte].

[104] AQSh, KQ i PPSh, 14, 1982 / 83, 15 [Mitteilung des Parteisekretärs des Stahlwerks Maksuti an das ZK der PAA vom 29.6.1982 betr. verschiedene Probleme der Beschäftigten].

Abb. 14: Idealtypische Industriearbeiter im Stil des sozialistischen Realismus: „Arbeiten und Lernen". Ölgemälde von Çlirim Ceka

Diese Entwicklung war für die höchsten Partei- und staatlichen Instanzen besorgniserregend, stand sie doch im Widerspruch zum propagierten sozialistischen Bild vom nach Bildung strebenden revolutionären Arbeiter. Doch die Betriebsleitungen zeigten selbst in den 1980er Jahren – wie in den siebziger Jahren – keine eigentliche Bereitschaft zur Förderung von Weiterbildungskursen für Arbeiter nach der Arbeitszeit. Dafür gab es mehrere Gründe: Die Funktionäre fürchteten, die Betroffenen würden vorzeitig die Arbeitsplätze verlassen oder weniger produktiv arbeiten und außerdem in improvisationsbedürftigen Situationen, in denen massiver Arbeitseinsatz und Überstunden notwendig waren, nicht zur Verfügung stehen. Ein Ministerratsbeschluss von 1982, wonach Arbeiter oder Angestellte, die neben der Arbeit einen Fortbildungskurs zum Erwerb eines Schul- oder Hochschulabschlusses besuchten, wöchentlich für sechs Stunden freizustellen waren, dürfte ihre Furcht nicht verringert haben.[105] Infolge von Engpässen bei den Rohstofflieferungen und Organisationsdefiziten war ja ständig mit anfallender Stoßarbeit oder einen Bedarf an zusätzlichen Arbeitskräften zu rechnen.

[105] Vendim për sistemin arsimor [Beschluss zum Bildungssystem], *Gazeta Zyrtare* 37 (1982), H. 4, 80–91, 86f.

Eine solche Haltung versprach keine Senkung der Produktionskosten, keine höhere Produktivität oder bessere Qualität. Es nimmt insofern nicht Wunder, dass viele Arbeiter vehement Vorschläge zur Normerhöhung ablehnten, da ihnen das notwendige Wissen zur Beherrschung der Produktionstechnologie fehlte. Bei einer internen Besprechung der zuständigen Stellen innerhalb der SPK wurde offen zugegeben:

> „In den Monaten Januar – April 1974 sind bei den meisten Baubetrieben Mängel in der Arbeitsorganisation festgestellt worden. Die Normen werden nicht erfüllt, die Effektivität ist niedrig, die Arbeitszeit wird nicht effektiv genutzt. So haben in diesen Monaten 740 Arbeiter die Norm nicht erfüllt [...] Die Arbeitszeit wird nur zu 77,4 Prozent genutzt. Die Arbeitsproduktivität ist nur zu 90,6 Prozent erfüllt worden [...]. Falls 80 Prozent dieser Mängel beseitigt werden würden, könnte man bis zu 300 Arbeiter einsparen."[106]

Diese Arbeiter hätten dann beispielsweise in den Bauprojekten eingesetzt werden können, wo Arbeitskräftemangel bestand, was somit aufgrund der verfehlten Normen nicht möglich war.

Die betroffenen Betriebsleiter reagierten auf ihre Art: Idriz Dhrami, der Sekretär des Zentralrates der Gewerkschaft, schrieb 1971 in einem Bericht, die einzige Methode, die die Betriebsleiter kennten, um die Arbeiter bei ihrer Tätigkeit zu motivieren, sei die Lohnkürzung, was aber die private wirtschaftliche Lage der Arbeiter beschädige.[107] Die Gewerkschaft als Hüterin der Arbeitnehmerinteressen betrachtete solche Fälle besorgt, da sie sich langfristig gesehen negativ auf die Popularität des Regimes und damit auch auf ihr eigenes Ansehen auswirken könnten.

Die Qualifizierungsarbeit wurde auch durch die befristeten Arbeitsverträge für die von auswärts gekommenen Mitarbeiter negativ beeinflusst. Manchmal endete bei Arbeitern, die gerade einen Qualifizierungskurs abgeschlossen hatten, der Arbeitsvertrag zur selben Zeit, so dass sie zu ihren ursprünglichen Wohnorten zurückkehren mussten.[108] Alle Bemühungen und Kosten, die für ihre Weiterbildung aufgewendet worden waren, wurden dadurch zunichtegemacht. Bei Facharbeitern, die nach der Arbeitszeit Kurse besuchten, kam als erschwerender Umstand hinzu, dass sie bei Versetzung in einen anderen Betrieb, wo der Bedarf nach ihnen größer war, den Kurs abbrechen mussten oder schlimmstenfalls der Kurs ganz aufgelöst wurde. Solche Phänomene ließen ein Missverhältnis entstehen zwischen dem oganisatorischen Aufwand zur Erhöhung der beruflichen Fachkenntnisse der Arbeiter und der tatsächlichen Effizienz der Weiterbildungsmaßnahmen, an deren Gelingen die PAA-Führung ihre hohen Erwartungen gekoppelt hatte.

Allerdings wurde das in der Propaganda ganz anders dargestellt. In den für das Ausland bestimmten Druckschriften wurde von „jungen Arbeitern" berichtet, die „zu Herren

106 AQSh, Komisioni i Planit të Shtetit, 14, 1974/8, 3 [Bericht für die Sitzung der SPK vom 20.6.1974 betr. Planerfüllung und Rekrutierung der Arbeitskräfte].

107 AQSh, Bashkimet Profesionale, 657, 1971/12, 5 [Bericht des Sekretärs des Zentralrates der Gewerkschaft Dhrami für das Präsidium des Zentralrates der Gewerkschaft vom 12.10.1971 betr. Probleme bei den Qualifikationsmaßnahmen].

108 AQSh, KQ i PPSh, 14, 1982/114, 5 f. [Bericht des Vorsitzenden des Zentralrates der Gewerkschaft Marko an das ZK der PAA vom 8.3.1982 betr. Qualifikationsprobleme der Arbeitskräfte].

der Technik geworden" seien oder von 5968 Arbeitern geschrieben, welche 1979 „303 Qualifikationslehrgängen verschiedener Stufen und verschiedener Berufe" besuchen würden.[109] In den internen Gewerkschaftsakten wurde jedoch über die Qualifikation der Arbeiter spürbar nüchterner berichtet. Das Kreisgewerkschaftskomitee von Elbasan teilte im selben Jahr dem Zentralrat mit, zwar nähmen viele Arbeiter an den Qualifikationskursen teil, die Produktivität des Stahlwerks würde jedoch immer noch durch die geringe Qualifikation der Belegschaft beeinträchtigt.[110] 65 Prozent der im Metallbereich Beschäftigten hatten 1982 nur die 8-jährige Volksschule und zwei Jahre Berufsausbildung hinter sich, nur etwa 30 Prozent ein Abitur und Berufsausbildung.[111] Zwischen den diversen Forderungen nach einem gymnasialen Abschluss als Voraussetzung für das Ergreifen eines Berufes im chemischen, mechanischen und metallurgischen Zweig und der Realität bestand eine tiefe Kluft. Derlei Faktoren lassen vermuten, dass die wenigen gut qualifizierten Arbeiter einen im Vergleich zu ihren minderqualifizierten Kollegen breiten Spielraum innerhalb des Unternehmens gehabt haben dürften, nicht anders als in der Sowjetunion der 1960er und 1970er Jahre. Die eigentliche Privilegierung dürfte auf der Ebene des faktischen Arbeitsverhaltens zu suchen sein, da für finanzielle Anreize und Lohnerhöhungen den Betriebsleitern wenige Möglichkeiten zur Verfügung standen, wie im nächsten Kapitel (5.3) zu sehen sein wird. Die Erwartungen der Staats- und Parteiführung an die Kombinatsleitung waren hoch und diese konnte es sich daher nicht leisten, in einer Situation, in der die Qualifikation der Beschäftigten im Allgemeinen nicht den Anforderungen entsprach, Facharbeiter gehen zu lassen. Angesichts der zahlreichen Rekrutierungsschwierigkeiten musste sie vor allem im Umgang mit Qualifizierten informelle Anreize verwenden, um das Kombinat als positiven Arbeitsort erscheinen zu lassen. Gleichzeitig versuchte sie alle potentiellen Arbeitskräfte anzuwerben, die irgendwie verfügbar waren. Bei einer Bevölkerungsgruppe standen ihre Bemühungen dabei ganz im Einklang mit den Intentionen der Machthaber: den Frauen.

4.5 Die Frauen im Stahlwerk

Während bis zur Vorkriegszeit die Frau im albanischen Arbeitsleben außer hinsichtlich ihrer von den patriarchalischen Gegebenheiten diktierten Mitwirkung in der bäuerlichen Arbeit eine marginale Rolle spielte, erhielt sie unter dem neuen Regime sowohl in der

[109] Halim Stolia / Medin Çollaku, Das Porträt einer Stadt: Elbasan, *Neues Albanien* 6 (1979), 12–17, 16.

[110] AQSh, Bashkimet Profesionale, 657, 1979/79, 63 [Studie des Gewerkschaftskomitees von Elbasan für den Zentralrat der Gewerkschaft betr. Einstellung der lokalen Arbeiterklasse zur Arbeit und zum Eigentum].

[111] Ebenda, 14. Dabei kann man sich durchaus die Frage stellen, ob zwei Jahre Berufsausbildung im damaligen Albanien die erforderlichen Kenntnisse für eine Tätigkeit in der Schwerindustrie auch wirklich vermittelten.

Gesetzgebung als auch in der politischen Rhetorik die gleichen Rechte wie der Mann. Die Frauen hatten ungehinderten Zugang zur Erziehung und zur Arbeitswelt, auch im Familienleben und bezüglich Erbrecht genossen sie normativ die Gleichberechtigung mit ihrem männlichen Gegenüber.[112] Auch für die ehrgeizigen Pläne in der Industrie konnten die Frauen als Arbeitskraft nicht vernachlässigt werden, weshalb ihre Teilnahme an Qualifikationskursen und Abendschulen gefördert wurde. In albanischen Veröffentlichungen aus dieser Zeit wurden dazu oft Stalins Aussagen zitiert:

> „Die werktätigen Frauen, die Arbeiterinnen und Bäuerinnen, bilden eine gewaltige Reserve der Arbeiterklasse. Diese Reserve macht mehr als die Hälfte der Bevölkerung aus. Ob diese Frauenreserve für die Arbeiterklasse oder gegen sie sein wird – davon hängt das Schicksal der proletarischen Bewegung, der Sieg oder die Niederlage der proletarischen Revolution, der Sieg oder die Niederlage der proletarischen Staatsmacht ab."[113]

Einer der Pfeiler der Propagandakampagne während der albanischen Kulturrevolution, der Ruf nach der „Emanzipation" der Frau, wird von mehreren heutigen Historikern derweil als Teil von Hoxhas Strategie zur Ausdehnung der Macht der PAA über Staat und Gesellschaft betrachtet.[114] Die These, die alleinige Funktion der Emanzipationskampagne sei machtpolitisches Kalkül gewesen, würde verdienen, einmal im Rahmen einer Untersuchung der albanischen Kulturrevolution umfassend erörtert zu werden, spricht sie doch dem Hoxha-Regime gewisse ihm womöglich inhärente Tendenzen zur Aufklärung der Gesellschaft ab. Die programmatischen Bemühungen um einen Wandel der Frauenrolle im albanischen Gesellschaftsbild waren aber auf jeden Fall besonders tiefgreifend in der industriellen Arbeitswelt zu spüren. Von daher steht unser Fall auf eindrückliche Weise stellvertretend für die Versuche der sozialistischen Führung, ihre Konzepte in der Frauenpolitik durchzusetzen, und stellt gleichzeitig das Ergebnis dieser Versuche dar.

Im ersten Jahr der Inbetriebnahme des Walzwerks war dort buchstäblich jeder einzelne Arbeitsplatz von Männern besetzt. Zur Rolle der Frau überwog in der Gesellschaft – vor allem unter den Bauern – die Einstellung, ihr Tätigkeitsfeld sei die Haus- und Hofarbeit, weshalb Bildung für sie überflüssig sei, da sie einen begrenzten Aufgabenbereich habe und das Elternhaus nach ihrer Einheirat durch Übertritt in den Haushalt des Ehemanns verlasse. Im Rahmen der Kampagne zur Emanzipation der Frau und ihrer Integrierung in den Arbeitsprozess, aber auch wegen des Arbeitskräftemangels, begann sich diese gesellschaftliche Haltung zu ändern. 1970 arbeiteten beispielsweise im Walzwerk 98 Frauen,

112 Nach Sjöberg, Social Structure, 502.

113 Josef Stalin, Zum internationalen Frauentag (8.3.1925), in: ders., Werke. Bd. 7. Berlin 1952, 32; Dokumenta kryesore, Bd. 5, 283–284.

114 Blumi, Hoxha's Class War; Miranda Vickers / James Pettifer, Albania: From Anarchy to a Balkan Identity. London ²1999; Luljeta Ikonomi/Shannon Woodcock, Imoraliteti në familje: Nxitja e ankesave të grave për të përforcuar pushtetin e partisë në revolucionin kulturor shqiptar [Die Unmoral in der Familie. Die Verwendung von weiblichen Beschwerden zur Stärkung der Parteiherrschaft in der albanischen Kulturrevolution], *Përpjekja* 32 / 33 (2014), 153–180.

was immerhin 23 Prozent der Gesamtarbeiterzahl ausmachte und auch im Unterschied zum ursprünglichen Plan stand, der nur 10 Prozent vorgesehen hatte.[115] Sie waren als Filmvorführerinnen, aber auch als Dreherinnen, Schmiedinnen, Kranführerinnen sowie in anderen Berufen tätig. Auch in den sonstigen Elbasaner Kreisbetrieben waren bald darauf schon 40 Prozent der Beschäftigten Frauen.[116] Ein solches Beschäftigtenverhältnis hatte Auswirkungen auch auf die Geschlechterbeziehungen, nicht zuletzt bei den Jugendaktionen.[117]

Es war nun betrieblich betrachtet nicht gerade leicht, Frauen ab dem Beginn der Inbetriebnahme des Stahlwerks zu beschäftigen, da sehr wenige von ihnen eine Qualifikation in mechanisch-technischen Fächern genossen hatten, noch weniger als bei den Männern. Berufe mit solchen Schwerpunkten waren schon immer, wenn überhaupt vorhanden, dann eine Männerdomäne gewesen. Nach einem Bericht des Ministeriums für Industrie und Bergbau waren 1969 von den ca. 8300 Angestellten, die landesweit in mittleren und höheren Funktionen in den Betrieben beschäftigt waren, welche diesem Ministerium unterstanden, nur 1033 weiblich. 12 von ihnen waren Betriebsleiterinnen, vier stellvertretende Betriebsleiterinnen, drei Oberingenieure, 55 Abteilungsleiterinnen und 115 Schichtleiterinnen.[118] Kurz davor hatte das Zentralkomitee eine Weisung „über eine weitere Verbesserung der sozialen Komponenten“ in den Führungsstäben herausgegeben, welche unter anderem zum Ziel gehabt hatte, Frauen den Zugang zu höheren Posten zu erleichtern.

Im Ministerrat hatte man ursprünglich mit dem Gedanken gespielt, Frauen aus der Stadt als ungelernte Arbeiterinnen verstärkt bei Bauarbeiten einzusetzen, um die Migration einzuschränken und eventuellem Arbeitskräftemangel in den Genossenschaften zuvorzukommen.[119] Es war jedoch eigentlich klar, dass aufgrund der schweren körperlichen Belastung Frauen sich nur in geringem Maße beim Bau beteiligen konnten,[120] weshalb die SPK 1968 dann vorsah, sie in anderen Bereichen der Wirtschaft zu beschäftigen, um so männliche Arbeitskräfte für den Bau und den Betrieb des Elbasaner Kombinats freizubekom-

115 Numri i grave punëtore ne metalurgji rritet vazhdimisht [Die Anzahl der Arbeiterinnen in der Metallurgie wächst ständig], *Shkumbini*, 7.1.1970, S. 2.

116 AQSh, KQ i PPSh, 14, 1972/16, 13 [Bericht des Ersten Sekretärs des Parteikomitees des Kreises Elbasan Menzelxhiu für die Sitzung des Sekretariats des ZK der PAA am 24.5.1972 betr. die Ergebnisse der Bewegung zur Festigung der sozialistischen Familie].

117 Siehe dazu Leonard Veizi, Shkurte Vata. Enveri e bëri komuniste [Shkurte Vata. Enver machte sie zum Parteimitglied], *Shekulli*, 20.10.2012, unter http://shekulli.com.al/6238, am 25.10.2019 zuletzt aufgerufen.

118 AQSh, Ministria e Industrisë dhe e Minierave, 496, 1969/761, 11 f. [Bericht der Vizeministerin für Industrie und Bergbau Pashko an das ZK der PAA vom 25.12.1969 betr. Zusammensetzung der Führungsstäbe innerhalb der dem Ministerium für Industrie und Bergbau unterstellten Betriebe].

119 AQSh, Këshilli i Ministrave, 490, 1962/730, 378 [Ministerratsbeschluss vom 22.11.1962 betr. Maßnahmen für den Bau der Industriewerke].

120 AQSh, Këshilli i Ministrave, 490, 1965/1017, 27 f. [Bericht des Gesandten Koleka für die chinesische Seite betr. die Bedeutung der Industriewerke des IV. Fünfjahresplans (1966–1970)].

men.[121] Eine solche Beschäftigungspolitik sowie der Charakter der Arbeit im Stahlwerk schloss von Anfang an ein eventuelles Konkurrenzverhalten zwischen Frauen und Männern aus, wie das etwa in der DDR durchaus der Fall war.[122] Was die örtlichen Parteistellen anging: Sie hatten vorgeschlagen, hinsichtlich weiblichen Personals den Bedarf mit freien Arbeitskräften aus dem Kreis zu stillen, da ansonsten die lokale Arbeitslosigkeit unter Frauen zunehmen könnte. Dazu sollten verstärkt Arbeitskräfte aus dem Umland beschäftigt werden, bis der Anteil der Frauen im Stahlwerk einen Anteil von rund 15 Prozent erreicht haben würde. Durch die Arbeit dort könnten sie „die Eigenschaften des wahren Kommunisten erwerben".[123] Mit der Beschäftigung freier weiblicher Kräfte aus dem Kreis Elbasan war Hoxha einverstanden, nicht jedoch mit der konkret vorgeschlagenen unbeschränkten Rekrutierung von weiblichen Arbeitskräften in den ländlichen Teilen des Kreises, da er als Folge einen Mangel an Arbeitskräften für die Elbasaner Landwirtschaft befürchtete. Er empfahl, Arbeitskräfte aus entfernteren Landkreisen zu rekrutieren, auch wenn das größere Ausgaben bedeuten würde.[124] Jedenfalls sollte den Frauen bei der Industrialisierung des Landes keine passive Rolle zukommen, was sich auch bei den Plänen für die Infrastruktur des Kombinats zeigte. Jedem einzelnen Werkbereich sollten außer den (gemeinsamen) Arbeitermensen oder den Umkleideräumen auch getrennte Duschen und WCs sowie „Hygieneräume"[125] für die künftigen Kombinatsmitarbeiterinnen angegliedert werden.[126]

Um das Ziel, eine Frauenquote von 10–15 Prozent innerhalb der Stahlwerksbelegschaft zu erreichen, wurde von den Gewerkschaftsorganisationen eine erhöhte Propaganda unter den Frauen betrieben, welche deren Interesse zum Besuch der Qualifikationskurse und Abendschulen anregen sollte. So sollten im Schuljahr 1971/72 nach internen Gewerkschaftsangaben von den 5000 Arbeitern, die in den Fortbildungskursen im Kreis Elbasan teilnahmen, 2000 weiblich gewesen sein.[127] Für sie war das in der Praxis nicht leicht, vor allem bei Frauen mit Kindern, da diese neben der Arbeit im Stahlwerk auch die Kinder betreuen mussten. Offiziell waren sie den Männern wohl gleichgestellt, was im konkreten

121 AQSh, Komisioni i Planit të Shtetit, 495, 1963 [sic!] / 77, 6 [Studie zur Rekrutierung der Arbeitskräfte].

122 Heike Stadtland, Konfliktlagen und Konfliktformen. Arbeiter in der DDR zwischen Integration, Disziplinierung und Verweigerung, in: Hübner u. a. (Hgg.), Arbeiter im Staatssozialismus, 357–381, 373 f.

123 Gruaja – forcë e madhe në kombinatin metalurgjik [Die Frau – eine große Macht im Metallurgischen Kombinat], *Puna*, 28.6.1977, S. 3.

124 AQSh, KQ i PPSh, 14, 1969 / 20, 155–172[Versammlung des Sekretariats des ZK der PAA am 20.6.1969 betr. Rekrutierung und Ausbildung der Facharbeiter fürs Stahlwerk].

125 Vermutlich sind damit Waschräume gemeint.

126 AQSh, Komisioni i Planit të Shtetit, 495, 1968 / 10, 120 f. [Schreiben von Bauminister Dragoti und Industrie- und Bergbauminister Theodhosi an Vizeministerpräsident Çarçani vom 10.11.1968 betr. Kapazität und Umfang des künftigen Stahlwerks].

127 AQSh, Bashkimet Profesionale, 657, 1972 / 85, 8 [Bericht des Gewerkschaftsleiters des Kreises Elbasan Prifti für die Versammlung des Präsidiums des Zentralrates der Gewerkschaft am 21.3.1972 betr. die Teilnahme der Arbeiterin in der technisch-wissenschaftlichen Revolution in Elbasan].

Fall bedeutete, dass sie auch von Überstunden im Betrieb nicht ausgenommen waren. Da sich in der traditionellen Aufgabenteilung innerhalb der Familie aber wenig änderte, hatten sie eine Doppelbelastung zu tragen: Neben der Tätigkeit am Arbeitsplatz mussten sie sich um die häuslichen Angelegenheiten kümmern. Wohl gelang es mehreren Arbeiterinnen, durch die Qualifizierungskurse in eine höhere Qualifizierungsstufe aufzusteigen; sie waren aber meistens alleinstehend, während diejenigen mit Kindern oftmals die Kurse abbrachen oder aufgrund hoher Abwesenheitszeiten nicht versetzt werden konnten, wie die Gewerkschaftsvertreter 1971 mit Sorge feststellten.[128] Infolgedessen hatten die Arbeiterinnen im Kombinat 1972 im Durchschnitt eine niedrigere Qualifizierungsstufe als ihre männlichen Kollegen. Insgesamt stellte sich die Situation berufstätiger Frauen demnach als schwierig dar. Der Parteisekretär von Elbasan schilderte diese Schwierigkeiten in einem Bericht an das Zentralkomitee 1972 treffend, als er erklärte:

> „Die Macht der Tradition, die kleinbürgerlichen Gedanken zum Aufgabenfeld der Frau, konservative Gedankenbilder lassen es bei den Männern kaum zu, den Frauen bei der Hausarbeit zu helfen. Die Diskussionen zeigen, dass Frauen, sogar die Kommunistinnen, sich wenig am politisch-sozialen Leben beteiligen. Das liegt daran, dass sie daheim viel zu tun haben. Die Männer stehen ihnen nicht im Weg, […] aber sie unterstützen sie auch nicht. Vor allem die Frauen vom Lande haben viel zu tun.
>
> […] Die intellektuellen Frauen nehmen am wissenschaftlich-sozialen Leben weniger teil als die Männer. Die Lehrerinnen, Ärztinnen, Ingenieurinnen betreiben weniger Studien, halten weniger Vorträge als die Männer. […] Kleinbürgerliche Gedankenbilder haben auch die Angestellten und Intellektuellen […].
>
> Wir müssen uns auch mehr um die Erhöhung des Qualifikationsniveaus und der Bildungskenntnisse bei Frauen kümmern. […] In den Fortbildungskursen nehmen hauptsächlich unverheiratete Frauen teil, da die anderen sich um die Familie kümmern müssen. […] Die größte Last tragen Frauen in Großfamilien. Hier hat der Stammesälteste das Sagen und die anderen müssen ihm gehorchen. […] Auch der Staat unterstützt die Frauen bei der Hausarbeit nicht genug."[129]

Falls es jemals auf der politischen Tagesordnung der PAA-Führung gestanden hatte, die Familie von der Hausarbeit zu befreien und die Kinderbetreuung und Erziehung den staatlichen Einrichtungen zu überlassen, damit die Eltern sich politisch und kulturell bilden könnten (wie das beispielsweise in Bulgarien Anfang der sechziger Jahre noch der Fall war[130]), so war die albanische Realität also weit davon entfernt. Zudem war die Mehrheit der Arbeitslosen im Lande weiblichen Geschlechts, da der Automatisierungsgrad in Industrie

[128] AQSh, Bashkimet Profesionale, 657, 1971 / 12, 2 f. [Bericht des Sekretärs des Zentralrates der Gewerkschaft Dhrami für die Versammlung des Präsidiums der Gewerkschaft vom 12.10.1971 betr. den Qualifikationsstand der Arbeiterinnen]; siehe auch Kamberi, Mbi disa probleme, S. 1.

[129] AQSh, KQ i PPSh, 14, 1972 / 16, 14–16 [Bericht des Ersten Sekretärs des Parteikomitees des Kreises Elbasan Menzelxhiu für die Sitzung des Sekretariats des ZK der PAA am 24.5.1972 betr. die Ergebnisse der Bewegung zur Festigung der sozialistischen Familie].

[130] Brunnbauer, „Die sozialistische Lebensweise", 496 f.

und Landwirtschaft gering war und die Frauen die Männer nicht überall vertreten konnten.[131] Im Januar 1977 waren in den Städten Albaniens offiziell 16.500 Personen als arbeitslos registriert, 80 Prozent davon waren Frauen und es bestand trotz einer sinkenden Tendenz der Arbeitslosigkeit kaum Aussicht, dass sich die Lage bald ändern würde.[132] Die SPK vermutete, dass auch diejenigen faktisch Arbeitslosen, die sich nicht offiziell als solche gemeldet hatten, in der Mehrzahl Frauen waren. Im Kreis Elbasan waren Ende 1976 845 Arbeitslose offiziell gemeldet, davon 741 Frauen.[133] Obwohl im Stahlwerk verstärkt Arbeitskräfte angestellt wurden, wurden Ende 1980 aufgrund der erhöhten Migrationsrate in der Stadt 980 Arbeitslose gezählt, davon waren 580 Frauen. Die Mehrheit von ihnen war zwischen 15 und 26 Jahre alt. Sie hatten nur die Grundschule oder die achtjährige Volksschule besucht. Laut einer Mitteilung des Exekutivkomitees lehnten es 430 der Arbeitslosen – die meisten davon Frauen – ab, in der Landwirtschaft oder im Stahlwerk zu arbeiten, sondern baten um eine leichtere Tätigkeit.[134]

Diese Verhältnisse dürften auch früher nicht viel anders gewesen sein, denn als Enver Hoxha 1965 bei einem Besuch in Elbasan bei der Konferenz des Jugendverbandes eine Rede hielt, forderte er die Frauen der Stadt auf, sich nicht nur körperlich weniger anstrengende Tätigkeiten auszusuchen – wie in den Kinderkrippen –, sondern dahin zu gehen, „wo die Arbeit ist".[135] Allerdings war eine Senkung der Frauenarbeitslosigkeit nicht leicht umzusetzen: Grund dafür war nicht nur die geringe Attraktivität der Arbeit im Stahlwerk, sondern auch die Tatsache, dass die Bevölkerung rapide zunahm. Die Wachstumsrate der Bevölkerung in Albanien lag zwischen 1970 und 1980 um mehr als zwei- bis dreimal höher als in Rumänien, das dabei unter den südosteuropäschen Ländern im selben Zeitraum an zweiter Stelle stand.[136] Viele Frauen, die sich um ihre Kinder kümmern mussten, waren wie gesehen von der Teilnahme im Wirtschaftsleben ausgeschlossen. Aus diesem Grund erhöhte die Regierung die Investitionen zum Bau von Kinderkrippen und Tagesstätten.[137] Parallel dazu stieg der Prozentsatz der Frauen innerhalb des Stahlwerks in Elbasan kontinuierlich an. Sollte nach den Rekrutierungsabsichten von 1965 nur 5–10 Prozent der Belegschaft aus Frauen bestehen, so waren im Stahlwerk im Jahre 1978 nach Presseangaben 2700 Schweißerinnen, Monteurinnen, Kranführerinnen, Metallarbeiterinnen und

[131] Ende der sechziger Jahre waren zehn Prozent der Frauen, in den Städten gar 17 Prozent, nicht berufstätig. Siehe Schmidt-Neke, Innenpolitik, 72.

[132] Nach: AQSh, Komisioni i Planit të Shtetit, 495, 1977/23, 25 f. [Bericht aus der SPK-Sitzung vom 21.11.1977 betr. die Fluktuationssituation und Arbeitsplatzbeschaffungsmaßnahmen 1977].

[133] AQSh, KQ i PPSh, 14, 14, 1978/49, 9 [Bericht des Parteisekretärs von Elbasan Kondi vom 28.10.1978 betr. Arbeitslosigkeit im Kreis und Maßnahmen zur Beschäftigung].

[134] Ebenda, 10 f.

[135] Enver Hoxha, Rinia forcë e madhe për ndërtimin e socializmit [Die Jugend – eine große Kraft für den Aufbau des Sozialismus] (4.4.1965), in: ders., Vepra [Werke]. Bd. 29. Tiranë 1979, 289–304, 302.

[136] Siehe Brunnbauer, Gesellschaft und gesellschaftlicher Wandel, 656.

[137] Nichtsdestotrotz war das rapide Bevölkerungswachstum einer der Gründe, wieso das Industrialisierungstempo später verlangsamt wurde. Hutchings, Albanian Industrialization, 120f.

Fahrerinnen tätig. 108 von ihnen besaßen laut der Presse eine höhere und 780 eine mittlere Qualifikation.[138] Ergänzend verdient Erwähnung, dass der Elbasaner Parteisekretär Kondi in einem Bericht vom Oktober 1978 an das Zentralkomitee mitteilte, dass die Beteiligung der Frauen in den Produktionsarbeiten im laufenden Jahr von 37,6 Prozent im Jahre 1976 auf 39,5 Prozent wachsen würde.[139]

Infolge staatlicher Maßnahmen sollten Frauen von da an noch mehr als zuvor in die Berufswelt integriert werden, was auf der Kehrseite bei Aufrechterhaltung der traditionellen Arbeitsteilung im Haushalt ihre Belastung erhöhte. So erwartete die SPK für den VI. Fünfjahresplan (1976–1980) eine Erhöhung der Quote berufstätiger Frauen von 46 Prozent im Jahre 1974 auf 48,8 Prozent, was dann aber doch nicht erreicht wurde (siehe Tabelle 13).[140] Diese Eingliederung der Frauen in die Arbeitswelt war nicht nur wichtig, um die Ziele der Emanzipationskampagne zu verwirklichen, sondern auch um im Kriegsfall genügend angelernte Arbeitskräfte zur Verfügung zu haben, die bei einer Mobilisierung der Männer die Produktion aufrechterhalten könnten.[141] Die Arbeiterinnen wurden aber auch in der albanischen Konzeption der „Volksarmee" beziehungsweise eines Volkes unter Waffen mit einbezogen, indem sie – genauso wie ihre männlichen Kollegen – neben dem Berufsleben am Militärtraining teilnahmen.[142]

Tab. 13: Anteil der Frauen unter den Beschäftigten in den verschiedenen Wirtschaftszweigen

Zweig	**1960**	**1970**	**1980**	**1985**	**1990**
Landwirtschaft	43,8	52,8	52,2	52,5	52,4
Industrie	27,8	44,2	43,6	44,0	44,5
Bau	5,7	9,4	9,0	8,5	8,9
Transport- und Kommunikationswesen	6,7	14,9	15,8	15,4	16,0
Handel	39,6	39,6	53,3	54,1	53,1
Erziehungs- und Kulturwesen	41,4	48,7	50,5	52,8	52,7
Gesundheit	72,3	77,5	78,7	79,7	78,8
Sonstige	19,6	37,9	38,3	41,7	38,5
Insgesamt	35,6	45,3	45,9	46,6	46,7

Quelle: SJÖBERG, Social Structure, 503.

138 VASJARI, Shoqet e Metalurgjikut, S.1.

139 AQSh, KQ i PPSh, 14, 1978 / 49, 13 [Bericht des Ersten Sekretärs der Parteikomitees des Kreises Elbasan Kondi an das ZK der PAA vom 28.10.1978 betr. die Maßnahmen zur Beschäftigung der freien Arbeitskräfte].

140 AQSh, KQ i PPSh, 14, 1974 / 6, 292 [Projektskizze zum VI. Fünfjahresplan (1976 – 1980) des Vorsitzenden des SPK Këllezi vom 20.2.1974 für die Sitzung des Politbüros des ZK der PAA am 8.5.1974].

141 AQSh, Bashkimet Profesionale, 657, 1974 / 509, 3 [Maßnahmenplan des Zentralrates der Gewerkschaft vom Juli 1974 betr. Aggression durch den Warschauer Pakt].

142 Interview mit M. M. am 3.5.2012 in Tiranë.

In der Realität bedeutete dies wie gesagt nicht zuletzt eine erhöhte Belastung im Haushalt bei gleichzeitiger Benachteiligung in der Berufswelt. Den Arbeiterinnen im Stahlwerk fehlten sowohl die infrastrukturellen Voraussetzungen als auch das soziale Umfeld, um den Emanzipationsgedanken umfassend in die Tat umzusetzen. So waren trotz der frühzeitigen Planungsarbeiten in vielen Baustellen weder getrennte Umkleide- noch Hygieneräume vorhanden, ungeachtet der Tatsache, dass Frauen bei den Bauarbeiten in allen Bereichen eingesetzt wurden.[143] Im alltäglichen Geschlechterverhältnis manifestierten nicht wenige männliche Arbeiter patriarchalische Verhaltensweisen: Sie reinigten beispielsweise ihren Arbeitsplatz nicht, wenn sie ihre Schicht beendeten, sondern überließen dies den Arbeiterinnen. Solche Verhaltensweisen wurden von den Gewerkschaftsagitatoren als „Reste rückständigen Denkens" betrachtet und die Betroffenen kritisiert, da sonst „dem moralischen Verfall der politische folgt".[144]

Die Gewerkschaftsvertreter stellten auch in den Familienbeziehungen genügend Fälle fest, in denen sich „rückständige Sitten" (zakone prapanike) trotz der Emanzipationsbewegung der Partei weiterhin behaupteten. In einem Bericht des Gewerkschaftspräsidenten Marko wurde 1975 festgehalten, in einigen Familien würden die Geburtstage der Söhne gefeiert, nicht jedoch die der Mädchen. Mädchen würden schon im neunten oder zehnten Schuljahr verlobt werden. Dabei habe man in der Gemeinde Vorë (auf halbem Wege zwischen Durrës und Tiranë) festgestellt, dass der Lehrer der 8-jährigen Schule seine Funktion missbrauchte und sich heimlich als Brautwerber betätigte. Gegen ihn seien Maßnahmen eingeleitet worden. Auch bei den Essensausgaben in den Mensen würden Männer bevorzugt behandelt.[145]

Die Arbeiterschaft im Kombinat stand durchschnittlich in jungem Alter, und das Stahlwerk wurde zum Ursprungsort vieler Beziehungen, die in Ehen mündeten. Bis es jedoch soweit war, bemühten sich die Betroffenen, in ihrer Umgebung nicht aufzufallen. Wenn es zu ungewollten Schwangerschaften kam, konnten das Parteikomitee oder die Gewerkschaftsorganisationen auf den Plan gerufen werden und diese übten Druck aus, damit es zur Ehe kam. Dies konnte geschehen, indem demjenigen, der einer Ehe abgeneigt war – normalerweise waren das Männer – im Falle einer Ablehnung berufliche Nachteile (Strafversetzung/Entlassung) angedroht wurden oder indem beiden eine Woh-

143 AQSh, KQ i PPSh, 14, 1972/103, 3 [Bericht des Generalstaatsanwalts Panariti an das ZK der PAA vom 14.10.1972 betr. Widrigkeiten bei den Arbeits- und Lebensbedingungen der Arbeiter].

144 AQSh, Bashkimet Profesionale, 657, 1976/58, 83f. [Der Vertreter der Stahlwerksgewerkschaft Hebovija während der Versammlung des Gewerkschaftsvorsitzenden Marko mit den Gewerkschaftsleitern verschiedener Kreise vom 18.9.1976 betr. Arbeitererziehung]. Vermutlich haben sich die männlichen Arbeiter gerade dann so verhalten, wenn ihre Nachfolger bei Schichtwechsel Arbeiterinnen waren, sonst hätte der Gewerkschaftsvertreter das nicht explizit betont.

145 AQSh, Bashkimet Profesionale, 657, 1975/82, 6 [Bericht des Präsidenten des Zentralrates der Gewerkschaft Marko an das ZK der PAA vom 15.7.1975 betr. Tätigkeit der Gewerkschaftsorganisationen zum Kampf gegen Religion und rückständige Sitten].

nung angeboten wurde.[146] Die letzte Maßnahme wurde auch praktiziert, wenn in Ehen Probleme auftraten. Beide Ehepartner mussten eine Zeit lang, obschon getrennt, unter einem Dach zusammenleben, damit auch die letzte Chance eines wiederhergestellten Einverständnisses wahrgenommen werden konnte. Allerdings dürfte ein Hauptgrund dafür in Wirklichkeit auch der Wohnungsmangel gewesen sein, sowie, abgesehen auch von den puritanischen Moralvorstellungen der Parteispitze auch die programmatisch pronatalistische Bevölkerungspolitik der PAA. 1978 verkündete Hoxha in einer Wahlrede: „Die Volksmacht hat alle Maßnahmen ergriffen, dass die Wachstumsrate der Bevölkerung steigt. Unser Land ist reich und mit den unerschöpflichen Reserven seiner Wirtschaft in der Lage, noch Millionen von Menschen zu unterhalten".[147] Damals hatte Albanien 2,56 Millionen Einwohner und als Bevölkerungsperspektive für das Jahr 2000 wurde oft eine Zahl von ca. 4 Millionen, im Idealfall gar 6 Millionen Einwohnern genannt.[148] In den Alltag umgesetzt bedeutete das, dass Sexualkunde nicht stattfand und Verhütungsmittel sowie Abtreibung verboten waren.[149]

Hinsichtlich des Moralverhaltens war das Stahlwerk Gegenstand vieler Gerüchte in Elbasan, was sich eben gerade auch darauf zurückführen ließ, dass dort tausende junge Männer und Frauen zusammenarbeiteten. Für die konservativen albanischen Moralvorstellungen war das ein Bruch mit der Tradition, auch wenn diese Entwicklung schon während der Widerstandsbewegung im Zweiten Weltkrieg eingesetzt hatte. Die Partei- und Massenorganisationen waren sich dessen bewusst und reagierten sofort, wenn sich Frauen hinsichtlich sexueller Belästigung beschwerten, weshalb sich die männlichen Arbeiter zurückhaltend verhielten.[150] Laut den Aussagen des ehemaligen Stahlwerkparteisekretärs achteten die Massenorganisationen auch darauf, dass eine sich etwa promiskuitiv gegenüber den Männern verhaltende Arbeiterin dann entlassen wurde.[151] In Abteilungen, in denen die Belegschaft überwiegend aus Frauen bestand – wie im Laborbereich – war das Verhältnis zwischen Arbeiterinnen und Arbeitern relativ unproblematisch. Anders sah es jedoch aus, wo primär Männer arbeiteten, beispielsweise in verschiedenen Tätigkeitsbereichen der Fabrik Nr. 12 oder bei den Kranführern. Hier waren die Frauen nachweislich durchaus sexuellen Belästigungen ausgesetzt.[152]

Da die von den Frauen ausgeübten Tätigkeiten weniger physisch anstrengend waren, entstand laut den Interviews in Elbasan die Redewendung „Frauen in der Farm und Männer im Stahlwerk müssen leiden, Männer in der Farm und Frauen im Stahlwerk haben

146 Interview mit S. N. am 22.1.2013 in Elbasan.

147 Enver Hoxha, Shqipëria ecën e sigurt përpara pa iu trembur syri [Albanien schreitet sicher und ohne Furcht voran] (8.12.1978), in: ders., Vepra [Werke]. Bd. 68. Tiranë 1989, 410–459, 450.

148 Schmidt-Neke / Sjöberg, Bevölkerungsstruktur, 488.

149 Ikonomi / Woodcock, Imoraliteti në familje, 164 f.

150 Interview mit J. T. am 25.2.2013 in Elbasan.

151 Interview mit V. M. am 5.3.2013 in Elbasan.

152 Die Interviewpartner betonen allerdings, dass Belästigungen im Verhältnis zur Zahl der Belegschaft relativ selten vorkamen.

Abb. 15: Ein Arbeiterkollektiv bei der Militärausbildung

Spaß".[153] Bei Havarien, die auf das Arbeitsverhalten von Frauen zurückgeführt wurden, waren die Konsequenzen für sie vergleichsweise mild.[154] Wenn Arbeiter am Ausgang des Stahlwerks wegen des Verdachts auf Diebstahl durchsucht wurden, waren Frauen davon nicht betroffen, wovon einige profitiert haben dürften, wie S. P. während des Interviews betonte.[155] Weder im Kombinat noch gesamtgesellschaftlich betrachtet konnten Frauen in höheren Leitungspositionen jedoch im Fall eines Schadens großen Ausmaßes oder bei Verbrechen politischer Natur mit Nachsicht rechnen.[156]

Enver Hoxha hatte 1965 in einer seiner Reden über das Stahlwerk gesagt: „Es wird für diejenigen eine große

153 Interview mit S. P. am 17.6.2012 in Tiranë.

154 Interview mit M. M. am 3.5.2012 in Tiranë und N. V. am 23.2.2013 in Elbasan.

155 Interview mit S. P. am 17.6.2012 in Tiranë.

156 Zum Kombinat: Mataj, Kur jeta kërkon të flas, 329–338; Inxhinieri Robert Rapo: Ju rrëfej si u ndërtua Kombinati Metalurgjik i Elbasanit [Der Ingenieur Robert Rapo: Ich erzähle, wie das Stahlwerk von Elbasan gebaut wurde], *Blog: Forumi*, unter http://www.forumishqiptar.com/threads/150227-Inxhinieri-Robert-Rapo-Ju-rrefej-si-u-ndertua-Kombinati-Metalurgjik-i-Elbasanit/, am 25.10.2019 zuletzt aufgerufen. Zur „hohen Politik": Die prominentesten Beispiele sind Liri Gega, ehemaliges Politbüromitglied, die 1956 als mutmaßliche jugoslawische Agentin erschossen wurde, die ehemalige Sekretärin des Präsidiums der Volksversammlung Liri Belishova, die 1961 als Vertreterin des „prosowjetischen Flügels der PAA" bis 1991 unter Hausarrest gestellt wurde, oder Fiqirete Shehu, Ehefrau von Premierminister Mehmet Shehu, welche nach dessen Selbstmord 1981 als Agentin mehrerer ausländischer Geheimdienste „enttarnt" wurde und 1988 in der Verbannung starb. Vgl. Schmidt-Neke, Innenpolitik, 65–67; Sufaj, Sistemi i ndëshkimeve, 84 f. Siehe auch Ermira Isufaj, Rrëfimi, si u varros Fiqirete Shehu në Zejmen [Erzählung: Wie Fiqirete Shehu in Zejmen beerdigt wurde], *Panorama*, 25.5.2014, unter http://www.panorama.com.al/rrefimi-si-u-varros-fiqirete-shehu-ne-zejmen/, am 2.3.2019 zuletzt aufgerufen.

Ehre sein, die in der Schwarzmetallurgie tätig sein werden."[157] Um dies zu veranschaulichen und den Gerüchten entgegenzuarbeiten, wonach die Arbeit im Kombinat sehr schwer und lebensgefährlich sei, wurde propagandistisch betont, dass in Elbasan „nicht nur Arbeitskräfte aus dem Land, sondern auch Stadtbewohner, nicht nur Männer, sondern auch ausgebildete Frauen am Produktionsprozess beteiligt [sind]".[158] Das stimmte zwar, war jedoch nicht die ganze Wahrheit. So beschwerte sich der Kreisvorsitzende der Gewerkschaft 1972, Frauen erhielten im Stahlwerk kaum Aufstiegsmöglichkeiten und würden bei der Vergabe von Stimuli von den Führungskräften benachteiligt.[159] Ein interner Bericht wies darauf hin, dass sie auch die gemeinsamen Kantinen mieden, da sie dort von ihren männlichen Kollegen verbal belästigt wurden. Das ging so weit, dass die Stahlwerksgewerkschaft ihr Scheitern eingestehen musste und mit der Kombinatsleitung den Bau einer getrennten Kantine entschied; diese war aber nicht groß genug, so dass die Arbeiterinnen ihre Mahlzeiten außerhalb der vorhandenen Kantinen oder im Wohnheim einnehmen mussten.[160] Derartige Zustände waren eine öffentliche Ohrfeige für die Emanzipationspolitik der PAA, deren Agitatoren bei jeder Veranstaltung die eigene Führung priesen, weil sie im Alltagsleben Mann und Frau gleichgestellt habe.

Die Bedingungen in den Frauenwohnheimen waren nicht besser als in denjenigen für die Männer – worauf später eingegangen wird. Abgesehen davon konnten auch Pförtner an den Eingängen nicht verhindern, dass es zu Belästigungen oder gar in Einzelfällen zu Vergewaltigungen[161] kam. In Elbasan hatten die Bewohnerinnen der Wohnheime allgemein keinen guten Ruf, was möglicherweise einfach daran lag, dass sie in jungem Alter getrennt vom Elternhaus wohnten. Sie wurden als „Hotelmädchen" bezeichnet.[162] Obwohl die Frauenwohnheime ursprünglich nur für alleinstehende Arbeiterinnen konzipiert waren, wohnten hier aufgrund des Wohnungsmangels aber auch verheiratete Arbeiterinnen, während ihre Ehegatten in den Arbeiterwohnheimen für Männer untergekommen waren.[163]

157 Hoxha, Rinia forcë e madhe, 308.

158 AQSh, KQ i PPSh, 14, 1975/841, 33 [Bericht des Stahlwerkleiters Çeliku und des Leiters der Parteiorganisation für die Kombinatsleitung Çipi an das ZK der PAA vom 14.3.1975 betr. Probleme bei der Inbetriebnahme der ersten Phase].

159 AQSh, Bashkimet Profesionale, 657, 1972/85, 11 [Bericht des Gewerkschaftsleiters des Kreises Elbasan Prifti für die Versammlung des Präsidiums des Zentralrates der Gewerkschaft am 21.3.1972 betr. die Teilnahme der Arbeiterin in der technisch-wissenschaftlichen Revolution in Elbasan].

160 AQSh, Bashkimet Profesionale, 657, 1975/90, 64 [Bericht des Vertreters des Zentralrates der Gewerkschaft Mile und der Vertreterin des Verbandes der Frauen Albaniens Pengili an das ZK der PAA betr. fremde Verhaltensweisen und Verhalten der Arbeiter gegenüber den Arbeiterinnen im Stahlwerk].

161 Ebenda.

162 Ebenda.

163 Interview mit L. Ç. am 27.1.2013 in Elbasan.

1977 lebten in den Wohnheimen für Frauen sogar 57 Arbeiterinnen mitsamt ihren Kindern; die meisten waren im Kombinatsbau tätig. Etliche von ihnen schrieben einen gemeinsamen Brief an das Zentralkomitee, in dem sie sich über die Wohnbedingungen beschwerten.[164]

Die Reaktion darauf ist wiederum besonders geeignet, um die Instrumente zu veranschaulichen, mit denen die Behörden im realsozialistischen Albanien in derlei Fällen operierten. Gegenüber den Unterzeichnerinnen – deren Männer oder sie selbst im Produktionsbereich des Kombinats tätig waren – wurde an ihre Opferbereitschaft für den Aufbau des sozialistischen Vaterlandes appelliert. Für diejenigen unter den Übrigen, welche aufgrund ihrer Qualifikation auch nach dem Abschluss der Bauarbeiten im Stahlwerk beschäftigt werden konnten, wurde ein Wohnantrag an das Exekutivkomitee von Elbasan gestellt, während 17 der beschwerdeführenden Arbeiterinnen, die nicht ausreichend formal qualifiziert waren, in die Landkreise zurückgeschickt werden sollten, aus denen sie rekrutiert worden waren. Diese 17 lehnten das jedoch ab.[165] Im Laufe der Maßnahmen zur Schaffung von Unterbringungsmöglichkeiten für die Beschäftigten wurde aber nach Aussage von S. P. auch ein Wohnheim mit Unterkünften für Paare gebaut. Dies geschah wahrscheinlich irgendwann nach 1977.[166] Vermutlich beschleunigte die Beschwerde der Arbeiterinnen dessen Fertigstellung. Die PAA-Führung reagierte sehr empfindlich auf kollektive Unzufriedenheitsbekundungen, die die Legitimationsansprüche ihrer Herrschaft in Frage stellen könnten. Die Antwort bestand normalerweise aus einer Mischung aus Entgegenkommen und Strafmaßnahmen. Darüber wird im nächsten Kapitel mehr zu lesen sein.

Die Probleme der Frauen beeinflussten auch die Bereitschaft ihrer Ehemänner zur Beschäftigung im Stahlwerk. 1975 bestand wieder einmal ein Facharbeitermangel, was nun nicht zuletzt daran lag, dass Unterkünfte und Arbeitsplätze für Ehefrauen nicht ausreichend vorhanden waren.[167] Anfragen nach Arbeitsplätzen für ihre Frauen erfolgten auch von vielen einfachen Arbeitern, was allerdings nicht immer daran lag, dass sie es gerne sahen, wenn ihre Frauen berufstätig wären, sondern schlichtweg weil sie ihren eigenen Lohn als unzureichend empfanden.[168] Dazu kamen Schwierigkeiten bei der Kinderbetreuung, da nicht genügend Kindergärten eingerichtet worden waren. Viele Arbeiterinnen konnten nur in einer Schicht arbeiten, da ihre minderjährigen Kinder der Aufsicht

164 AQSh, KQ i PPSh, 14, 1977 / 677, 1 [Mitteilung der Vorsitzenden des Frauenverbandes Kapo an den Sekretär des ZK der PAA Murra vom 5.9.1977 betr. Beschwerdebrief einiger Arbeiterinnen hinsichtlich Unterkunft].

165 Ebenda, 3 [Mitteilung des Vizebauministers Dragoti an den Sekretär des ZK der PAA Murra vom 14.11.1977 betr. Beschwerdebrief einiger Arbeiterinnen hinsichtlich Unterkunft].

166 Interview mit S. P. am 17.6.2012 in Tiranë.

167 AQSh, Ministria e Industrisë dhe e Minierave, 496, 1975 / 707, 30 [Bericht aus dem Ministerium für Industrie und Bergbau an den Premierminister betr. Bedarf an Arbeitern und Facharbeitern im Stahlwerk].

168 AQSh, Bashkimet Profesionale, 657, 1976 / 134, 43 [Bericht der Arbeitsgruppe der Gewerkschaft des Kreises Elbasan an den Zentralrat der Gewerkschaft vom 15.3.1976 betr. die Sorgen der Montagearbeiter].

bedurften. Çeliku schlug dem Ministerrat daher vor, dies bei den Öffnungszeiten der Kinderkrippen und Kindergärten in Elbasan zu berücksichtigen; aber eine amtliche Reaktion darauf ist nicht bekannt.[169] Den Gesprächen mit den Interviewpartnern lässt sich jedenfalls nicht entnehmen, dass entsprechende Einrichtungen für die Stahlwerksarbeiter existiert hätten, abgesehen von den Stillräumen für die Arbeiterinnen.

In der Presse allerdings wurde die Lage der Frauen in ganz anderen Farben dargestellt. Man findet dort Berichte über junge Mädchen, die nach Abschluss der Berufsschule aus anderen Landkreisen nach Elbasan geschickt wurden, „worauf die Eltern stolz waren",[170] über Mütter, die mit vielerlei Maschinen umgehen konnten, junge Arbeiter betreuten und Aktivistinnen in der Gewerkschaft waren,[171] oder über Kommunistinnen, die Innovationen in die Wege leiteten.[172] Sie erscheinen als auf allen Ebenen des Kombinats vertreten, viele von ihnen seien sowohl gute Mütter als auch fleißige Arbeiterinnen, Kommunistinnen und Gewerkschaftsvertreterinnen. Aktionskampagnen, die vom Jugendverband oder von der Gewerkschaft organisiert wurden, sollten nicht nur dazu dienen, die Planziffern und Fristen zu erfüllen, sondern auch Frauen Berührungsängste gegenüber einer Arbeitswelt nehmen, zu welcher sie bisher kaum Kontakt gehabt hatten. Außerdem sollten sie durch gemeinsame Arbeit mit den Männern beide Geschlechter zur Emanzipation erziehen und die Nation zusammenschweißen.[173] In einer *Metalurgu*-Ausgabe des Jahres 1978 ist von 1000 jungen Männern und Frauen zu lesen, die in den Monaten Januar und Februar aus Fabriken oder dörflichen Gemeinden diverser Landkreise zur Arbeit ins Stahlwerk gekommen seien und die „durch ihr Herzensfeuer" der Stadt „neues Leben einhauchten".[174] In einer Aktionskampagne von 1975 und 1976, die den Bau der Eisenbahnlinie des Kombinats zum Ziel hatte, nahmen laut unveröffentlichten Quellen 7200 „Freiwillige" teil. Hinzu kamen Tausende andere, die sich beim Bau von sonstigen Einrichtungen im Stahlwerk beteiligten. Zu diesen gehörten 5200 Frauen.[175] Nichtsdestotrotz kritisierten zeitgenössische Untersuchungen bis in die achtziger Jahre hinein die Tatsache, dass Frauen sowohl bei der Hausarbeit als auch im Bereich Kindererziehung die größte Last trugen, was praktisch ihren Ausschluss aus dem öffentlichen Leben zur Folge hatte.[176] Während in der

169 AQSh, Këshilli i Ministrave, 490, 1979 / 339, 102 [Bericht des Stahlwerkleiters Çeliku an den Ministerat betr. Probleme der Arbeit im Stahlwerk].

170 Shefqet Vasjari, Shtegtarët e veprave [Die Wanderer zwichen den Tätigkeiten], *Puna*, 25.2.1977, S. 2.

171 Ders., Shoqet e Metalurgjikut [Die Genossinnen des Metallurgischen Kombinats], *Puna*, 23.5.1978, S.1.

172 Ebenda, S. 1.

173 Siehe dazu Veizi, Shkurte Vata, Enveri e bëri komuniste.

174 Aksionistë të rinj, S. 2.

175 AQSh, KQ i PPSh, 14, 1976 / 490, 5 f. [Bericht des ZK des Jugendverbandes an das ZK der PAA vom 20.7.1976 betr. die Aktionsarbeit für den Bau des Bahnnetzes innerhalb des Stahlwerks].

176 Sjöberg, Social Structure, 503.

DDR die Frauen rund 40 Prozent weniger Freizeit hatten als die Männer, dürfte diese Ziffer in Albanien aufgrund des konservativeren Rollenverständnisses noch ungünstiger gewesen sein.[177]

Die Emanzipationskampagne bezweckte nicht nur eine höhere Beteiligung der Frauen in der Arbeitswelt oder eine gesetzgeberische Verankerung ihrer Rechte, sondern auch eine bessere Vertretung in den Partei- und Massenorganisationen. So wurden in den Jahren 1977–1981 für ganz Albanien 24.189 Anträge für die Kandidatur zur Parteimitgliedschaft angenommen,[178] davon kamen 40,58 Prozent von Frauen. Für die Jahre 1982–1986 plante das Zentralkomitee eine Erhöhung der Quote auf 43 Prozent.[179] Die Zielsetzung war wohlbegründet, um ein erhebliches Missverhältnis auszugleichen, denn laut publizierten Angaben waren 1981 nur 30 Prozent der Parteimitglieder weiblich.[180] Mehr Frauen in die Parteiorganisationen aufzunehmen forderte auch der Sekretär des Kreisparteikomitees von Elbasan, der sich 1986 beschwerte, die Anzahl der weiblichen Parteimitglieder im Stahlwerk sei zu niedrig.[181] Ähnlich sah die Lage auch in den Gewerkschaftsforen aus, wenn man von der Zusammensetzung des Gewerkschaftskomitees für das Stahlwerk ausgeht, wo noch 1989 von 15 Mitgliedern nur 4 Frauen waren.[182] Die aktive Tätigkeit im Parteileben seitens der weiblichen KP-Mitglieder im Stahlwerk ließ den Berichten zufolge überdies zu wünschen übrig.[183]

Auch in den höheren landesweiten Vertretungsstrukturen waren die Frauen unterrepräsentiert. Ihr Anteil stieg zwar beim 7. Parteitag 1976 auf 30,6 Prozent der Delegierten, um fünf Jahre später auf 24 Prozent zu sinken. Im selben Jahr 1981 waren von den 121 Mitgliedern des Zentralkomitees 19 weiblich.[184] Wie in den anderen sozialistischen Ländern blieben auch in Albanien die Leitbilder „männlich".[185] Die Emanzipationsabsichten der Parteiführer mussten zu einem erheblichen Teil nur Lippenbekenntnisse bleiben,

177 Ina Merkel, Arbeiter und Konsum im real existierenden Sozialismus, in: Hübner / Tenfelde (Hgg.), Arbeiter in der SBZ-DDR, 527–553, 546.

178 Bevor jemand zum Parteimitglied wurde, musste er/sie für ein Jahr den Kandidatenstatus besessen haben. Die Kandidaten hatten dieselben Pflichten wie die normalen Parteimitglieder, aber nur beratende Stimme. Schmidt-Neke, Politisches System, 177.

179 AQSh, KQ i PPSh, 14, 1982 / 14, 11 [Bericht aus der Sektion für das Statut an Enver Hoxha vom 17.9.1892 betr. die Studie über das Wachsen der Parteimitgliedschaft].

180 Papajorgji, Struktura socialklasore, 248.

181 AShVE, Komiteti i Partisë i Kombinatit Metalurgjik Elbasan, 13, 1986 / 5, 23 (innere Zählung) [Studie vom März 1986 betr. Qualifikation und Arbeitsverhalten der Arbeiterklasse im Kreis].

182 AShVE, Komiteti i Partisë i Kombinatit Metalurgjik Elbasan, 13, 1989 / 21, 42 [Liste des Stahlwerksparteikomitees mit der Zusammensetzung des Gewerkschaftskomitees und der sozialen Herkunft der Mitglieder].

183 AShVE, Komiteti i Partisë i Kombinatit Metalurgjik Elbasan, 13, 1985 / 18, 46 [Studie über das Verhalten der Parteimitglieder im Stahlwerk].

184 Schmidt-Neke, Politisches System, 182 f.

185 Klaus Tenfelde, Einige Ergebnisse, in: Hübner / ders. (Hgg.), Arbeiter in der SBZ-DDR, 889–895, 893.

solange das traditionelle Rollenbild innerhalb der Familie nicht radikal verändert wurde und der Staat durch zusätzliche Investitionen in Erziehungsinfrastruktur Frauen Arbeit abnahm. Zumindest das Erste benötigte Zeit und könnte nicht allein durch Kampagnen Wirklichkeit werden. Besonders in den Vorstellungen vieler Zuzügler aus den Dörfern war das konservative Rollenverständnis tief verankert.

4.6 Das Phänomen der Migration und daraus entstandene Probleme

Noch 1979 wohnten im Kreis Elbasan laut einer zeitgenössischen Untersuchung von den insgesamt 36.149 Arbeitern 4210 (11,6 Prozent) in den Dörfern. Das wurde von den Parteistrukturen als eine wirkungsvolle Maßnahme zur „Proletarisierung" der Dorffamilien betrachtet.[186] Im gesamten Land waren zwischen 1969 und 1979 nur 66.600 Menschen von den Dörfern in die Städte gezogen,[187] eine Zahl, die von den Regierungsstellen dennoch als zu hoch betrachtet wurde. Die regionalen Unterscheide waren beachtlich. Es gab Kreise wie Korçë oder Shkodër, wo die abwandernde Migration 30 bis 40 Prozent des Bevölkerungszuwachses auf dem Lande betrug, was Sorge unter den staatlichen Stellen hervorrief, da eine solche Entwicklung für die Zukunft einen Arbeitskräftemangel in der Landwirtschaft zur Folge haben könnte. Andererseits gab es Städte wie Elbasan, Burrel und Bulqizë, wo Industriewerke oder industrielle Siedlungen errichtet wurden oder auch Bergwerke entstanden, und in denen der Durchschnittszuwachs der Stadtbevölkerung 57 Prozent betrug.[188] Davon waren in etwa zwischen 60 und 80 Prozent hinsichtlich ihrer sozialen Herkunft Vertreter „der armen Schichten der Stadt und des Landes". Nur zwei Prozent stammten aus den vor der kommunistischen Machtergreifung „reichen" Familien,[189] die das Regime rundweg mit Argwohn betrachtete. Aber auch die übrigen waren vor dem Verdacht, „kleinbürgerlich" zu sein, nicht gefeit. Auch von dieser Warte her musste dem Regime eine ungesteuerte Eigendynamik im Migrationsverhalten unerwünscht sein. In den Augen der Parteiführer hatten sich bei den besonders bei den vom Lande kommenden Migranten aufgrund ihres Vorlebens Angewohnheiten und eine Mentalität gebildet, die sich angeblich nur schrittweise revolutionieren ließen. Der spätere Vorsitzende der SPK Papajorgji hielt 1985 dazu fest:

> „Es ist Tatsache, dass ein Teil der Arbeiterklasse, vor allem derjenige, der aus den kleinbürgerlichen Schichten der Stadt und des Landes stammt, unbewusst Konzepte bewahrt oder

[186] Papajorgji, Struktura socialklasore, 164 f.

[187] Diese Zahl ist umstritten. Schmidt-Neke und Sjöberg geben für denselben Zeitraum nur 33.600 Einwohner an. Siehe Schmidt-Neke / Sjöberg, Bevölkerungsstruktur, 476.

[188] Papajorgji, Struktura socialklasore, 176 f.

[189] Ebenda, 234 f.

trägt und züchtet, die unserer sozialistischen Ideologie fremd sind. Bei den Arbeitern, die vom Land stammen, oder bei ehemaligen privaten Handwerkern stellt man verschiedene kleinbürgerliche Reste fest, beispielsweise das sich Zufriedengeben mit wenig Leistung."[190]

Den Ausweg sah er in einem Primat der Ideologie in der Wirtschaft: „Zwischen der Politik und dem Beruf besteht ein Zusammenhang. Es gibt keine Tätigkeit oder Beruf, die keinen Bezug zur Politik haben, so wie es auch keinen politischen Kurs gibt, der bei bestimmten Berufen nicht befolgt werden kann. Die Politik hat immer Vorrang."[191]

Die Maßnahmen, die Menschen von oder auf dem Lande durch eine Arbeitsstelle in der Industrie oder in der Verwaltung einen sozialen Aufstieg ermöglichten, stärkten in den Augen der Betroffenen die Legitimation des Regimes.[192] Eine derartige Einstellung hat übrigens auch Beyrau unter den „Angehörigen der Unterschichten" im „entwickelten Sozialismus"-Modell der sowjetischen Breschnew-Ära festgestellt.[193] Aus diesem Grunde ist es unwahrscheinlich, dass diese „Aufsteiger" den Industrialisierungsprojekten skeptisch gegenüberstanden, wie das einst in der Sowjetunion nach dem Krieg aufgrund der Arbeitsbedingungen der Fall gewesen war.[194] Zugleich aber dürfte auch für die albanischen Arbeiter die von Neutatz aufgestellte These von der „Verbäuerlichung" der Arbeiterschaft gelten, derzufolge die traditionelle Autoritätshörigkeit der ehemaligen Bauern, die infolge der forcierten Industrialisierung (in der Sowjetunion massenhaft) in die Städte strömten, eine der Ursachen dafür war, wieso die Arbeiter sich dem stalinschen Regime nicht direkt widersetzten. Dennoch konnten sie in der Sowjetunion ebenso wie in unserem Fall in Albanien aufgrund des Fehlens einer „industriellen Reservearmee" Formen passiver Resistenz entwickeln, die auf einen gewissen Verhandlungsspielraum schließen lassen. [195] Der Bedarf der Betriebe an Arbeitskräfte begünstigte dies jedenfalls.

Es kamen und blieben aber auch in Albanien nicht ausschließlich solche in den Städten, die als Arbeitskräfte gezielt erwünscht waren. Manche Menschen vom Land, die dort nicht als Arbeitskräfte zu gebrauchen oder sogar „kulakischen" Ursprungs und daher dem Regime unerwünscht waren, zogen unter Ignorierung der Migrationsvorschriften in die Stadt, fanden durch Glück Arbeit und Unterkunft oder konnten dort gar Wohnungen

190 Ebenda.

191 Ebenda, 276.

192 Johana Shahini, Rasti specifik i komunizmit shqiptar në fokusin e teorive [Der spezifische Fall des albanischen Kommunismus im Fokus der Theorien], *Përpjekja* 32 / 33 (2014), 50–69, 59. Allerdings war der Grad der sozialen Mobilität in Albanien niedriger als in den übrigen sozialistischen Staaten. Nach Sjöberg, Social Structure, 498.

193 Dietrich Beyrau, Das sowjetische Model – Über Fiktionen zu den Realitäten, in: Hübner u. a. (Hgg.), Arbeiter im Staatssozialismus, 47–70, 56.

194 Filtzer, Soviet Workers and Late Stalinism, 40.

195 Zu näheren Ausführungen siehe Neutatz, Zwischen Enthusiasmus und politischer Kontrolle, 185–190.

kaufen. Dadurch wurde gegenüber der amtlichen Planung die Wohnsituation in den urbanen Zentren noch prekärer, weshalb die lokalen Behörden Handlungsbedarf sahen. So heißt es in einem Bericht eines Kreisexekutivkomitees zu 1964:

> „Obwohl das Exekutivkomitee ihnen [denjenigen, die ohne Erlaubnis in die Stadt gezogen sind; V. N.] eine Wohnerlaubnis verweigert hat, sie aus den Wohnungen entfernt und andere Familien dort untergebracht hat, [...] kehren sie trotzdem nicht zu ihren Wohnsitzen zurück. [...] Das Exekutivkomitee des Kreisparteikomitees hat in Einvernehmen mit den Betrieben nur 163 Maurermeistern im Baubetrieb und zweien im Kommunikationsbetrieb eine befristete Wohnerlaubnis gewährt. Es bemüht sich, sie durch Arbeitskräfte aus der Stadt zu ersetzen. [...] Hier haben wir dasselbe Problem wie in anderen Kreisen, wie in Berat, Lushnjë und Durrës." [196]

Dabei würden nach Ansicht der Parteifunktionäre mehrere der unerlaubt Migrierten ein „bequemes Leben führen", obwohl Personen mit einer zweifelhaften politischen Einstellung es gar nicht „verdienten", in der Stadt zu leben, und sie somit fern von den Städten gehalten werden sollten.[197]

Die Zwangsverschickung oder Deportation von „Klassenfeinden" aus den Städten in die Arbeitslager oder möglichst isolierten Gebiete war eine bekannte Praxis aus der Sowjetunion der dreißiger Jahre.[198] In den sozialistischen Städten der Zukunft sahen die kommunistischen Visionäre keinen Platz für potentielle Gegner; andererseits taugten kleine, abgeschiedene Ortschaften gut zur Überwachung und „Umerziehung" durch Arbeit, vorrangig in landwirtschaftlichen Genossenschaften.

Die Stadt, die der zitierte Bericht von 1964 betraf, war nicht Elbasan, sondern Shkodër. Damals wurde in dieser nordalbanischen Stadt (nur) eine Papierfabrik für Zementsäcke errichtet. Es gab in den fünfziger Jahren in Albanien keine genauen Statistiken zum Thema „Migration", aber nach Angaben der örtlichen Institutionen waren im Jahre 1963 27 Prozent der Stadtbewohner von Shkodër Menschen, die nach 1950 aus dem Umkreis oder aus anderen Kreisen zugezogen waren.[199] Die Behörden beschwerten sich, dass die Wohn- und Versorgungslage sowie die Bildungs- und Gesundheitssituation durch die hohe Migrationsrate erschwert würden und forderten eine koordinierte Vorgehensweise der Kreise, damit Migranten ohne Wohnerlaubnis *(pashaportizim)* in die landwirtschaftlichen Genossenschaften zurückkehrten, wo es an Arbeitskräften mangelte. Angesichts der Tatsache, dass in den 60er und in den 70er Jahren in Elbasan mehrere Bauprojekte verschiedenen

196 AQSh, Këshilli i Ministrave, 490, 1964/718, 18–20 [Bericht des Leiters der Beschwerdestelle Domi an den Ministerrat betr. illegale Migration].

197 Ebenda, 19.

198 Fitzpatrick, War and Society, 39.

199 AQSh, Këshilli i Ministrave, 490, 1964/718, 20 [wie eben, Anm. 196].

Charakters umgesetzt wurden,[200] für die es eine große Anzahl an Arbeitskräften brauchte und wo Regeln zur Migrationsbeschränkung nicht von Anfang an bestanden, darf man vermuten, dass die Lage dort sich nicht besonders von derjenigen in Shkodër gegen 1964 unterschied. Wenn doch, dann unter dem Aspekt, dass in Elbasan ein noch höherer temporärer wie auch dauerhafter Zuwanderungsdruck bestanden haben muss.

Die Regierung schaute diesen Zuständen nicht tatenlos zu. Ebenfalls 1964 gab der Ministerrat einen Erlass heraus, wonach es der SPK zustand, jährlich in jedem Kreis anhand der Vorschläge der zuständigen Einrichtungen (Parteikomitees, Ministerien) das Kontingent an Arbeitskräften für die einzelnen Betriebe zu bestimmen. Die Betriebe sollten nur so viele Arbeitskräfte beschäftigen dürfen, wie für sie im Plan bestimmt worden sei. Ergänzungen könne es nur mit Zustimmung des Ministerrates geben. Dies wiederum geschah nur bei unvermeidlichen Veränderungen im Betriebsplan, zum Beispiel im Falle von Naturkatastrophen. Außerdem durften Betriebe keine Arbeitskräfte einstellen, deren Entlohnung den Betriebsetat überschreiten würde.[201] Die Vertragsdauer für Arbeitskräfte, welche provisorisch von den Genossenschaften freigegeben wurden, verlängerte sich auf höchstens drei anstatt der vorherigen zwei Jahre. Allerdings konnte ein solcher Vertrag im Falle einer Zustimmung des Exekutivkomitees erneuert werden.[202]

In der Tat wurde nicht jedem ein solcher Vertrag gewährt. Wenn die Familie des Bewerbers der betroffenen Genossenschaft nur eine Arbeitskraft zur Verfügung stellte, konnte der Abwanderungswillige eigentlich gar nicht in der Stadt arbeiten. Wenn mehrere Familienmitglieder in der Genossenschaft tätig waren konnte er aus deren Dienst ausscheiden, wenn er noch vor der Arbeitsaufnahme in der Stadt die betreffende Erlaubnis der Genossenschaftsleitung, die Zustimmung des Kreisexekutivkomitees oder aber (wenn er auf dem Lande keiner Genossenschaft angehörte, also in der Regel: wenn er als junger

[200] Abgesehen von den Bauprojekten in den Nachbarstädten wurden in Elbasan seit den Nachkriegsjahren mehrere kleinere Produktionsstätten gebaut, dazu ein Obstverarbeitungsbetrieb, ein Holzkombinat, eine Zementfabrik, eine Ölverarbeitungsfabrik, angeblich mehrere tausend Wohnungen, sowie die Eisenbahnstrecke Elbasan- Durrës-Tiranë. Im Kreiș bestanden zunächst nur zwei Baubetriebe und zwei landwirtschaftliche Betriebe sowie drei Maschinen-Traktoren-Stationen. Schon vor dem Krieg waren ein Tabakverarbeitungsbetrieb sowie eine Seifenproduktionsstätte errichtet worden. Siehe Elbasani-Almanak [Elbasan-Almanach]. Tiranë 1981, 13–17; AShVE, Komiteti i Partisë i Kombinatit Metalurgjik Elbasan, 13, 1986/5, 14f. u. 24f. (innere Zählung) [Studie vom März 1986 betr. Qualifikation und Arbeitsverhalten der Arbeiterklasse im Kreis].

[201] AQSh, Këshilli i Ministrave, 490, 1964/718, 95–98 [Ministerratsbeschluss vom 12.11.1964 betr. Rekrutierung von Arbeitskräften].

[202] Ebenda, 96f.

Mensch noch gar keine Beschäftigung angetreten hatte), die Erlaubnis des Volksrates vorzeigen. Sofern er keine Erlaubnis vorzuweisen hatte, aber dennoch eingestellt wurde, musste sein Arbeitgeber eine Geldbuße leisten.[203]

Die meisten Arbeitskräfte gelangten aus den Nachbarkreisen Tiranë, Durrës, Berat, Librazhd und Lushnjë nach Elbasan. Es kamen aber auch viele Arbeitskräfte aus den Grenzkreisen Dibër im nordöstlichen und Korçë und Gjirokastër im südlichen Albanien.[204] Viele von ihnen ließen sich für das Stahlwerk rekrutieren, in der Hoffnung, dadurch in die Stadt ziehen zu können.[205] Ein Beispiel dafür bieten 50 Arbeiter aus dem Kreis Korçë. Sie waren über die erforderliche Anzahl an Beschäftigten hinaus rekrutiert worden, um sich bei den Bau-Montage-Arbeiten zu beteiligen. Als ihnen 1977 eine Tätigkeit an einem anderen Ort zugewiesen wurde, der ihnen nicht zusagte,[206] lehnten sie die dies aber ab, da sie schon Wohnungen in Elbasan gefunden hatten.[207]

Hätten die öffentlichen Verlautbarungen vom attraktiven Leben auf dem Lande der Realität entsprochen, hätte das Regime eigentlich gar keine internen Migrationsbeschränkungen verordnen müssen.[208] Tatsache war jedoch, dass vielen Albanern aus den Dörfern das Leben in der Stadt im Vergleich zum eigenen Lebensstandard als privilegiert erschien. Dass verglichen mit dem „Westen" die albanischen Städte nicht anders als in den anderen staatssozialistischen Ländern bestenfalls, um mit Klaus Tenfeldes Begriff zu sprechen, eine „retardierte Urbanität" zu bieten hatten,[209] tat dieser Attraktivität keinen Abbruch. Die Einkommen waren höher und die Infrastruktur – angefangen beim Trinkwasser und bis hin zu kulturellen Einrichtungen – war in den Städten besser ausgebaut; und auch bei Konsumwaren waren die Stadtbewohner besser versorgt als die Bevölkerung der Dörfer.[210] Eine Studie der SPK für den Ministerrat und das Zentralkomitee hielt fest, dass die Stadtbevölkerung 1976 gegenüber 1970 um 17,4 Prozent gewachsen war, hingegen die Landbevölkerung, die freilich immer noch klar die Mehrheit stellte, nur um 14,1 Prozent. Da die Geburtenrate auf dem Land höher war, kann die höhere Wachstumsrate der Stadt nur

203 Ebenda, 90 f. [Weisung des Ministerrates an alle Ministerien, Massenorganisationen und Exekutivkomitees vom 12.11.1964 betr. Rekrutierung von Arbeitskräften]. Vgl. auch in diesem Kap. weiter oben, Anm. 37.

204 Vgl. Mataj, Kur jeta kërkon të flas, 139.

205 Ähnlich war der Erwerb eines Wohnrechts für Sofia laut Brunnbauer auch ein Beweggrund für viele Interessenten, in Kremikovci eine Beschäftigung aufzunehmen, um das Stahlwerk anschließend wieder zu verlassen. Siehe Brunnbauer, Stählerne Träume, 217.

206 Sie sollten beim Bergwerk in Gur i Kuq beschäftigt werden, woher das Stahlwerk das Eisen-Nickel-Erz bezog.

207 AQSh, KQ i PPSh, 14, 1977 / 590, 12 [Bericht aus dem Parteikomitee des Kreises Korçë an das ZK der PAA vom 12.3.1977 betr. Rekrutierung für die neuen Industriewerke].

208 Schmidt-Neke / Sjöberg, Bevölkerungsstruktur, 489.

209 Tenfelde, Einige Ergebnisse, 893.

210 Örjan Sjöberg, Urban Albania: Developments 1965 – 1987, in: Altmann (Hg.), Albanien im Umbruch, 171 – 224, 204.

durch Migration zustande gekommen sein.[211] Das Politbüro wollte jedoch diesen Trend stoppen, da die Aufnahmekapazitäten der Städte erschöpft waren und Arbeitskräfte auf dem Land benötigt wurden.[212] Daher wurde ab 1974 eine Reihe von Maßnahmen getroffen, um das Bevölkerungsverhältnis Stadt-Land unverändert zu halten. Dazu gehörte die Anweisung, dass künftig mehr Schüler aus den Städten Berufe ergreifen sollten, die auf dem Lande benötigt wurden, beispielsweise Tierärzte oder Landwirte. Abgesehen davon sollten weniger Schüler vom Lande für die Berufsschulen rekrutiert werden.[213] Vor allem Wohnerlaubnisse für die größeren Städte wurden daraufhin noch seltener erteilt als zuvor (siehe Tabelle 14).

Tab. 14: Akzeptierte und abgelehnte Anträge auf eine Wohnerlaubnis in der Stadt aus Dörfern des jeweiligen Kreises und aus anderen Kreisen, 1971 – Ende September 1976

	Gesamtzahl der Anträge		**Akzeptierte Anträge**		**Abgelehnte Anträge**	
Kreise	Aus anderen Kreisen	Aus den Kreisdörfern	Aus anderen Kreisen	Aus den Kreisdörfern	Aus anderen Kreisen	Aus den Kreisdörfern
Tiranë	4344	1123	3479	713	865	410
Durrës	1211	1776	928	968	283	808
Krujë	293	536	143	382	85	154
Elbasan	2202	1248	931	1146	1271	102
Insgesamt	**8049**	**4684**	**5546**	**3209**	**2605**	**1484**

Quelle: AQSh, Këshilli i Ministrave, 490, 1976/478, 14 [Bericht des Leiters der Staatsinspektion Baholli an den Ministerrat vom 30.11.1976 betr. Unterbindung der unerlaubten Migration], 25.

Wohnerlaubnisse für Städte oder Industriestandorte wurden in erster Reihe aus beruflichen Gründen erteilt. Die Betroffenen mussten insbesondere eine Bestätigung ihrer Versetzung und eine Bestätigung vom Dorfvolksrat vorlegen, dass sie umziehen durften. Falls

211 Ende 1976 lebten in der Stadt 807.400 Einwohner und auf dem Land 1.677.700. Vgl. AQSh, KQ i PPSh, 14, 1977/643, 22 [Studie der SPK für das ZK der PAA vom 24.12.1977 betr. Verhältnis Stadt-Land und Prognosen bezüglich Migration].

212 Schmidt-Neke/Sjöberg, Bevölkerungsstruktur, 489.

213 AQSh, KQ i PPSh, 14, 1977/643, 23 [Studie der SPK für das ZK der PAA vom 24.12.1977 betr. Verhältnis Stadt-Land und Prognosen bezüglich Migration].

sie in der Stadt später ihre Wohnerlaubnis verloren, mussten sie an ihren früheren Wohnort zurückkehren. Weigerten sie sich, mussten sie eine Geldbuße zahlen, bei wiederholter Weigerung wurden sie strafrechtlich verfolgt.[214]

Illegale innerstaatliche Migration kam dennoch vor. Immerhin jedoch wiesen die staatlichen Maßnahmen anders als in der Sowjetunion nach dem Krieg durchaus eine gewisse Effizienz bei ihrer Unterbindung auf, wie die Zahlen in Tabelle 15 zu ihrer Unterbindung zeigen.[215] Nach einer Kontrolle der Staatsinspektion in den Kreisen Elbasan und Durrës im Jahre 1976 wurde festgestellt, dass in den Städten Elbasan und Cërrik 327 Familien mit 950 Mitgliedern ohne Erlaubnis wohnten. In vielen Industriebetrieben arbeiteten Menschen ohne Wohnerlaubnis, die in Privatwohnungen untergekommen waren. Sowohl in Elbasan als auch in Cërrik arbeiteten Facharbeiter, die ihre Familien mitgebracht hatten und zur Miete wohnten, ohne einen Antrag auf Wohnerlaubnis gestellt zu haben. Als Grund dafür diente unter anderem auch, dass die zuständigen Stellen nicht in der Lage waren, ihnen eine Unterkunft zur Verfügung zu stellen, sie aber aufgrund ihrer Qualifikation in der Stadt benötigt wurden.[216] Bei denjenigen, denen eine Wohnerlaubnis verweigert worden war, hatten die Exekutivkomitees keinerlei Maßnahmen getroffen, um sie schrittweise wirklich in die Herkunftsorte zurückzuschicken. Die Zellen der Demokratischen Front oder anderer Massenorganisationen in denjenigen Vierteln, in denen die Illegalen wohnten, verhielten sich passiv und „mobilisierten nicht die öffentliche Meinung gegen die Gesetzesübertreter und diejenigen, die ihnen Unterkunft gewährten"[217]. In den wenigen Fällen, in denen die lokalen Stellen versucht hatten, die Betroffenen zurückzuschicken, geschah dies nicht selten erst nach langer Zeit, so dass die Herkunftsorte sich nicht dazu bereit erklärten, ihnen eine Wohnung oder eine Arbeitsstelle zur Verfügung zu stellen, was am Ende ihre Wohnverhältnisse in der Stadt zwangsläufig legalisierte. Die Folge war ein Anstieg der Zahl derer, die vom Lande oder aus anderen Regionen kamen und dann nicht einmal einen Wohn- und Arbeitserlaubnisantrag stellten, sondern sich einfach einen Arbeitsplatz und eine Unterkunft in den Städten suchten.

Nicht wenige von ihnen fanden eine Arbeitsstelle im Stahlwerk. Ihre dortigen neuen Arbeitgeber stellten für sie bei den städtischen Behörden einen Antrag auf Wohnerlaubnis und brachten sie derweil in den Betriebsbaracken unter, bis jene eine Wohnerlaubnis bekommen hatten, was jahrelang andauern konnte. [218] Dann zogen sie um und die Baracken wurden für die Nachrückenden frei. Auf diese Weise konnten die Betriebsleiter potentielle

[214] AQSh, Këshilli i Ministrave, 490, 1966/38, 55–57 [Erlassentwurf des Ministerrates vom 1.1.1967 betr. Vergabe von Wohnerlaubnis in der Stadt].

[215] Fitzpatrick, War and Society in Soviet Context, 45.

[216] AQSh, Këshilli i Ministrave, 490, 1976/478, 14 [Bericht des Leiters der Staatsinspektion Baholli an den Ministerrat vom 30.11.1976 betr. Unterbindung der unerlaubten Migration].

[217] Ebenda, 15.

[218] AQSh, Këshilli i Ministrave, 490, 1983/616, 8f. [Weisung des Ministerratsvorsitzenden Çarçani an die Kreisexekutivkomitees vom 8.10.1983 betr. Vergabe von Wohnerlaubnissen].

Arbeitskräfte anlocken, die sich in der Stadt niederlassen wollten.[219] Dadurch förderten sie aber die unkontrollierte Migration. Der Zielkonflikt zwischen fristgerechter Planerfüllung und Befolgung der Richtlinien zur Arbeitskräftebeschaffung ließ ihnen keine andere Wahl als jeden sich bietenden Freiraum zu nützen und in ihrem Umfeld nach Möglichkeit die gesetzlichen Bemühungen zur kontrollierten Beschäftigung und zur Migrationsbeschränkung zunichtezumachen.

Manche Betriebe in Elbasan (nicht notwendigerweise nur solche aus dem Kombinat) ließen mehr Wohnungen errichten, als für ihre Arbeiter mit Wohnerlaubnis nötig waren, so dass auch die in der Stadt dann nicht amtlich gemeldeten Familien derjenigen einzogen, die ihren amtlichen Wohnsitz noch im Dorf hatten. Die lokalen Stellen in Albanien zeigten sich im übrigen auch außerhalb des Kreises Elbasan durchaus freizügig in der Erteilung von Wohnerlaubnissen. Es scheint, dass sie mit derlei Vergaben den Betrieben in Notzeiten unter die Arme griffen. Zuweilen bewilligten die Exekutivkomitees eine Wohnerlaubnis selbst für Familien von Personen mit „schlechter politischer Haltung", oder für Menschen, deren Berufe in der Stadt nicht benötigt wurden (wie Krankenpflegern, Friseuren, Wachleuten oder sogar Familien von Hirten) sowie für Zuzügler aus Zonen, die eigentlich noch von urbanen Transportmitteln abgedeckt werden konnten und deren Umzug nach Elbasan daher im System an sich nicht vorgesehen war. 60 Prozent der erteilten Wohnerlaubnisse in Elbasan in den Jahren 1971 bis 1976 gingen an ehemalige Landbewohner, nicht zuletzt an solche, die im Stahlwerk tätig waren. Dies war aber nach den Vorstellungen des Ministerrates von Tiranë aus betrachtet eine viel zu hohe Zahl von Zuzüglern.[220]

Das war freilich eine systemimmanente Sichtweise, und der Umfang ist aus heutiger Sicht sehr relativ zu sehen; denn wie Hutchings zu den „Nebenwirkungen" der albanischen Industrialisierung festhält[221] und wie auch die nachstehende Tabelle mit den Zahlen zu Elbasan und zu Tiranë klar vor Augen führt: als eigentliche Massenmigration kann das reale Ausmaß in keiner Weise gelten. In der engmaschig durchherrschten Hauptstadt Tiranë erscheint anhand der Ziffern der Grad an Effizienz der Migrationssteuerung sogar außerordentlich hoch. In der Industriestadt Elbasan war das trotz der geringeren Größe offenbar relativ schwieriger. Wenn aber die Vertreter von Staat und Partei den örtlichen Behörden zu große Laxheit in dieser Frage vorwarfen, ist das am Ende eher Ausdruck ihrer Unzufriedenheit mit dem eigenen Unvermögen, ihren Anspruch, das Leben im Lande total zu kontrollieren, nicht überall komplett in die Tat umsetzen zu können.

Ein anderer Weg zur Erlangung einer städtischen Wohnerlaubnis für Dorfbewohner war es, mit jemandem, der dort wohnhaft war, eine Ehe einzugehen. Eine 1979 für den Ministerrat durchgeführte Untersuchung stellte fest, dass in den Jahren von 1974 bis 1979 in Elbasan 2029 Wohnerlaubnisse für Landbewohner erteilt worden seien. Davon gingen

[219] Ebenda, 18.
[220] Ebenda, 28.
[221] Hutchings, Albanian Industrialization, 120.

229 an Männer, welche in der Stadt wohnhafte Frauen geheiratet hätten. Die meisten der vom „Einheiraten" in die Stadt Betroffenen waren allerdings Schülerinnen, Studentinnen oder Praktikantinnen, die nicht in ihr Dorf zurückkehren wollten. Nicht wenigen überstürzten Hochzeiten folgte eine Scheidung, was die Wohnsituation in der Stadt zusätzlich belastete.[222] Tatsächlich lag die Scheidungsrate in den Städten in Albanien wesentlich höher als auf dem Lande. 1983 kamen auf 1000 Hochzeiten in der Stadt 168,6 Scheidungen, während es auf dem Dorf nur 50,5 waren.[223] Allerdings ist diese Entwicklung außer auf die Instabilität mancher der besagten Zweckehen auch den Auswirkungen der Emanzipationskampagne in der Stadt und der noch starken Tradition auf dem Lande zuzuschreiben. Auch viele Menschen mit aus Sicht des Regimes „schlechter Biographie" befanden sich unter den Zuzüglern.[224] Um dem von Kretsi herausgearbeiteten "'genealogical' understanding of class"[225] durch das Herrschaftssystem zu entrinnen, aus dem es innerhalb ihrer angestammten Gemeinde kein Entkommen gab, versuchten auch sie nicht selten dem Dorf dadurch zu entfliehen, dass sie eine Ehe mit jemandem aus der Stadt eingingen.[226]

Tab. 15: Anzahl der Migranten ohne Wohnerlaubnis in Tiranë und Elbasan, 1968–1976[227]

	1968	1969	1970	1971	1972	1973	1974	1975	1976
Tiranë	9	10	38	22	31	51	63	54	12
Elbasan	54	75	90	99	87	129	90	75	33

Quelle: AQSh, Këshilli i Ministrave, 490, 1976/478, 14 [Bericht des Leiters der Staatsinspektion Baholli an den Ministerrat vom 30.11.1976 betr. Unterbindung der unerlaubten Migration], 24.

[222] Längerfristige genaue Angaben zur Scheidungsrate liegen nicht vor. AQSh, Këshilli i Ministrave, 490, 1979 / 103, 1f. [Bericht des Apparats des Ministerrates an den Vorsitzenden vom 31.8.1979 betr. Vergabe von Wohnerlaubnissen].

[223] Sjöberg, Urban Albania, 205.

[224] AQSh, Këshilli i Ministrave, 490, 1979 / 103, 2 [Bericht des Apparats des Ministerrates an den Vorsitzenden vom 31.8.1979 betr. Vergabe von Wohnerlaubnissen].

[225] Georgia Kretsi, „Good and Bad Biography". The Concept of Family Liability in the Practice of State Domination in Socialist Albania, in: Ulf Brunnbauer / Andreas Helmedach / Stefan Troebst (Hgg.), Schnittstellen. Gesellschaft, Nation, Konflikt und Erinnerung in Südosteuropa. Festschrift für Holm Sundhaussen zum 65. Geburtstag. München 2007 (Südosteuropäische Arbeiten, 133), 175 – 188, 180.

[226] Ebenda, 187.

[227] 1969 lebten in Tiranë 152.700 Einwohner, in Elbasan 39.100. Zehn Jahre später lebten in Tiranë und Elbasan 190.600 resp. 62.400 Einwohner. Wenn man die Erwartungen des damaligen Regimes berücksichtigt, jegliche unerwünschte Migration total zu unterbinden, kann man ihre Unzufriedenheit über die pure Existenz unerlaubter Migrationen nachvollziehen; wenn man die Ziffern jedoch ins Verhältnis zu den Migrationszahlen anderer Ostblockländer setzt, war die albanische Migrationskontrolle durchaus erfolgreich.

Die Regierenden konnten derartige Wohnerlaubnisse nicht einfach annullieren, die aus ihrer Sicht unbefriedigende Entwicklung aber auch nicht ignorieren. In einem Schreiben von Oktober 1983 wies der damalige Premierminister Adil Çarçani die Exekutivkomitees sämtlicher Kreise an, den Arbeitskräften, die seit einem längeren Zeitraum, beispielsweise seit fünf Jahren, in der Stadt wohnten und einer Arbeit nachgingen, eine Wohnerlaubnis zu erteilen, nachdem sie individuell auf ihre moralisch-politische Zuverlässigkeit hin überprüft worden waren. Im Falle einer erneuten Ablehnung sollte man sie notfalls gewaltsam in die früheren Wohnorte zurückschicken, wo für sie Unterkunft und Arbeitsplatz bereit stehen sollten. Diejenigen Betriebe, die gesetzeswidrig Personen einstellten, Bauerlaubnisse erteilten und eine Zweckentfremdung der eigenen Gebäude zuließen, sollten durch Disziplinarmaßnahmen und sogar strafrechtlich verfolgt werden.[228]

Aber nicht nur Arbeiter, die regelwidrig von den Betrieben eingestellt wurden, hatten mit Unterbringungsproblemen zu kämpfen. Auch viele Arbeiter, die ordnungsgemäß eingestellt worden waren, suchten eine Wohnung in Elbasan, da die Transportmöglichkeiten von außerhalb der Stadt in diese beziehungsweise zum Kombinat unzureichend waren. Arbeiter aus den Dörfern im Umland mussten 1982 durchschnittlich drei Stunden Fahrtweg auf sich nehmen.[229] Schwierigkeiten bei der Wohnungssuche waren, neben dem von den Arbeitern als unzureichend empfundenen Lohn für Schwerarbeiter, daher nicht von ungefähr der Hauptgrund für den hohen Fluktuationsgrad in bestimmten Arbeitssektoren, etwa beim Hochofen Nr. 2 oder bei der Fabrik Nr. 12.

Auch für Arbeiterinnen und Arbeiter, die sich im Stahlwerk kennengelernt hatten und als Paar liiert waren, lag in der Wohnungsknappheit ein großes Problem. Als Ausweg empfahl das Parteikomitee des Stahlwerks, denjenigen, die einander zu heiraten vorhatten, Vergünstigungen in Fragen der Unterkunft zuteil werden zu lassen, wobei jedoch darauf zu achten sei, dass es keine Scheinehen wären. Damit die Lösung des Problems schneller vor sich ginge, sollten die einzelnen Kombinatsbetriebe einen Etat für den Bau von Wohnungen für die eigenen Arbeiter bekommen.[230]

Es gab weitere grundlegende Probleme für das Alltagsleben. Bei einem Treffen mit einer Instruktorengruppe des Zentralkomitees im Jahre 1976 beschwerten sich die Arbeiter über die schlechte Qualität des Essens und über die mangelnde Zahl an Mensen, wie auch über die fehlende Heizung in den Wohngemeinschaften. Andere waren gezwungen, in den Arbeiterwohnheimen zu kochen, um mit den gegenüber dem Mensenbesuch ersparten Mitteln ihre Familien besuchen zu können. Mehrere Arbeiter verlangten zusätzliche Qualifizierungskurse und ausreichend Unterkünfte. Um das letztgenannte Problem zu

[228] AQSh, Këshilli i Ministrave, 490, 1983 / 616, 9 – 11 [Weisung des Ministerratsvorsitzenden Çarçani an die Kreisexekutivkomitees vom 8.10.1983 betr. Vergabe von Wohnerlaubnissen].

[229] AQSh, KQ i PPSh, 14, 1982 / 83, 16 f. [Mitteilung des Parteisekretärs des Stahlwerks Maksuti an das ZK der PAA vom 29.6.1982 betr. verschiedene Probleme der Beschäftigten].

[230] AQSh, KQ i PPSh, 14, 1976 / 881, 28 [Bericht der Informationsgruppe des Gewerkschaftsrates des Kreises Elbasan an das ZK der PAA vom 22.3.1976 betr. Sorgen der Montagearbeiter des Stahlwerks].

lindern, wurde vorgeschlagen, aus den Elbasan benachbarten Landkreisen nur befristete Fachkräfte zu beschäftigen, was freilich kein echter Lösungsansatz war.[231] Diese regionale Arbeitsreserve reichte aber anscheinend nicht aus, denn 1978 beschlossen Kreisparteikomitee und Kombinatsleitung gemeinsam, Arbeitskräfte künftig auch aus anderen Landkreisen zu rekrutieren. Sie sollten jedoch nur kurzfristig beschäftigt werden und keine Wohnerlaubnisse erhalten, damit sie nach 1980 an ihre früheren Wohnorte zurückkehrten und dann durch Arbeitskräfte aus Elbasan ersetzt werden könnten.[232] Die lokalen Stellen sahen nämlich einen Anstieg der Arbeitslosigkeit voraus.

4.7 Fluktuation und Abwesenheit

Die Arbeitsplatzfluktuation im Stahlwerk war hoch, was freilich zunächst einmal keine Besonderheit, sondern ein allgemeines Merkmal sozialistischer Volkswirtschaften darstellt.[233] Viele Beschäftigte verließen das Kombinat, sobald sie sich beruflich qualifiziert hatten und suchten sich eine körperlich weniger anstrengende Tätigkeit, vor allem junge Arbeiter. So haben allein von Januar bis November 1973 1378 Arbeiter ihre Stelle im Kombinat verlassen.[234] Es ist jedoch zu vermuten, dass die Fluktuation nicht von Anfang an derart hoch lag, da die meisten Arbeiter, die für die Bauarbeiten am Kombinat rekrutiert wurden, vom Lande kamen und die Entlohnung im Kombinat im Vergleich zu demjenigen, was sie in den ländlichen Kooperativen verdient hatten, ein Vielfaches betrug. Während ein Bauer bei der Tabakernte in einer Elbasaner Genossenschaft im Jahre 1967 nur drei Lek am Tag verdiente (eine Summe, die kaum die täglichen Ausgaben deckte), bekam er im Kombinat als Stahlkocher das Siebenfache.[235] Die geringen Einkommen der

[231] AQSh, KQ i PPSh, 14, 1976 / 881, 28 [Bericht der Informationsgruppe des Gewerkschaftsrates des Kreises Elbasan an das ZK der PAA vom 22.3.1976 betr. Sorgen der Montagearbeiter des Stahlwerks].

[232] AQSh, KQ i PPSh, 14, 1978 / 49, 13 [Bericht des Ersten Sekretärs der Parteikomitees des Kreises Elbasan Kondi an das ZK der PAA vom 28.10.1978 betr. Maßnahmen zur Beschäftigung der freien Arbeitskräfte].

[233] In der Sowjetunion lag die jährliche Rate des Arbeitsplatzwechsels in den siebziger Jahren bei rund 20 Prozent. Nach Mitchell, Work Authority in Industry, 688; vgl. auch Klessmann / Sywottek, Arbeitergeschichte und DDR-Geschichte, 901; Sabel / Stark, Planning, Politics and Shop-Floor Power, 452.

[234] AQSh, Bashkimet Profesionale, 657, 1974 / 63, 5 [Bericht des Sekretärs des Zentralrates der Gewerkschaft Kamberi an dessen Vorsitzenden Marko vom 29.1.1974 betr. verschiedene Probleme der Arbeiter im Kombinat]. Zur genauen Anzahl der damaligen Arbeitskräfte im Stahlwerk kann man nur Vermutungen anstellen. Laut dem oben in Tabelle 11 verwendeten Dokument sollten 1973 beim Bau des Stahlwerks insgesamt 5128 Arbeitskräfte beschäftigt werden (siehe oben, Seite 179).

[235] Interview mit M.M, 29.4.2012 in Tiranë.

Genossenschaftsbauern halfen indirekt den PAA-Wirtschaftsplanern in ihrem Unterfangen zur Beibehaltung einer staatlichen Investitionspolitik mit dem Schwerpunkt auf der Industrie.[236]

Bei Maurern oder Schreinern, aber auch anderen Handwerkern, die auf dem Bau ihr Geld verdienten, wurde die Fluktuation durch die regelmäßige Befristung der dortigen Arbeitsverträge gefördert. Es war schon zu Beginn der Bauphase des Kombinats schwer, Nachwuchs in den beiden erstgenannten Berufen zu finden, da die die Betroffenen die Perspektive hatten, dass sie nach Fertigstellung des Stahlwerks nicht weiter eingestellt bleiben würden. Die Unqualifizierten unter ihnen lehnten es deshalb ab, sich eigens dafür weiterbilden zu lassen. Außerdem wurden Maurer oder Schreiner schlechter bezahlt als andere am Bau Beteiligte, wie etwa Schweißer oder Monteure. Aber selbst viele Beschäftigte in diesen letzteren Berufen waren unzufrieden, da ihnen die Löhne als zu gering erschienen, weshalb sie nicht selten nach einigen Monaten Tätigkeit den Arbeitsplatz verließen.[237] 1975 verließen jeden Monat 500 Arbeiter den Arbeitsplatz.[238] Das bereitete der Kombinatsleitung Sorgen, da die Montagearbeiten im genannten Jahr sehr umfangreich sein sollten.[239] Die genauen Zahlen schwanken: Für 1977 wird die Zahl von 5000 Beschäftigten genannt, die seit 1975 den Arbeitsplatz verlassen hatten.[240] Wenn man die Menge an Beschäftigten, die bei den Bauarbeiten engagiert waren, beiseite lässt, entsprach das fast der gesamten Zahl derjenigen, die laut dem Sekretär des Stahlwerkparteikomitees Koçollari 1976 bei der Inbetriebnahme des Kombinats eingestellt werden sollten.[241] Es ist gar nicht einfach, sich die mitunter chaotischen Zustände vorzustellen, die hinsichtlich der Rekrutierung der Arbeitskräfte geherrscht haben müssen.

Die einfachen Arbeiter unterer Kategorien, die Qualifizierungskurse besuchten, um einen Beruf ergreifen zu können, waren diejenigen, die unter der fluktuierenden Masse am

236 Wildermuth, Land- und Forstwirtschaft, 351.

237 Entgegen einer häufigen anderslautenden Meinung waren auch im Eisenhüttenkombinat Ost (EKO) die Löhne unter dem Niveau der vergleichbaren Betriebe im Kreis, was auch dort die Fluktuation begünstigte. Jajeśniak-Quast, Stahlgiganten in der sozialistischen Transformation, 129.

238 AQSh, Bashkimet Profesionale, 657, 1975 / 90, 12 [Bericht der Arbeitsgruppe des Zentralrates der Gewerkschaft vom 17.3.1975 betr. die Arbeit der Gewerkschaftsorganisationen im Stahlwerk].

239 AQSh, KQ i PPSh, 14, 1975 / 846, 2 [Mitteilung des Stahlwerkleiters Shijaku an das ZK der PAA vom 24.1.1975 betr. den Bedarf an Arbeitskräften und Spezialisten für Montage und andere Arbeiten].

240 Si është punuar për edukimin komunist të punonjësve dhe mobilizimin e tyre për zbatimin e vendimeve të kongresit të 7të të PPSH [Welcher Beitrag ist zur kommunistischen Erziehung der Werktätigen und ihre Mobilisierung zur Umsetzung der Beschlüsse des 7. Parteitages der PAA geleistet worden?], *Metalurgu*, 19.5.1977, S. 2 f.

241 Im Juni 1976 sollten 5375 Arbeitskräfte bei der Inbetriebnahme des Kombinats eingesetzt werden. Siehe AQSh, KQ i PPSh, 14, 1974 / 18, 13 [Bericht des Ersten Sekretärs des Stahlwerkparteikomitees Koçollari an das Sekretariat des ZK der PAA vom 18.2.1974 betr. notwendige Maßnahmen zur Stärkung der Führungsrolle der Partei beim Kombinatsbau].

häufigsten zu finden waren. Gerade sie blieben oft nur im Stahlwerk, bis sie sich qualifiziert hatten, um andernorts unterzukommen, wo die Belastung nicht so hoch war.[242] Dieser Befund steht im Einklang mit der Feststellung von Sabel und Stark, wonach junge, gering qualifizierte Arbeiter in den realsozialistischen Ökonomien auf der Suche nach einer Tätigkeit mit besseren Arbeitsbedingungen und höheren Löhnen häufig ihren Arbeitsplatz wechselten.[243] Infolgedessen blieben die technisch-beruflichen Kenntnisse der Beschäftigten beharrlich auf einem niedrigen Niveau, ihre Arbeitspraxis erweiterte sich nur langsam und sie hatten auch meistens untere Qualifikationskategorien vorzuweisen. 1972 lag die durchschnittliche Qualifizierungsstufe im Kombinat bei 2,6; bei den jungen Arbeitern war sie noch tiefer.[244] Auch zehn Jahre später hatte sich an dieser Situation wenig geändert: Die meisten beschäftigten Arbeiter der Metallurgie und in anderen diffizilen Bereichen der Schwerindustrie stammten aus der Bauindustrie, der Landwirtschaft oder sie hatten nur einen Berufsgrundbildungskurs absolviert. Da sie wenig Arbeitserfahrung besaßen, beeinträchtigten sie den Arbeitsablauf und verursachten disziplinarische Probleme. Viele freie Arbeitskräfte aus der Stadt mit einem geringen Maß an beruflicher Ausbildung warteten währenddessen lieber ab, bis sie eine andere Tätigkeit im mechanischen oder elektrischen Segment fanden, als in der Metallurgie zu arbeiten.[245] In der Summe der Faktoren stammten 1982 nur 40 Prozent der Beschäftigten aus der Stadt Elbasan.[246] Allerdings war vier Jahre später – laut den publizierten Ziffern – ihr Anteil im Steigen begriffen: 53 Prozent der jungen Arbeiter stammten aus der Stadt selbst, die übrigen kamen aus den Nachbarstädten Cërrik und Peqin (13 Prozent), von denen die erste im Kreis Elbasan lag und die zweite einen Nachbarkreis bildete, und aus verschiedenen Dörfern oder Städten anderer Landkreise (34 Prozent).[247]

242 Das scheint auch im sozialistischen Bulgarien der Fall gewesen zu sein. Vgl. Brunnbauer, „Die sozialistische Lebensweise", 197.

243 Sabel/Stark, Planning, Politics and Shop-Floor Power, 452.

244 AQSh, KQ i PPSh, 14, 1972/18, 42 [Bericht des Ersten Stahlwerkparteisekretärs Koçollari für die Versammlung des Sekretariats des ZK der PAA am 21.9.1972 betr. die Parteitätigkeit zur Erziehung der jungen Arbeiter und derjenigen vom Lande].

245 AQSh, KQ i PPSh, 14, 1982/83, 12 f. [Bericht des Ersten Stahlwerksparteisekretärs Maksuti an das ZK der PAA vom 29.6.1982 betr. soziale Herkunft und Qualifikation der Arbeiter]. Nach Palairet war es nicht anders mit den Bewohnern Sofias gegenüber Kremikovci: "Yet despite its proximity and relatively high pay rates, Sofia residents avoided working there as if it were plague-infected." Palairet, "Lenin" and "Brezhnev", 501.

246 AQSh, KQ i PPSh, 14, 1982/83, 11 [wie eben].

247 Lekë Sokoli, Metoda e edukimit ideoestetik të rinisë t'i përshtatet nivelit të saj, dialektikës së zhvillimit të vendit [Die Methode der ideologisch-ästhetischen Erziehung der Jugend soll ihrem Niveau und der Dialektik der Entwicklung des Landes angepasst werden], *Rruga e Partisë* 32 (1986), H. 3, 74–83, 75.

Abb. 16: Kommen und Gehen beim Schichtwechsel im Stahlwerk

Die Fluktuationsrate in den wichtigsten Teilbetrieben des Stahlwerks betrug von seiner Inbetriebnahme 1976/77 bis 1982 70–80 Prozent.[248] In der kokschemischen Fabrik hatten von den 500 Beschäftigten zum Ende des Jahres 1983 151 ihren Arbeitsplatz verlassen. Zu einem erheblichen Teil war es eine interne Fluktuation, denn die meisten Arbeiter suchten sich Betriebe innerhalb des Kombinats aus, wo sie die Arbeit als leichter empfanden. Andere jedoch verließen das Kombinat. Ab 1983 sanken die Fluktuationszahlen aufgrund der Verbesserung der Arbeitsbedingungen und der verbesserten Produktionsabläufe, was neben einer Erhöhung der Produktion auch mehr Prämien und Stimuli für die Arbeiter zur Folge hatte, trotz ihres meist symbolischen Charakters. So wechselten 1985 angeblich nur noch zwei Prozent der Beschäftigten den Arbeitsplatz.[249] In einigen Berufen war die Situation jedoch auch 1986 immer noch besorgniserregend. Viele Maurer, Dreher oder Schmelzer arbeiteten ein-zwei Jahre, bis sie eine Kategorieerhöhung bekamen und verließen anschließend das Stahlwerk, was vor allem der mechanischen Fabrik viel zu schaffen

248 Ebenda, 78.

249 AShVE, Komiteti i Partisë i Kombinatit Metalurgjik Elbasan, 13, 1986 / 5, 9 (innere Zählung) [Studie vom März 1986 betr. Qualifikation und Arbeitsverhalten der Arbeiterklasse im Kreis].

machte. Insbesondere nach dem Wehrdienst kamen viele Arbeiter nicht mehr zurück.[250] Diejenigen, die einer Tätigkeit in Elbasan den Rücken kehrten, dürften in ihre Dörfer zurückgekehrt sein, wo sie ihrem früheren Beruf nachgingen.

Die bestehenden administrativen Beschränkungen waren insbesondere für jene Migrationswilligen spürbar, die vom Land in die Stadt ziehen wollten, was auch Sjöberg bestätigt.[251] Abgesehen davon vermögen auch die repressivsten Maßnahmen das Fluktuationsphänomen niemals völlig unterbinden. Das konnte man bereits anhand der Fluktuation in der Sowjetunion direkt nach dem Krieg beobachten, obwohl dort die Beschäftigten in den Schlüsselindustrien, die ihr Arbeitsplatz verließen, bis 1948 sogar ins Arbeitslager verfrachtet werden konnten.[252]

Angesichts der Tatsache, dass die albanischen Regierungen große Anstrengungen unternahmen, um eine unkontrollierte Migration zu unterbinden, das sozialistische Albanien als auch im Vergleich besonders reppressiv in Sachen der legislativen Einschränkungen der Mobilität der Bevölkerung gilt und eine größere Landflucht durch die strengen Vorgaben bis zum Ende der kommunistischen Herrschaft in der Tat unterblieb, sind die angegebenen Fluktuationsziffern verblüffend. Brunnbauer verweist darauf, dass zwischen 1971 und 1975 ca. 80 Prozent der Arbeiter im bulgarischen Stahlwerk von Kremikovci ihren Arbeitsplatz freiwillig verlassen hatten.[253] Die albanischen Zahlen zum angegebenen Zeitraum stehen dem, wie die obigen Ausführungen gezeigt haben, wohl in nichts nach. Der Fluktuationsgrad in Elbasan ist trotz der rechtlichen Restriktionen mit derjenigen des sowjetischen Stahlwerks von Magnitogorsk in dessen Anfangsjahren ebenso vergleichbar[254] wie mit der spontanen Arbeitskräftemobilität in Kremikovci.

Unvermeidlich stellt sich die Frage, wieso sich die PAA-Führung relativ passiv gegenüber diesen Zuständen verhielt, die ihre Pläne von einer schnellstmöglichen Inbetriebnahme des Stahlwerks und einer reglementierten Migration eindeutig zu durchkreuzen drohten. An sich konnte der Partei nicht viel entgehen: Die Parteizellen waren überall anwesend und das System der doppelten Verwaltung[255] sollte auch in den verschiedenen Wirtschaftsbereichen sicherstellen, dass die Partei die dortigen Entwicklungen im Auge behielt. Nicht von ungefähr weist Bartl an einer Stelle darauf hin, dass „die albanische Wirtschaft eine zentralisierte Kommandowirtschaft [war], die von der PAA dirigiert wurde".[256]

250 Ebenda, 10.

251 "The strictest regulations apply precisely to rural-to-urban-migration, with a larger number of restrictions and with decision making authorities usually to be found at higher levels in the bureaucracy than is the case with intra-rural or urban-to-rural movements." Sjöberg, Rural Retention in Albania, 220 f.

252 Filtzer, Soviet Workers and Late Stalinism, 118.

253 Brunnbauer, Stählerne Träume, 217.

254 Vgl. Kotkin, Magnetic Mountain, 94–96.

255 Mehr dazu Schmidt-Neke, Politisches System, 173.

256 Bartl, Albanien, 264.

Und genau darin lag das Problem: Die Macht der PAA – und mit der PAA ist vor allem ihre Führungsspitze gemeint – sollte theoretisch alle gesellschaftlichen Bereiche im Lande durchdringen und dominieren. Die Parteiführer wollten bis ins Detail jede Entwicklung kontrollieren, um jederzeit an die von ihnen abhängigen Institutionen situationsgerechte Weisungen geben zu können. Dieses Herrschaftswissen[257] war für sie überlebensnotwendig, ganz gemäß dem Motto „Information ist Macht". Die Folge war jedoch eine Überforderung der Machthaber. Idrizi bezeichnet das in Rückgriff auf Verdery als „Diskrepanz zwischen der ‚thoroughgoing anarchy' der informellen Wirklichkeitsgestaltung einerseits und der Vorstellung von Geplantheit, Ordnung und totalitäre Kontrolle des Staates über die Gesellschaft andererseits".[258] Das Bewusstsein für dieses Phänomen betraf nicht nur das Stahlwerk, sondern mehrere Wirtschaftsbereiche, wie Enver Hoxha selbst indirekt offenlegte, als er sich in einer ausführlichen Diskussion mit anderen ZK-Sekretären am 5. November 1979 über die Unübersichtlichkeit des Berichtes zum Entwurf für den siebten Fünfjahresplan beschwerte, der ihm vom Ministerrat übergeben worden war.[259] Er wies darauf hin, dass anhand der Informationen, die von der SPK oder von der Regierung zugesandt wurden, nicht ersichtlich war, ob der VI. Fünfjahresplan überhaupt erfüllt worden war, so dass er unmöglich ein Urteil über das angestrebte Wirtschaftswachstum für den nachfolgenden Fünfjahresplan abgeben könne.[260] In den Berichten, so Hoxha weiter, würden sich jede Menge Ziffern finden lassen, aber keine Darstellung der Gesamtlage. Zudem betonte er, dass auch die Informationen, die die örtlichen Stellen an die Zentralinstitutionen schicken, „ganz unverständlich" seien.[261] Die Erkenntnis über die Unmöglichkeit der eigenen Kontroll- und Planungsansprüche hatte aber ihre Grenzen: Stattdessen warf Hoxha den Verfassern dieser Berichte lieber vor, sie wollten der Führung „Sand in die Augen streuen".[262]

In seinen Aussagen sprach Hoxha explizit auch ein Merkmal der Machtzentralisierung im sozialistischen Albanien an: Die Regierungsorgane taten sich aufgrund der „bürokratischen Konzepte", die bei ihnen laut Hoxha herrschten, schwer, Lösungen für verschiedene

[257] Zu weiteren Ausführungen zum Begriff siehe Wolfgang Lipp, Art. Herrschaftswissen, in: Historisches Wörterbuch der Philosophie. Bd. 3. Basel 1974, Sp. 1099 f.

[258] Idrizi, Herrschaft und Alltag, 112, unter Bezug auf Verdery, What Was Socialism, 8. Siehe dazu auch seinen Aufsatz: Idrit Idrizi, Sundimi komunist në Shqipëri në periudhën e vonë te tij nga perspektiva e historisë kulturore [Die kommunistische Herrschaft in Albanien in seiner Spätzeit aus kulturgeschichtlicher Perspektive], *Përpjekja* 32 / 33 (2014), 70 – 87, 76.

[259] AQSh, KQ i PPSh, 14, 1979 / 94, 1 – 22 [Protokoll der Tagesbesprechung der Sekretäre des ZK vom 5.11.1979].

[260] Ebenda, 4.

[261] Ebenda, 18.

[262] Ebenda, 4f.

Probleme in Eigeninitiative zu suchen.[263] Er gab dafür ein Beispiel aus dem Stahlwerk an, wo dessen Leitung sich mehrmals erfolglos bei den zuständigen Instanzen nach der Beschaffung von 100 Arbeitskräften erkundigt habe.[264]

Hoxha verlangte angesichs dessen von der SPK sowie vom Ministerrat in Zukunft anschaulichere Berichte, damit er und die anderen Parteisekretäre in der Lage sein könnten, sachdienliche Anweisungen zu geben. Anhand seiner Beschwerde, und die anderer Diskutanten, kann man jedoch eine ganz andere, grundsätzlichere Sache nachvollziehen: Solange das letzte Wort für die Entwicklung der albanischen Wirtschaft in der Hand der Politiker lag und auch noch die staatlichen Instanzen bei ihren Schritten immer auf die Bestätigung durch die Parteiführung zu warten hatten, konnten Phänomene wie die Irrentabilität des Kombinats oder erhöhte Fluktuation nicht so schnell verschwinden.

Zu den schon geschilderten Schwierigkeiten bei der Bildung einer Stammbelegschaft kam noch ein anderer Faktor hinzu: Aufgrund der niedrigen Qualifikation der Arbeiter und der damit auch verbundenen Unterschätzung der Wichtigkeit der technischen Sicherheit durch die Beschäftigten kam es häufig zu Unfällen. 1970 ereigneten sich 54 Unfälle, 1973 hatte sich ihre Anzahl auf 109 verdoppelt.[265] Die sich daraus ergebenden Arbeitsunfähigkeiten oder Krankmeldungen wurden von der Gewerkschaftsführung allerdings angezweifelt. Sie hegte den Verdacht, die Ärzte gingen sehr großzügig mit ihren Attesten um, weshalb im Gesundheitsbereich erhöhte Kontrollen empfohlen wurden.[266] Laut Mazurek verhielt es sich auch in den polnischen Rosa-Luxemburg-Werken ähnlich.[267] Allerdings ist zu Elbasan nicht bekannt, ob auch dort Prämien an die Ärzte bei einem geringen Abwesenheitsgrad verteilt wurden, obwohl es entsprechende Anweisungen auch in Albanien gegeben haben dürfte. Laut einer Pressestatistik waren im Stahlwerk 1973 jeden Tag 108 Arbeiter entschuldigt abwesend, wobei der Autor nicht unterschied zwischen denjenigen, die entschuldigt und den anderen, die unentschuldigt fehlten, sondern allen vorwarf, grundlos abwesend gewesen zu sein.[268]

Nicht alle Arbeiter erachteten jedoch eine Krankmeldung überhaupt als notwendig, um der Arbeit fern zu bleiben. 1974 wurden angeblich für das Jahr 1973 in Summe 221.248 Arbeitstage registriert, in welchen Beschäftigte des Stahlwerks unentschuldigt

263 Ebenda, 17.

264 Ebenda, 20.

265 Systematische Angaben zur Unfallquote im Stahlwerk, wie sie Jajesniak-Quast im Falle von EKO angibt, können aufgrund der Quellenlage nicht gemacht werden. Vgl. Jajeśniak-Quast, Stahlgiganten in der sozialistischen Transformation, 138.

266 AQSh, Bashkimet Profesionale, 657, 1974/4, 40 f. [Bericht des Sekretärs des Zentralrates der Gewerkschaft Jakova für dessen Präsidium betr. Senkung der Fehlzeiten].

267 Mazurek, Das Alltagsleben im sozialistischen Betrieb, 305.

268 Petrit Stambollxhiu, Ç'janë këto mungesa pa arsye në punë? [Wieso diese unentschuldigten Fehlzeiten?]. *Metalurgu*, 28.2.1974, S. 1.

gefehlt hatten.[269] Das wären bei einer Belegschaft von ungefähr 10.000 Mann im Durchschnitt rund 22 unentschuldigte Fehltage pro Kopf und Jahr.[270] Allerdings spielte bei dem Zustandekommen der Fehltage auch die Unterbeschäftigung eine Rolle, die durch fehlende Versorgung mit Rohstoffen und Baumaterial oder durch andere Organisationsprobleme zustande kam. Vor allem die Arbeiter der Spätschicht verließen bei nichtvorhandener Arbeit ihren Werkplatz einfach oder hielten sich nicht an die vorgegebenen Arbeitszeiten, so dass zu dieser Tageszeit im Kombinat am wenigsten gearbeitet worden sein dürfte. Anfang 1976 wurde die Weisung erteilt, es den Brigadieren zu verbieten, den Arbeitern kurzfristig Urlaub zu gewähren, da dadurch im Stahlwerk alltäglich 100–120 Arbeiter fehlen würden.[271] Mehrmals am Tag sollten Zählappelle durchgeführt werden und alle Führungskräfte die Tage und Nächte im Kombinat verbringen, um die Planziele rechtzeitig zu erreichen. Trotz derartiger Gegenmaßnahmen fehlten im Stahlwerk 1977 dann aber jeden Tag 210 Arbeiter und 1978 noch 147 Arbeiter ohne triftigen Grund.[272] Hoxhas Kampagne zur Senkung des „Absentismus", die im Dezember 1969 während der Kulturrevolution begonnen hatte,[273] war damit ein Fehlschlag.

Manche der Fehlzeiten waren jedoch nicht auf eine vermeintlich niedrige Arbeitsmotivation der Betroffenen zurückzuführen: Viele Beschäftigte aus anderen Landkreisen hatten angesichts des Straßenzustands und der schlechten Verbindungen einen schier endlosen

[269] AQSh, Bashkimet Profesionale, 657, 1974 / 17, 13 [Bericht des Vertreters des Zentralrates der Gewerkschaft Kamberi an den Zentralrat vom 29.1.1974 betr. bestehende Probleme im Stahlwerk]. Die oben genannte Ziffer hört sich unglaublich hoch an. Der Autor hat im Rahmen der Forschungsarbeiten sowohl in den veröffentlichten als auch in den internen Quellen mehrmals Fehler – ob zufällig oder absichtlich fabrizierte, sei dahingestellt – bei Zahlenangaben festgestellt, so dass auch bei dieser Angabe die letzte Gewissheit fehlt. Eine Hochrechnung der besonders vielen Fehlzeiten während der Nachtschichten könnte allerdings eine reale Basis der Angabe gewesen sein.

[270] Ich vermute diese Anzahl, da in dem Bericht von Refari und Balla aus dem Jahr 1977 für 1977 eine Belegschaftsgröße von 12.000 Arbeitern angegeben wird. Vgl. AShVE, Komiteti i Partisë i Kombinatit Metalurgjik Elbasan, 873, 1977 / 1, 25 [Bericht von Refari und Balla vom 7.1.1977 betr. Unterbringung und Transport der Arbeiter im Baubereich]. Falls aber der prognostizierte Arbeitskräftebedarf vom Industrieminister Theodhosi aus dem Jahr 1972 die Gesamtzahl der Beschäftigten angibt, käme man bei 5.128 Beschäftigten schon auf rund 43 Fehltage pro Kopf, was schier unglaublich scheint. Vgl. dazu Tabelle 11.

[271] AQSh, KQ i PPSh, 14, 1976 / 879, 23 [Bericht des Direktors für den Kombinatsbau Mataj an das ZK der PAA betr. Maßnahmen zur Verbesserung der Arbeit im Kombinat]. Auch diese Zahl ist aus verschiedenen Gründen unsicher. So ist es manchmal unklar, ob bei der Angabe der fehlenden Arbeiter nur von denjenigen die Rede ist, die ausschließlich im Bau- oder im Produktionsbereich beschäftigt wurden, oder ob sich die Angabe auf die Gesamtzahl der Beschäftigten des Kombinats bezog. Auch die Gewerkschaftsfunktionäre vor Ort scheinen kein richtiges Gesamtbild gehabt zu haben. Die Leitung des Stahlwerks scheint die einzige lokale Stelle gewesen zu sein, die die Gesamtausfälle festhielt.

[272] AQSh, KQ i PPSh, 14, 1978 / 401, 13 [Bericht des Stahlwerkparteisekretärs Maksuti an das ZK der PAA vom 15.5.1978 betr. den moralisch-politischen Stand der Beschäftigten].

[273] Blumi, Hoxha's Class War, 320.

Fahrweg. Wenn sie am Samstag zu ihren Familien fuhren, verbrachten sie einen großen Teil ihrer Freizeit in Bussen oder bei manchen Zielen auch in den Zügen, und den die letzten Stücke der Heimwege traten sie nicht selten zu Fuß an. Deshalb war die individuelle Entscheidung, eher am Dienstag als am Montag die Arbeitswoche zu beginnen, unter manchen Umständen auch der Infrastruktur geschuldet. Es ist deshalb verständlich, dass sie um Sonderurlaub baten, auch wenn keine speziellen Gründe vorlagen. Die Fehltage wurden durch Überstunden und Sonntagsarbeit kompensiert, wovon die Belegschaft wiederum nicht begeistert war. Krankmeldungen dürften daher des Öfteren eine Reaktion auf die langen Weg- und Arbeitszeiten gewesen sein, wie es ähnlich auch Stadtland für die DDR-Arbeiterschaft in den 50er Jahren festgestellt hat; dort ging es vor allem darum, sich dadurch der Sonntagsarbeit zu entziehen.[274]

Um die Transportprobleme zu mindern, wurden vom Kommunikationsministerium 1975 dem Kombinat für die Arbeiter aus Tiranë und Durrës zwei Züge zur Verfügung gestellt, die allerdings das Problem aus mehreren Gründen nur lindern, aber nicht beheben konnten.[275] Da die Betroffenen relativ wenig verdienten, bevorzugten sie gegenüber der Bahn oftmals günstigere Transportmittel, beispielsweise Busse oder Lastwagen, die gelegentlich in beiden Richtungen unterwegs waren, oder sie gingen wie gesagt in erheblichen Teilen zu Fuß; für diejenigen, die außerhalb von Elbasan wohnten, bedeutete das dann als Minimum eine Stunde Fußweg pro Richtung. Die Lage mit den unentschuldigten Fehlzeiten konnte sich im Laufe der Jahre aber vorübergehend auch wieder etwas entspannen, weshalb die Leitungen dann alle 10–20 Tage selbstzufrieden eine „Senkung der unentschuldigten Abwesenheiten“ verkündeten; tatsächlich freilich lagen die von der Leitung erfassten Fehlzeiten nach Angaben der Presse um 50 bis 70 Prozent niedriger als in der Realität.[276]

In der Elbasaner Presse wurde auch die Tatsache kritisiert, dass keine ordentliche Eintragung der Anwesenheiten erfolge, weshalb mit den Arbeitern, die Problemfälle darstellten, keine konstante Erziehungsarbeit betrieben werden könne. Die Kollektive würden deren Verhalten tolerieren, vor allem im Walzwerk, in der Stahlfabrik, in der mechanischen Fabrik oder in der Schamottfabrik. Der Ausweg wurde wie so häufig auch hier wieder in einer besseren „Erziehungsarbeit der Gewerkschaft hinsichtlich einer sozialistischen Haltung ihrer Mitglieder gegenüber der Arbeit“ gesucht.[277]

Durch Initiativen wie „Wer unbegründet fehlt, soll entschädigen“ oder „Aktionskampagnen gegen liberale Haltungen und zur Stärkung der proletarischen Disziplin“ versuchten die Massenorganisationen in der Tat mithilfe von Propagandaarbeit die Fehltage zu senken.

[274] Stadtland, Konfliktlagen und Konfliktformen, 366f.

[275] AQSh, KQ i PPSh, 14, 1975/841, 15 [Bericht des Bauministers Hanku an den Sekretär des ZK der PAA Toska vom 10.2.1975 betr. verschiedene Schwierigkeiten beim Kombinatsbau].

[276] Pertef Hysa, Cilat janë shkaqet e mungesave pa arsye? [Welche Gründe gibt es für die unentschuldigten Fehlzeiten?], *Shkumbini*, 10.8.1988, S. 3.

[277] Detyrat i realizojnë njerëzit, ndaj puna me ta është kryesore [Die Pläne werden von den Menschen umgesetzt, deshalb ist die Arbeit mit ihnen vorrangig], *Shkumbini*, 10.4.1985, S. 1.

Die Gewerkschaftsfunktionäre waren aber auch weiter unzufrieden, denn in den letzten Jahren der sozialistischen Herrschaft verzeichnete die albanische Industrie bei einer durchschnittlichen Beschäftigtenzahl von ca. 290.000 Arbeitern[278] ungefähr 600.000 unentschuldigte Fehltage jährlich, vorrangig im Bergbau, Erdöl-, Metall- und Bauindustrie, von den Verspätungen und dem frühzeitigen Verlassen des Arbeitsplatzes abgesehen.[279]

Um auf diejenigen, die oftmals fehlten, besser eingehen zu können, führte das Parteikomitee unter den Stahlwerksarbeitern in den Monaten Oktober 1989–Juli 1990 eine Untersuchung durch. Anders als in Nowa Huta, wo sozialpsychologische Studien über Fluktuation und Abwesenheit relativ früh betrieben wurden,[280] war das für Elbasan die erste mir bekannte systematisch geführte vergleichbare Untersuchung. Es stellte sich heraus, dass rund 92 Prozent der 10.000 Arbeiter im Zeitraum von Oktober 1989 bis Juli 1990 ununterbrochen anwesend waren oder nur ein-zwei Fehltage (obwohl die Quelle hier nicht eindeutig formuliert ist, scheint es klar, dass es sich um die Zahl der unentschuldigten Fehltage gehandelt hat) für den Gesamtzeitraum aufwiesen. Fast acht Prozent der Arbeiter wiesen aber mehr als 3–5 Fehltage auf, einige kamen sogar auf 27 Fehltage in einem Zeitraum von 9 Monaten. Eine Minderheit von 0,8 Prozent hatte mindestens 10 Fehltage monatlich und war damit für 20 Prozent aller zustande gekommenen Fehltage verantwortlich.[281]

Viele derjenigen, die in den letzten Jahren der sozialistischen Zeit die meisten Fehltage zu verzeichnen hatten, verfügten über einen illegalen Zweiterwerb. Sie waren laut dem Sekretär des Generalrates der Gewerkschaft Marko Schwarzhändler, Schwarzarbeiter oder Hochzeitsmusiker.[282] Ihr Arbeitsverhalten wurde von anderer Warte auf eine überkommene „Handwerkermentalität" zurückgeführt, die durch das „große erzieherische Potential des Kombinats" verändert werden könnte.[283] Die Gewerkschaftsorganisationen verschiedener Betriebe im Lande unterstützten die Einführung von „Entschädigungsgesetzen", in der Hoffnung, durch dieses Druckmittel die Zahl der Fehltage zu senken. Der Parteisekretär des Stahlwerks schlug dazu eine Arbeit mit Individualnormen vor, da die Arbeiter bei Kollektivnormen nicht gemäß ihrer Arbeitshaltung entlohnt wurden. Die Lage war vor allem bei Kollektiven problematisch, die eine große Beschäftigtenanzahl aufwiesen. Das galt etwa in der Fabrik Nr. 12, deren Belegschaft 1990 bis zu 1000 Arbeiter erreichte. Die allgemeine Einführung der Fünftagewoche, deren versuchsweise Einführung damals

278 Vjetari statistikor 1991, 77.

279 AQSh, Bashkimet Profesionale, 657, 1989/13, [Bericht des Sekretärs des Generalrates der Gewerkschaft S. Marko zu dessen Präsidiumssitzung am 30.9.1989 betr. die Arbeit der Gewerkschaftsorganisationen zur Disziplinstärkung].

280 Jajeśniak-Quast, Stahlgiganten in der sozialistischen Transformation, 134.

281 Sokoli, Në qëndrim ndaj punës, 19.

282 AQSh, Bashkimet Profesionale, 657, 1989/13, 5 [Bericht des Sekretärs des Generalrates der Gewerkschaft S. Marko zur Präsidiumssitzung am 30.9.1989 betr. die Arbeit der Gewerkschaftsorganisationen zur Disziplinstärkung].

283 Sokoli, Në qëndrim ndaj punës, 17 f.

im Walzwerk zu positiven Ergebnissen bei Produktivität, Produktionskosten und Fehlzeiten geführt hatte, war ebenfalls ein Vorschlag des Parteisekretärs.[284] Die chronischen Probleme im Großkombinat und die desperate Wirtschaftslage des Landes hatten anscheinend gegen Ende bei einigen Parteigenossen reformerische Gedanken ausgelöst, wodurch sie die Situation stabilisieren und das System möglichst erhalten wollten.

Die Untersuchung des Parteikomitees von 1989–1990 hatte außerdem ergeben, dass die meisten derjenigen, die häufig fehlten, junge, unverheiratete Arbeiter waren, mehrheitlich unter 30 Jahren. Diejenigen, die schon länger als 20 Jahre – das heißt praktisch seit dem Produktionsbeginn – im Stahlwerk arbeiteten, machten 16 Prozent der Belegschaft aus; auf sie fielen jedoch nur fünf Prozent der unentschuldigten Fehltage. Es gab zwar auch einige langjährige Arbeiter mit Kindern, die oft unbegründet fehlten, man führte das jedoch auf ihr „ungeregeltes Leben" zurück. Dreiviertel aller Fehltage entfielen auf diejenigen, die niedrige Qualifikationsstufen aufzuweisen hatten. 75 Prozent der unentschuldigt Fehlenden hatten nur die I. und II. Qualifikationsstufe, obwohl sie damals nur noch ein Drittel der Beschäftigten im Stahlwerk ausmachten. 19 Prozent der Fehltage entfielen auf die Arbeiter aus der III. Kategorie und nur sechs Prozent auf die höher Qualifizierten aus den IV. bis VI. Qualifikationsstufen.[285] Obwohl fast ein Viertel der Arbeiter aus den Dörfern kamen, machten sie nur neun Prozent der unentschuldigt fehlenden Beschäftigten aus, relativ gesehen also wesentlich weniger als diejenigen mit einem Wohnsitz in der Stadt. Es scheint deshalb nicht zu gewagt, wenn man einen Zusammenhang zwischen Autoritätshörigkeit und bäuerlicher Herkunft sehen würde; vielleicht aber hatten die vom Lande Stammenden auch nur mehr zu verlieren, insofern sie eine berufliche Rücksendung in ihre Heimatorte zu befürchten hatten. Dafür waren die Arbeiter, die aus den Städten kamen, laut der Untersuchung produktiver, lernfähiger und sparsamer als die Landbewohner.[286]

Aus den gewonnenen Statistiken zog die Parteiführung des Stahlwerks den Schluss, die Disziplin und die Arbeitshaltung seien Fragen der Qualifikation und der Arbeitserfahrung, die jedoch nicht nur durch agitatorische, erzieherische Tätigkeit verbessert werden könnten. Der Ausweg solle vorrangig in wirtschaftlichen Maßnahmen gesucht werden, um die Arbeiter zu motivieren.[287] Eine wichtige Einsicht war gekommen, allerdings zu spät.

Die politische und wirtschaftliche Lage beeinflusste die Arbeitshaltung der Arbeiter in dem Maße, dass man am Ende der kommunistischen Herrschaft nicht mehr davon reden konnte, wer abwesend war, sondern wer überhaupt am Arbeitsplatz erschien. Im Februar 1990 wurde bei einer Kontrolle in der Fabrik für Schamottziegel festgestellt, dass außer fünf Arbeitern alle anderen – dazu gehörten auch Arbeitskader und Parteimitglieder – den Arbeitsplatz verlassen hatten. Die Parteigrundorganisationen des Stahlwerks wurden auf-

284 AShVE, Komiteti i Partisë i Kombinatit Metalurgjik Elbasan, 13, 1990 / 12, 21 f. [Studie betr. Arbeitsverhalten der Stahlwerksarbeiter und Wege zur Verbesserung].

285 Ebenda.

286 Sokoli, Në qëndrim ndaj punës, 19–21.

287 Ebenda, 21.

gerufen, von den Verwaltungsstellen, welchen oftmals bürokratisches Verhalten vorgeworfen wurde, Rechenschaft zu verlangen und die Entwicklung in ihren Versammlungen zu thematisieren, da sich kaum Verbesserungen zeigten. Der Fabrikleiter hatte seit Jahren versprochen, dass sich die Lage bessern würde, aber es geschah nichts, deshalb forderte der Stahlwerksparteisekretär in einer Versammlung mit den Verwaltungsvertretern und der Parteispitze des Kombinats seine Entlassung.[288] Doch auch in anderen Teilfabriken, wie in der Fabrik Nr. 12, war die Anzahl der unentschuldigten Abwesenheiten hoch; die Fabrikleitungen gelobten aus Angst vor dem Parteikomitee Besserung und unterschrieben Verpflichtungen zur Erhöhung der Produktion oder Senkung der Fehltage, aber es zeigte sich keine Verbesserung. Obwohl die Kombinatsleitung in den letzten Jahren des Regimes von Seiten des Parteikomitees mehrfach unter Beschuss genommen wurde,[289] lag die weitere betriebliche Entwicklung des Kombinats nicht nur in ihrer Hand. Sie hing wesentlich ab von grundsätzlichen Veränderungen im wirtschaftlichen Kurs, die wenn, dann in den höheren Führungsebenen beschlossen wurden. Gegenüber ihren Vorgesetzten Veränderungsvorschläge in dieser Hinsicht zu machen, fiel den Parteivertretern im Kombinat nicht leicht. Eine Erhöhung der Rentabilität des Kombinats wäre mit vielen Entlassungen verbunden gewesen, die Unzufriedenheit unter den Arbeitern gegenüber einer Partei schüren würden, die seit all den Jahren ihre Interessen zu vertreten vorgab. Außerdem war Rentabilität mit Investitionen in Ausrüstung verbunden, die aufgrund der prekären finanziellen Lage des Staates nicht zu verwirklichen waren; Kredite im Ausland aufzunehmen, verbot aber die Verfassung.

4.8 Getrennte Welten: Albaner und Ausländer

Nach dem Ausschluss aus dem sozialistischen Lager waren die Kontakte der albanischen Bevölkerung zum Ausland besonders rar. Schon die Zahl an Touristen, die nach Albanien gelangten, war besonders niedrig.[290] Sie durften nur in Gruppen einreisen und wurden von der einheimischen Bevölkerung intensiv abgeschirmt. Durch die Sprachbarrieren fiel es beiden Seiten zusätzlich schwer, zueinander in Kontakt zu treten, so dass auch von daher jede Kontaktaufnahme über die zuständigen Behörden lief; normalerweise waren

[288] AShVE, Komiteti i Partisë i Kombinatit Metalurgjik Elbasan, 13, 1990/6, 3 f. [Protokoll der Versammlung des Parteikomitees am 5.2.1990 betr. die Disziplinverletzung in der Fabrik für feuerfeste Ziegel].

[289] Der vorletzte Stahlwerksparteisekretär des Kombinats bis 1988, Vebi Maksuti, hatte gemäß den Aussagen meines Interviewpartners I. St. aufgrund häufig geäußerter Kritik kein gutes Verhältnis zu Hajredin Çeliku, dem Kombinatsleiter (und ab 1982 Minister für Industrie und Bergbau).

[290] Von 1961–1985 besuchten insgesamt nur 56.000 Auslandstouristen Albanien, davon 30.000 allein im Zeitraum von 1981 bis 1985. Nach Rüdiger Pier, Tourismus, in: Grothusen (Hg.), Albanien, 417–426, 418.

das das staatliche Tourismusunternehmen Albturist in Verbindung mit der Sigurimi.[291] Der Tourismus wurde vom Regime nicht vornehmlich als ein Wirtschaftszweig betrachtet, sondern als ein Phänomen, das vorrangig ideologisch-propagandistisch ausgenutzt werden sollte.

Kontakte der Albaner zum Ausland fanden dann statt, wenn sie zu Qualifikations- oder Spezialisierungszwecken ins Ausland fuhren oder wenn ausländische Spezialisten ins Land kamen, um sie beim Bau verschiedener Industriewerke zu unterstützen. Im Elbasaner Kombinat waren es wie gesehen bis 1978 chinesische Spezialisten, die von Beginn an den Albanern bei den Arbeiten zur Errichtung und Inbetriebnahme des Stahlwerks beistanden und Expertenwissen vermittelten. Nach ihrem Abzug kamen Spezialisten aus westlichen Staaten, aber in weit geringerer Anzahl und für einen sehr beschränkten Zeitraum.

Diejenigen Albaner, die zur Spezialisierung ins Ausland gehen sollten, wurden vorab einer sorgfältigen politisch-ideologischen Überprüfung unterworfen. Die Betriebsleitung oder das Universitätsrektorat und das Parteikomitee übersandten dem Ministerium, dem der Betrieb des Beschäftigten oder des Bewerbers oblag, Gutachten. In diesen wurden die soziale Herkunft des Kandidaten und die Haltung seiner Familie während des Zweiten Weltkrieges beurteilt. Enthalten waren außerdem Angaben über seine Ausbildung und Beruf, über eventuelle Parteizugehörigkeit und Auszeichnungen, über seine bisherigen Tätigkeiten und über sein Arbeitsverhalten. Wurde dem Antrag zugestimmt, erhielt der jeweilige Antragsteller vom Innenministerium ein Visum erteilt, in welchem Aufenthaltsort, Zweck und die Dauer des Aufenthalts sowie der Grenzübergangspunkt festgehalten waren. Den Reisepass mussten Reisebefugten spätestens 10 Tage nach ihrer Rückkehr beim Innenministerium abliefern und bekamen dafür dann ihren Personalausweis zurück.[292]

Die chinesische und die albanische Seite hatten sich darauf geeinigt, dass bis zum Abschluss der Bauarbeiten am Kombinat und seiner vollständigen Inbetriebnahme 383 albanische Beschäftigte oder Universitätsabsolventen nach China zur Weiterqualifikation oder Spezialisierung geschickt werden sollten.[293] Davor sollten sie eine gewisse berufliche Qualifikation in Albanien erworben sowie einen Sprachkurs und ein Seminar mit ideologischem Inhalt besucht haben. Sie kamen in gemischten Gruppen von an die 30 bis 40 Personen und erhielten von albanischer Seite ein symbolisches Monatsgehalt von 40 Yuan ausbezahlt, was sie zumeist verwendeten, um der Familie, Verwandten oder Freunden in Albanien ein Geschenk aus China zu kaufen, normalerweise Kleidungsstücke oder Kartenspiele, die in Albanien verboten waren. Jede Gruppe wurde von einem Gruppenleiter und einem Parteisekretär begleitet. Durch die Handelsvertretung in Shanghai oder die Botschaft in Peking wurden sie über die politischen Entwicklungen am Laufenden gehalten

[291] Ebenda, 420 f.

[292] AQSh, Ministria e Ndërtimit 499, 1970 / 323, 37 f. [Mitteilung von Vizeinnenminister F. Shehu an das Ministerpräsidentenamt und verschiedene Ministerien und Zentralinstitutionen vom 31.7.1970 betr. Personen, die ins Ausland reisen oder Ausländer, die nach Albanien kommen].

[293] AQSh, KQ i PPSh, 14, 1975 / 841, 4 [Bericht des Stahlwerkleiters Çeliku vom 25.1.1975 an das ZK der PAA betr. Ausbildung der Fachkräfte].

und zugleich überwacht, damit ein mit den moralisch-politischen Erwartungen der PAA konformes Verhalten gesichert war. Diejenigen, deren Benehmen nicht in Einklang mit den Weisungen aus Tiranë stand oder über welche sich die chinesische Seite beschwerte, wurden nach Albanien zurückgeschickt.

Der Empfang in China war zumindest bis 1978 herzlich und die Zeitzeugen bewahren gute Erinnerungen an diese Zeit.[294] Sie waren in Wohnheimen untergebracht, konnten ihre wenigen Einkäufe im naheliegenden Einkaufszentrum für Ausländer erledigen und hatten mehrere Dolmetscher zur Verfügung, die ihre ständigen Begleiter waren. Die Gastgeber hatten auch ein Freizeitprogramm vorgesehen, das zum Ziel hatte, die albanischen Gäste mit den positiven Seiten des chinesischen Kommunismus bekannt zu machen. Die Kontakte zur chinesischen Bevölkerung waren durch die sprachlichen Defizite stark eingeschränkt, aber auch, weil die chinesischen Offiziellen solche Beziehungen nur ungern sahen. Zusammenkünfte fanden entweder mit ausgewählten Personen statt, die über die Rolle Albaniens in Bezug auf China informiert waren, oder mit Studenten aus Ländern der Dritten Welt, die, vom revolutionären Eifer beseelt, den chinesischen oder albanischen Entwicklungsweg als geeignet betrachteten, um ihre Länder aus der politisch-wirtschaftlichen Rückständigkeit und Abhängigkeit vom Westen zu befreien. Wenn in China zufällig Kontakte zu Menschen aus westlichen Staaten entstanden, wurden diese zumeist durch Vertreter der Parteiorganisationen unterbunden.[295]

Wohl die meisten derjenigen, die zu einer Weiterqualifikation nach China gingen, taten dies nicht etwa, weil sie sich dem Maoismus oder der chinesischen Kultur nahe fühlten. Im Vordergrund stand die Hoffnung auf bessere berufliche Perspektiven. Eine Auslandsspezialisierung bedeutete auch eine feste Arbeitsstelle im Kombinat, was automatisch mit einer Wohnerlaubnis in Elbasan verbunden war. Andere betrachteten den Aufenthalt in China als eine Möglichkeit zum Kontakt mit dem Ausland, was ihnen ansonsten und in Albanien selbst verwehrt war. Die Bandbreite der inneren Erwartungen war groß. Einige hatten bis zur letzten Minute gedacht, die Spezialisierung würde in einem westlichen Land stattfinden;[296] andere hatten sogar in Erwägung gezogen, in China zu einer westlichen Auslandsvertretung zu gehen und um politisches Asyl zu bitten, was sie aber mit Rücksicht auf die Konsequenzen für die Familie und die Verwandtschaft in der Heimat doch unterließen.[297] Die überwiegende Mehrheit der Entsendeten wurde in China zum ersten Mal mit einer fremden Kultur konfrontiert. Der Kulturschock war dementsprechend beträchtlich. Auch die chinesischen Partner reagierten nicht selten enttäuscht über

294 Siehe Interviews mit H. B. am 24.2.2013 in Elbasan und L. Ç. am 27.1.2013 in Elbasan.

295 Interview mit L. Ç. am 27.1.2013 in Elbasan.

296 Kote, Në vetërrethim, 176.

297 Ebenda. Diese Praxis wurde Ende 1979 in einem Dekret festgehalten, wonach im Fall einer Flucht über die gesamte Sippe des Betroffenen eine Verbannung von bis zu fünf Jahren verhängt werden konnte. Sippenangehörige mussten sich dabei nicht am Fluchtversuch beteiligt haben. Bernhard Tönnes, KZ-Justiz in Albanien, *Wissenschaftlicher Dienst Südosteuropa* 28 (1980), H. 3, 61–66, 61.

die Haltung der albanischen Auszubildenden während ihrer Freizeit. Die Gäste bevorzugten es eher, sich zu erholen, während die chinesischen Beauftragten – ganz auf der gleichen Linie mit den Vertretern der PAA und den Massenorganisationen in Albanien – dem erzieherischen Faktor den Vorrang gaben. Sie erwarteten, dass die Auszubildenden am Abend chinesisches Fernsehen sahen, während diese gemäß den Auskünften der Interviewpartner ihre Zeit lieber mit Kartenspiel im Gemeinschaftsraum verbrachten. Die Auszubildenden erkundigten sich nach Besuchen im chinesischen Zirkus oder in Sportveranstaltungen und zeigten kein Interesse für epische Filme, die die chinesische Geschichte im Mittelpunkt ihrer Handlung hatten.[298]

Die Anzahl der chinesischen Spezialisten, die sich in Elbasan am Bau des vorab errichteten Walzwerkes beteiligen sollten, war mit 16 relativ gering,[299] aber den überschaubaren Kapazitäten dieses Werkes auch nicht unangemessen. Es war auf höchster Ebene jedoch absehbar, dass in der Hauptphase der Entstehung des Stahlwerks viel mehr Spezialisten benötigt werden würden. Deshalb wurden Planungsmaßnahmen für die Schaffung der notwendigen Infrastruktur getroffen.[300] Da die Experten sukzessive nach Elbasan kommen sollten, war durchaus Zeit vorhanden, um für ihre Verpflegung und Unterkunft zu sorgen, sowie allgemeine Vorkehrungen für den Umgang mit ihnen zu treffen. Die Kontaktaufnahme wurde jedoch nicht nur durch die Vorgaben albanischerseits geregelt, sondern auch durch Anweisungen von chinesischer Seite, die laut Aussagen des damaligen Parteisekretärs im Stahlwerk nichts der Spontanität überlassen wollte.[301] Trotz der öffentlichen Bekundungen über die „stählerne" albanisch-chinesische Allianz scheint die Führung der KPCh besorgt gewesen zu sein, wie die eigenen Bürger auf den auch ihrerseits möglicherweise ersten Kontakt mit dem Ausland reagierten, und seien es auch Parteigenossen.

Der Ministerrat in Tiranë hatte 1970 alle Ministerien und Kreisexekutivkomitees angewiesen, die chinesischen Spezialisten sollten „als Genossen und Mitkämpfer für die gemeinsame große Sache"[302] nicht in Wohnheimen, sondern in möblierten Unterkünften untergebracht werden. Sie sollten ihre eigenen Mensen, Versammlungsräume, Wasch- und Spielräume haben. In den Wohnungen sollten es an Tee, Seife, Warmwasser und Heizung nicht fehlen. Die albanische Regierung wollte den Spezialisten Arbeitskleidung, Schreib-

298 Interview mit L. Ç. am 27.1.2013 in Elbasan.

299 AQSh, Këshilli i Ministrave, 490, 1963 / 152, 10 [Mitteilung des Gesandten Gliozheni an Vizepremierminister Koleka vom 22.1.1963 betr. Liste der albanischen Praktikanten und chinesischen Spezialisten].

300 AQSh, Ministria e Ndërtimit 499, 1974 / 97, 2 [Mitteilung des Bauministers Hanku und des Ministers für Industrie und Bergbau Theodhosi an Vizepremierminister Koleka und Vorsitzenden des SPK Këllezi vom 2.2.1974 betr. Sicherung von Unterkünften für die Beschäftigten].

301 Interview mit dem damaligen Parteisekretär V. M. am 5.3.2013 in Elbasan.

302 AQSh, Ministria e Industrisë dhe e Minierave, 496, 1970 / 412, 2 [Weisung des Ministerrates an die Ministerien, Zentralinstitutionen und Kreisexekutivkomitees vom 12.9.1970 betr. Betreuung der chinesischen Techniker].

waren, medizinische Hilfe und Diensttransportmittel zur Verfügung stellen. Ihre medizinische Versorgung sollte gratis sein. Man sollte für sie kulturell-sportliche Veranstaltungen organisieren. Festgehalten wurde auch, dass ihre Behandlung von politischer Bedeutung sei.[303] Insgesamt erinnern die Vorgaben an die Anweisungen der sowjetischen Regierung an das Management von Magnitogorsk, als es um die Betreuung der amerikanischen Spezialisten zu Beginn der 30er Jahre ging.[304]

Die Mobilität der Chinesen war genauso wie die jeglicher anderer Ausländer in Albanien starren Regelungen unterworfen. Gemäß einer innenministeriellen Weisung benötigten Ausländer, wenn sie in verschiedene Landkreise reisen wollten, eine Erlaubnis vom Innenministerium. Diese wurde ihnen dann erteilt, wenn sie die Institution, bei der sie in Albanien tätig waren, beim Ministerium beantragte.[305] In einer Zeit, in der die Führung in Tiranë sich in Belagerung durch die „imperialistisch-revisionistischen" Länder von West bis Ost wähnte, konnte man bei keinem Ausländer die Einschränkungen lockern, auch nicht bei den chinesischen Verbündeten.

Die Zahl von deren Experten nahm schnell zu. 1974 arbeiteten im Stahlwerk nicht weniger als 940 Spezialisten. Nur etwas mehr als die Hälfte von ihnen (540) war wirklich in eigenen Wohnungen untergekommen, während die anderen in zwei Wohnheimen untergebracht worden waren, da die chinesische Seite dies verlangt hatte.[306] Sie hatten Leitungsfunktionen im technischen Bereich und wurden von den Arbeitern aufgrund ihrer Kompetenz, ihres Fleißes und ihrer Schlichtheit respektiert. Ihnen stand der Fuhrpark des Stahlwerks mit 24 Fahrzeugen zur Verfügung.[307] Diejenigen albanischen Beschäftigten, die mit ihnen in Kontakt traten, hatten die von der Partei gewünschten „politisch-beruflichen Voraussetzungen" zu erfüllen.[308] Wie umgekehrt die Albaner in China, waren auch die Spezialisten in Elbasan beständig von Dolmetschern begleitet; die chinesische Botschaft hielten sie regelmäßig über die Arbeitsprozesse im Kombinat auf dem Laufenden. Ihre Leiter hielten laufend Besprechungen mit dem Kombinatsmanagement ab, die dem Austausch sowohl über den laufenden Arbeitsprozess als auch über eventuelle Probleme dienten. Durch gemeinsame organisierte Freizeitunternehmungen sollten

303 Ebenda, 2–5.

304 Kotkin, Magnetic Mountain, 125 f.

305 AQSh, Ministria e Ndërtimit 499, 1970 / 323, 39 [Mitteilung des Vizeinnenministers F. Shehu vom 31.7.1970, wie Anm. 292].

306 AQSh, Ministria e Ndërtimit 499, 1974 / 97, 2 [Mitteilung des Bauministers Hanku und des Ministers für Industrie und Bergbau Theodhosi an Vizepremierminister Koleka und den Vorsitzenden des SPK Këllezi vom 2.2.1974 betr. Sicherung von Unterkünften für die Beschäftigten].

307 AQSh, Ministria e Industrisë dhe e Minierave, 496, 1976 / 363, 3 [Bericht des Stahlwerkleiters Çeliku an das Ministerium für Industrie und Bergbau vom 5.3.1976 betr. Fuhrpark für die ausländischen Spezialisten].

308 Ebenda, 2. [Mitteilung des Ministers für Industrie und Bergbau Miska an Betrieb für den Fuhrpark für die ausländischen Spezialisten vom 23.2.1976 betr. Vorschriften der Nutzung des Fuhrparks].

die gegenseitigen Beziehungen gefestigt werden. [309] Als Zeichen der Dankbarkeit für die geleistete Unterstützung schlug Premierminister Mehmet Shehu am 24. April 1976 dem chinesischen Außenministerium gegenüber vor, 124 Spezialisten auszuzeichnen, die sich an den Bauarbeiten des Stahlwerks beteiligt hatten. Die chinesischen Behörden stimmten zu und die Zahl der chinesischen Berater, die Auszeichnungen durch die albanische Regierung verliehen erhielten, stieg bis zum Ende der Partnerschaft noch auf rund 460 an.[310]

Abb. 17: Chinesische Spezialisten bei Montagearbeiten

[309] AQSh, KQ i PPSh, 14, 1976/890, 12 [Protokoll des Gesprächs am 31.7.1976 zwischen dem Direktor für den Kombinatsbau Mataj, Oberingenieur Xhediku und zwei chinesischen Spezialisten].

[310] Filip Rrumbullaku, Dekorimet nga Princ Vidi deri sot [Auszeichnungen von Fürst zu Wied bis heute]. Tiranë 2010, 240.

Die chinesischen Spezialisten hatten, so heißt es in einem der von mir geführten Interviews[311], Weisung von höherer eigener Stelle erhalten, ihre Kontakte zu den Albanern auf den Berufsbereich zu beschränken. Solche Richtlinien waren nicht geeignet, die Distanz zwischen den Kulturen durch nähere zwischenmenschliche Kontakte zu verringern. Äußerungen einiger albanischer Arbeiter oder Abteilungsleiter, die die Chinesen zu gehen aufgefordert hatten mit der Begründung, die Albaner hätten nun genügend Erfahrung gesammelt und sie seien nicht mehr notwendig, verurteilte die Kombinatsleitung 1976 als „boshaftes Geschwätz Einzelner" und versuchte sie oder vielmehr sich selbst zu rechtfertigen, indem sie darauf hinwies, dass der Klassenkampf im Stahlwerk weitergehe.[312]

Die Verschlechterung der Beziehungen der KPCh zur PAA konnte die Situation ihrer nach Elbasan entsandten Spezialisten nicht unberührt lassen. Es ist angesichts der Einseitigkeit der albanischen Unterlagen schwer, das Verhalten der Albaner ihnen gegenüber realitätsgetreu darzustellen. Unübersehrbar ist jedoch, dass sich die wachsenden ideologischen Divergenzen auch im Arbeitsverhalten und in den Alltagsbeziehungen manifestierten. Ab Mitte 1977 reduzierten die chinesischen Spezialisten ihr Tun, wohl auch auf Anweisung aus Peking, auf nur noch ein-zwei Stunden täglich. Im Allgemeinen verhielten sie sich nunmehr reserviert, was bei Betriebsunfällen und sonstigen Problemen besonders ins Auge fiel.[313] In der albanischen Belletristik, die nach dem Bruch des Bündnisses veröffentlicht worden ist, werden die Chinesen dargestellt, als hätten sie die Bauarbeiten am Stahlwerk absichtlich verlangsamt, technischen Meinungsverschiedenheiten eine politische Färbung gegeben und damit ihre albanischen Arbeitskollegen provoziert, vor allem diejenigen Experten, die in der letzten Phase im Stahlwerk tätig waren.[314] Dass diese retrospektive Sicht aber auch selbst gefärbt war, bedarf keiner gesonderten Betonung.

Zum gegen Ende aber auch in Wirklichkeit eher passiven Arbeitsverhalten der chinesischen Spezialisten kamen politische Zwischenfälle hinzu. Gegenüber Albanern stellten Einzelne die Rentabilität des Stahlwerks in Frage,[315] albanische PAA-Führer wurden laut den Akten des Zentralkomitees als „Helfer des sowjetischen Sozialimperialismus" beschimpft,[316] Poster, die die Freundschaft Albaniens mit China priesen, heimlich zerrissen und Fotos von Enver Hoxha gar durch Fotografien Titos ersetzt.[317] Beschwerden von

311 Interview mit V. M. am 5.3.2013 in Elbasan.

312 AQSh, KQ i PPSh, 14, 1976/890, 8 [wie Anm. 309].

313 Interview mit N. V. am 23.2.2013 in Elbasan.

314 Vgl. Dhimitër Xhuvani, Bota ime [Meine Welt]. Tiranë 1984, z. B. 99–105.

315 AQSh, KQ i PPSh, 14, 1977/167,6 [Mitteilung des stellvertretenden Sekretärs des Parteikomitees des Verteidigungsministeriums Ibrahimi an das ZK der PAA betr. Zwischenfall mit einem chinesischen Spezialisten].

316 AQSh, Ministria e Industrisë dhe e Minierave, 496, 1977/524, 125 [Protokoll des Gesprächs am 4.12.1977 zwischen dem Direktor für den Kombinatsbau Mataj, dem Stahlwerksparteisekretär Maksuti und dem Leiter der chinesischen Spezialistengruppe Liu Yao Tsung].

317 AQSh, KQ i PPSh, 14, 1978/458, 31 [Bericht der Sekretärin des Parteikomitees der Gewerkschaft Saliçaj an das ZK der PAA vom 29.5.1978 betr. die Haltung der chinesischen Spezialisten].

albanischer Seite wurden von den chinesischen Kontaktpersonen vor Ort unkommentiert zu Protokoll genommen oder als unsachliche Beschwerden klassifiziert, die die Beziehungen beider Länder noch komplizierter gestalten würden, als sie es schon waren.

Trotzdem konnte die Parteipolitik nicht jedes kameradschaftliche Gefühl ersticken, das sich im Laufe des jahrelangen gemeinsamen Miteinanders entwickelt hatte. Nach den Erinnerungen des Bauleiters des Kombinats Mataj vereinbarte der Vorarbeiter der Spezialisten, trotz der Verschlechterung der Beziehungen zwischen beiden Ländern ab 1977, dass diese Spezialisten bis zum Ende in verschiedenen Bereichen ihre albanischen Kollegen begleiten und ihre Erfahrung weitergeben sollten, unter Umgehung der politischen Linie.[318] Am 8. Juli 1978, ihren letztem Tag im Stahlwerk, teilten einige Spezialisten ihren albanischen Kollegen unter einiger Gemütsregung mit, dass sie das Kombinat, das auch ihr Werk gewesen war, verlassen würden.[319] Nach Mitteilung des Beschlusses, das Stahlwerk zu verlassen, gab es gemäß den albanischen Akten Unruhe unter ihnen, der von chinesischer Seite Strafmaßnahmen zur Wahrung der Disziplin folgten.[320] Davon allerdings schreibt Mataj nichts in seinen postkommunistischen Memoiren. Fest steht: Die Entfernung der chinesischen Spezialisten hinterließ im Stahlwerk eine Lücke an technischem Wissen, die die Arbeiten im Kombinat mittelfristig lahmzulegen drohte. Ein Wissenszufluss war notwendig, und das konnte erneut allein durch die Entsendung albanischer Arbeiter zur Spezialisierung ins Ausland oder aber wieder durch ausländische Spezialisten vor Ort geschehen.

Wenig überraschend, wirkte sich die Verschlechterung der albanisch-chinesischen Beziehungen umgekehrt auch negativ auf die Situation der albanischen Auszubildenden und Spezialisten in China aus. Dort kam es im letzten Jahr ihres Aufenthalts zu mehreren kleinen Zwischenfällen, die symbolisch für die politischen Divergenzen der beiden Parteien standen: So erwartete man auf chinesischer Seite, dass die Auszubildenden nach Reden politischer Führer der KPCh aus Solidarität applaudierten, während sich diese dem unter Hinweis auf die Sprachprobleme verweigerten. Aus Furcht vor Abhöranlagen in den Wohnheimen organisierten die Parteisekretäre fortan die Zusammenkünfte mit den Auszubildenden in Parks und Freizeitanlagen, wo sie die Dreiweltentheorie[321] als eine revisionistische These kritisierten. Die Auszubildenden wurden angewiesen, noch strikter als bis dahin nur noch gemeinsam auszugehen, um keine Opfer für Provokationen abzugeben.

318 Mataj, Kur jeta kërkon të flas, 144 f.

319 AQSh, Ministria e Industrisë dhe e Minierave, 496, 1978 / 578, 24 [Bericht des Leiters der Zweigstelle für die Betreuung der ausländischen Spezialisten Dilo an den Ministerrat vom 9.7.1978 betr. Haltung der chinesischen Spezialisten].

320 AQSh, KQ i PPSh, 14, 1978 / 458, 23 [Bericht des Sekretärs des Parteikomitees des Kreises Elbasan Kondi an den Sekretär des ZK der PAA Alia vom 15.7.1978 betr. das Verhalten der chinesischen Spezialisten].

321 Laut der maoistischen Dreiweltentheorie versuchten die USA und die Sowjetunion eine Hegemonie über die „Dritte Welt", d. h. über die am wenigsten entwickelten Länder, zu erlangen. Zu ihrem Ursprung siehe Mëhilli, From Stalin to Mao, 239, Fußnote 18.

Vermutlich dienten derlei Vorkehrungen auch der gegenseitigen internen Überwachung, damit sich keine Zwischenfälle wie einst bei dem Abbruch der albanischen Beziehungen mit dem Ostblock ereigneten, als einzelne Entsendete ihre Rückkehr nach Albanien verweigert hatten.[322] Mit dem Rückflug der letzten Spezialisierungsgruppe im Juli 1978[323] entfiel schließlich für die albanische Bevölkerung die bis dahin bedeutendste Möglichkeit zu einer Kontaktaufnahme mit dem Ausland.

Innerhalb Albaniens wirkten sich die außenpolitischen Wendungen der PAA-Führung auch auf die Fremdsprachenkenntnisse von Partei- und Staatsfunktionären sowie mancher sonstiger Führungskader und Intellektuellen aus, was ausländischen Besuchern nicht verborgen bleiben konnte. Der österreichische Fernsehjournalist Paul Lendvai, der 1983 und 1984 mehrmals in Albanien war, schrieb seinerzeit dazu:

> „Die Serien [sic!] der gebrochenen Freundschaften hat merkwürdige Folgen gezeigt. So spricht zum Beispiel der Generaldirektor des Rundfunks, Marash Hajati, nur Russisch, da er während der 50er Jahre in Leningrad Student gewesen ist. Auch andere prominente Gesprächspartner bezeichneten Russisch als ihre erste Fremdsprache. Andererseits kann der für internationale Beziehungen zuständige Abteilungsleiter des Rundfunks, Nazmi Quamili [Qamili; V. N.], die Besucher aus Europa oder Afrika nur auf Chinesisch begrüßen, da er sieben Jahre in China verbracht hat. Mein Dolmetscher hat seine albanische Frau in Peking kennengelernt, wo sie Englisch und er Deutsch gelernt haben.
> Nunmehr werden aber die begabten Jungen und Mädchen in erster Linie nach Frankreich und Schweden, manche auch nach Italien und Österreich zum Studium geschickt."[324]

Nach dem Abbruch der chinesischen Assistenz erhöhte sich in der Tat die Zahl derjenigen, die in westlichen Ländern ihre Spezialisierung erhielten,[325] auch wenn sie bei weitem nicht den Ausfall der chinesischen Unterstützung wettmachen konnte. So sahen die Planungsmaßnahmen der Kombinatsleitung und anderer staatlicher Institutionen lediglich 20 Spezialisten aus dem Kombinat vor, die 1984 für weitere Qualifikationsmaßnahmen ins Ausland geschickt werden sollten, die meisten nach Italien, zwei nach Griechenland und einer nach Schweden.[326] Ihre Aufenthaltsdauer konnte sich in Einzelfällen auf zwei-drei Jahre erstrecken, wenn dies von besonderer Bedeutung für ihre Funktion innerhalb des Kombinats war. Eine Erhöhung des Wissenstransfers tat not, denn laut einer Studie war das

[322] Siehe Letra e oficerit shqiptar në '61: Nuk kthehem, do rri në Rusi [Der Brief eines albanischen Offiziers von 1961: Ich komme nicht zurück. Ich werde in Russland bleiben], *Panorama*, 5.8.2016, unter http://www.panorama.com.al/390939-2/, am 22.9.2019 zuletzt aufgerufen [Autor unbekannt].

[323] Die albanischen Praktikanten und Studenten kehrten am 13. und am 20. Juli zurück. Siehe Topp, Der Konflikt zwischen Albanien und der Volksrepublik China, 17.

[324] Lendvai, Das einsame Albanien, 79f.

[325] Vgl. ebenda, 95.

[326] AQSh, Këshilli i Ministrave, 490, 1984 / 419, 83 [Bericht des Vizepremierministers Myftiu an den Sekretär des ZK Alia vom 5.1.1984 betr. Entsendung von Personen zur Spezialisierung ins Ausland].

Niveau des Fachwissens der Führungskräfte im Stahlwerk relativ gesehen auf einem niedrigeren Stand als das der Techniker oder Mechaniker; deshalb wurden Fremdsprachenkurse angeboten, an denen hauptsächlich Führungspersonal teilnahm.[327]

Aus der Sicht der PAA waren all diejenigen, die ins Ausland geschickt wurden, der potentiellen Gefahr einer Ansteckung durch die „bürgerliche Ideologie" ausgesetzt, denn sie konnten sich im Ausland „fremde Verhaltensweisen" aneignen, die nicht im Einklang mit dem Idealbild des „neuen Menschen" standen. Inoffiziell wurden Albaner, die zum ersten Mal entsendet wurden, von Funktionären des Außenministeriums darauf aufmerksam gemacht, sich bei ihrer Rückkehr „zurückhaltend" zu verhalten, wenn sie in ihrer nächsten Umgebung das erlebte Gastland schilderten.[328] Auch der Einfluss der Ausländer vor Ort wurde als zersetzend für die Herrschaft der PAA betrachtet, wollte diese doch die eigene Bevölkerung vor jedweder Gefahr der Verwässerung der Prinzipien der nationalkommunistischen Ideologie bewahren.

Es war diese Sorge, die Enver Hoxha zum Ausdruck brachte, als er 1973 bei einer Rede in Elbasan zu mehr Wachsamkeit gegenüber Kosovo-Albanern, „die das ‚titoistische Paradies' propagieren" würden, gegenüber Emigranten, die vor dem Zweiten Weltkrieg ausgewandert waren oder griechischen Touristen, die ihre Verwandten besuchten, aufrief. Desgleichen stellte es dem albanischen Realsozialismus in den Augen der Welt – und zumal in den Augen Hoxhas – kein gutes Zeugnis aus, wenn „einige Albaner [...] sich wegen Kleidung oder anderem Ramsch wie Bettler gegenüber dem Ausland [verhielten]."[329]

Die örtlichen Parteistellen wurden daraufhin aktiv: 2000 ausländische Bücher wurden aus den Stadtbüchereien entfernt, ebenso auf Dächern montierte Fernsehantennen zum Empfang ausländischer Sender (von denen es damals mangels privater Apparate freilich noch nicht viele gab). Schulklassen, die bis dahin Briefwechsel mit kosovo-albanischen Schülern unterhalten hatten, brachen ihn ab, und den Behörden wurde eingeschärft, mehr Wachsamkeit an den Tag zu legen. Dies galt auch für die Kombinatsleitung, wo man angeblich Schwächen bei der Wahrung von Staatsgeheimnissen festgestellt hatte. „Liberale

[327] AQSh, KQ i PPSh, 14, 1983 / 11, 11 [Bericht des Ministers für Industrie und Bergbau Çeliku für die Sitzung des Politbüros am 8.6.1983 betr. Maßnahmen zur Erhöhung der Produktivität des Stahlwerks]. Dem Außenhandelsminister von 1978, Nedin Hoxha, mangelte es ebenfalls an Sprachkenntnissen, was ihn laut Erinnerungen eines Zeitzeugen einmal in eine schwierige Situation brachte. Als er während einer Versammlung das Problem der mangelnden Fremdsprachenkenntnisse der Beschäftigten im Ministerium thematisierte und einen älteren Teilnehmer fragte, ob er während seiner 20-jährigen Tätigkeit irgendeine Sprache erlernt hätte, war dessen Antwort: „Genosse Minister, Sie können mich in jeder Fremdsprache fragen und ich werde Ihnen antworten!" Kote, Në vetërrethim, 187 f.

[328] Kote, Në vetërrethim, 180 f.

[329] AQSh, KQ i PPSh, 14, 1973 / 647, 19 [Rede von Enver Hoxha bei der Bürositzung des Parteikomitees des Kreises Elbasan am 15.5.1975 über „Wachsamkeit gegenüber der feindlichen Propaganda und gegen Liberalismus in der Kultur"].

Tendenzen“ wurden kritisiert und Albanienreisenden aus Kosovo, die Privatkontakte herzustellen versuchten, Hindernisse in den Weg gelegt.[330] Albaner, die Ausländer privat kontaktierten und in ihrem Denken Abweichungen von der offiziellen Linie demonstrierten, mussten mit Konsequenzen rechnen. Als sich ein Beschäftigter eines staatlichen Bekleidungsbetriebes 1975 ohne offizielle Genehmigung mit einem holländischen Experten traf und zum wirtschaftspolitischen Kurs „unorthodoxe Gedanken“ äußerte, wurde dem Kreisparteikomitee von Elbasan vom Handelsminister persönlich empfohlen, ihn als Filialleiter zu entlassen und diejenigen, die sein Verhalten angeblich toleriert hatten, sowohl über die staatlichen Behörden als auch auf dem Parteiweg zur Rechenschaft zu ziehen. [331] Generell stand den Beherrschten bei ihren wenigen Kontakten zur Außenwelt nur der offiziell verordnete Politsprech zur genehmigten Verfügung. Wer diese Regel verletzte, erfuhr die Härte des Systems.

Offiziell hatten Ausländer desgleichen mit Sanktionen zu rechnen, wenn ihr Verhalten den Vertretern der Staatsgewalt missfiel. Dass sie bis zum Ende des kommunistischen Regimes ihr Leben riskierten, wenn sie sich uneingeladen dem Land näherten, stand außer Frage. 1984 wurde beispielsweise der 29jährige Franzose Jean-Marie Masselin, der mit zwei anderen Touristen in einem Schlauchboot in der Nähe der albanischen Küste Fische fangen wollte, erschossen.[332] Seit 1979 konnten sie andererseits innerhalb des Landes interniert werden, wenn sie, wie Tönnes formuliert, „für die gesellschaftliche Ordnung der SVR Albanien eine Gefährdung darstellen“.[333] Tatsächlich achteten sowohl „Albturist“ als auch die Zweigstelle zur Betreuung der ausländischen Spezialisten in Elbasan darauf, dass alle Kontakte zur albanischen Bevölkerung kontrolliert verliefen und sie von obrigkeitshörigen Personen begleitet wurden. Auf der Ebene des Stahlwerks waren die Ausländer aber unentbehrlich und das Management des Stahlwerks war für jeden Gewinn an technologischem Wissen dankbar, und mochte dessen Vermittlung auch mit bitteren Erkenntnissen verbunden sein. 1979 teilte ein schwedischer Spezialist dem Parteisekretär des Stahlwerks mit, die Agglomerationsabteilung sei viel zu groß für das, was sie an Gewinn abwerfe. Auch schütze die Arbeitskleidung die Stahlwerksarbeiter vor nichts außer vor

[330] AQSh, KQ i PPSh, 14, 1973/60, 172 [Bericht des Sekretärs des Parteikomitees des Kreises Elbasan Rusmali an das ZK der PAA vom 30.6.1973 betr. die Tätigkeit der Parteiorganisationen in Kreis nach der Rede Hoxhas am 15.5.1973].

[331] K. L. war so unvorsichtig gewesen zu behaupten, sofern sein Betrieb einen guten Umsatz machte, sei dies den Ratschlägen des holländischen Experten zu verdanken, während laut Parteilinie positive Ergebnisse in der Wirtschaft „der richtigen Führung der Partei und des Genossen Enver“ zu verdanken waren. Nach AQSh, Ministria e Tregëtisë, 503, 1975/508, 322 [Bericht des Vizeministers für Handel N. Hoxha an den Sekretär des Kreisparteikomitees von Elbasan Koçollari vom 12.12.1975 betr. deviantes Verhalten eines Beschäftigten in einem Handelsbetrieb].

[332] Lendvai, Das einsame Albanien, 104.

[333] Tönnes, KZ-Justiz in Albanien, 61.

Schmutz. Diese Aussagen wurden sofort an das Zentralkomitee weitergeleitet. Spätestens durch die Schweden war es der Kombinatsleitung bewusst geworden, wie rückständig ihre Technologie im Vergleich mit der im Westen erreichten war.[334]

Durch Kontaktaufnahme mit mehreren ausländischen Firmen aus dem Bereich der Metallindustrie versuchte das Management zeitgenössisches technologisches Wissen zu erwerben, im Rahmen des Möglichen die Ausrüstung zu modernisieren und dadurch die Produktion zu verbessern. Das politische System der Herkunftsländer spielte dabei keine Rolle, solange die eigene Regierung das zuließ. Spezialisten kamen sowohl aus der Bundesrepublik Deutschland – obwohl Albanien zu Westdeutschland bis 1985 offiziell keine diplomatischen Beziehungen unterhielt –, aus Italien, Schweden, Österreich oder Kanada wie auch aus Polen, der Tschechoslowakei oder aus Ungarn.[335]

Ähnlich wie einst für die Albaner in China war auch für die ausländischen Gäste in Albanien ein festes Freizeitprogramm vorgesehen. Dieses hatte zum Ziel, sie mit der Natur und Geschichte des Landes bekannt zu machen und ihnen zumal die Errungenschaften des albanischen Sozialismus vorzuführen. Ihnen wurden Transportmittel und ein Dolmetscher zur Verfügung gestellt. Während ihres Aufenthalts wurden zudem Ausflüge in historisch und landschaftlich attraktive Orte wie Krujë, Shkodër oder Pogradec organisiert. Ein Besuch in der Ausstellung „Albanien Heute" durfte normalerweise nicht fehlen, so dass die Gäste die Möglichkeit hatten, die rasanten Errungenschaften Albaniens in der Industrie zu bewundern, wie zum Beispiel den ersten Traktor, der im Land selbst hergestellt wurde.[336]

Die Kontakte der Ausländer zu den Einheimischen waren insgesamt spärlicher als in jedem anderen kommunistisch regierten europäischen Staat. Zu Beginn der achtziger Jahre unterhielt Albanien offiziell Beziehungen zu über 100 Staaten, die meisten von ihnen waren aber lediglich nur über ihre Botschaften in Belgrad und Athen aktiv. Insgesamt zählte man in Tiranë 1984 nur 16 Botschaften einschließlich jener aus dem Ostblock und der Dritten Welt. Abgesehen von Rumänien, Nordkorea, China und Jugoslawien waren die kommunistischen Staaten seit dem Abbruch der Beziehungen zur Sowjetunion nur noch durch Geschäftsträger und nicht durch Botschafter vertreten. Nur vier westliche Staaten – Frankreich, Italien, Griechenland und die Türkei – unterhielten Mitte der 1980er Jahre Botschaften vor Ort. Deshalb ist der Vergleich eines westlichen Botschafters,

[334] AQSh, KQ i PPSh, 14, 1979 / 76, 79 [Mitteilung des Vizebauministers Dragoti an das ZK des PAA vom 9.7.1979 betr. den Besuch eines schwedischen Spezialisten im Stahlwerk].

[335] AQSh, Ministria e Industrisë dhe e Minierave, 496, 1985 / 298, 4 – 11 [Liste des Ministeriums für Industrie und Bergbau an den Ministerrat vom 7.5.1985 betr. ausländische Spezialisten, die 1985 nach Albanien kommen].

[336] Kote, Në vetërrethim, 157.

der zu Beginn jenes Jahrzehnts schon seit drei Jahren in Tiranë lebte, durchaus nachvollziehbar, als er Lendvai gegenüber sagte: „Ich fühle mich hier wie ein Bote, den meine Regierung in eine Festung geschickt hat und der nun dort de facto als Gefangener leben muss.“[337]

Auch die Spezialisten blieben normalerweise unter sich. Sie dürften sich, da sich niemand von meinen Gesprächspartnern an anderes erinnerte, in der Tat auch im eigenen Aussehen an die albanischen Verhaltensnormen und amtlichen Vorschriften für Männer gehalten haben: Keine Vollbärte, langen Haare und ausgestellte Hosen.[338] Wenn sie Kontakte zur Bevölkerung aufnahmen, so meist zu Personen aus der Betriebsführung oder zu Parteikadern. Diese Kontakte waren naturgemäß beruflich, auch wenn es laut der Erinnerung eines Stahlwerksparteisekretärs durchaus dazu kommen konnte, dass ausländische Spezialisten ihre Ansprechpartner in deren Wohnungen besuchten.[339] Mit politischen Aussagen hielten sich die Spezialisten zurück; auch die Verantwortlichen im Stahlwerk hatten die Weisung bekommen, allfällige Reibungsfelder zu vermeiden. Sie aßen ursprünglich getrennt von den albanischen Arbeitern, in einem Restaurant, das ansonsten – auch aus finanziellen Gründen – Touristen vorbehalten war; jedoch änderte sich dies angeblich nach einer Anfrage ihrerseits und sie durften in den Arbeitermensen ihre Mahlzeiten einnehmen.[340]

Laut den Unterlagen des Ministeriums für Industrie und Bergbau, aber auch nach einigen Äußerungen der Interviewpartner, gab es Unterschiede zwischen dem Verhalten der Spezialisten, die aus Westdeutschland kamen, und denjenigen aus den übrigen Nationen, die sich nicht zuletzt in Gesprächen bemerkbar machten. Die westdeutschen Spezialisten, die in Elbasan arbeiteten, hatten ursprünglich Albanien als ein islamisch geprägtes Land erwartet, in dem Frauen nicht arbeiteten, weshalb die Arbeitswelt im Stahlwerk sie überraschte. Die geringen Lohnunterschiede zwischen Angestellten und Arbeitern waren für sie nicht weniger verblüffend. Interessanterweise waren es trotzdem die Spezialisten aus der BRD, die als erste darum baten, wie ihre albanischen Kollegen in den Arbeitermensen ihre Mahlzeiten einzunehmen. Andererseits waren gerade sie diejenigen, die sich gegenüber Hausbesuchen reserviert zurückhielten und nicht individuell auftreten wollten, während die italienischen oder schwedischen Experten, nach Aussagen von Zeitzeugen in dieser Hinsicht weniger Berührungsängste an den Tag legten.[341]

[337] Lendvai, Das einsame Albanien, 94.
[338] Pier, Tourismus, 421.
[339] Interview mit V. M. am 5.3.2013 in Elbasan.
[340] Ebenda.
[341] Ebenda; AQSh, Ministria e Industrisë dhe e Minierave, 496, 1985 / 298, 2 – 4 [wie Anm. 335].

Abb. 18: Der Techniker Sotir Panxhi mit einem westdeutschen Spezialisten 1988

Bei all dem konnte die Politik im ständigen Miteinander doch nicht immer ausgeblendet werden: Trotz des bemüht neutralen Verhaltens der Spezialisten und den Bemühungen um eine konfliktfreie Zusammenarbeit konnte es zu Situationen kommen, wo sich bei manch einem von ihnen eine kritische Haltung gegenüber dem albanischen Regime bemerkbar machte. Das war beispielsweise der Fall beim letzten Abend des Aufenthalts eines westdeutschen Spezialisten im Jahr 1985, wo er „ein freies Gespräch“ mit seinem Dolmetscher und seinem Reisebegleiter führen wollte. [342] Er hatte die vielen Lobpreisun-

[342] AQSh, Ministria e Industrisë dhe e Minierave, 496, 1985/298, 12f. [Bericht des Begleiters Kaloçi an das Amt zur Betreuung der ausländischen Spezialisten betr. Arbeit des westdeutschen Spezialisten Turchmann im Stahlwerk].

gen der Partei im Rahmen von Parolen, Denkmälern oder Blitzblättern zum Anlass genommen, um zum Parteikult kritische Fragen zu stellen. Dazu bemängelte er die Wohnbaupolitik und wies auf die spärlichen Freizeitmöglichkeiten in Albanien hin, indem er das Fehlen von Schwimmbädern oder Tennisplätzen thematisierte. Die Erwiderungen der albanischen Seite folgten dem in solchen Fällen bewährten Muster aus dem offiziellen Politsprech: Der Reisebegleiter und der Dolmetscher wiesen ihn darauf hin, dass 80 Prozent der Wohnungen nach dem Zweiten Weltkrieg gebaut worden waren und es in jeder Stadt ein Schwimmbad, Sportstätten oder Erholungsheime gab. Die vielen Plakate seien ein Ausdruck des Stolzes auf die Errungenschaften im Lande, die dank der Führung der Partei zustande gekommen seien. Um dann den Gast wirklich „aufzuklären", informierten sie ihn über die gerechte Politik der PAA und betonten die vermeintliche Überlegenheit des sozialistischen Systems gegenüber dem kapitalistischen Ausland. Eine Zusammenfassung dieser Unterhaltung, welche bald darauf vom Kombinat an das Amt zur Betreuung der ausländischen Spezialisten im Industrieministerium geschickt wurde, zeigt, wie sehr das damalige Gespräch nur von einer Seite „frei" geführt worden war.[343] Ein ungezwungenes eigenes Verhalten war für die damaligen Albaner sowohl im eigenen Land als auch bei den seltenen Gelegenheiten zu Aufenthalten im Ausland ein Fremdwort, seien es auch neutrale oder befreundete Staaten. Das bekamen auch die ausländischen Spezialisten in Albanien zu spüren.

4.9 Der Sabotagediskurs im Stahlwerk

Es war der 4. März 1958, als durch das Gewerkschaftspräsidium und das Finanzministerium eine „Weisung über die materielle Verantwortung der Arbeiter und Angestellten" an die Betriebe und zentralen Institutionen erging. Es ging darum darauf hinzuweisen, dass Schäden, die die Beschäftigten an ihrem Arbeitsplatz verursachten, indem sie Werkzeug oder Arbeitsmaterial beschädigten, wie auch Materialdefizite oder das Fehlen von Gütern, die sie in Empfang genommen hatten, von ihnen wiedergutzumachen oder zu erstatten seien. Die Entschädigung sollte bei Arbeitern oder einfachen Angestellten höchstens ein Drittel ihres Gehalts betragen, beim Führungspersonal ein ganzes Monatsgehalt. Diese Anweisung galt allerdings nur dann, wenn die Ermittlungsbehörde festgestellt hatte, dass der Schaden aus Nachlässigkeit entstanden war und kein Vorsatz dahintersteckte. Bei „Vorsatz" oblag es den Justizbehörden, eine justizielle Strafmaßnahme zu verhängen, abgesehen von einer finanziellen Entschädigung für den Geschädigten.[344] Mangels späterer veröffentlichter normativer Akten auf diesem Feld ist zu vermuten, dass die besagte Weisung auch noch in den 70er und 80er Jahren gegolten haben muss und auch gegenüber den

343 Ebenda.

344 Udhëzim mbi përgjegjësinë materiale të punëtorëve dhe nëpunsave [Weisung über die materielle Verantwortung der Arbeiter und Angestellten], Gazeta Zyrtare 13 (1958), H. 3, 134–136.

Stahlwerksarbeitern in Elbasan praktiziert worden sein dürfte, falls sie Schaden am Arbeitsplatz verursachten und das Management konsequent dagegen vorging. Die Frage jedoch, wann ein Schaden als aus Nachlässigkeit oder aus Vorsatz entstanden zu betrachten war, hatte schwerwiegende Bedeutung, hing von der Antwort doch der weitere Lebenslauf von Einzelnen oder Gruppen ab. Zudem wurde das Arbeitsverhalten der Belegschaft auch davon beeinflusst.

Das Vorkommen schwerwiegender Sabotageakte von symbolträchtiger Bedeutung war im Elbasaner Stahlwerk der Fiktion vorbehalten. „Die Kameraden", der Spielfim von 1982, von dem eingangs dieses Buches die Rede war, hatte ja geschildert, wie ein antikommunistischer Schläfer eine Havarie am Hochofen verursacht, damit kein albanischer Stahl gegossen wird. Im realen Stahlwerk hat es derlei offenbar nie gegeben. Als Objekt von strategischer Wichtigkeit wurde sein Gelände militärisch überwacht. Zur militärischen Sicherung gehörten auch eine Polizeieinheit sowie mehrere Mitarbeiter (Informanten) der Staatssicherheit. Die Sicherheitsvorkehrungen wurden zu Beginn der Arbeiten getroffen und formell nie aufgehoben. Laut den Aussagen eines Bauingenieurs waren bereits inmitten der Baubrigaden unter den einfachen Arbeitern auch Mitarbeiter der Sigurimi tätig, deren Aufgabe es war, „verdächtige Elemente" und mutmaßliche Saboteure auszumachen.[345] Das Vorhandensein eines Spitzelnetzwerkes findet sich auch in den Akten bestätigt. In einem Bericht des Parteikomitees der Elbasaner Zweigstelle des Innenministeriums für das Kreisparteikomitee vom Jahr 1983 heißt es:

> „In unserer Arbeit haben wir die Verteidigung des Kombinats vor feindlicher Tätigkeit, ihre Aufdeckung, Prävention und die Erhaltung der Reinheit der Arbeiterklasse zum Ziel gehabt, damit in ihr keine Elemente feindlicher Herkunft oder Haltung einsickern, sowie um rechtzeitig bei Problemen einzugreifen, die den Arbeitsablauf des Kombinats betreffen. [...] In den wichtigsten Zweigen sind genügend Gruppen von Aufklärern gebildet worden, die gemäß den Einsatzrichtlinien handeln können. [...] Wir achten darauf, dass den kompetenten Organen in Kreis und Ministerium frühzeitig zuverlässige Informationen zukommen. 1982 kamen 23 Mitteilungen an, in diesen neun Monaten 25. [...] Abgesehen von der Beobachtung verdächtiger Personen werden auch Personen feindlicher Herkunft in den Blick genommen, die Beziehungen zu Geflohenen oder wegen feindlicher Tätigkeit verurteilten Personen unterhalten, damit sich diese nicht zu feindlichen Tätigkeiten organisieren. Bei Bedarf haben wir mit den entsprechenden Organen zusammengearbeitet, damit jene aus Objekten von strategischer Bedeutung entfernt oder ganz vom Stahlwerk entlassen werden. [...] Diese Aufgabe stellt sich nicht nur uns, sondern auch den Agenten vor Ort, welchen genügend Informanten unterstehen, so dass die Verdächtigen am Wohn- und Arbeitsort beobachtet werden.[346]

[345] Inxhinieri Robert Rapo: Ju rrëfej si u ndërtua Kombinati Metalurgjik.

[346] AShVE, Komiteti i Partisë i Degës së Punëve të Brendshme, [Keine Fondsnummer], 1983 / 19, 1 – 5 [Bericht des Sekretärs des Parteikomitees der Zweigstelle des Innenministeriums F. Koçollari betr. Maßnahmen zur Sicherung des Stahlwerks].

Das Sicherheitssystem war in Elbasan im Grunde genauso aufgebaut wie in den DDR-Betrieben in den siebziger und achtziger Jahren. Dort erlangte das Ministerium für Staatssicherheit über drei Kanäle Informationen zu betrieblichen Vorgängen: über die konspirativen Mitarbeiter, über die hauptamtlichen Sicherheitsbeauftragten und über die Zusammenarbeit mit den betrieblichen Funktionsträgern.[347] Abgesehen vom Informantennetz galt in Albanien die Richtlinie, dass diejenigen, die im Stahlwerk zur Beschäftigung anstanden, zuerst von den Grundorganisationen der Partei an ihrem Wohnort unter die Lupe genommen werden sollten.[348] Damit wollte man eventuelle „Feinde der Volksmacht" schon bei der Rekrutierung aussortieren.

Hinter diesem Aufwand und hinter den dafür nötigen Ausgaben steckte die Überzeugung der Parteispitze, dass das Stahlwerk als Symbol der kommunistischen Zukunft des Landes besonderen Gefahren ausgesetzt war. Allerdings mussten diejenigen, die für die Sicherheitsvorkehrungen verantwortlich waren, auch rechtfertigen, dass ihre Tätigkeit notwendig war. Und so sie listeten regelmäßig alles auf, was verdächtig wirkte, wenn auch die Akte, die sie als „Sabotageversuche" auszulegen beliebten, dem heutigen Leser an den Haaren herbeigezogen scheinen. Wie sich anhand einiger von ihnen zeigen lässt, wurden diese Sabotagediagnosen zum Teil dazu verwendet, um Machtpositionen von Einzelnen innerhalb des Stahlwerks zu festigen. Als etwa 1973 infolge eines Unfalls die Stromzufuhr zum Stahlwerk unterbrochen wurde, warf der Betriebsleiter ausgerechnet dem Arbeiter, der das Problem zu beheben versucht hatte, feindliche Tätigkeit vor und ordnete seine Entlassung an. Allerdings war dieser Arbeiter bereits seit 18 Jahren im Betrieb tätig und ihm war sogar eine Auszeichnung verliehen worden. Das verlieh ihm offenbar besonderen Mut. Er warf dem Betriebsleiter unverhohlen vor, er wolle sich an ihm rächen, weil er dessen Verwandten kritisiert hatte.[349]

Dieser Betriebsleiter war nicht der einzige, der persönliche Motive hinter dem Vorwurf der Sabotage verbarg. Der Kombinatsleiter Çeliku denunzierte 1982 eine Bauingenieurin, angeblich zu einer Gruppe zu gehören, die 1979 Sabotageversuche unternommen hätte. Zu dieser Gruppe habe auch der frühere Bauleiter Feruz Mataj gehört, der mit dem früheren – inzwischen gerade in Ungnade gefallenen – Premierminister Shehu eine enge

347 Renate Hürtgen, Konfliktverhalten der DDR-Arbeiterschaft und Staatsrepression im Wandel, in: Hübner u. a. (Hgg.), Arbeiter im Staatssozialismus, 383–403, 388 f.

348 Interview mit J. T. am 25.2.2013; Inxhinieri Robert Rapo: Ju rrëfej si u ndërtua Kombinati Metalurgjik.

349 AQSh, Bashkimet Profesionale, 657, 1973 / 182, 13–15 [Beschwerde des Arbeiters I. P. An das Präsidium des Zentralrates der Gewerkschaft vom 17.8.1973 betr. seiner Entlassung].

Freundschaft gepflegt hatte.[350] Vermutlich war Çeliku auf die Beliebtheit Matajs in der Belegschaft und auf den Schutz, den jener durch Shehu genossen hatte, eifersüchtig und versuchte sich nun im Nachhinein zu rächen, indem er die Politik als Waffe benutzte. Nach Shehus Selbstmord warf Çeliku also Mataj Sabotagetätigkeit vor und da für die Aufrechterhaltung dieses Vorwurfs Zeugen benötigt wurden, wurde die Bauingenieurin Kolenica, der 1979 bei den Bauarbeiten des 2. Hochofens Fehler unterlaufen waren, im August 1982 verhaftet und acht Monate lang im Polizeigewahrsam festgehalten. Durch ihre Nachlässigkeit war damals ein relativ großer finanzieller Schaden entstanden. Die Untersuchungen von 1979 hatten jedoch ergeben, dass kein vorsätzlicher Akt vorlag, Premierminister Shehu hatte sie in Schutz genommen und sie war „nur" zu einer sechsmonatigen Tätigkeit als einfache Arbeiterin degradiert worden.[351] Auch 1982 ließen sich die Sabotagevorwürfe nicht erhärten; dennoch wurde sie vom Kombinat entlassen.[352] Çeliku hatte für die Misserfolge, die bei den Bauarbeiten und bei der Produktionstätigkeit des Kombinats unter seiner Leitung aufgetreten waren, offenbar keinen anderen Sündenbock finden können. Er war jedoch nicht der Einzige, der beim Politbüro die Ängste vor Sabotageakten aus den Reihen der Kombinatsleitung nährte. Parteimitglieder niederen Ranges, die ihren Fleiß zeigen wollten, waren ähnlich schnell mit dem Vorwurf zur Hand, wenn etwas nicht wie gewünscht verlief – und dazu gaben die Abläufe im Stahlwerk oft Gelegenheit.

Der Sabotagevorwurf konnte ganz gezielt dazu dienen, persönliche Rechnungen zu begleichen. 1975 traf dies den dortigen Oberingenieur Bumçi. Das Politbüro war gerade unzufrieden mit dem Verlauf der Bauarbeiten und im inneren Kreis erhob sich der Sabotageverdacht. Angeblich äußerte sich dazu auch Enver Hoxha höchstpersönlich, indem er von „dunklen übelriechenden Machenschaften" im Stahlwerk sprach.[353] Im Juni 1975 besuchte das Politbüromitglied Spiro Koleka das Stahlwerk. Koleka bat die Kombinatsleitung um die Organisierung einer Massenversammlung mit den mittleren und höheren Kadern. Auf dieser Versammlung übte er dann öffentliche Selbstkritik, weil er nicht rechtzeitig entdeckt hätte, dass sein ehemaliger, nunmehr geschiedener Schwiegersohn Bumçi

[350] Mataj hatte Anfang Juni 1982 seine Stelle als Vizeminister für Kommunikation verloren, die er seit Anfang 1981 innehatte, und war zum Leiter eines Kfz-Parks in einer Kleinstadt ernannt worden. Bereits am Tag nach seiner neuen Dienstbestimmung musste er mit seiner Familie umziehen. Mataj, Kur jeta kërkon të flas, 153–159. – Die albanischen Verhältnisse waren in dieser Hinsicht kein Einzelfall. Wohlbegründet weist Fitzpatrick darauf hin, dass ein häufiges Motiv für das Denunziantentum in der Sowjetunion der 30er Jahre in der Rivalität unter Arbeitskollegen lag: Sheila Fitzpatrick, Signals from Below: Soviet Letters of Denunciation of the 1930s, in: dies. / Robert Gellately (Hgg.), Accusatory practices. Denunciation in modern European history, 17891989. Chicago 21997, 85–120, 107 f.

[351] Mataj, Kur jeta kërkon të flas, 333–338; Inxhinieri Robert Rapo: Ju rrëfej si u ndërtua Kombinati Metalurgjik; AQSh, KQ i PPSh, 14, 1980 / 88, 29 [Bericht des Bauministers Hanku an das ZK der PAA vom 14.3.1980 betr. Probleme bei den Bauarbeiten].

[352] Mataj, Kur jeta kërkon të flas, 334 f.

[353] Ebenda, 136.

die Arbeiten für den Bau und die Inbetriebnahme des Kombinats sabotiert habe. Bumçi wurde entlassen und landete anschließend im Gefängnis. Kolekas Selbstkritik war eigentlich eine gezielte Denunziation. Die Äußerungen der ehemaligen Beschäftigten im Kombinat festigen den Eindruck, dass sie persönlich motiviert gewesen ist.[354] Die Festnahme Bumçis löste wiederum eine ganze Kettenreaktion aus, denn die Ermittlungsbehörde lud mehrere seiner Arbeitskollegen vor, damit sie gegen ihn aussagten. Sie setzte diese dabei unter Druck. Kombinatsleiter Çeliku selbst sprang auf den Zug der Hexenjagd auf, indem er die Vorgeladenen in der Öffentlichkeit verdächtigte oder Mitarbeiter kritisierte, die sich in der Öffentlichkeit mit Arbeitskollegen des „Saboteurs Bumçi" gezeigt hatten.[355]

Çelikus Aussage einige Jahre später zu Feruz Mataj ist überhaupt ein klassisches Beispiel für den Aufbau einer Denunziation im kommunistischen Albanien. Er brachte sie auf einer Sitzung des Politbüros am 8. November 1982 anlässlich einer Säuberung im Innenministerium vor, welcher auch der Innenminister selbst zum Opfer fiel.

> „In der Eisenbahn und im Stahlwerk sabotierte zu Beginn der Feind Shkëlqim Bumçi. [...] Die Sabotagearbeit wurde später von Feruz Mataj und einigen anderen übernommen. [...] Wusste man eigentlich nicht, wer Feruz Mataj war und wie er handelte, als wir auf Sabotagearbeit beim Hochofen Nr. 2 hinwiesen?
>
> [...] Wieso untersuchte man die Ursachen der Unfälle in der Fabrik Nr. 12 nicht gründlich, als ich dem Regierungsmitglied Mehmet Shehu sagte, im Stahlwerk wurde keine saubere Arbeit geleistet? Weil die Untersuchungen zu Feruz Mataj führen würden, dessen Vater faschistischer Funktionär war, während sein Onkel Ajdin Mataj während des Krieges ein gefährlicher Kriegsverbrecher in Gjirokastër war und bis zu seinem Tod ein CIA-Agent blieb. Außerdem wurde er von Mehmet Shehu bevorzugt und war Freund von dessen Sohn Vladimir. Mehmet Shehu hatte vor, Feruz die Verantwortung für einige wichtige Wirtschaftssektoren zu übertragen, so dass er Sabotagearbeit leisten konnte: Feruz wurde zum Hafendirektor von Durrës, Leiter der Kreiskomitees von Durrës und Elbasan, er übernahm mehrere Parteifunktionen, wurde Abgeordneter der Volksversammlung und Leiter der Bau-Montage-Arbeiten im Stahlwerk nach Shkëlqim Bumçi...
>
> Wie ist es zu erklären, dass Mehmet Shehu, dieser gefährliche Mehrfachagent, Feruz Mataj beständig gefördert hat?"[356]

Çelikus Verdachtsäußerung war ihm in zweifacher Hinsicht nützlich: Sie demonstrierte in einem heiklen Augenblick seine Wachsamkeit und seine Loyalität gegenüber der Partei, was seine Stellung aus Sicht der Führung nur stärken konnte. Und sie diente dazu, jemanden, der ihm aus mehreren Gründen unsympathisch oder unlieb war, die Verantwortung für mehrere Probleme anzulasten, mit denen das Kombinat ständig zu kämpfen hatte. Es hilft, das Wesen des Klassenkampfes im albanischen Realsozialismus besser zu verstehen,

[354] Streitigkeiten zwischen Bumçi und Kolekas Tochter hatten zum Scheitern der Beziehung geführt. Möglicherweise wollte Koleka sich dafür rächen. Ebenda, 139 f.

[355] Ebenda, 310 f.

[356] Mataj, Kur jeta kërkon të flas, 158 f.

wenn man die Frage komplett beiseite lässt, ob die Vorwürfe Çelikus gegenüber Matajs älteren Verwandten historisch fundiert waren oder nicht, sondern uns nur darauf konzentrieren, wieso er diese Generation bei der Bezichtigung des Letzteren mit einbezieht.

Wurde einem Verdächtigen durch seinen Ankläger gleichsam von Anfang an bewiesen, dass er nicht zu „uns" gehörte, war er im albanischen System praktisch vorverurteilt. Mitglieder einer Familie oder Sippe wurden von den Vertretern der Partei und des Staates für die Akte, die ihre Verwandten begangen hatten oder begangen haben sollten, als mitverantwortlich betrachtet und mussten in Gegenwart und in Zukunft die Konsequenzen tragen.[357] Die Loyalität der Beschuldigten gegenüber der Partei wurde damit a priori (und auch: a posteriori) in Frage gestellt, verbunden mit dem Verlust ihres Ansehens und ihrer Reputation. Ihrer Integration in die sozialistische Gesellschaft waren von Beginn an Grenzen gesetzt, ebenso ihre beruflichen Perspektiven, sobald die Vorwürfe einmal erhoben waren.[358] Vorfahren oder lebende Verwandte, die als Gegner der Partei und der sozialistischen Ordnung galten, wurden im Alltagsjargon als „Flecken in der Biographie" der Betroffenen bezeichnet, und diese selbst als „Angerührte". Vehbiu weist mit gutem Grund darauf hin, dass beide Vergleiche quasi medizinischer Natur sind, was Gewaltakte staatlicherseits im Interesse einer „Gesundung" der Partei und der sozialistischen Gesellschaft legitimierte.[359] Auch das Strafmaß bei gerichtlich festgestellen Straftaten wurde davon beeinflusst. Die Beurteilung, ob es sich bei der diagnostizierten Straftat um ein (wesentlich stärker strafwürdiges) Verbrechen („krim") und nur um ein Vergehen („kundërvajtje penale") handelte, wurde gegebenenfalls unmittelbar damit verknüpft, ob der Täter als ein unbelehrbarer Staats- und Gesellschaftsfeind betrachtet wurde, oder als jemand, der sich durch Erziehung korrigieren lassen könnte.[360]

In welchem Zusammenhang eine derartige Unterteilung politisch manipulierbar war, findet man in den Worten von Prof. Ismet Elezi, einem der führenden damaligen albanischen Strafrechtler, formuliert:

> „Die Erfahrungen unseres Landes zeigen, dass die Festigung der Volksmacht und die Verteidigung der Siege der Revolution nicht gesichert werden können, wenn man nicht den Widerstand der Reste der gestürzten Klassen unterdrückt, wenn man nicht die Tätigkeit der inneren und äußeren Feinde sowie jede andere Schädlingsarbeit vernichtet und zerschlägt"[361].

[357] Nach Angaben albanischer Forscher wurden in Albanien während der 45 Jahre kommunistischer Diktatur 5037 Männer und 450 Frauen aus politischen Motiven hingerichtet, 19.250 Menschen zu Haftstrafen in Gefängnissen oder Arbeitslagern verurteilt und 48.217 Männer und 10.792 Frauen verbannt. Siehe SUFAJ, Sistemi i ndëshkimeve, 153.

[358] Vgl. dazu KRETSI, „Good and Bad Biography", 177–184.

[359] VEHBIU, Shqipja totalitare, 196 f.

[360] Wolfgang STOPPEL, Zwischen Abschreckung und Erziehung – Straf- und Strafverfahrensrecht in Albanien, in: ALTMANN (Hg.), Albanien im Umbruch, 117–138, 128.

[361] Ismet ELEZI, Die fortwährende Festigung der Volksmacht, *Albanien heute*, 1 (1989), 30–33, 30.

Personen in Leitungspositionen und sonstigen wichtigen Stellen in Betrieben und Institutionen konnten umso leichter mit dem Sabotagevorwurf konfrontiert werden, als sie aufgrund ihrer Macht und Einfluss als in der Lage zu „schädlicher Tätigkeit" betrachtet wurden. Auch die abschreckende Wirkung auf andere war bei „Bestrafung" solcher Personen hoch. Als potentielle Schädlinge taugten daher Angehörige des Managements eher als einfache Arbeiter, nicht anders als in der Sowjetunion der Vorkriegszeit.[362] Aber auch hinter vielen ganz banalen Akten – mutmaßlichen ganz simplen Versehen – wurde Sabotage vermutet. 1975 schrieb Gewerkschaftspräsident Marko in einem Bericht, eine Eisenstange, die Arbeiter in den Schienen gefunden hatten, sei ein Versuch gewesen, einen Kran zum Stürzen zu bringen.[363] 1976 wurde ein Wachmann, der seine Arbeitsstelle verlassen hatte und dadurch beinahe einen Unfall verursachte, als politisch nicht zuverlässig festgenommen.[364] Hoxha selbst wurde angesichts der Masse der Meldungen irgendwann auch zu einer Art Opfer jener Geister, die er ins Leben gerufen hatte. Sein Zorn über eine spezielle Denunziation, den er auf einem Treffen der Parteisekretäre im Jahre 1982 zeigte, versinnbildlicht dies. Er bezeichnete den Denunziatoren als „Geisteskranken", der glaube, man „sei überall von Feinden umgeben". Anschließend schlug er scherzhaft vor, die betreffende Person bei den Sicherheitsorganen zu engagieren, denn „irgendwas davon muss stimmen".[365]

Abb. 19: Werbeplakat für den Sigurimi (1980)

[362] Eine geheime Instruktion des sowjetischen Politbüros von 1937 wies die Fabrikmanager an, einmal monatlich eine Zusammenkunft mit den Stachanowarbeitern abzuhalten, damit diese ihre Kritik und ihren Verdacht äußern könnten. Das Ergebnis waren nicht nur dramatische Szenen während der Sitzungen, sondern auch ein erhöhtes Misstrauen der Arbeiter gegenüber ihren Führungskräften. Fitzpatrick, Everyday Stalinism, 200.

[363] AQSh, Bashkimet Profesionale, 657, 1975/90, 3 [Bericht des Gewerkschaftspräsidenten Marko an das ZK der PAA vom 26.3.1975 betr. Probleme der Gewerkschaftstätigkeit im Stahlwerk].

[364] AQSh, KQ i PPSh, 14, 1976/883, 5 f. [Mitteilung des Bauministers Hanku an das ZK der PAA vom 6.4.1976 betr. einen Unfall im Kombinat].

[365] AQSh, KQ i PPSh, 14, 1982/109, 24–26 [Protokoll der Tagesbesprechung der ZK-Sekretäre am 6.12.1982].

Bei größeren Unfällen wurde grundsätzlich eine „feindliche Tätigkeit" vermutet. Als es am 15. August 1978 in der Fabrik Nr. 12 zu jenem schon erwähnten schweren Unfall mit sieben Todesopfern kam und als Ursache die Missachtung der Regeln der technischen Sicherheit aufgrund der mangelnden Kenntnisse des Personals ausgemacht worden war, führte der Kombinatsleiter das auf angeblich bewusst falsche Anleitungen durch die chinesischen Spezialisten zurück. Dies diente ihm zugleich zur willkommenen und wohlfeilen eigenen Entlastung und fiel ihm umso leichter, da jene seit einem Monat abgezogen waren.[366] Die Angst vor Sabotageakten in Elbasan war inmitten der politischen Führungsriege allgegenwärtig, selbst als das Regime sich schon seinem Ende näherte und eindeutig zu sehen war, dass die großen Probleme des Kombinats sich auf vielerlei Gründe zurückführen ließen. Insoweit kann man fast nur noch von einer tragikomischen Situation sprechen, wenn in einer Versammlung des Sekretariats der Gewerkschaftsführung anlässlich eines Unfalls in der Stahlfabrik am 2. September 1988 der Vorsitzende der albanischen Gewerkschaft Koçollari darauf hinwies, dass einer der Verursacher des Unfalls ein „Kulakensohn" sei. Zuvor hatten alle anderen und offenbar kundigeren Versammlungsteilnehmer das Ereignis auf viel Konkreteres zurückgeführt, nämlich auf die totale Vernachlässigung der Sicherheitsregeln zugunsten der Produktionsziffern, auf die fehlende Schutzkleidung bei Arbeitern aufgrund mangelnder Versorgung, auf die defekten Maschinen und fehlende Kontrollen.[367] Noch wenige Monate vor dem Zusammenbruch des Regimes betrachtete die Gewerkschaftsleitung „die Feststellung des realen Gefahrpotentials der feindlichen Tätigkeit im Ausland und im Inland" als eine ihrer vorrangigen Aufgaben, was in seiner Beharrlichkeit die systemimmanente Rolle der Gewerkschaft als Transmissionsriemen der Partei und verlängerter Arm der Sicherheitsorgane umso deutlicher hervortreten lässt.[368]

Dabei waren Schäden und die Verschwendung von Ressourcen alles andere als womöglich durch Sabotage erklärbare Einzelfälle. Dem Werksleiter Çeliku war das offenkundig bewusst, als er in einer Rede anlässlich des 7. Kongresses des landesweiten Jugendverbandes, der im Oktober 1977 im Stahlwerk stattfand, darauf hinwies, dass mehrere Gebäude des Kombinats einsturzgefährdet waren, die Eisenbahnlinie Schäden aufweise und diverse Arbeiter achtlos mit ihren Maschinen umgingen. Hierfür forderte er aber nun strafrechtliche Konsequenzen ein. Er beschwerte sich, dass auf dem Kombinatsgelände dutzendweise

[366] AQSh, Bashkimet Profesionale, 657, 1978/108, 35 [Bericht des Stahlwerkleiters Çeliku an den Zentralrat der Gewerkschaft vom 21.8.1978 betr. den Unfall in der Gasabteilung in der Fabrik Nr. 12].

[367] AQSh, Bashkimet Profesionale, 657, 1988/130, 10 [Protokoll der Versammlung des Sekretariats des Generalrates der Gewerkschaft am 5.9.1988 betr. den Unfall in der Stahlfabrik des Kombinats am 2.9.1988].

[368] AQSh, Bashkimet Profesionale, 657, 1990/54, 2f. [Bericht des Sekretärs des Generalrates der Gewerkschaft S. Marko für den Leiter des Erziehungssektors im ZK der PAA Gjoni vom 1.9.1990 betr. die Reaktion der Kollektive auf das Schreiben des ZK der PAA zur Lage im Land].

zerbrochene Schamottziegel zu sehen waren, ohne dass man einen Schuldigen hätte ausmachen können.[369] Die Ursachen für derlei Phänomene sah das Gewerkschaftskomitee darin, dass „Brigaden oder Individuen nur ihr Eigeninteresse verfolgen".[370]

Abb. 20: Enver Hoxha in Elbasan Ende September 1977, mit der Ersten Sekretärin des Verbandes der Jugend der Arbeit Albaniens, Lumturi Rexha, auf dem 7. Kongress des VJAA

[369] AQSh, Bashkimet Profesionale, 657, 1977 / 185, 13 f. [Rede des Kombinatsleiters Çeliku vor der Versammlung des Stahlwerksgewerkschaftskomitees vom 16.10.1977].

[370] Si është punuar për edukimin komunist të punonjësve dhe mobilizimin e tyre për zbatimin e vendimeve të kongresit të 7të të PPSH [Welcher Beitrag ist zur kommunistischen Erziehung der Werktätigen und ihre Mobilisierung zur Umsetzung der Beschlüsse des 7. Parteitages der PAA geleistet worden?], *Metalurgu*, 19.5.1977, S. 2 f.

Die Art, wie das Thema der Verschwendung und Beschädigung von Materialien oder Ausrüstung auf dem Jugendkongress 1977 angesprochen wurde, scheint eine gewisse Reaktion hervorgerufen zu haben. Binnen neun Monaten wurden rund 2000 Anzeigen wegen Beschädigung und Entwendung von sozialistischem Eigentum an die Sicherheitsorgane geleitet. Auch im Kombinat „Der Stahl der Partei" wuchs die Bereitschaft der Leitungen der Teilbetriebe und -fabriken zur Zusammenarbeit und Verfolgung der Verdächtigen. Die Quote der Bestrafung dessen beschuldigter Personen stieg von 54 Prozent 1977 auf 71 Prozent im Folgejahr.[371] Der nachlässige Umgang mit den Rohstoffen konnte jedoch nicht allein durch Strafen beseitigt werden. Die mangelnde tatsächliche Qualifikation der Arbeiter war die eigentliche Ursache für viele Schäden, Produktionsmängel und Havarien. Zugleich beeinträchtigte die geringe formale Qualifikation auch die Entlohnung der Beschäftigten und übte indirekt Einfluss auf ihre Arbeitshaltung aus.

Die Unrentabilität des Kombinats war freilich nicht ausschließlich auf das Arbeitsverhalten der Beschäftigten zurückzuführen. Die meisten Unterlagen vermittelten für die damaligen Empfänger die Botschaft, die Lage im Stahlwerk sei sowohl hinsichtlich der Produktionsvorgänge als auch hinsichtlich der Einstellung der Beschäftigten im Allgemeinen positiv zu bewerten. Daneben aber war es die Aufgabe der Gewerkschaftsfunktionäre und der vom Zentralkomitee geschickten Kontrollgruppen, auf Missstände im Kombinat aufmerksam zu machen, und zu begründen, wieso das Stahlwerk dauernd auf staatliche Subventionen angewiesen war. Ihr Lösungsweg war eben, indem sie „negative Erscheinungen" als dem Charakter nach punktuell präsentierten, wodurch sie mit etwas mehr Anstrengung seitens der leitenden Stellen beseitigt werden könnten, oder indem sie wie gesehen den Sabotageverdacht als Ursachenerklärung unterbreiteten. Die überlieferten Gespräche zwischen Mitgliedern des Politbüros oder zwischen den Parteisekretären und der Kombinatsleitung deuten darauf hin, dass tatsächlich auch die Parteispitze das Geschehen im Stahlwerk in ein solches Raster einordnete.

Dass die Entscheidung zum Bau des Kombinats in erster Reihe eine politische Entscheidung gewesen war und für die betrieblichen Misserfolge am Ende die höchste politische Führung die Verantwortung trug, ließ sich auf diese Weise aus dem Blickfeld schieben. Dementsprechend wird dieser Grundsachverhalt in den Berichten niemals angedeutet und erst recht in der gleichgeschalteten Presse niemals angesprochen. Wenn es um die Schuld für die Vernachlässigung der Maschinen oder die Beschädigung der Rohmaterialien ging, wurde die Verantwortung den Gewerkschafts- oder den Jugendorganisationen zugewiesen, weil diese „nicht genügend Arbeit geleistet" hätten,[372] oder einzelnen Betriebsführungskräften, weil sie „Abstand zum Kollektiv [halten] und Konflikte verur-

371 AQSh, KQ i PPSh, 14, 1978 / 159, 10 [Bericht des Ersten Sekretärs des Parteikomitees des Kreises Elbasan Kondi an das ZK der PAA vom 10.11.1978 betr. die Ergebnisse der Bekämpfung der feindlichen Tätigkeit durch die Zweigstelle der inneren Sicherheit von Elbasan].

372 Ku të çon vetëkënaqësia [Die Folgen der Selbstzufriedenheit], *Metalurgu*, 16.2.1984, S. 2, 4.

sacht[en]".[373] Auf der Seite der Belegschaft, die in ihrer Repräsentanz der für das System unerlässlichen Arbeiterschaft als Kollektiv letztlich unantastbar war, waren es dagegen immer nur „einige von ihnen, [...] die die Arbeitsdisziplin nicht ernst [nehmen] und dies als eine Einstellung, die die anderen nicht angeht", betrachteten.[374] Der Sabotagevorwurf hing hingegen wie ein Damoklesschwert über den Köpfen aller Einzelnen unter den Beschäftigten, vornehmlich aber über den Häuptern derer aus der Verwaltung und dem Management.

4.10 Umwelt und Gesundheit

In einer seiner Sitzungen hatte das Politbüro 1969 darauf aufmerksam gemacht, dass bei der Errichtung und Nutzung des Stahlwerks auch Rücksicht auf die Flora und Fauna der Umgebung genommen werden sollte und es stimmte zusätzlichen Ausgaben zu, damit die metallurgischen Abfallreste nicht in dem Fluss Shkumbin landeten.[375] Bauminister Dragoti und Industrieminister Theodhosi hatten zuvor dem Ministerrat zugesichert, dass Abwässer, die gefährliche Substanzen enthielten, zuerst neutralisiert würden, ehe man sie in die benachbarten Flüsse Kushë und Shkumbin einleitete.[376]

Vier Jahre später, 1973, wurde durch einen Erlass des Präsidiums der Volksversammlung zum ersten Mal in Albanien in konkreter Weise auf die Erfordernisse des Umweltschutzes im Lande eingegangen. Darin wurde festgelegt, dass alle Einrichtungen, die Umweltgifte als Nebenprodukte produzierten, mit einer Reinigungsanlage ausgestattet zu sein hatten. Sofern die Reinigungsanlagen nicht funktionstüchtig wären, sollten die Arbeitsprozesse bis zur Aufnahme ihrer Tätigkeit unterbrochen werden. Die Überprüfung der umweltbezogenen Vorschriften in den Betrieben fiel dabei in den Aufgabenbereich des Inspektionsamtes für den Umweltschutz, das dem Gesundheitsministerium angegliedert war. Die Exekutivkomitees der Kreise sollten in eigener Befugnis die Stellen für die Mülldeponien festlegen.[377] Im selben Jahr wurde eine Zentralkommission für den Schutz der Umwelt gegen Verschmutzungen gebildet, die dem Ministerrat unterstellt war. Auch in

373 Shkëmbi, Disa probleme, S. 1.

374 AQSh, Bashkimet Profesionale, 657, 1979/79, 62 [Studie des Gewerkschaftskomitees des Kreises Elbasan vom 27.11.1979 betr. Einstellung der Arbeiterklasse zu Arbeit und Eigentum].

375 Vgl. AQSh, KQ i PPSh, 14, 1969/4, 614 [Protokoll der Sitzung des Politbüros am 4.3.1969 betr. Besprechung der Studie „Über einige Probleme der Entwicklungsperspektive der Landwirtschaft"].

376 Komisioni i Planit të Shtetit, 495, 1968/10, 128 [Bericht des Bauministers Dragoti und des Ministers für Industrie und Bergbau Theodhosi an Vizepremierminister Çarçani betr. nähere Informationen zum Bau und Produktion des künftigen Stahlwerks].

377 AQSh, Bashkimet Profesionale, 657, 1973/251, 2f. [Erlass des Präsidiums des KuP vom 30.10.1973 betr. den Umweltschutz].

anderen Ministerien wurden entsprechende Abteilungen gebildet, die Umweltangelegenheiten wahrnahmen.[378] Fünf Jahre später lieferte eine Umweltschutzkonferenz die dazu notwendigen Begründungen und Grenzwerte.[379]

Im Stahlwerk hatte Umweltschutz zunächst auch mit Arbeiterschutz zu tun. In ihm waren zur gesundheitlichen Versorgung der Beschäftigten anfangs drei Krankenstationen und ein Gesundheitszentrum mit zwei Fahrzeugen eingerichtet worden.[380] Der Gesundheitsdienst sollte den Arbeitern rund um die Uhr zur Verfügung stehen. [381] 1977 kamen nach Angaben der Kombinatsleitung ein Kleinkrankenhaus, wo vier Ärzte beschäftigt waren, eine vierte Krankenstation und eine Apotheke hinzu.[382] Auch neben den Arbeiterwohnheimen in der Stadt wurde eine Krankenstation gebaut.[383]

Die Aufgabe der Erziehung der Arbeiter zu Sauberkeit am Arbeitsplatz und Hygiene war vorrangig den Gewerkschaftsorganisationen übertragen worden, die in diesem Bereich viel Aufklärungsarbeit zu leisten hatten.[384] So wurde den Arbeitern der kokschemischen Fabrik vorgeschrieben, sich aufgrund der besonderen Gefährdung durch die gefährlichen Substanzen in ihrem Umfeld, am Ende des Arbeitstages zu duschen,[385] was allerdings nicht regelmäßig geschah, teilweise weil es nicht genügend Duschräume gab.[386] Insgesamt ließen die Sauberkeit und der arbeitsplatzbezogene Umweltschutz im Stahlwerk zu wünschen übrig, was durch die teilweise ältere Technologie, aber auch durch das ungenügende Wissen der Arbeiter über die Gefährdung, der sie ausgesetzt waren, bedingt wurde. Viele Arbeitsplätze waren von Schmutz und Staub umgeben.[387] In einem Bericht des stellvertretenden Vorsitzenden des Ministerrates Çarçani an den Sekretär des Zentralkomitees Murra

[378] Friedrich Moser/Rainer Mayerhöfer, Raumplanung und Umweltschutz, in: Grothusen (Hg.), Albanien, 452–463, 459.

[379] Ebenda, 458.

[380] AQSh, KQ i PPSh, 14, 1972 / 18, 39 [Bericht des Ersten Stahlwerkparteisekretärs Koçollari für die Versammlung des Sekretariats des ZK der PAA vom 28.8.1972 betr. die Parteitätigkeit zur Erziehung der jungen Arbeiter und der Jugend vom Lande].

[381] AQSh, KQ i PPSh, 14, 1972 / 215, 14 [Inspektionsbericht für das ZK der PAA vom 20.3.1972 betr. Lebensbedingungen der Arbeiter der neuen Industriewerke].

[382] AShVE, Komiteti i Partisë i Kombinatit Metalurgjik Elbasan, 873, 1977 / 1, 25 [Bericht von Refari und Balla vom 7.1.1977 betr. Unterbringung und Transport der Arbeiter im Baubereich].

[383] Ebenda.

[384] Telisfor Lumezi, Organizatat profesionale dhe problemet e sigurimit teknik [Die Gewerkschaftsorganisation und die Probleme der technischen Sicherheit], *Shkumbini*, 13.2.1974, S. 3.

[385] Interview mit P. L. am 18.2.2013 in Elbasan.

[386] AShVE, Komiteti i Partisë i Kombinatit Metalurgjik Elbasan, 873, 1977 / 1, 10 [Bericht des Stahlwerkleiters Çeliku betr. Verpflegung und Unterbringung der Arbeiter].

[387] AQSh, Bashkimet Profesionale, 657, 1979 / 79, 73 [Studie der Kreisgewerkschaftsorganisation von Elbasan betr. Einstellung der Arbeiter zu Arbeit und Eigentum].

wurde diesem 1979 mitgeteilt, 34 Millionen Kubikmeter Gas aus dem Hochofen seien bis 1978 mangels vollständiger Wiederverwertung aus verschiedenen Abteilungen jährlich in der Atmosphäre gelandet.[388]

Abb. 21: Ansicht des Stahlwerks in seinen letzten Jahren im Sozialismus

Besonders nach der Inbetriebnahme der Fabrik Nr. 12 1978/79 wuchs die Luftverschmutzung stark. Aufgrund der Defekte in den Luftreinigern waren in einigen ihrer Bereiche die Staubwerte 4–20-mal höher als die zugelassenen Höchstwerte.[389] Doch auch in anderen Teilbetrieben, wie in der kokschemischen Fabrik, wo eine große Menge Kohlendioxid als Nebenprodukt entstand, oder in der Gusseisenfabrik wurden umweltschädliche Elemente in großer Menge ausgestoßen. So überschritt der Staubgehalt der Luft in der Gusseisenfabrik, vor allem in der Agglomerationsabteilung, 5–15-mal die zugelassenen Werte. Die minderwertige Kohle, die bei der Verarbeitung des Erzes aus Kostengründen intensiv verwendet wurde, setzte Schwefeldioxid frei, was die Gesundheit der Beschäftigten gefährdete. Nach einem Bericht des Elbasaner Hygienedirektoriums arbeiteten sie unter hohen Temperaturen, inmitten von Lärm, Vibrationen oder toxischen Gasen und Staub.[390]

388 AQSh, KQ i PPSh, 14, 1978 / 401, 3 [Bericht des Vizepremierministers Çarçani an das ZK der PAA vom 20.2.1978 betr. Produktions- und Versorgungsprobleme im Stahlwerk].

389 AShVE, Komiteti Ekzekutiv i Elbasanit [Keine Fondsnummer], 1980 / 149, 9 [Bericht des Leiters des Hygienedirektoriums Papajani betr. hygienische Bedingungen im Stahlwerk und Maßnahmen zum Umweltschutz].

390 Ebenda, 11 f.

In den anderen Betrieben gab es ähnliche Belastungsfaktoren: In der Stahlfabrik waren die Arbeiter an den elektrischen Öfen hohen Temperaturen und heißer Strahlung ausgesetzt. Deshalb, aber auch aufgrund der Missachtung der Sicherheitsregeln kam es zu Gasvergiftungen oder zur Häufung von Berufskrankheiten unter der Belegschaft. In den heißen Abteilungen des Stahlwerkes dominierten Krankheiten der Atemwege, der Verdauungsorgane und es verdichteten sich die Arbeitsunfälle. Die Arbeiter in der Koksbatterie beschwerten sich wegen Kopfschmerzen und ihre Konzentration ließ regelmäßig in den letzten Arbeitsstunden der Schichten nach, was auch die Zeitzeugen bestätigen.[391] So ereigneten sich im Jahre 1979 allein in der Konverterabteilung 44 Unfälle mit schweren Verbrennungen, die 524 Fehltage zur Folge hatten.[392]

Im Institut für Metallurgische Studien und Entwürfe (ISPM) in Elbasan war 1980 eine Gruppe gebildet worden, die sich ausschließlich mit Umweltaspekten beschäftigte, die die Produktionsvorgänge des Kombinats betrafen, während im Hygienedirektorium des Kombinats Studien durchgeführt wurden, die Berufskrankheiten genauer untersuchten, die Folge der Tätigkeiten im metallurgischen Bereich waren. Diese Initiativen wurden, wenngleich ziemlich spät, unternommen, da – wie Kombinatschef Çeliku selbst zugeben musste – die Metallurgie „hinsichtlich der Umwelt und der Gesundheit viele Probleme mit sich gebracht [hatte].“[393] Eine Überbelastung der Industriearbeiter durch die besonderen Arbeitsbedingungen war ein Phänomen, das in allen Industrieländern auftauchte, aber im sozialistischen Albanien reichten seine Folgen aufgrund der geringen Erfahrung der Verantwortlichen in jenem Sektor, der veralteten Technologie und des fehlenden Wissens der Beschäftigten zu diesem Thema besonders weit. Die Bemühungen zur Verbesserung der Situation gestalteten sich schwieriger als geplant. In einem Bericht vom gleichen Jahr 1980 über die Folgen der Tätigkeit des Stahlwerks auf die Umwelt und die Gesundheit vermerkte ein Experte kritisch, sogar ein früher bereits einmal geplantes Labor zur Messung der toxischen Gase und Staub im Kombinat sei noch nicht gebaut worden.[394] Die Umweltschutzverantwortlichen nahmen ihre Funktion nicht wirklich wahr, viele Führungskräfte betrachteten die Umweltverschmutzung als unausweichliche Folge der Industrialisierung und resignierten in dieser Frage, für andere hatte die Planrealisierung Vorrang vor der Gesundheit ihrer Beschäftigten. Wie schwer in einer Mangelwirtschaft die Bekämpfung der problematischen Folgen war, zeigt sich daran, dass bei der Beeinträchtigung der Gesundheit der Beschäftigten auch die Versorgungsprobleme mit Lebensmitteln eine Rolle spielten. Und angesichts der gesellschaftlichen und politischen Gesamtlage hielten

391 Interview mit S. N. am 22.1.2013 in Elbasan.

392 AShVE, Komiteti Ekzekutiv i Elbasanit [Keine Fondsnummer], 1980/149, 6 [Bericht des Stahlwerkleiters Çeliku betr. hygienische Bedingungen im Stahlwerk und Folgen für Umwelt und Gesundheit].

393 Ebenda, 1.

394 Ebenda, 8 [Bericht des Leiters des Hygienedirektoriums Papajani betr. hygienische Bedingungen im Stahlwerk und Maßnahmen zum Umweltschutz].

sich auch die Arbeiter mit etwaigen Beschwerden bezüglich der Arbeitsbedingungen zurück, da sie Angst hatten, dass Kritik als politisch motiviert betrachtet und mit persönlichen Konsequenzen verbunden sein würde.[395]

Die Situation machte der Führungsspitze durchaus Sorgen. In einer Besprechung der Kombinatsleitung mit Vertretern des Ministerrates und des Zentralkomitees kritisierten diese die Führungskräfte des Stahlwerks nicht nur wegen der Produktionsprobleme in der Fabrik Nr. 12 und für den Verlust an Rohmaterial, sondern auch wegen der mangelhaften Disziplin und der hohen Umweltverschmutzung, die überall im Stahlwerk festzustellen waren.[396] Auf dem Stahlwerksgelände würden Kühe und Schafe grasen. Der Kombinatsleitung und den Funktionären des ISPM wurde Gleichgültigkeit vorgeworfen, wogegen sich diese mit der veralteten Technologie, die verwendet wurde, zu rechtfertigen versuchten.[397]

Tatsächlich versuchten die Massenorganisationen oder die Kombinatsleitung nur mit unbeholfenen Maßnahmen die Umweltverschmutzung zu bekämpfen, da ihnen angesichts der obsoleten Ausrüstung, die massiv zum Einsatz kam, wenig Mittel zur Verfügung standen. Durch Aktionen, die möglichst publikumswirksam sein sollten, bemühten sie sich der Öffentlichkeit zu zeigen, dass ihnen die Natur am Herzen lag. So berichtete der *Metalurgu* 1977 von einer von der Gewerkschaftsorganisation des Kalksteinbruchs an einem Sonntag initiierten Aktion zur Verschönerung der Umgebung um die Industrieobjekte, bei welcher 150 Bäume gepflanzt wurden.[398] 1980 waren es dann die Mitglieder einer Gewerkschaftsorganisation der mechanischen Fabrik, die die Blumenanlagen gesäubert und die Umgebung ihres Arbeitsortes „verschönert" hatten.[399]

In der Presse wurde denn auch betont, dass im Vergleich zu den früheren „volksfeindlichen" Regimen, welche die Natur vernachlässigt hätten, im sozialistischen Albanien gleich nach der Befreiung Blumenanlagen und Parks gebaut und Grünflächen geschaffen wurden, „als die Wirtschaft und Kultur auch andere Probleme hatten". Die Leistungen auf ökologischem Gebiet wurden gefeiert und im Geiste des Materialismus mit der wirtschaftlichen Leistungsfähigkeit in Beziehung gesetzt:

> „Grünflächen mit großen Parks und Blumenanlagen entstanden auch in anderen Städten, wie in Shkodër, Sarandë, Vlorë, Elbasan, Gjirokastër, Korçë u. a. Die Grünflächen erreichen heute 7.000.000 – 8.000.000 Quadratmeter, was in Europa die höchsten Normen pro Kopf überschreitet. In den Städten, wo viele Menschen leben, wo die Industrie die Umwelt mit

395 Interview mit S. N. am 22.1.2013 in Elbasan.

396 AQSh, KQ i PPSh, 14, 1980 / 97, 35 [Protokoll des Treffens der Vertreter des Ministeriums für Industrie und Bergbau und der Kombinatsleitung vom 19.8.1980 betr. Probleme mit der Fabrik Nr. 12].

397 Ebenda, 42 f.

398 Hysen Canoku, Realizuan me sukses detyrat e muajit [Sie realisierten erfolgreich die Aufgaben des Monats], *Metalurgu*, 17.2.1977, S. 2.

399 Hasan Poloska / Stavri Buli, Organizata profesionale në veprim [Die Gewerkschaftsorganisation in Aktion], *Metalurgu*, 30.10.1980, S. 3.

gesundheitsschädlichen Abgasen verschmutzt, ist das Vorhandensein von Grünflächen von großer Bedeutung. Wo Blumenanlagen und Grünflächen vorhanden sind, ist auch die Arbeitsproduktivität größer."[400]

Die Lage im Stahlwerk ließ sich jedoch nicht dauerhaft durch sporadische Kampagnen mit Symbolcharakter ändern. Auch der während der Arbeitsprozesse entstandene Technikabfall ließ sich nicht durch Aktionen zur Verschönerung der Umwelt beseitigen. Die Ursachen lagen tiefer. In einer Studie, die Çeliku – da schon Minister für Industrie und Bergbau – 1983 dem Zentralkomitee vorlegte, hielt er fest, dass infolge der Mängel bei Maschinen und Ausrüstung die Belegschaften verschiedener Teilbetriebe des Stahlwerks, insbesondere der Fabrik Nr. 12, der Gusseisen- und Stahlfabrik sowie der Koksfabrik überlastet und unter schwierigen Bedingungen arbeiten mussten, umgeben von Staub, Gasen, hohen Temperaturen oder Säuren.[401] Messstellen für Ammoniak, Kohlen- und Schwefeldioxid, Ruß und Stickoxid waren im Lande erst 1979 eingeführt worden.[402] Dabei konnten die unvollständige Verarbeitung des Erzes und Lücken im Entsorgungssystem schwerwiegende Folgen für die Menschen in der direkten Umgebung haben, wie etwa in einem Fall im Jahr 1980, als aufgrund der schlechten Abdichtung des stahlwerkseigenen Abwassersystems die Trinkwasserquellen des Dorfes Vidhas verschmutzt wurden.[403] Von einer Anwendung der Strafgesetzgebung in diesem Bereich – wenigstens in symbolischem Maße, wie etwa in der DDR oder im sozialistischen Polen[404] – ist für Albanien nichts bekannt. Nach einem Bericht der Kombinatsleitung wurden jährlich allein 35 Millionen Kubikmeter verschmutztes Wasser aus der Fabrik Nr. 12, der Gusseisenfabrik, der Koksfabrik und der Energiefabrik in den Fluss Shkumbin eingeleitet, da bei den Bauprojekten für diese Teilfabriken die Konstrukteure das Ausmaß des Schmutzwassers unterschätzt hatten.[405]

Die Betriebsleitungen widmeten sich erst ab der Mitte der achtziger Jahre intensiver den Umweltproblemen. Sie stellten mehr Geld zur Verfügung, ließen besondere Brigaden bilden, die sich der Umweltpflege widmeten und boten Transportmittel zur Entfernung des während der Erzverarbeitung entstandenen Technikabfalls an.[406] In mehreren Abteilungen wurden Reinigungen und Reparaturen durchgeführt, Staubfängeranlagen ins-

400 Tomson Nishani, Parqet dhe roli i tyre [Die Parks und ihre Bedeutung], *Ylli* 1 (1980), 24 f., 25.

401 AQSh, KQ i PPSh, 14, 1983 / 11, 9 [Bericht des Ministers für Industrie und Bergbau Çeliku an das ZK der PAA vom 24.5.1983 betr. Erhöhung der Produktivität im Stahlwerk].

402 Moser / Mayerhöfer, Raumplanung und Umweltschutz, 460.

403 AShVE, Komiteti Ekzekutiv i Elbasanit [Keine Fondsnummer], 1980 / 149, 9 [Bericht des Leiters des Hygienedirektoriums Papajani betr. hygienische Bedingungen im Stahlwerk und Maßnahmen zum Umweltschutz].

404 Jajesniak-Quast, Stahlgiganten in der sozialistischen Transformation, 250 f.

405 AShVE, Komiteti i Partisë i Kombinatit Metalurgjik Elbasan, 873, 1990 / 15, 2 [Bericht des Stahlwerkleiters Zonja vom 20.8.1990 betr. Umweltverschmutzung und Berufskrankheiten im Stahlwerk].

406 Fatmir Çerma, Të kemi kudo mjedise të kulturuara [Wir sollten überall eine kultivierte Umgebung haben], *Metalurgu*, 10.5.1984, S. 1.

talliert und vorhandene teilweise instandgesetzt, was manche positive Ergebnisse hatte, welche auch die Arbeitshaltung beeinflussten.[407] Um zu zeigen, dass die Schwerpunkte der Unternehmenspolitik sich zu einem Teil verschoben hatten, wurde die Fabrik Nr. 12, die Hauptquelle der Umweltprobleme, neu angestrichen und Gewerkschaftsfunktionäre kündigten für die Zukunft weitere Maßnahmen an, vor allem im Bereich der Erziehungsarbeit mit den Beschäftigten.[408] Ausschließlich Erziehungsarbeit reichte allerdings nicht aus, wie der Leiter des Gewerkschaftskomitees Çerma in einem Artikel für den *Metalurgu* 1984 unterstrich:

> „Ein wichtiger Aspekt bleibt die Erziehungsarbeit mit den Menschen, damit bei ihnen ein Bewusstsein für saubere Arbeitsplätze und eine hygienische Umgebung entsteht. [...] Die Arbeiter müssen sorgsam mit den Maschinen umgehen, damit ein normaler Arbeitsprozess gewährleistet bleibt. Sie sollen verstehen, dass diese primäre Aufgaben sind. [...] Die Massenorganisationen sollen nach dem Arbeitstag Aktionen zur Maschinenreinigung und zur Säuberung der Umgebung außerhalb der Werkbereiche organisieren, vor allem in den Schmelzereien der mechanischen Fabrik, in der Konzentratsabteilung der Fabrik Nr. 12, bei den Konverterabteilungen und bei den elektrischen Öfen in der Stahlfabrik, in der Koksbatterie usw. [...] Die Foren des Gewerkschaftskomitees und des Regionalen Jugendkomitees sollten eine größere Hilfestellung und Kontrollen leisten und die Zusammenarbeit mit den Betriebsleitungen verstärken, von diesen aber gleichzeitig Rechenschaft für ihre Verpflichtungen fordern."[409]

Die Probleme bestanden jedoch weiterhin: Möglicherweise bedingt durch die Probleme mit der Stromversorgung, wurden durch die Betriebsleitungen in mehreren Abteilungen die Staubfängeranlagen ausgeschaltet, andere waren in Wirklichkeit gar nicht repariert worden und trotz mehrerer Beschwerden der Arbeiter änderte sich daran nichts. Die Gewerkschaftsorganisationen überließen die Angelegenheit den Betriebsleitungen und diesen waren möglicherweise auch durch die fehlenden Importe[410] an Gerätschaften und Ersatzteilen die Hände gebunden. Nicht nur in Elbasan, sondern in den meisten Industrieanlagen und -betrieben im Lande wurden bis zum Ende des Staatssozialismus so gut wie keine Gegenmaßnahmen getroffen, da die Mittel für eine Modernisierung der Betriebe oder ihre Nachrüstung mit Filteranlagen fehlten.[411] Abgesehen davon beherrschte der Primat der Planrealisierung immer noch das Denken der Betriebsführungskräfte, womit sich auch erklären lässt, wieso der Bau von hygienisch-sanitären Einrichtungen im Stahlwerk sich in die Länge zog oder weshalb sich die wissenschaftlichen Räte der Betriebe relativ selten mit Angelegenheiten der Umweltbelastung beschäftigten, obwohl diese so

407 Xhelil Xhelilaj, Detyrë e përhershme [Eine immerwährende Aufgabe], *Metalurgu*, 14.6.1984, S. 4.
408 Ebenda.
409 Çerma, Të kemi kudo mjedise të kulturuara, S. 3 f.
410 Vgl. AQSh, KQ i PPSh, 14, 1983/11, 10 [Bericht des Ministers für Industrie und Bergbau Çeliku an das ZK der PAA vom 24.5.1983 betr. Erhöhung der Produktivität im Stahlwerk].
411 Moser/Mayerhöfer, Raumplanung und Umweltschutz, 460.

akut war.[412] In einer Belegschaftsversammlung der Energiefabrik 1987 beschwerten sich die Arbeiter, sie hätten mehrmals darauf hingewiesen, dass die Abflüsse der Kessel des Wärmekraftwerks die Umwelt verschmutzten, aber weder das Management noch die Gewerkschaftsorganisationen hätten darauf reagiert.[413]

Während der Arbeitsprozesse wurden weiterhin Giftgase freigesetzt und die Arbeiter mussten unter großer physischer und psychischer Belastung ihre Arbeit tun.[414] Hunderte bekamen als Ausgleich Lohnzulagen und Zusatznahrung, aber dadurch wurden die Gefahren nicht behoben und es wurde damit auch Missbrauch getrieben. So berichtete der Leiter des Kreisgewerkschaftskomitees 1989, dass an die Arbeiter des Kombinats, ungeachtet der Weisung des Ministerrates, anstatt der Milch – die als Antidot den während ihrer Tätigkeit entstandenen giftigen Substanzen entgegenwirken sollte – Kompott und Marmelade verteilt wurde.[415] Engpässe gab es sogar bei der Versorgung mit Seife.[416] Hinzu kamen auch technologisch-finanzielle Probleme: Da in mehreren empfindlichen Bereichen die entsprechende Ausrüstung zur Messung der Gaskonzentration fehlte, kam es häufig zu Unfällen. Deshalb unterstrich der Generalrat 1990 in einer Weisung an das Stahlwerksgewerkschaftskomitee den weiter oben erwähnten älteren Erlass, wonach bei einer Gefährdung der Umwelt oder der Arbeiter der Arbeitsprozess zu unterbrechen und bei Missachtung der Sicherheitsregeln die Verantwortlichen anzuzeigen seien.[417] Die Gewerkschaftsorganisationen erteilten zwar Rügen an die Betriebsleitungen, aber konkrete Maßnahmen zur Behebung der Probleme wurden nicht beschlossen, weshalb ihnen 1990 vom Kreisgewerkschaftsleiter Biçaku fehlende Ernsthaftigkeit gegenüber den Problemen der Arbeiter und Kumpanei mit den Betriebsverwaltungen vorgeworfen wurde.[418]

412 Fondet jepen, por ato „digjen" [Gelder gibt's, aber sie werden „verheizt"], *Shkumbini*, 23.12.1987, S. 2.

413 Xhavit Çekrezi, Kërkesa të drejta të punëtorëve [Gerechte Forderungen der Arbeiter], *Metalurgu*, 23.4.1987, S. 2.

414 AQSh, Bashkimet Profesionale, 657, 1989 / 177, 25 [Bericht des Ministers für Industrie und Bergbau Bekteshi an den Generalrat der Gewerkschaft vom 26.2.1989 betr. Lohnzulage und Zusatzverpflegung für einige Arbeiterkategorien des Kombinats].

415 Ebenda, 16 [Mitteilung des Leiters des Kreisgewerkschaftskomitees von Elbasan Biçaku an den Präsidenten des Generalrates der Gewerkschaft Koçollari vom 3.4.1989 betr. Verpflegungsschwierigkeiten].

416 AQSh, Bashkimet Profesionale, 657, 1989 / 8, 5 [Bericht der Sekretärin des Zentralrates der Gewerkschaft Kallajxhi vom 10.5.1989 betr. Probleme der Arbeiterverpflegung].

417 AQSh, Bashkimet Profesionale, 657, 1990 / 5, 25 [Mitteilung des Sekretärs des Generalrates der Gewerkschaft S. Marko an die Kreisgewerkschaftsorganisationen betr. Kompetenzen der Gewerkschaft im Betrieb].

418 Fatmir Biçaku, Veprime që zbehin forcën e kontrollit punëtor [Handlungen, die die Wirkungskraft der Arbeiterkontrolle verblassen lassen], *Shkumbini*, 6.1.1990, S. 2.

Tab. 16: Registrierte Fälle von an Berufskrankheiten erkrankten Arbeitern, 1986–1990

Jahr	Fälle
1986	96
1987	34
1988	125
1989	–
(Bis 30.6.) 1990	58

Quelle: AShVE, Komiteti i Partisë i Kombinatit Metalurgjik Elbasan, 873, 1990/15, 4 [Bericht des Stahlwerkleiters Zonja vom 20.8.1990 betr. Umweltverschmutzung und Berufskrankheiten im Stahlwerk].

In den Jahren 1985 bis 1989 häuften sich die registrierten Fälle der Vergiftung durch Kohlendioxid, Phenol und Thiocyansäure (siehe Tabelle 16). Sie kamen vor allem unter den Beschäftigten in der Koksfabrik vor. Während es 1988 180 Fälle von Erkrankungen der Atemwege gab, hatten diese sich ein Jahr später mit 375 Fällen mehr als verdoppelt. Nervenprobleme waren die zweithäufigste Diagnose für die Beschwerden. Allerdings wurden nicht alle Krankheiten und Unfälle gemeldet und auch nicht alle schriftlich festgehalten. So hatten die Ärzte manchmal Verdacht auf Krankheiten, aber sie konnten den Ursachen nicht nachgehen, da sie über Berufskrankheiten nicht genügend unterrichtet waren. Genaue Richtlinien, ab welcher Grenze chemische Zusammensetzungen als lebensgefährlich galten und wie die Betroffenen zu behandeln waren, lagen ihnen nicht vor. Einer meiner Gespächspartner, J. T., wollte vom Arzt eine Bescheinigung über die Arbeitsunfähigkeit seiner Frau, da ihr Blut infolge ihrer Tätigkeit in der Agglomerationsabteilung eine hohe Phenoldosis aufwies; er konnte sie nur mithilfe von Netzwerken bekommen, da die Bescheinigung auf formellen Wege unmöglich zu beschaffen war.[419] Auch die ärztlichen Mittel und die Ausrüstung waren ungeeignet oder nicht ausreichend. Abgesehen von einer oberflächlichen ambulanten oder stationären Behandlung sowie einer Genehmigung von Krankenurlaub in Arbeitererholungsheimen konnten die Ärzte nicht viel gegen diese Berufskrankheiten unternehmen.[420] Dabei waren sie sich im Klaren darüber, dass im Ausland eine bessere Behandlung möglich war, weshalb auch um bessere Zugriffsmöglichkeiten auf den Erfahrungsbereich anderer Staaten gebeten wurde. Insgesamt standen den Beschäftigten des Stahlwerks nach Aufbau des Kleinkrankenhauses acht Ärzte zur Verfügung und keiner von ihnen war auf Berufskrankheiten in der Schwerindustrie spezialisiert. Der Kombinatsleiter bat aus diesen Gründen noch 1990 um zusätzliche Gelder zur Verbesserung der Produktionstechnologie und zur Überholung der Ausrüstung, um weitere Spezialisten zur Lösung von technischen Problemen, um eine bessere

[419] Interview mit J. T. am 25.2.2013 in Elbasan.

[420] Ein Interviewpartner berichtete, dass diesbezüglich die Haltung gegenüber Menschen mit „schlechter Biographie" ungleich strenger war. Trotz gesundheitlicher Beschwerden, die sich auf die Arbeit im Stahlwerk zurückführen ließen, war es für sie schwer, sich krankschreiben zu lassen oder eine Versetzung an einen anderen Arbeitsplatz zu bekommen. Interview mit J. T. am 25.2.2013 in Elbasan.

Ausrüstung zur Verbesserung der Hygiene am Arbeitsplatz, um die Instandsetzung der vorhandenen medizinischen Ausrüstung und um Unterstützung bei der Suche nach Wegen zur Vermeidung der Umweltverschmutzung.[421]

Ein ehemaliger Arzt des Kombinats gab gegenüber der Presse 1991 zu, 50 Prozent der Stahlwerksarbeiter hätten aufgrund der ungenügenden Schutzmaßnahmen Augenprobleme. Eine Arbeiterin, die im Labor der Fabrik Nr. 12 tätig war und über Ermüdungserscheinungen, Blutarmut und Kopfschmerzen klagte, ließ sich in Tiranë ärztlich untersuchen, wo man bei ihr einen erhöhten Phenol-Zyankali-Spiegel im Blut feststellte. Im Krankenhaus des Stahlwerks hatte man sie und ihre Kolleginnen, die sich wegen derselben Symptome beschwerten, nicht darüber unterrichtet, obwohl sie sich dort halbjährlich untersuchen ließen.[422] Eine Überschreitung der Höchstwerte war nach Erinnerung der Zeitzeugen die Regel, die Ärzte verhielten sich unter den gegebenen Umständen zurückhaltend. Der Grad der Gefährdung stieg auch dadurch, dass viele Arbeiter aufgrund mangelnder Aufklärung die Risiken nicht ernst nahmen und sich nur ungerne Gegenmittel verabreichen ließen.[423]

1989 wurde der Arbeitstag für die Arbeiter der kokschemischen Fabrik aufgrund der besonderen Belastung von acht auf sechs Stunden herabgesetzt und die Zahl ihrer Urlaubstage von 21 auf 28 erhöht. Das Renteneintrittsalter für die Arbeiter war und blieb indes 50 Jahre für die Frauen und 55 für die Männer. Allerdings war das Führungspersonal von dieser Regelung ausgeschlossen. Die Arbeiter mussten sich vorschriftgemäß alle sechs Monate ärztlich untersuchen lassen, was viele aufgrund der unzureichenden Sensibilisierung vernachlässigten.[424] Durch Sanktionen und teilnahmepflichtige Informationsabende hätte sich die Situation möglicherweise verbessert, aber im sozialistischen Regime besaßen Umwelt und Gesundheit nur sekundären Stellenwert.

In einem Bericht über Elbasan, der in der Oppositionszeitung *Rilindja Demokratike* [Die Demokratische Wiedergeburt] 1991 veröffentlicht wurde, wurde das Stahlwerk von einem dort beschäftigten Ingenieur als „die Krebsleiden der ganzen Stadt" bezeichnet.[425] Genauso wie in der Akte von 1980 festgehalten, grasten dort auch 1991 die Kühe zwischen den Industrieanlagen und in den Lautsprechern wurde „Tangomusik übertragen, um die Arbeitsmoral der blassen Arbeiter zu erhöhen".[426] Der letzte Kombinatsleiter Zonja bezifferte in einem Bericht 1990 offen das Ausmaß der Gefährdung der Beschäftigten und der Umgebung infolge der Stahlwerknutzung: In den Jahren 1987 bis 1990 seien infolge der

421 AShVE, Komiteti i Partisë i Kombinatit Metalurgjik Elbasan, 13, 1990 / 15, 8 [Bericht des Stahlwerkleiters Zonja vom 20.8.1990 betr. Umweltverschmutzung und Berufskrankheiten im Stahlwerk].

422 Elbasani – monument i zymtë i industrializimit socialist [Elbasan – ein tristes Denkmal der sozialistischen Industrialisierung], *Rilindja Demokratike*, 17.4.1991, S. 2.

423 Interview mit A. B. am 17.2.2013 in Elbasan.

424 Interview mit P. L. am 18.2.2013 in Elbasan.

425 Elbasani – monument i zymtë, S. 2.

426 Ebenda.

Rohstoffverarbeitungs- und Produktionsprozesse jedes Jahr 11.000 Tonnen Kohlendioxid, 42.400 Tonnen Schwefelgas, 2,5 Millionen Tonnen Stickstoff, 783.000 Tonnen Karbongas sowie kleinere Mengen von Ammoniak und Chlor entstanden. Bei einem Teil von ihnen, der durch den Kamin entwich, fehlten die Messgeräte, um die genaue Menge festzustellen. Da bei den Versorgungs- und Entsorgungsröhren und -anlagen die Dichtung fehlerhaft sei, dazu die Entwürfe bei der Herstellung verschiedener Ausrüstungsteile ungenau, aber ebenso infolge des grundlegend unkontrollierten Ausstoßes von Abgasen und Dämpfen, landeten in Wasser, Erde und Luft Abfälle, die umwelt- und gesundheitsgefährdend waren. Die Arbeiter würden durch Energienutzung und Strahlung, Staub, Lärm, Vibrationen, hohe Temperaturen und Luftfeuchtigkeit, dazu durch die irregulären Arbeitszeiten und die Eintönigkeit der Arbeit in ihrer Gesundheit beeinträchtigt.[427] Solche Probleme waren auch in der Region um das bulgarische Kremikovci nicht unbekannt.[428]

Früher hatte man das gegenüber der in- und ausländischen Öffentlichkeit noch ganz anders dargestellt. In einer Veröffentlichung über die Industrialisierung im sozialistischen Albanien aus dem Jahre 1978 hielt der Autor zu den Maßnahmen zum Umweltschutz fest:

> „Kein einziges Industriewerk [...] wird gebaut, ohne vorher auch die Auswirkungen auf die Natur und Umwelt zu studieren. Bei jedem Bauvorhaben werden daher alle notwendigen Mittel mit eingeplant, um jede Beeinträchtigung der natürlichen Umwelt und des Menschen auszuschalten."[429]

Moser und Mayerhofer geben jedoch an, als die albanischen Repräsentanten Mitte der 80er Jahre auf die Luftverschmutzung um das Stahlwerk angesprochen wurden, sei zur Antwort gekommen, das Kombinat sei gerade aus Umweltschutzgründen so angelegt worden, damit es nicht in der Hauptwindrichtung von Elbasan liege.[430] Es entsprach zwar der Wahrheit, dass die zuständigen Planer sich auch darüber beim Bau des Stahlwerks in der Tat Gedanken gemacht hatten. Im Vergleich zu den oben erwähnten Zielvorstellungen war dies allerdings eine Minimalmaßnahme, die zwar der Stadtbevölkerung, nicht aber der Belegschaft als solcher zugute kam. Die minimale Berücksichtigung des Umwelt- und Gesundheitsschutzes wird umso mehr durch eine Aussage des Personalchefs des Stahlwerks gegenüber der Presse 1991 verdeutlicht, wonach infolge der obsoleten Technologie eine hohe Menge von Nickel-Kobalt in Rauchform über die Stadt entweiche, wenn der Wind in ihre Richtung wehte.[431] Nach Jajesniak-Quast war es nach der Inbetriebnahme

[427] AShVE, Komiteti i Partisë i Kombinatit Metalurgjik Elbasan, 13, 1990 / 15, 1 – 8 [Bericht des Stahlwerkleiters Zonja vom 20.8.1990 betr. Umweltverschmutzung und Berufskrankheiten im Stahlwerk].

[428] Brunnbauer, „Die sozialistische Lebensweise", 185 f.; Palairet, „Lenin" and „Brezhnev", 501.

[429] Banja / Toçi, Das sozialistische Albanien, 166.

[430] Moser / Mayerhöfer, Raumplanung und Umweltschutz, 458.

[431] Elbasani – monument i zymtë, S. 2.

der Industrieanlagen im Krakauer Gebiet auch nicht anders gewesen.[432] Die sozialistischen Staaten gingen die Umweltprobleme nicht ernsthaft an, sondern gaben der Produktion den uneingeschränkten Vorrang. Für die Betriebsleiter war die Planziffer wichtiger als der Umweltschutz und für neue Technologien standen keine Gelder zur Verfügung. Infolge der Luft- und Wasserverschmutzung wies Elbasan gegen Ende des Systems laut *Rilindja Demokratike* die höchste Fehlgeburtenrate im ganzen Land auf und stand an zweiter Stelle, was die Erkrankungen an Prostatakrebs anging.[433] Die Kinder hatten nach Aussagen der Ärzte häufig Atembeschwerden, viele Bewohner litten an Blutkrankheiten.[434]

Man kann sehen, dass die Verkündung der PAA-Führung, beim Bau industrieller Anlagen werde auf die Umwelt Rücksicht genommen, in Bezug auf das Stahlwerk kaum mehr als Augenwischerei war. Der Primat der Planerfüllung hatte die Vernachlässigung des Umweltschutzes und die Gefährdung der Gesundheit der Arbeiter zur Folge. Die Ursachen lagen sowohl am fehlenden Fachwissen der zuständigen Stellen und einer Unterschätzung der Gefahr seitens der Arbeiter als auch an mangelnden Ressourcen und Finanzmitteln, was sich vor allem in den achtziger Jahren verhängnisvoll auswirkte.

4.11 Zwischenfazit

Dass andere staatssozialistische Länder vor Albanien Projekte zum Bau von Stahlwerken in die Wege geleitet hatten, hätte der PAA-Führung die Möglichkeit gegeben, aus deren Erfahrungen zu lernen und Fehler zu vermeiden. Aus den vorliegenden Quellen wird allerdings nicht ersichtlich, dass die kommunistischen Führer jemals solche Gedanken erwogen hätten. Bei der Rekrutierung der Arbeitskräfte für die Errichtung und anschließende Inbetriebnahme des Stahlwerks wurde eine zentralistische Linie verfolgt, welche die Beschaffung der benötigten Kräfte sichern und unkontrollierte Binnenmigration unterbinden sollte. Die wichtigsten staatlichen Institutionen und Gremien gaben die Anweisungen über die Zahlen der benötigten Arbeitskräfte an die lokalen Stellen weiter, während die Landkreise die Arbeiterkontingente nach Elbasan zu schicken hatten. Aus vielerlei Gründen waren sie aber nicht in der Lage den Anweisungen nachzukommen, so dass die Kombinatsleitung oftmals auf unausgebildete Arbeitskräfte zurückgreifen musste, was sich negativ auf den Produktionsprozess auswirkte und illegale Migration förderte. Zu den organisatorischen Schwierigkeiten kam die Tatsache hinzu, dass das Industrialisierungsprogramm der PAA als ganzes besonders viele Arbeitskräfte benötigte und die Kreise mit ihrem zumeist aus den landwirtschaftlichen Kooperativen (die aber auch hohen Beschäftigungsbedarf hatten) entstammenden Arbeitskräftereservoir an ihre Grenzen

432 Jajeśniak-Quast, Stahlgiganten in der sozialistischen Transformation, 250 f.
433 Elbasani – monument i zymtë, S. 2. Allerdings lassen sich diese Behauptungen nicht über publizierte Quellen überprüfen, da sie derartige Angaben verschweigen.
434 Ebenda.

stießen. Mithilfe von Freiwilligen aus verschiedenen Landesbetrieben, die sich für einen Monat für die Arbeit im Stahlwerk verpflichteten, sowie mithilfe jugendlicher Freiwilliger, die vorwiegend beim Eisenbahnbau eingesetzt wurden, sollten die Bauarbeiten beschleunigt, Abschlussfristen eingehalten und Planziffern erreicht werden.

Durch Qualifizierungsmaßnahmen für die Beschäftigten beim Stahlwerk sollte sich die Lage zum Positiven wenden. Aber infrastrukturelle Mängel und fehlende Koordination der Tätigkeit verschiedener Instanzen beeinträchtigten die Arbeit in diesem Bereich. Probleme wie Fluktuation und Fernbleiben vom Arbeitsplatz ließen es nicht zu, dass die Fachkenntnisse der Arbeiter im nötigen Maße zunahmen. Die massive Rekrutierung von Arbeitskräften vom Lande für die Industrie stand einer Zunahme von Berufserfahrung unter den vorhandenen Beschäftigten im Weg. Während 1969 immerhin 49,1 Prozent der Arbeiter mindestens fünf Jahre Berufserfahrung hatten, waren es 1979 in der Industrie nur 29,8 Prozent, in der Bauindustrie und in der Landwirtschaft 35–37 Prozent.[435] Durch den geringen Qualifikations- und Erfahrungsgrad der Beschäftigten wurde implizit der Verhandlungsspielraum zumindest für die Facharbeiter erweitert, was sich jedoch im albanischen Fall nicht durch direkte finanzielle Privilegien, sondern eher durch Zugeständnisse der Vorgesetzten beim alltäglichen Arbeitsverhalten messen lassen dürfte.

Die Engpässe bei der Rekrutierung sollten auch durch eine verstärkte Beschäftigung von Frauen vermindert werden. Aber das konservative Rollenverständnis innerhalb der Gesellschaft sowie mangelnde Unterstützung der Partei- und staatlichen Stellen, wenn es um Alltagsprobleme ging, konnten die Emanzipation jenseits normativer Akte nicht wirklich durchsetzen.

Chinesische Spezialisten, die im Rahmen der internationalen Nahestellung beider Länder nach Elbasan kamen, bildeten nachgerade das Rückgrat des Großkombinats, wenn es um Fragen der Technologie oder um industrielles Wissen ging. Ihre Anzahl nahm von einem Höhepunkt knapp unter 1000 später ab – 1976 waren es nur noch 450. Dennoch waren sie für das Kombinat unentbehrlich, wie mehreren Berichten der Unternehmensleitung zu entnehmen ist.[436] Ihr Fehlen ab 1978 hinterließ eine Lücke, welche die Stahlwerkleitung durch Kontakte mit den Spezialisten aus westlichen Ländern sowie durch die Entsendung eigener Fachkräfte ins Ausland zu füllen versuchte, was aber nicht gelang. Die Folgen waren Produktivitätseinbußen, häufige Unfälle, Havarien und Maschinenschäden, die die Verantwortlichen manchmal als Sabotagearbeit in ihrem Aufkommen gleichsam zu rechtfertigen versuchten, was als Ablenkungsstrategie gut in den Rahmen des politischen Klimas passte, das die PAA-Führung hatte entstehen lassen.

[435] Ebenda, 229.

[436] Siehe AQSh, KQ i PPSh, 14, 1976/726, 5–8 [Bericht des Außenministers Nase an das ZK vom 15.10.1976 betr. den Besuch des chinesischen Botschafters im Stahlwerk]. Zu ihrer Bedeutung siehe auch: AQSh, KQ i PPSh, 14, 1976/890, 7–14 [Protokoll des Gesprächs einiger Vertreter der Kombinatsleitung mit chinesischen Spezialisten am 31.7.1976 betr. die chinesischen Spezialisten, die beim Kombinatsbau tätig sein werden].

In Wirklichkeit hatten derlei Unfälle und nicht minder die ökologischen Schäden oder die negativen gesundheitlichen Auswirkungen der Kombinatsarbeit auf die Beschäftigten und die Bewohner Elbasans wesentlich komplexere Faktoren zur Ursache. Unter ihnen waren die alte Technologie, die geringen darauf verwendeten Ressourcen, der Vorrang der Produktionsmengenziele, die mangelnden Kenntnisse der Beschäftigten sowie die Unterschätzung des Gefahrengrads sowohl seitens der Akteure vor Ort als auch seitens der höheren Stellen die wichtigsten.

5 Die Ausgestaltung der Arbeitsbeziehungen innerhalb des Kombinats

> „Ihr Arbeiter stellt das Kollektivinteresse an erster Stelle. Dank der unaufhörlichen Erziehungsarbeit der Partei ist Euch klar, dass indem man jenes achtet, man auch das Eigeninteresse achtet.“[1]
>
> „Eine Person arbeitete für zwei. [...] Aber die Arbeiter aus den Dörfern waren im allgemeinen Arbeit gewöhnt. Aber diese Redewendung, die ich oft hörte, gab mir zu denken: ‚Erteile Anweisungen an denjenigen, der arbeitet, denn er gehorcht auch.‘ Es klang nicht gut in meinen Ohren, aber es war eine Tatsache, denn nur einige trugen die [gesamte; V. N.] Last“ (M. M., Tiranë, geb. 1955).

Mit „Der Stahl der Partei“ wurde ein Versuch vollzogen, die Überlegenheit des Sozialismus über den Kapitalismus zu beweisen, und den neuen sozialistischen Arbeiter zu formen. Das Stahlwerk sollte nicht nur dazu beitragen, dass die Arbeiterschaft zunahm, sondern in seinen Baustellen und Fabriken sollte auch der „neue Mensch“ mit seinen sozialistischen Tugenden wie Opferbereitschaft, Arbeitseifer, Disziplin, politischer Bildung und Klassenbewusstsein entstehen. Das Großkombinat war freilich nicht einfach eine Schmiede, in welcher die PAA-Führung über ihre lokalen Strukturen die eigenen Zielvorgaben problemlos umsetzen konnte. Zwischen den Akteuren vor Ort und anderen Institutionen und Instanzen, die indirekt die Produktionsvorgänge beeinflussten, fand eine Interaktion statt, die sich auf die Arbeitsprozesse auswirkte und das Beziehungsgeflecht innerhalb des Kombinats ständig modifizierte. Es bestand von Anfang an eine gegenseitige Abhängigkeit, da die verschiedenen Akteure im Stahlwerk selbst in bestimmten Aspekten ihrer Tätigkeit von auswärtigen Akteuren abhängig waren, deren Zukunft wiederum vom Verlauf der Bauarbeiten und der Produktion in „Der Stahl der Partei“ maßgeblich beeinflusst wurde. Das Unternehmen besaß eine Schlüsselstellung innerhalb der albanischen Volkswirtschaft und jede Veränderung seiner Strukturen beeinflusste mehr oder weniger direkt die Tätigkeit mehrerer Betriebe und staatlicher Institutionen.

Die Belegschaft des Stahlwerks bildete, wie schon veranschaulicht wurde, aufgrund ihrer heterogenen Herkunft, ihrer Bildung, ihrer Interessen und regionalen Unterschiede kein homogenes Ganzes und sie hatte auch keine Organisation zur Verfügung, die in authentischer Weise ihre Interessen vertrat. Ein selbständiger Zusammenschluss und eine autonom agierende Interessenvertretung der Arbeiter waren von der PAA-Führung auch

[1] Enver Hoxha, Minatorët dhe metalurgët, 275.

in keiner Weise gewollt. Die Organisationen, welche den Anspruch auf die Vertretung der Arbeiterinteressen erhoben, sollten ganz im Gegenteil Transmissionsriemen in den Händen der Parteiorganisation sein, um die Vermittlung von deren Interessen unter den Arbeitern zu gewährleisten. Im Kombinat (und analog in der albanischen Wirtschaft insgesamt) waren diese Transmissionsriemen – und vermeintlichen arbeiterschaftlichen Interessenvertretungen – die Gewerkschaft (BPSh)[2] und der Verband der Jugend der Arbeit (BRPSh)[3]. Über die örtlichen Zweige dieser Massenorganisationen (wie auch der Betriebsparteiorganisationen und der diesen angehörenden Parteigrundorganisationen) wachte das Stahlwerksparteikomitee, welches die Vorhut der Arbeiter darstellen sollte. Auf struktureller Ebene übte es seinen Einfluss durch die Parteigrundorganisationen der einzelnen Werkabteilungen innerhalb der einzelnen Teilbetriebe und -fabriken aus. Seine Macht und Befugnisse waren derjenigen des Kreisparteikomitees von Elbasan gleichgestellt.

Die Schwerpunkte der Arbeit der Gewerkschaftseinheiten sowie die Zielgruppe ihrer Tätigkeit deckten sich im Kombinat weitgehend mit denjenigen der Jugendorganisation und gingen zugleich wegen der auf Gewerkschaftsseite fehlenden Altersbeschränkung darüber hinaus. Auch das Themenspektrum der im Presseorgan der Jugendorganisation (*Zëri i Rinisë*, „Die Stimme der Jugend“) zum Abdruck gebrachten Artikel zu verschiedenen Aspekten der Arbeit im Stahlwerk stützt diese These. Auf dieser Grundlage und angesichts ihres Anspruches, die Interessen der Gesamtbelegschaft aus Arbeitern und Angestellten zu vertreten, wird hier mit Blick auf die Rolle der Massenorganisationen für die Arbeitsbeziehungen primär die Rolle der Gewerkschaft beleuchtet.

Offiziell gestalteten die BPSh, die BRPSh und das Parteikomitee des Stahlwerks auch die Beziehungen der Belegschaft zum Management des Kombinats. Im jetzigen Kapitel wird es insbesondere um die Rolle gehen, die den verschiedenen Organisationseinheiten des Kombinats zur Mobilisierung der Arbeiter zukam, sowie auf die Instrumente, die ihnen dafür zur Verfügung standen. Dazu gehörten in erster Linie die albanische Entsprechung zum sowjetischen Modell der Stachanow-Arbeiter, oder, wie sie in Albanien genannt wurden: „die Vorhutarbeiter“. Die Stellung der „Vorhutarbeiter“ im Betrieb, die sozialistischen Wettbewerbe und Initiativen werden in diesem Kapitel untersucht. Da „Vorhutarbeiter“ und Parteimitglieder nicht gleichzusetzen sind, wird auch explizit auf Letztere eingegangen, auf ihr Ansehen und die Erwartungen, die die Parteiorganisationen in sie setzten. Inwiefern die Parteigenossen ihre Funktion auch erfüllten, ist dazu eine wichtige Frage. Das gleiche gilt in nochmals besonderer Weise dafür, welche Möglichkeiten die Arbeiter hatten, ihren Willen den Vertretern der parteilichen beziehungsweise staatlichen Macht am Arbeitsplatz kundzutun. Die Arbeitsbrigaden waren bei der Gestaltung der Beziehungen zwischen der Belegschaft und dem Staat ein wichtiger Faktor. Sie erkämpften sich Freiräume für ihre Mitglieder. Allerdings standen den Beschäftigten auch

[2] Wörtlich übersetzt: Berufliche Verbände (Bashkimet Profesionale Shqiptare).

[3] Auf Albanisch: Bashkimi i Rinisë së Punës së Shqipërisë.

andere explizitere Ausdruckmöglichkeiten und „Domestizierungspraktiken“ der Macht zur Verfügung, die von den Beschäftigten wahrgenommen und vom Regime bis zu einem gewissen Maß toleriert wurden. Wie die Arbeiter zur Erweiterung ihrer Freiräume Netzwerke bildeten und welche Rolle der Informalität dabei zukam, wird uns in diesem Kapitel desgleichen intensiv beschäftigen.

5.1 Die Funktion der Betriebsparteiorganisationen im Stahlwerk

Nach der Doktrin des albanischen Sozialismus waren die Parteigliederungen der untersten Ebene innerhalb der Betriebe (die sogenannten „Betriebsparteigrundorganisationen“) für die ideologische und politische Erziehung der Arbeiterklasse verantwortlich und hatten auf die Betriebsverwaltungen Druck auszuüben, um die Effizienz der Arbeiterkontrollen[4] zu gewährleisten. Auch hatten sie in den verschiedenen Betriebsabteilungen ideologische Arbeit zu leisten, auch in dem praktischen Sinne, dass etwa, wenn es zu öffentlichen Diskussionen in den Betrieben über die konkreten Ziele der anstehenden Fünfjahrespläne kam, wie vom System gewünscht die Arbeiter höhere Ziffern vorschlugen als diejenigen, die die zentralen Planer präsentierten.[5] Auch die Verteilung der Arbeitskader auf die verschiedenen Wirtschaftsbereiche und Industriesektoren war von Beginn der kommunistischen Herrschaft eine der Obliegenheiten der Partei gewesen. Die Partei konnte somit nicht nur durch Weisungen von höchster Ebene die Produktion in einem Betrieb beeinflussen; durch ihre Verteilungspolitik qualifizierter Arbeitskräfte wurden das Gelingen oder der Misserfolg eines jeden Vorhabens überhaupt erst möglich. Umgekehrt konnten von der Parteiführung die Grundorganisationen vor Ort für die Erreichung oder die Nichterreichung der für den Betrieb gültigen Planziffern mitverantwortlich gemacht werden, was auch bei ihnen dann zu Personalkonsequenzen führen konnte. Als 1974 Divergenzen zwischen Veiz Gjebero, dem damaligen Kombinatsleiter, und Shkëlqim Bumçi, dem Oberingenieur, bestanden, wurde vom Sekretär des Zentralkomitees Haki Toska dem Zentralkomitee empfohlen, neben dem Kombinatsleiter auch den Leiter des Stahlwerksparteikomitees zu ersetzen, der wiederum vorsichtshalber schon im voraus um seine Entlassung gebeten hatte.[6]

Wegen solcher möglicher Eingriffe von oben blieben die örtlichen Parteistellen gegenüber Rekrutierungsproblemen sowie gegenüber der unbefriedigenden Qualifikation der

[4] Die Arbeiterkontrolleure wurden unter den „ideologisch gebildetsten“ Arbeitern ausgewählt und waren kein Mitbestimmungsorgan der Arbeiter, sondern eher ein Hilfsinstrument der Parteiorganisationen. Siehe Schnytzer, Mitbestimmung in Albanien, 196 f., und detaillierter hier im nachstehenden Unterkapitel V.2.

[5] Vgl. ebenda.

[6] AQSh, KQ i PPSh, 14, 1974 / 515, 7 [Bericht des Sekretärs des ZK der PAA an das ZK der PAA vom 31.1.1974 betr. die Betriebsführungskräfte, die den Kombinatsbau leiten].

Stahlwerksarbeiter nicht gleichgültig. Ähnlich wie beispielsweise im Ungarn der siebziger Jahre[7] ging es ihnen darum, Engpässe in verschiedenen Bereichen zu überwinden und einen störungsfreien Arbeitsprozess zu ermöglichen. In ihren Berichten wurde üblicherweise ihre Mitwirkung an der Behebung von Schwierigkeiten betont und meistens die Schuld für deren Aufkommen den Betriebsleitungen oder den Gewerkschaftsstrukturen gegeben. So warf 1974 das Parteikomitee der Kombinatsleitung vor, sie plane den Rohstoffbedarf oberflächlich und würde „keine revolutionäre Haltung gegenüber Planverfehlungen einnehmen". Moralische Anreize benutze sie kaum und sie vernachlässige die „sozialistische Emulation"[8]. Eine eigene Schuld sah sie nur darin, dass die Grundorganisationen der Werkabteilungen nicht genügend Rechenschaft von ihren Arbeitskadern einforderten (was implizit nichts anderes bedeutete, als dass die unteren Parteigruppen über die Entwicklungen nicht ausreichend informiert waren).[9]

Durch die Meldungen, die das Parteikomitee aus dem Stahlwerk an das Zentralkomitee sandte, geriet die Kombinatsleitung wiederholt unter Druck, da sie über ihre tatsächlichen Verantwortungsbereiche hinaus für viele Probleme und Mängel als Sündenbock verwendet wurde. Man gab ihr die Schuld für die unzureichende Verarbeitung der Rohstoffe, für die Produktionsunterbrechungen, den Verlust von Baumaterialien oder den ineffizienten Einsatz von Arbeitskräften. Bei Erfolgen hoben die Parteifunktionäre dann ihren eigenen Beitrag hervor, während beim Auftreten von Problemen das schlechte Management der Betriebsverwaltung als Argument verwendet wurde.

Dieser Druck der Parteiorgane auf die bürokratischen Strukturen hatte schon während der albanischen Kulturrevolution begonnen, als Hoxha von den Staatsfunktionären mehr Konsequenz bei der Befolgung der „Parteilinie" und die Gewährung von mehr Mitspracherechten für die Arbeiter verlangte.[10] Als Begründung diente der Hinweis auf die UdSSR, deren „Durchsetzung der revisionistischen Linie" von der albanischen Führung als Folge der Etablierung einer bürokratischen Klasse von Partei- und Staatsbürokraten betrachtet wurde.[11] Ein solcher Kurs der PAA, verbunden mit entsprechenden Maßnahmen wie der Reduzierung der Einkommensunterschiede, dürfte bei nicht wenigen Arbeitern auf Zuspruch gestoßen sein. Für die Parteiführung war das insoweit wichtig, als ansonsten die Gefahr bestand, dass die Arbeiter den Unterschied zwischen der (gemessen an der Ideologie)

7 Mark Pittaway, Accomodation and the Limits of Economic Reform: Industrial Workers during the Making and Unmaking of Kadar's Hungary, in: Hübner u. a. (Hgg.), Arbeiter im Staatssozialismus, 453–472, 468.

8 Zum letzteren Begriff vgl. oben, in Kap. III.4, Anm. 357.

9 AQSh, KQ i PPSh, 14, 1974 / 18, 4 f. [Bericht des Ersten Sekretärs des Stahlwerkparteikomitees Koçollari an das Sekretariat des ZK der PAA vom 18.2.1974 betr. notwendige Maßnahmen zur Stärkung der Führungsrolle der Partei beim Kombinatsbau].

10 Blumi, Hoxha's Class War, 311 f. – Gemeint war dies wiederum im Rahmen der „sozialistischen Emulation".

11 Ebenda, 316.

„nichtsozialistischen" Realität und der Propaganda wahrnahmen und das sozialistische System sich zunehmend vor seinem proletarischen Kernpublikum delegitimierte, wie das Bartha zufolge in Ungarn ab den sechziger Jahren der Fall gewesen ist.[12]

Die bei den Arbeitsabläufen im Kombinat auftauchenden Probleme wurden manchmal auch in den Versammlungen der Grundorganisationen auf eine Weise zum Thema, dass die sonst erwartete ideologische Verve beiseitegelassen wurde. Eine umgehende Folge war aber dann nicht von ungefähr, dass das Zentralkomitee ihnen den Vorwurf machte, sie würden „Parallelarbeit zu derjenigen der Wirtschaftsstellen leisten" und die Betriebsleiter unterstützen, anstatt diese zur Rechenschaft zu ziehen.[13] Was die Parteiführung von den Parteigrundorganisationen im Verhältnis zu den Betriebsleitungen nämlich erwartete, waren „Hilfe" und „Kontrolle". In der Praxis legten jedoch die Grundorganisationen – außer wohl in der Zeit der „Kulturrevolution" – eher Wert auf Kooperation mit den Betriebsleitungen, nicht auf Konfrontation. Das war auch verständlich, da ihr Bildungsstand, verglichen mit dem der Betriebsführungskräfte, zu wünschen übrig ließ, was auch den Augen der Belegschaft nicht entgangen ist. Freilicht darf man den Professionalisierungsgrad der Leitungen auch wieder nicht überschätzen: Die Instrukteure des Parteikomitees, die die Grundorganisationen anleitend berieten, hatten im Allgemeinen die Parteischule besucht und meistens über die Berufsschulen eine Ausbildung absolviert. Da sie die Kaderpolitik bestimmten, besaßen etliche Fabrik- und Betriebsleiter, die vom Parteikomitee empfohlen wurden, lediglich eine mittlere Qualifikation oder waren sogar zuvor nur Funktionäre landwirtschaftlicher Genossenschaften gewesen, die eine Führungstätigkeit im Stahlwerk übertragen bekommen hatten.[14] Um die chinesische Terminologie zu verwenden: Normalerweise war es zu jener Zeit in Albanien bei der Kaderauswahl eher wichtig „rot" als „fachkundig" zu sein.[15]

Ein Interview mit einem der ehemaligen Stahlwerksparteisekretäre verdeutlicht, welchen Einfluss die Parteifunktionäre vor Ort für den Fortgang der Tätigkeit im Stahlwerk und bei der Bestimmung über die Zukunft des Einzelnen ausüben konnten:

> „Zwei Jahre lang wurden die Planvorgaben nicht realisiert. Wir wurden vor das Politbüro zitiert und man fragte uns: ‚Wieso werden die Planvorgaben nicht erreicht?' Ziel war nämlich, 1976 den ersten albanischen Stahl zu produzieren. Es lief jedoch nicht gut, deswegen verlangten wir 1976 dessen [des bisherigen Direktors; V. N.] Entlassung.) Ich persönlich sagte damals zum damaligen Ministerpräsidenten Mehmet Shehu: ‚Mit diesen Direktoren, die uns hierhergeschickt werden, kann das Stahlwerk nicht gebaut werden.' Er sagte: ‚Ich habe euch die besten Leiter geschickt, Mitglieder des Zentralkomitees, Vizeminister'. Ich erwiderte: ‚Sie

12 Aniko Eszter BARTHA, The Disloyal „Ruling Class": The Conflict between Ideology and Experience in Hungary, in: HÜBNER u. a. (Hgg.), Arbeiter im Staatssozialismus, 141 – 162, 161.

13 AQSh, KQ i PPSh, 14, 1974 / 18, 28 [Beschluss des Sekretariats des ZK der PAA vom 30.3.1974 betr. Maßnahmen zur Stärkung der Führungsrolle der Partei beim Kombinatsbau].

14 Interview mit I. S. am 17.2.2013 in Elbasan und N. V. am 23.2.2013 in Elbasan.

15 SCHNYTZER, Mitbestimmung in Albanien, 193. Zum chinesischen Kontext siehe Alfred L. CHAN, Mao's Crusade. Politics and Policy Implementation in China's Great Leap Forward. New York 2001, 26.

> sind zwar kompetent, um als Minister zu arbeiten, sie sind vielleicht auch in der Lage, deine Stellvertreter zu sein, aber diese Art von Arbeit und Organisation erfordert andere Fähigkeiten als die eines Vizeministers. Deshalb ist es nicht gut gedacht.' Er sah mich an und sagte mit einem gewissen Ton: ‚Was denkst du dir?' Ich erwiderte: ‚Ich denke, dass Feruz Mataj hierherkommen sollte.' [...] Er sagte: ‚Er ist doch Vorsitzender des Kreisexekutivkomitees.' Darauf ich: ‚Den Vorsitzenden des Exekutivkomitees kannst du doch ersetzen, hier ist geht es schwieriger zu.' Er sagte: ‚Nein, das geht nicht.' Ich sagte, ‚Es ist deine Entscheidung'. Zwei Wochen später wurde er [der bisherige Direktor für den Stahlwerksbau; V. N.] entlassen und es kam Feruz."[16]

Wenn der Bericht den Tatsachen entspricht, wäre das ein Beispiel dafür, wie Parteibürokraten durch Eigeninitiative die Entscheidungsprozesse in den Großbaustellen des Sozialismus wesentlich beeinflussen konnten – eine Eigenschaft, die Klaus Gestwa ihnen abgesprochen hat.[17] Ihrer Rolle als Führungskraft gegenüber den anderen Massenorganisationen versuchten die Parteiorganisationen durch die besagte „sozialistische Emulation" oder durch ihre Einflussnahme auf die Themengebung bei Diskussionsabenden der Jugend- und Gewerkschaftsveranstaltungen gerecht zu werden. Genauso wie die Gewerkschaft setzten sie im Übrigen ihre Schwerpunkte auf Indoktrinierung und Propagandaarbeit zur Disziplinstärkung und Fortbildung, auf „patriotische" Erziehung und Förderung von Stoßarbeit.

Man kann schwerlich sagen, dass im Kombinat eine klare Aufgabenteilung zwischen den Partei- und Gewerkschaftsorganisationen geherrscht habe. Das war auch durch die Tatsache bedingt, dass der Gewerkschaftspräsident zugleich Mitglied des Politbüros war. Laut Gesetz sollten sich die Gewerkschaftsgliederungen um Erziehungs- und Qualifizierungsfragen, um Freizeitangelegenheiten und wichtige Aspekte des Arbeitslebens kümmern, unter anderem auch um die Erhöhung der Produktivität. Die Vertreter der Parteiorganisationen hielten sich dabei mit Einmischung nicht zurück, was allerdings von den Gewerkschaftsfunktionären auch erwünscht wurde. Das hatte nicht allein mit der offenkundigen Verinnerlichung der nachrangigen Position der sozialistischen Gewerkschaften als „Transmissionsriemen" der Partei zu tun.[18] Die Akzeptanz dieser Rolle bot auch noch den Vorteil, so weit wie möglich einer Verantwortung für das Auftreten von Schwierigkeiten oder Misserfolgen zu entgehen. So hielt ein Bericht von 1974 an den Zentralrat der Gewerkschaft fest, dass im Stahlwerk aufgrund des Mangels an Baumaterial und der Stromunterbrechungen die Arbeiter unterbeschäftigt wurden und dadurch 71.313 Arbeits-

16 Interview mit V. M. am 5.3.2013 in Elbasan.

17 Gestwa, Die Stalinschen Großbauten, 180.

18 In der DDR war die Rolle der Gewerkschaftsvertreter ähnlich gestaltet. Für die reduzierte Rolle der FDGB-Aktivisten im Betrieb gegenüber den Parteistrukturen siehe Renate Hürtgens Studie über die „Vertrauensleute". Renate Hürtgen, Zwischen Disziplinierung und Partizipation. Vertrauensleute der FDGB im DDR-Betrieb. Köln 2005.

stunden verloren gegangen seien.[19] Als Konsequenz wurde erwartet, dass die Parteistellen (und eben nicht die Gewerkschaft selbst!) mehr Druck ausüben sollten, und zwar auf die Betriebsleitung und die Gewerkschaftsorganisationen im Kombinat. Deutlicher ließ sich die eigene institutionelle Unterordnung kaum zum Ausdruck bringen.

Die Parteiorganisationen nahmen ein derartiges Angebot an systemkonformer Unterwerfung dankbar an. Der Parteisekretär des Stahlwerkskomitees Vebi Maksuti hielt in einem Bericht explizit fest, „die Parteigrundorganisationen und die Parteibüros haben ihre Aufmerksamkeit auf ihre Hebel, die Jugend- und die Gewerkschaftsorganisationen, erhöht. Sie haben ihre Arbeit niemals getrennt von der Arbeit der Gewerkschaftsorganisationen gesehen."[20] Einmal monatlich wurden von den Parteibüros Zusammenkünfte mit Gewerkschaftsaktivisten organisiert. Hier wurden deren bisherige Tätigkeit analysiert und neue Zielsetzungen formuliert. Die Parteimitglieder sollten außerdem bei den Parteiversammlungen regelmäßig Informationen über ihre gleichzeitige Tätigkeit in den Gewerkschaftsorganisationen abliefern.[21]

Die „Betreuung" und Passivisierung der Gewerkschaft ging so weit, dass einige ihrer Grundorganisationen in der Presse kritisiert wurden, sie sollten mehr Eigeninitiative zeigen. Diejenigen Parteimitglieder jedoch, die zugleich auch Gewerkschaftsmitglieder waren, scheinen ihre Tätigkeit auf Gewerkschaftsebene eindeutig als zweitrangig gegenüber der Arbeit in den Parteigremien empfunden zu haben. Sie hielten sich oftmals bei der Gewerkschaftsarbeit zurück und „gingen nicht mit gutem Beispiel voran".[22] Vielfach gaben sie keine Rechenschaft über ihre Aktivität innerhalb der Gewerkschaft ab, die in etlichen Werkbereichen kaum wirklich präsent war, trotz der in ihrer Mitte vorhandenen großen Anzahl von Kommunisten.[23] In einigen Gewerkschaftsorganisationen wurden infolge ihrer Passivität und der Zurückhaltung der Funktionäre kaum Debatten oder

[19] AQSh, Bashkimet Profesionale, 657, 1974 / 17, 13 [Bericht des Sekretärs des Zentralrates der Gewerkschaft Kamberi für den Zentralrat vom 29.1.1974 betr. verschiedene Probleme der Arbeit im Stahlwerk].

[20] AShVE, Komiteti i Partisë i Kombinatit Metalurgjik Elbasan, 873, 1979 / 28, 30–42, 31 f. [Bericht des Stahlwerkparteisekretärs Maksuti für die Versammlung des Stahlwerkparteikomitees am 24.12.1979 betr. die Arbeit der Parteiorganisationen zur Belebung der Tätigkeit der Gewerkschaftsorganisationen].

[21] Ebenda, 33.

[22] Qazim Gjini, Organizatat profesionale duhet ta luajnë plotësisht rolin e tyre për edukimin e klasës punëtore [Die Gewerkschaftsorganisationen sollten ihrer Rolle bei der Erziehung der Arbeiterklasse gerecht werden], *Metalurgu*, 27.12.1979, S. 3.

[23] Obwohl in den Gewerkschaftsorganisationen der Stahlfabrik und des Walzwerkes 31 bzw. 28 Parteimitglieder gewählt worden waren, wurden Versammlungen aufgrund geringer Teilnahme mehrmals annulliert. AShVE, Komiteti i Partisë i Kombinatit Metalurgjik Elbasan, 873, 1979 / 28, 30–42, 33 [Bericht des Stahlwerkparteisekretärs Maksuti für die Versammlung des Stahlwerkparteikomitees am 24.12.1979 betr. die Arbeit der Parteiorganisationen zur Belebung der Tätigkeit der Gewerkschaftsorganisationen].

sachliche Analysen geführt und Versammlungen fanden nur noch sporadisch statt, so im Walzwerk, in der Stahlfabrik, in der Koksfabrik und in der Fabrik Nr. 12, wo die Gewerkschafter im Jahre vollständigen Inbetriebnahme (1979) nur alle drei Monate zusammen kamen.[24]

Die Mitwirkung der Parteiorganisationen und -vertreter betraf auch einen anderen Aspekt der Gewerkschaftstätigkeit, den Freizeitbereich. Die Arbeiter zur aktiven Teilnahme in den Amateurgruppen für Gesang und Theater oder in den Lesezirkeln anzuregen, geschah sowohl durch die Gewerkschaftsvertreter als auch durch die Sekretäre der Parteibüros einzelner Werkbereiche. Beide wurden als verantwortlich betrachtet, wenn sich die Kollektive der Teilfabriken und Betriebe engagierten oder auch wenn bei organisierten Veranstaltungen die Vorführungen der Arbeiter ihres Bereiches nicht den Erwartungen entsprachen. Dasselbe lässt sich auch im Bereich der Qualifizierungskurse feststellen. Als im März 1979, nach einer Kritik des Zentralkomitees am Stahlwerk aufgrund der schwachen Arbeit, die man dort im Bereich der Arbeiterfortbildung leistete, eine Überprüfung der Kurstätigkeit vorgenommen wurde, stellte man fest, dass einige vorgesehene Kurse überhaupt nicht stattfanden, und bei anderen war die Teilnahme gering. Die Räume, die die Betriebsverwaltungen zur Verfügung stellten, reichten nicht aus oder waren überhaupt ungeeignet. In mehreren von ihnen waren weder Stühle noch Tische vorhanden und viele der Kursbesucher hatten weder Hefte noch Stifte. Die Schuld dafür wurde nicht nur den Gewerkschafts-, sondern auch den Parteigrundorganisationen gegeben.[25] Auch in puncto technische Sicherheit und Arbeitsschutz wurde von den Gewerkschaftsfunktionären selbst erwartet, dass die Parteiaktivisten die Aufgabe der Informierung der Arbeiter gerade nicht der Stahlwerksgewerkschaft überließen.

Förderung der Produktion und Erhöhung der Arbeitsmotivation waren nach klassischem stalinistischem Verständnis den Gewerkschaftsorganisationen zugeordnet. Nichtsdestoweniger versuchten ihre Vertreter auch hierbei, die Verantwortung mit den Parteiorganisationen zu teilen, um sich so zu entlasten. Als das Gewerkschaftskomitee für Bau und Montage 1979 über fehlenden Wettbewerbsgeist bei der Erfüllung der Planaufgaben beschwerte, gab es den Parteigrundorganisationen die Mitschuld für die Vernachlässigung nötiger propagandistischer Anreize.[26]

Im Laufe der Verschlechterung der wirtschaftlichen Lage verstärkte sich vorübergehend die Rolle der Parteiorganisationen im Stahlwerk. Dessen Management stand den mannigfachen Problemen in den Bereichen der Arbeitsorganisation und Produktion immer häufiger hilflos gegenüber, woraufhin Schwierigkeiten angefangen vom Rohstoff-

24 Ebenda.

25 Më shumë vëmendje kualifikimit të punëtorëve [Mehr Augenmerk auf die Qualifizierung der Arbeiter], *Metalurgu*, 15.3.1979, S. 1.

26 AShVE, Komiteti i Partisë i Kombinatit Metalurgjik Elbasan, 873, 1979/19, 51 [Bericht des Leiters des Stahlwerksgewerkschaftskomitees für den Bau Bërballa und des Leiters des Stahlwerksgewerkschaftskomitees für die Nutzung Shkëmbi an den Stahlwerksparteisekretär Maksuti betr. die Lage des sozialistischen Wettbewerbes].

mangel bis zu den Havarien des Öfteren von den Grundorganisationen der Partei problematisiert wurden – ohne dass dadurch positivere Ergebnisse zustande gekommen wären. Die oberen Stellen reagierten daraufhin aber nicht anders als in den siebziger Jahren: Das Parteikomitee rügte die Sekretäre der Grundorganisationen wegen dieser Haltung und verlangte von ihnen, sie sollten sich auf ihre primären Aufgaben – die Stärkung des sozialistischen Wettbewerbs, Erhöhung der Motivation der Arbeiter und die Bekämpfung devianter Verhaltensweisen – konzentrieren. Durch ihr mangelndes Expertenwissen seien sie nicht in der Lage, den Verwaltungsstellen, den technischen Räten oder den Betriebsleitungen bei der Suche nach Lösung der Probleme des Kombinats zu helfen. Der Parteisekretär erwartete von ihnen, sie sollten nicht „Materiallisten verfassen, sondern [...] die Verantwortung der Parteimitglieder und der Kader feststellen".[27]

Angesichts solcher Mahnungen kehrten die Grundorganisationen bald wieder zu ihren herkömmlichen Aufgaben zurück: 1988 verpflichtete sich beispielsweise die diejenige der mechanischen Fabrik feierlich, die vorgenommene Menge an herzustellenden Ersatzteilen für das laufende Jahr bis zum 16. Oktober zu 100 Prozent zu erreichen. Dabei hatte die Fabrik in den vorangegangenen Jahren den Plan nur zu 60 bis 70 Prozent erfüllt.[28] Auch die Tätigkeit der Jugendorganisationen erfuhr durch die Patronage der Parteiaktivisten einen Schub, der darauf abzielte, besorgniserregende Phänomene unter den jungen Arbeitern zu thematisieren, die die Produktion beeinträchtigten, wie Nachlässigkeit bei der Disziplin oder Vernachlässigung der sicherheitstechnischen Vorschriften. Gleichzeitig sollten ideologische Gedanken stärker in die Freizeitveranstaltungen eingebunden werden.[29]

Angesichts der wachsenden Spannungen innerhalb Jugoslawiens und der Verschärfung der Lage im Kosovo ab 1988/89 fanden umfassende Kontrollen zur Überprüfung der militärischen Bereitschaft der Kollektive des Stahlwerks statt. Die Kollektive nahmen alljährlich an Militärübungen teil. Die Übungen wurden von den Parteibüros des Stahlwerks gemeinsam mit den Kommanden der Freien Militärschulen organisiert.[30] 1990 stellte

27 SOKOLI, Problem themelor ka qenë, 38f.

28 Ebenda, 39.

29 AShVE, Komiteti i Partisë i Kombinatit Metalurgjik Elbasan, 13, 1989/21, 53 [Arbeit der Basisorganisationen zur Jugenderziehung].

30 1970 machte Enver Hoxha seine These der Freien Militärschulen (ShLU) bekannt, wonach die militärische Ausbildung nicht nur in Kasernen stattfinden sollte, sondern auch in Einrichtungen zivilen Charakters, wie Fabriken oder Hochschulen, damit sich in der Armee die Grundzüge einer Volksarmee noch mehr einprägten als bisher. Siehe dazu Enver HOXHA, Teza për shkollën e lirë ushtarake [Thesen zur Freien Militärschule] (5.3.1970), in: DERS., Vepra [Werke]. Bd. 43, Tiranë 1984, 1–16. Siehe auch Afrim IMAJ, Përplasja e parë e Enverit me gjeneralët e ushtrisë [Der erste Zusammenstoß Envers mit den Armeegenerälen], *Panorama*, 28.7.2014, unter http://www.panorama.com.al/perplasja-e-pare-e-enverit-me-gjenera-let-e-ushtrise/, am 25.10.2019 zuletzt aufgerufen; Hysë HYSA, Shkollat e lira ushtarake, ide disfatiste e Enver Hoxhës [Die Freien Militärschulen eine defätistische Idee Enver Hoxhas]. *KosovariMedia.com. Portal Informativ Shqiptar,* 15.9.2013, unter http://www.kosovarimedia.com/index.php/aktual/intervista/18087-hyse-hysa-shkollat-e-lira-ushtarake-ide-disfatis-te-e-enver-hoxhes.html/, am 19.3.2015 zuletzt aufgerufen.

man dabei während der Kontrollen fest, dass Phänomene wie Abwesenheit und ähnliche Disziplinarverletzungen sich nicht allein auf den Arbeitsprozess innerhalb des Stahlwerks beschränkten. Es war zwar in Albanien noch nicht soweit gekommen wie in der Endphase der DDR, in der die Arbeiter den Sinn der Kampfgruppen offen in Frage stellten.[31] Aber die Gleichgültigkeit der Belegschaft war nicht zu übersehen: Mehrere Arbeiter – vor allem aus der Fabrik für feuerfeste Materialien – verhielten sich respektlos gegenüber ihren Vorgesetzten, sie kamen zu spät und verließen die Schießübungen ohne Erlaubnis. Bei einer Arbeiterkompanie waren bereits um 12.00 mittags nur noch 71 Prozent der Arbeiter vor Ort. Bei einer anderen Einheit waren von 40 Arbeitern nur 16 zur Stelle.[32] Ein Grundpfeiler der Herrschaftslegitimation der PAA, das Narrativ der Belagerung durch die feindliche Außenwelt, hatte offenbar an Glaubwürdigkeit verloren.

Die Betriebsleitungen hatten sich zwar laut den Kontrollergebnissen mehr mit den Richtlinien zur militärischen Vorbereitung beschäftigt als in den vorhergehenden Jahren und hatten auch mehr in die materielle Ausstattung investiert. Dennoch gab es weiterhin vieles auszusetzen. Mehrere Betriebsleiter kümmerten sich nur oberflächlich um die Vorbereitung der Übungen und interessierten sich nicht dafür, ob die Arbeiter vollzählig teilnahmen. Andere, wie der Leiter der Fabrik für feuerfeste Materialien, wollten sogar die Arbeiter den Militärübungen entziehen und sie in der Fabrik weiterarbeiten lassen. Das widersprach den Vorschriften, wonach die Betriebsleiter die Reservisten oder die Freiwilligen persönlich vom Arbeitsort zum Übungsort zu bringen und selbst oder durch Vertreter die Übungen zu beaufsichtigen hatten. Schilderungen der aktuellen politischen Lage und der Entwicklungen in Osteuropa und Jugoslawien durch die Parteiaktivisten brachten in dieser Hinsicht keine Veränderung,[33] so dass die Nachlässigkeit der Arbeiter und Kader in den Militärübungen den Parteisekretären große Sorgen bereitete. Auch was das Arbeitsverhalten der Arbeiter und den Beitrag des Parteikomitees zur Lösung betrieblicher Probleme anging, waren die Ergebnisse über die ganze Zeit hinweg ziemlich bescheiden. Das hing nicht zuletzt auch mit dem geringen Bildungsniveau der Parteifunktionäre zusammen, die deshalb jenseits von ideologischen Fragen nicht viel beizutragen hatten.

31 Jajeśniak-Quast, Stahlgiganten in der sozialistischen Transformation, 143.

32 AShVE, Komiteti i Partisë i Kombinatit Metalurgjik Elbasan, 13, 1990/2, 3 [Bericht des Parteisekretärs der Abteilung 3377 Isaku und des Stahlwerksparteisekretärs Sokoli betr. die Wehrbereitschaft des Stahlwerkskollektivs bei Militärübungen].

33 Ebenda, 6f. u. 13.

5.2 Die Tätigkeit der Stahlwerksgewerkschaft[34]: Arbeitsziele und Arbeitsprobleme

Die Gewerkschaftsorganisation umfasste in ihren Reihen sowohl die Arbeiter als auch die Angestellten. Ihren Strukturen fielen mehrere Aufgaben zu, die teils schon angeklungen sind: Als „Schulen des Kommunismus" sollten sie eine

> „allseitige Tätigkeit zur kommunistischen Erziehung der Werktätigen, zur Stärkung der Diktatur des Proletariats, zur Vertiefung der sozialistischen Demokratie und zur moralisch-politischen Einheit der Werktätigen um die PAA entfalten. Sie tragen Sorge um die Entwicklung von Unterricht, Kultur und technischer Berufsausbildung der Arbeiter und Angestellten sowie um deren körperliche und militärische Ertüchtigung, damit sie bereit und fähig sind, die Freiheit und Unabhängigkeit des Vaterlandes zu verteidigen".[35]

Die Verbesserung des technisch-beruflichen Kenntnisstandes der Arbeiter des Stahlwerks zur Erhöhung der Produktion war aus Sicht der Führungskräfte und der höheren Staats- und Parteifunktionäre auch die dringlichste Aufgabe der Elbasaner Stahlwerksgewerkschaft. Durch die Beherrschung der neuen Technologie sollte die Herstellung von Ersatzteilen, Maschinen und anderer technischer Dinge für den Bedarf des Stahlwerks und anderer Industriewerke im Lande ermöglicht werden. Das Zentralkomitee der Partei der Arbeit plante 4100 ausgebildete Arbeitskräfte in den Jahren 1970 bis 1972 einzusetzen. Ihre Ausbildung sollte in Form einer intensiven Betreuung, durch den Besuch von Berufsschulen und über die Arbeitspraxis stattfinden. Vier Jahre später sollten dann bei der Inbetriebnahme des Kombinats 9300 Arbeiter beschäftigt werden. Dabei wurde vorausgesetzt, dass sie in der Zwischenzeit die erforderlichen beruflichen Kenntnisse erworben hatten.[36] Hauptantreiber der Qualifikationsmaßnahmen sollten die Gewerkschaftsorganisationen sein.

[34] Unter der Ägide der kommunistischen Herrscher wurde am 11.2.1945 ein Provisorischer Generalrat der Gewerkschaften gewählt. Dieses Datum galt als der Gründungstag der *Gewerkschaft Albaniens*, die damals die „Gewerkschaftsunion Albaniens" hieß. Beim II. Kongress der Union wurde diese in die „Albanische Gewerkschaft" (BPSh) umbenannt (die im albanischen Original plurale Wortverwendung: Bashkimet Profesionale, wörtlich: „Berufsunionen", bzw. „Berufsverbände", wird in dieser Arbeit dem deutschen Wortgebrauch für „Gewerkschaft" entsprechend singularisch wiedergegeben). Auf der untersten Ebene standen die Grundorganisationen in den Betrieben über die Kreisebene. Im Stahlwerk waren die Grundorganisationen der Stahlwerksgewerkschaft untergeodnet. Die oberste Struktur im Staat war der Zentralrat der BPSh. Siehe Dyrmishi, Punëtorët në Shqipëri, 74; Bernhard Tönnes, Albanien, in: Mielke (Hg), Internationales Gewerkschafts-Handbuch., 188–192, 190f.

[35] Auszug aus dem 3. Kapitel des Arbeitskodex vom 28.6.1980, zitiert nach Tönnes, Albanien, 191.

[36] AQSh, KQ i PPSh, 14, 1969/20, 59 [Bericht des Ersten Sekretärs des Parteikomitees des Kreises Elbasan Menzelxhiu für die Versammlung des Sekretariats des ZK der PAA vom 20.6.1969 betr. Rekrutierung und Vorbereitung der Facharbeiter für das Stahlwerk].

Betrachtet man allein die offiziellen Zahlen der damaligen Zeit, ist ihnen in Sachen der erreichten Qualifikationsziele ein positives Zeugnis auszustellen. So waren 1980 im Kombinat 20 wissenschaftliche Gruppen mit 230 Arbeitern und Spezialisten und 12 Wissenschaftsräte, zusammengesetzt aus höherqualifizierten Kadern, tätig. Ein eigenes Institut für Forschung und Entwürfe und ein Wissenschaftlicher Rat des Stahlwerks sollten Innovationen fördern und bündeln. Die Gewerkschaftszeitung *Puna* meldete Ende Dezember 1980 stolz, an der Lösung verschiedenartiger Havarien und Probleme hätten sich im selben Jahr 120 Gruppen mit 1500 Arbeitern, Spezialisten und dem Betriebsleitungspersonal beteiligt. In der Fabrik Nr. 12, dem Herzstück des Stahlwerks, seien 18 Arbeitsgruppen mit hunderten von Arbeitern und Facharbeitern tätig, welche 170 konstruktive Vorschläge gemacht hätten. Auch dank ihnen sei die Produktion von Eisenkonzentrat und Nickelkarbonat in Fabrik Nr. 12 ermöglicht worden.[37]

Dabei hatten einige Jahre davor die Gewerkschaftsfunktionäre in internen Schreiben angemahnt, dass der Arbeiterfortbildung nicht genügend Aufmerksamkeit geschenkt werde und sowohl hinsichtlich der Qualifikation als auch der Arbeitsdisziplin noch viel Erziehungsarbeit zu leisten sei. Dass diese Sorgen nicht unbegründet waren, verdeutlichen die folgenden Zahlen: So waren im Stahlwerk im Jahr 1977 155 Fortbildungskurse eingerichtet worden. Sie wurden zu Beginn von 3200 Arbeitern besucht, deren Zahl aber schnell abnahm. Die Abendschulen verzeichneten 1977 lediglich 400 Teilnehmer.[38]

Drei Jahre später hatten sich die Zahlen gebessert. 700 Arbeiter hatten die Abendschulen besucht und es wurden 300 Qualifikationskurse angeboten, allerdings wurden keine Angaben über die Anzahl der Teilnehmer gemacht. 1776 Arbeiter wurden aufgrund ihrer erhöhten Qualifikation in eine höhere Kategorie versetzt. Tatsächlich aber entsprach das beruflich-technische Niveau der Arbeiter im Allgemeinen nicht der verwendeten Technologie. Nur 78 Prozent der Arbeiter, die in den Kursen offiziell eingetragen worden waren, hatten die Abendschule regelmäßig besucht und wurden auch in die nächste Qualifikationsstufe versetzt. Ungeachtet der erhöhten Qualifikation der Arbeiter wurde in mehreren Teilfabriken die volle Produktionskapazität nicht erreicht, die Produktauswahl blieb beschränkt und die Arbeitsqualität oft schwach. Arbeitsunterbrechungen, Defekte oder technische Unfälle kamen häufig vor und die Ausfallrate der Maschinen war hoch. Die Ursachen waren komplex und der Kombinatsleitung fiel ihre Behebung schwer, was nach Ansicht der Vertreter der Massenorganisationen nicht nur mit Versorgungsproblemen oder mit der abgenutzten Ausrüstung zu tun hatte. Das Gewerkschaftskomitee des Stahlwerks kritisierte die Betriebsführungskräfte, weil diese angeblich die innovativen Ideen

37 Masivitet në punën kërkimore-shkencore [Massive Teilnahme in der wissenschaftlichen Forschungsarbeit], *Puna*, 12.12.1980, S. 2.

38 AQSh, Bashkimet Profesionale, 657, 1977/185, 12 [Rede des Kombinatsleiters Çeliku vor der Versammlung des Stahlwerksgewerkschaftskomitees vom 16.10.1977].

der Arbeiter nicht hinreichend schätzten.[39] Eine solche Haltung, wenn es sie gegeben hat, könnte aber auch auf den mangelhaften professionellen Kenntnisstand der Arbeiter zurückgeführt werden.

Eine Umsetzung der Planvorgaben staatlicher wie parteilicher Institutionen war auf diese Weise kaum zu schaffen. Durch eine Mischung aus Vorschlägen und bloßer Propaganda versuchten die Gewerkschaftsvertreter die Arbeiter zu einem erhöhten Arbeitstempo zu motivieren und auf Zerstörungen von staatlichem Eigentum oder auf Organisationsmängel hinzuweisen. So unterstrich im Jahre 1979 der Leiter des Gewerkschaftskomitees für den Bereich Bau-Montage Sami Bërballa angesichts des „Verrats der chinesischen Revisionisten" die Notwendigkeit, im Produktionsprozess die älteren Maschinen maximal zu nutzen und die modernen Maschinen vor Verschleiß zu schützen, damit ihre Lebensdauer verlängert und das „Prinzip des Vertrauens in die eigene Kraft" sinnvoll befolgt werden könne.[40]

Doch nicht für jede Verzögerung bei den Bauarbeiten oder für die zahlreichen Produktionsprobleme konnte man den „chinesischen Revisionisten" die Schuld geben. So räumte der Kombinatsleiter gegenüber den Gewerkschafts- und Jugendorganisationsvertretern in einer Rede im Oktober 1977 ein, dass zwar das Stahlwerk die Produktionsvorgaben für die letzten 9 Monate zu 101 Prozent erfüllt hatte, die Vorgaben für die einzelnen Sortimente jedoch nicht erfüllt worden waren, da der vom Betriebsführungspersonal angegebe Rohstoffbedarf zu niedrig angesetzt gewesen war. Das war der Stand der Dinge knapp 10 Monate vor dem vollständigen Bruch des Landes mit China und dem damit verbundenen Abzug der noch verbliebenen chinesischen Fachleute. Zudem klagte der Kombinatsleiter, einige Arbeiter legten Verhaltensdefizite an den Tag. Viele würden den Arbeitsplatz vorzeitig verlassen, seien unterqualifiziert, würden die technische Disziplin verletzen und Havarien verursachen, die *dank der Arbeit der chinesischen Spezialisten*[41] nur geringe Schäden zu Folge gehabt hätten. Andere Beschäftigte verhielten sich fahrlässig im Umgang mit dem Baumaterial und den Werkzeugen und beschädigten die Maschinen, was einen größeren volkswirtschaftlichen Schaden mit sich bringe und zur Folge habe, dass das Kombinat ständig auf Finanzhilfe vom Staat angewiesen sei. Es sei Aufgabe der Brigaden, denen diese „Einzelfälle" angehörten, sie zu erziehen. Der Leiter wies die Gewerkschaftsvertreter zudem darauf hin, die Arbeiter mit dem Arbeitsrecht bekannt zu machen, denn nach den Worten des Genossen Enver sei „das Gesetz die Synthese der Parteilinie".[42]

Trotz des ständig propagierten Leitspruchs, der Abschluss der Bauarbeiten werde ein Schlag gegen die böswillige imperialistisch-revisionistische Blockade sein, ließ die Arbeitsdisziplin unter den Stammarbeitern zu wünschen übrig. So berichtete der Kontrollgruppen-

39 Masivitet në punën kërkimore-shkencore, S. 2.

40 Viti 1979 shtron detyra akoma më të mëdha [Das Jahr 1979 stellt uns vor noch größeren Aufgaben], *Metalurgu*, 4.1.1979, S. 3.

41 Meine Hervorhebung (V. N.).

42 AQSh, Bashkimet Profesionale, 657, 1977 / 185, 14 [Rede des Kombinatsleiters Çeliku vor der Versammlung des Stahlwerksgewerkschaftskomitees vom 16.10.1977].

leiter Dhrami nach einer Kontrolle der Kreisgewerkschaftsorganisationen Anfang Mai 1976 an den Zentralrat der Gewerkschaft: „Viele Arbeiter verlassen ihren Arbeitsplatz und treiben sich [auf dem Werksgelände] herum". Andere meldeten sich krank, damit sie nicht arbeiten mussten. In den ersten drei Monaten von 1976 wurden immerhin 11.000 unentschuldigte Abwesenheiten sowie 6000 entschuldigte gezählt. Jeden Tag fehlten demnach im Durchschnitt 220 Arbeiter.[43] Ihre Arbeitskollegen verhielten sich oftmals gleichgültig und an der Situation änderten auch moralische Anreize wie Belobigungsurkunden oder Ehrenabzeichen nichts.

Die Gewerkschaftsführung versuchte, dieser Entwicklung entgegenzusteuern: Ihren Vertretern vor Ort wurde empfohlen, bei ihren Zusammenkünften mit den Arbeitern nicht nur über Buchrezensionen oder tagespolitische Ereignisse zu diskutieren, sondern auch über die Einstellung der Kombinatsbeschäftigten gegenüber der Arbeit im Stahlwerk oder über die Produktionsprobleme.[44] Ein Artikel im *Metalurgu* von Xhemal Sherifi, dem Sekretär der Stahlwerksgewerkschaft, aus dem Jahre 1977 hob anlässlich der Gewerkschaftswahlen die Prioritäten der Propagandaarbeit hervor:

> „[...] Ziel der Gewerkschaftsorganisationen soll es sein, ideologisch-politische Arbeit zu leisten, damit das Allgemeininteresse vor dem Interesse des Einzelnen geht und sich damit eine sozialistische Haltung gegenüber Arbeit und Eigentum entwickelt. Außerdem soll die Bereitschaft der Arbeiter zur Verteidigung des Vaterlandes erhöht werden. Das Prinzip des Vertrauens in die eigene Kraft soll als Stütze zur Ermutigung aller Initiativen dienen, die die Einsparung von verschiedenen Rohstoffen zum Ziel haben. Durch den sozialistischen Wettbewerb soll eventuellen Problemen der Produktion vorgebeugt werden [...]."[45]

Gemeinsam mit dem Jugendverband sollten sie Erziehungsarbeit bei den jungen Arbeitern leisten, was an sich aufgrund deren großen Anzahl verständlich war. 1973 waren 70 Prozent der Beschäftigten im Stahlwerk junge Arbeiter.[46] Ein Funktionär des Kreisgewerkschaftsrates sagte das in der *Puna* 1970 deutlich:

> „Der Gedanke, nur der BRPSh muss sich um die Jugend kümmern, ist falsch, denn die Arbeiterjugend ist ein untrennbarer Bestandteil der Arbeiterklasse. Sie denkt, lebt und arbeitet unter den Arbeitern, das Klassenbewusstsein hat sich jedoch noch nicht herauskristallisiert.

43 AQSh, Bashkimet Profesionale, 657, 1976 / 134, 17 [Bericht des Kontrollgruppenleiters Dhrami an den Zentralrat der Gewerkschaft vom 8.5.1976 betr. Probleme der Arbeiter und Tätigkeit der Gewerkschaftsorganisationen].

44 AShVE, Komiteti i Partisë së Kombinatit Metalurgjik, 873, 1979 / 28, 56 [Bericht des Stahlwerkparteisekretärs Maksuti für die Versammlung des Stahlwerkparteikomitees am 24.12.1979 betr. die Arbeit der Parteiorganisationen zur Belebung der Tätigkeit der Gewerkschaftsorganisationen].

45 Zgjedhjet në organizatat profesionale – aksion i rëndësishëm politik [Die Wahlen in den Gewerkschaftsorganisationen – eine wichtige politische Tat], *Metalurgu*, 31.3.1977, S. 3 f.

46 Siehe AQSh, KQ i PPSh, 14, 1973 / 83, 9 [Bericht der Sekretärin des Parteikomitees des Kreises Elbasan Kallajxhi an das ZK der PAA vom 25.10.1973 betr. die Tätigkeit der Parteiorganisationen im Stahlwerk]. Vermutlich verstand man darunter diejenigen, die unter 30 Jahre alt waren. Siehe Sokoli, Në qëndrim ndaj punës, 16–25.

> [...] Diejenigen Gewerkschaftsorganisationen, die sich nur als Erzieher und Lehrer betrachten, irren sich. Sie sollten die Lehren der Partei und des Genossen Enver mit der Lebensart und Tätigkeit der Jüngeren verbinden, sich in die Probleme der Arbeiterjugend vertiefen und auf ihre Erziehung durch die Arbeit achten."[47]

Im Kern entsprach diese Zielvorgabe den Aufgaben der Gewerkschaften auch der übrigen Länder Osteuropas. Deren Aufgabenstellung orientierte sich ebenfalls an den von Lenin und Stalin geprägten Vorstellungen, wonach die Gewerkschaften im Dienste des kommunistischen Erziehungsideals der Partei standen. Sowohl die Elbasaner Gewerkschaftsgliederungen als auch ihre Schwesterorganisationen im Ostblock nahmen im jeweiligen Betrieb, der ihr Haupttätigkeitsfeld blieb, Kontroll- und Verwaltungsfunktionen wahr.[48]

Mit Hilfe des sozialistischen Wettbewerbs sollten die Arbeiter mobilisiert und ihre Erziehung zur Arbeit gefördert werden. Die Betriebsführungskräfte betrachteten jedoch nur den wirtschaftlichen Nutzen und kooperierten mit den Gewerkschaftsstrukturen nur dann, wenn sie mit den Planvorgaben in Rückstand geraten waren. Deshalb kritisierten Gewerkschaftsvertreter beispielsweise mehrere Betriebsleiter, sie würden die moralischen und politischen Aspekte des Wettbewerbes vernachlässigen und der körperlichen Betätigung der Arbeiter durch Sport nicht die notwendige Aufmerksamkeit schenken.[49] Was Mazurek im Falle der Betriebsleitung der „Rosa-Luxemburg-Werke" in Warschau festgestellt hat, gilt allgemein betrachtet auch für die Leitung des Metallurgischen Kombinats in Elbasan: „Die Technokraten konzentrierten sich auf die Plankennziffern und darauf, darüber nachzudenken, wie die ‚Belegschaft zu mobilisieren' oder ‚auf Widerstand Leistende einzuwirken' sei: die menschliche Dimension der Arbeit und die langfristigen Ziele des Betriebes wurden dadurch verdeckt."[50] Nicht anders als etwa beim Allchinesischen Gewerkschaftsbund oder den übrigen osteuropäischen Gewerkschaften waren die Möglichkeiten der BPSh, Druck auf das Management des Stahlwerks auszuüben, gering. Schließlich sollten sie auf einen Konsens zwischen der Belegschaft und der Betriebsleitung hinarbeiten und nicht als eigenständige Interessenvertretung der Arbeiterschaft, weshalb auch der Streik als gewerkschaftliches Instrument ausgeschlossen war.[51]

Ein Beschwerdepunkt, der nie zu einer für beide Seiten zufriedenstellenden Lösung führte, waren die überlangen Arbeitszeiten. Viele Arbeiter klagten, die ihnen gesetzte Norm sei zu hoch, so dass sie ständig Überstunden machen müssten. Ihre Klagen wurden aber ignoriert. Einer der Gründe dafür war die Tatsache, dass sogar innerhalb der Gewerk-

47 Andon Prifti, Të merremi seriozisht me edukimin e punëtorëve të rinj [Wir sollten uns mit der Erziehung der jungen Arbeiter ernsthaft beschäftigen], *Puna*, 24.2.1970, S. 2.

48 Vgl. Hannelore Horn, Gewerkschaften in staatssozialistischen Ländern Osteuropas, in: Mielke (Hg.), Internationales Gewerkschafts-Handbuch, 85–101.

49 Të gjallërojmë më tej emulacionin socialist [Beleben wir weiterhin den sozialistischen Wettbewerb], *Metalurgu*, 14.3.1974, S. 3.

50 Mazurek, Das Alltagsleben im sozialistischen Betrieb, 296.

51 Siehe Horn, Gewerkschaften in staatssozialistischen Ländern, 99 f.; Friedhelm Braumann, China, in: Mielke (Hg.), Internationales Gewerkschafts-Handbuch, 301–312, 310.

schaftsgremien vorrangig Verwaltungsmitarbeiter saßen, die eher die Interessen der Betriebsleitung als diejenigen der einfachen Arbeiter vertraten. So stammten elf der 18 Leiter der Gewerkschaftskomitees im Stahlwerk im Jahre 1975 aus dem Verwaltungspersonal.[52] In mehreren Komitees hatten die Betriebsleiter entscheidenden Einfluss; Gewerkschaftsfunktionäre beschwerten sich, manche Gewerkschaftsvertreter würden von der Betriebsleitung unter Druck gesetzt, damit sie bestimmte Themen vor den Gewerkschaftsversammlungen gar nicht erst zur Sprache brächten, beispielsweise die mangelhaften Sicherheitsbedingungen.[53] Dabei käme es oft zu Arbeitsunfällen, auch weil die Führungskräfte nur nachlässige Kontrollen durchführten. Die Arbeitsbedingungen und die hygienischen Zustände am Arbeitsplatz seien aus diesem Grund kritisch zu betrachten. Die Arbeiter beschwerten sich relativ oft wegen des Fehlens von Duschen und Trinkwasser, Arbeitskleidung, Schutzmasken oder sonstiger Sicherheitsvorrichtungen, denn das waren Probleme, die nicht nur während der Bauarbeiten des Stahlwerks auftauchten. Die Stahlwerksgewerkschaft unternahm soweit es in ihrer Macht stand Bemühungen, in diesem Bereich etwas zu bewegen. Es änderte sich jedoch wenig, was sowohl in den Akten als auch den Interviews zum Ausdruck kommt.[54]

Ein Phänomen, das Port bei seiner Untersuchung über die Industriebetriebe im thüringischen Saalfeld festgehalten hat und das auch im Elbasaner Stahlwerk nicht unbekannt war, lag in der Tatsache, dass die Führungskräfte (und übrigens auch die Parteimitglieder), welche zugleich Gewerkschaftsmitglieder waren, meistens die Mitgliedsbeiträge nur nach mehrmaliger Aufforderung bezahlten. Port ordnet diese Verhaltensweise dem Spektrum zwischen sozialer Unzufriedenheit und politischer Opposition zu.[55] Im albanischen Fall würde ich das eher als Zeichen dafür deuten, dass die Gewerkschaft von den Betroffenen nicht ernst genommen wurde. Doch durch das neue Arbeitergesetz von 1981 sollte sie mehr Kompetenzen bekommen und Abmachungen, die mittels Druck oder Kumpanei zwischen Gewerkschaftsgrundorganisationen und Betriebsleitern auf Kosten Einzelner zustande kamen, verhindert werden.[56] Meinungsverschiedenheiten zwischen Arbeitern

52 AQSh, Bashkimet Profesionale, 657, 1975/90, 4 [Bericht des Gewerkschaftsvorsitzenden Marko an das ZK der PAA vom 26.3.1975 betr. Probleme der Gewerkschaftstätigkeit im Stahlwerk].

53 AQSh, Bashkimet Profesionale, 657, 1976/134, 20 [Bericht des Leiters der Kontrollgruppe des Zentralrates der Gewerkschaft Dhrami für den Zentralrat vom 8.5.1976 betr. Probleme der Arbeit der Gewerkschaftsorganisationen des Stahlwerks].

54 Interview mit L. Ç. am 27.1.2013 in Elbasan.

55 Port, The „Grumble Gesellschaft", 788.

56 Arrangements zwischen Gewerkschaftsvertretern und Betriebsfunktionären waren kein albanisches Spezifikum. Laut Hübner kam derartiges auch in der DDR häufig vor: Peter Hübner, Syndikalistische Versündigungen? Versuche unabhängiger Interessenvertretung für die Industriearbeiterschaft der DDR um 1960, *Jahrbuch für Historische Kommunismusforschung* 2 (1995), 100–117, 107.

und Betriebsverwaltung sollten nach der neuen Regelung nicht mehr durch die Gewerkschaftsgrundorganisationen gelöst, sondern vor das Gewerkschaftskomitee gebracht werden. Dessen Entscheidung sei dann einem Gerichtsurteil gleichzusetzen.[57]

Eine spezielle Einrichtung, die zugleich die Arbeiter disziplinieren, ihnen die Teilnahme an Planungsdiskussionen ermöglichen und Organisationsmängel oder bürokratische Verhaltensweisen in der Verwaltung aufdecken sollte, waren die Arbeiterkontrollen.[58] Sie sollten ein Symbol der Arbeitermitbestimmung sein und die Arbeiter ökonomisch-politisch erziehen, handelten jedoch nicht autonom, sondern konnten laut Gesetzesentwurf nur dann ihre Arbeit aufnehmen, wenn sie von den Parteistellen, den betrieblichen Strukturen oder den höchsten Gewerkschaftsorganen beauftragt wurden.[59] Ihre Wirkung war von begrenzter Reichweite, da die Vernetzungen zwischen den Gewerkschaftsfunktionären und den Verwaltungskräften so stark waren, dass Strafmaßnahmen gegen Letztere schwer durchzusetzen waren. 1980 kam im *Metalurgu* ein Artikel zum Abdruck, in welchem den Lesern mitgeteilt wurde, dass im Stahlwerk eine Kontrolle zur Überprüfung der Pünktlichkeit am Arbeitsplatz stattgefunden hatte. Die Ergebnisse seien in einem Bericht an das Parteibüro wie auch an die Betriebsleitung geschickt worden. Aber die Sanktionsvorschläge seien nicht zur Ausführung gekommen, denn sie hätten nicht nur die Arbeiter bestraft, die fünf Minuten später zum Arbeitsplatz kamen, sondern auch die Führungskräfte innerhalb der Betriebsleitung, die 15 bis 20 Minuten später da waren, weshalb das Management die Vorschläge schlicht „zur Kenntnis nahm".[60]

In den Beschlüssen des 9. Plenums der Zentralkomitees der PAA im Januar 1990 „zur Demokratisierung des sozioökonomischen Lebens" wurden die Mitglieder der Arbeiterkontrollen im Rahmen der Maßnahmen zur Belebung der Wirtschaft zu einer erhöhten Wachsamkeit aufgerufen, um in Betrieben „bei der Lösung verschiedener Probleme zu helfen".[61] Nach diesem Plenum fanden in der Tat landesweit massive Arbeiterkontrollen statt. Diese späte Machtdemonstration richtete sich nicht nur gegen Missstände und Organisationsdefizite, die auf Kosten der Betriebsverwaltungen oder der Betriebsleitungen gingen, sondern auch gegen diejenigen Gewerkschaftsfunktionäre, die als „bürokratisiert" galten. Die Abwehr von „Bürokratismus", womit die Gewerkschaften in Osteuropa

57 Mbi zgjedhjen e mosmarrëveshjeve në punë [Über die Lösung von Meinungsverschiedenheiten am Arbeitsplatz], *Shkumbini*, 29.7.1981, S. 2.

58 Schnytzer, Mitbestimmung in Albanien, 196–199.

59 Vgl. AQSh, Bashkimet Profesionale, 657, 1990/2, 7 [Gesetzesentwurf zu den Rechten und Aufgaben der Arbeiterkontrolle vom 20.3.1990].

60 Sherifi, Detyrat nuk mund të realizohen, S. 2.

61 AQSh, Bashkimet Profesionale, 657, 1990/56, 2 [Bericht des Sekretärs des Generalrates der Gewerkschaft S. Marko an den Generalrat vom 4.4.1990 betr. die Ergebnisse der Tätigkeit der Arbeitskontrolleure der letzten zwei Monate].

von den Staatsparteien nach dem Tode Stalins formell beauftragt worden waren[62] und zu der sie in Albanien im Rahmen der Kulturrevolution aufgerufen worden waren,[63] wurde solcherart noch kurz vor dem Ende des Regimes gewissermaßen wiederbelebt.

Nichtsdestotrotz versuchten die Betriebsleitungen und die Gewerkschaftsfunktionäre auch zu diesem Zeitpunkt wieder, aus ihnen ein Ritual zu machen, das zwar unvermeidlich war, jedoch möglichst wenig Störungen in den Betriebsalltag bringen sollte. Es fiel schon damals auf, dass es fast immer dieselben Menschen waren, die bei den Arbeiterkontrollen aktiv wurden. Funktionäre der Gewerkschaft begleiteten sie regelmäßig und setzten sie dadurch unter Druck. Auffällig wird dies in den Schlussberichten, die sogar von den Gewerkschaftsfunktionären selbst verfasst worden sind. Nicht selten schoben die Autoren die Verantwortung für Unliebsames auf eine allgemeine Ebene, um dadurch niemanden konkret zur Rechenschaft zu ziehen.[64]

Im Rahmen der Systemveränderungen forderten die Gewerkschaftsgliederungen im Stahlwerk auch Mitspracherechte in der Beschäftigungspolitik des Kombinats, wenngleich das eine Konfrontation mit der Betriebsleitung bedeuten und gegen die bisherige Strategie der Befriedung eigener Mitglieder verstoßen sollte. Sie mussten unter den Vorzeichen des aufziehenden Umbruchs diese Rolle wahrnehmen, um sich gegenüber den Arbeitern als Interessenvertreter zu legitimieren. Als in Elbasan im Februar 1990 eine Führungskraft aufgrund von Verhaltensproblemen in eine andere Fabrik versetzt werden sollte, lehnten es die Arbeiter ab, dass sie bei ihnen beschäftigt werde mit der Begründung, bei ihnen seien genug Kollegen, die diese Aufgabe übernehmen könnten. Als sich auch die Betriebsleitung auf die Seite der betroffenen Führungskraft stellte, kam die Sache sofort in die Gewerkschaftszeitung und der Betriebsleitung wurde Bürokratismus vorgeworfen.[65]

Einzelne Initiativen der Grundorganisationen in dieser Spätphase zielten nicht nur darauf ab, den Gewerkschaftsstrukturen mehr Verantwortung zukommen zu lassen, sondern ihnen auch größere innbetriebliche Kompetenzen zu verleihen. Anlässlich einer verbalen Auseinandersetzung mit dem Betriebsleiter des Warmwasserkraftwerkes im Stahlwerk forderte ein Gewerkschaftsvertreter öffentlich, dass die Budgetverteilung nicht nach dem Prinzip der „Ein-Mann-Leitung" von der Betriebsleitung beschlossen werde, sondern dass die Arbeiter selbst festlegten, wie die Fonds für die Arbeitsbedingungen verteilt werden sollten.[66] Solche konkreten Befugnisse hätten das Arbeitsverhalten der Beschäftigten

[62] Biljana Raeva / Ulf Brunnbauer, Fabrikarbeiter, Gewerkschaften und Funktionäre im „entwickelten" Sozialismus, *Südost-Forschungen* 72 (2013), 287–318, 298; Horn, Sowjetunion, 1019.

[63] Schnytzer, Mitbestimmung in Albanien, 195–197.

[64] AQSh, Bashkimet Profesionale, 657, 1990/56, 6f. [Bericht des Sekretärs des Generalrates der Gewerkschaft Marko vom 4.4.1990 über die Tätigkeit der Arbeitskontrolleure der letzten zwei Monate].

[65] «Doni ju, s'doni ju, ajo do ta marrë rrogen këtu!» [„Ob ihr wollt oder nicht, sie wird ihr Gehalt hier beziehen!"], *Puna*, 23.2.1990, S. 3.

[66] Jo çfarë do drejtori [Nicht was der Direktor will], *Puna*, 23.2.1990, S. 2.

auch vor 1990 eher beeinflussen können, als die erziehungspolitischen Maßnahmen, die der Gewerkschaft bis dahin im Dienst der Partei zugekommen waren. Was eine Beschäftigung in „Der Stahl der Partei" für viele potentielle Arbeitskräfte erstrebenswert machte, waren die materiellen Anreize, und nicht die erziehungspolitischen Begleitmaßnahmen.

5.3 Löhne und Anreize als Motivationsmittel

1972 betrug der Minimallohn eines Stahlwerkarbeiters offiziell 447 Lek und das Höchstgehalt 660 Lek.[67] Dazu kamen allerdings Zulagen bis zu 30 oder 40 Prozent etwa aufgrund der Qualifikation oder des Schwierigkeitsgrads des Arbeitsplatzes.[68] Die einfachen, ungelernten Bauarbeiter scheinen in Elbasan weniger verdient zu haben, denn laut den von mir gefundenen Angaben betrug ihr Grundgehalt im selben Jahr 432 Lek monatlich.[69] Arbeiter, die an Feiertagen oder am Wochenende arbeiten mussten, sollten laut dem Arbeitsgesetzbuch (AGB) von 1966 zum Ausgleich an anderen Tagen freigestellt werden, eine Regelung, die nach Beschwerden seitens der Gewerkschaft und mehrerer Betriebsleitungen geändert wurde. Nach einem Erlass des Ministerrates wurden ab 1968 Arbeiter, die an Feiertagen zu arbeiten hatten, genauso entlohnt wie an normalen Arbeitstagen.[70] Da in der Staatsideologie moralische Anreize einen absoluten Vorrang vor materiellen hatten, wäre es als Widerspruch gesehen worden, wenn die Arbeiter durch materielle Stimuli zur Arbeit an den Feiertagen motiviert worden wären. Bei Überstunden sahen jedoch die Regelungen eine Lohnzulage von 25 Prozent vor. Der Achtstundentag war gesetzlich die Norm, und die Arbeiter konnten nur freiwillig oder in Notsituationen länger arbeiten. Sie hatten Anspruch auf einen freien Tag in der Woche und zwölf bezahlte Urlaubstage im Jahr.[71]

67 AQSh, Ministria e Industrisë dhe e Minierave, 496, 1972/607, 205 [Mitteilung des Finanzministers Verli an das Ministerium für Industrie und Bergbau betr. Gehaltsstufungen gemäß den Arbeitsbedingungen und der Qualifikation in verschiedenen Industriebereichen]. Das Höchstgehalt bezog sich jedoch nicht auf die Führungskräfte. Für diese sahen die Regelungen 1972 ein Maximum von 1300 Lek vor. AQSh, Ministria e Industrisë dhe e Minierave, 496, 1972/638, 7 [Mitteilung des Finanzministers Verli an das Ministerium für Industrie und Bergbau betr. Gehaltsstufungen für das technisch-administrative Personal in den neuen Industriewerken].

68 Faruk Myrtaj, Vështirësi vetëm për punëtorët? [Schwierigkeiten nur für die Arbeiter?], *Zëri i Rinisë*, 8.9.1990, S. 2.

69 AQSh, Bashkimet Profesionale, 657, 1972/158, 23 [Bericht des Gewerkschaftsvorsitzenden Marko vom 18.9.1972 für das ZK der PAA betr. die Entlohnung der Bauarbeiter im Stahlwerk]; Interview mit M. M. am 3.5.2012 in Tiranë.

70 AQSh, Këshilli i Ministrave, 490, 1968/452, 14 [Entwurf eines Erlasses zur Bezahlung an Feiertagen].

71 «Doni ju, s'doni ju, ajo do ta marrë rrogen këtu!», S. 3; siehe auch Donika Koçi, Të njohim dispozitat e Kodit të Punës [Machen wir uns bekannt mit den Bestimmungen des Arbeitsrechts], Ndërtuesi 4 (1980), 3–5, 4f.

Um die Bedeutung der Löhne und Zulagen zu veranschaulichen, sei darauf verwiesen, dass laut den Quellen die Arbeiter zu dieser Zeit (siebziger Jahre) monatliche Durchschnittsausgaben in Höhe von 300 Lek für Lebensmittel[72] und 50 Lek für den Fahrweg hatten. Den Rest schickten die Arbeiter vom Lande normalerweise zur finanziellen Unterstützung an ihre Familien. Das war auch notwendig, da die Mitglieder der landwirtschaftlichen Genossenschaften zu jener Zeit lediglich 100–300 Lek monatlich (3,3–10 Lek am Tag) verdienten.[73] Im Zeitraum von 1986 bis 1990 war der Durchschnitt des Tagewerks in den Genossenschaften immer noch nicht mehr als 11,2 Lek wert. Hinter diesem Wert verbargen sich jedoch gravierende Ungleichheiten, da es im Bergland auch Genossenschaften gab, die ihre Mitglieder mit nur einem bis vier Lek für ein Tagewerk entlohnten.[74] Derlei regionale Disparitäten blieben im Wesentlichen bis zum Ende des Systems bestehen. Da die Industrie für die PAA-Führung Priorität besaß, wurden in der Landwirtschaft verhältnismäßig wenig Investitionen getätigt und vor allem Genossenschaften in der Ebene bevorzugt, die rasche Produktionssteigerung versprachen. Daraus bezogen die Machthaber zusätzliche Legitimation. Hätten sie die Migrationsbeschränkungen gelockert, wären viele Genossenschaften im Hügel- und Bergland durch Mitgliederschwund wahrscheinlich zusammengebrochen; auch deshalb blieben die Kontrollen beibehalten.[75]

In einer internen Studie von 1975 war berechnet worden, dass das Realeinkommen der Genossenschaftsbauern zu demjenigen der urbanen Bevölkerung im Verhältnis von 70,7 zu 100 stand. Obwohl die Löhne auf dem Land in den Jahren davor angeblich doppelt so schnell wie in der Stadt gewachsen waren, wären nach Aussagen der beteiligten Experten 20 Jahre nötig gewesen, bis sich die Realeinkommen angeglichen hätten.[76] Ein Genossenschaftsbauer konnte jedoch laut der Studie statistisch gesehen 1,7 Personen mit seinem Lohn ernähren – er hatte damals noch seinen Hofgarten und etwas Vieh, dazu waren die Preise auf dem Land niedriger –,[77] während es bei einem Arbeiter in der Stadt nur 1,3 waren. Ein Arbeiter in einem Beruf mit leichter physischer Belastung würde 450 Lek

72 Dabei inbegriffen dürfte auch die symbolische Miete von 10 Lek für die Unterkunft im Arbeiterwohnheim gewesen sein, obwohl das nicht ausdrücklich erwähnt wird.

73 AQSh, Bashkimet Profesionale, 657, 1972 / 158, 23 [Bericht des Gewerkschaftsvorsitzenden Marko vom 18.9.1972 für das ZK der PAA betr. die Entlohnung der Bauarbeiter im Stahlwerk]; Interviews mit M. M. am 3.5.2012 in Tiranë und P. N. Am 18.5.2012 in Tiranë.

74 Wildermuth, Land- und Forstwirtschaft, 351.

75 Ebenda, 361 f.

76 Die erhöhte Kaufkraft der Bauern habe jedoch die ungenügende Versorgung der Landbevölkerung mit Öl, Zucker oder Waren aus der Baubranche deutlich werden lassen, so dass diese Waren zum Nachteil der Städte in die Dörfer gebracht werden mussten. AQSh, Komisioni i Planit të Shtetit, 495, 1975 / 77, 7 und 180 [Studie der SPK betr. Situation der Gehälter und notwendige Maßnahmen zur besseren Verteilung der Kaufkraft in Stadt und Land].

77 Der Kooperativisten-Hof der Genossenschaftsbauern umfasste zwischen 1967 und 1980 0,1 – 0,15 ha (also 1000 – 1500 Quadratmeter); erlaubt waren darauf eine Kuh nebst zehn Schafen und Ziegen. Später wurden die Fläche und die Viehzahl noch weiter verkleinert. Wildermuth, Land- und Forstwirtschaft, 345.

monatlich zum Existenzminimum benötigen und ein Schwerarbeiter 550 Lek. Die Mieten waren niedrig, sie betrugen ungefähr drei Prozent des Durchschnittseinkommens einer Familie, in der zwei Personen erwerbstätig waren.[78] Analogien zu den Preisen für Konsumwaren sollen hier nur angedeutet werden, da diese in Albanien verhältnismäßig sehr teuer waren. Laut Aussage eines Zeitzeugen kosteten eine Bluejeans chinesischer oder albanischer Produktion 200 Lek und ein Fahrrad vietnamesischer Herkunft 600–700 Lek; Konsumwaren aus dem Westen waren noch deutlich teurer, wenn sie überhaupt zu haben waren.[79]

In der Industrie verdiente ein albanischer Arbeiter 1980 510 Lek. In den landwirtschaftlichen Genossenschaften betrug das Durchschnittseinkommen im selben Jahr nur 315 Lek.[80] Gemäß Erebara war die Folge der festgelegten Preise in den achtziger Jahren eine verborgene Inflation, wenngleich diese nicht das Ausmaß erreichte wie im übrigen Ostblock, da die Löhne in Albanien im Vergleich niedriger lagen. Immer noch 63–67 Prozent des Monatsgehalts wurden wiederum für Lebensmittel ausgegeben. Nach Erebaras Berechnung musste eine Arbeiterfamilie mit zwei Kindern und einem Gesamtlohn von 1000 Lek (siehe Tabelle 17) 630 Lek monatlich verwenden, um eine tägliche Durchschnittsnahrung mit 2200 Kilokalorien und 72 g Proteinen pro Kopf zu sich nehmen zu können.[81] Anderweitiger Konsum war daher ein echtes Privileg, nicht anders, aber wohl mehr noch als in der DDR.[82]

Die Arbeiter blieben in Elbasan normalerweise nur, wenn sie durch eine bessere Entlohnung einen zusätzlichen Anreiz bekamen. War dies nicht gegeben, verließen sie das Stahlwerk, wie das vor allem zu Beginn der Bauarbeiten bei zahlreichen unqualifizierten Arbeitern den Fall war. Zwar verdienten sie und die eigentlichen Werksbeschäftigten in Elbasan mehr als in anderen Industriebetrieben, jedoch reichte das denjenigen nicht aus, die aus relativ wohlhabenden landwirtschaftlichen Genossenschaften kamen. Sie waren wegen der harten Arbeit und der großen Entfernung zu ihren Familien unzufrieden und kehrten der Tätigkeit im Stahlwerk oftmals den Rücken. Zwischen Januar und Ende August 1972 verließen nach Angaben von Stahlwerksparteisekretär Koçollari 300 Arbeiter ihren Arbeitsplatz, das waren sieben Prozent der Gesamtbelegschaft innerhalb von sieben Monaten. Um die Situation zu verbessern, empfahl er eine Erhöhung des Mindestlohns für die ungelernten Arbeitskräfte.[83] Die harten Arbeitsbedingungen schreckten

78 AQSh, Komisioni i Planit të Shtetit, 495, 1975/77, 129 f. [Studie der SPK, wie in Anm. 76].

79 Interview mit M. M. am 3.5.2012 in Tiranë.

80 Der offizielle Tauschkurs zum amerikanischen Dollar war 1 Dollar = 6,75 Lek, somit verdiente ein Fabrikarbeiter durchschnittlich 75 Dollar monatlich, ein Genossenschaftler 47. Nach Erebara, Elementi demografik, 121 f.

81 Ebenda, 122 f.

82 Tenfelde, Einige Ergebnisse, 891.

83 AQSh, KQ i PPSh, 14, 1972/18, 40 [Bericht des Ersten Stahlwerkparteisekretärs Koçollari für die Versammlung des Sekretariats des ZK der PAA am 21.9.1972 betr. die Parteitätigkeit zur Erziehung der jungen Arbeiter und derjenigen vom Lande].

jedoch auch besserbezahlte Arbeiter zurück. So wissen wir von einem Walzwerkarbeiter, der 1976 700 Lek monatlich verdiente, jedoch lieber im Handelssektor arbeiten wollte, da man dort zwar schlechter bezahlt wurde, aber – wie es ein Gewerkschaftsfunktionär in einer Versammlung formulierte – „andere Vorteile genießt".[84] Er konnte dort recht einfach Waren für den persönlichen Gebrauch entwenden, sie gegen etwas Anderes tauschen oder einfach früher nach Hause gehen.

Als Stimuli zur Erhöhung der Arbeitsleistung ihrer Beschäftigten standen den Betriebsleitungen und den Massenorganisationen ansonsten vorwiegend moralische Anreize zur Verfügung. Als wichtigster Titel in der Pyramide der den Werktätigen zugedachten Ehrungen stand der „Held der Sozialistischen Arbeit", dessen Verleihung vom Zentralkomitee vorgeschlagen und vom Parlamentspräsidium verliehen wurde. Mit Beginn der 60er Jahre wurden für nicht derart herausragende Verdienste noch „Orden der Arbeit Erster bis Dritter Klasse" eingeführt.[85] Ansonsten schlugen die Werkbereichsleiter bestimmte Arbeiter zur Auszeichnung vor, und wenn die Gewerkschaftsorganisation und das Kombinatsparteikomitee zustimmten, wurde der Vorschlag an das Parlamentspräsidium zur endgültigen Entscheidung weitergeleitet. Abgesehen davon setzten die Gewerkschaftsorganisationen und der Jugendverband Belobigungsurkunden oder Teilnahmezeugnisse sowohl für Freiwillige als auch für langfristig Beschäftigte zur Motivationssteigerung ein.[86]

Auf der materiellen Ebene verfügten die einzelnen Betriebe über ein Sonderbudget, das zur Belohnung der Arbeiter im Falle von Innovationen, bei außerordentlichen individuellen Leistungen zur Senkung der Produktionskosten oder bei Überschreitung der Norm diente.[87] Auch ganze Arbeiterbrigaden konnten hiervon profitieren. Noch 1967 konnten durch diese Stimuli bis zu 20 Prozent zum üblichen Lohn der Arbeiter hinzukommen, was aber zugleich von offizieller Stelle als zu hoch bemängelt wurde.[88] Eine im Zuge dessen erstellte Studie empfahl eine Senkung der Anreize auf einen Höchstsatz von zehn Prozent sowie eine Verminderung oder gar Abschaffung der dazu vorgesehenen Betriebsmittel, und überdies eine Reduzierung der Kategorien, in denen materielle Anreize oder Lohnzulagen vorgesehen waren, von 99 auf nur noch 18. Soweit ging der Ministerrat nicht, jedoch wurde die Anzahl der materiellen Stimuli verringert und der Schwerpunkt weit stärker auf moralische Anreize verschoben als bis dahin. Eine stärkere Ausdifferenzierung der Ein-

84 AQSh, Bashkimet Profesionale, 657, 1976/58, 83 [Aussage des Vertreters der Stahlwerksgewerkschaft Fejzo während der Versammlung des Gewerkschaftsvorsitzenden Marko mit den Gewerkschaftsleitern verschiedener Kreise vom 18.9.1976 betr. Arbeitererziehung].

85 Rrumbullaku, Dekorimet nga Princ Vidi deri sot, 174f.

86 AQSh, KQ i PPSh, 14, 1974/818, 13 [Bericht des Ersten Sekretärs des ZK des Jugendverbandes Bardhi an das ZK der PAA vom 10.6.1974 betr. Probleme bei der Tätigkeit der Jugendorganisationen im Stahlwerk].

87 Interview mit V. M. am 5.3.2013 in Elbasan.

88 AQSh, Ministria e Arsimit dhe Kulturës 511, 1967/18, 39 [Bericht eines Fachausschusses an das Bildungs- und Kulturministerium vom 6.3.1967 betr. Löhne und Anreize].

kommensverhältnisse war auch später nicht erwünscht. Durch einen Beschluss des Zentralkomitees der PAA vom 1.4.1976 „über die Senkung der hohen Gehälter, über einige Verbesserungen im Entlohnungssystem der Werktätigen und über eine weitere Verminderung der Unterschiede zwischen Stadt und Land“[89] wurden Höchstgehälter gesenkt und Unterschiede zwischen der Entlohnung der Arbeiter und derjenigen der in der Verwaltung oder der Betriebsführung Beschäftigten verringert. Den Betriebsleitungen stand dadurch ein noch kleinerer Spielraum zur Motivierung ihrer Arbeitskräfte zu Höchstleistungen zur Verfügung, was ihnen erwartungsgemäß missfiel, da sie schon früher der Wirksamkeit von moralischen Anreizen skeptisch gegenüber gestanden waren. Jedenfalls kritisierten Gewerkschaftsfunktionäre, die Managements verwendeten moralische Stimuli kaum. Dieser 1974 erhobene Vorwurf kann einerseits als taktisches Mittel betrachtet werden, um einen Schuldigen für die wirtschaftlichen Misserfolge des Jahres 1973 zu finden (in dem es auch in Albanien Rückwirkungen der internationalen Ölkrise gegeben hat), andererseits aber doch auch die skeptische innere Haltung des Stahlwerksmanagements gegenüber den moralischen Anreizen verdeutlichen.[90] In Elbasan musste sich die Kombinatsleitung den Vorwurf der Vernachlässigung von moralischen Anreizen auch vom Parteikomitee gefallen lassen.[91]

Auf der arbeitsrechtlich-organisatorischen Ebene sollte eine Arbeitszeitnormierung für eine erhöhte Produktivität und bessere Einkommensverteilung unter den Arbeitern sorgen. Sie wurde nur langsam eingeführt, weshalb Enver Hoxha 1969 die Betriebsleitungen des Landes kritisierte. In einer Rede zu Arbeitsproduktivität und Disziplin am Arbeitsplatz sagte er unter anderem:

> „Zu Recht fordern wir Rechenschaft von den Wirtschaftsbehörden zu einigen Schlüsselproblemen, denn sie verwenden die 2-Prozent-Maßnahme zur Erhöhung der Arbeitskraft ohne Kriterium. [...] unsere Wirtschaftsbehörden treffen nicht alle Maßnahmen, um die Befolgung und strenge Umsetzung der Arbeitsnormen und die Festlegung der technischen Normen zu kontrollieren, sondern finden es leichter, den teureren und unwirtschaftlicheren Weg der Nutzung der 2-Prozent-Zulage und der Überschreitung des Lohnfonds einzuschlagen. Solche Vorgangsweisen sind gegen die Wirtschaft und zeigen, dass in den Vorstellungen einiger unserer Kader immer noch politische und ideologische Unklarheiten vorhanden sind.

89 Peter Bartl, Lohnnivellierung in Albanien, *Wissenschaftlicher Dienst Südosteuropa* 24 (1976), H. 5/6, 121.

90 AQSh, Bashkimet Profesionale, 657, 1974/63, 7 [Bericht des Sekretärs des Zentralrates der Gewerkschaft Kamberi an dessen Vorsitzenden Marko vom 29.1.1974 betr. verschiedene Probleme der Arbeiter im Kombinat].

91 AShVE, Komiteti i Partisë i Kombinatit Metalurgjik Elbasan, 873, 1979/19, 54 [Bericht des Sekretärs des Stahlwerksparteikomitees Maksuti vom 30.8.1979 betr. künftige Maßnahmen zur Verbesserung des sozialistischen Wettbewerbes].

> Wir sollten wirklich Alarm schlagen, wenn wir feststellen, dass 30 Prozent der Beschäftigten unserer Wirtschaftsbetriebe, sowie alle Beschäftigten des landwirtschaftlichen Sektors von den ernsthaften Bemühungen zur Erhöhung der Produktivität nicht betroffen sind.“[92]

Die Rede des Staats- und Parteichefs scheint aber nicht unbedingt zur Veränderung der Situation beigetragen zu haben. Solange das Anreizsystem für den Einzelnen keinen wirklichen Leistungsanreiz darstellte und das Management oder die Arbeiter im Falle von Misserfolg nicht mit ernsthaften Sanktionen zu rechnen hatten, konnten die Probleme nur weiterbestehen. Um zur Erhöhung der Produktivität zu motivieren, fasste der Ministerrat 1976 einen Beschluss: Wenn die Betriebe die Produktionskosten senkten oder den Plan übererfüllten, würde ihnen ein Fonds von einem Prozent des Entlohnungsbudgets der Belegschaft für Ausgaben im Interesse des Kollektivs, für soziokulturelle Veranstaltungen, materielle Anreize und Kompensationen der Beschäftigten in Notfällen zur Verfügung gestellt werden. Allerdings waren die Verwaltungskräfte und das Management von dieser Vergünstigung ausgeschlossen.[93] Trotzdem war im Industrie- und Bergbaubereich, wo 1977 insgesamt 25 Prozent der Arbeiter ohne Normenvorgaben arbeiteten, keine Verbesserung festzustellen. Auch von den Normarbeitern erfüllten 19 Prozent nicht die Normen, unter anderem weil sie die Produktionstechnologie nicht ausreichend beherrschten. Ein typisch albanisches Phänomen war das nicht. Chumiński und Ruchniewicz schreiben zur Haltung der polnischen Arbeiter gegenüber dem staatssozialistischen Regime, auch in Polen hätten sich die Beschäftigten, die eine geringe Bildung aufwiesen, vom Lande kamen und wenig Arbeitserfahrung in der Industrie hatten, mit einer minimalen sozialen Sicherung zufrieden gegeben und Veränderungen abgelehnt. Dies wirkte sich auf die Funktionalität und die Effizienz der sozialistischen Wirtschaft fatal aus.[94] In Albanien kam ein zusätzliches Problem dazu: Die ungenaue Festlegung der Normen hatte in einigen Bereichen zur Folge, dass diese von vielen Arbeitern mit Werten von 120 bis 130 Prozent übererfüllt wurden, mit starken negativen Auswirkungen auf die Haltbarkeit des jeweils eingeplanten Lohnfonds.[95] Die propagandistische Wirkung der Normen sowie die Funktionalisierung derjenigen als Idealbilder, die sie übererfüllten, ging so ebenfalls verloren.

Im Elbasaner Stahlwerk arbeiteten 1977 47,4 Prozent der Arbeiter im Bau- und Nutzungsbereich mit Kollektivnormen. Auch hier scheinen sie bei einem Großteil der Belegschaft nicht die Arbeit des Einzelnen gefördert und damit kein konstruktives Arbeitsverhalten hervorgerufen zu haben. In bestimmten Baustellen im Stahlwerk war der Prozentsatz

[92] Enver Hoxha, Mbi rendimentin e disiplinën proletare në punë [Über die Arbeitsproduktivität und die proletarische Disziplin während der Arbeit]. Vortrag gehalten beim 9. Plenum am 27.12.1969, in: ders., Aspekte të revolucionit dhe të ndërtimit socialist [Aspekte der Revolution und des sozialistischen Aufbaus]. Bd. 2. Tiranë 1978, 701–716, 705.

[93] Siehe Vendim mbi fondin e veçantë të ndërmarrjes [Beschluss über das Betriebssonderbudget], *Gazeta Zyrtare* 31 (1976), H. 2, 21–23.

[94] Jedrzej Chumiński/Krzysztof Ruchniewicz, Arbeiter und Opposition in Polen 1945–1989, in: Hübner u. a. (Hgg.), Arbeiter im Staatssozialismus, 425–451, 450 f.

[95] Topp, Die albanischen Gewerkschaften, 321.

derjenigen, die normierte Arbeit leisteten, weit geringer als der Durchschnitt, wie beispielsweise in der Baustelle des Elbasaner Baubetriebs, wo nur 28,1 Prozent der Arbeiter nach Norm arbeiteten. Bei vielen von diesem Teil wiederum lag der Grund für Nichterfüllung der Normen zum Teil an der schlechten Arbeitsorganisation. Es bestand keine stetige Versorgung der einzelnen Brigaden mit Baumaterial. Ein anderer Grund war, wie die Stahlwerkszeitung *Metalurgu* kritisierte, die mangelhafte Ausnutzung der Arbeitszeit. „Einige Arbeiter kommen zu spät, laufen herum oder haben ‚gutherzige' Brigadeleiter, die ihnen stundenlang Urlaub gewähren und die Normerfüllung vernachlässigen."[96]

Auch im neuen Arbeitsrecht, das ab 1.10.1980 galt, hatten moralische Anreize immer noch Vorrang vor materiellen, und die Entlohnung orientierte sich primär an der Schwierigkeit am Arbeitsplatz, nicht am Qualifikationsgrad. Grundsätzliche Zielvorgabe war weiterhin die Angleichung in der Bewertung von geistiger und körperlicher sowie leichter und schwerer Arbeit.[97] Bei Arbeitsunterbrechungen ohne eigenes Verschulden wurde den Arbeitern offiziell die Hälfte des Tagewerks ausgezahlt, dahingegen sollte es gestrichen werden, wenn die Schuld bei ihnen lag.[98] Der Besuch eines Fortbildungskurses zählte künftig nicht mehr als Teil der Arbeitszeit, und es bestand keine Lohnfortzahlung für die Zeiten, in denen der Arbeiter einen Kurs besuchte, wie das zuvor der Fall gewesen war. Das könnte darauf hinweisen, dass sich das Qualifikationsniveau der vorhandenen Arbeiter gebessert hatte; vielleicht aber schlug auch auf dieser Ebene der allgemeine ideologische Wunsch durch, sozial-ökonomische Differenzierungen kleinzuhalten oder jedenfalls nicht zu fördern.

Gegen Mitte der 80er Jahre sahen die Regierenden jedoch ein, dass das System des Vorranges moralischer vor materiellen Anreizen völlig kontraproduktiv gewesen war. Deshalb nahmen sie nun Änderungen vor. Das Lohnniveau wurde zunächst an die Produktivität gekoppelt, wobei eine Übererfüllung der Norm eine Lohnsteigerung zur Folge hatte, allerdings immer noch in einem „gesunden Verhältnis" von Höchst- und Mindestlöhnen.[99] Auch die Grundlinie, Einkommensdifferenzen zwischen Angestellten und Arbeitern im Staatssektor kleinzuhalten, wurde nicht gewandelt (die Hauptunterscheidung bestand weiterhin zwischen dem staatlichen, von der Industrie dominierten Bereich, und dem der ländlichen Genossenschaften; siehe Tab. 17). Die Änderungen zur Verstärkung materieller Anreize in der Industrieproduktion wurden allerdings keineswegs von allen Arbeitern als positiv betrachtet, was sie auch an ihrem Verhalten gegenüber dem Management deutlich machten. *Puna* berichtete 1990, die Arbeiter einer Abteilung der kokschemischen Teilfabrik in Elbasan seien von ihrem Leiter mehrmals gewarnt worden, dass die Qualität ihrer Arbeit zu wünschen übrig lasse und sie bei den Planziffern im Rückstand

96 Rikson Shkëmbi, Për një kuptim më të drejtë për realizimin e normave [Für ein besseres Verständnis zur Normerfüllung], *Metalurgu*, 3.2.1977, S. 3f.

97 Christine Höcker-Weyand, Das albanische Zivilrecht: Zivilgesetzbuch – Familiengesetzbuch – Arbeitsgesetzbuch, in: Altmann (Hg.), Albanien im Umbruch, 97–117, 115.

98 Koçi, Të njohim dispozitat, 5.

99 Stoppel, Rechtssystem, 273.

seien, was ihrerseits keinerlei Reaktion hervorgerufen habe. Erst als sie am Monatsende lediglich 90 Prozent ihres Lohns ausbezahlt bekamen, hätten sie reagiert, nämlich sich beschwert.[100] Die Gründe für ein solches Verhalten waren vermutlich dieselben wie im sozialistischen Bulgarien, wo über ähnliche Fälle berichtet wird. Das Fehlen einer industriellen „Reservearmee" ließ diejenigen Arbeiter, die die „Leistung verweigerten", keine nennenswerten Sanktionen befürchten. Vermutlich spielte auch die Tatsache eine Rolle, dass die Mehrheit von ihnen vom Land kam, der bäuerlichen Lebensweise verhaftet blieb und eine egalitäre Haltung zur Frage der Einkommensunterschiede hatte.[101]

Bei der Verteilung von moralischen Stimuli machte die Stahlwerksgewerkschaft im Kombinat besonders eifrig mit. So schenkte man 1987 ausgezeichneten Arbeitern insgesamt 2036 Monographien und Einzelbände aus dem Gesamtwerk des Genossen Enver, 3700 Ehrenurkunden wurden verliehen und 400 Dankesbriefe an Arbeiterfamilien verschickt.[102] Aktionen wie die Verleihung von Zertifikaten und Abzeichen für besondere Verdienste als „Vorreiter der Lehren von Genosse Enver Hoxha", als „Besonderer Neuerer" oder Themenabende zu Ehren von ausgezeichneten Arbeitern mit deren Belobigung vor dem Kollektiv fanden regelmäßig statt, in strategischen Bereichen der Wirtschaft wie in der Schwerindustrie noch mehr als in anderen Sektoren. Nach Wettbewerben wurden die Ergebnisse den Kollektiven per Lautsprecher mitgeteilt und in der Kombinatszeitung veröffentlicht. Die Anreize konnten auch kollektive Züge haben: Wenn eine Brigade oder ein Teilbetrieb die Planziffer herausragend übererfüllte, konnten ihnen ein Fernseher, Gelder für die Anschaffung oder für den Bau von Objekten soziokultureller Charakters oder – zumindest ab der zweiten Hälfte der achtziger Jahre – ein Betriebsfahrzeug zur Verfügung gestellt werden. Letzteres kam allerdings sehr selten vor.

100 Ali Lleshi, «Si të jetë puna është edhe xhepi» [„Wie die Arbeit, so das Portemonnaie"], *Puna* 31.8.1990, S. 3.

101 Ivo Georgiev, Die Arbeiter als Modernisierungsbremse im realsozialistischen Bulgarien?, in: Hübner u. a. (Hgg.), Arbeiter im Staatssozialismus, 109–118, 117 f.

102 Në gjuhën e shifrave dhe fakteve [Durch Ziffern und Fakten], *Metalurgu*, 11.2.1988, S. 2.

Tab. 17: Jahresdurchschnittslohn der Beschäftigten im staatlichen und genossenschaftlichen Sektor, 1980–1990 (Angaben in Lek)

Jahr	**Im staatlichen Sektor**		**In den Genossenschaften**
	Angestellte	Arbeiter	Arbeiter
1980	6410,0	6041,0	3043,0
1985	6424,0	6034,0	3629,0
1986	6475,0	6104,0	3722,0
1987	6507,0	6153,0	3426,0
1988	6540,0	6173,0	3324,0
1989	6597,0	6252,0	3863,0
1990	6834,0	6468,0	3374,0

Quelle: Vjetari statistikor 1991, 82.

Ein Wettbewerb aus dem Jahr 1989 im Elbasaner Betrieb für Bau-Montage veranschaulicht die propagandistischen Mittel, mit denen die Gewerkschaft und die Betriebsleitung die Arbeiter zu motivieren versuchten. Hier wurden alle fünf Tage die Ergebnisse in einem Kommuniqué bekannt gegeben und alle zehn Tage Stafettenfahnen innerhalb des Betriebs verteilt. Am Ende gab es symbolische Geschenke, von welchen die Arbeiter im Voraus wussten. Dazu gehörten auch hier wieder Werke des Genossen Enver, daneben aber Armbanduhren, Stoff für Anzüge, Decken oder Vorhänge, heimische Radios der Marke „Iliria" und anderes mehr.[103]

Vor allem in der zweiten Hälfte der achtziger Jahre griff man aber zunehmend auf Geschenke als materielle Stimuli zurück, die anders als die häufigeren Leistungszuschläge zum Gehalt nur einmalig oder selten anfielen. Angesichts der Zunahme wirtschaftlicher Probleme im Lande und der Finanzknappheit des Staates lässt sich das leicht nachvollziehen. Die Funktionäre des Zentralrates der Gewerkschaft stellten jedoch besorgt fest, dass das Hauptkriterium für die Verleihung von Geschenken oftmals eben nicht die Arbeitsleistung war: Die örtlichen Gewerkschaftsorganisationen belohnten vielmehr diejenigen Arbeiter, die noch nicht ausgezeichnet worden waren, sodass die Mehrheit der Belegschaft über kurz oder lang in den Genuss einer Belobigung oder Belohnung kam.[104]

[103] Lutfi Çota, Në gjuhën e shifrave dhe fakteve [Durch Ziffern und Fakten], *Shkumbini*, 17.5.1989, S. 3.

[104] AQSh, Bashkimet Profesionale, 657, 1989 / 92, 8 – 10 [Bericht des Sekretärs des Generalrates der Gewerkschaft Dardha an den ZK der PAA vom 18.4.1989 betr. die Verteilung von moralischen und materiellen Stimuli].

Solche Anreize mögen bei einigen Arbeitern vielleicht zur Motivation gedient haben, langfristig gesehen jedoch schadeten sie einer konstruktiven Arbeitshaltung, da die Leistung der Beschäftigten außer Acht gelassen blieb.

Mit der Verschlechterung der wirtschaftlichen Lage wuchs unter den Arbeitern die Unzufriedenheit mit der Entlohnung. Die problematische Finanzlage des Kombinats beeinflusste wahrscheinlich auch die Häufigkeit der Anreizgebung. Sonderzuschläge für qualifizierte Arbeiter wurden immer unregelmäßiger ausgeschüttet, was wiederum deren Arbeitsmotivation senkte. Sogar die Brigadiere gingen ihrer Arbeit nicht mehr ausreichend nach und interessierten sich immer weniger für ein Erreichen der Arbeitsziele. Der Absentismus nahm zu, was bis zu einem gewissen Grad auch die zunehmenden Schwierigkeiten widerspiegelte, sich in der arbeitsfreien Zeit mit den Dingen des täglichen Bedarfs zu versorgen. Ein solches Verhalten konnte Zwist innerhalb der Arbeiterschaft verschiedener Werkabteilungen provozieren, wie man das der zeitgenössischen Presse entnehmen kann:

> „In einigen Abteilungen fällt auf, dass beim Schichtwechsel noch dieselben Arbeiter bei den Maschinen stehen. Einige Arbeiter kommen zu spät und deshalb müssen die anderen länger bleiben. Diese Überstunden können sie dann abfeiern. Der Arbeiter Hekuran Duzha aus der Fabrik Nr. 12 möchte aber die Überstunden ausbezahlt bekommen, während seiner Ansicht nach die Abwesenden weniger bezahlt werden sollen, anstatt ein anderes Mal Überstunden zu machen. So werden sie diszipliniert.“[105]

Bedingt durch das lange propagierte Credo des Vorrangs der moralischen Anreize gegenüber den materiellen Stimuli, aber wohl auch aufgrund der Verschlechterung der Wirtschaftslage, tat sich in der Spätphase des albanischen Sozialismus das Management schwer mit der Verteilung von materiellen Stimuli – selbst dann, wenn die Rahmenbedingungen dazu gegeben waren. Der Parteisekretär des Stahlwerks kritisierte 1988 die Verwaltungen verschiedener Teilbetriebe, wie diejenigen der Stahlfabrik oder des Walzwerks, bei ihnen seien aufgrund von bürokratischen Haltungen die den Arbeitern zustehenden Stimuli für Innovationen nicht verteilt worden. Die Beschuldigten wehrten sich, indem sie auf die fehlenden Haushaltsmittel hinwiesen.[106] Tatsächlich jedoch sollen, so hieß es 1989 in einem Pressebericht im „Shkumbini“, im Stahlwerk nur sechs Prozent des für Erfindungen und Innovationen verfügbaren Budgets ausgegeben worden sein. Zudem seien es zumeist dieselben Personen gewesen, die in den Genuss dieser Stimuli kamen.[107] Arbeiter beschwerten sich manchmal auch, weil die Anreize mehrheitlich an Führungskräfte verteilt wurden, und nicht an diejenigen, denen sie zustünden.[108]

105 Ebenda.
106 Sokoli, Problem themelor ka qenë, 41.
107 Çota, Në gjuhën e shifrave dhe fakteve, S. 3.
108 AQSh, Bashkimet Profesionale, 657, 1989/92, 10f. [Bericht des Sekretärs des Generalrates der Gewerkschaft Dardha an den ZK der PAA vom 18.4.1989 betr. die Verteilung von moralischen und materiellen Stimuli].

Solche Missstände waren für eine positive Arbeitshaltung der Beschäftigten alles andere als förderlich. Allerdings waren die Gründe für die geringe Arbeitsmotivation der Belegschaft nicht nur bei der „bürokratischen" Haltung des Managements des Kombinats zu suchen, sondern auch bei den Richtlinien zur Entlohnung der Beschäftigten. Ein Vorschlag des Parteisekretärs im Jahre 1990, die Löhne der Arbeiter zu erhöhen und ihnen Erlaubnisscheine für den Kauf von Haushaltsgeräten oder Wohnrechte für Unterkünfte in der Stadt entsprechend der Arbeitsdisziplin zu erteilen, war als Anreiz für ein besseres Arbeitsverhalten gedacht.[109]

Die gesetzlichen Regelungen zur Entlohnung beeinträchtigten zugleich die Motivation des leitenden Personals. In einem Artikel in der *Zëri i Rinisë* beschwerte sich der Autor, das Gehalt des metallurgischen Ingenieurs sei genauso hoch wie der eines Ingenieurs in der Lebensmittelindustrie, die Verantwortung jedoch ungleich höher und die Sanktionen bei Problemen schärfer. Ingenieuren im Stahlwerk konnte nämlich, falls aufgrund von Versorgungsproblemen der Plan nicht realisiert wurde, bis zu 50 Prozent des Gehalts gekürzt werden.[110] Auch in einer 1990 entstandenen internen Studie über die Arbeitseinstellung der Beschäftigten des Kombinats wurde festgestellt, dass die Ingenieure oder Techniker teilweise weniger als die Arbeiter verdienten.[111] Diese geringe Lohndifferenzierung ist abgesehen von der Übereinstimmung mit der allgmeinideologischen Linie der Staatspartei zugleich ein Indiz für die Machtposition der Arbeiter im Betrieb und ist auch in anderen staatssozialistischen Ländern festgestellt worden, vor allem in der Tschechoslowakei.[112] Der Autor der Studie zum Elbasaner Kombinat, möglicherweise der Parteisekretär des Stahlwerks,[113] stellte die bis dahin ketzerische These auf, die intellektuelle Arbeit werde geringgeschätzt und unzureichend entlohnt. Einige Jahre davor wäre eine derartige Behauptung mit verhängnisvollen Konsequenzen verbunden gewesen. Als Ausweg empfahl er eine angemessene Proportionalität der Entlohnung statt totaler Gleichheit. Die Entscheidung hierüber lag jedoch in ganz anderen Händen.

[109] Sokoli, Në qëndrim ndaj punës, 24.

[110] Myrtaj, Vështirësi vetëm për punëtorët?, S. 2.

[111] Der Autor der Studie konkretisierte seine Behauptung durch den Vergleich, Techniker und Ingenieure hätten im Mai 1990 für ihre Produktivität in den vorangegangenen vier Jahren genauso viel erhalten wie ein Schmelzer der II. Arbeitskategorie. AShVE, Komiteti i Partisë i Kombinatit Metalurgjik Elbasan, 873, 1990/12, 23f. [Studie betr. Arbeitsverhalten der Stahlwerksarbeiter und Wege zur Verbesserung]; siehe auch Sokoli, Në qëndrim ndaj punës, 2.

[112] Heumos, „Wenn sie sieben Turbinen schaffen", 171 f.

[113] Die Studie ist im verwendeten Archivbestand nicht unterzeichnet, aber der Stahlwerksparteisekretär hat 1990 einen Aufsatz zu einem ähnlichen Thema veröffentlicht (Siehe Sokoli, Në qëndrim ndaj punës, 16–25).

5.4 Die Brigaden als Produktionseinheit und deren Mitbestimmungsmöglichkeiten

Die Belegschaft des Stammwerks in Elbasan war von Anbeginn an in Brigaden organisiert. Ihr Vorbild hatten sie in den sowjetischen „Stoßbrigaden", die im Rahmen der „Stachanow-Bewegung" ab 1931 eingerichtet worden waren. Dieses Vorbild wurde nach dem Krieg in allen Ländern des Ostblocks übernommen. Genauso wie in der Sowjetunion sollten auch in Albanien die Brigaden zum schnellen Anlernen der ungelernten Arbeiter dienen, sie am Arbeitsplatz disziplinieren, den Zuzüglern bei ihrer „sozialistischen Sozialisierung" behilflich sein und die Produktion fördern. Auch ihre Rolle zur Formung des Bewusstseins des „neuen Menschen" wurde dabei nicht außer Acht gelassen. So setzte 1964 ungeachtet des vorangegangenen außenpolitischen Bruches mit Moskau im Lande eine Bewegung ein, die schon seit Ende der fünfziger Jahre von der Sowjetunion propagiert worden war. In einer gemeinsamen Verordnung des Ministerrates, der Gewerkschaft und des Jugendverbandes wurde offiziell eine Kampagne der Brigaden und Stürmer der Sozialistischen Arbeit angekündigt. Die Mitglieder der Brigaden, die an der Bewegung teilnahmen, sollten Bereitschaft zur ideologischen Erziehung zeigen und zur Verinnerlichung von marxistischer Theorie und kommunistischer Moral. Sie sollten an sportlichen Veranstaltungen teilnehmen, den religiösen Glauben ablehnen, sich künstlerisch und musikalisch bilden und in der Arbeit wie auch in der Familie und in der Öffentlichkeit eine „reine" moralisch-politische Haltung entwickeln. Die Parallelen zu den Brigaden der sozialistischen Arbeit, die schon ab 1959 im Eisenhüttenstädter Kombinat entstanden, sind unübersehbar.[114] Die Brigaden wählten den Brigadeleiter oder einen Stab aus drei bis fünf Teilnehmern. Der Brigadeleiter war für die Arbeit verantwortlich, ein Stabsmitglied für die Erhöhung der Qualifizierung der Brigademitglieder und ein weiteres für deren Erziehung und Freizeitgestaltung. Offiziell war die Teilnahme freiwillig.[115]

Für gewöhnlich wurden die Brigadeleiter unter älteren, ausgebildeten Arbeitern gewählt, da diese aufgrund ihrer Erfahrung mehr Kompetenz besaßen und auch mit Rohstoffen sparsamer umgingen. Auch die Arbeitsinitiativen gingen häufiger von ihnen als von jüngeren Arbeitern aus, obwohl der Qualifikationsgrad auch bei ihnen nicht besonders

[114] Jajeśniak-Quast, Stahlgiganten in der sozialistischen Transformation, 156.

[115] AQSh, Bashkimet Profesionale, 657, 1964/312, 9f. [Weisung des Ministerratsvorsitzenden Shehu und des Präsidenten des Zentralrates der Gewerkschaft Nushi betr. die Bewegung der Brigaden und der Stürmer der Sozialistischen Arbeit].

hoch war.[116] Man traute ihnen mehr zu, den jüngeren Arbeitern, meistens ländlicher Herkunft, berufliche Kenntnisse beizubringen und bei ihnen eine konstruktive Arbeitshaltung zu entwickeln.[117]

Um Brigadeleiter zu werden, musste man nicht zwangsläufig Parteimitglied sein. Das hätte die Anzahl der Kommunisten im Kombinat von Beginn der Bauarbeiten an auch nicht zugelassen. Es war jedoch normalerweise üblich, dass denjenigen, die als „Vorhutarbeiter“[118] auffielen, nach einiger Zeit die Frage nach einer Parteimitgliedschaft gestellt wurde. Da der Bedarf an Arbeitskräften immens war, viele Berufsbereiche in Albanien aber keine lange Tradition hatten, kam es im Stahlwerk entgegen der Präferenz für Erfahrene doch häufig vor, dass relativ junge Männer zu Brigadeleitern wurden. Bezeichnenderweise war 1980 der Brigadeleiter einer Schweißerbrigade im Stahlwerk 28 Jahre alt und gleichzeitig auch derjenige mit der meisten Berufserfahrung.[119] Die Ursache dafür kann aber auch an der hohen Fluktuaktion liegen, wenngleich die Schweißer weniger davon betroffen waren als andere Berufsgruppen.

Sofern die Brigaden regelmäßig die Norm erfüllten und ihre Mitglieder positiv auffielen, wurden die Brigadeleiter in eine andere Brigade versetzt, wo sie ihrer erzieherischen Aufgabe aufs Neue nachkommen sollten. Nicht anders als in der DDR ging es also bei ihrer Organisationsart und Funktion darum, die nötige Disziplin zu sichern, wobei der Brigadier das Kollektiv gleichzeitig anleiten, erziehen und kontrollieren sollte.[120]

Was Hübner über die Arbeitsorganisation der Produktionsbrigaden in der DDR schreibt,[121] gilt auch für ihre albanischen Schwesterstrukturen: Auch in Elbasan hatte jede Brigade ihre Aufgaben und Ziele schriftlich zu fixieren. Um positive Erfahrungen zu verbreiten, wurden Gegenüberstellungen zwischen Arbeitssektoren, Brigaden und einzelnen Arbeitern organisiert, bei denen Arbeiter, mit deren Arbeit die Brigade unzufrieden war, zurechtgewiesen wurden und mit Sanktionen, wie Ausschluss aus der Brigade, belegt werden konnten. Am Ende des Arbeitstages sollten Zusammenkünfte der Arbeiter stattfinden, in welchen die Arbeit analysiert, der Normenstand überprüft und die „problematischen“ Arbeiter zur Rechenschaft gezogen wurden.

116 AQSh, Bashkimet Profesionale, 657, 1979/79, 62–65 [Studie des Gewerkschaftskomitees des Kreises Elbasan vom 27.11.1979 betr. die Einstellung der Arbeiterklasse zu Arbeit und Eigentum].

117 Interview mit V. M. am 5.3.2013 in Elbasan. Es gab jedoch auch Frauen, die Brigade- oder Schichtleiterinnen waren, trotz der Tatsache, dass die überwiegende Mehrheit Männer waren, vor allem in der Koksfabrik. Siehe Interview mit P. L. am 18.2.2013 in Elbasan.

118 Siehe dazu das nächste Unterkapitel.

119 Ditë të vrullshme në Metalurgjik [Stürmische Tage im Metallurgischen Kombinat], *Puna*, 23.9.1980, S. 3.

120 Peter Hübner, Konsens, Konflikt und Kompromiss. Soziale Arbeiterinteressen und Sozialpolitik in der SBZ/DDR 1945–1970. Berlin 1995, 214.

121 Ebenda, 216.

Im Falle einer überdurchschnittlichen Leistung der Brigade hinsichtlich der Planerfüllung oder bezüglich der Senkung der Produktionskosten wurde ihr zu Jahresende oder an bestimmten Feiertagen ein Ehrentitel verliehen und Arbeitern, die durch Arbeitseifer und Verhalten positiv aufgefallen waren, eine Prämie ausgeschüttet, die die Höhe eines Monatsgehaltes betragen konnte.[122] Allerdings konnte das Ganze ein unerwünschtes Nachspiel haben. Falls die Normüberschreitung höher als fünf bis sechs Prozent lag und mehrere Brigaden sie überschritten, konnte das eine Normerhöhung zur Folge haben, weshalb die meisten Brigadiere darauf achteten, dass die Überschreitung nicht allzu hoch ausfiel.[123] Somit hatte die Brigade eine tatsächliche Eigendynamik gewonnen, die in dieser Form weder von den Massenorganisationen noch von der Kombinatsleitung vorgesehen und vorhergesehen worden war. Wieweit diese Tendenz von echter und miteinander verflochtener Selbstorganisation verbreitet war, bleibt noch zu untersuchen, da in den Quellen ausführliche Angaben dazu fehlen und die für mich vorhandenen Informationen sich nur auf Angaben aus den Interviews stützen. Es wäre allerdings nicht verwunderlich, denn diese Entwicklungsrichtung war nicht nur auf Albanien beschränkt, sondern wurde auch für andere staatssozialistische Länder festgestellt,[124] beispielsweise in Bulgarien.[125] Die Brigadiere als Interessenvertreter dürften in den Augen ihrer Arbeiter jedenfalls glaubwürdiger erschienen sein als die Gewerkschaftsfunktionäre, die meistens doch ihrer Aufgabe als Transmissionsriemen der Partei nachkamen.

Der Druck der Brigade auf einzelne Arbeiter[126] zum Zwecke der Produktionserhöhung sollte gemäß den Erwartungen der PAA und der Gewerkschaftsorganisationen nicht nur während der offiziellen Arbeitszeit, sondern auch jenseits derselben spürbar werden. Die Erwartungen an ihre Mitglieder und ein Beispiel dafür, welche Arbeitsleistungen von einer Musterbrigade erwartet wurden, verdeutlicht ein gewerkschaftlicher Bericht zu einem konkreten Fall aus dem Stahlwerk im Jahr 1975:

> „Von Anfang an lernten wir die Mitglieder der Brigade von [Parteikandidat] Ahmet Xhelo kennen, eine der besten des Baubetriebs Nr. 2 und des gesamten Stahlwerks. [...] Jedes Brigademitglied hat gelobt, noch zwei andere Berufe zu erlernen, beispielsweise Schreiner oder Stuckateur. Sie [die Brigademitglieder; V. N.] werden ihre beruflichen Kenntnisse durch den Besuch von Schulen und Qualifikationskursen erweitern. Sie werden die Parteilehren und die Werke des Genossen Enver beherzigen. Die Brigade [...] hat 16 Arbeiter, 13 gehören dem Jugendverband an und haben einen achtjährigen Volksschulabschluss, drei besuchen die

[122] Interview mit Q. I. am 20.6.2012 in Tiranë.

[123] Interview mit A. P. am 24.2.2013 in Elbasan.

[124] Klessmann, Arbeiter im „Arbeiterstaat" DDR, 469 f.; Jörg Roesler, Die Rolle des Brigadiers bei der Konfliktregulierung zwischen Arbeitsbrigaden und der Werkleitung, in: Hübner/Tenfelde (Hgg.), Arbeiter in der SBZ-DDR, 413–437, 420 f.

[125] Raeva/Brunnbauer, Fabrikarbeiter, Gewerkschaften und Funktionäre, 310.

[126] Im Unterschied zur DDR ist im albanischen Stahlwerk von Arbeiterinnen als Brigademitgliedern oder gar Brigadeleiterinnen sowohl in den publizierten als auch in den internen Quellen nie die Rede. Vgl. Hübner, Konsens, Konflikt und Kompromiss, 218–220.

Sekundarschulen und die anderen Fortbildungskurse für Stuckateure. Sie sind um die 27 Jahre alt. Nur einer ist einfacher Arbeiter, der Rest Facharbeiter. [...] Nachdem sie zwei anderen Brigaden den Wettkampf erklärt hatten, wurde am Tagesende festgestellt, dass sie die Norm zu 150 Prozent erfüllt hatten."[127]

Laut derselben Quelle wären die anderen Brigaden so inspiriert von diesem Beispiel gewesen, dass sie zusätzliche Verpflichtungen übernommen hätten, die sie an wichtigen Daten der Geschichte Albaniens erfüllen wollten und zur Erreichung der Ziele freiwillige Überstunden leisten.

Die aus den Initiativen zur Produktionserhöhung gewonnene Motivation der Beschäftigten dürfte sich insgesamt jedoch in Grenzen gehalten haben, denn bereits 1975 beschwerte sich Gewerkschaftspräsident Marko über die Gleichgültigkeit der Arbeiter hinsichtlich nicht eingehaltener Abgabefristen für die einzelnen Werkbereiche sowie über die Nichteinhaltung von Arbeitszeiten.[128] Auf derlei Gleichgültigkeit dürfte auch die unumstrittene Zustimmung zu den Ziffern des Entwurfes des VII. Fünfjahresplans (1981 – 1985) zurückzuführen sein, obwohl der *Metalurgu* den Lesern versicherte, dass sie erst nach einer Diskussion innerhalb der Brigaden, Schichten und einzelnen Abteilungen zustande gekommen sei.[129] Da es die primäre Aufgabe der Presse war, die Menschen zu erziehen und die Realität in Funktion der Formung des „neuen Menschen" darzustellen, findet man in den lokalen Zeitungen nur Beispiele, die ideologiekonform waren. Der Leser erfährt oft von Brigaden, in denen es keine unentschuldigten Fehltage gebe, keine „fremden Erscheinungen" in Kleidung oder im Verhalten, er liest von pünktlicher Erfüllung von Arbeitsaufträgen in bester Qualität, dagegen höchstens von einzelnen Individuen, die von Einflüssen der „bürgerlichen Ideologie" infiziert worden seien und durch „liberale, kleinbürgerliche Unreinheiten" auffielen. Es wird darüber geschrieben, dass die Anzahl der „fremden Erscheinungen" im Stahlwerk um 25 Prozent im Vergleich zum Vorjahr gesunken sei, man erfährt jedoch, und das ist typisch, nichts über deren eigentliche Anzahl oder über die des Vorjahres.[130]

Die Brigade sollte wie gesagt auch eine Erziehungsfunktion ausüben: Im Idealfall sollte durch das von der Brigade geschaffene Umfeld oder durch das Vorbild des Brigadiers das Sozialverhalten einzelner Arbeiter gebessert werden. Wenn jedoch die Brigaden zu groß

[127] AQSh, Bashkimet Profesionale, 657, 1975 / 90, 54 f. [Bericht der Vertreter des Generalrates der Gewerkschaft Kule und Milajan das ZK der PAA vom 12.6.1974 betr. die Verbreitung des Beispiels der Brigade „Ismet Sali Bruçaj"].

[128] AQSh, Bashkimet Profesionale, 657, 1978 / 25, 3 f. und 9 [Bericht des Präsidenten des ZR der Gewerkschaft Marko an das ZK der PAA vom 26.3.1975 betr. Probleme der Gewerkschaftstätigkeit].

[129] Fatmir Çerma, Organizatat profesionale diskutojnë shifrat e projektplanit të ri [Die Gewerkschaftsorganisationen diskutieren über die Ziffern des neuen Planentwurfs], *Metalurgu*, 15.5.1980, S. 1.

[130] Edukimi ideopolitik – front unik i punës së organizatave të masave [Die ideologisch-politische Erziehung – Hauptfront der Arbeit der Massenorganisationen], *Shkumbini*, 4.2.1978, S. 3.

waren oder der Brigadeleiter sich zurückhaltend verhielt, konnte die Erziehungsarbeit ganz andere Früchte tragen. 1973 wurde im *Shkumbini* ein Brigadier kritisiert, der seinen Arbeitern oft Urlaub für zwei Tage gewährte, aus denen diese einfach vier bis fünf Tage machten, ohne dass er etwas dagegen unternahm. Infolgedessen waren bei einzelnen Arbeitern monatliche Abwesenheiten von acht bis neun Tagen zu verzeichnen.[131] Passieren konnte auch, dass mehreren Arbeitern gleichzeitig „Sonderurlaub" gewährt wurde und folglich aus Arbeitskräftemangel die Planaufgaben nicht erledigt werden konnten. Zur besseren Übersichtlichkeit wurde vom Zentralkomitee vorgeschlagen, dass die Brigaden verkleinert und die Grundorganisationen der Gewerkschaft und des Jugendverbandes der Brigadengröße entsprechen sollten.[132] Die Fehlzeiten blieben jedoch weiterhin hoch. 1975 fehlten im Bau-Montage-Bereich jeden Tag 170 Arbeiter grundlos, das waren zwei Prozent aller Bau-Montage-Arbeiter.[133] Wenn es zu Versorgungsengpässen kam, arbeitete in einigen Brigaden deshalb nicht einmal die Hälfte der Arbeiter. Abgesehen davon konnte nicht nur die Tätigkeit, sondern auch die Arbeitszeit unattraktiv wirken. So vermieden es die meisten Arbeiter, in der Spät- oder Nachtschicht zu arbeiten, weshalb die Brigaden zu dieser Zeit nur wenig Personal hatten.[134]

Die Gründe, wieso die Brigadiere gegenüber den Verletzungen der Arbeitsdisziplin durch ihre Arbeiter eine relativ laxe Haltung an den Tag legten, waren vielgestalt. So mangelte es mehreren von ihnen an den notwendigen Kenntnissen bestehender Vorschriften. 1973 arbeitete beispielsweise eine Brigade, die einen „Helden der Sozialistischen Arbeit" als Leiter hatte, in dessen Anwesenheit ohne Sicherheitsgurte und benutzte zudem keine Schutzmasken, obwohl diese vorgeschrieben waren. Weder er noch andere Vorgesetzte unternahmen etwas dagegen, da sie die Regeln zur technischen Sicherheit nicht kannten. Dazu kam eine gewisse Missachtung der Sicherheitsvorschriften, da die Produktion als vorrangig betrachtet wurde, was nicht folgenlos blieb. In der ersten Hälfte des Jahres 1974 ereigneten sich im Stahlwerk 393 Unfälle, durch die 2134 Arbeitstage verloren gingen.[135]

Ein anderer Grund für das Verhalten der Brigadiere war das – vor allem während der Errichtungsphase – chronische Fehlen der Arbeitskräfte, was zur Folge hatte, dass die Brigadeleiter alles taten, um ihren Bestand an Arbeitern möglichst stabil zu halten. Somit genossen die Arbeiter einen Freiraum, der ihnen im Interesse der Stabilisierung der

131 Petrit Stambollxhiu, Ç'është kjo zemërgjerësi në kurriz të disiplinës në punë? [Wieso diese Großzügigkeit auf Kosten der Arbeitsdisziplin?], *Shkumbini*, 12.9.1973, S. 2.

132 AQSh, KQ i PPSh, 14, 1974/18, 21 [Beschlussentwurf des Sekretariats des ZK der PAA betr. die Stärkung der Führungsrolle der Partei beim Kombinatsbau].

133 AQSh, KQ i PPSh, 14, 1975/841, 115 [Bericht des Sekretärs des Stahlwerksparteikomitees Koçollari an das ZK der PAA betr. den Fortgang der Bauarbeiten].

134 AQSh, KQ i PPSh, 14, 1976/879, 22 [Bericht des Direktors für den Kombinatsbau Mataj an das ZK der PAA betr. Maßnahmen zur Verbesserung der Arbeit im Kombinat].

135 AQSh, Bashkimet Profesionale, 657, 1974/205, 16 [Bericht des Generalstaatsanwalts Panariti an den Zentralrat der Gewerkschaft vom 4.10.1974 betr. die Verletzung der Regeln der technischen Sicherheit im Stahlwerk].

Arbeitskraft seitens der Brigadiere gewährt wurde, die wiederum die Effizienz ihrer Arbeitseinheit bewahren wollten. Der Arbeitskräftemangel ließ sich zum einen auf die mangelnde Attraktivität der Tätigkeit im Stahlwerk zurückführen, wovon schon die Rede war. Zum anderen aber lag er daran, dass die Organisation der Brigaden selbst ineffizient war. 1976 beschwerten sich die Montagearbeiter gegenüber den Gewerkschaftsfunktionären, sie hätten keine erfahrenen Ingenieure, die sie leiteten, und ihre Brigaden hätten zu viele Mitglieder.[136] Unter solchen Umständen war es für die Brigadeleiter keine allzu schwere Entscheidung, auch einmal mehreren gleichzeitig Urlaub zu gewähren oder über deren eigenmächtiges Zuhausebleiben hinwegzusehen.

Die Brigadeleiter hatten ansonsten wenig Mittel, um ihrer Stammbelegschaft entgegen zu kommen; sie nutzten jedoch ihr Vergünstigungsspektrum aus soweit es ging. Sie gaben Urlaub, auch wenn keine objektiven Gründe dafür vorhanden waren, und nahmen „ihre Leute" in Schutz gegenüber ihren Vorgesetzten, wenn ihre Abwesenheit aufflog. Dazu behüteten sie sie vor Kritik, wenn Verhalten oder Aussehen der parteioffiziellen Idealvorstellung vom „neuen Menschen" widersprachen. 1975 beschwerten sich die örtlichen Gewerkschaftsvertreter, allenthalben fielen im Kombinat Arbeiter mit langen Haaren auf, aber ihre Umgebung reagiere mit Gleichgültigkeit. Wenn man sie kritisierte, würden sie sogar von ihren Brigadieren in Schutz genommen.[137] Diese übernahmen praktisch die Rolle der Gewerkschaftsvertreter auch im erzieherischen oder disziplinarischen Bereich und verteidigten die Interessen ihrer Brigadenmitglieder, wenn auch nicht so weitreichend wie in der DDR, wo der „Freie Deutsche Gewerkschaftsbund" den Brigaden „Syndikalismus" vorwarf.[138]

Im Arbeitsalltag spielte der Brigadeleiter als Vermittler eine Schlüsselrolle, denn er musste innerhalb seiner Brigade für die Erfüllung der Norm sorgen und die Arbeiter gegenüber dem Management vertreten. So empfahl der Gewerkschaftsleiter des Stahlwerks 1978 die Normen im Bausektor zu erhöhen, da 36 Prozent der Arbeiter sie mit mehr als 111 Prozent überschritten.[139] Bei einer Brigade kam es deshalb zu einem Streit zwischen dem Brigadeleiter und dem Normierer.[140] In einem anderen Fall setzte ein Abteilungsleiter eigenmächtig einen Brigadeleiter ab, obwohl seine Arbeiter ihn achteten und

[136] AQSh, KQ i PPSh, 14, 1976 / 881, 19 [Bericht der Informationsgruppe des Gewerkschaftsrates des Kreises Elbasan an das ZK der PAA vom 15.3.1976 betr. Sorgen der Montagearbeiter des Stahlwerks].

[137] AQSh, Bashkimet Profesionale, 657, 1975 / 90, 60 [Bericht des Vertreters des Zentralrates der Gewerkschaft Mile und der Vertreterin des Verbandes der Frauen Albaniens Pengili an das ZK der PAA betr. fremde Verhaltensweisen und Verhalten der Arbeiter gegenüber den Arbeiterinnen im Stahlwerk].

[138] Siehe Hübner, Syndikalistische Versündigungen?, 110 f.

[139] AQSh, Bashkimet Profesionale, 657, 1978 / 25, 20 f. [Bericht des Leiters des Stahlwerksgewerkschaftskomitees Shkëmbi zur Versammlung des Präsidiums des Zentralrates der Gewerkschaft vom 15.5.1978 betr. die Tätigkeit der Gewerkschaft zur Mobilisierung der Arbeiter].

[140] Interview mit A. P. am 24.2.2013 in Elbasan.

respektierten.[141] Nicht anders als in der DDR waren die Führungskräfte der Kombinatsleitung nicht bereit, Brigaden zu tolerieren, wenn sie eine andere Auffassung bezüglich Arbeitsorganisation oder Normen hatten.[142]

Bedingt durch die Versorgungslage und die Schwierigkeiten bei der Rekrutierung von Arbeitskräften fiel es den Brigadieren nicht leicht, die Arbeiter zu erhöhten Leistungen anzutreiben. Sie hatten auch kaum Möglichkeiten Sanktionen durchzusetzen. Offiziell konnten sie die Entlassung einzelner Arbeiter verlangen, tatsächlich jedoch wurde eine solche Bitte abschlägig beschieden, da es keine Ersatzkräfte gab. Organisationsdefizite taten das ihre, um nicht nur den Arbeitern, sondern auch den Brigadeleitern tiefere Einsicht in die Arbeitspläne zu erschweren. Sie konnten die Arbeitspläne ihrer Brigaden oftmals nicht selbständig zusammenstellen, sondern mussten Anweisungen durch die Betriebsleitung abwarten, um dort eingesetzt zu werden, wo diese es für wichtig erachtete. In einigen Brigaden erfuhren die Arbeiter nicht einmal am Tag zuvor, sondern erst am frühen Morgen, wo ihr Arbeitsort war, und da sich das Stahlwerk über eine weite Fläche erstreckte, nahm der Weg dorthin Zeit in Anspruch, so dass sie ihre Arbeit mit Verspätung aufnahmen. Solche Zustände liefen dem Konzept der Brigade als einer autonomen Grundeinheit, die der Produktivitätssteigerung dienen sollte, zuwider. Sie förderten nicht die Motivation der Belegschaft und waren mit einer nachlässigen Arbeitseinstellung verbunden, die sich dadurch manifestierte, dass viele Brigaden in den ersten drei Wochen langsam arbeiteten und in den letzten zehn Tagen an Tempo zulegten, um die monatlichen Planziffern noch zu erfüllen. Hinzu kamen Abwesenheiten und Verspätungen: 1975 gab es im Bereich Baumontage, wo über 9000 Arbeiter beschäftigt waren, aufgrund von unentschuldigten Abwesenheiten, Verspätungen oder Organisationsproblemen einen Ausfall von 400–500 Arbeitern täglich.[143] Verspätungen von 10–15 Minuten kamen aufgrund der geringen Anzahl an Bussen und ihrer Unpünktlichkeit, aber auch weil die Mensen für die hohe Arbeiterzahl nicht reichten, sowohl bei Schichtbeginn als auch nach Essenspausen recht häufig vor. 1978 beispielsweise traten über 1000 Arbeiter täglich die Arbeit nicht rechtzeitig an.[144]

Um das Kollektivgefühl unter den Arbeitern verschiedener Regionen und Schichten zu stärken, war vom Parteikomitee vorgeschrieben worden, keine Verwandten in derselben Brigade zusammenzubringen.[145] Dies wurde ergänzt durch die Empfehlung, bei der

[141] Qazim Gjini, Të njohim, propagandojmë und zbatojmë ligjet tona [Lernen wir unsere Gesetze kennen, propagieren und befolgen], *Metalurgu*, 12.6.1980, S. 3.

[142] Roesler, Die Rolle des Brigadiers, 426.

[143] AQSh, KQ i PPSh, 14, 1975 / 841, 88 [Mitteilung des Bauministers Hanku an das ZK der PAA vom 26.5.1975 betr. die Nutzung der Arbeitszeit im Stahlwerk]. Vgl. zum Ausmaß der Fehlzeiten auch weiter oben, Kap. IV.7.

[144] AQSh, Bashkimet Profesionale, 657, 1978 / 25, 19 [Bericht des Leiters des Stahlwerksgewerkschaftskomitees Shkëmbi zur Versammlung des Präsidiums des Zentralrates der Gewerkschaft vom 15.5.1978 betr. die Tätigkeit der Gewerkschaft zur Mobilisierung der Arbeiter].

[145] Interview mit V. M. am 5.3.2013 in Elbasan.

Unterbringung der Arbeiter die Zusammensetzung nach Betrieben und Brigaden zu berücksichtigen, um so den Gemeinschaftsgeist der Betriebsgenossen zu fördern. Diese Anweisung wurde jedoch nicht immer respektiert, möglicherweise weil die Arbeiter der gemeinsamen regionalen Herkunft den Vorzug gaben. 1975 stellte Rita Marko kritisch fest, die Arbeiter zögen lieber mit Bekannten zusammen als mit ihren Arbeitskollegen.[146] Das ist jedoch nachvollziehbar, denn gerade in einem geographisch vielfach gegliederten kleinen Land mit stark beschränkter Migration können regionale Gemeinsamkeiten bei einer tausendfachen Belegschaft wie im Kombinat anfangs eine wichtige Rolle bei der Bildung von Netzwerken spielen und somit die Integration erleichtern. Die Kulturarbeit, die die Gewerkschaftsstrukturen zur Stärkung der Brigaden leisteten, förderte zwar deren Zusammenhalt, ihr Effekt war jedoch nicht stark genug, um regionalistische Tendenzen völlig zu überwinden. Auch die bäuerliche Herkunft der Arbeiter konnte sich, gerade wenn deren Gegenüber aus derselben Ortschaft stammte, aus beider Seiten individueller Sicht als Vorteil und beheimatendes Moment erweisen.[147] In gewissem Maße schadete der dorfgemeinschaftliche Zusammenhalt von zugewandertem Personal dem Machtanspruch der Partei, da sich auf seiner Grundlage unbefriedigende Verhältnisse innerhalb der Belegschaft zum Konflikt bündeln konnten. In den Vorstellungen der albanischen Führung sollte Arbeit die Menschen zusammenbringen, ihr Klassenbewusstsein entwickeln oder konsolidieren und gerade nicht traditionelle Gemeinsamkeiten bewahren helfen, die eventuell auf „rückständigen Sitten" oder „überholten Vorstellungen" fußten.

„Rückständige Sitten", „Verhaltensunreinheiten" in der Einstellung gegenüber Arbeit und Eigentum sowie „fremde Erscheinungen" im Aussehen wurden von den Partei- und Gewerkschaftsfunktionären denn auch als Auswüchse des „Druckes der bürgerlich-revisionistischen Ideologie auf unsere Menschen" betrachtet und die Arbeitskollegen zu ihrer Bekämpfung aufgefordert.[148] Allerdings trugen solcherlei Appelle nicht die erwarteten Früchte. Der Parteisekretär des Stahlwerks beschwerte sich 1973, moralische Anreize seien in den Brigaden in den Hintergrund geraten und für viele Arbeiter sei nur das Geld der Motivationsfaktor für die Tätigkeit im Stahlwerk.[149] Beschwerden dieser Art gingen regelmäßig an die höheren Organe der Partei- und Massenorganisationen. Bloße ideologische Tropen reichten aber zur Motivation der Arbeitskräfte nicht aus, was sich am Ende auch darin zeigte, dass die Instrumente, die zur Indoktrinierung der Arbeiter dienen sollten, sehr nachlässig verwendet wurden. So fanden die morgendlichen Gegenüberstellungen

146 AQSh, Bashkimet Profesionale, 657, 1975 / 90, 6 f. [Bericht des Gewerkschaftsvorsitzenden Marko an das ZK der PAA vom 26.3.1975 betr. Probleme der Gewerkschaftstätigkeit im Stahlwerk].

147 Raeva / Brunnbauer, Fabrikarbeiter, Gewerkschaften und Funktionäre, 317.

148 AQSh, Bashkimet Profesionale, 657, 1977 / 185, 14 [Rede des Kombinatsleiters Çeliku vor der Versammlung des Stahlwerksgewerkschaftskomitees vom 16.10.1977].

149 AQSh, KQ i PPSh, 14, 1973 / 576, 27 [Bericht des Ersten Sekretärs des Stahlwerkparteikomitees Koçollari an das ZK der PAA vom 22.10.1973 betr. die geleistete Arbeit für den Kombinatsbau und auftretende Probleme].

unter den Brigaden sehr selten statt, obwohl sie täglich durchgeführt werden sollten. Nicht alle Brigaden hatten die Presse abonniert, und viele Arbeiter interessierten sich kaum für die politische Lage. Auch geschah die Veröffentlichung von Blitzblättern, Postern, Publikationen, Diagrammen und Grafiken nicht auf dem erwünschten Niveau, wie der Vorsitzende der albanischen Gewerkschaft Rita Marko 1975 zugeben musste.[150] Gerade durch diese Mittel aber sollten Brigaden, die in einen Rückstand geraten waren, öffentlich kritisiert, fleißige Arbeiter belobigt und die Fortschritte etwa bei den Bauarbeiten für das Stahlwerk den Arbeitern anschaulich gemacht werden. Konferenzen oder Vorträge wurden von Betrieben oder Brigaden so gut wie gar nicht organisiert, sondern nur von den zentralen Leitstrukturen. Dieses eigensinnige Verhalten[151] auf der mittleren Ebene stand im Widerspruch zu den Erwartungen der Gewerkschafts- und der PAA-Führung und trug nicht unbedingt zur Entstehung des erwünschten „neuen Menschen" bei. Zumindest an diesem Fall kann man sehen, dass das Prinzip des „Durchherrschens"[152] im realsozialistischen Albanien nicht wie beabsichtigt funktionierte. Gerade das Betriebsführungspersonal, das die Direktiven der Machthaber zuverlässig umsetzen sollte, befolgte sie nur dann, wenn es ihm opportun erschien.

Gleichgültigkeit und Resignation innerhalb der Belegschaft wuchsen mit der Zunahme der Versorgungsschwierigkeiten und der Häufung von Maschinenschäden, welche sich besonders in der zweiten Hälfte der achtziger Jahre bemerkbar machten. Die Indifferenz zeigte sich beim Umgang mit charakteristischen Motivationsformen des Regimes wie der sozialistischen Emulation[153]. Dieser Zustand wurde 1988 in einem Artikel im *Shkumbini* so bezeichnet:

> „In einigen Betrieben findet man die Stände der sozialistischen Emulation am Eingang, aber nicht in den einzelnen Baustellen, Brigaden oder Sektoren. Dies ist der Fall im Stahlwerk. Auch im Walzwerk, in der mechanischen und der Koksfabrik ist der Emulationsstand motivierend, aber bei der Gusseisenfabrik beispielsweise ist der Stand sehr klein und die für die Fotos der ausgezeichneten Mitarbeiter vorgesehenen Plätze sind leer. In der Karbonfabrik ist überhaupt kein Stand. Im Versorgungsbetrieb wird noch das Bildmaterial von 1987 verwendet. Bei der Anzeige zur Realisierung des Plans steht noch diejenige des 3. Quartals des Vorjahres."[154]

Diese indifferente Haltung bezog sich jedoch nur auf die vorgeschriebenen Formen von moralischen Anreizen und nicht auf das lebensweltliche Zusammengehörigkeitsgefühl unter den Brigademitgliedern. Laut den Zeitzeugenaussagen war vor allem in kleinen, relativ überschaubaren Brigaden von 50 Arbeitern oder weniger eine gewisse Familiarität entstanden, die sich nicht nur innerhalb der Arbeitswelt erstreckte. Bei Abwesenheit

150 AQSh, Bashkimet Profesionale, 657, 1975 / 90, 24 [Bericht der Arbeitsgruppe des Zentralrates der Gewerkschaft vom 17.3.1975 betr. die Arbeit der Gewerkschaft im Stahlwerk].

151 Lindenberger, Die Diktatur der Grenzen, 24 f.

152 Ebenda, 20.

153 Zum Begriff vgl. weiter oben, Anmerkung 184 in Abschnitt 3.4.

154 Kur vlerësohen dhe kur lihen nën hije format e emulacionit [Wenn die Emulationsformen geschätzt und wenn sie vernachlässigt werden], *Shkumbini*, 10.2.1988, S. 1.

eines Arbeiters zum Beispiel konnten seine Kollegen die Schicht übernehmen, um die Norm zu erfüllen. Normalerweise versuchten sie Missverständnisse innerhalb der Brigade intern zu schlichten, ohne dass höhere Instanzen hinzugezogen werden mussten.[155] Wenn ein Arbeiter eine Beschwerde hatte, brachte er sie normalerweise als erstes seinem Brigadeleiter vor. Dies geschah üblicherweise bei Unzufriedenheit wegen der Höhe der Prämien, und die Brigadeleiter konnten mit ihrem Einsatz für die Arbeiter manchmal am vorgegebenen System bemessen zu weit gehen. Nach den Erinnerungen eines Interviewpartners hielt sich einer von ihnen in einem solchen Fall sogar vor offenen Diffamierungen der PAA nicht zurück.[156] Derlei Beispiele sowie die überwiegend positiven Erinnerungen der Interviewpartner an die Brigadiere zeigen, dass der Brigadeleiter im Rahmen der gegebenen Möglichkeiten eine paternalistische Funktion für seine Brigade ausübte, die auf dem Zusammengehörigkeitsgefühl aufgrund gemeinsamer Sozialisations- und Berufserfahrungen fußte. Deshalb kann man durchaus auch im albanischen Fall von einer Entwicklung sprechen, die schon andere Autoren hinsichtlich ihrer Rolle in der DDR und im sozialistischen Bulgarien konstatiert haben, nämlich eine „zunehmend gewichtigere Position von Arbeitsgruppen oder Brigaden“.[157] Ursprünglich als Instrument zur Förderung der Produktion und Erziehung der Arbeiter in beruflicher und ideologischer Hinsicht konzipiert, entwickelten sie in der Tat mit der Zeit eine Bedeutung, die jenseits dieser Aufgaben manche Funktionen der Gewerkschaft übernahm, wie die Interessenvertretung eigener Mitglieder oder die Förderung des Kollektivgefühls. Diese Entwicklung hatte allerdings weniger mit der Bildung eines Klassenbewusstseins im Sinne marxistischer Ideologie zu tun als vielmehr mit der Gruppenüberschaubarkeit im Kreis der Brigade, woraus die Mitglieder verbindliche Erwartungen und Verpflichtungen für die Bewältigung des Arbeitsalltags ableiteten.

5.5 Instrumente der Mobilisierung: „Vorhutarbeiter“ und Wettbewerbe

Die gesellschaftlichen Verhältnisse ließen sich zwar mit Zwang verändern, zur ideologischen Umformung des Menschen bedurfte es aber permanenter Überzeugungsarbeit. Dabei benötigten die Parteipropagandisten zur Erziehung der Belegschaft des Stahlwerks im Arbeitsprozess und im Freizeitverhalten konkrete Vorbilder, da nicht davon ausgegangen werden konnte, dass alle Arbeiter die Werke von Enver Hoxha mit den darin enthaltenen Vorstellungen vom „neuen Menschen“ lasen oder die Reden wichtiger Persönlichkeiten aus der Parteiriege hörten. Diese Vorbilder sollten die „Vorhutarbeiter“ sein. Sie sollten

155 Interview mit V. M. am 5.3.2013 in Elbasan.
156 Interview mit N. V. am 23.2.2013 in Elbasan.
157 Hübner, Konsens, Konflikt und Kompromiss, 195; Raeva / Brunnbauer, Fabrikarbeiter, Gewerkschaften und Funktionäre, 308.

gleichzeitig mit der Arbeiterklasse entstehen und die Arbeiter zu einer positiven Arbeitshaltung motivieren, also somit zur Erreichung der Ziele dienen, die sich die Staats- und Parteiführer in wirtschaftlicher und erziehungspolitischer Hinsicht vorgenommen hatten. Hoxha äußerte sich 1970 in einer Rede vor einigen Fabrik- und Bergwerksarbeitern genauer über den gewünschten Prototyp des albanischen Industriearbeiters:

> „Um die schwierigen Aufgaben, mit denen ihr euch auseinandersetzt, auch zu erfüllen, muss man aus einem besonderen, stählernen Teig sein, welchen die Partei nun aufbereitet hat. Ihr, die hier arbeitet, wisst sehr gut, dass ihr nicht als Arbeiter, sondern als Söhne von Bauern oder Genossenschaftlern geboren seid. Bevor ihr zum Bergwerk und zur Fabrik gekommen seid, [...] wart ihr für den Weg der Kollektivierung in den Dörfern, in denen ihr geboren und groß geworden seid. Als die Partei euch aufrief, hierher zu kommen und zu arbeiten, seid ihr dem Aufruf mit großer Bereitschaft gefolgt [...]. Trotz diesen schwierigen Bedingungen hattet ihr vor der Arbeit keine Angst, hörtet den Parteiruf und sagtet: ‚Da gehen wir hin!', und habt eine schwere, aber ruhmreiche Arbeit auf Euch genommen, deren Resultate unsere Volkswirtschaft, unser Land so sehr benötigt. Hier begann auch eure Stählung als Mitglieder der Arbeiterklasse."[158]

Über die besten Vorbilder, die „Vorhutarbeiter", wurde regelmäßig in der Presse berichtet. Ihre Fotos waren üblicherweise in den Emulationstabellen am Arbeitsplatz zu sehen. In ihrer Herkunft und in ihrer Vorgeschichte finden sich Züge eines gewöhnlichen Industriebeschäftigten jener Zeit, die sich mit Eigenschaften vermischen, welche nach den Vorstellungen der PAA-Ideologen jeder albanischer Arbeiter verinnerlichen sollte.[159] Vor allem in der Stahlwerkszeitung *Metalurgu*, in der Elbasaner Kreiszeitung *Shkumbini* und im Presseorgan der Gewerkschaft *Puna* fand der Leser solche Beispiele, die ihre Umgebung zu inspirieren hatten. Man liest beispielsweise von einem Arbeiter, der als Waisenkind in einem Umfeld aufwuchs, das sich im Zweiten Weltkrieg in der Widerstandsbewegung engagiert hatte.[160] Er habe sich als Minderjähriger daran beteiligt und nach der Befreiung besuchte er einen Alphabetisierungskurs, um später einen Beruf zu ergreifen, der dem Wiederaufbau dienen sollte: Er arbeitete in der Metallfabrik von Tiranë als Schmelzer, ging dann zur Weiterqualifizierung in die Ferne nach China und begann anschließend seine Arbeit im Stahlwerk. Wenn es dort Havarien gab, verließ er das Haus und kehrte nicht eher aus dem Betrieb zurück, als bis das Problem gelöst war.[161]

[158] Hoxha, Minatorët dhe metalurgët, 275f.

[159] Nicht anders als in anderen staatssozialistischen Ländern waren die Eigenschaften ursprünglich von sowjetischen Modellen übernommen worden, später kamen allerdings noch „Tugenden" dazu, die mit dem „neuen Menschen" in der Volksrepublik China geteilt wurden, sowie bestimmte als „typisch albanisch" geltende Werte. Siehe dazu Raeva / Brunnbauer, Fabrikarbeiter, Gewerkschaften und Funktionäre, 301; Nikolla, Njeriu i ri, 47–54; Idrizi, Der „Neue Mensch", 282.

[160] Zur Rolle des Widerstandskampfes im Zweiten Weltkrieg als Legitimierungspfeiler kommunistischer Herrschaft und Rekonstruktionselement von Normalbiographien siehe Brunnbauer, Staat und Gesellschaft, 43f.

[161] Fatmir Dibra, Metalurgu [Der Metallarbeiter], *Puna*, 27.8.1974, S. 1 u. 4.

Auch in einer Ausgabe des *Metalurgu* der siebziger Jahre wurde von einem Arbeiter derselben Altersgruppe – zwischen 40 und 50 Jahre alt – berichtet. Er stammte angeblich aus einer armen, bäuerlichen Familie, hatte als Maurer beim Bau mehrerer Industriebetriebe in ganz Albanien teilgenommen und war Mitglied einer Brigade, die die Norm übererfüllte. Er wurde als fleißig und freundlich beschrieben und soll sich zum Ziel gesetzt haben, möglichst viele Facharbeiter auszubilden. Als aktives Mitglied der Gewerkschaft achtete er besonders auf Disziplinprobleme.[162]

In den Biographien der im *Metalurgu* vorgestellten älteren „Vorhutarbeiter" zeigen sich viele Gemeinsamkeiten. Wie Niedermüller feststellt, wurden auf diese Weise Identitätsmodelle konstruiert, welche die „Selbstanpassung der Individuen in die sozialistische Gesellschaftsordnung" sichern sollten. Arbeit spielte dabei eine konstitutive Rolle.[163] So wurde 1977 beim 8. Kongress der Gewerkschaft in Korçë ein Held der Sozialistischen Arbeit vorgestellt. Der 63-Jährige habe mehr als 30 Jahre auf verschiedenen Baustellen des Landes gearbeitet und sei Brigadeleiter mehrerer Brigaden gewesen, die ursprünglich wegen ihrer Arbeitshaltung einen schlechten Ruf gehabt, sich aber dank seiner Leitung gebessert hätten. In der Brigade, die er nun leitete, seien die unentschuldigten Fehltage im Vergleich zum vorigen Jahr halbiert worden und man arbeite dort nun viel schneller. Er selbst orientiere sich an den Lehren des Genossen Enver.[164] Ein anderer Arbeiter, über welchen die *Puna* 1978 schrieb, war 59 Jahre alt und mochte der Zeitung zufolge nach der Verrentung weiter arbeiten. Auch er habe sich an mehreren Bauprojekten beteiligt. Seine junge Brigade würde die Norm mit 120 Prozent übererfüllen. Die Brigademitglieder kämen aus verschiedenen Kreisen des Landes, würden einen Gemeinschaftsgeist manifestieren und hätten alle die Gesellenprüfung bestanden.[165]

Bei den jungen Arbeitern konnte man in der Presse natürlich keine Beteiligung im Zweiten Weltkrieg vorweisen, aber dafür betonten die Schreiber bei den gewählten Personen deren zusätzliche Qualifikationen und Opferbereitschaft. Die „vorbildlichen" Arbeiter, über die berichtet wurde, hatten eine Ausbildung abgeschlossen, bevor sie im Stahlwerk beschäftigt wurden. Sie wurden als innovativ und allseits respektiert dargestellt. Ein 25-jähriger Techniker, über den der *Metalurgu* berichtete, sei „einer der besten Aktivisten der Gewerkschaft, er arbeitet überall, wo es das Allgemeinwohl will." Obwohl von Beruf Techniker, arbeite er als Monteur. Auch würde er Arbeiter mit niedriger Qualifikation betreuen. Ursprünglich hätte er aufgrund einer Erkrankung eine relativ leichte Tätigkeit

162 «Shkruani për Xhevat Allën!» [„Schreibt über Xhevat Alla!"], *Metalurgu*, 28.2.1974, S. 2.

163 Peter Niedermüller, Arbeit, Identität, Klasse, in: Roth (Hg.), Arbeit im Sozialismus – Arbeit im Postsozialismus, 23–36, 30 f.

164 AQSh, Bashkimet Profesionale, 657, 1977/81, 3 [Aus dem Vortrag des ausgezeichneten Arbeiters Maqo Polena beim 8. Kongress der Gewerkschaft im Stahlwerk].

165 Shefqet Vasjari, Punë plot vrull e mobilizim revolucionar [Arbeit voller Elan und revolutionärer Mobilisierung], *Puna*, 3.11.1978, S. 3.

ausüben sollen, aber er habe das abgelehnt und sei deshalb in der Fabrik Nr. 12 eingesetzt worden.[166] Solche Menschen hatten normalerweise Positionen inne, die sie als Vertreter der Arbeiterklasse kennzeichneten, sei es als Gewerkschaftsvertreter oder als Brigadeleiter.

Bei Frauen wurde insbesondere auf die Mentalitätsveränderungen hingewiesen, die dank der Partei und der Emanzipationsbewegung geschehen seien. Der Leser erfährt von einer Leiterin einer Kontrollstelle im Walzwerk, die am Anfang „ängstlich war", aber dank der Unterstützung einer Kommunistin sicherer geworden sei und im Kongress des Frauenverbandes als Vertreterin des Stahlwerks teilnehme. Auf eine weitere Metallarbeiterin, die auch an der Kontrollstelle saß, sei als Roma in den früheren Regimen herabgeschaut worden, aber „dank der Partei wurden unsere Träume verwirklicht". Im sozialistischen Albanien lebe sie mit ihrer Familie „glücklich und unter viel besseren Umständen" als früher.[167]

Es waren in erster Linie einfache Arbeiter, die von den Lesern und vor allem von den Kollektiven als Vorbilder wahrgenommen werden sollten. Menschen aus anderen Tätigkeitsbereichen kamen in der Presse selten vor, da sich die Partei zuallererst als Vertreterin der Interessen der Arbeiterklasse verstand. Es mag sein, dass in der Sowjetunion unter Chruschtschow und Breschnew der Ingenieur als „das Rückgrat der neuen technischen Zivilisation" galt;[168] in Albanien orientierte sich die Presse jedoch an Hoxhas Richtlinie: „Die Partei lehrt die Ingenieure und Techniker, der Arbeiterklasse zu helfen, denn sie sind ihre Helfer und nicht ihre Führer".[169] Auch wenn über Vertreter aus der Verwaltung oder aus der Kombinatsleitung berichtet wurde, gingen sie in Beschreibungen der Arbeiterkollektive unter, wie beispielsweise der „parteitreue Fabrikleiter F. D., der dieselbe Kleidung wie seine Arbeiter trägt".[170] Oft schrieb man über „vorbildliche" Arbeiter, wenn Parteitage oder Wahlen stattfanden und die Kandidaten vorgestellt wurden, oder an besonderen Tagen, beispielsweise am Frauentag oder am Tag des Neuerers[171]. Ansonsten wurde regelmäßig über Kollektive berichtet, welche es sich aufgrund ihrer Arbeitsleistungen oder ihres Verhaltens nachzuahmen lohnte. So wurden Presseartikel über die Arbeiter der Koksfabrik geschrieben, welche die Kokskohle mit heimischer Kohle mischten und dadurch die Importe minderten oder über Kollektive aus der Betonfabrik, die mithilfe von Ersatzstoffen Beton durch Lehm ersetzten.[172] Auch auf die Wertschätzung, die die Partei oder ihre Mitmenschen solchen Vorbildern entgegenbrachten, wurde hingewiesen. Fleißige

166 Ibrahim Didani, Luli, aktivisti i palodhur [Luli, der unermüdliche Aktivist], *Metalurgu*, 12.5.1977, S. 2.

167 Vasjari, Shoqet e Metalurgjikut, S. 1.

168 Beyrau, Das sowjetische Model, 59.

169 Hoxha, Minatorët dhe metalurgët, 284.

170 Ibrahim Didani, Metalurgët e furrnaltës [Die Metallarbeiter des Hochofens], *Puna*, 25.12.1979, S. 2.

171 Ein Neuerer war in den sozialistischen Ländern jemand, der durch einen innovativen Vorschlag zur Verbesserung des Arbeitsprozesses oder zur Steigerung der Produktivität in Institutionen, Betrieben oder Landwirtschaftlichen Genossenschaften beitrug.

172 Aktiv i BP, S. 4.

Arbeiter wurden „Meister im Beruf" oder „Helden der Sozialistischen Arbeit", „Absolventen des Republikpreises für Innovation", Parteimitglieder oder gar Abgeordnete.[173] Die meisten waren laut der Presse gute Gewerkschaftsaktivisten. Interessanterweise wurde selten auf ihre Tätigkeit im Wohnviertel im Rahmen der Strukturen der Demokratischen Front eingegangen, möglicherweise auch weil facettenreichere Recherchen den Korrespondenten schlicht zu aufwendig waren. Die für sie wichtigsten Informationen bekamen sie am Arbeitsplatz. Es sollte nicht vergessen werden, dass viele Autoren freiberufliche Korrespondenten waren, die ansonsten einer anderen Tätigkeit nachgingen. Aber das Bild fügt sich dennoch in die parteiideologiesche Gesamtschau, in welcher der Wert einer Person zentral nach ihrem Arbeitseinsatz bestimmt wurde und nicht nach sonstigem gesellschaftlichem Engagement.

Anhand der Häufigkeit, mit welcher bestimmte besondere Leistungen der „Vorhutarbeiter" erwähnt werden, lässt sich auch erahnen, wo die meisten Engpässe oder Probleme bei der Tätigkeit des Kombinats und bei der Belegschaft bestanden. Zu Beginn der Bauarbeiten am Stahlwerk und in der ersten Phase seiner Inbetriebnahme veröffentlichte die Presse oft lobende Berichte über Arbeiter oder Kollektive, die freiwillig gekommen seien und bis zum Ende der Bauarbeiten bleiben wollten. Andere „vorbildliche" Arbeiter würden Arbeitsunterbrechungen zu vermeiden versuchen, indem sie etwa schon am Tag vor dem geplanten Einsatz Werkzeuge und Rohmaterialien am Arbeitsort sammelten, damit sie am nächsten Tag nicht auf Engpässe stießen.[174] Viele seien fleißige Teilnehmer von Qualifizierungskursen. Die meiste Zeit würden sie intensiv arbeiten, auch wenn die Arbeitsbedingungen schwer seien. Ein Fahrer, der an seinem Laster eine rote Fahne mit der Aufschrift „Der beste Fahrer" hängen habe, würde – wenn man seine Überstunden zusammenrechnete – 30 anstatt 26 Tage im Monat arbeiten. Er übererfülle die Norm und könne mit Sprit sparsamer umgehen als seine Arbeitskollegen.[175]

Die Inbetriebnahme des Kombinats wurde von mehreren Problemen begleitet, die den Zeitungsschreibern offenbar eine Veränderung der Schwerpunkte ihrer Propaganda ratsam erschienen ließen. Da die Berufskenntnisse der Beschäftigten im Laufe der Zeit angestiegen waren, berichteten sie nun über Neuerer und Spezialisten, die es durch ihre Innovationen geschafft hätten, Ersatzteile für die Maschinen im Stahlwerk herzustellen und so zur Senkung der Importe beitrugen. Einige Maschinen seien dadurch sogar effizienter als früher geworden.[176] Als die Beziehungen zu China sich verschlechterten, wurde massiv propagiert, dass das Kombinat auch ohne fremde Hilfe gebaut werden könnte. Ziel mehrerer Brigaden sei es, „möglichst viel im Kombinat zu produzieren und nicht von Importen abhängig zu sein". Arbeiter und Führungskader wurden zitiert, welche dem Leser klar

173 Dibra, Metalurgu, S. 4.

174 Dylber Hasani, Garat midis punëtorëve të të njëjtit profesion [Wettbewerbe zwischen den Arbeitern desselben Berufes], *Puna*, 23.6.1974, S. 2.

175 Shefqet Vasjari, Çdo objekt e uzinë ka vulën e heroizmit punëtor [Jedes Objekt und jede Fabrik trägt den Stempel des Arbeiterheldentums], *Puna*, 14.1.1977, S. 1 u. 3.

176 Ebenda.

machen sollten, dass das „Stahlwerk [...] ein Ergebnis der Arbeit des albanischen Volkes ist und nicht der Auslandshilfe, wie das die Chinesen behaupten".[177] Zur Beseitigung eventueller Sorgen sollten wiederum Aussagen von mit Preisen ausgezeichneten Arbeitern dienen, welche den Lesern beispielsweise versicherten, „in der Gusseisenfabrik sind alle Maßnahmen getroffen worden, damit die Produktionslinien ungestört ihre Arbeit fortsetzen, und Gusseisen pausenlos hergestellt wird. Im Vergleich zum ersten Jahr ist die Produktionsmenge um 35 Prozent gewachsen."[178]

Die „Vorhutarbeiter" würden, so hieß es in der Presse, in entscheidendem Maße dazu beitragen, Schäden zu beheben, die auf eventuelle chinesische Sabotagearbeiten zurückgeführt wurden. So sei es im Hochofen kurz vor dem Weggang der chinesischen Spezialisten zu einer schweren Havarie gekommen.

> „Die Chinesen flüsterten untereinander und es sah aus, als ob sie sich freuten, dass der Defekt jetzt entstand, wo sie weggehen würden. Aber die Metallarbeiter reparierten den Defekt zwei Tage nach dem Weggang der Chinesen, setzten die Produktion fort und erhöhten sie sogar um 10 Tonnen."[179]

Die Arbeiten würden nun sogar noch schneller voranschreiten. „Die Brigade von M. B. hat im Juli des vergangenen Jahres den Bau des Ofens [...] innerhalb von sechs Tagen abgeschlossen und nicht innerhalb eines Monats, wie es die Chinesen vorgesehen hatten."[180] Beispiele wie dieses stellten die „Vorhutarbeiter" als Patrioten dar, die mit ihrem Einsatz der Stärkung der Heimat dienten. Diese Art von Propaganda war letztlich derart wirksam, dass manche damalige Beschäftigte heute noch daran glauben, es hätten im Stahlwerk sogar Raumschiffe produziert werden können![181]

Interessanterweise findet man Ziffernangaben wie die oben erwähnten nicht nur in Zeitungen, sondern auch in Gewerkschaftsberichten, die nicht für die breite Masse bestimmt waren. Das erhöht ihren Glaubwürdigkeitsgehalt ein Stück weit, auch wenn Zweifel bei den angegebenen Leistungen nicht zur Gänze fehl am Platze sind. Letztlich hatten die Autoren ein Interesse daran, die Zahlen zu beschönigen, um gegenüber ihren Vorgesetzten Erfolge vorzuweisen. Es sollten aber auch die Begleitumstände berücksichtigt werden, insofern die Angaben überhaupt der Wahrheit entsprachen. Unplausibel erscheint zumindest dieses nicht: Die chinesischen Spezialisten hatten in den letzten Monaten ihres

[177] Kombinatin do ta ndërtojmë dhe do ta vëmë në shfrytëzim duke u mbështetur në forcat tona [Das Stahlwerk wird durch unsere eigene Kraft gebaut und in Betrieb gesetzt], *Puna*, 1.8.1978, S. 3.

[178] Ebenda.

[179] Didani, Metalurgët e furrnaltës, S. 2.

[180] AQSh, Bashkimet Profesionale, 657, 1979/79, 69 [Studie des Gewerkschaftskomitees des Kreises Elbasan über die Einstellung der Arbeiterklasse zu Arbeit und Eigentum].

[181] Interviews mit P. L. am 18.2.2013 in Elbasan und K. M. am 20.2.2013 in Elbasan; vgl. Albert P. Nikolla, Njeriu i ri, 115.

Aufenthaltes in Albanien aufgrund der unaufhaltsamen Verschlechterung der Beziehungen ein passives Arbeitsverhalten an den Tag gelegt, was das Arbeitstempo verlangsamt haben dürfte.

Nach deren Abreise lagen die Prioritäten der Arbeit im Stahlwerk auf „Produktionserhöhung" und „Sparsamkeit im Umgang mit Rohstoffen". 1979 lobte der Shkumbini das Kollektiv des Betriebes für Maschinentransport, welches sich verpflichtet hatte, Kraftstoff zu sparen. 171 Fahrer und Kranführer aus einer Belegschaft von 395 Arbeitern hätten im Vorjahr zusammen über 40.000 Liter Kraftstoff gespart, indem sie zum Beispiel die Filter mit Wasser und nicht mit Benzin reinigten, nicht Kraftstoff zur Händereinigung verwendeten und anderes mehr.[182] Andere Arbeiter stellten wie schon erwähnt selbst Geräte und Werkteile her, die früher aus dem Ausland bezogen worden waren. Um dies zu bewerkstelligen und aktiv an der technisch-wissenschaftlichen Revolution teilnehmen zu können, bildeten sie sich fleißig fort, berichtete die Puna. Infolgedessen wurden in der Öffentlichkeit bis zum Ende des Regimes beständig Produktionserhöhungen gemeldet. So hätten die Bauarbeiter des Baubetriebs Nr. 1 1979 die Produktionsjahresziele zehn Tage vor Jahresende erreicht, den Plan am Ende zu 103,3 Prozent realisiert und Materialkosten im Wert von 17.000.000 Lek eingespart,[183] während 1987 die Arbeiter einer Werkabteilung der Stahlfabrik 2000 Tonnen mehr Stahl produzierten als geplant.[184] Um die Verpflichtungen zu erreichen, war die Opferbereitschaft laut der Presse geradezu eine Selbstverständlichkeit. Viele dieser Arbeiter würden auch an Neujahr arbeiten, andere seien wiederum immer da, wenn in der Spät- oder Nachtschicht Havarien aufträten. Dass sie Wertarbeit leisteten und die von ihnen hergestellten Produkte bester Qualität waren, stand in diesen Pressepräsentationen außer Frage. Um wieder Niedermüller zu zitieren: „Der Sozialismus [...] glaubte an Planung, Innovation und Fortschritt, er sah keine Grenzen des Machbaren."[185] Die kommunistischen Führer benötigten die „Vorhutarbeiter" als wichtige Komparsen in dem Schauspiel, das sie ihren Untertanen vorführten. Beseelt von der Idee, die Schwerindustrie würde den Fortschritt herbeiführen, taten sie alles, um die Gesellschaft daran glauben zu lassen, der Industrialisierungsprozess sei unaufhaltsam und die Herrscher hätten alles unter Kontrolle.

Die „Vorhutarbeiter" waren auch diejenigen, die die Wettkämpfe zwischen den einzelnen Brigaden oder Betrieben offiziell eröffneten. Der Vorsitzende des Exekutivkomitees von Elbasan hatte den Gewerkschaftsorganisationen 1965 die Empfehlung gegeben, Wett-

[182] Sami BËRBALLA, Kursimi i karburanteve – problem i gjithë kolektivit të shoferëve [Die Einsparung von Kraftstoff – eine Angelegenheit des gesamten Fahrerkollektivs], *Shkumbini*, 31.3.1979, S. 3.

[183] Klasa punëtore filloi punën me vendosmëri për t'i plotësuar e tejkaluar detyrat [Die Arbeiterklasse begann entschlossen die Arbeit zur Beendigung und Übererfüllung der Aufgaben], *Puna*, 5.1.1979, S. 3.

[184] Vasil POPA, Delegati i uzinës së çelikut [Der Delegierte der Stahlfabrik], *Shkumbini*, 6.6.1987, S. 3.

[185] NIEDERMÜLLER, Arbeit, Identität, Klasse, 26.

kämpfe zwischen einzelnen Arbeitern oder Brigaden zu initiieren und jeden Monat die Arbeiter über die Ziele der Wettbewerbe und die Zwischenstände zu informieren, um so die Abschlussarbeiten zum Bau des Walzwerks zu beschleunigen.[186] Die Verpflichtungen jeder teilnehmenden Brigade wurden zusammen mit den Aufgaben für den nächsten Tag an ihrem Arbeitsplatz festgehalten. Diese Praxis wurde während der Arbeiten zum Bau des Stahlwerks durchgehend beibehalten. So eröffnete Maqo Polena, der Leiter einer Montagebrigade, 1973 die Initiative für den Titel „Brigade des 30. Jahrestags der Vaterlandsbefreiung", was gemäß dem Metalurgu ein solch breites Echo hervorrief, dass bis 1974 alle Betriebe, Schichten und Brigaden ihre Teilnahme daran erklärten. Mittels Flugblättern wurden die zu erfüllenden Anforderungen der Kollektive für die Bereiche: Kenntnisse der marxistisch-leninistischen Ideologie, Planerfüllung, Produktivität, Disziplinstärkung, Qualifizierung und Militärvorbereitung festgehalten, und an die Arbeiter verteilt.[187] In Wahrheit jedoch wurden derartige Aktivitäten von den Massen- oder Parteiorganisationen organisiert. Durch sie bemühten sich deren Funktionäre, den Arbeitseifer der Beschäftigten zu erhöhen und „deviante Verhaltensweisen" zu bekämpfen. Die Ergebnisse sollten nicht kurzfristiger Natur sein, weshalb solche Wettkämpfe sich über eine längere Zeitdauer erstreckten oder teilweise parallel stattfanden. So nahmen die jungen Arbeiter des Stahlwerks 1976 gleichzeitig an zwei Initiativen Teil: Einerseits am Wettkampf um den Titel „Sturmjugend des V. Fünfjahresplanes", und andererseits an dem um die „Erhöhung der Moral der jungen Bauarbeiter".[188] Ihre Ziele wurden durch die Betriebsleitung und die Vertreter von Partei und Gewerkschaft beziehungsweise Jugendorganisationen festgelegt.

Welche Aspekte des Arbeitsverhaltens und der Produktion die Wettkämpfe betrafen, lässt sich den entsprechenden Überschriften entnehmen. 1974 organisierten die Stahlwerksgewerkschaft Initiativen „Zur Perfektionierung der moralischen Figur der Arbeiter" (die wieder in der Brigade von Maqo Polena begann), „Zur weiteren Vertiefung der Arbeit mit technischen Normen" und „Zur Sparsamkeit als zweite Natur des Arbeiters", wo alle Stahlwerksarbeiter teilnahmen, sei es in einer oder mehreren gleichzeitig. In den Kollektivversammlungen war zur langfristigen Diskussion das Thema angesetzt: „Wie

[186] AShVE, Komiteti Ekzekutiv i Elbasanit [Keine Fondsnummer], 1965 / 494, 1 [Weisung des Leiters des Exekutivkomitees des Kreises Elbasan Rrapo an die Gewerkschaftsorganisationen und an den Baubetrieb betr. Maßnahmen zum Abschluss der Bauarbeiten für die Fabrik für Schwarzmetallurgie im Dezember 1965].

[187] AQSh, KQ i PPSh, 14, 1973 / 83, 10 [Bericht der Sekretärin des Parteikomitees des Kreises Elbasan Kallajxhi an das ZK der PAA vom 25.10.1973 betr. die Tätigkeit der Parteiorganisationen im Stahlwerk].

[188] AQSh, KQ i PPSh, 14, 1976 / 881, 4 [Mitteilung an das ZK der PAA betr. wichtige Angaben zum Stahlwerk betr. ideologische Arbeit, Fortgang der Bauarbeiten und auftretende Probleme].

arbeiten ich und mein Nachbar zur Realisierung der vorgenommenen Ziele?"[189] Als Belohnung gab es neben dem konkreten Titel normalerweise Belobigungen oder Teilnahmezeugnisse.

Nicht anders als beispielsweise in Eisenhüttenstadt wurden einige Wettbewerbe aus der Not geboren.[190] Ausgehend von verschiedenen Defiziten und Engpässen, die bei der Arbeit im Stahlwerk bestanden, wurden Wettbewerbe organisiert, die zum Ziel hatten, durch eine erhöhte Motivation der Beschäftigten Engpässe zu decken und Schwierigkeiten zu beheben. Um beispielsweise die Rekrutierungsprobleme wenigstens teilweise zu lösen, wurde im Walzwerk die Initiative ausgerufen, von der normlosen Arbeit zur Arbeit mit progressiven Normen überzugehen und den Plan für das Jahr 1973 mit 71 Arbeitern weniger zu realisieren.[191] Wenn die Ziele nicht erfüllt wurden, dann wurden diejenigen, welchen die Schuld angelastet wurde, vor der eigenen Brigade vorgeladen und es kam zur „Gegenüberstellung", das heißt, sie mussten sich rechtfertigen und eine „für die anderen überzeugende" öffentliche Selbstkritik üben sowie versprechen, sich zu bessern.[192]

Die Arbeiter konnten aber auch dann, wenn ihr Brigadeleiter eine Initiative übernommen oder die Herausforderung einer anderen Brigade angenommen hatte, nicht einfach zur Stoßarbeit motiviert werden. Um möglichst viele Beschäftigte in den Wettbewerb einzubeziehen, versuchten die Propagandisten mit den entsprechenden Propagandamitteln eine geeignete Umgebung zu schaffen. Die Atmosphäre, die in einer Fabrik während solcher Veranstaltungen herrschte, schildert eine kurze Passage aus einer *Metalurgu*-Ausgabe von 1974:

> „Zu Beginn des Jahres 1973 setzte das Kollektiv des Walzwerks, nachdem ihm durch die Gewerkschaftsorganisation und die Parteigrundorganisation die Planziffern bekannt gemacht wurden, die sozialistische Emulation in Gang. Es begannen die Wettbewerbe unter Individuen, Brigaden und Schichten. Die Fahneninitiativen wurden gestartet und die vorbildlichen Arbeiter durch die Lautsprecher in der Fabrik bekanntgegeben. Dieses Kollektiv verpflichtete sich, den Plan, den sie in drei Schichten erfüllen sollten, in zwei Schichten und mit weniger Arbeitern zu realisieren. Dies wurde zur Wirklichkeit und die Ergebnisse sind gut."[193]

Der Widerstand der Arbeiter gegenüber solchen Initiativen zeigte sich auf unterschiedliche Art und Weise. Als in einem Werkbereich der Stahlfabrik 1977 die Gewerkschaftsvertreter die Schichtnorm für jedermann durchsetzen wollten, wandten sich einige Arbei-

189 AQSh, Bashkimet Profesionale, 657, 1974 / 9, 12 [Bericht des Leiters des Gewerkschaftskomitees des Stahlwerks Shkëmbi an das Präsidium des Zentralrates der Gewerkschaft vom 20.6.1974 betr. den Beitrag der Gewerkschaftsorganisationen im Kombinat zur Erziehung der Arbeiter].

190 Jajeśniak-Quast, Stahlgiganten in der sozialistischen Transformation, 161.

191 Inisiativë revolucionare e kolektivit të uzinës së metalurgjisë së zezë [Revolutionäre Initiative des Kollektivs der Fabrik für Schwarzmetallurgie], *Shkumbini*, 20.1.1973, S. 1.

192 Die „Überzeugungskraft" der Selbstkritik konnte man sowohl zu Gunsten als auch zum Nachteil der betroffenen Person auslegen, was sie zu einer gefährlichen Waffe in der Hand von Parteigrößen machte.

193 Cenja, Si e kemi organizuar emulacionin socialist, S. 3.

ter dagegen mit der Begründung, die meisten Arbeiter hätten keine erforderliche Qualifikation und beherrschten nicht das technologische Verfahren. Die *Puna* schloss einen Bericht dazu mit den Sätzen: „Es ist noch ein langer Weg, bis die Brigadenormen oder gar die technischen Normen gesetzt werden. Aber die Arbeiter sind optimistisch!“[194]

Die Ergebnisse der Wettbewerbe mussten regelmäßig durch Ausschüsse der Gewerkschaftsorganisationen überprüft werden. Bei einigen Betrieben war das Interesse der Arbeiter daran jedoch derart gering, dass nicht einmal die Ausschüsse zur provisorischen Auswertung zusammenkamen, so dass die Betriebsleitung die Wettbewerbe formell weiterleitete.[195] Am Anfang eines Wettbewerbs werden einzelne Arbeiter durchaus motiviert gewesen sein, was durch die martialische Sprache, die die Wettbewerbe begleitete, zusätzlich gefördert wurde. Initiativen mit militärischen Parolen wie „Kämpfe, arbeite und lebe wie unter Einkreisung!“ oder „Gehe nicht aus der Arbeitsfront ohne die Aufgabe zu erfüllen!“ sollten durch den Hinweis auf den Feind im In- und Ausland jedes persönliche Opfer rechtfertigen und mögliche Einwände ersticken.[196] Um den Kampfgeist nicht einschlafen zu lassen, wurden tägliche Kommuniqués herausgegeben und überall im Kombinatsgelände Plakate und Parolen aufgestellt. Das wichtigste Instrument war die schon mehrfach erwähnte Emulationsecke. Ein Musterbeispiel dafür, wie diese aussehen sollte, steht in einem Bericht von 1983 des *Metalurgu* über das Walzwerk:

> „Am Eingang der Fabrikverwaltung stehen zwei Stände: Die ‚Ecke der Erfahrung der progressiven Arbeiter‘ und die ‚Ecke der Produktionspropaganda‘.
>
> Am ersten Stand sind die wichtigsten Aktionen des Kollektivs fürs erste Quartal verzeichnet, die Ziele der Initiativen ‚Lasst uns möglich machen, dass jeder Arbeiter für sich und seine Abteilung ein Neuerer wird‘ und ‚Die Vorreiterschichten des Tages‘, was besondere Aufmerksamkeit auf sich zieht. Hier werden die 10-, 20-tägigen oder monatlichen Ergebnisse aller drei Abteilungen angezeigt.
>
> An der ‚Ecke der Produktionspropaganda‘ werden monatlich die Erfüllungen oder Verfehlungen im Produktionsbereich, Produktivität, Normen, Einsparungen oder Ausgaben im Lohnbudget und Produktionskosten, Abwesenheiten, Defektraten u. a. angezeigt.“[197]

194 Ilia Dedi, Zemra të çelikta [Stählerne Herzen], *Puna*, 19.6.1977, S. 3.

195 AShVE, Komiteti i Partisë i Kombinatit Metalurgjik Elbasan, 873, 1979 / 19, 48 [Bericht des Leiters des Stahlwerksgewerkschaftskomitees für den Bau Bërballa und des Leiters des Stahlwerksgewerkschaftskomitees für die Produktion Shkëmbi an den Stahlwerksparteisekretär Maksuti betr. die Lage des sozialistischen Wettbewerbes].

196 Allerdings war Albanien nicht der einzige Fall, wo die kommunistische Propaganda sich dieses Stils bediente. Golonka-Czajkowska betont, dass auch in anderen Ostblockländern die kommunistische Arbeitsrhetorik von militärischen Tropen durchsetzt war. Siehe Monika Golonka-Czajkowska, Homo faber: The Socialist Role Model as Seen by Individuals. The Lenin Steelworks in the Light of the Worker's Recollections, in: Klaus Roth (Hg.), Arbeit im Sozialismus – Arbeit im Postsozialismus, 239–257, 241.

197 Sulë Çeka, Një shikim në dy stenda [Ein Blick auf zwei Stände], *Metalurgu*, 7.4.1983, S. 4.

Abgesehen von überdurchschnittlichen Ergebnissen in einzelnen Bereichen der Produktion wurde gemäß den Erinnerungen der meisten Interviewpartner offiziell viel von einer „ideologischen Reife" der „progressiven" oder der „Vorhutarbeiter" gesprochen. Im Stahlwerk wurde in der Praxis gemäß diesen Erinnerungen jedoch angeblich primär auf die berufliche Qualifikation Wert gelegt. In den Interviews erklärten einige, wenn sie Überstunden leisteten und bis zu 24 Stunden im Betrieb waren, habe das zumeist nicht an ideologischen Prioritäten gelegen, sondern an den freizeitbezogenen und finanziellen Anreizen und weil sie ein ausgeprägtes Verantwortungsgefühl besessen hätten. Möglicherweise weisen solche Aussagen aber auch auf einen Verdrängungsmechanismus hin, der es für den betroffenen Interviewpartner leichter macht, mit der Vergangenheit umzugehen:

> „Die ideologischen Aspekte spielten keine große Rolle. Einer wurde einmal vom Ausschuss gefragt, wer der Vorsitzende der Partei der Arbeit ist und wo er sich heute befindet. Er wusste es nicht. Ich war für die Arbeit zuständig. Manchmal mussten wir drei Schichten hintereinander arbeiten. Anschließend konnten wir sie abfeiern."[198]

> „Ich habe gearbeitet, weil ich musste. 72 Stunden konnte ich nicht nach Hause gehen und musste im Werkbereich bleiben. Die Lage war kritisch. Wir mussten Veränderungen an der Technologie vornehmen, um die Rohstoffe zu verarbeiten. [...] Dazu war es Winter, wir benötigten 250/300 Kubikmeter Wasser pro Stunde zur Verarbeitung. [...] Ich ging nicht nach Hause, denn wenn ich gegangen wäre, hätte das Stahlwerk seine Tätigkeit unterbrochen. Am Ende bekam ich keine Prämie."[199]

Der schon im vorangegangen Abschnitt erwähnte Titel „Held der Sozialistischen Arbeit" war der höchste Orden, der einem Arbeiter verliehen werden konnte. Diejenigen, die ihn erhielten, waren darauf besonders stolz. Da sie die Funktion eines Aushängeschildes hatten, wurden sie teilweise von der Betriebsleitung privilegiert. Im Vergleich zu früher ließ ihre Arbeitsintensität dann angeblich nach.[200]

> „Wir hatten zwei Fahrer, die angeblich für das Jahr 2000 arbeiteten,[201] aber sie hatten auch viele Erleichterungen, wenn sie beispielsweise mit ihrer Ladung kamen, wurden ihre Laster sofort abgeladen, während ein anderer vier bis fünf Stunden warten musste. Es war die Weisung erteilt worden, dass, wenn sie da waren, sechs bis sieben Arbeiter sofort ihre Laster abladen sollten. [...] Während ein anderer Fahrer Reifenwechsel nach einer bestimmten Kilometeranzahl vornehmen konnte, ich glaube alle 6000 bis 8000 Kilometer, waren es bei ihnen 1000 bis 2000 Kilometer. Bei ihnen wurde auch die Batterie öfter gewechselt, bei manch anderem gar nicht. [...] Unterwegs wurden sie auch nicht durch Straßenkontrollen belästigt. Es war normal, dass sie die Norm übererfüllen würden."[202]

[198] Interview mit N. V. am 23.2.2013 in Elbasan.

[199] Interview mit S. N. am 22.1.2013 in Elbasan.

[200] Interview mit P. N. am 18.5.2012 in Tiranë.

[201] D. h. sie hatten so viel Arbeitsleistung erbracht – an Überstunden oder auf die Norm bezogen –, wie ein normaler Arbeiter bis zum Jahr 2000 erbringen würde.

[202] Interview mit L. Ç. am 27.1.2013 in Elbasan.

Um als „Vorhutarbeiter" zu gelten, war eine Parteimitgliedschaft nicht erforderlich; die Arbeiter betrachteten sie jedoch durchaus als einen notwendigen Schritt auf der Karriereleiter:

> „Stell Dir vor, er kam aus Korçë, hatte im Baubereich gearbeitet und kam nun in die Montage und von dort zum Produktionsbereich. Wenn man sah, dass er ein guter und bescheidener Mensch war, wurde er zum Parteimitglied, dann Schichtleiter. Kurz gesagt, er konnte bis an die Spitze aufsteigen."[203]

Für die „Vorhutarbeiter", welche zumeist jener Generation entstammten, die noch den Regimewechsel erlebt hatten, spielten materielle Anreize angeblich eine nachrangige Bedeutung. Ihre Loyalität stand außer Frage und sie hatten sich durch die Teilnahme am Bau verschiedener Werke bewährt. Laut meinen Gesprächspartnern V. M. und J. T. verhielt es sich bei ihnen wie folgt:

> „Die Helden der Sozialistischen Arbeit waren die ältesten Arbeiter und sie waren beim Bau von Industriewerken oder soziokulturellen Objekten dabei. Die meisten hatten direkt nach der Befreiung mit der Arbeit begonnen. [...] Sie mussten in politischer und ideologischer Hinsicht makellos sein, ohne Gefängnisstrafen, keine Versuche von Diebstahl. Sie hatten der Wirtschaft niemals geschadet, sollten keine Vagabunden sein, hatten weder Frau noch Kinder auf der Straße sitzen gelassen."[204]
>
> „Er war stolz, ein ausgezeichneter Arbeiter zu sein: ‚Ich habe soundso viele Abzeichen, ich bin Metallurg, und zwar einer der ersten. Ich habe dies und das'. – Nicht ich, sondern die erste Generation. – Er sagte: ‚Ich habe da und dort gearbeitet, habe soundso viele Abzeichen, soundso viele Werke von Enver.' Es waren die Stimuli des Kommunismus und sie waren stolz darauf."[205]

Die übrigen Arbeiter, vor allem in den späteren Jahren und insbesondere diejenigen, die aus den Städten stammten, versuchten nach Aussagen der Interviewpartner die Regeln zu umgehen, um den Status eines ausgezeichneten Arbeiters zu bekommen. Auch zählten für sie vorrangig materielle Belohnungen für besondere Leistungen und sie machten wenn möglich ihre Netzwerke geltend, um in den Genuss von Belohnungen zu kommen. Allerdings lässt sich diese Haltung teilweise darauf zurückführen, dass sich die wirtschaftliche Situation in den achtziger Jahren rasant verschlechterte. Nach Erinnerungen der Zeitgenossen traten Diebstahl und Eigensinn nun häufiger als früher in Erscheinung:

> „Es war da auch ein anderer aus Shkodër. Schon wenn er da war, am frühen Morgen, befleckte er seine Stirn mit Motorenöl und war am lautesten. Er war nur ein Mechaniker. Er hatte alles Mögliche im Stahlwerk gestohlen und am Ende bekam er von der Partei ein Abzeichen."[206]
>
> "[...] wir aus dem Dorf waren verklemmt, während diejenigen, die nicht arbeiteten, aus der Stadt kamen und stur waren. [...] In einem Fall sollte nicht ich die Prämien austeilen, sondern

203 Interview mit L. S. am 20.2.2013 in Elbasan.
204 Interview mit V. M. am 5.3.2013 in Elbasan.
205 Interview mit J. T. am 25.2.2013 in Elbasan.
206 Interview mit J. T. am 25.2.2013 in Elbasan.

> ein anderer. Er gab die Prämie am 1. Mai und am 28. November derselben Person. Wir alle wollten aber Prämien, deshalb wurde der Begünstigte halb scherzend gefragt, wofür er so viel Geld braucht. Wenn Du Beziehungen hattest, wurde nicht derjenige belohnt, der arbeitete, auch wenn es theoretisch so sein sollte."[207]

Bereits Ruß hat darauf hingewiesen, dass der Erfolg der politischen Überzeugungsarbeit der PAA-Aktivisten davon abhing, ob die propagierten Ansprüche und Ziele mit den konkret gemachten Erfahrungen der Beteiligten übereinstimmten.[208] Zumindest für die letzte Phase des albanischen Realsozialismus kann man diese Frage mit Nein beantworten. Die beiden zuletzt zitierten Beispiele waren der Glaubwürdigkeit der Parteiführung alles andere als dienlich und taugten nicht zur Massenmobilisierung. Dennoch wurde zu dieser Zeit durch die massenhafte Verleihung von Orden wie „Die Rote Fahne der Arbeit" an Menschen oder Kollektive in verschiedenen Bereichen versucht, die Arbeitsmotivation der Beschäftigten zu erhöhen.[209] Die Aussage eines ehemaligen „Vorhutarbeiters" sagt viel über die Zeitmentalität aus und über die Ernüchterung, die nach dem erneuten Regimewechsel folgte:

> „Ich habe alle Werke Enver Hoxhas, vom ersten bis zum letzten. Alle zwei bis drei Monate bekam ich ein Lob. Geld habe ich nicht bekommen, obwohl auch Geld gegeben wurde. [...] Ich nahm die Werke Envers, um daraus zu lernen. Jetzt, wo die Demokratie gekommen ist, erscheint mir all das, was ich gelernt habe, wie ein Nichts, sinnlos."[210]

5.6 Parteimitglieder: Vorbildliche Arbeiter oder Drückeberger?

Ein Pauschalurteil über die Wahrnehmung der Parteimitglieder durch ihre Umgebung zu fällen, ist nicht ratsam, da einerseits deren Verhalten durch verschiedene Blickwinkel betrachtet und beurteilt wurde, es andererseits während des realsozialistischen Regimes nicht konstant blieb, sondern – auch bedingt durch die Veränderungen in der Parteipolitik – sich den machtpolitischen Zügen der PAA-Spitze anpasste.[211] Ein wünschenswertes Vorbild eines Parteimitglieds und Arbeiters – gleichsam das albanische Pendant zum 1963 von Mao Zedong zum ‚nationalen Vorbild' erhobenen chinesischen Lei Feng – war höchstwahrscheinlich der Mechaniker Nuredin Hoxha (siehe Abb. 22), der 1967 vom Sekretär des Kreisparteikomitees von Elbasan für den Titel „Held der Sozialistischen

207 Interview mit M. M. am 3.5.2012 in Tiranë.
208 Russ, Der Entwicklungsweg Albaniens, 140.
209 Rrumbullaku, Dekorimet nga Princ Vidi deri sot, 190 f.
210 Interview mit M. M. am 3.5.2012 in Tiranë.
211 Beispielsweise während der Albanischen Kulturrevolution, als zum Kampf gegen die Bürokratisierung des Staats-, Wirtschafts- und Verwaltungsapparates aufgerufen wurde oder nach dem 8. Plenum im Jahre 1989, als Alia die Abschaffung der Privilegien für Parteimitglieder forderte. Siehe Schmidt-Neke, Innenpolitik, 70 f. und 81.

Arbeit" vorgeschlagen wurde. Hoxha hatte mit 16 Jahren bei einem Unfall durch einen vorbeifahrenden Zug beide Beine verloren und bezog Invalidenrente. Er wollte ein Leben als Gehbehinderter jedoch nicht hinnehmen, baute sich angeblich Beinprothesen, trainierte täglich ohne Krücken zu gehen und konnte seine Behinderung schließlich soweit minimieren, dass er in seinem ursprünglichen Beruf im Staatlichen Baubetrieb eingestellt wurde, wo er mehrere Innovationen in die Wege leitete. Nuredin Hoxha genoss in seinem Kollektiv ein hohes Ansehen, war Parteimitglied und ein guter Agitator.[212]

Parteimitglieder, die als vorbildlich galten, waren im Kombinat durchaus tätig. In Propagandaveranstaltungen wurden die Kommunisten als Menschen dargestellt, die sogar „schwarze Schafe" im Kollektiv integrierten und die Beschäftigten des Stahlwerks zu neuen Erfolgen führten.[213] Diese „idealtypischen ‚neuen Menschen'"[214] verpflichteten sich zum frühzeitigen Erreichen der Planziffern und waren zu Überstunden bereit. Angesichts der Aktenlage und der Gespräche mit Zeitzeugen dürfte ein solcher Eifer aus mehreren Gründen jedoch nicht allzu häufig vorgekommen sein. Die Anzahl der Parteimitglieder, die im Stahlwerk arbeiteten, hielt sich von Anfang an in Grenzen, weshalb Çeliku 1975 dem Zentralkomitee vorschlug, die Landkreise darauf hinzuweisen, dass künftig etwa ein Zehntel der rekrutierten Arbeitskräfte Kommunisten seien sollten.[215] Bedingt durch die noch nicht ausgebauten Strukturen der Partei- und Massenorganisationen, hätten in den Monaten Juli und August jenes Jahres 160 bis 180 Arbeiter täglich unentschuldigt gefehlt, darunter aber auch Parteimitglieder und Führungskräfte.

Es liegen keine Informationen vor, ob das Zentralkomitee die Empfehlung des Elbasaner Parteikomitees beherzigt hat. Aber die Anzahl der Kommunisten in Elbasan wuchs, wenngleich die Parteimitglieder weiterhin weniger als ein Zehntel der Belegschaft ausmachten. Während im Stahlwerk 1972 zwölf Parteiorganisationen mit 130 Mitgliedern bestanden,[216] arbeiteten dort 13 Jahre später 944 Parteimitglieder und 186 Anwärter.[217] Die Verteilung erfolgte nicht in allen Arbeitsbereichen gleichmäßig. 1974 war fast die

[212] AQSh, Bashkimet Profesionale, 657, 1967 / 57, 19 f. [Beschluss des Parteikomitees des Kreises Elbasan vom 2.12.1967 zur Auszeichnung von Nuredin Hoxha mit dem Titel „Held der Sozialistischen Arbeit"]. Hoxha ist auch der Protagonist des Romans von Dhimitër Xhuvani „Përsëri në këmbë" [Wieder aufrecht] aus dem Jahr 1970. Er starb in Elbasan am 6.3.2005 im Alter von 70 Jahren.

[213] Zeqir Sulkuqi, Opereta „Festa e Celikut" në skenën tonë [Die Operette „Das Stahlfest" auf unserer Bühne], in: Elbasani-Almanak 2 [Elbasan-Almanach 2]. Tiranë 1982, 59–61.

[214] Vgl. Nikolla, Njeriu i ri, 61.

[215] AQSh, KQ i PPSh, 14, 1975 / 841, 47 f. [Bericht des Kombinatsleiters Çeliku und des Leiters der Parteiorganisation für die Kombinatsleitung Çipi an das ZK der PAA vom 14.3.1975 betr. Stand der Arbeiten].

[216] AQSh, KQ i PPSh, 14, 1972 / 13, 37 [Bericht des Elbasaner Kreisparteisekretärs Menzelxhiu an das ZK der PAA vom 5.2.1972 betr. Qualifikation der Arbeitskräfte und entstandene Probleme].

[217] AShVE, Komiteti i Partisë i Kombinatit Metalurgjik Elbasan, 13, 1985 / 18, 43 [Studie über das Verhalten der Parteimitglieder im Stahlwerk].

Hälfte der Parteimitglieder in der Verwaltung tätig oder gehörte zum Betriebsführungspersonal, in der Hälfte der Arbeitsbrigaden waren gar keine Kommunisten vorhanden. Der Arbeiteranteil unter den PAA-Mitgliedern landesweit war noch geringer (siehe Tabelle 18). Ein solches Verhältnis war indes nicht nur für die Zusammensetzung der PAA typisch. Kalinová berichtet, dass es Ende der vierziger und zu Beginn der fünfziger Jahre in der Tschechoslowakei nicht anders war und macht darauf aufmerksam, dass viele Beschäftigte in der Verwaltung ursprünglich Arbeiter gewesen waren, die im Zuge der aufsteigenden Mobilität in leitende Positionen kamen.[218] Jedenfalls versuchte die Parteiführung die Zusammensetzung zu ändern. Unter den 48 Anwärtern, die 1976 Parteimitglied wurden, gehörten 38 zur Arbeiterbelegschaft, 1981 waren es 91 von 102 und 1984 69 von 83.[219] 1986 waren 76 Prozent der Parteimitglieder Arbeiter, von diesen arbeiteten 61 Prozent „in den wichtigsten Fronten", worunter wohl Bereiche zu verstehen sind, die sowohl eine hohe Qualifikation als auch eine hohe Belastung verlangten.[220]

Tab. 18: Arbeiteranteil unter den Mitgliedern und Anwärtern der PAA, 1952–1981

	2. Parteitag (1952)	3. Parteitag (1956)	4. Parteitag (1961)	5. Parteitag (1966)	6. Parteitag (1961)	7. Parteitag (1976)	8. Parteitag (1981)
Mitglieder und Anwärter	44.418	48.644	53.659	66.327	86.985	101.500	120.000
Davon Arbeiter (in Prozent)	11,6	17,7	29,6	32,9	36,4	37,8	38

Quelle: Harilla Papajorgji, Struktura socialklasore e klasës punëtore [Die soziale Klassenstruktur derArbeiterklasse]. Tiranë 1985, 243.

Eine politisch einwandfreie Herkunft verbunden mit einer „klassenbewussten" Haltung galten als Hauptkriterien sowohl für die Aufnahme in die Partei als auch für die Arbeit im Stahlwerk. Albaner und Albanerinnen, deren Eltern als „Volksfeinde" verhaftet, hingerichtet oder verbannt worden waren, durften im Kombinat nicht arbeiten, geschweige denn Parteimitglied werden. Die Parteizugehörigkeit war wiederum durchaus eine Voraussetzung bei der Bekleidung hoher Positionen, was sich allerdings in den späten Jahren

[218] Lenka Kalinová, Mythos und Realität des „Arbeiterstaates" in der Tschechoslowakei, in: Hübner u. a. (Hgg.), Arbeiter im Staatssozialismus, 87 – 107, 94.

[219] AShVE, Komiteti i Partisë i Kombinatit Metalurgjik Elbasan, 13, 1986 / 5, 20 (innere Zählung) [Studie vom März 1986 betr. Qualifikation und Arbeitsverhalten der Arbeiterklasse im Kreis].

[220] Ebenda, 23 (innere Zählung).

änderte.[221] Diejenigen aber, die als Kulakenkinder stigmatisiert worden waren oder aufgrund ihres „ungeformten Charakters" nicht parteikonforme Äußerungen gemacht hatten, wurden zwar kritisiert, durften jedoch als Arbeitskräfte rekrutiert werden und im Stahlwerk einer Beschäftigung nachgehen.[222] Allerdings hing ihre Beschäftigung im Kombinat von dem Zeugnis ab, das ihnen von der Parteigrundorganisation ihres Wohnorts ausgestellt wurde, und somit vom Wohlwollen des örtlichen Parteisekretärs. Die Betriebsverwaltungen im Stahlwerk holten dieses Zeugnis jedoch nicht immer ein. So stellte man bei M. M. erst nach einer Erkundigung durch den Parteisekretär des Stahlwerks fest, dass er der Sohn eines Kollektivierungsgegners war. M. M. arbeitete zu diesem Zeitpunkt bereits seit mehreren Jahren im Kombinat und der Parteisekretär hatte Erkundigungen eingezogen, weil er ihn zum Parteimitglied vorschlagen wollte. Nachdem die politische Einstellung seines Vaters bekannt geworden war, musste er allerdings seine Arbeitsstelle aufgeben.[223]

Die „potentiellen Klassenfeinde" versuchten wiederum durch verschiedene Strategien der Diskriminierung zu entgehen. Wie das geschah, lässt sich aufgrund der Struktur der vom Regime erstellten Aktenbestände nur mit den Methoden der von uns ergänzend angewandten Oral History rekonstruieren. Wenn die Betreffenden eine Wohnung oder eine Arbeitsstelle suchten, konnten sie sich eine Bestätigung beim Volksrat ihres Wohnorts holen, der ihnen beispielsweise bescheinigen konnte, dass sie mit einer wichtigen Persönlichkeit oder einem „Gefallenen des Antifaschistischen Nationalen Befreiungskampfes" verwandt waren. In einem kleinen Land wie Albanien ging das relativ leicht, da praktisch in jeder Sippe sowohl „Volksfeinde" als auch Parteisympathisanten vorhanden waren. Allerdings machte auch diese Tatsache das Schicksal des Einzelnen von der Willkür der örtlichen Parteivertreter abhängig. Die Betroffenen konnten andererseits auch den väterlichen Nachnamen ablegen und den Geburtsnamen der Mutter als Familiennamen eintragen lassen. Für Frauen war es insgesamt leichter, den in den Augen des Regimes „schlechten" Familienhintergrund zu verschleiern, da sie nach der Heirat den Nachnamen ihres Ehemannes bekamen.[224]

In größeren Städten wie Elbasan oder Durrës konnten diejenigen, die sich durch einen Umzug der Stigmatisierung entziehen wollten, relativ leicht untertauchen, da man in ihrem neuen Umfeld ihre Vergangenheit nicht kannte. Die strengen Migrationsregelungen dienten auch dazu, dies zu unterbinden, aber nicht alle Behörden oder Betriebsleitungen

221 Louis Zanga, Albania's Renewal Process, in: Altmann (Hg.), Albanien im Umbruch, 57–66, 63.

222 Interview mit V. M. am 5.3.2013 in Elbasan.

223 Einige Zeit später erfuhr sein ehemaliger Chef, dass M. M. nicht mehr im Stahlwerk arbeitete und brachte ihn zurück in seine frühere Abteilung. Interview mit M. M. am 3.5.2012 in Tiranë.

224 Interview mit L. Ç. am 27.1.2013 in Elbasan. Zusätzliche Informationen dazu kann man auch Georgia Kretsis Aufsatz über die Folgen des Klassenkampfes für die albanische Familie entnehmen. Kretsi, "Good and Bad Biography", 187.

setzten sie rigoros um. Deshalb konnte es vorkommen, dass Menschen mit „schlechter Biographie" im Stahlwerk rekrutiert oder in einzelnen Fällen sogar in die Parteiorganisation aufgenommen wurden. Dass man jedoch mit einem biographischen Makel Parteimitglied werden konnte, ohne innerhalb der staatlichen Maschinerie aufzufallen, kam äußerst selten vor. Es war zwar im Allgemeinen für den Einzelnen erstrebenswert, Parteimitglied zu werden, da das Vorteile in materieller und beruflicher Hinsicht mit sich bringen konnte, die die große Masse nicht genießen konnte. Aber für Menschen mit „schlechter Biographie" war das Prozedere mit Gefahren verbunden, da ihre „Enttarnung" negative Folgen haben konnte und sie im Zuge dessen mit hoher Wahrscheinlichkeit ihre Arbeitsstelle verloren. Deshalb lehnten viele potenziell „Verdächtige" Anfragen seitens der Betriebsparteiorganisation nach einer Aufnahme in deren Reihen ab. Viele arbeiteten auch mehr als die anderen, damit sie im System nicht negativ auffielen.[225] Angesichts der Vorrechte, die man als Parteimitglied genießen konnte, muss es ihnen jedoch relativ schwer gefallen sein, eine Mitgliedschaft abzulehnen. Die Parteimitglieder konnten nicht zuletzt leichter an Wohnungen kommen oder Kauferlaubnisscheine (autorizim) für rare Güter wie Fernseher, Waschmaschinen oder Kühlschränke erwerben.[226] Auch bei disziplinarischen Problemen übte man gegenüber den Kommunisten mehr Nachsicht. Sie erwarben leichter eine höhere Qualifizierungsstufe und dadurch dann automatisch eine Lohnerhöhung. Dies und weitere Erleichterungen, wie etwa die Ernennung zum Schichtleiter oder die Vergabe einer Arbeitsstelle mit geringer körperlicher Belastung, sind jedoch auf die den Kommunisten entgegenkommende Haltung des Managements zurückzuführen und waren keine verbrieften Privilegien. Diese letzteren konnten denn auch Nichtparteimitglieder erlangen, die über einen mächtigen Patron im Hierarchienetzwerk des Kombinats verfügten.[227] Umgekehrt konnten in Elbasan Parteimitglieder, die einfache Arbeiter waren, aber in den Machtstrukturen des Stahlwerks keinen Förderer hatten, durchaus ein Leben führen, das sich kaum von demjenigen ihrer parteilosen Kollegen unterschied. Auch die Aussagen

[225] Interviews mit I. S. am 17.2.2013 in Elbasan und P. L. am 18.2.2013 in Elbasan. Nach Angaben von I. S., ehemals Mitglied der PAA und Leiter eines Stahlwerksbetriebes, hätte Hoxha in einer seiner Reden die Richtlinie ausgegeben, diejenigen, die während des Kriegs zur Bekämpfung der Partisanenkräfte verführt worden wären und ihre Strafe verbüßt hätten, nach der Befreiung beim „Aufbau des Sozialismus" zu beteiligen und ihnen ihren gerechten Lohn zu geben. Sie könnten auch mit dem Titel „Held der Sozialistischen Arbeit" ausgezeichnet werden, wenn sie es verdienten. In die Parteiorganisation sollten sie jedoch nicht aufgenommen werden.

[226] Interview mit L. Ç. am 27.1.2013 in Elbasan.

[227] Vergleichend lässt sich der Befund Golonka-Czajkowskas zu den Betrieben im sozialistischen Polen heranziehen. Die Autorin stellte nämlich fest, dass ein Aufstieg in der Betriebshierarchie auch für diejenigen Arbeitskader möglich gewesen sei, die keine Parteimitglieder waren, wenn sie die informellen Regeln von „group functioning" kannten und zu ihrem Vorwärtskommen anwandten. Golonka-Czajkowska, Homo faber, 254.

mehrerer Interviewpartner sprechen für eine differenzierte Beurteilung der Figur des einfachen Parteimitglieds im Gefüge des Betriebs. Ein ehemaliger Beauftragter für technische Sicherheit und Arbeiter in mehreren Betriebssparten des Stahlwerks drückte es so aus:

> „Wer fleißig war, war fleißig, unabhängig davon, ob er Parteimitglied war. Wer es nicht war, der war es nicht, auch wenn er in der Partei war. Dementsprechend verhielten wir uns. Wir arbeiteten in derselben Brigade zusammen, welche Unterscheidungen sollten stattfinden? Ich spreche nicht von denjenigen in hohen Funktionen, sondern von denjenigen, die einfache Arbeiter waren."[228]

Was bei den Parteimitgliedern jedenfalls auffiel, war die Häufigkeit, mit der sie unterschiedliche Veranstaltungen besuchten. Diejenigen, die keine Kommunisten waren, legten das unterschiedlich aus. Viele von ihnen waren schlichtweg froh, dass ihnen selbst mehr Zeit für sich blieb als den Parteileuten; andere betrachteten die parteipolitischen Aktivitäten als brotlosen Zeitvertreib und machten Witze darüber.[229] Verbreitet war auch die Ansicht, dort werde nur ein schlechtes Licht auf Abwesende geworfen, eine Annahme, die sich auf das Verwehren der Teilnahme für die Nichtkommunisten sowie auf persönliche Erlebnisse der Interviewpartner gründete.[230] Interessanterweise betrachteten angeblich viele Kommunisten und Nichtkommunisten die Ankündigung der Parteifunktionäre Ende der achtziger Jahre, die Parteiversammlungen stünden nun jedem offen, als das Ende der PAA.[231] Der Ausschluss der Nichtparteimitglieder aus ihren Sitzungen scheint demnach ein effizientes Mittel gewesen zu sein, um die Vorstellung von der PAA als einer Avantgardepartei, welche nicht jedermann in ihre Reihen aufnimmt, zu untermauern. Dieses Bild wurde durch die verhältnismäßig geringe Anzahl der Mitglieder genährt[232] und in der Bevölkerung durch die Medien verbreitet, welche den Eindruck zu erwecken versuchten, in die Partei aufgenommen zu werden, bedeute ‚auserwählt zu sein'. Durch die späte Entscheidung zur Transparenz scheint die Partei in den Augen der Bevölkerung deshalb einen Teil ihrer Stärke und ihres Nimbus eingebüßt zu haben.

228 Interview mit S. P. am 17.6.2012 in Tiranë.

229 Ein Witz aus den 70er Jahren lautete: „Ein aus Albanien nach China heimgekehrter Spezialist fragt seine Landsleute: ‚Wisst ihr, was in Albanien eine Versammlung ist?' Sie sagen ihm: ‚Nein, erzähl es uns'. ‚Eine Versammlung in Albanien ist eine Zusammenkunft, bei der eine Gruppe von Menschen fünf bis sechs Stunden zusammensitzt und am Ende zu keiner Entscheidung kommt." Nach Aussage von J. T. am 25.2.2013 in Elbasan.

230 Ebenda.

231 Interview mit J. T am 25.2.2013 in Elbasan und A. H. am 3.3.2013 in Tiranë.

232 Ende der 80er Jahre organisierte die PAA in ihren Reihen nur 7,5 % der volljährigen Bevölkerung. In Polen waren es Anfang 1989 nach ständigen Austritten weniger als 10 %, in Rumänien 23 %. Vgl. Schmidt-Neke, Politisches System, 179.

Abb. 22: Der Held der Sozialistischen Arbeit Nuredin Hoxha, der trotz amputierter Beine als Mechaniker weiterarbeitete (vierter von links; 1968)

Zumindest bis Mitte der achtziger Jahre scheinen die Kommunisten im Stahlwerk jedenfalls formal die propagandistischen Erwartungen der Partei an sie erfüllt zu haben, indem sie in den Versammlungen der Grundorganisationen und in der Öffentlichkeit ihre Loyalität bekundeten. Laut den Berichten des Stahlwerkparteikomitees beteiligte sich die Mehrheit von ihnen regelmäßig an den Versammlungsdiskussionen. Eine Untersuchung hatte zudem ergeben, dass 50 Prozent aller im Stahlwerk beschäftigten Parteimitglieder Hoxhas Bände seiner„Berichte und Vorträge" besaßen, gar 65 Prozent hatten angeblich in ihrer persönlichen Bibliothek seine Memoiren und 30 Prozent seine Gesamtwerke stehen.[233]

Jenseits der Propaganda jedoch ist feststellbar, dass die Parteimitglieder im Kombinat sich dem Anschein nach an die Erwartungen des Regimes angepasst hatten, realiter allerdings gegenüber den Mangelerscheinungen und den Alltagsschwierigkeiten während des Produktionsprozesses eine andere Haltung einnahmen. Auch sie nämlich arbeiteten unre-

[233] AShVE, Komiteti i Partisë i Kombinatit Metalurgjik Elbasan, 13, 1985 / 18, 47 f. [Studie über das Verhalten der Parteimitglieder im Stahlwerk].

gelmäßig und leisteten zwar im Falle eines Parteiaufrufes Aktionsarbeit, was sie jedoch nicht daran hinderte, spätestens nach einem Monat zum Alltagstrott zurückzukehren. Die Ursache für dieses „sporadische" Arbeitsverhalten lag unter anderem an der schlechten Versorgung mit Baumaterialien oder Rohmaterialien, die sie nicht weniger betraf als die sonstige Belegschaft. Daraufhin verhielten sich die Kommunisten in der mechanischen Fabrik, in der Stahlfabrik oder in der Fabrik Nr. 12 nicht anders als ihre Arbeitskameraden, die keine Parteimitglieder waren. Nach Informationen des Parteikomitees erfüllten sie zwar überwiegend die Norm, strengten sich jedoch für eine mögliche Überschreitung der Ziffern nicht besonders an.[234] In Elbasan hatte diese Arbeitseinstellung der Kommunisten manchmal zur Folge, dass die parteizugehörigen Arbeiter – ähnlich wie schon erwähnt auch viele Nichtmitglieder – am Anfang des Monats relativ langsam arbeiteten und in der letzten Woche dann Stoßarbeit leisteten, um nicht negativ aufzufallen. Wenn andere Arbeiter die Arbeitszeit nicht nutzten, die Ausrüstung beschädigten oder Rohstoff verschwendeten, verhielten sich auch Parteileute ihnen gegenüber oftmals gleichgültig. Auch junge Arbeiter, die durch „fremde Erscheinungen" in ihrer Verhaltensweise oder im äußeren Erscheinungsbild auffielen, wurden von den Kommunisten nicht immer zur Rede gestellt.[235]

Theoretisch sollten die Parteimitglieder einen mittleren Schulabschluss und eine Berufsqualifikation besessen haben, was wahrscheinlich auch die Ursache dafür war, dass sie unter den Bauarbeitern nicht so zahlreich vertreten waren. Eine Ausbildung war ein wichtiges Kriterium für die Parteiaufnahme. Dazu gehörte später auch das Alterskriterium, wonach diejenigen aus den Reihen der Arbeiter und Genossenschaftsmitglieder beim Eintritt durchschnittlich 21–23 Jahre und die Angestellten 26–28 Jahre alt sein sollten.[236] Die Mitglieder, die von den Grundorganisationen als Propagandisten gewählt wurden, waren eine Art Auslese. Sie hatten zumeist politische Kurse absolviert oder die Parteischule abgeschlossen. Die restlichen Mitglieder hingegen waren nicht selten wenig ideologisiert und versuchten dies nicht unbedingt zu ändern, obwohl ihr „politisches Bewusstsein" theoretisch höher als das der Nichtkommunisten hätte sein sollen. Diejenigen, die ein relativ geringes Maß an Bildung besaßen und aktuelle politische Themen in Versammlungen besprechen mussten, waren davon meistens überfordert. Auch Kommunisten in höheren Positionen wussten über die marxistische Ideologie oft nur das, was sie während ihres Studiums gelernt hatten, und kümmerten sich nicht weiter darum, wenn sie in die Arbeitswelt eintraten. Angeblich sollen zwar die meisten, die in die Partei aufgenommen wurden,

[234] Albanien war auch in dieser Hinsicht kein isolierter Fall. Heumos berichtet, dass rund 30 Prozent der tschechoslowakischen Kommunisten in den 50er Jahren in den „Arbeitsfronten" als „aktiv" galten, der Rest wurde „mitgeschleppt". HEUMOS, „Wenn sie sieben Turbinen schaffen", 157.

[235] AShVE, Komiteti i Partisë i Kombinatit Metalurgjik Elbasan, 13, 1985 / 18, 50 [Studie über das Verhalten der Parteimitglieder im Stahlwerk].

[236] AQSh, KQ i PPSh, 14, 1982 / 14, 17 [Bericht aus der Sektion für das Statut an Enver Hoxha vom 17.9.1982 betr. die Studie über das Wachsen der Parteimitgliedschaft].

eine Innovation oder wesentliche Verbesserungen beim Produktionsprozess bewerkstelligt haben,[237] aber das ist schwer nachzuvollziehen, wenn man es mit zeitgenössischen Akten kontrastiert, in denen zugegeben wird, dass es durchaus mehrere gab, die erst nach der Parteiaufnahme eine Berufsschule besuchten.[238]

Offiziell sollten die Parteimitglieder einen einwandfreien Ruf besitzen und ein gutes Verhalten in der Familie und in der Öffentlichkeit an den Tag legen. Fallweise konnten sich die Parteisekretäre auch wirklich relativ weit ins Privatleben einmischen.[239] Parteimitglieder, die durch ihr Verhalten negativ auffielen, gerieten auf Parteiversammlungen unter Kritik.[240] Die Grundorganisationen mischten sich auch ein, wenn Arbeiterinnen und Arbeiter durch „unmoralisches Verhalten" auffielen und sie übten Druck aus, damit sie heirateten. Bei Parteimitgliedern konnte derlei ein Grund für ein Parteiausschlussverfahren werden.[241]

Vor Kriminalität oder devianten Verhaltensweisen waren auch die Kommunisten innerhalb des Stahlwerks nicht gefeit. Zwar hatte etwa im Jahr 1985 offiziell kein einziges Parteimitglied die Normen nicht erfüllt oder die Arbeitszeit vernachlässigt. In Fabrik Nr. 12 und im Versorgungsbetrieb der Arbeiter hatte man jedoch zwei Organisationsmitglieder beim Stehlen erwischt und aus der Partei ausgeschlossen. In den Monaten von April 1984 bis September 1985 wurden außerdem zwölf parteirechtliche Strafen wegen Verletzung der Disziplin und sechs wegen Diebstahls erteilt. Vier der Betroffenen arbeiteten in der Verwaltung. Von denjenigen, die wegen Diebstahls bestraft wurden, hatten zwei einen Volksschulabschluss, drei einen mittleren Abschluss und einer eine Universitätsausbildung.[242] Allerdings reichen diese Zahlen nicht aus, um irgendwelche Allgemeinaussagen über einen Zusammenhang zwischen Bildung und deviantem Verhalten unter Parteimitgliedern zu treffen.

Auch später befanden sich Kommunisten unter denjenigen, die Materialien oder Werkzeug entwendet hatten oder beispielsweise betrunken am Arbeitsplatz aufgefunden wurden.[243] Viele derer, die kleinere Delikte begangen hatten und ertappt worden waren, übten vor den Grundorganisationen Selbstkritik. All das aber änderte nichts daran, dass weiterhin im Stahlwerk Maschinenteile, verschiedene Geräte und sonstiges Zubehör gestohlen wurden, woran sich Menschen verschiedenen Alters und Berufes, Arbeiter, Kader und Parteimitglieder, vor allem solche des elektrischen und mechanischen Sektors beteiligten. Die meisten gaben zu, dass sie von Zeit zu Zeit Sachen mitnahmen, die sie als

237 Gemäß Gespräch mit V. M. am 5.3.2013 in Elbasan.
238 Siehe AShVE, Komiteti i Partisë i Kombinatit Metalurgjik Elbasan, 13, 1985 / 18, 44 [Studie über das Verhalten der Parteimitglieder im Stahlwerk].
239 Interview mit L. S. am 20.2.2013 in Elbasan.
240 Interview mit I. S. am 17.2.2013 in Elbasan.
241 Interview mit V. B. am 14.2.2013 in Tiranë.
242 AShVE, Komiteti i Partisë i Kombinatit Metalurgjik Elbasan, 13, 1985 / 18, 16 [Studie über das Verhalten der Parteimitglieder im Stahlwerk].
243 Interview mit H. B. am 24.2.2013 in Elbasan.

„Kleinigkeiten" betrachteten und daheim benötigten, vor allem, weil sie auf dem Markt nicht zu haben waren. Diese Einstellung machte dem Stahlwerksparteisekretär Maksuti Sorgen, die er 1987 schriftlich formulierte.[244]

Um zusammenzufassen: Obwohl die Parteimitglieder in ihrem Arbeitsverhalten eine Vorbildfunktion haben sollten, wich die Realität vom Idealbild stark ab. In den meisten Betrieben des Stahlwerks besaßen sie für die Tätigkeit, die sie ausübten, nicht die erforderliche Qualifizierung. In den meisten Abteilungen, in denen die Arbeit mit körperlicher Belastung verbunden war, sowie in der Spät- und Nachtschicht waren die Kommunisten auch in den späteren Jahren unterdurchschnittlich vertreten. Mehrere Brigaden oder Bereiche, die ihre Aufgaben nicht erfüllt hatten, wurden von ihnen geleitet. Bei einer solchen Haltung war es nicht verwunderlich, dass sie sich mit Kritik gegenüber anderen zurückhielten oder von sich abzulenken versuchten.

5.7 Vom Diebstahl zur Netzwerkbildung

> „Eine Arbeiterkontrolle führte eine mehrtägige Kontrolle in den Mensen des Betriebes für Arbeiterversorgung durch. In Mensa Nr. 5 wurde festgestellt, dass den Arbeitern anstelle des Antidots Milch Apfelkompott schlechter Qualität ausgeteilt worden ist. [...] Am Büffet funktionierte die Waage nicht. Eine beträchtliche [gehortete, V. N.] Menge Kaffee wurde gefunden, während an ihrer Stelle Kakao zum Verkauf gelangte. Es wurde vorgeschlagen, dass der Schankkellner für zwei Monate als einfacher Arbeiter tätig wird.
>
> In der Mensa des Walzwerks bestanden große Hygienemängel. Auch dort wurde Milch nicht regelmäßig verteilt. Der Küchenchef bekam einen Verweis mit Entlassungsverwarnung.
>
> In der Mensa der Ziegelfabrik wurde im Kühlschrank eine große Menge an Fleisch gefunden, obwohl der Küchenchef das Gegenteil behauptete. Hier wurde das Brot, das 4 Lek kostet, zu 5 Lek verkauft. Es wurde empfohlen, dass der Küchenchef 6 Monate lang als einfacher Arbeiter tätig wird und anschließend woanders arbeitet.
>
> Im Betrieb der Arbeiterversorgung des Stahlwerks fand die Arbeiterkontrolle 10 Artikel, die die Verkäuferin reserviert hatte. Sie schlug vor, dass die Genossin von der Stelle entfernt und eine einfache Arbeiterin wird. Einige Tage später aber schlug die Kontrollgruppe vor, dass ihr verziehen wird, da sie Selbstkritik übte."[245]

Diebstahl und Veruntreuung waren Phänomene, die in der Endzeit der sozialistischen Herrschaft vermehrt auftraten,[246] aber auch davor immer wieder festzustellen waren. Während gegen Ende der achtziger Jahre aufgrund des Mangels an Lebensmitteln deren

244 AShVE, Komiteti i Partisë i Kombinatit Metalurgjik Elbasan, 13, 1987/10, 4f. [Bericht des Stahlwerkparteisekretärs Maksuti vom 10.6.1987 betr. Bewachung und Verwaltung des sozialistischen Eigentums].

245 Kontrolli punëtor merr masa konkrete për shkaktarët [Die Arbeiterkontrolle trifft konkrete Maßnahmen gegen die Schuldigen], *Shkumbini*, 23.1.1990, S. 1.

246 Vgl. Erebara, Elementi demografik, 121; Louis Zanga, Increase in Crime and Other Social Problems, in: RFE Reports on Eastern Europe 39 (1991), H. 2, 1–4.

Diebstahl und Verkauf zu Schwarzmarktpreisen häufig vorkam, waren es davor eher Waren, die man im privaten Haushalt benötigte, in den zugänglichen Geschäften für Konsumwaren aber kaum finden konnte. So hatten in den Jahren 1974–1975 die Betriebsleitungen des Kombinats 374 Mal Anzeige erstattet wegen Diebstahls von Steckdosen, Schaltern, Schrauben und verschiedenen Materialien wie Zinn, Kabel oder Isolierband.[247] In den Wohnheimen wurden Decken, in den Arbeitermensen Aschenbecher, Teller und Besteck für den Eigenbedarf gestohlen – 1972 wurden 12.000 entwendete Besteckteile gezählt[248] –, was die Kennzeichnung der Teller mit den Initialen des Kombinats zur Notwendigkeit machte, damit sie bei Durchsuchungen leichter erkannt werden konnten.[249] Beim Diebstahl von Waren im Wert von bis zu 200 Lek musste der Betroffene den Wert zurückzahlen und man beließ es bei einer Kritik in der Kollektivversammlung. Bei Wiederholungstaten oder wenn der gestohlene Wert die Grenze von 1000 Lek überschritt, konnte er laut dem Arbeitsgesetzbuch fristlos entlassen werden – ganz abgesehen davon, dass er den Wert zu ersetzen hatte. Der rechtliche Rahmen war überdies vorhanden, um Entwendungen von über 200 Lek strengstens zu ahnden, beispielsweise mit bis zu drei Jahren Freiheitsentzug bei einem Wert von 1000 Lek.[250] Allerdings wurde diese Maßnahme nach Ermessen gehandhabt und es hing tatsächlich vom Willen der Betriebsleitung ab, ob die Täter entlassen oder der Strafjustiz übergeben wurden. Nach einer Weisung des Ministerrats aus dem Jahr 1971 sollten Gesetzeswidrige dort beschäftigt werden, wo sie keine materielle oder finanzielle Verantwortung trugen, in der Hoffnung, sie würden durch das Kollektiv erzogen werden. Der wahre Grund war wahrscheinlich der Arbeitskräftemangel, der es unmöglich machte, anderweitig Ersatzarbeitskräfte zu bekommen. Die Weisung verwässerte aber den legislativen Rahmen und gewährte außerdem Personen in Schlüsselpositionen innerhalb der Betriebe einen größeren Machtspielraum über ihre Arbeiter, falls diese sich etwas hatten zuschulden kommen lassen. So hatte I. S. (der Leiter des mechanischen Betriebs im Stahlwerk war) ursprünglich einen Beschäftigten wegen der Entwendung eines Werkzeugs entlassen, anschließend aber aus Nachsicht provisorisch in einen anderen Betrieb vermittelt mit der Aussicht, wieder bei ihm eingestellt zu werden.[251] Es konnte aber auch anders verlaufen: Wenn der Diebstahl als vermeintliche „feindliche Tätigkeit" eingestuft wurde, spielte der finanzielle Wert des

[247] AQSh, KQ i PPSh, 14, 1975 / 167, 70 [Bericht eines Vertreters des Obersten Gerichtshofes an das ZK der PAA vom 23.9.1975 betr. Entwendungen und Konsequenzen].

[248] AQSh, KQ i PPSh, 14, 1972 / 103, 3 [Bericht des Generalstaatsanwalts Panariti an das ZK der PAA vom 14.10.1972 betr. Widrigkeiten bei den Arbeits- und Lebensbedingungen der Arbeiter].

[249] Interview mit V. M. am 5.3.2013 in Elbasan.

[250] AQSh, KQ i PPSh, 14, 1975 / 167, 70 [Bericht eines Vertreters des Obersten Gerichtshofes an das ZK der PAA vom 23.9.1975 betr. Entwendungen und Konsequenzen].

[251] Interview mit I. S. am 17.2.2013 in Elbasan.

Diebesguts keine Rolle mehr. Laut einer Mitteilung des Obersten Gerichtes an das Zentralkomitee wurde 1975 ein Kombinatsarbeiter, der Werkzeug im Wert von 97 Lek entwendet hatte, mit dieser Begründung mit vier Monaten Freiheitsentzug bestraft.[252]

Der Diebstahl von Maschinenteilen wurde als gesonderte Straftat definiert und strenger geahndet. Die Täter sollten in Schauprozessen verurteilt werden.[253] Allerdings ist mir anhand der Akten kein Schauprozess bekannt, obwohl immer wieder von entwendeten Maschinenteilen die Rede war.

Es waren jedoch in erster Linie nicht Maschinenteile, worauf die Arbeiter aus waren. Abgesehen vom schon anderweitig erwähnten Besteck machten Presseberichte und verschiedene Parteifunktionäre[254] aufmerksam auf die Entwendung von Baumaterialien wie Zement, Holz oder Ziegeln. Diese wurden höchstwahrscheinlich ent- und verwendet, um Arbeiten am eigenen Zuhause vorzunehmen. Tagsüber fiel die Mitnahme schwer, da an den Ausgängen Polizeikontrollen stattfanden,[255] aber während der Spät- und Nachtschichten kamen solche Taten häufig vor, da der Wachdienst nachlässig war. Die Gewerkschaftsfunktionäre teilten die Zustände 1975 dem Zentralkomitee mit und kritisierten dabei das Führungspersonal.[256] Vielleicht trug das Früchte. Auf jeden Fall gingen die Betriebsleitungen nun rigoroser vor, und ein Jahr später konnten sie stolz vermelden, 1976 habe es nur 43 Fälle von Diebstahl gegeben, während 1975 noch 194 solcher Straftaten festgestellt worden waren.[257] Unter den Dieben befanden sich auch zwei („feindliche") „Gruppen", die fünf Warnlampen gestohlen hatten und sofort dem Gericht übergeben wurden.[258]

Parallel zur langsamen, aber doch wachsenden Verbreitung der Fernsehgeräte stieg die Entwendung von Eisenstangen beziehungsweise Blechen an, aus welchen die Arbeiter Fernsehantennen anfertigen konnten.[259] Da auf dem Markt Materialien für Handwerker und erhebliche Sortimente des privaten Bedarfs nicht zu haben waren, mussten die

[252] AQSh, KQ i PPSh, 14, 1975 / 167, 70 [Bericht eines Vertreters des Obersten Gerichtshofes an das ZK der PAA vom 23.9.1975 betr. Entwendungen und Konsequenzen].

[253] Ebenda, 70 f.

[254] Telisfor Lumezi, Kontrolli punëtor – mjet i fuqishëm në luftën kundër çdo shfaqjeje burokratizmi [Die Arbeiterkontrolle – ein mächtiges Instrument im Kampf gegen bürokratische Haltungen], *Shkumbini*, 18.1.1975, S. 1; AQSh, KQ i PPSh, 14, 1973 / 83, 2 [Bericht der Sekretärin des Parteikomitees des Kreises Elbasan Kallajxhi an das ZK der PAA vom 25.10.1973 betr. die Tätigkeit der Parteiorganisationen im Stahlwerk]; AQSh, KQ i PPSh, 14, 1975 / 841, 97 [Mitteilung des Vizeinnenministers F. Shehu an das ZK der PAA vom 3.7.1975 betr. Fälle von Diebstahl und Beschädigung].

[255] Interview mit H. B. am 24.2.2013 in Elbasan.

[256] AQSh, Bashkimet Profesionale, 657, 1975 / 90, 3 f. [Bericht des Gewerkschaftsvorsitzenden Marko an das ZK der PAA vom 26.3.1975 betr. Probleme der Gewerkschaftstätigkeit im Stahlwerk].

[257] AQSh, Bashkimet Profesionale, 657, 1976 / 58, 64 [Bericht des Leiters des Gewerkschaftskomitees des Stahlwerks Shkëmbi für die Versammlung des Präsidiums des Zentralrates der Gewerkschaft am 18.9.1976 betr. die Tätigkeit der Gewerkschaft zur Erziehung der Arbeiter].

[258] AQSh, KQ i PPSh, 14, 1975 / 841, 19 f. [Bericht des Bauministers Hanku an den Sekretär des ZK der PAA Toska vom 10.2.1975 betr. verschiedene Schwierigkeiten beim Kombinatsbau].

[259] Interview mit K. M. am 20.2.2013 in Elbasan.

Arbeiter improvisieren, um ihre Wünsche zu erfüllen. Da verloren verschiedene Güter des Kombinats ihren ursprünglichen Zweck und wurden umfunktioniert: Aus Eisenstangen wurden nicht nur Antennen, sondern auch Vorhangschienen, aus Aluminium- und Kupferrohren Kessel zum Brennen von Raki, und feuerfeste Ziegel wurden für den Bau von heimischen Öfen und ähnlichem verwendet.[260] Somit gehörte das Improvisieren im Kommunismus keineswegs nur bei den DDR-Bürgern zu den besten Tugenden.[261] Manche Versuche brachten freilich nicht den erhofften Erfolg: entwendete Staubfänger der Werkstätten konnten dann nicht für den häuslichen Gebrauch verwendet werden und die illegale Produktion von Fernsehgeräten misslang.[262] Dennoch gab es genügend Materialien, die sich im eigenen Haus verwerten ließen: seien es Schrauben, Farbe, Kohle für den eigenen Ofen oder Lampen und Glühbirnen.

Diebstahl wurde allein schon dadurch erleichtert, dass die Kombinatsleitung das Prozedere und die Zuständigkeiten für die innerbetriebliche Entgegennahme, Unterbringung und den Erhalt von Lieferungen nicht klar geregelt hatte. Infolgedessen konnte man außer in flagranti auch nur schwer einen Schuldigen ausmachen, wenn das Fehlen von Gütern auffiel. Aus den Warenlagern wurden Materialien entnommen, ohne dass die Unterlagen korrekt ausgefüllt wurden, wie der Parteisekretär 1987 in einem Bericht festhielt. Die Lager für Fertigwaren waren unverschlossen und die Lagerhalter machten keine korrekten Aufzeichnungen, was Veruntreuungen und Entwendungen zur Folge hatte.[263] 1987 wurden 150 Beschäftigte gemeldet, die binnen 18 Monaten mit gestohlenen Waren erwischt worden waren. Mehrere Brigadiere hatten in ihren Spinden Baumaterialien im Wert von ca. 1000 Lek, was eigentlich ihre Übergabe an die Justizorgane erforderte.[264] Die Kontrollen und Gegenmaßnahmen bei Entwendungen waren jedoch oberflächlich und wenn jemand ertappt wurde, hatten oft sowohl seine Arbeitskollegen als auch die Kontrolleure Nachsicht, da angesichts der prekären Wirtschaftslage solche Straftaten „für den eigenen Hausbedarf" für praktisch jeden nachvollziehbar waren, was ihren Anstieg bewirkte. Im Gegensatz zu den polnischen „Rosa-Luxemburg-Werken" sind im albanischen Fall hingegen keine handfeste Hinweise vorhanden, dass die Belegschaft des Kombinats den Diebstahl am Arbeitsplatz mehrheitlich entschuldigt hätte weil unter den Beschäftigten die Überzeugung vorherrschte, der Staat würde sich einen Teil ihrer Löhne aneignen. Laut Mazurek war dies in Polen der Fall.[265] Zumindest bei den albanischen Stahlwerksarbeitern war die Ursache des Problems wohl schlicht das dürftige Angebot an Konsum- und Haushaltswaren für den Eigenbedarf. Lelaj sagt dazu:

[260] Interview mit L. Ç. am 27.1.2013 in Elbasan.
[261] Merkel, Arbeiter und Konsum, 544.
[262] Interview mit N. V. am 23.2.2013 in Elbasan.
[263] AShVE, Komiteti i Partisë i Kombinatit Metalurgjik Elbasan, 13, 1987/10, 4 [Bericht des Stahlwerkparteisekretärs Maksuti vom 10.6.1987 betr. Bewachung und Verwaltung des sozialistischen Eigentums].
[264] Ebenda.
[265] Mazurek, Das Alltagsleben im sozialistischen Betrieb, 314 f.

> „Der Diebstahl war Produkt einer Überlebenskultur in einer Mangelwirtschaft, wo das Geld seine eigentliche Funktion, die des Warentauschs, nicht zu erfüllen vermochte. Auch wenn man Geld besaß, konnte man sich damit nichts kaufen, den es fehlten auch die wichtigsten Produkte zum Leben.“[266]

Dass sich in den albanischen Betrieben nicht nur einfache Arbeiter, sondern auch mittlere Kader an Entwendungen beteiligten, bestätigt ein Interview Nikollas mit einem ehemaligen Beschäftigten der Hühnerfarm in Tiranë, der ihm sagte:

> „Wir stahlen was wir konnten. Obwohl am Ausgang zwei Kontrolleure standen, fanden wir irgendeine Möglichkeit, um 2 bis 3 Eier zu verbergen. Als die Kontrollen stärker wurden, reagierten wir, indem wir die Eier brachen, in Plastiktüten versteckten und daheim Spiegeleier daraus machten. Ich schätze, rund 80 Prozent der Arbeiter stahlen mehrere Eier täglich. Unser Betrieb produzierte 120.000 Eier am Tag und 10.000 davon wurden entwendet. Die Verwaltungskräfte stahlen Eier und Hühner. Ein- oder zweimal im Jahr brachten der Parteisekretär zusammen mit der Staatssicherheit einen von uns ins Gefängnis, um dem Rest Angst zu machen.“[267]

Für 1988 wurde eine Senkung der Beteiligung von Arbeitern an Straftaten am Arbeitsplatz um fünf Prozent im Vergleich zu 1987 vermeldet. Insgesamt waren Arbeiter für 47 Prozent aller 1988 begangenen Straftaten verantwortlich (insgesamt 4488 Arbeiter landesweit). Für Elbasan wurden für in jenem Jahr 300 straffällige Arbeiter festgestellt.[268] Damit stand die Stadt an fünfter Stelle in Sachen Arbeiterkriminalität, obwohl sie ihrer Bevölkerung nach 1988 hinter Tiranë und Durrës die drittgrößte Stadt Albaniens war.[269] Das bedeutete aber nicht automatisch, dass dort weniger Delikte von Arbeitern begangen wurden, da viele Betriebsleiter gegen ihre Beschäftigten mit Strafmaßnahmen administrativer Art vorgingen und sie nicht bei den Polizeibehörden meldeten. Jedenfalls aber betrafen die meisten der von ihnen begangenen registrierten Straftaten Entwendungen am Arbeitsplatz. Die überwiegende Mehrheit (94 Prozent) der Täter hatte eine geringe Schulbildung, 60 Prozent von ihnen waren jünger als 26 Jahre alt und wechselten ständig den Arbeitsplatz. In den Gewerkschaftsberichten wurden sie als Menschen beschrieben, die aufgrund ihres Alters „kein Klassenbewusstsein“ entwickelt hatten.[270] Interessanterweise hingegen waren nach Erinnerungen der Zeitgenossen keine Personen beteiligt, die aufgrund ihres Lebenslaufs als potentielle Gegner des Regimes wahrgenommen wurden. Sie hielten sich angeblich zurück, da sie sich beobachtet wussten, Folgen befürchten mussten

266 Olsi Lelaj, Nën shenjën e modernitetit. Antropologji e proceseve proletarizuese gjatë socializmit shtetëror [Unter dem Zeichen der Modernität. Anthropologie der Proletarisierungsprozesse während des Staatssozialismus.]. Tiranë 2015, 169.

267 Nikolla, Njeriu i ri, 145 f.

268 AQSh, Bashkimet Profesionale, 657, 1989/84, 1 [Bericht des Innenministers Isai an den Vorsitzenden des Zentralrates der Gewerkschaft Koçollari vom 2.2.1989 betr. Straftaten von Angehörigen der Arbeiterklasse 1989].

269 Ebenda.

270 Ebenda, 2.

und deshalb jedem Kompromittierungsversuch aus dem Wege gingen.[271] Die Partei warnte die Bürger andauernd, sich vor dem „inneren Feind" in Acht zu nehmen und ständig wachsam zu sein. Die Repressionsmaßnahmen hatten demnach diejenigen, die als solche in der Gesellschaft verdächtigt wurden, derart eingeschüchtert, dass sie sich gegenüber informellen Praktiken am stärksten passiv verhielten, obwohl es ihnen wirtschaftlich, wenn man sie mit der übrigen Bevölkerung vergleicht, am schlechtesten ging. In dieser Hinsicht war der Unterdrückungsapparat erfolgreich.

Nahrungsmittel waren während der Verschlechterung der allgemeinen Lebensmittelversorgung ein begehrtes Mittel bei illegalen Geschäften. Erebara berichtet von einem kleinen Schwarzmarkt, der laut seinen Interviewpartnern in den achtziger Jahren in der nördlichen Peripherie Tiranas betrieben wurde. Die Beschäftigten der Seifen- und Reinigungsmittelfabrik vor Ort stahlen Produkte ihres Betriebs und tauschten sie gegen Gemüse, das die Bauern aus den Gewächshäusern entwendet hatten, oder gegen Butter und Wurst aus der benachbarten Fabrik für die Verarbeitung von Fleisch- und Milchprodukten.[272] Die Ausmaße dieses Schwarzhandels dürften jedoch zu gering gewesen sein, um aufzufallen, oder die Sicherheitsorgane tolerierten ihn absichtlich, um der Unzufriedenheit der Stadtbevölkerung über die prekäre Versorgungslage ein Ablassventil zu bieten. Ansonsten wären sie vermutlich konsequent dagegen vorgegangen. In der albanischen Forschung liest man jedenfalls leider außer bei Erebara nichts darüber.

Eigentlich bekamen einige Berufsgruppen wie Schweißer, Ofenarbeiter, die Arbeiter der Koksfabrik oder Arbeiter im chemischen Bereich, die besonders gesundheitsgefährdende Tätigkeiten verrichten mussten, Milch als Zusatzleistung, da sie als geeignetes Antidot galt[273]. Weil sich aber die Lebensmittelversorgungslage in den Achtzigern zunehmend verschlechterte, gaben viele von ihnen die Milch lieber den eigenen Kindern oder verwendeten die Bezugsmarken für Tauschgeschäfte mit anderen Lebensmitteln, für die noch größere Engpässe bestanden, wie Käse, Marmelade und anderes mehr. Im Zentrum solcher Tauschgeschäfte stand das Küchen- und Lagerpersonal, dessen Angehörige einiges davon auch selbst zu teureren Preisen verkauften und somit den Schwarzmarkt förderten.[274] Die Verantwortlichen für die Rohstofflager konnten zudem durch die Belieferung anderer Betriebe mit „eigenen" Rohmaterialien gut verdienen, die diese wiederum zur Erreichung der eigenen Planziffern benötigten, aber auf dem regulären Markt nicht bekommen konnten. Auf diese Art entstand ein informelles Netzwerk, wobei wir genauso wie in Bulgarien auch in Albanien „das Verwischen der Grenze zwischen einer Person und ihrer Funktion im Betrieb" beobachten können.[275]

[271] Interview mit L. Ç. und A. H. am 3.3.2013 in Tiranë.
[272] Erebara, Elementi demografik, 121.
[273] Vgl. das Zitat zu Anfang dieses Unterkapitels, mit dem Auszug aus den Befunden der Arbeiterkontrolle von 1990.
[274] Interview mit L. Ç. am 27.1.2013 in Elbasan.
[275] Raeva / Brunnbauer, Fabrikarbeiter, Gewerkschaften und Funktionäre, 310.

Andere Berufsgruppen wussten jedoch ebenfalls ihre Zugangsmöglichkeiten zu verschiedenen Waren zu nutzen, um daraus soziales oder finanzielles Kapital zu schlagen. Lastwagenfahrer beispielsweise waren für jedes Netzwerk nützlich, da sie gestohlene Produkte in größeren Mengen beschaffen konnten. Im Gegenzug nahmen sie zum Beispiel Ersatzteile für ihr Fahrzeug entgegen, die ansonsten kaum zu finden waren.[276] Auch Angehörige des Managements waren auf die eine oder andere Weise in diese Tätigkeiten involviert, was freilich in anderen staatssozialistischen Ländern nicht anders war.[277] Wenn irgendwelche Hausarbeiten erledigt werden mussten, riefen sie ihre Beschäftigten zu sich nach Hause, die dort während oder nach der Arbeitszeit illegal zur Tat zu schreiten hatten, und zwar mit Material und Werkzeug aus dem Stahlwerk, die sie nach außerhalb des Stahlwerkbereichs schmuggelten und für diese oder andere private Zwecke verwendeten. Die Entlohnung solcher Dienste an den Vorgesetzten erfolgte jedoch nicht mit Bargeld, sondern in anderer Form: durch zusätzliche Urlaubstage, durch stillschweigende Tolerierung illegaler Aktivitäten, durch Tauschgeschäfte oder Protektion, falls man einmal von anderen Vorgesetzten oder von der Gewerkschaftsorganisation zur Verantwortung gezogen wurde. Benovska-Sabkova verweist auf einen solchen Klientelismus auch im sozialistischen Bulgarien, wobei sie feststellt, dass die aufgrund der Parteizugehörigkeit im Betrieb etablierten Hierarchien durch diesen Handel überlagert wurden.[278]

Waren die Möglichkeiten für Tauschgeschäfte sehr eingeschränkt, schreckten manche Arbeiter aber nicht davor zurück, eine finanzielle Entlohnung für ihre Tätigkeit zu verlangen: Dieser Trend begann kurz vor den Reformbemühungen in der Wirtschaft, als man begann, sich immer weniger Sorgen um eine eventuelle Sanktionierung durch die Partei- oder Massenorganisationen und die Strafbehörden zu machen. Die Entwendung von Kombinatseigentum war gegen Ende der sozialistischen Herrschaft nach Zeugenaussagen derartig verbreitet, dass immer mehr Objekte von den Arbeitern mitgenommen wurden, die man nicht direkt benötigte, die sich aber zu Tauschzwecken eigneten.[279] Der Abstand zwischen der öffentlichen ideologischen Rhetorik und dem Alltag wuchs mit der Verschlechterung der wirtschaftlichen Lage, was den Einzelnen dazu brachte, alle vorhandenen Möglichkeiten auszuschöpfen, die sich aus der beruflichen Tätigkeit ergaben, um sich möglichst fest in soziale Netzwerke einzubinden und somit auf jede Unvorhersehbarkeit vorbereitet zu sein.

[276] Die Schlüsselposition von bestimmten Berufsgruppen in den sozialen Netzwerken als Form der Schattenwirtschaft betont auch Merkel in ihrem Aufsatz über das Konsumverhalten der Arbeiter in der DDR. MERKEL, Arbeiter und Konsum, 551.

[277] Jennifer SCHEVARDO, Zweite Sektion: „Arbeitsbeziehungen, Arbeitsverhältnisse, Arbeiterexistenzen", in: HÜBNER u. a. (Hgg.), Arbeiter im Staatssozialismus, 215–225, 218.

[278] Milena BENOVSKA-SABKOVA, Social Networks, Coalitions, and Clientelism at the Workplace in Sofia (1960–1989), in: ROTH (Hg.), Arbeit im Sozialismus – Arbeit im Postsozialismus, 109–126, 124f.

[279] Interview mit L. Ç. am 27.1.2013 in Elbasan.

5.8 Konfliktlagen und Ausdrucksformen

Gut zwei Jahrzehnte vor diesem nahenden Ende des Systems rief Enver Hoxha am 6. Februar 1967 bei einer wichtigen Rede – es war dieselbe, die zur Initialzündung für die Erklärung Albaniens zum ersten atheistischen Staat der Welt wurde – vor den Parteigrundorganisationen des Kohlebergwerks von Kërrabë, der Fabrik „Enver", der Genossenschaft „Wilhelm Pieck" und der Militärabteilung Nr. 5009 zu Folgendem auf:

> „Hinweg mit den gegenwärtigen und wirklich lächerlichen Wandzeitungen. Wandelt sie um in revolutionäre Wandzeitungen, die der revolutionären Erziehung helfen. Schafft bei diesen Wandzeitungen ihre Redaktionskollegien von opportunistischen Schreiberlingen ab, die die Würde und die Autorität des Direktors hochhalten und damit auch die ihre, und lasst jedermann schreiben, was er denkt über Arbeit und Volk, mutig und ohne Furcht".[280]

Der albanische Staatssozialismus war wirklich eine besonders repressive Form innerhalb des sozialistischen Blocks. Das bedeutet aber nicht, dass die Herrschaft der PAA allein auf Zwang basierte und keinerlei Unzufriedenheitsbekundungen geduldet wurden. Spätestens nach dem Abbruch der Beziehungen zur Sowjetunion und während der Allianz mit China war es den Regierenden klar, dass man die Beziehungen zu den Arbeitern anders gestalten müsse, um die Zustimmung innerhalb der Arbeiterschaft – und nicht nur bei ihr – zu erhalten. Dies tat umso mehr Not, als die Leistung der albanischen Planwirtschaft Anfang der sechziger Jahre weder die Parteiführung noch die Beherrschten zufrieden stellte.[281] Es galt, die herkömmlichen Formen des Stalinismus in der Wirtschaftsverwaltung – Zentralplanung der ökonomischen Aktivitäten im staatlichen Sektor, ein Wirken des Wertgesetzes nur für den Konsumbereich und die Beziehungen zwischen staatlichem und genossenschaftlichem Sektor[282] – unangetastet zu lassen, jede Hinterfragung der Politik zu vermeiden und die Popularität der Führer im Lande zu erhalten – und zwar all das unter gleichzeitiger Steigerung der Wirtschaftseffizienz. Um dies zu erreichen, benötigte die PAA-Führung eine gewisse Mitbestimmung der Arbeiter hinsichtlich des künftigen wirtschaftspolitischen Kurses, ohne sich jedoch im eigenen Handlungsspielraum einzuschränken. Wie Schnytzer beschreibt, fand die Parteispitze den Ausweg in einer Partizipation der Arbeiter an der Planung im Sinne einer ideologisch-politischen Funktion – wie in Gestalt der Arbeiterkontrolle – und durch die Partizipation der Arbeiter an den Planungsdiskussionen, welche diese zur Loyalität gegenüber der Staatsmacht erziehen sollten.[283] Genauso wie in Bulgarien sollten auch hier die Gewerkschaftsstrukturen die Rolle eines „betriebsgebundenen Sozialamtes"[284] spielen, indem sie die Interessen der Arbeiter gegenüber der

[280] Enver HOXHA, Revolucionarizimi i mëtejshëm i Partisë dhe i pushtetit [Die weitere Revolutionierung der Partei und der Macht] (6.2.1967), in: DERS., Vepra [Werke]. Bd. 35. Tiranë 1982, 1–55, 50. Übersetzung nach Schnytzer, Mitbestimmung in Albanien, 196.

[281] Vgl. SCHNYTZER, Mitbestimmung in Albanien, 188.

[282] Ebenda.

[283] Ebenda, 205.

[284] Siehe RAEVA / BRUNNBAUER, Fabrikarbeiter, Gewerkschaften und Funktionäre, 292.

Willkür seitens der „Bürokratie“ vertraten und in Schutz nahmen. Aber auch in Albanien, genauso wie im übrigen Ostblock, lassen sich mehrere anderweitige Reaktionsformen der Arbeiter beobachten, mit denen der Obrigkeit der bestehende Unmut kundgetan wurde: Individualistische Vorgehen in Form von Beschwerdebriefen (ähnlich den „Eingaben“ in der DDR), kollektive Proteste, die eine Verbesserung der Alltags- und Arbeitsbedingungen forderten, sowie „apolitische Äußerungen“, die die eigene Unzufriedenheit ausdrücken sollten, ohne in zielgerichteter Weise eine Veränderung zu verlangen.[285] Allerdings kam noch eine andere, von der PAA ab den sechziger Jahren geförderte Form von Kritik, dazu, welche der Unzufriedenheit der Arbeiter mit ihren Führungskadern Ausdruck verleihen sollte: das sogenannte Blitzblatt (fletë-rrufe), das im Wesentlichen dem chinesischen Typ der „Wandzeitungen“ entsprach.[286]

Abb. 23: Eine Gruppe der Arbeiterkontrolle in Tiranë trägt die Ergebnisse ihrer Kontrolle gegenüber den Angestellten der Verwaltung eines Kindergartens vor

[285] Fulbrook fügt auch eine andere Protestform hinzu, die in mehreren realsozialistischen Staaten vorkam: Kollektive Proteste gegen die Verschlechterung der Lebensverhältnisse. Diese Konfliktform kam jedoch in Albanien bis zum Ende der sozialistischen Diktatur nicht vor. Als sie allerdings Anfang 1991 auftauchte, brachte sie die marode Wirtschaft umgehend zum Kollabieren. Mary Fulbrook, Dritte Sektion: Arbeiter in sozialen und politischen Konfliktkonstellationen. Einführung, in: Hübner u. a. (Hgg.), Arbeiter im Staatssozialismus, 347–356, 354 f.

[286] Mehr Informationen dazu bei Smoki Musaraj, Alternative Publics: Reflections on Marginale Collective Practices in Communist Albania, in: Andreas Hemming / Gentiana Kera / Enriketa Pandelejmoni (Hgg.), Albania: Family, Society and Culture in the 20th Century. Münster 2012, 175–186.

Das Blitzblatt am Arbeitsplatz sollte die Stimme der Arbeiter öffentlich machen und Missstände innerhalb von Institutionen und Betrieben kritisieren. Die Kritik sollte sich an Führungskräfte oder Intellektuelle richten, die für auftretende Probleme oder Konflikte von den Beschäftigten verantwortlich gemacht wurden. Durch die Blitzblätter konnten aber auch Einzelne kritisiert werden, deren Arbeitsverhalten oder Aussehen nicht im Einklang mit den Prinzipien des albanischen Sozialismus standen. Sie sollten die Spontaneität fördern und zeigen, dass die Stimme der Arbeiter von der staatlichen und politischen Führung gehört wurde. Der Schreibstil entsprach dem staatssozialistischen Politsprech, die Schreiber verwendeten nach eigenem Vermögen ideologische Tropen und erwarteten auch eine öffentliche Antwort, welche meistens in der Ecke der Blitzblätter zu finden war. Die Erwiderung geschah normalerweise in Form der Selbstkritik. Dies bedeutete aber nicht, dass alle Forderungen der Autoren erfüllt wurden.[287]

Die Blitzblätter hatten ihre Vorläufer im maoistischen China (*dazibao*), wo sie während der Kulturrevolution popularisiert wurden und Mao Zedong zum Ausschalten seiner Gegner innerhalb der KPCh dienen sollten.[288] In Albanien richteten sie sich ab ihrem Aufkommen 1967 üblicherweise gegen Funktionäre der mittleren Ebene, aber anders als in China nicht gegen hohe Repräsentanten der Partei oder des Staates. Während bis dahin Wandzeitungen nach sowjetischem Vorbild verwendet worden waren, die die Arbeiter zur Produktion aneifern sollten, veränderten sich diese während der Albanischen Kulturrevolution nach der oben erwähnten Rede ihrer Natur nach zum „Blitzblatt".[289] Blumi zufolge verwendete Hoxha sie als Instrument bei seinem Ziel, die Verwaltung und die Partei von Kadern zu säubern, die in der Sowjetunion ausgebildet worden waren und als potentielle Chruschtschow-Anhänger galten, und somit, um seine Herrschaft zu konsolidieren.[290] Durch die Blitzblätter wurde überhaupt zum ersten Mal eine öffentliche Kritik an etablierten Partei- und Verwaltungskadern möglich. Die Partei wollte dabei Unzufriedenheitserscheinungen der Werktätigen gemäß dem Prinzip der „Massenlinie" in die „richtigen" Bahnen leiten. Darunter wurde die Einheit des Volkes mit der Partei als Vorhut der Arbeiterklasse verstanden, welche die Macht im Staat gemäß der Doktrin des Marxismus-Leninismus ausübte und die Interessen der Arbeiter zu vertreten in Anspruch nahm.[291]

Dass sie nicht nur ein reines Propagandamittel waren, sondern durchaus die Sorgen der Arbeiter ansprechen konnten, kann man anhand einiger kritischer Fragen der Belegschaft der Backabteilung der Fabrik Nr. 12 sehen, die in einem Blitzblatt vom August 1982 aufgelistet wurden. Es richtete sich an die Fabrikleitung:

[287] Vehbiu, Me shkronja te mëdha, 223.
[288] Zu näheren Ausführungen siehe Xing Lu, Rhetoric of the Chinese Cultural Revolution: The Impact on Chinese Thought, Culture, and Communication. Columbia 2004, 73–80.
[289] Düning, Massenmedien, 621.
[290] Blumi, Hoxha's Class War, 306.
[291] Vgl. Schnytzer, Mitbestimmung in Albanien, 192.

„Wir fragen die Genossen der Fabrikleitung, wieso treffen sie nicht die nötigen und möglichen Maßnahmen zur Nutzung der Maschinen mit voller Kapazität, wo das doch für die Planerfüllung von entscheidender Bedeutung ist?

1. Wer trägt die Verantwortung für die Wartung einer Produktionslinie, welche monatelang untätig bleibt, nach der Überholung keine Produktivität zeigt und deshalb erneut überholt werden muss?
2. Haben sich die Parteigenossen darüber Gedanken gemacht?
3. Auf welche Kriterien haben sich die Genossen der Fabrikleitung gestützt, als sie die Normen gesetzt haben, während viele technische Probleme weiterhin unlösbar bleiben und somit eine ungestörte Tätigkeit unmöglich machen?
4. Wieso werden die Normen zum Monopol einiger Funktionäre der Fabrikleitung und haben keinen Einfluss auf die Entlohnung der Beschäftigten? Wie lange wird es so weitergehen? Wie lange werden sich die Parteigenossen gegenüber diesem komplexen und ernsthaften Problem gleichgültig verhalten? [...]
5. Wie lässt es sich erklären, dass in unserer Fabrik in den Monaten Mai/Juni Erzuntersuchungen stattgefunden haben und wir bezahlt worden sind, als ob wir [bloß; V. N.] nach Norm arbeiten würden? Ist es nicht klar, wie wichtig die Untersuchung des Erzes in dieser Lage der harten imperialistisch-revisionistischen Einkreisung ist? [...]
6. Wie ist es möglich, dass in zwei Fabriken unter denselben Arbeitsbedingungen unterschiedliche Vorschriften zur Vergabe von Zusatzurlaub gelten und wir seit 1979 keinen bekommen haben? [...]
7. Seit Monaten sind die Planziffern unmöglich zu erfüllen (bisher wurden nur 60–70 Prozent erreicht). Machen sich die Genossen Gedanken darüber?

Unsere Sorgen sind auch Sorgen verschiedener Abteilungen im Ministerium, des Zentralrates der Gewerkschaft, des Kreisparteikomitees und des Regionalparteikomitees geworden. Das Ergebnis: Die Genossen kommen zur Fabrikleitung, treffen die Leiter, machen einen kurzen Besuch in unserer Abteilung, üben eine oberflächliche Kontrolle aus, halten sich fern vom Staub und den Abgasen am Arbeitsplatz, sagen uns schnell „Ihr habt Recht" und [...] gehen weiter. Die Probleme sind zum Teufelskreis geworden. Wie kann es so weitergehen?"[292]

Solange die Arbeiter allerdings kein Druckmittel zur Durchsetzung ihrer Forderungen besaßen, hatte die Stahlwerkleitung keinen Grund nachzugeben und aus Tiranë hatte sie Rückendeckung. Eine Arbeitsgruppe, die zur Überprüfung der Beschwerdepunkte nach Elbasan kam, gab den Autoren insofern Recht, wenn es darum ging, Engpässe bei der Rohstoffversorgung zu vermindern, Arbeitsunterbrechungen zu vermeiden und die Produktionszahlen zu erhöhen. Die Normen wurden nicht gesenkt und Zusatzurlaub wurde nicht gewährt. Dafür wurde eingesehen, dass einige Beschäftigte nicht nach dem Schwierigkeitsgrad am Arbeitsplatz entlohnt wurden, was man nachzuholen versprach.[293] Es war ein äußerst mageres Ergebnis. Zu ersehen ist, dass die Wahrscheinlichkeit, als

[292] AQSh, KQ i PPSh, 14, 1982/83, 26–28 [Blitzblatt des Kollektivs der Backabteilung der Fabrik Nr. 12 vom 13.8.1982 an das Kreisparteikomitee, Regionalparteikomitee, Parteibüro der Fabrik, Stahlwerkleitung und Fabrikleitung).

[293] Ebenda, 29 f. [Antwort der Arbeitsgruppe vom 24.8.1982].

Kollektiv mit Beschwerden die Interessenlage der Arbeiter durchzusetzen, äußerst gering war. Beschwerdebriefe Einzelner zu ihren Problemen hatten mehr Aussicht auf Erfolg, was freilich auch in der DDR nicht anders war. Laut Hürtgen lag die Erfolgsquote der Bittsteller bei Eingaben zwischen 20 und 30 Prozent.[294]

In den Archivunterlagen befinden sich mehrere Beschwerdebriefe, die von den Arbeitern des Stahlwerks an den Zentralen Gewerkschaftsrat geschickt wurden. Meistens betreffen sie die Konfliktfelder „Unterkunft" und „Löhne". Normalerweise wandte sich der Einzelne an die Gewerkschaft, wenn alle anderen Möglichkeiten ausgeschöpft waren und er keinen Ausweg wusste. Wenn es um Angelegenheiten ging, die nicht das Arbeitsleben betrafen, ersuchten die Arbeiter zuerst um Hilfe beim Kreisexekutivkomitee oder beim Parteikomitee, gemäß der vom Regime propagierten Parole „Die Partei über alles!", die folglich im Alltag anders ausgelegt wurde, als es von der Parteiführung eigentlich beabsichtigt war. Bei Niederlassungs- oder Unterkunftsschwierigkeiten in der Stadt bemühten sich die Arbeiter gewöhnlich darum, selbst zuerst in Elbasan in irgendeinem Teilbetrieb des Kombinats eine Anstellung und eine Unterkunft zu finden, und dann die Familien nachzuholen. Wenn das nicht möglich war, versuchten sie eine andere Arbeitsstelle zu finden, was wiederum die Betriebsleitung zu vermeiden versuchte, da dies der Fluktuation Vorschub leistete. Einen solchen Problemfall stellt derjenige des Drehers B. M. dar, der 1972 in der mechanischen Fabrik des Kombinats tätig war. B. M. stammte aus einem Dorf des Elbasaner Landkreises und war kurzfristig in einem Arbeiterwohnheim in der Stadt untergekommen, da kein Busverkehr zwischen Elbasan und dem Dorf vorhanden war, in dem seine Frau und seine drei Kinder wohnten. Als sich auf lange Sicht keine Möglichkeit ergab, die Familie nach Elbasan zu bringen, kündigte er die Stelle und wollte in sein Dorf zurück, um in der Nähe seiner Familie zu arbeiten. Die Betriebsleitung ließ ihn aber nicht gehen. Er beschwerte sich zunächst beim Elbasaner Exekutivkomitee und anschließend beim Parteikomitee. Zuletzt, als keine der beiden Institutionen einen Ausweg für sein Problem finden konnte, wandte er sich an die Gewerkschaft.[295] Die Gewerkschaften trugen zwar nicht unbedingt in entscheidender Form zur Lösung der Probleme ihrer Mitglieder bei, aber sie bemühten sich darum, die Illusion aufrechtzuerhalten, jemand, nämlich sie, würde deren Interessen vertreten. Dies illustriert auch die Aussage eines Interviewpartners: „Du wusstest, an wen Du Dich wegen eines Problems wenden musstest. Die Lösung stand auf einem anderen Blatt."[296]

Als sich 1980 eine Arbeiterin bei der Gewerkschaft darüber beschwerte, dass sie seit 1975 mit ihrem Mann und vier Kindern in einer kleinen Wohnung in der Nachbarstadt Cërrik lebte und die Kombinatsleitung ihr nicht helfe, tröstete der Gewerkschaftsvertreter sie mit dem Satz, dass die Staatsorgane und die Kombinatsleitung ihr Problem innerhalb

294 Hürtgen, Konfliktverhalten der DDR-Arbeiterschaft, 399.

295 AQSh, Bashkimet Profesionale, 657, 1972/175, 66f. [Beschwerdebrief des Arbeiters B. M. an den Präsidenten der Gewerkschaft Marko wegen Arbeitsplatzwechsel].

296 Interview mit M. M. am 3.5.2012 in Tiranë.

der gegebenen Möglichkeiten lösen würden.[297] Ähnlich lautete die Antwort an einen Arbeiter, der von der Kombinatsleitung eine Zusage für eine Zweizimmerwohnung bekommen hatte, beim Einzug mit seiner Familie aber vom Kreisexekutivkomitee nur eine Einzimmerwohnung zugewiesen bekam.[298]

Durch die Weitergabe von Zuständigkeiten an die Parteiorganisationen, staatlichen Organe oder an die Kombinatsleitung entledigten sich die Gewerkschaftsorganisationen zwar des größten Teils ihrer Verantwortung, aber auch jedes eventuellen genuinen Machtanspruchs. Oftmals verhielten sie sich passiv und überließen den Parteisekretären das letzte Wort; als Konsequenz sank ihre Bedeutung im Betriebsleben.[299] Damit war automatisch verbunden, dass bei etwaigen unterschiedlichen Meinungen zu einem Sachverhalt die Ansicht der lokalen Parteiinstanzen das größere Gewicht besaß. Allerdings war der größte Teil der Beschäftigten in ihren Betriebsorganisationen zusammengefasst[300] und diese wurden von jenen – zu Recht – als Vertretung der Staatsgewalt vor Ort wahrgenommen, weshalb sie bei Problemfällen leicht den Weg zu ihren Funktionären fanden. Die Arbeiter wandten sich an die Gewerkschaftsorganisationen dann, wenn es darum ging, Schwierigkeiten am Arbeitsplatz zu beseitigen oder Meinungsverschiedenheiten mit den Vorgesetzen zu klären, aber auch, um private Probleme zu lösen, da ihnen die Zuständigkeitsabgrenzung nicht klar war.

So beschwerte sich der Elektriker D. S. beim Gewerkschaftskomitee, er sei vom Abteilungsleiter aus persönlichen Motiven entlassen worden, obwohl er seit 15 Jahren im Stahlwerk arbeite. Zuvor habe er den Abteilungsleiter aus familiären Gründen darum gebeten, ihn in einen anderen Teilbetrieb zu versetzen. Die Betriebsleitung stärkte dem Abteilungsleiter den Rücken, bestätigte, dass D. S. seit sechs Monaten nicht mehr an seinem Arbeitsplatz auftauche und rechtfertigte damit dessen Entlassung. Der Gewerkschaftsvertreter handelte eine Kompromisslösung aus: D. S. sollte weiterhin in derselben Fabrik arbeiten, nur an einer anderen Stelle.[301]

Ob die Vorwürfe des D. S. sachlich begründet waren oder nicht, wurde dem Anschein nach nicht genau überprüft. Der Gewerkschaft scheint es gereicht zu haben, ihren Legitimationsanspruch als Beschützer der Arbeitnehmerinteressen nicht in Frage stellen zu

[297] AQSh, Bashkimet Profesionale, 657, 1980 / 88, 15 – 18 [Beschwerdebrief der Arbeiterin L. T. an den Präsidenten der Gewerkschaft Marko vom 23.9.1980 betr. Unterkunft und Antwort].

[298] AQSh, Bashkimet Profesionale, 657, 1978 / 69, 104 – 106 [Beschwerdebrief des Arbeiters K. M. an den Präsidenten der Gewerkschaft Marko vom 15.4.1978 betr. Unterkunft und Antwort].

[299] Siehe Në mbledhjen e Komitetit Profesional të Kombinatit [Bei der Versammlung des Gewerkschaftskomitees des Stahlwerks], *Metalurgu*, 9.2.1978, S. 4.

[300] Das ZK der PAA stellte noch 1969 in einem seiner Berichte fest, dass 20 % aller Arbeiter keine Gewerkschaftsmitglieder waren, da sie es versäumt hätten, einen Aufnahmeantrag zu stellen. AQSh, KQ i PPSh, 14, 1969 / 20, 30 – 39, 39 [Resümee der Versammlung des Sekretariats des ZK am 20.6.1969 betr. Umgang mit feindlich gesinnten Elementen in der Gewerkschaft].

[301] AQSh, Bashkimet Profesionale, 657, 1980 / 75, 146 – 149 [Beschwerdebrief des Arbeiters D. S. an den Präsidenten der Gewerkschaft Marko vom 6.3.1980 betr. Arbeitsplatzwechsel und Antwortschreiben].

lassen, auch wenn das auf Kosten der Arbeitsdisziplin gehen konnte. Ihr mediatorisches Wirken schaffte einen Konflikt aus dem Weg, dürfte aber, wenn hinter all ihren Entscheidungen dieselbe Kompromisslogik steckte, nicht unbedingt zu Produktivitätssteigerung und Arbeitseffizienz beigetragen haben.

Die häufig aber apathische Haltung der lokalen Gewerkschaftsorganisationen gegenüber den Arbeiterinteressen fiel sogar in der Gewerkschaftszentrale in Tiranë negativ auf. 1980 beschwerte sich ein Arbeiter der mechanischen Fabrik bei der Kreisgewerkschaft, sein Personalchef habe seine Versetzung in eine andere Fabrik samt niedrigerer Kategorisierung und damit in eine niedrigere Gehaltsklasse angeordnet und setze ihn seit sechs Monaten unter Druck, diese Anweisung zu akzeptieren, indem er ihm seinen zustehenden Lohn nicht auszahle und sein Arbeitsbuch nicht aushändige. Offenbar unternahmen die Gewerkschaftsinstanzen nichts, denn er schrieb anschließend an den Zentralrat, der über die zuständigen Stellen Druck auf seine Vertreter in Elbasan ausübte. Erst dann engagierten sich diese erfolgreich für das Anliegen des Mechanikers.[302]

Manchmal versuchten die Gewerkschaftsbasisorganisationen sich mit den Betriebsleitungen auf Kosten der unzufriedenen Arbeiter zu arrangieren, was ihren Vorgesetzten nicht entging. 1974 schrieb der Leiter der Elbasaner Gewerkschaft, es seien Einzelfälle vorgekommen, bei welchen die Gewerkschaftsorganisationen ungerechte Entscheidungen der Betriebsverwaltung nicht nur tatenlos hinnahmen, sondern, wie er sagte, „eine Partnerschaft mit ihr" eingingen. Mithilfe bürokratischer Hindernisse zögerten sie angeblich ihre Urteile über Beschwerden der Arbeiter widerrechtlich in die Länge, so dass die Betroffenen keine Berufung vor den Volksgerichten einlegen konnten.[303] Auch ein anderes Indiz spricht dafür, dass die Gewerkschaftgliederungen im Kombinat in den Augen der Arbeiter rasch an Glaubwürdigkeit hinsichtlich einer Lösung ihrer Probleme eingebüßt haben; denn während 1972 trotz der damals kleineren Belegschaft im noch recht jungen Unternehmen der Gewerkschaft 324 Beschwerden vorgelegt worden waren, sank ihre Anzahl schon im Jahr darauf schlagartig auf 124; bei 64 von ihnen fiel das Urteil zugunsten des jeweiligen Arbeiters aus.[304] Dem Parteikomitee des Stahlwerks trauten die Arbeiter anscheinend auf längere Frist mehr Kompetenz für eine Lösung ihrer Probleme zu, wofür auch dessen Entscheidungen sprachen. 1989 lagen dem Parteikomitee 148 Anträge

302 AQSh, Bashkimet Profesionale, 657, 1980/75, 152–156 [Beschwerdebrief des Arbeiters E. H. an den Präsidenten der Gewerkschaft Marko vom 12.5.1980 betr. Arbeitsplatzwechsel und Antwortschreiben].

303 Telisfor Lumezi, Më shumë kujdes për njohjen dhe zbatimin e drejtë të legjislacionit të punës [Mehr Augenmerk auf die Kenntnisnahme und die Umsetzung der Arbeitsgesetzgebung!], *Shkumbini*, 15.5.1974, S. 3.

304 Ebenda.

und Beschwerden vor, von denen nur 19 zuungunsten der Antragsteller beschieden wurden.[305] Bei den meisten ging es um Wohnungssuche, Bitten um Versetzungen, Schwierigkeiten mit den Vorgesetzten, Auslandsspezialisierungen et cetera.

Beschwerden, die der Betriebsleitung vorlagen, wurden hingegen meistens nicht beantwortet, was auch daran lag, dass sie wenig Personal in diesem Bereich eingesetzt hatte. 1990 war es einzig der Kombinatsleiter, der einmal wöchentlich Beschwerden entgegennahm, und es gab keine regelmäßigen festen Sprechzeiten für die Arbeiter.[306] Die Aussicht auf eine positive Antwort auf eingebrachte Anliegen hing auf dieser Ebene grundsätzlich davon ab, welchen Lebenslauf oder familiären Ursprung der Betroffene hatte. Manchmal konnte die Betriebsleitung eine paternalistische Haltung an den Tag legen, die sogar die gesetzlichen Richtlinien überschritt. So wurde die Bitte eines Arbeiters, frühzeitig mit der Arbeit aufzuhören, um ein Fußballspiel zu besuchen, vom Kombinatsleiter Çeliku akzeptiert, da er als fleißig galt. Gleichzeitig wurden die anderen Arbeitskollegen darauf hingewiesen, dass diese Erlaubnis nicht für sie gelte.[307]

Port berichtet in seinem Aufsatz über die Arbeiterproteste in der frühen DDR neben offenen Akten von politischer Opposition wie Sabotage auch über andere Erscheinungen von Nonkonformismus und Widerständigkeit unter den Beschäftigten. Dazu gehörten beispielsweise die Verlangsamung des Arbeitstempos, häufige Fehlzeiten, die Verbreitung von Gerüchten, die Vernachlässigung der Vorschriften, der geringe Besuch von Veranstaltungen sowie die Verweigerung der Zahlung von Parteigeldern.[308] Ich werde in diesem Abschnitt aus mehreren Gründen nicht auf solche Phänomene eingehen, da bei derartigen Widerständigkeitsformen keine direkte Kommunikation zwischen dem Adressaten und dem Rezipienten stattfindet. Andere Erscheinungen von eigen-sinnigem oder deviantem Verhalten wurden an anderer Stelle schon behandelt.[309] Im Allgemeinen fällt es aber schwer, den Betroffenen konkrete politische Motive zu unterstellen, obwohl auch im seinerzeitigen Albanien jede Form von Widerständigkeit als tendenziell politisch motiviert angesehen wurde.

Gegenüber irgendwie politisch zu verstehenden Äußerungen einzelner Arbeiter mit kritischem Inhalt, die bestimmte Aspekte des Alltagslebens im Staatssozialismus betrafen, verhielten sich die Gewerkschaftsorganisationen genauso restriktiv wie die Parteiorgane, passend zu ihrer nachgeordneten Funktion. Die Parteifunktionäre hatten erwartungsgemäß das letzte Wort, und man trifft bei der Quellenuntersuchung auf keinen einzigen Fall, in dem die Haltung der Gewerkschaftsstrukturen von derjenigen der Parteivertreter

[305] AShVE, Komiteti i Partisë i Kombinatit Metalurgjik Elbasan, 13, 1990/8, 45f. [Bericht des Stahlwerksparteisekretärs Sokoli betr. die Bedeutung der Arbeiterbeschwerden für die Parteiorganisationen].

[306] Ebenda, 44.

[307] Interview mit P. N. am 18.5.2012 in Tiranë.

[308] Port, The „Grumble Gesellschaft", 788.

[309] Siehe vor allem die Abschnitte 4.7 („Fluktuation und Abwesenheit") und 5.7 („Vom Diebstahl zur Netzwerkbildung").

in dieser Hinsicht abweicht. Entsprechnd dieser Linie teilte etwa der Leiter des betrieblichen Gewerkschaftskomitees Rikson Shkëmbi dem Sekretär des Zentralrates der Gewerkschaft Idriz Dhrami im Jahre 1976 mit, die Gewerkschaftsorganisation habe beschlossen, einen Bauarbeiter aus ihren Reihen auszuschließen. Er habe in einer öffentlichen Diskussion zugegeben, seiner Familie geschrieben zu haben, er sei zu sechs Monaten Arbeit im Kombinat „verurteilt" worden, weshalb sie nicht mit finanzieller Unterstützung seinerseits rechnen solle. Das Parteikomitee des Stahlwerks habe dieser Maßnahme schon zugestimmt.[310]

Kollektive Beschwerden der Arbeiter wurden entweder bei Versammlungen der Gewerkschaftsorganisationen oder gegenüber Delegierten aus dem Zentralkomitee vorgetragen. Sie betrafen die Lohnhöhe, die Wohnbedingungen, die Normen oder die Lebensmittelqualität. Ein häufig vorkommendes Thema waren auch die fehlenden Freizeitmöglichkeiten. In der Praxis schickten aber meist diejenigen, die sich von einem gemeinsamen Problem betroffen sahen, einen einzelnen Vertreter, der ihr Anliegen vor dem Parteikomitee vortrug, damit ihre Unzufriedenheit nur ja nicht als Ausdruck eines organisierten Protests ausgelegt werden konnte.[311] Anlass zu solchen Beschwerden gab es regelmäßig und über die ganze Zeit hinweg, da nahezu alle Probleme bis zum Ende des Regimes bestanden.

Angesichts ihrer Erfahrungen mit den Gewerkschaftsfunktionären im Stahlwerk stand die Belegschaft deren Anspruch, die Arbeiterinteressen zu vertreten, skeptisch gegenüber und brachte dies bisweilen offen zum Ausdruck. Auf einer Kreisgewerkschaftsversammlung mit 400 Montagearbeitern des Stahlwerks im März 1976 verhinderte die Mehrheit eine Diskussion gemäß der von den Gewerkschaftsvertretern festgelegten Reihenfolge, weil angeblich die Liste der Redner so zusammengestellt worden war, dass die wahren Sorgen der Arbeiter nicht ans Tageslicht kommen sollten. Anschließend wurde spontan diskutiert. Die meisten Arbeiter, die aus anderen Kreisen des Landes stammten, verlangten Arbeitsstellen und Zuzugsgenehmigungen für ihre Frauen, da sie ihren eigenen Lohn als zu niedrig erachteten für eine Existenz am neuen Ort. Viel zu schaffen machte ihnen auch der Wohnungsmangel. Andere verlangten angepasste Öffnungszeiten für die Menschen, regelmäßige Abfahrtzeiten für die Busse und die als Antidote eingesetzten Nahrungsmittel, die ihnen vom Staat zugesichert worden waren. Die Versammelten schlugen vor, dass niemand mehr einen Arbeitsvertrag von nur sechs Monaten bekomme, wenn sie doch sowieso länger bleiben mussten, sondern die Kombinatsleitung ihnen die Arbeitsfrist von Anfang an genau festlegte, damit sie wüssten, wie lange sie wirklich im Kombinat bleiben würden.[312]

[310] AQSh, Bashkimet Profesionale, 657, 1976/134, 29 [Mitteilung des Leiters des Stahlwerksgewerkschaftskomitees Shkëmbi an den Sekretär des Zentralrates der Gewerkschaft Dhrami vom 5.2.1976 betr. die Entlassung eines Arbeiters].

[311] Interview mit J. T. am 25.2.2013 in Elbasan.

[312] AQSh, Bashkimet Profesionale, 657, 1976/134, 52–56 [Bericht des Sekretärs des Zentralrates der Gewerkschaft Dhrami für den Zentralrat vom 22.3.1976 betr. die Sorgen der Montagearbeiter].

Auch die Normarbeit gab immer wieder Anlass zu Beschwerden; auch deshalb konnten die Normen niemals in einem zufriedenstellenden Maß durchgesetzt werden.[313] 1977 warf eine Gruppe von Arbeitern der Stahlfabrik den Experten aus dem Industrieministerium oberflächliches Tun bei der Lohnkategorisierung vor und forderte eine Festlegung gemäß dem konkreten Arbeitsplatz und nicht der persönlichen Qualifikation, eine bessere Kategorisierung aufgrund der schwierigen Arbeitsbedingungen und zusätzliche Urlaubstage.[314] Nach einem Gespräch mit einem Gewerkschaftsgesandten aus Tiranë nahmen allerdings die Arbeiter ihre Forderungen zurück und forderten nur noch eine „Begründung" der Entscheidung der Prüfer. Solche Verhaltensweisen hat Stadtland auch bei Arbeitsniederlegungen durch DDR-Arbeiter festgestellt, welche „weitaus häufiger defensive als offensive Zielsetzungen" hatten.[315]

Wenn aus Sicht der Arbeiter die Probleme am Arbeitsplatz schwerwiegender wurden und auch die Gewerkschaft keinen Ansatz zu einem Beitrag zur Besserung der Lage zeigte, konnte es dazu kommen, dass ein ganzes Kollektiv einen Beschwerdebrief an die höchsten Staatsgremien schickte. Das war die extremste Protestform, die den albanischen Arbeitern zur Verfügung stand. Zu Streiks ist es nicht gekommen, denn sie galten als völlig unvereinbar mit dem System[316] und hätten als vorsätzliche Sabotage ausgelegt werden können. Sie waren also für etwaige Beteiligte viel zu gefährlich. Auch Protestbriefe wurden nicht oft geschrieben, da sie für alle an einem Konflikt Beteiligten unangenehme Folgen nach sich ziehen konnten. Man muss sich vor Augen führen, dass nach Aussage eines Interviewpartners drei vermeintliche Zeugen ausreichten, um wegen „feindlicher Tätigkeit" festgenommen werden zu können.[317] Da die Parteiführung als Wahrerin der Interessen der Arbeiter gelten, aber gleichzeitig künftige Unzufriedenheitsbekundungen vermeiden wollte, wurden im Interesse einer schnellen Beilegung von Differenzen gern auf allen Seiten Schuldige gefunden und mit Sanktionen belegt. Dies belegen die Weiterungen, die 1977 auf einen Protestbrief an Mehmet Shehu folgten, den damaligen Premierminister. Formuliert hatten den Brief in dem sie sich wegen der Kürzung ihrer Löhne beschwerten, 260 Arbeiter der Stahlfabrik des Großkombinats.[318] Eine Untersuchungsgruppe, zusammengesetzt aus Vertretern mehrerer Institutionen, kam umgehend nach Elbasan und überprüfte den Sachverhalt. Sie stellte fest, dass die beschwerdeführenden Arbeiter, welche auf Normbasis arbeiteten, seit sechs Monaten die Norm nicht erfüllten. Grund dafür war die

313 Telisfor Lumezi, Pse mbahet ky qëndrim nënvleftësues në punën me norma? [Wieso diese geringschätzige Haltung gegenüber der Normarbeit?], *Shkumbini*, 3.9.1977, S. 2.

314 AQSh, Bashkimet Profesionale, 657, 1977 / 262, 26 f. [Beschwerde der Arbeiter der Stahlfabrik an den Präsidenten der Gewerkschaft Marko betr. Entlohnung und zusätzliche Anreize].

315 Stadtland, Konfliktlagen und Konfliktformen, 376 f.

316 Stoppel, Rechtssystem, 273.

317 Interview mit J. T. am 25.2.2013 in Elbasan.

318 AQSh, Bashkimet Profesionale, 657, 1978 / 107, 1–5 [Bericht des Gewerkschaftsgesandten Lame an den Zentralrat der Gewerkschaft vom 6.1.1978 betr. Beweggründe der Arbeiter der Stahlfabrik für ihren Beschwerdebrief an Premierminister Shehu].

schlechte Rohstoffversorgung der Abteilung, die zu ständigen Arbeitsunterbrechungen geführt hatte. In der Folge verdienten die Arbeiter nicht einmal ihren Basislohn. Die Arbeitsbedingungen waren laut Befund der Untersuchungsgruppe mangelhaft und die Lebensmittelversorgung ließ stark zu wünschen übrig. Auch wurde festgehalten, dass die Betriebsleitung die Urlaubsanträge der Arbeiter nicht berücksichtigte, sondern ihnen Urlaub erteilte, wann es ihr passte, auch wenn die Arbeiter nicht einverstanden waren. Die Prüfer strichen heraus, dass die Qualifizierungsmaßnahmen im vorangegangenen Jahr nicht funktioniert hatten und es für die Arbeiter, die aufgrund der Qualifikation in eine höhere Gehaltskategorie aufgestiegen waren, keine Gehaltsveränderungen gegeben hatte, während die Parteimitglieder mehr verdienten, obwohl sie weniger leisteten. Wenn sich die Arbeiter beschwerten, ignorierte die Betriebsleitung ihre Anliegen, während die Gewerkschaftsorganisationen die Eingaben nur weitergaben, ohne eigenständige Ansätze zur Problemlösung zu zeigen. Die Arbeiter würden deshalb weder der Betriebsleitung noch dem Parteikomitee oder den Gewerkschaftsstrukturen vertrauen.

Zum „Ausgleich" stellte die Untersuchungsgruppe aber auch Versäumnisse auf Seiten der Arbeiter fest: Sie würden die Rolle ihrer Fabrik innerhalb des Kombinats überschätzen und deshalb überhöhte Lohnforderungen stellen, obwohl sie im Vorjahr die Planvorgaben nur zu 70 Prozent erfüllt hätten. Die meisten von ihnen seien unqualifiziert und nähmen keine Weiterbildungsangebote wahr. Sie würden den Zustand ihrer Arbeitsmaschinen vernachlässigen und schlechte Arbeitsqualitätsarbeit erbringen. Dass sie auch bei Versorgungsschwierigkeiten 100 Prozent ihres Lohns beanspruchten, sei absurd.

Aufgrund des an dieser Stelle beklagenswerten Quellenmangels ist, abgesehen von einem überlieferten Vorschlag des Kombinatsleiters Çeliku, dass der Fabrikleiter abgesetzt werden und in der Verwaltung mehrere Versetzungen stattfinden sollten, nichts über die Reaktionen der zentralen Instanzen zu erfahren.[319] Die Reaktionen der lokalen Gewerkschaftsvertreter sind dagegen eindeutig. Drei Fabrikarbeiter wurden zehn Tage später in der Gewerkschaftsversammlung von ihren Arbeitskollegen als Urheber des Beschwerdebriefes bezichtigt, die restlichen übten Selbstkritik. Das Gewerkschaftskomitee stellte fest, dass man sich mehr um die Erziehung des Kollektivs kümmern sollte, da die meisten Arbeiter jung seien, die Presse nicht läsen, die Propagandaseminare nicht besuchten und aus denselben Dörfern stammten. Die gemeinsame Herkunft war wahrscheinlich auch ein Grund, wieso sie sich überhaupt zu einem kollektiven Vorgehen hatten bewegen können. Es wurde empfohlen, die Lage in diesem Kollektiv durch bessere Kontroll- und „Hilfs"-Maßnahmen im Auge zu behalten. Eine solche Vorgehensweise verrät Ansätze einer Entwicklung, in welcher sich „staatliche Sanktionsmöglichkeiten auf „Erziehungs- und z. B. arbeitsrechtlich relevante (Disziplinar-) Maßregeln" verlagerten.[320] Sie hat aber auch

[319] AShVE, Komiteti i Partisë i Kombinatit Metalurgjik Elbasan, 873, 1978 / [Nr. unbekannt], 13, [Protokoll der Versammlung des Parteikomitees des Stahlwerks vom 29.1.1978 betr. den Brief der Monteure der Stahlfabrik].

[320] Stoppel, Zwischen Abschreckung und Erziehung, 121.

damit zu tun, dass die Herrschenden aufgrund des defensiven Verhaltens der Arbeiter nicht gezwungen waren, zu harten Mitteln zu greifen, sondern nach einem Widerruf ihrer Protesthaltung (durch Schuldzuweisung für die Unbotmäßigket an einige wenige und „Selbstkritik" aller anderen) ihre Zustimmung zu erhalten suchten. Die Herrschenden betrieben eine „Integrationspolitik", die die Mehrheit der Arbeiter loyal hielt oder als loyal deklarieren konnte und potentielle Aufrührer „in die Schranken wies". Albanien war in dieser Hinsicht kein Einzelfall.[321]

Protestakte wie der beschriebene waren aber einmalige Aktionen. Das kommunistische Regime dürfte zumindest bis zur Mitte der achtziger Jahre in den Augen der albanischen Arbeiterklasse, welche praktisch ein Produkt der PAA-Herrschaft war, wirklich ein hohes Maß an Legitimation genossen haben.[322] Es mag sein, dass in sozialistischen Systemen für Menschen, die aus Arbeiterfamilien stammten, allgemein nicht nur materielle Fragen wichtig waren, sondern auch andere Faktoren, wie die Achtung ihrer Würde und religiösen Überzeugung, die demokratischen Freiheiten oder das Verhältnis der Staatsmacht zur Religion, wie dies in Polen bei besser ausgebildeten Arbeitern der Fall war.[323] Die albanischen Arbeiter jedoch stammten fast alle selbst noch aus der Bauernschicht und hatten die Möglichkeit, das Dorf zu verlassen, sich auszubilden, kurzum den sozialen Aufstieg der PAA-Macht zu verdanken. Anders als in Ungarn oder in Polen dominierte die Parteimacht die Strukturen der Wirtschaft und der Gesellschaft bis zum Ende, ohne an einen Rückzug zu denken.[324] Auch wenn in der Endphase aufgrund der zusammenbrechenden Wirtschaft die Unzufriedenheit wuchs, fehlte es den Arbeitern an Strukturen, die einen Arbeitskampf zur Durchsetzung ihrer Forderungen hätten stützen können. Zur langen Fortdauer dieser Konstellation trug bei, dass die etwaige Zulassung von alternativen Interessenvertretungsorganisationen der Arbeiter von der PAA mit „Revisionismus" gleichgesetzt wurde und rivalisierende Arbeitnehmerverbände die von ihr geschaffene Gewerkschaft als ein Instrument zur Durchsetzung ihrer Politik früher oder später an den Rand gedrängt hätten. Die vorhandenen Gewerkschaftsstrukturen nahmen bei Aspekten des Arbeitslebens, die normalerweise zu ihren zentralen Einsatzbereichen hätten gehören sollen, bis zum Ende des Staatssozialismus eine ignorierende Haltung ein; oder aber sie stellten sich gemäß der offiziellen Ideologie als verlängerter Arm zur Staatspartei, wie auch die folgende Passage aus einem Bericht ihres Vorsitzenden noch vom September 1990 belegt:

321 Fulbrook, Dritte Sektion, 348–352.

322 In Bulgarien war die Situation vergleichbar, da die rasche soziale Mobilität, die sozialen Leistungen, die Qualifikation und die Privilegien insbesondere für die Industriearbeiter unter diesen ein Gefühl der Loyalität und der Bindung an das herrschende Regime erzeugten. Raeva / Brunnbauer, Fabrikarbeiter, Gewerkschaften und Funktionäre, 314.

323 Chumiński / Ruchniewicz, Arbeiter und Opposition, 451.

324 Boyer, Sozialgeschichte der Arbeiterschaft, 84 f.

„Wir arbeiten daran, egoistische Tendenzen wie die Forderung nach Senkung des Renteneintrittsalters, Erhöhung der Gehälter und Zulagen, Normsenkungen zu beseitigen."[325]

Es kam deshalb nicht von ungefähr, dass gleich nachdem sich 1991 der Albanische Unabhängige Gewerkschaftsbund gegründet hatte, 80 Prozent der Elbasaner Arbeiter ihm beitraten.[326] Untersuchungen, die zeigen könnten, ob dies vorwiegend Arbeiter waren, die ihren Wohnsitz in Elbasan hatten, oder ob vor allem die Pendler aktiv waren, wie das in Rumänien der Fall war, gibt es leider nicht.[327] Der neue Gewerkschaftsbund organisierte die ersten Streiks, die sich anschließend auf alle Industriebereiche ausweiteten, jede Tätigkeit im Stahlwerk lahmlegten und die sozialistische Regierung unter Fatos Nano im Juni 1991 zum Rücktritt zwangen.[328] Der Zusammenbruch der DDR anderthalb Jahre zuvor hatte bewiesen, dass das Regime gestürzt werden konnte, wenn die Arbeiter sich oppositionellen Gruppen anschlossen.[329]

5.9 Zwischenfazit

Die Parteistrukturen im Stahlwerk hatten die Funktion, die Ausführung der Anweisungen der obersten Herrschaftsebene durch die mittleren Kader zu überwachen und durch ihre Tätigkeit für die Indoktrinierung der Arbeiter zu sorgen. Durch ihre Mitglieder sowie über ständigen Austausch sollten sie die Zuverlässigkeit der Massenorganisationen in deren Rolle als Hebel der Partei garantieren, während ihre Spitze über alle Entscheidungen betriebswirtschaftlicher Art sowohl durch die Betriebsleitung als auch durch die Staats- und Parteiführung zu unterrichten war. Durch ihre Tätigkeit sollten sie den Arbeitern den Primat der Partei vor allen anderen Machtfaktoren innerhalb des Stahlwerks veranschaulichen. Für die Belegschaft wurde das auch schnell offensichtlich. Allerdings bedeutete dies nicht, dass sie den Parteiorganisationen oder deren Mitgliedern mehr Kompetenz zutrauten. Die Parteifunktionäre versuchten durch ihre Strategien vor Ort das Stahlwerksmanagement bei seiner Tätigkeit zu unterstützen, aber zugleich auch als Sprachrohr der Arbeiterklasse zu gelten, eine Aufgabe, die die Gewerkschaftsorganisationen genauso betraf. Diese waren laut dem neuen Arbeitsgesetzbuch von 1980 „politisch-gesellschaftliche Organisationen der Arbeiterklasse, welche in ihren Reihen freiwillig die Arbeiter und Angestellten – soweit sie Staatsbürger der Sozialistischen Volksrepublik Albanien sind –,

325 AQSh, Bashkimet Profesionale, 657, 1990/54, 3 [Bericht des Sekretärs des Generalrates der Gewerkschaft S. Marko für den Leiter des Erziehungssektors im ZK der PAA Gjoni vom 1.9.1990 betr. die Reaktion der Kollektive auf den Brief des ZK der PAA zur Lage im Land].

326 Adnan Kurti, Aktiv i sindikatave të pavarura të rrethit [Versammlung der Unabhängigen Gewerkschaften des Kreises], *Shkumbini*, 10.5.1991, S. 1.

327 Petrescu, Workers and Peasant-Workers, 131.

328 Schmidt-Neke, Innenpolitik, 84; ders., Politisches System, 233.

329 Hürtgen, Konfliktverhalten der DDR-Arbeiterschaft, 401.

die in Unternehmen, Institutionen und gesellschaftlichen Institutionen tätig sind, vereinigen".[330] Im Arbeitsgesetzbuch wurde ihre Rolle als die eines Instruments zur Disziplinierung der Arbeiter und zur Mobilisierung von Arbeitskraft zur größtmöglichen Produktivität unzweideutig bestimmt. Unter der Führung der zuständigen Parteistellen konnten sie in allen Unternehmen, Institutionen und gesellschaftlichen Organisationen Kontrollen zur Bekämpfung von „liberalen oder bürokratischen Erscheinungen" durchführen.[331] Sie blieben bei ihrer Arbeit im Stahlwerk im Schatten der Parteiorganisationen und wurden von den Beschäftigten auch genauso wahrgenommen.

Teilweise wurden die Aufgaben ihrer Vertreter durch die den Arbeitsbrigaden vorangestellten Brigadiere übernommen, obwohl das ursprünglich gar nicht beabsichtigt war. Es kam jedoch nie dazu, dass aus einzelnen Äußerungen, die die Unzufriedenheit der Arbeiter mit den Normen oder hinsichtlich anderer Mängel kundtaten, eine autonome Bewegung hätte erwachsen können, die den Anspruch erhob, die Interessen der Arbeiter zu vertreten. Dafür waren die Atomisierung der Gesellschaft zu groß und der Repressionsapparat zu bedrohlich. Immerhin konnten die Partei- und Gewerkschaftsfunktionäre oder die Kombinatsleitung durchaus mit Protestaktionen konfrontiert werden, die man nicht als Ausdruck der Verärgerung eines Einzelnen abtun konnte.

Ein wichtiger Bestandteil der versuchten Mobilisierung der Arbeiter waren die Wettbewerbe, die von den „Vorhutarbeitern" und Parteimitgliedern initiiert und getragen werden sollten. Während die einfachen Parteimitglieder sich nach außen hin den Erwartungen der Parteistrukturen anpassten, war ihr tatsächliches Verhalten im Betriebsalltag meist nicht anders als dasjenige der parteilosen Beschäftigten. Verglichen damit waren die „Vorhutarbeiter" der Propaganda dienlicher. Während die moralischen Anreize ein passives Instrument zur Mobilisierung der Arbeiter waren, sollten die „Vorhutarbeiter" für die Belegschaft die Verkörperung des „neuen Menschen" sein. Ihre Haltung sowie die Meinung ihrer Kollegen über sie änderten sich mit dem Niedergang der wirtschaftlichen Situation Albaniens. Wurden sie anfangs als fleißige, ideologietreue Menschen betrachtet, welche keinen Wert auf materielle Anreize legten, galten am Ende angeblich mehrere von ihnen als Privilegierte oder gar Heuchler, während sich nach der Wende diejenigen, die der Propaganda Glauben geschenkt hatten, betrogen fühlten. Die Verschlechterung der Lage beeinflusste auch die Arbeitsdisziplin, die auch durch die steigende Inflation[332] zunehmend laxer wurde.

Neben ihren Erziehungs- und Mobilisierungsaufgaben sollten die Gewerkschaftsorganisationen die proletarische Diktatur stabilisieren helfen, indem sie individualisierte

330 Tönnes, Albanien, 191.

331 AQSh, Bashkimet Profesionale, 657, 1990/2, 6f. [Gesetzesentwurf vom 20.3.1990 betr. die Rechte und Aufgaben der Arbeiterkontrolle].

332 Vgl. dazu in Abschnitt 2.7.

Arbeiterrechte gegenüber bürokratischen Praktiken und Fehlern einzelner Funktionäre wahrnahmen. Diese Funktion war ihnen von Lenin zugeschrieben worden und daran orientierte sich ideologisch und in ihrer machtpolitischen Praxis die PAA.[333]

In einem Staat, dessen Führung den Anspruch erhob, die Interessen der Arbeiterklasse zu vertreten, sollten sich Unzufriedenheitserscheinungen unter den Arbeitern gegenüber dem Management allenfalls gegen einzelne Funktionäre der Verwaltung oder der Betriebsleitung richten und keine ideologischen und sonstigen allgemeinen Grundsätze in Frage stellen. Dies war die Politik, die die Parteiführung oder ihre Vertreter vor Ort gegenüber den Arbeitern und eventuellen Beschwerden von deren Seite verfolgten, und sie stand im Einklang mit den den Gewerkschaftsgliederungen zugewiesenen Aufgaben, welche unter anderem die Arbeitermassen im Sinne kommunistischer Ideale zu erziehen hatten. Dadurch sollte mögliches Konfliktpotential entschärft, eine Interessensharmonie zwischen den Vertretern der Betriebsleitung und der Betriebsführungskräfte und den Arbeitern herbeigeführt und die Arbeitsproduktivität gefördert werden. Als ein bezeichnendes Hilfsinstrument hatte die PAA-Führung unter dem Eindruck der chinesischen Kulturrevolution, aber anders als diese unter Schonung der führenden Kader von Staat und Partei, das Blitzblatt aktiviert, womit die Unzufriedenheit der Arbeiter kanalisiert werden sollte.

In Elbasan waren jedoch die Beziehungen zwischen den verschiedenen Akteuren, die den Entstehungsprozess des Kombinats sowie dessen Inbetriebnahme begleiteten, bei weitem nicht so reibungsfrei, wie man es hätte erwarten können. Bedingt durch die symbolische Bedeutung des Stahlwerks in sozialpolitischer Hinsicht, die Unerfahrenheit des Managements und der Arbeitskader sowie die geringe Qualifikation der Arbeiter entstanden zwischen ihnen Divergenzen, die durch außenpolitische Komplikationen erschwert wurden. Mehrfach waren Erwartungen der Parteiführung an das Management und an die politischen Organisationen mit Druck verbunden, welchen diese durch verschiedene Strategien an die Arbeiter weitergaben. Das beeinflusste deren Arbeitsverhalten. In Notsituationen, die aufgrund der Bauverzögerung verschiedener Werkbereiche, durch Rohstoffmangel, die Verschwendung von Ressourcen, eine hohe Abwesenheitsquote der Arbeiter oder andere Faktoren entstanden, mussten Strategien angewendet werden, die auf Kosten des einen oder anderen lokalen Akteurs gingen. Solche Situationen gab es im Stahlwerk oft und sie erzeugten Differenzen zwischen den Vertretern verschiedener Ebenen innerhalb des Kombinats, die allerdings niemals in Gewalt umschlugen oder die Fundamente des Systems zu erschüttern drohten, wie das beispielsweise in Polen der Fall war. Die informellen Konfliktlösungswege dienten als Ventil für die Unzufriedenheit der Arbeiter,

[333] Siehe dazu Wladimir I. Lenin, Über die Gewerkschaften, die gegenwärtige Lage und die Rede Trotzkis (30.12.1920), in: ders.: Werke. Bd. 32. Berlin 1982, 1–26, 4.; siehe auch Horn, Gewerkschaften in staatssozialistischen Ländern, 89.

so dass kollektive Arbeiterproteste auch dadurch kaum zustande kamen. Dazu kamen noch andere Gründe. Der Repressionsapparat war gefürchtet. Das Regime genoss aber auch ein hohes Maß an Legitimation, da die allermeisten Arbeiter ursprünglich aus den Dörfern kamen und der Tätigkeit in den sozialistischen Großbaustellen von der Art des Elbasaner Kombinats ihren sozialen Aufstieg verdankten.

6 Die Stadt und ihre neuen Bewohner

Der neu zu formende albanische Industriearbeiter sollte sich nicht nur während der Arbeit an den Lehren des Genossen Enver orientieren und den Aufrufen der Betriebsparteikomitees und der Massenorganisationen zur Erhöhung der Produktion folgen, sondern er hatte sich auch außerhalb der Arbeitszeit den Regeln „kommunistischer Moral" entsprechend zu verhalten. Gemäß den klassischen Vorstellungen der Arbeiterbewegung sollte der Arbeiter acht Stunden arbeiten, sich acht Stunden erholen und acht Stunden der kulturellen Bildung widmen.[1]

Im Falle Elbasans erwies sich die Umsetzung dieser Vorstellung allein schon deshalb als illusorisch, da betriebliche Hindernisse, verbunden mit politischen Unvorhersehbarkeiten, einen regulären Fortgang der Bau- und Produktionsarbeiten unmöglich machten. Nichtsdestoweniger sollten die Stahlwerksbeschäftigten während der wenigen Freizeit, die ihnen blieb, in die Aktivitätenangebote der Partei- und anderen Massenorganisationen eingebunden werden. Die Werte, die man ihnen hierbei einzuimpfen suchte, standen im Zusammenhang mit der Ideologie und der Sozialpolitik der PAA. Sie waren eine Mischung aus Eigenschaften, die auch in den anderen realsozialistischen Staaten hochgehalten wurden, und von als typisch propagierten „Tugenden" des albanischen Sozialismus. Eine Schilderung der sozialpolitischen Maßnahmen, die die politischen Akteure vor Ort trafen, um die Belegschaft des Stahlwerks vor allem außerhalb ihrer Arbeitsstelle politisch zu indoktrinieren und ihre kulturellen Einstellungen und Verhaltensweisen im Sinne der politischen Führung umzuformen, wie auch der Reaktionen durch die Betroffenen – sowohl die Neuzugezogenen als auch die ansässige Elbasaner Bevölkerung – ist für eine genauere Untersuchung dieses Fallbeispiels unverzichtbar. Schließlich bestand das Stahlwerk nicht nur als Produktionsstätte, sondern hatte Auswirkungen auf die Entwicklung der Stadt, deren Spuren auch in der postsozialistischen Zeit nicht zu übersehen sind. Einige Gesichtspunkte, die hier untersucht werden, lassen sich nur schwerlich von der Tätigkeit im Stahlwerk trennen, da der Staat, der jeden Bereich des Alltags zu bestimmen versuchte, bestimmte regelnde Funktionen übernahm, die nicht direkt mit dem Arbeitsprozess im Stahlwerk zu tun hatten, doch von diesem nicht zu trennen sind, wie die Wohnsituation. Auf einige deviante Verhaltensweisen wie Fluktuation und Abwesenheit wurde bereits

[1] Geprägt 1830 von Robert Owen. Siehe Patrick Spät, Erst die Arbeit, nie das Vergnügen, *Die Zeit*, 7.10.2016, unter http://www.zeit.de/karriere/beruf/2016-09/arbeitszeit-stress-gesundheit-40-stunden-woche, am 25.10.2019 zuletzt aufgerufen.

eingegangen. Deshalb werden im jetzigen Kapitel vor allem diejenigen untersucht, die sich vorwiegend außerhalb des Arbeitsplatzes manifestierten. Mangels anderer Quellen stützt sich das Kapitel (außer in den für die Einordnung unerlässlichen Passagen zu den gesamtstaatlichen weiteren Kontexten) vor allem auf Aussagen von Zeitzeugen, die dabei mit den Befunden anderer Autoren zu ähnlichen Projekten in diversen sozialistischen Staaten in Beziehung gesetzt werden.[2]

6.1 Die Bedeutung des Stahlwerks und seiner Beschäftigten für die Stadt

Eine Betrachtung von „Der Stahl der Partei" nur von der betrieblichen Seite würde mehrere Beweggründe zu kurz kommen lassen, die zu seinem Bau führten und für die PAA-Führung nicht minder wichtig waren als die wirtschaftliche Rentabilität. Das Kombinat als Mikrokosmos des albanischen Sozialismus trug einen Symbolcharakter in sich, der den Übergang des ganzen Landes in eine neue Phase des sozialistischen Aufbaus in mehrfacher Hinsicht versinnbildlichen sollte. Einige Wochen nach dem Beginn der Bauarbeiten am Hauptwerk führte Hoxha auf dem 6. Parteitag der PAA im November 1971 aus, weshalb die Inangriffnahme des Stahlwerks und anderer Industriekomplexe von besonderer Bedeutung für den albanischen Sozialismus war:

> „Der entscheidende Faktor, der unser Vorwärtsschreiten bestimmt, ist das ununterbrochene Wachstum der sozialistischen Produktion und die rasche und allseitige Transformierung unserer Gesellschaft. Nur auf dieser Grundlage können das Denken und das Gewissen der Menschen revolutioniert werden."[3]

Um den Wandel in der Mentalität der albanischen Bevölkerung gemäß den Vorstellungen der kommunistischen Führer herbeizuführen, war eine Vergrößerung des Anteils der Arbeiterschaft unentbehrlich. Überdies ließen sich angesichts der fehlenden Tradition und schwachen berufsbildenden Strukturen im Lande berufliche Kenntnisse durch die praxisbezogene Tätigkeit im industriellen Bereich leichter erwerben und steigern.
Die Absichten, die die PAA-Führung mit dem Bau des Elbasaner Stahlwerks verband, lassen sich durch Ausschnitte aus zwei zweitgenössischen Artikeln (einer aus der Originalfassung des *Neuen Albanien*, der andere aus dem Zentralorgan *Zëri i popullit*) besonders

[2] So etwa Larry E. HOLMES, Fear no Evil: Schools and Religion in Soviet Russia, 1917–1941, in: Sabrina P. RAMET (Hg.), Religious Policy in the Soviet Union. Cambridge 2005, 125–157; Sándor HORVÁTH, Urban Socialism and Everyday Life in Sztálinváros, *Berliner Osteuropa-Info* 23 (2005), 43–50. Online verfügbar unter http://www.oei.fu-berlin.de/media/publikationen/boi/boi_23/06_horvath.pdf; JAJEŚNIAK-QUAST, Ein lokaler „Rat für Gegenseitige Wirtschaftshilfe"; KOTKIN, Magnetic Mountain, um nur einige zu nennen.

[3] Aus dem Dokumentarfilm „Der 6. Parteitag der PAA" von 1971.

veranschaulichen. In dem ersten der beiden nimmt der Autor den Leser auf eine fiktive Reise nach Elbasan fünf bis sechs Jahre nach Beginn der Arbeiten für den Kombinatsbau mit, also in die Zukunft der Mitte der 1970er Jahre:

> „Jeder, der die Stadt vom Dach des zehnstöckigen Tourismus-Hotels betrachtet, stellt deutlich den Kontrast zwischen der alten und der neuen Welt fest. Vor einigen Jahre legte man neben einem verfallenen Gebäude neue Fundamente und der Bulldozer, der die Ebene für den Bau dieses großen Hotels plattwalzte, fuhr geräuschvoll hin und her. [...] Daneben ist heute das Zentrum der neuen sozialistischen Stadt entstanden, mit einem Ensemble von Institutionen kulturellen und administrativen Charakters sowie ein großes grünes Quadrat von 5000 Quadratmetern mit seltenen Sorten von schmückenden Bäumen.
>
> Das Grüne verschönert auch die neuen Viertel, die wichtigsten Boulevards, die Parks und die Kinderspielplätze, die Sportplätze, die Vorplätze der Kinos und Cafés. [...] Die Ruhe aus der Zeit der Apathie und der Melancholie ist verschwunden. Sie wurde von den Liedern des heißen Metalls vertrieben, von den Sirenen und Hupen der Lokomotiven, die aus den Bergwerken von Prrenjas das Eisen-Nickel-Erz heranbringen.
>
> [...] Geht man durch das Kombinat, kann man den Pulsschlag der Stahlfabrik wahrnehmen. Neben ihr strecken sich die Hochöfen in die Höhe und donnern, fähig, 800.000 Tonnen Erz zu verarbeiten. [...] Die technologischen Prozesse dieser großen Werkbereiche sind hochgradig perfekt. Im Steuerungssaal, wo alles aus Glas, Porzellan und Kunststoff besteht, arbeiten junge Arbeiterinnen und Arbeiter. [...] Das sind unsere jungen Ingenieure und Techniker. [...] Die Metallurgen, in ihrer Montur und mit ihrer Gerätschaft, stehen an vorderster Front in dieser Schlacht. Das Vaterland benötigt Eisen, Stahl. Und sie arbeiten, stellen sich dem Feuer des Metalls entgegen und siegen.
>
> [...] Ein ganz prächtiges Architekturensemble bilden die administrativen und soziokulturellen Einrichtungen – die Mensen, die Bäder und Toiletten, die Kinos, die Theaterhäuser, die Klinik und die Spitalsambulanz, das Institut für Wissenschaftliche Forschung, die Zentralbibliothek und anderes mehr. Die Metallurgen aller Arbeitsschichten gehen dort ständig aus und ein."[4]

In den Vorstellungen der Gesellschaftsplaner würde durch das Kombinat die gesamte Stadt umgestaltet werden. Anstelle des traditionellen, osmanisch geprägten Elbasan mit seinem bis dahin „apathischen" Charakter sollte eine moderne, auch umweltfreundliche Stadt entstehen, mit harmonischen Gebäuden, und das Stahlwerk würde das Wahrzeichen sein. Diese sozialistische Stadt würde jedem Individuum die Macht der PAA vor den Augen führen, die gemäß diesem Bild in der Lage war, Träume wirklich werden zu lassen.

Der zweite Bericht, von dem gleichen Ökonomen verfasst, der auch von Enver Hoxhas Sicht des Stahlwerks als „zweite Befreiung"[5] berichtet hat, beleuchtet andere Stränge, die für die Wirtschaftsplaner und die Parteiideologen eine eminente Bedeutung hatten:

> „Wenn das metallurgische Kombinat in vollem Betrieb sein wird, wird es unter anderen 250.000 Tonnen Walzstahl in einer breiten Sortimentenpalette herstellen. [...] Außerdem

4 Behxhet Çerma, Udhëtim në të ardhmen [Reise in die Zukunft], *Shqipëria e Re* 1 (1976), 3–5.
5 Kumbaro, Siderurgjia – Etapë e re, 20.

wird es sowohl für den eigenen Bedarf als auch für andere heimische Betriebe Gusseisen, Schamottstein und anderes feuerfestes Material, Graphitelektroden sowie anderes mehr produzieren.

Mit seinen wichtigen und vielfältigen Produkten wird das Stahlwerk den Bau der materielltechnischen Grundlagen des Sozialismus in Albanien stark beschleunigen und die Voraussetzungen für eine noch raschere Entwicklung der anderen Wirtschaftszweige bilden, so der mechanischen Industrie oder der Baubranche.

Das Metallurgische Kombinat von Elbasan wird ein vortreffliches Symbol der großen und aufrichtigen Freundschaft zwischen beiden Völkern sein, dem chinesischen und dem albanischen, einer Freundschaft, die von unseren beiden marxistisch-leninistischen Parteien geschmiedet worden ist sowie von unseren beiden großen Führern, dem Genossen Enver Hoxha und Genossen Mao Zedong. [...] Der Aufbau der Industrie für Schwarzmetallurgie in unserem Land verwirft aufs klarste die falschen „Argumente" der bürgerlichen und revisionistischen Ökonomen, welche auf verschiedenen Wegen die vor kurzem befreiten oder kleinen Völker von der Bildung dieses für eine unabhängige politische und wirtschaftliche Entwicklung wichtigen Zweiges abzuhalten versuchen."[6]

Die beiden längeren Zitate machen die Beweggründe der albanischen Kommunisten in wirtschaftlicher wie auch ideologischer Hinsicht erneut besonders deutlich. Sie weisen auf die Perspektiven hin, die Albanien durch die erfolgreiche Inbetriebnahme des Stahlwerks eröffnet werden sollten und demonstrieren dadurch gleichermaßen die – bereits in den Kapiteln III und IV angesprochenen – Ähnlichkeiten wie die Unterschiede in der Erwartungshaltung der PAA-Führung verglichen mit derjenigen anderer kommunistischer Führungen bei analogen Projekten. Die innerstaatliche Bedeutsamkeit des „Stahls der Partei" wird dabei nicht nur in den erhöhten Erwartungen der staatlichen Machtträger im Vergleich zu anderen, weniger aufwendigen Industrieprojekten in Albanien manifestiert. Im Fall von Elbasan stießen Planungsarbeiten großen Ausmaßes auf unerwartete Hindernisse und mussten teilweise revidiert werden, was sich auf die Erwartungen einer Führung auswirkte, die für die internationalen Betrachter seinerzeit als besonders hartnäckig und unflexibel galt. Notgedrungen mussten die Entscheidungsträger in Tiranë sich an die Umstände anpassen und wurden zu einem gewissen Maß an Pragmatismus gezwungen. Der ideologische Primat bestimmt dennoch bis zum Ende des Regimes die wirtschaftspolitische und ökonomische Vorgehensweise und trug nicht unerheblich zum Desaster bei. Defizite in der Durchführung des Bauprozesses und während der Zeit der Nutzung des Stahlwerks weisen auf verhängnisvolle Merkmale der Herrschaftsausübung hin, politische Vorgaben werden durch individuelles Agieren umgangen, während zentral bestimmte Pläne von taktischen Zügen der lokalen Akteure modifiziert werden. Im Narrativ der Regierenden und in ihren Propagandablättern findet die Industrialisierung Elbasans jedoch nach einem planvollen, langfristig vorbereiteten System statt, wobei das Stahlwerk den Höhepunkt dieser Entwicklung darstellt, durch den der Kreis 1987 an dritter Stelle

6 Ders., Zhvillimi i metalurgjisë gjatë viteve të pushtetit popullor [Die Entwicklung der Metallurgie während der Jahre der Volksmacht], *Zëri i Popullit*, 30.4.1974, S. 3.

bei der Industrieproduktion des Landes rangierte (siehe Tabelle 19). Dabei wurde in der Presse nicht zu betonen vergessen, dass in neun Industriebetrieben des Kreises genausoviel Beschäftigte tätig waren wie es 1938 in ganz Albanien Arbeiter gegeben hatte.[7]

Tab. 19: Anteil der einzelnen Landkreise an der industriellen Gesamtproduktion, 1950–1990 (in Prozent), nach den Preisen des Jahres 1986

Kreise	1950	1960	1970	1980	1985	1986	1987	1988	1989	1990
Insgesamt	**100,0**	**100,0**	**100,0**	**100,0**	**100,0**	**100,0**	**100,0**	**100,0**	**100,0**	**100,0**
Berat	7,1	4,3	6,5	4,9	4,7	4,7	4,7	4,7	4,6	4,4
Dibër	2,7	1,9	1,5	1,7	1,7	1,7	1,7	1,7	1,7	1,7
Durrës	18,6	12,9	10,3	9,6	10,3	10,4	10,1	9,6	10,2	10,5
Elbasan	6,0	9,9	9,3	10,1	10,7	10,5	10,8	11,4	11,3	10,7
Fier	3,9	7,4	9,8	12,2	10,3	10,0	10,3	10,3	10,2	10,7
Gramsh	0,1	0,1	0,1	0,2	0,3	0,2	0,3	0,3	0,3	0,3
Gjirokastër	4,4	2,7	2,1	1,7	1,8	1,9	1,9	1,9	1,8	2,0
Kolonjë	0,4	0,5	0,4	0,3	0,3	0,3	0,3	0,3	0,3	0,3
Korçë	12,2	10,4	7,9	7,1	7,0	6,8	6,6	6,7	6,6	7,0
Krujë	0,9	0,5	2,8	5,2	4,5	4,7	4,7	4,9	4,8	4,4
Kukës	1,0	0,3	1,9	1,8	1,7	1,6	1,8	1,8	1,8	1,6
Lezhë	0,4	0,2	0,7	1,0	1,0	0,9	0,9	0,9	0,9	0,9
Librazhd	0,6	2,1	1,0	0,7	0,7	0,7	0,8	0,9	0,9	0,9
Lushnjë	1,4	0,9	1,6	2,4	2,9	2,8	2,7	2,8	2,9	2,9
Mat	0,4	1,1	1,2	1,2	1,2	1,4	1,3	1,6	1,6	1,2
Mirditë	3,1	1,2	2,7	2,6	3,0	3,2	3,4	3,6	3,5	3,0
Përmet	1,1	0,5	0,5	0,5	0,5	0,5	0,6	0,5	0,5	0,6
Pogradec	0,9	0,9	1,3	1,3	1,4	1,4	1,3	1,4	1,4	1,4
Pukë	1,7	2,2	1,0	0,9	1,0	1,0	1,0	1,0	1,0	0,8
Sarandë	2,2	1,7	1,9	2,0	2,1	2,1	2,1	2,2	2,1	2,2
Skrapar	0,5	0,1	0,2	0,3	0,3	0,3	0,3	0,3	0,3	0,3
Shkodër	5,7	7,7	7,2	7,7	8,0	8,6	8,6	8,3	8,5	8,2
Tepelenë	1,3	0,9	0,9	0,8	0,9	0,8	0,8	0,8	0,8	0,9
Tiranë	13,2	20,0	19,5	16,8	17,1	16,9	16,7	16,1	15,8	16,7
Tropojë	0,4	0,2	0,1	1,4	1,0	1,3	0,9	0,8	0,9	0,9
Vlorë	9,9	9,4	7,6	5,6	5,6	5,3	5,4	5,3	5,6	5,7

Quelle: Vjetari statistikor 1991, 171.

[7] Ibrahim Çavolli, Au Centre de l'Albanie, *L'Albanie Nouvelle* 3 (1987), 4–7, 7.

Durch „Der Stahl der Partei“ ist auch ein Einblick in die Hierarchie der sozialistischen Gesellschaft sowie in die Vielfalt und Effizienz der Mittel zu erlangen, welche innersystemisch zur Entstehung von Netzwerken beitragen und Identifikationen bestimmen sollten. Durch die Propagandaintensität der PAA, welche über die Medien einen Idealtypus des Stahlwerksarbeiters zu erstellen versuchte, aber auch durch die Angebote und Anreize im Betriebsleben und in der Freizeit, die das Kombinat seiner Belegschaft zur Verfügung stellte, konnte es nicht ausbleiben, dass im Laufe der Zeit eine Identifikation der Stahlwerksarbeiter mit dem Kombinat entstand, die sich auch im Arbeitsverhalten manifestierte. Sowohl diejenigen, die ursprünglich aus den Dörfern stammten und in der Stadt untergekommen waren, als auch diejenigen, die für eine Weile pendelten, und die aus urbanen Milieu stammenden Arbeiter, entwickelten ein diese drei Lebenssituationen überspannendes Kollektivgefühl, das sich allerdings weniger auf das Klassenbewusstsein bezog, sondern innerhalb der Grenzen des eigenen Arbeitskollektivs blieb. Dies belegen auch die Aussagen früherer Stahlwerksarbeiter, die diesen zufolge die meiste Zeit mit ihren Arbeitskollegen verbrachten – einschließlich der Freizeit – und weniger Bezug zu Arbeitern anderer Betriebe hatten. Zwischen ihnen und der Stadt entstand gleichwohl eine Interaktion, die von gegenseitiger Anpassung charakterisiert war.

Abb. 24: Kundgebung von Elbasaner Bevölkerung und Stahlwerksbeschäftigten im Metallurgischen Kombinat zur Einweihung der Objekte der ersten Bauphase

In Elbasan selbst waren schon Ende der dreißiger Jahre mehrere Kleinbetriebe ansässig gewesen, die vorwiegend auf die Produktion von Olivenöl, Alkohol, Zigaretten, Seife und einigen Lebensmittelprodukten spezialisiert waren. Die Stadt zählte 1938 12.700 Einwohner. Das entsprach ziemlich genau allein der Anzahl der Arbeitskräfte, die die kommunistischen Wirtschaftsplaner im Stahlwerk zu beschäftigen planten.[8] Nach einer Gewerkschaftsstudie hatten im besagten Vorkriegsjahr von den Stadtbewohnern ganze 14 eine

8 AQSh, Bashkimet Profesionale, 657, 1979 / 79, 55 [Studie der Kreisgewerkschaftsorganisation betr. Entwicklung der Arbeiterklasse in der Stadt Elbasan]; Schmidt-Neke / Sjöberg, Bevölkerungsstruktur, 482.

Hochschulbildung genossen und 116 eine mittlere Bildung. In der Stadt existierten aber immerhin schon 29 Grundschulen, ein Gymnasium, zwei Kindergärten, ein Kino und eine Bücherei. Sie war damit gemessen an den albanischen Verhältnissen der Zwischenkriegszeit durchaus ein mittleres urbanes Zentrum von Belang. Viele Bewohner sicherten ihr tägliches Auskommen durch Handwerksarbeit oder Kleinhandel. In den wenigen industrienahen Betrieben oder Manufakturen waren 270 Arbeiter beschäftigt, davon 18 Frauen. Nach dem Machtaufstieg der Kommunistischen Partei wurden wie im ganzen Land auch in Elbasan alle Produktionsbetriebe verstaatlicht.[9]

1960, als die Entscheidung zum Bau des Kombinats gefällt werden sollte, lebten in Elbasan bereits 29.800 Menschen, während 1971, nach Errichtung des Walzwerks als dem Nukleus und zum Zeitpunkt des Beginns der Bauarbeiten am Gesamtkombinat die Stadt schon auf 43.200 Einwohner angewachsen war.[10] Im gesamten Landkreis Elbasan lebten 145.500 Einwohner, davon 89.400 auf dem Lande.[11] Durch die intensiven Errichtungsprojekte von mehreren Objekten soziokulturellen Charakters sowie von etlichen Industrieobjekten (beispielsweise einer Mehlfabrik, einer Fabrik zur Zementproduktion oder einer Holzverarbeitungsfabrik), wuchs die Anzahl der Beschäftigten bereits in den 1960er Jahren schnell. Es entstanden zudem mehrere Produktionsstätten handwerklichen oder landwirtschaftlichen Charakters, die einzeln betrachtet jeweils eine kleine Anzahl an Arbeitern beschäftigten. Der Bau des Stahlwerks und seine Inbetriebnahme waren demnach wie auch schon weiter oben gesehen ohne erheblichen Zuzug von Arbeitskräften aus anderen Kreisen nicht möglich. Das war den Veantwortlichen klar, und ebenso, dass deshalb ein gezielter Ausbau der Infrastruktur der Stadt vonnöten war.[12]

Tab. 20: Städte des Kreises Elbasan und ihre Einwohnerzahl in Tausend

	1945	**1955**	**1960**	**1969**	**1979**	**1990**
Elbasan	14,7	23,6	29,8	39,1	61,2	83,3
Cërrik	–	2,5	4,8	7,1	8,5	10,9
Peqin	2,3	3,1	3,5	4,7	5,8	6,8

Quelle: Schmidt-Neke/Sjöberg, Bevölkerungsstruktur, 482f.

Die offiziellen Angaben beziffern die Zahl derjenigen, die 1968 in staatlichen Wohnungen (Plattenbauten) untergekommen waren, auf 12.000, während angeblich 28.000 Einwohner in Privatunterkünften wohnten. Die Wohnungsbaupläne sahen vor, dass schon 1977

9 AQSh, Bashkimet Profesionale, 657, 1979/79, 80 [Studie der Kreisgewerkschaftsorganisation betr. Mentalität der Beschäftigten im Handelssektor in Elbasan].

10 Vjetari statistikor i RPSH 1971 – 1972 [Statistisches Jahrbuch der VRA]. Tiranë 1973, 24; Schmidt-Neke / Sjöberg, Bevölkerungsstruktur, 482.

11 Vjetari statistikor 1971 – 1972, 23.

12 AQSh, Komisioni i Planit të Shtetit, 495, 1963/77, 1 [Studie betr. Rekrutierung der Arbeitskräfte und Infrastrukturveränderungen in der Stadt].

58 Prozent der Bevölkerung Elbasans in staatlichen Unterkünften mit einer Wohnfläche von durchschnittlich 50 Quadratmetern wohnen sollten.[13] Es war für eine Familie mit drei bis vier Personen ungefähr dieselbe Wohnfläche vorgesehen wie im ungarischen Sztálinváros Ende der vierziger Jahre.[14] In den Wohnungen wurde zu dieser Zeit normalerweise mit Holz oder Kohle geheizt und das blieb während der gesamten sozialistischen Zeit auf diesem Stand.[15]

1963 hatten noch mehr als 60 Prozent der Kreisbevölkerung auf dem Lande gewohnt und war die Mehrheit der Erwerbstätigen im landwirtschaftlichen Sektor beschäftigt; aufgrund der unzureichenden Mechanisierung war die Produktivität im Agrarsektor gering. Die Versorgung der Bevölkerung mit Lebensmitteln (die in den 1980er Jahren dann erst recht wieder ein Problem werden sollte) wies noch 1969 klare Mängel auf. Die Versorgung beispielsweise mit Gemüse deckte nicht den Bedarf und es gab wenig Auswahl, sowohl aufgrund der geringen Investitionen in diesem Bereich als auch infolge von Vertriebsproblemen.[16] Da die Experten 1971 eine hohe Zunahme der Kreisbevölkerung um 27 Prozent auf fast 185.000 Einwohner bis 1975 prognostizierten, waren Maßnahmen zur Verbesserung der Lage dringend. Die Lösungen erblickten die Wirtschaftsplaner in einer Mechanisierung der Landwirtschaft und in ausgeweiteter Flächennutzung sowie in der verbesserten Organisation des Lebensmittelvertriebes. Die Mechanisierung der Landwirtschaft sollte auch zusätzliche Arbeitskräfte für den Kombinatsbau freimachen; auf dieser Linie plante die Staatliche Planungskommission (SPK), 5000 Arbeitskräfte vom Lande zu industriellen Zwecken einzusetzen.[17] 1972 standen den landwirtschaftlichen Kooperativen und Betrieben des Kreises 622 Traktoren mit je 15 PS zur Verfügung; sieben Jahre später waren es angeblich 1233.[18]

Für die erwartete Bevölkerungszunahme waren auch im gesundheitlichen Gebiet Erweiterungen der vorhandenen Kapazitäten vorgesehen. 1968 gab es in Elbasan ein Krankenhaus für ansteckende Krankheiten mit 50 Betten sowie ein anderes mit 300 Bet-

13 Ebenda, 29.

14 Horváth, Urban Socialism and Everyday Life, 45.

15 Für das durchschnittliche technische Niveau der Wohninfrastruktur bezeichnend ist auch ein anderer Punkt: Das städtische Telefonnetz hatte 1968 400 Nummernanschlüsse; laut Planmaßnahmen sollte es bis 1977 auf 2000 Anschlüsse erweitert werden. Dabei hatte Elbasan im Jahr 1979 62.400 Einwohner! AQSh, Komisioni i Planit të Shtetit, 495, 1963/77, 30 [Studie betr. Rekrutierung der Arbeitskräfte und Infrastrukturveränderungen in der Stadt]; Vjetari statistikor i RPSH 1980 [Statistisches Jahrbuch der VRA]. Tiranë 1980, 27.

16 AQSh, Komisioni i Planit të Shtetit, 495, 1963/77, 39f. [Studie betr. Rekrutierung der Arbeitskräfte und Infrastrukturveränderungen in der Stadt].

17 AShVE, Komiteti Ekzekutiv i Elbasanit [Keine Fondsnummer], 1972/573, 37 [Studie des Kreisexekutivkomitees und des Ministeriums für Landwirtschaft vom 3.3.1972 betr. Versorgung der Stahlwerksarbeiter mit Lebensmitteln].

18 Stolia/Çollaku, Das Porträt einer Stadt, 17.

ten für die übrigen Krankheitsfälle.[19] Bis zum folgenden Jahr waren ein Ausbau des Krankenhauses für Ansteckungskrankheiten sowie der Bau eines zusätzlichen Krankenhauses vorgesehen, in welchem auch eine Spezialabteilung für Traumata oder Verbrennungen eingerichtet werden sollte. Für das Stahlwerk war das zur etwaigen Behandlung von Unfallopfern essentiell. Des Weiteren war eine vollständige Bedarfsdeckung der Stadteinwohner durch zahnärztliche Kliniken vorgesehen, ein Ausbau des Geburtshauses sowie die Errichtung weiterer Kinderkrippen und Kindergärten, da damit gerechnet wurde, dass vor allem Menschen jungen Alters neu nach Elbasan kommen würden. Der Transport der Arbeiter zum Stahlwerk und zurück sollte durch den Ausbau des Eisenbahnnetzes und die vorhandenen Transportmittel bewerkstelligt werden.[20] Vor allem die in Wirklichkeit unzureichend bleibenden Vorbereitungen in diesem Sektor erwiesen sich als folgenschwer hinsichtlich der Arbeitsdisziplin der Stahlwerksbelegschaft.

Die Experten der SPK hatten vorhergesagt, dass Elbasan während der Bauphase des Kombinats ein höheres Bevölkerungswachstum erleben würde als davor und danach. Trotz der Vorkehrungen der zuständigen Stellen, die Anzahl der Zuzügler möglichst gering zu halten, um die Ausgaben für den Ausbau der städtischen Infrastruktur einzuschränken und der Landwirtschaft nicht langfristig Arbeitskräfte zu entziehen, wuchs die Stadtbevölkerung aber auch in den Jahren von 1969 bis 1979 immens an, von 39.100 auf 61.200 Einwohner.[21] Die meisten Arbeiter, die im Stahlwerk beschäftigt wurden, kamen wie schon zu den innerbetrieblichen Aspekten geschildert vom Land. Elbasan erlebte ein Bevölkerungswachstum von 34,2 Prozent zwischen 1970 und 1976. In den übrigen Städten des Landes betrug es im gleichen Zeitraum nur etwa die Hälfte (ca. 17,5 Prozent).[22]

Als selbstbewusste Stadtbewohner, aber auch speziell als Ansässige in einer Stadt mit für Albanien wichtiger Bildungstradition,[23] hielten die alteingesessenen Elbasaner laut den von mir befragten Zeitzeugen anfangs Distanz sowohl gegenüber den rekrutierten Arbeitern aus dem näheren Umland als auch gegenüber den Zuzüglern aus anderen Landesteilen.[24] Da die meisten dieser Altansässigen die Tätigkeit im Stahlwerk als körperlich zu schwer und unangenehm empfanden, vermieden sie gemäß der Aussage eines

[19] AQSh, Komisioni i Planit të Shtetit, 495, 1963/77, 32f. [Studie betr. Rekrutierung der Arbeitskräfte und Infrastrukturveränderungen in der Stadt].

[20] Stolia/Çollaku, Das Porträt einer Stadt, 17.

[21] Schmidt-Neke/Sjöberg, Bevölkerungsstruktur, 482.

[22] AQSh, KQ i PPSh, 14, 1977/643, 22f. [Studie der SPK für das ZK der PAA vom 24.12.1977 betr. Verhältnis Stadt-Land und Prognosen bezüglich Migration].

[23] Ab dem Ende des 19. Jahrhunderts entstanden in Elbasan mehrere Vereine politischen und kulturellen Charakters, die sich der Pflege und Entwicklung der albanischen Sprache und Schrift widmeten. 1909 wurde dort die erste Mittelschule in albanischer Sprache eröffnet, in der Vorkriegszeit dann mehrere Zeitungen herausgegeben. Die Schule mit ihren im Westen ausgebildeten Lehrern hatte in Albanien ein gutes Renommee. Fjalor enciklopedik shqiptar [Albanisches enzyklopädisches Lexikon]. Tiranë 2008, 585f.

[24] Interview mit K. M. am 20.2.2013 in Elbasan.

Interviewpartners eine Beschäftigung dort eher und zogen lieber eine Tätigkeit in anderen Produktionsstätten vor, wie in der Zementfabrik, in der Fabrik für Holzverarbeitung oder in Betrieben der Leichtindustrie.[25] Dieselbe Haltung ist auch für die Bewohner Sofias gegenüber der Arbeit im Stahlwerk von Kremikovci belegt.[26] Anders als beispielsweise Beschäftigte aus den Dörfern um Korçë und Peshkopi zeigten die alteinheimischen Bewohner Elbasans wenig Bereitschaft, an Qualifikationskursen teilzunehmen, da für sie die Notwendigkeit einer Beschäftigung im Stahlwerk für die Beibehaltung ihres städtischen Wohnsitzes nicht bestand,[27] während erstere unter den Einheimischen den expliziten Ruf hatten, wegen ihrer Umzugs- bzw. Zuzugswünsche gezielt in Elbasan auf Brautschau zu gehen.[28] Laut Zeitzeugen beeinträchtigte das Desinteresse der Altansässigen auch ihre Arbeitsdisziplin und förderte das Fluktuationsverhalten.[29] Infolgedessen fand man für die schwierigsten Tätigkeiten im Nutzungsbereich, beispielsweise unter den Stahlköchen, kaum Leute aus Elbasan.[30] Da in der Personalpolitik von den Parteistellen zudem darauf geachtet wurde, dass die Führungsposten nicht vornehmlich von Menschen aus einer Region besetzt wurden, fielen die Elbasaner auch hier nicht besonders auf. Kein Kombinatsleiter entstammte der Stadt, und auch die vorsitzenden Sekretäre des Parteikomitees des Stahlwerks stammten ursprünglich sämtlich aus anderen Ortschaften.[31] Durch diese Strategie sollte auch der Vetternwirtschaft vorbeugt werden. Möglicherweise war das auch notwendig, denn der Elbasaner Ibrahim Gjevori, der für kurze Zeit den Posten des stellvertretenden Kombinatsleiters innehatte und Mitglied des nationalen Parlamentspräsidiums war, wurde kritisiert, er würde bei seiner Personalpolitik Menschen, die aus Elbasan stammten, bevorzugen.[32] Allerdings konnte die Abneigung der Parteiführung, Menschen mit derselben regionalen Herkunft wichtige Posten zuzuteilen, nicht bis ins kleinste Glied durchgesetzt werden, weshalb in mehreren Betrieben Abteilungsleiter dann doch „zufälligerweise“ oft aus derselben Region wie die Betriebsleiter stammten.[33]

Die Unterschiede zwischen den Einheimischen und den Zuzüglern machten sich weniger darin bemerkbar, ob diese aus demselben Gebiet stammten oder nicht, sondern eher in der Frage, ob die Neulinge aus der Stadt oder vom Land kamen. Führungskräfte, die aus Tiranë kamen, wahrten zu Beginn ihrer Zeit im Kombinat angeblich eine gewisse Distanz zu ihren Arbeitskollegen aus der „Provinz“.[34] Aber auch Bewohner Elbasans schauten ur-

25 Ebenda.
26 Brunnbauer, „Die sozialistische Lebensweise“, 189 f.
27 Interview mit J. T. am 25.2.2013 in Elbasan.
28 Interview mit K. M. am 20.2.2013 in Elbasan und I. St. am 25.1.2013 in Elbasan. Das sind die Kreise, die in den Jahren 1970–1976 die meisten Migranten verzeichneten (siehe dazu das Dokument wie in Anm. 22).
29 Interview mit P. L. am 18.2.2013 in Elbasan.
30 Interview mit J. T. am 25.2.2013 in Elbasan.
31 Interview mit K. M. am 20.2.2013 in Elbasan.
32 Ebenda.
33 Ebenda.
34 Interview mit H. B. am 24.2.2013 in Elbasan.

sprünglich auf die Arbeiter aus den Dörfern herab. Laut den interviewten Zeitzeugen konnte es durchaus vorkommen, dass es aus dieser Spannungslage heraus zu Handgreiflichkeiten kam, welche durch die Vorgesetzten mit der Androhung von Disziplinarmaßnahmen erstickt wurden. Allerdings blieb es sowohl am Arbeitsplatz als auch außerhalb bei Einzelfällen.[35] In den Machtstrukturen der Stadt änderte sich unterdessen auch nach dem Bau des Kombinats wenig,[36] weshalb die Altelbasaner wenig Grund sahen, sich in die Defensive gedrängt zu fühlen. Die Volksräte in den Vierteln bestimmten die Verteilung der Unterkünfte, das war sehr wichtig, und sie wurden wohl immer von Elbasanern dominiert.[37]

In dieser Konstellation hatten viele der neuen Arbeiter den Eindruck, sie würden im Stahlwerk mehr leisten als diejenigen, die aus Elbasan stammten,[38] da diese mithilfe von Bekannten in Stellen untergebracht worden seien, wo normalerweise wenig körperlastige Arbeit zu verrichten war – wie etwa im Labor. Jedoch nahmen auch sie im Rückblick das Verhalten der Elbasaner im Allgemeinen als gastfreundlich, entgegenkommend und integrativ wahr.[39] Bei der Behandlung durch die Kombinatsleitung gab es ihren Erinnerungen nach keinerlei Unterschiede.[40] Die Zuzügler integrierten sich in die Stadt relativ schnell und die Tatsache, dass sie in Arbeiterwohnheimen oder Hochhäusern untergekommen waren, während die ursprünglichen Elbasaner in typischen „Elbasaner Privathäusern“ (siehe Abb. 25) mit Garten und mehreren Oliven- oder Orangenbäumen wohnten, wurde anscheinend nicht unbedingt als Zeichen von sozialer Kluft wahrgenommen. Dies war umso mehr der Fall,

Abb. 25: Traditionelles Haus in Elbasan

35 Interview mit K. M. am 20.2.2013 in Elbasan.
36 Ebenda; Interview mit P. L. am 18.2.2013 in Elbasan.
37 Interview mit J. T. am 25.2.2013 in Elbasan.
38 Interview mit L. S. am 20.2.2013 in Elbasan.
39 Interview mit P. L. am 18.2.2013 in Elbasan, L. S. am 18.2.2013 in Elbasan, K. M. am 20.2.2013 in Elbasan, I. S. am 17.2.2013 in Elbasan u. a.
40 Interview mit A. P. am 18.2.2013 in Elbasan.

als später diese älteren Stadthäuser, die die kommunistische Propaganda in ihren Filmen als Zeichen einer überholbedürftigen Tradition präsentierte, zu einem erheblichen Teil nach und nach durch zweckdienliche Plattenbauten ersetzt wurden, die die Moderne darstellen sollten.[41] Jedenfalls wird in den Akten des Zentralkomitees, der regionalen Parteiorganisationen oder des Kreisexekutivkomitees nicht über Zwischenfälle oder Erscheinungen berichtet, die eine distanzierte Haltung der ansässigen Bevölkerung manifestierten. Das war anders als beispielsweise in Shkodër, Tiranë oder Durrës, wo Anekdoten in Umlauf waren, mit denen Zuzügler aus bestimmten Regionen verspottet wurden.[42] Möglicherweise spielte bei dieser schnellen Integration der Stahlwerksarbeiter auch die Tatsache eine Rolle, dass die Elbasaner mit der Zuwanderung schon früher Erfahrung gemacht hatten. Nach dem Ende des Zweiten Weltkrieges musste die Stadt viele albanische Flüchtlinge aus dem Epirus aufnehmen, die von den antikommunistischen griechischen Widerstandskräften nach dem Abzug der deutschen Truppen vertrieben worden waren.[43] Auch diese waren relativ schnell integriert worden. Auch war Elbasan schon in den 1950er und frühen 1960er Jahren spürbar weitergewachsen, noch ehe das Walzwerk und später das Kombinat eine Rolle spielten (siehe Tabelle 20).

Den Akten lässt sich jedenfalls nicht entnehmen, dass die örtlichen Behörden, die staatlichen Institutionen oder die Parteiführung sich Sorgen machten, wie die einheimische Bevölkerung auf den massiven Zuzug der künftigen Arbeitskräfte reagieren würde. Man sollte dabei im Auge behalten, dass der sozialistische Staat, was die Reaktion der Bevölkerung auf bestimmte seiner Entscheidungen betraf, oftmals nicht vorausschauend, sondern eher reagierend handelte, wie das beispielsweise bei den Umweltproblemen, die durch den Bau des Stahlwerks entstanden, der Fall war, oder erst recht landesweit beim Kollektivierungsprozess auf dem Lande. Primär für die Führung war die Ideologie, und alle anderen Faktoren hatten sich unterzuordnen.

41 Aus dem Dokumentarfilm „Der Ofen".

42 Näheres bei Admirina Peçi, Diktatura që „frikësohej" nga barsoletat [Die Diktatur, die sich vor Witzen „fürchtete"], *Shqiptarja.com*, 26.3.2014, unter http://shqiptarja.com/dossier/2711/dokumenti-sekret--diktatura-q--frik-sohej-nga-barsoletat-206856.html, am 25.10.2015 zuletzt aufgerufen.

43 Interview mit I. S. am 17.2.2013 in Elbasan; zusätzliche Details zur Vertreibung findet man bei Karl-Josef Schukalla, Nationale Minderheiten in Albanien und Albaner im Ausland, in: Grothusen (Hg.), Albanien, 505–528, 524.

6.2 Kollektivgefühl als Folge gemeinsamer Arbeit und Freizeit

Die Mehrheit der Arbeiter war wie gesehen aus umliegenden Dörfern und anderen Landkreisen gekommen. Durch die rasche Industrialisierung des Landes wuchs generell die Bevölkerung der Städte, in denen Industrieprojekte in Angriff genommen wurden, rasch und in den eiligst hochgezogenen Hochhäusern zogen häufig Menschen aus derselben sozialen Schicht oder sogar von derselben Arbeitsstelle zusammen.[44] Sie verbrachten den Arbeitstag zumeist unter Mitmenschen, die ihnen ursprünglich fremd waren. In der Freizeit waren sie als Neuverstädterte normalerweise fern ihrer gewohnten Umgebung, Familie und Verwandtschaft. Da es sich oft auch um Alleinstehende handelte und sie in Arbeiterwohnheimen wohnten, waren ihre nächsten Bezugspersonen normalerweise ihre Zimmergenossen oder Arbeitskollegen, zu welchen sie nach vollendetem Arbeitstag sozialen Kontakt suchten. Eine Vorgabe, wonach Geschwister nicht in derselben Abteilung arbeiten durften, wirkte zusätzlich in Richtung dessen, dass mangels Familienbanden eine Einbindung in das Betriebsleben und Kollektiv unumgänglich war.[45] Durch die gemeinschaftlichen Erfahrungen entwickelte sich der Betrieb zu einem Familienersatz und die Arbeiter bemühten sich soweit es ging, ihre Beziehung zu den Arbeitskollegen, mit welchen sie dasselbe Schicksal teilten, familienähnlich zu gestalten. Sie waren soweit „familiarisiert", dass sie sich bei besonderen Anlässen, Trauerfällen, Krankheiten oder Festen sowohl kollektiv als auch einzeln gegenseitig besuchten und finanziell unter die Arme griffen.[46] Abgesehen davon war es gesetzlich festgelegt, dass in Betrieben ein Fonds vorhanden sein sollte, woraus die Beschäftigten bei solchen Angelegenheiten unterstützt werden konnten.[47] Dazu spielten die vom Regime ständig betonte Meistererzählung von der ruhmreichen Rolle der Schwerindustrie und ihrer Arbeiterschaft, sowie die verschiedenen Anreize eine wichtige Rolle, um das Zugehörigkeitsgefühl zum Stahlwerk zu intensivieren. An wichtigen Feiertagen, zum Jahrestag der Unabhängigkeit, der Befreiung oder der Gründung der PAA wurden die „herausragenden" Arbeiter mit verschiedenen Auszeichnungen beehrt, die manchmal auch mit einer materiellen Belohnung verbunden waren.[48] Als Anreiz für verbesserte Arbeit und mehr Einsatz darf man deren Wirkung nicht überschätzen, wie im Kapitel über „Löhne und Anreize" deutlich geworden ist; aber ein Beitrag zur kollektiven Gruppenbildung war es.

[44] Interview mit Q. I. am 20.6.2012 in Tiranë.
[45] Ebenda.
[46] Interview mit J. T. am 25.2.2013 in Elbasan, u. a.
[47] Vendim mbi fondin, 21–23.
[48] Interview mit J. T. am 25.2.2013 in Elbasan.

Abgesehen von der Tatsache, dass das Stahlwerk eigene Busse für den Transport der Belegschaft zum Arbeitsort und zurück zur Verfügung stellte, spielte nolens volens auch die Enge der meisten Wohnverhältnisse eine Rolle. Die Arbeiter wohnten zu Beginn der Arbeiten auf engstem Raum beisammen, was sich nur sehr langsam änderte. Der Bau von Stadtvierteln wie „Vullnetari" („Der Freiwillige"), die nur für Beschäftigte des Kombinats konzipiert waren, und der „freiwillige" Einsatz der Wohnbewerber bei der Durchführung der Bauarbeiten festigten die Bekanntschafts- und Freundschaftsbande und die Bereitschaft zu gegenseitiger Hilfe. Dazu kamen die Qualifizierungskurse, welche den Teilnehmern trotz ihres bescheidenen inhaltlichen Erfolgs wichtige Erfahrungen bei ihren ersten Kontakten mit dem Industrie- und Arbeiterleben vermittelten. Unabhängig davon, ob die Beschäftigten im Stahlwerk blieben oder sich später einen anderen Arbeitsplatz in einem anderen Betrieb suchten, halfen die Fortbildungen bei der Erstsozialisierung der Migranten und trugen dazu bei, dass sie sich ins städtische Arbeitsleben leichter integrierten. Für diejenigen, die im Stahlwerk blieben, waren die materiellen Vorteile ein Faktor von Identifikation mit „Der Stahl der Partei", denn verglichen mit anderen Industriezweigen bezogen viele Schwerarbeiter für albanische Verhältnisse ein überdurchschnittlich hohes Gehalt.

Das Alltagsleben förderte den Zusammenhalt des Kollektivs, gleichgültig, ob man gemeinsam im Arbeiterwohnheim oder -viertel wohnte oder nicht. Häufig war es für die Arbeiter notwendig, während der Arbeitszeit Angelegenheiten privaten Charakters zu erledigen, wie Termine bei Gericht, beim Exekutivkomitee des Kreises oder bei sonstigen Institutionen. Die Betroffenen rechneten mit dem Verständnis des Brigade- oder Abteilungsleiters bzw. des Arbeitskollegen, der ihre Arbeit oder Schicht übernahm. Dies war zwar vorschriftswidrig, vor allem in Phasen von Stoßarbeit, kam aber nicht selten vor.[49] Das Gemeinschaftsgefühl konnte den Einzelnen manchmal auch zur Leistung von Überstunden motivieren.[50] Auch wenn es darum ging, dass jemand mit einer großen Familie eine Lohnerhöhung gewährt bekommen sollte[51] oder dass Sanktionen bei Übertretung der Vorschriften leichter ausfielen, setzten sich die Arbeiter gemäß den Erinnerungen der Interviewpartner nicht selten bei den Vorgesetzen ein.[52]

Die Solidarität erstreckte sich auch auf das Verhalten in Notfallsituationen im Betrieb selbst. Bei Fahrlässigkeit, Havarien oder Unfällen setzten sich viele Beschäftigte für Arbeitskollegen ein, manchmal auch um den Preis ihres eigenen Lebens. So soll die Anzahl der Toten bei dem schweren Unfall in der Fabrik Nr. 12 am 15. August 1978, als sieben

49 Interview mit V. M. am 5.3.2013 in Elbasan.
50 Interview mit H. B. am 24.2.2013 in Elbasan.
51 Interview mit J. T. am 25.2.2013 in Elbasan.
52 Interview mit L. Ç. am 27.1.2013 in Elbasan.

Menschen ihren schweren Verbrennungen erlagen,[53] nicht nur deshalb so hoch gewesen sein, weil die technisch-professionellen Kenntnisse der Arbeiter unzureichend waren, sondern weil sie ohne Rücksicht auf die Gefahr ihre Kollegen zu retten versuchten.[54]

Aufgrund der überschaubareren Anzahl ihrer Beschäftigten war ein solches Näheverhältnis vor allem bei Belegschaften von kleinen Teilbetrieben oder innerhalb einzelner Abteilungen festzustellen. In einem Großbetrieb wie der Fabrik Nr. 12, in der zeitweise 1500 Arbeitskräfte tätig waren, war die Entstehung eines übergreifenden Gemeinschaftsgefühls nach Ansicht eines Interviewpartners hingegen nur schwer möglich.[55] Mag auch der empirische Aussagewert dieser Erinnerung eines Einzelnen gering sein – plausibel ist sie allemal.

Von durchschnittlich achtstündiger Beschäftigung mit kultureller Bildung, wie es die kommunistischen Ideologen erträumten, konnte bei den Beschäftigten im Stahlwerk gewiss ebensowenig die Rede sein wie bei anderen gewöhnlichen Sterblichen. Aber auch die eher überschaubaren Freizeitmöglichkeiten, die das Stahlwerk seinen Arbeitern zur Verfügung stellte, brachten die Menschen zusammen. Speziell die Wohnheimbewohner verbrachten oftmals ihre Freizeit gemeinsam, indem sie im Erholungsraum fernsahen, spielten oder von dem Angebot Gebrauch machten, zweimal wöchentlich im Kinoclub „Der Metallurg" Filme anzusehen.[56] Von Zeit zu Zeit wurden zu einzelnen Anlässen Tanzabende organisiert. Auch die Betriebsausflüge oder Veranstaltungen wie die nationale Fußballmeisterschaft der Betriebe[57] dienten dazu, das Gemeinschaftsgefühl innerhalb der Kollektive zu intensivieren. Dass es den Beschäftigten dadurch leichter fiel, sich mit ihrem Arbeitsplatz zu identifizieren, liegt nahe. Demselben Zweck dienten die Urlaubsfreischeine für Angehörige der Belegschaft, die von den Gewerkschafsorganisationen vergeben wurden und den Beschäftigten einen 10- bis 15-tägigen Aufenthalt in einem Arbeiterferienheim ermöglichten.

[53] AQSh, Bashkimet Profesionale, 657, 1978 / 23, 37 [Bericht der Gewerkschaftsleiter des Stahlwerks und des Kreises Shkëmbi und Lumezi ans Präsidium des Zentralrates der Gewerkschaft vom 19.8.1978 betr. Unfall in der Fabrik Nr. 12].

[54] Interview mit P. N. am 18.5.2012 in Tiranë.

[55] Interview mit M. V. am 19.2.2013 in Elbasan.

[56] Interview mit P. L. am 18.2.2013 in Elbasan.

[57] Interview mit K. M. am 20.2.2013 in Elbasan.

Abb. 26: Tanzabend für Arbeiter (1985)

Die Haltung derjenigen Arbeiter, die sich aufgrund ihrer „schlechten Biographie“[58] beobachtet fühlten, war im Vergleich zur Mehrheit etwas reserviert, da sie niemals die Politik in ihrem Alltagsleben so ausblenden konnten wie ihre Kollegen, die nicht tagtäglich mit den möglichen Folgen des Andersdenkens oder Andersseins konfrontiert wurden. Ihnen war bewusst, dass Mitarbeiter der Sigurimi oder eifrige Anhänger der PAA ihrer Zukunft schon aufgrund einer einzigen unvorsichtigen Äußerung eine verhängnisvolle Richtung zu geben imstande waren, weshalb sie sich sowohl in ihrem Arbeitsverhalten als auch in der Freizeit tunlichst unauffällig und zurückhaltend verhielten.[59] Dadurch nahmen sie wiederum, wenn auch auf unauffällige Weise, eine Sonderstellung am Arbeitsplatz ein. Der „Klassenkampf“ der Kriegs- und Nachkriegszeit setzte sich so auch über die Köpfe der Nachkommen der ehemaligen Gegner des Regimes hinweg fort.

Die Situation Ende der 80er Jahre veränderte wiederum das Kollektivgefühl in zweifacher Weise: Durch die nach dem Tod von Enver Hoxha einsetzende Politik der vorsichtigen Öffnung der PAA gegenüber der Bevölkerung (von Perestrojka à la Gorbatschow war aber mitnichten die Rede) hatten die Arbeiter mehr Möglichkeiten zur Äußerung von Kritik. Dies stärkte die Belegschaft, wenn es darum ging, vermeintliche Schuldige für Missstände im Stahlwerk in den Reihen der Betriebsführungskräfte oder der Massenorganisationen auszumachen, wie es sich einigen Aussagen der Interviewpartner entnehmen lässt.[60] Schließlich hatten die Arbeiter mit dieser Stoßrichtung nunmehr offizielle Rückendeckung durch die Parteiführung. Andererseits konnte diese Kritik relativ weit gehen und die immer noch engen Grenzen des politisch Zulässigen überschreiten, wenn nicht mittlere Kader, sondern die PAA selbst als Autorin der Misswirtschaft und der prekären Zustände bezichtigt wurde. Auch konnte dies, wenn es denn vorkam, denjenigen Beschäftigten des Stahlwerks, die sich politisch loyal oder ängstlicher verhielten, zu weit gehen und somit das Kollektivgefühl beeinträchtigen.[61] Bei vielen galt die Wahrung des Kollektivs weiterhin als Garant für das Überleben der Nation, was nicht zuletzt mit dem Klima der Xenophobie zu tun hatte, das im Lande herrschte.

[58] Mehr dazu bei Kretsi, „Good and Bad Biography“, 175–188.
[59] Interview mit A. H. am 3.3.2013 in Tiranë und J. T. am 25.2.2013 in Elbasan.
[60] Interview mit P. L. am 18.2.2013 in Elbasan.
[61] Interview mit K. M. am 20.2.2013 in Elbasan.

6.3 *„Kampf gegen religiöse Überbleibsel und rückständige Sitten!“*[62]

Nach dem Bruch Albaniens mit der Sowjetunion und den übrigen Ländern des sozialistischen Lagers hatte das Regime durch seine Propaganda bei den Bürgern die Überzeugung genährt, dass das Land von einem imperialistischen Block, angeführt durch die USA, und von einem revisionistischen Block, angeführt von der Sowjetunion, belagert sei.[63] Diese Einstellung kulminierte, nachdem die Beziehungen zu den „chinesischen Brüdern“ sich verschlechtert hatten, worauf die PAA-Spitze die Vorstellung von der „Volkseinheit“ unter ihrer Führung als Gegengewicht postulierte. In dem Slogan „Stählerne Faust um die Partei“ fand sie ihren prägnanten Ausdruck.[64] Unter „Volk“ verstand man in diesem Kontext „die Klassen und Schichten der Gesellschaft, die [...] die Aufgaben der progressiven, revolutionären Entwicklung eines Landes in einer bestimmten Etappe lösen.“[65] Diese Entwicklung sollte unter der Ägide der PAA vollzogen werden, welche ihre Führungsrolle im Staat vor allem durch die Tatsache legitimierte, dass die Kommunisten aus dem Zweiten Weltkrieg als Sieger hervorgegangen waren.[66] Und dieser Sieg sei nun durch innere und äußere Feinde gefährdet.

Ein Belagerungsdenken bestimmte die Richtlinien für die Gestaltung von Erziehung und Freizeit. Die Werktätigen, vor allem die jungen Arbeiter, sollten patriotisch erzogen werden und unerschütterlich in ihrer Liebe zur Partei und zum Volk und Kämpfer für den Sozialismus sein. Bewerkstelligt werden sollte dies durch die Organisierung von Sondersitzungen zu Ehren von Gefallenen und Helden, Treffen mit Kommunisten und Vetera-

62 Zu den Aspekten *Religion* oder *religiöse Gewohnheiten* unter den Stahlwerksarbeitern waren die Ergebnisse der Archivbestände äußerst spärlich. Die Wichtigkeit dieses Themas für die kommunistischen Herrscher, auch als Teil des Kampfes gegen „Rückständigkeit“ und für die Schaffung des „neuen Menschen“, kann man aber nicht oft genug herausstreichen. In allen sozialistischen Ländern stand die Religion unter besonderem Druck, aber die Repression, womit sie und ihre Vertreter in Albanien konfrontiert wurden, sucht ihresgleichen. Die Versuche zur Durchsetzung des Atheismus und die Instrumente, derer sich die PAA landesweit zur Ausrottung der Religion und der „rückständigen Sitten“ im Alltag bediente, sollten der Zementierung der PAA-Herrschaft dienen. Sie werden in diesem Abschnitt geschildert, mit Blick auf ihre gesamtstaatliche Konzeption und soweit wie aus den Quellen möglich mit Blick auf die konkrete Anwendung in Elbasan, weniger im Stahlwerk als vielmehr in der Stadt. In diesem Themenbereich wird auch mehr als sonst in unserem Buch das Agieren der Staatssicherheit *Sigurimi* fassbar.

63 Schmidt-Neke, Politisches System, 203. Zur Wortwahl und Omnipräsenz dieses Narrativs vergleiche auch beispielsweise oben, in Kap. VI.1 im zweiten großen Textzitat den Verweis auf die „bürgerlichen und revisionistischen Ökonomen“, die gegen die Errichtung der albanischen Schwerindustrie gewesen seien.

64 Ebenda.

65 Fjalor i filozofisë [Wörterbuch der Philosophie]. Tiranë 1982, 352 f.

66 Jandot, L'Albanie d'Enver Hoxha, 117.

nen, Themenabende und Gedenktage zu Ereignissen, die auf patriotische und revolutionäre Traditionen Bezug nahmen, Besuche in Museen, Ausflüge zu historischen Orten und ähnliches mehr.[67] Inhalte von Liedern bei Gesangswettbewerben hatten (neben der Pflege alter Traditionen und des Heroismus) im Mittelpunkt den Genossen Enver, die Partei und das neue Leben, das das Volk aufzubauen im Begriff war.[68] Dabei sollte die Bildung des „neuen Menschen“ der PAA helfen, die absolute Kontrolle über die Gesellschaft zu erringen. Die Vorstellungen der Partei sollten von den Massenorganisationen verwirklicht werden, die unter der Kontrolle der Parteiorganisationen standen. Welche Rolle der Gewerkschaft zukommen sollte, kann man unter anderem anhand eines Maßnahmenprogramms für das Jahr 1974 sehen, das umzusetzen war, sollten die Truppen des Warschauer Paktes Albanien angreifen. In den besetzten Zonen sollten die Gewerkschaftsorganisationen die Arbeiter in Kampfformationen organisieren, während in den freien Gebieten die mobilisierten Arbeiter durch Rentner, Schüler und Frauen zu ersetzen waren. Das Gewerkschaftspräsidium sollte die Einheit von „Partei – Volk“ unter den breiten Massen propagieren, die Arbeiterkontrollen stärken und das Verlassen des Arbeitsplatzes als Desertion betrachten. Amateurgruppen sollten Vorstellungen für die Fronteinheiten organisieren, das Presseorgan *Puna* sollte über „den Kampf des Volkes und der Arbeiterklasse“ ausführlich berichten und eine neue Rubrik namens „Die Front und die Produktion“ einführen.[69]

Es kam zum Glück weder 1974 noch danach zu kämpferischen Handlungen, aber der hier zum Ausdruck gelangte martialische Jargon war in den Medien ständig präsent. In den Reden der Funktionäre des Jugendverbandes wurde beispielsweise vom „Kampf gegen bürgerliche Lebensgewohnheiten und Mode sowie gegen die religiöse Ideologie und die rückständigen Sitten“ gesprochen, der „heftig“ von den Jugendorganisationen geführt wurde.[70] Die *Puna* berichtete 1977 über die Bergarbeiter von Pishkash, die das Stahlwerk mit Eisen-Nickel-Erz versorgten und „aufgrund ihrer Tätigkeit stark [sind], deshalb sollten es sich die Feinde zweimal überlegen, bevor sie sich mit ihnen anlegen“. Auf der ersten Stahlplatte, „die befleckt von ihrem Schweiß, im Kombinat hergestellt werden wird, wird das Wort ‚Partei‘ stehen.“[71] Dementsprechend war es nur folgerichtig, als wenige Monate nach dem endgültigen Bruch mit China der *Metalurgu* am 19.10.1978 verkündete, das Zentralkomitee habe beschlossen, fortan sollte das Stahlwerk von Elbasan „eines

[67] Qemal Myrseli, Kultura masive, 79.

[68] AQSh, KQ i PPSh, 14, 1973/290, 20 [Bericht des Sekretärs des Parteikomitees des Kreises Elbasan Rusmali an das ZK der PAA vom 18.5.1973 betr. die Tätigkeit der Kulturhäuser des Kreises].

[69] AQSh, Bashkimet Profesionale, 657, 1974/509, 1–5 [Maßnahmenplan des Zentralrates der Gewerkschaft vom Juli 1974 betr. Aggression durch den Warschauer Pakt].

[70] Horst-Dieter Topp, Albanische Gewerkschafts- und Jugendarbeit, *Wissenschaftlicher Dienst Südosteuropa* 25 (1977), H. 4, 115–117, 117.

[71] Kristaq Laka, «Sofra» vigane e Kombinatit Metalurgjik [Der „Riesenesstisch“ des Metallurgischen Kombinats], *Puna*, 24.9.1974, S. 2.

der Monumentalwerke der heldenhaften Arbeiterklasse, welches die Wirtschaft und Unabhängigkeit des Landes stärkt, ‚Das Metallurgische Kombinat Der Stahl der Partei' genannt" werden.[72] Die Arbeiter sollten sich darauf stolz fühlen und sich noch mehr zur Produktion mobilisieren, um die „imperialistisch-revisionistische Blockade" zu brechen und „nicht von Importen abhängig zu sein".[73]

In der Rekonstruktion der eigenen jüngsten Vergangenheit versuchte man dabei das Großkombinat als Symbol des siegreichen Sozialismus darzustellen, der Elbasan und allen Albanern ein glückliches Leben beschert habe. In der Presse wurden fortwährend Vergleichsbilder aus dem Elbasan der Vorkriegszeit und dem Elbasan im sozialistischen Albanien veröffentlicht. Dass die Anzahl der Belegschaft des Stahlwerks genauso hoch sei wie die Anzahl der Stadtbewohner vor dem Krieg wurde ebenso forciert betont wie etwa, dass die Stahlwerksfläche doppelt so groß sei wie die der Stadt. Das moderne Elbasan sei Ergebnis eines jahrhundertelangen Überlebenskampfes gegen die Assimilation durch fremde Besatzer und des Ringens für Freiheit und Unabhängigkeit, damit durch den Triumph des Sozialismus ein neues Leben entstehen könne.[74]

Die erziehungspolitische Arbeit, die von den Partei- und Massenorganisationen vor Ort geleistet wurde, stand im Kontext der landesweiten Bemühungen zur Schmiedung des „neuen Menschen" und zur Ausmerzung aller „schädlichen Überbleibsel der Vergangenheit". Die 1967 endgültig verbotene Religion gehörte dazu und sie wurde als Instrument der herrschenden Klassen betrachtet, das von den fremden Besatzern nach Albanien gebracht worden war.[75] Inmitten des allseitigen amtlichen Atheismus wurden die Geistlichen verschiedener Konfessionen historisch von den Parteiideologen doch unterschiedlich betrachtet. Die katholischen Kleriker wurden des fehlenden Patriotismus bezichtigt und als Doppelagenten des Vatikans und der italienischen Faschisten diffamiert, während die muslimischen Geistlichen als traditionell konservativ, unterqualifiziert und politisch einflusslos, daher als weniger gefährlich betrachtet wurden.[76] Gegenüber dem albanischen orthodoxen Klerus hielt sich die Propaganda mit rückblickenden Diffamierungen zurück, möglicherweise um keine Reibungen mit der griechischen Minderheit zu verursachen, die zwar über keine religionspolitischen, aber über sprachliche Sonderrechte verfügte.

Den relativ späten Zeitpunkt für den erst 1967 vollends entschiedenen Kurs gegen die Konfessionen, den die PAA im Zuge der Konsolidierung ihrer Herrschaft verfolgte, rechtfertigte die Partei mit der Bildung der notwendigen materiellen Basis und des Massenbewusstseins, um gegen die Religionen vorzugehen. Während des Zweiten Weltkrieges habe der Kampf gegen die Besatzer eine primäre Rolle gespielt, weshalb ein Schulterschluss mit patriotischen Geistlichen stattgefunden habe. Nach dem Krieg sei es um die Laizisierung der Gesellschaft gegangen, um das Verbot religiöser Vereine und Stiftungen

72 Vendim [Beschluss], *Metalurgu*, 19.10.1978, S. 1.
73 Vasjari, Punë plot vrull, S. 3.
74 Vgl. Stolia / Çollaku, Das Porträt einer Stadt, 12-17.
75 Tirtja, Mbi martesat e bëra, 108.
76 Hulusi Hako, Ateizmi shkencor [Der wissenschaftliche Atheismus]. Tiranë 1983, 265 f.

und um die Behandlung des Glaubens als Privatangelegenheit. Dabei galt der Glaube bis 1967 noch nicht als ein Verbrechen, „sondern als eine von der Vergangenheit vererbte soziale Wunde", die durch den Staat weder beschützt noch bekämpft werde. Sie würde vielmehr endgültig „verheilen", wenn der Mensch die vollständige Gewissensfreiheit erlangt habe und Atheist geworden sei.[77] Allerdings konnte der Staat doch auch zu dieser Zeit nicht darauf warten, bis die Menschen von selbst die Gefahr bemerkten, die von der Religion ausgehe, sondern musste, so hieß es, konkrete Erziehungsmaßnahmen ergreifen.[78]

Die „konkreten Erziehungsmaßnahmen" erfolgten mit voller Macht nach einer Rede von Enver Hoxha am 6. Februar 1967, in der dieser einige „ausgezeichnete Arbeiter" in Durrës kritisierte, die nach dem Arbeitstag selbstgemachte Ikonen verkauften.[79] Die Kommunisten und die Jugend sahen sich aufgerufen, in der ersten Reihe des Kampfes gegen „das religiöse Opium" zu stehen.[80] Die Rede Hoxhas diente als Initialzündung für die kulturrevolutionäre „spontane Massenaktion" gegen die Religionen, welche die Schließung aller religiösen Gebäude und Institutionen, die Illegalisierung der Religionsgemeinschaften und Albaniens Proklamierung zum „ersten atheistischen Staat der Welt" zur Folge hatte.[81] Im Rahmen der albanischen Kulturrevolution zwischen 1966 und 1969 brandmarkte man die Religionen als gefährlich für die ideologische – und somit auch für die nationale – Einheit sowie für die sozialistische Wirtschaft und als Hindernis für die Frauenemanzipation.[82] So warf der Autor eines Artikels den Klerikern in seinem Beitrag zum *Shkumbini* 1974 vor, sie hätten erfolglos versucht „den Charakter unseres Volkes zu verderben [und seine] Aufrichtigkeit zu missbrauchen".[83]

Die Sitte, Neugeborenen religiös konnotierte Namen zu geben, wurde kritisiert und religiöse Feiern oder die Trennung der Friedhöfe nach Konfessionen abgeschafft. Propagandistische Jugendgruppen versuchten in den Wohnvierteln den alten Menschen und Kindern die Weltentstehung nach materialistischer Perspektive zu erklären; in einer zweiten Etappe wurden ideologisch ausgebildete Brigaden in die Stadtviertel und Dörfer geschickt, um mit den Bewohnern systematisch an der atheistischen Bewusstseinsbildung zu arbeiten.[84]

77 Ebenda, 280–282.
78 Ebenda, 294.
79 Ebenda, 292.
80 Materializmi Dialektik e Historik. Bd. 2, 574.
81 Schmidt-Neke, Innenpolitik, 70 f.
82 Hako, Ateizmi shkencor, 304 f.
83 Marenglen Muka, Mashtrimi – «gjuha» e dytë e sinqeritetit [Der Betrug – Die zweite „Sprache" der Aufrichtigkeit], *Shkumbini*, 31.7.1974, S. 2f.
84 Kujtim Kabashi, Edukimi i rinisë në luftën kundër shfaqjeve të ideologjisë borgjeze-fetare, detyrë e përhershme e shkollës dhe e organizatës së rinisë [Die Erziehung der Jugend für den Kampf gegen Erscheinungen der religiösen und bürgerlichen Ideologien, eine Daueraufgabe der Schule und der Jugendorganisation], *Arësimi Popullor* 18 (1971), H. 3, 109–121, 110 f.

Auf Frauen wurde ein besonderes Augenmerk gerichtet, da die Durchsetzung der Emanzipation und die Zurückdrängung der Religiosität genauso wie in der Sowjetunion als voneinander abhängig betrachtet wurden.[85] Auch hatten die Gewerkschaftsvertreter festgestellt, dass die Mädchen sich von den religiösen Vorstellungen der Älteren besonders beeinflussen ließen.[86] Kämpferische Propagandaschriften versuchten sie gleich 1967 für die entsprechenden Lehren der PAA zu gewinnen:

> „Früher war die Frau unterdrückt, wurde weder in der Familie noch in der Gesellschaft gefragt und war völlig vom Mann abhängig. Der Glaube erschwerte ihre Situation. Dafür wurden einige Erzählungen aus der Bibel und dem Koran verwendet. [...]
>
> Für lange Zeit war die Kirche auch gegen die Ehe und das Familienleben, sie propagierte das Alleinsein. [...] Die Kirche, im Allgemeinen die Religion segnet alle möglichen schlimmen Eheverbindungen, Paare mit großem Altersunterschied, Paare, die nicht aus Liebe zusammengekommen sind, sondern aus materiellen Gründen, Paare, die sich nie im Leben gesehen haben, außer am Hochzeitstag. Aber immer segnet die Religion Paare desselben Glaubens. Ehen von Menschen unterschiedlichen Glaubens sind bei ihr strengstens verboten. [...]
>
> Liebe Mutter und religiöse Schwester! Vielleicht fällt es Dir schwer, die Religion zu verurteilen. Du hast „Angst vor Gott“, Du bekommst einen Schrecken. Aber wenn Du dich überzeugt hast, dass es weder Gott gibt noch Allah, weder Engel noch Teufel, weder Schatten noch Heilige, dann wirst Du die Größe der Parteilehren und unseres lieben Führers Genosse Enver für den Schutz Deiner Rechte, Deiner Rolle, Deiner Würde und Deiner Persönlichkeit besser verstehen.“[87]

Ehen von Menschen unterschiedlicher Konfessionen stießen in der Tat im Alltag auch nach 1967 auf Hindernisse seitens der Eltern oder der Verwandtschaft, weshalb die Betroffenen umziehen mussten, wenn sie der Familie nicht gehorchen wollten. In Städten, aber vor allem in Industriezentren wie Laç oder Elbasan, konnte es dagegen ohne Schwierigkeiten zu Mischehen kommen, da die Umgebung, die vornehmlich aus jungen rekrutierten Migranten bestand, sich nicht den traditionellen Einschränkungen unterworfen sah und weniger Rücksicht auf die Meinung der nächsten Verwandten nehmen musste.[88] Davon abgesehen wurden in Albanien die Maßnahmen angewandt, die bereits die sowjetische Regierung für die Verbreitung der Antireligiosität im Lande praktiziert hatte, beispielsweise atheistische Propaganda im Unterricht oder die Einführung von laizistischen Feiertagen und Zeremonien sozialistischen Charakters, die die religiösen Feiern ersetzen soll-

85 John Anderson, Out of the Kitchen, Out of the Temple: Religion, Atheism and Women in the Soviet Union, in: Sabrina P. Ramet (Hg.), Religious Policy in the Soviet Union. Cambridge, New York, Oakleigh 2005, 206–228, 218.

86 AQSh, Bashkimet Profesionale, 657, 1975 / 82, 6 [Bericht des Präsidenten des Zentralrates der Gewerkschaft Marko an das ZK der PAA vom 15.7.1975 betr. Tätigkeit der Gewerkschaftsorganisationen zum Kampf gegen Religion und rückständige Sitten].

87 Hulusi Hako, Feja është armike e gruas [Die Religion ist ein Feind der Frau], *Shqiptarja e Re* 4 (1967), 12.

88 Tirtja, Mbi martesat, 111; Interview mit P. L. am 18.2.2013 in Elbasan.

ten.[89] Allerdings erfolgte im albanischen Schulsystem die antireligiöse Propaganda rascher und intensiver als im sozialistischen Mutterland. Dort wurde die Religion zwar bedrängt, aber vielfach zunächst eher ignoriert und direkte Angriffe zumindest bis Ende der zwanziger Jahre vermieden, mochte sich auch der „Verband der kämpfenden Gottlosen“ über derlei Laxheit beschweren.[90] In Albanien stand einer atheistischen Propaganda im Unterricht nichts im Weg. Im Schulunterricht sollten die Lehrer und die Jugendorganisationen die Parteilehren propagieren und auch eine gezielt antireligiöse Erziehung betreiben.[91] Der Gottesglaube sollte dem Parteikult – und implizit dem Führerkult – weichen. Indem die kommunistischen Herrscher per Gesetz Albanien zum ersten atheistischen Staat der Welt erklärten, hatten sie das Gefühl, zusätzliche Macht in ihren Händen konzentriert zu haben, so dass sie auf dem Weg zum Fortschritt und Sozialismus ein Hindernis weniger hatten. Die Radikalisierung der Religionspolitik wurde durch die Verfassung von 1976 endgültig legalisiert, als religiöse Tätigkeit und Propaganda mit Freiheitsentzug zwischen drei und 10 Jahren und sogar, „wenn sie besonders schwere Auswirkungen verursachen, mit Freiheitsentzug von mindestens 10 Jahren oder mit dem Tode geahndet“.[92]

Aberglaube oder Religiosität ließen sich trotz der Propagandakampagnen freilich nicht so schnell beseitigen, wie es die Parteiführer dachten. Zwar wurde in der Öffentlichkeit beispielsweise auch das versteckte Begehen von religiösen Feiertagen zurückgedrängt; so verkündete das Präsidium der Gewerkschaft 1975 stolz, dass sich in Korçë anlässlich einer Feier mit religiösem Charakter nur zehn Menschen zusammengefunden hätten, während es ein Jahr davor noch 5000 gewesen seien.[93] Das Verschwinden der Religion aus dem öffentlichen Raum bedeutete aber nicht, dass sich der Atheismus überall wirklich durchgesetzt hätte. Innerhalb der Familien wurde durchaus an die besonderen Tage gedacht und oft wurden entsprechende Rituale in den eigenen vier Wänden praktiziert. Auch abergläubische Traditionen bestanden fort. In Elbasan, Fier und anderen Kreisen würden einige Arbeiterinnen dienstags, donnerstags nachmittags oder freitags nicht waschen, weil „es eine Unglücksstunde gibt, wo den nächsten Menschen etwas zustoßen kann“. Mehrere Arbeiter würden an den bösen Blick glauben und Talismane benutzen. Und viele würden zu Ramadan Urlaub beantragen, da sie während der Fastenzeit nicht in Bergwerken, im Bausektor oder in der Landwirtschaft arbeiten könnten. In katholischen Gegenden trugen

89 Siehe David E. Powell, Rearing the New Soviet Man. Anti-religious Propaganda and Political Socialization in the U. S. S. R, in: Bohdan R. Bociurkiw / John W. Strong (Hgg.), Religion and Atheism in the USSR and Eastern Europe. London u. a. 1975, 151 – 170.

90 Vgl. Holmes, Fear no Evil, 149.

91 Kabashi, Edukimi i rinisë, 116 f.

92 Wolfgang Stoppel, Albanische Strafgesetze. Berlin, New York 1990, 72.

93 AQSh, Bashkimet Profesionale, 657, 1975 / 82, 11 [Bericht des Sekretärs des Zentralrates der Gewerkschaft Peçini an das ZK der PAA vom 27.3.1975 betr. Tätigkeit der Gewerkschaftsorganisation zum Kampf gegen Religion und rückständige Sitten].

wiederum einige Kinder andere Namen in der Öffentlichkeit als daheim, während es in moslemischen Gegenden noch häufig zu Beschneidungen kam, die die Betroffenen medizinisch zu rechtfertigen suchten.[94]

Die Gewerkschaftsfunktionäre kritisierten einige ihrer regionalen Organisationen, indem sie ihnen vorwarfen, den Kampf gegen die Religion und gegen „rückständige Sitten" oberflächlich zu betreiben und auf konkrete Fälle nicht einzugehen. Dabei befänden sich auch in ihren Reihen Mitglieder mit „religiösen Überbleibseln", die der Erziehungsarbeit bedurften.[95] Auch Parteimitglieder waren davor und vor sonstigen „rückständigen Sitten" nicht gefeit. In einer Ausgabe von *Shkumbini* im Juli 1974 wurde von einem Mädchen berichtet, das in einem Elbasaner Dorf entführt und zur Hochzeit gezwungen worden sei. Dabei hätten die örtlichen Kommunisten seine Bemühungen, Widerstand zu leisten, nicht unterstützt.[96] Um ihnen mehr ideologisches Bewußtsein einzuimpfen, wurden an die örtlichen Organisationen Literaturempfehlungen mit entsprechenden Parteidokumenten und Reden aus den Werken Enver Hoxhas geschickt und Propagandisten in Bewegung gesetzt, die mit den Arbeitern Seminare und Diskussionen organisierten. In einigen Betrieben und Institutionen wurden atheistisch-wissenschaftliche Ecken eingerichtet, Fotoausstellungen oder Karikaturen aufgestellt und eine Karikaturensammlung vorbereitet. Diverse kulturelle Einrichtungen und Amateurestraden organisierten Veranstaltungen zum „Kampf gegen religiöse Überbleibsel und rückständige Sitten" und die örtlichen Funktionäre wurden angewiesen, die Presse zur Religionsthematik besser einzusetzen.[97] Kulturzentren hingegen, die ihre diesbezügliche Propagandaarbeit nicht methodisch und systematisch gestalteten und sie nicht in jeder Brigade betrieben, wurden wie auch einige Zentren in den agrarischen Genossenschaften des Kreises vom Sekretär des Kreisparteikomitees kritisiert, der gleichzeitig die Zentrale in Tiranë von diesem Problem in Kenntnis setzte.[98] Den Parteiideologen war also bewusst, dass trotz der Proklamation Albaniens zum „ersten atheistischen Staat der Welt" religiöser Glaube unter den Menschen immer noch verbreitet war. Die Gläubigen passten ihn lediglich den Umständen an; entsprechend wurde denjenigen, die Religiosität im privaten Bereich manifestierten, „Geheimnistuerei" und „Heuchelei" vorgeworfen.[99] Dies waren wiederum Verhaltensweisen, die mit den vermeintlich typischen Tugenden des Albaners – Mut, Treue,

[94] Ebenda, 2–4.

[95] Ebenda, 12.

[96] Abas Xhepaj, Krijimi i familjes socialiste dhe mbrojtja e saj [Die Entstehung der sozialistischen Familie und ihr Schutz], *Shkumbini*, 28.9.1974, S. 2f.

[97] AQSh, Bashkimet Profesionale, 657, 1975/82, 27 [Bericht des Sekretärs des Zentralrates der Gewerkschaft Peçini an das ZK der PAA vom 15.2.1975 betr. Maßnahmenplan der Gewerkschaftsorganisationen zum Kampf gegen Religion und rückständige Sitten].

[98] AQSh, KQ i PPSh, 14, 1973/290, 19 [Bericht des Sekretärs des Parteikomitees des Kreises Elbasan Rusmali an das ZK der PAA vom 18.5.1973 betr. die Tätigkeit der Kulturhäuser des Kreises].

[99] Hako, Ateizmi shkencor, 302.

Ehrlichkeit und Beharrlichkeit[100] – unvereinbar waren. Nationalismus wurde auch auf diesem Feld Mittel zum Zweck, nämlich zur Schöpfung des „neuen Menschen".[101] Hoxha war freilich nicht der erste kommunistische Führer, der sich des Nationalismus bedient hatte, um seine Ziele zu erreichen. Auch Stalin hatte während seiner Herrschaft den Nationalismus zum Machterhalt instrumentalisiert, zumal im Zweiten Weltkrieg.

„Freiwillige Arbeitseinsätze" wurden als das beste Mittel betrachtet, um „rückständige Sitten" auszumerzen,[102] weshalb auch die Massenorganisationen alles unternahmen, um die jungen Menschen zur Teilnahme zu bewegen. So verkündete das Presseorgan des Jugendverbandes 1970, dass beim Bau der Eisenbahnlinie Elbasan-Prrenjas „bisher 1800 junge Frauen teilgenommen haben". Dabei wurde die erzieherische Arbeit jener Jugend- und Parteiorganisationen gelobt, die sich zur Überwindung der Schwierigkeiten engagierten, welche durch die Vorurteile „von rückständigen und konservativen Menschen" entstanden.[103] Hoxha selbst schätzte die Rolle der Arbeitseinsätze für das Aufbrechen der traditionellen Strukturen und der Stärkung des Selbstbewusstseins der Frau gegenüber dem Patriarchalismus sehr hoch ein. Er wusste aber, dass diese Arbeitsform in Albanien geschlechtsspezifischen Anstoß erregen könnte. In einer seiner Reden sprach er ihre positiven Seiten an und versuchte zugleich diejenigen einzuschüchtern, die sie durch Gerüchte zu diskreditieren drohten und ihm somit ein wichtiges Mittel zur Indoktrination der Massen entziehen könnten, das während der kommunistischen Ära breite Anwendung fand:

> „Das Mädchen aus dem Hochland verlässt sein Dorf und arbeitet und erfreut sich zusammen mit seinen Freundinnen und Freunden, die zur Aktionsarbeit aus allen Gegenden Albaniens gekommen sind. Es lernt viele neue Sachen, wird mit seiner schönen Heimat vertraut, mit den weiten Feldern, die durch die Arbeit der Partei und der Menschen zu blühenden Landschaften geworden sind, lernt die Naturreichtümer und die Baustellen des Landes kennen, die prachtvollen Fabriken und Kombinate, die durch unsere Arbeiterklasse gebaut und in Betrieb genommen worden sind.
>
> Brüder, stellt euch vor, welch große Kraft sie durch die Arbeitseinsätze gewonnen hat. Wenn sie in ihr Dorf zurückkehrt, wird sie ganz anders sein und ihre Ehre, diese charakteristische Eigenschaft des albanischen Mädchens, wird nicht befleckt sein, wie es die bösen Zungen flüstern, die abgeschnitten werden sollen, denn unsere Frauen und Mädchen, welche für das Allgemeinwohl arbeiten gehen, sind ehrbar und niemand soll es wagen, ihre Ehre zu verletzen."[104]

[100] AQSh, KQ i PPSh, 14, 1968/259, 19 [Vortrag bei der Versammlung des Parteikomitees von Elbasan betr. ideologische Arbeit zur marxistisch-leninistischen Massenerziehung].

[101] Hoxha war freilich nicht der erste kommunistische Führer, der sich des Nationalismus bedient hatte, um seine Ziele zu erreichen. Auch Stalin hatte während seiner Herrschaft den Nationalismus zum Machterhalt instrumentalisiert, zumal im Zweiten Weltkrieg.

[102] Kabashi, Edukimi i rinisë, 119.

[103] Zyhra Lushaj, Aksionet i hapin rrugë veprimtarisë revolucionare për emancipimin e të rejave [Aktionsarbeit macht den Weg frei für die revolutionäre Tätigkeit zur Emanzipierung der jungen Frauen], *Zëri i Rinisë*, 4.3.1970, S. 3 f.

[104] Enver Hoxha, Të forcojmë më tej kooperativat bujqësore të malësisë [Wir sollten die LPGs im Hochland stärken], (24.3.1967), in: Ders., Vepra [Werke]. Bd. 35. Tiranë 1982, 163–184, 182.

Die Kampagnen gegen rückständige Sitten und für die Frauenemanzipation brachten tausende von Frauen in die Städte. Viele von ihnen beteiligten sich an Arbeitseinsätzen zum Eisenbahnbau oder waren in Industriewerken tätig. Die PAA bemühte sich deren Rolle auch im Familienleben zu ändern; somit standen auch sie im Zentrum der Propagandaarbeit der Gewerkschaft.

Abb. 27: Junge Freiwillige während eines Arbeitseinsatzes zum Bau der Eisenbahnlinie Prrenjas-Elbasan

Allerdings legten auch die Frauen Verhaltensweisen an den Tag, die aus der Sicht der Partei einer Änderung bedurften. In „Stahl der Partei“ stammten die meisten wie die beschäftigten Männer aus Dörfern und wohnten in Arbeiterwohnheimen getrennt von ihren männlichen Kollegen. Sie verbrachten ihre Freizeit hauptsächlich gemeinsam unter sich, oftmals mit traditionellen Tätigkeiten wie Stricken. Gelesen wurde kaum, obwohl in den beiden Arbeiterinnenwohnheimen Elbasans kleine Büchereien eingerichtet worden waren. Es gab unter ihnen zwar auch Frauen mit Hochschulabschluss, sie blieben aber auf Distanz.[105]

Vor allem in den Dörfern war die Situation der Frauen kritisch: Bei einer Untersuchung der Vertreter von Massenorganisationen und lokalen Funktionsträgern des Kreises Elbasan wurde festgestellt, dass infolge des Mangels an Transportmittel in den Genossenschaften häufig die Frauen, nicht aber die Männer, die Lasten tragen mussten. Um die Situation zu ändern wurde den Leitungen der Genossenschaften empfohlen, rechtzeitig Vorkehrungen zur Beschaffung von mehr Lasttieren und Karren zu treffen! [106]

Diskriminierung fand weiterhin auch innerhalb der Familie statt. So beteiligten sich die Männer nicht an der Hausarbeit und an der Kindererziehung. Gewalt in der Ehe war auch durchaus nicht unbekannt.[107] Was Verhütung oder gar Abtreibung betrifft, so hatte sich Hoxha 1977 in einer seiner Reden ausdrücklich dagegen gewandt:

> „Ich bin gegen irgendeinen Vorschlag für die Benutzung von Mitteln, die im Ausland verwendet werden. Das müssen wir nicht zulassen, nicht nur, weil wir ein kleines Volk sind, das sich vermehren muss, sondern weil es im Ausland deshalb zu großen Skandalen gekommen ist, weshalb wir nicht nur einen solchen Kurs ablehnen sollten, sondern den Menschen auch klarzumachen haben, dass Abtreibung ein Verbrechen ist, dem vorgebeugt werden kann und vorgebeugt werden muss.“[108]

Tatsächlich war Abtreibung offiziell verboten. Nikolla hat in seiner Untersuchung über den „neuen Menschen“ im realsozialistischen Albanien dagegen festgestellt, dass illegale Abtreibungen in Krankenhäusern geradezu Routine waren. Das gesamte Personal war sich

105 AQSh, Bashkimet Profesionale, 657, 1975 / 90, 64 [Bericht des Vertreters des Zentralrates der Gewerkschaft Mile und der Vertreterin des Verbandes der Frauen Albaniens Pengili an das ZK der PAA betr. fremde Verhaltensweisen und Verhalten der Arbeiter gegenüber den Arbeiterinnen im Stahlwerk].

106 Die Frauen „transportierten“ nach einer geschätzten Erhebung zum Kreis Elbasan 55 Prozent der Gesamtmenge an Weizen von den Äckern in die Magazine und 80 – 90 Prozent des Tabaks. 70 – 90 Prozent des Tierfutters für den Kooperativisten-Hof wurde von den Frauen getragen. Siehe AQSh, Bashkimet Profesionale, 657, 1978 / 190, 4 [Bericht der Arbeitsgruppe über die Lage der berufstätigen Frauen des Kreises Elbasan und die notwendigen Maßnahmen zur Verbesserung der Situation].

107 AQSh, Bashkimet Profesionale, 657, 1975 / 82, 6 [Bericht des Präsidenten des Zentralrates der Gewerkschaft Marko an das ZK der PAA vom 15.7.1975 betr. Tätigkeit der Gewerkschaftsorganisationen zum Kampf gegen Religion und rückständige Sitten].

108 Enver Hoxha, Të mbajmë të pastër edukatën dhe moralin tonë proletar [Wir sollten unsere proletarische Erziehung und Moral reinhalten] (24.10.1977), in: ders., Vepra [Werke]. Bd. 62. Tiranë 1988, 229 – 252, 250.

dessen bewusst, aber man schwieg in der Öffentlichkeit darüber.[109] In der albanischen Familie herrschten laut Propaganda Kooperation, gegenseitige Liebe und Solidarität. Jedes Familienmitglied habe Rechte und Pflichten, die über die Normen der sozialistischen Moral geregelt würden.[110] Als oberste Hüterin der Moral wachte die Partei mit ihren Grundorganisationen über die Einhaltung vorgeschriebener Verhaltensformen und die Liquidierung „überholter" Verhaltensweisen, was mit ihrer Intervention in das Privatleben verbunden war.

6.4 Die Entwicklung der Wohnsituation

Hatten die sogenannten „Elbasaner Häuser" das Bild der Stadt bis zum Ende der sechziger Jahre beherrscht, so sollte sich das nach dem Beginn der Bauarbeiten des Kombinats ändern. Die Stadt mit ihren 41.700 Einwohnern im Jahre 1970[111] sollte im Laufe von zwei Jahrzehnten durch die Verdoppelung dieser Zahl ein ganz anderes Gesicht bekommen.[112] Seit 1969 hatte der Staatliche Baubetrieb mit dem forcierten Wohnungsbau sowie mit der Einrichtung soziokultureller Objekte begonnen.[113] Ein Jahr zuvor hatte das Exekutivkomitee des Kreises Elbasan versprochen, bis zum Ende des Jahres 400 Wohnungen zu errichten.[114] Seine Prognosen sahen für das Jahr 1975 eine Zunahme der Einwohnerzahl auf 90.000 voraus, [115] weshalb zusätzliche Vorkehrungen auch zur Verbesserung der hygienischen Standards getroffen wurden. Das Kanalisationsnetz der Stadt war bis 1968 nicht vollständig ausgebaut; laut Maßnahmenplan sollte dies bis 1977 geschehen.[116] Sowohl in den neuen Wohnheimen als auch in der gewachsenen Stadt wurden mit Beginn der Bauarbeiten zahlreiche Gemeinschaftstoiletten und Wäschereien gebaut.[117] Zur Verbesserung der Infrastruktur und Unterstützung der Frauen wurden auf Anweisung des

109 Nikolla, Njeriu i ri, 154.

110 Vjollca Meçaj, Familja socialiste dhe detyrimet reciproke të pjestarëve të saj [Die sozialistische Familie und die gegenseitigen Verpflichtungen ihrer Mitglieder], *Ylli* 9 (1985), 9.

111 Vjetari statistikor 1971 – 1972, 26.

112 Schmidt-Neke / Sjöberg, Bevölkerungsstruktur, 482.

113 AQSh, KQ i PPSh, 14, 1972 / 13, 23 [Bericht des Bauministers Dragoti an das ZK der PAA vom Februar 1972 betr. Rekrutierung, Qualifikation und Sicherung der Lebensbedingungen der neuen Arbeitskräfte].

114 Për shpejtimin e ndërtimeve të banimit me kontribut vullnetar [Über die Beschleunigung der Bauarbeiten bei den Wohnungen durch freiwillige Mitarbeit], *Shkumbini*, 19.6.1968, S. 1.

115 AShVE, Komiteti Ekzekutiv i Elbasanit [Keine Fondsnummer], 1972 / 573, 32 [Studie des Kreisexekutivkomitees und des Ministeriums für Landwirtschaft vom 3.3.1972 betr. Versorgung der Stahlwerksarbeiter mit Lebensmitteln].

116 AQSh, Komisioni i Planit të Shtetit, 495, 1963 / 77, 30 [Studie betr. Rekrutierung der Arbeitskräfte und Infrastrukturveränderungen in der Stadt].

117 AQSh, KQ i PPSh, 14, 1972 / 13,24 [Bericht des Bauministers Dragoti an das ZK der PAA vom Februar 1972 betr. Rekrutierung, Qualifikation und Sicherung der Lebensbedingungen der neuen Arbeitskräfte].

Kreisparteikomitees auch Mensen in den Stadtvierteln eingerichtet.[118] Der Sekretär des Parteikomitees von Elbasan, Jashar Menzelxhiu, koordinierte die Maßnahmen zum Bau der Unterkünfte für die zugezogenen Arbeitskräfte.[119]

1972 schrieb Menzelxhiu an das Zentralkomitee, zwischen 1969 und Anfang 1972 seien Unterkünfte für 1700 Arbeiter gebaut worden und bis Ende März würde noch Wohnraum für 1900 Beschäftigte zur Verfügung gestellt werden. Wahrscheinlich meinte er damit die Arbeiterwohnheime. 2800 Arbeiter wohnten in 300 Einzimmerappartements (von diesen Umständen wird gleich noch näher die Rede sein), welchen je eine Küche angeschlossen war. Menzelxhiu bemängelte allerdings die geringe Anzahl der gemeinsamen Toiletten und Waschräume. Bis 1973 sollten noch 1000 Wohnungen errichtet werden, in welchen 10.800 Beschäftigte unterkommen sollten.[120] Das war praktisch die gesamte Anzahl der Bau- und Montagearbeiter, die in der ersten Bauphase auf der Kombinatsbaustelle beschäftigt werden würden. Insgesamt wollte der Staat in den Jahren 1971–1974 2000 Wohnungen bauen. Die Unterkünfte für die chinesischen Spezialisten hatten Vorrang, weshalb ihre Hotels und die dazugehörigen Wohnungen schon bis Ende 1971 abgeschlossen wurden.[121] Die Chinesen waren für die erfolgreiche Inbetriebnahme des Stahlwerks unentbehrlich, deshalb sollte es ihnen möglichst an nichts fehlen.

Der Bau von Unterkünften war besonders dringlich, denn er hing aufs engste mit den Rekrutierungsmaßnahmen zusammen und beeinflusste die Fluktuation. Der Parteisekretär des Stahlwerks Maksuti schrieb 1972 an den Zentralrat der Gewerkschaft, im Kombinat seien zwar 3960 Arbeiter tätig, aber auch für sie bestünden Probleme bezüglich der Unterbringung und der Lebensmittelversorgung.[122] Nicht nur in Elbasan, sondern auch in anderen wichtigen Industriewerken, wie im Kraftwerk von Fierzë, gingen die Arbeiter aufgrund des Mangels an ausreichenden Unterkünften, Mensen, Waschräumen oder Toiletten oft zu ihren Familien aufs Land, da sie sich dort besser fühlten. Sie mussten deshalb regelmäßig Überstunden belegen, da aufgrund der häufigen Fahrten zu ihren Familien die Betroffenen vom gewöhnlichen Lohn kaum etwas sparen konnten.[123] Unter solchen Umständen dürfte die Motivation von Beschäftigten, im Stahlwerk zu arbeiten, nicht besonders lange angehalten haben.

[118] AQSh, KQ i PPSh, 14, 1972 / 16, 17 [Bericht des Kreisparteisekretärs Menzelxhiu an das ZK der PAA vom 20.4.1972 betr. Festigung der sozialistischen Familie].

[119] Interview mit I. S. am 17.2.2013 in Elbasan.

[120] Ebenda, 35 [Bericht des Kreisparteisekretärs von Elbasan Menzelxhiu für das ZK der PAA vom 5.2.1972 betr. Maßnahmen zur Unterbringung der Arbeiter und Bildung von Parteigrundorganisationen].

[121] AQSh, Ministria e Ndërtimit, 499, 1971 / 56, 87 f. [Bericht des Vizebauministers Gjebero an Minister für Industrie und Bergbau Theodhosi vom 5.3.1971 betr. Maßnahmen zur Fortführung der Bauarbeiten].

[122] AQSh, Bashkimet Profesionale, 657, 1972 / 158, 22 f. [Bericht des Präsidenten des Zentralrates der Gewerkschaft Marko vom 18.9.1972 betr. Arbeits- und Lebensbedingungen der Arbeiter in den neuen Industriewerken].

[123] AQSh, Bashkimet Profesionale, 657, 1977 / 182, 22 [Bericht des Präsidenten des Zentralrates der Gewerkschaft Marko vom 25.2.1977 betr. Erziehung der Arbeiter und Probleme].

Zu der Größe der Wohnungen und Unterkünfte stehen zwar keine exakten Angaben zur Verfügung. Aber anhand der Zeitzeugenaussagen und der verfügbaren Zahlen lässt sich ein ungefähres Bild gewinnen. Laut einem Schreiben des Bauministers Hanku vom Februar 1974 sollten in den Jahren 1974–1975 bei den Bauarbeiten des Kombinats 8450 Arbeiter tätig sein. 2750 von ihnen würden in 205 Wohnungen und in einem älteren Wohnheim unterkommen. Noch 1974 sollten 214 Wohnungen gebaut werden für 2400 Beschäftigte einschließlich der Arbeitskräfte, die um Elbasan wohnten. In kurzfristig errichteten Unterkünften sollten 1000 Arbeiter unterkommen, während in der Nähe des Stahlwerks vier Männerwohnheime für 2400 Arbeiter gebaut werden würden.[124] 540 chinesische Spezialisten wohnten derweil in 144 Wohnungen und 400 in zwei Hotels, so wie sie es auch verlangt hatten.[125]

In einer der eigens errichteten Wohnungen für die albanische Belegschaft wohnten in der Tat gewöhnlich zehn alleinstehende Arbeiter.[126] Laut den Aussagen eines Interviewpartners, der zwischen 1976 und 1986 im Arbeiterwohnheim wohnte, lebten in einem dortigen Zimmer auf einer Fläche von 15 Quadratmetern zwei bis vier Arbeiter,[127] insgesamt 60 Personen je Etage. In einem fünf- bis sechsgeschossigen Wohnheim befanden sich im Erdgeschoß eine große Mensa für die Bewohner sowie ein Freizeitraum mit einem Fernseher und ein Trockenraum. Verheirateten Paaren wurde gewöhnlich ein eigenes Zimmer zugewiesen; das scheint allerdings nicht immer der Fall gewesen zu sein, denn 1974 vermerkte ein Bericht des Bauministers, dass in 900 Wohneinheiten für verheiratete Arbeiter 1300 Beschäftigte mit ihren Ehefrauen unterkommen sollten.[128] Die Verheirateten wohnten ursprünglich in denselben Wohnheimen wie die Alleinstehenden, was sich später durch die Selektierung der Bewohner änderte.[129] In den Wohnheimsräumen befanden sich meistens ein Stuhl und ein Schrank, aber zumindest bis 1974 war nicht einmal dafür ausreichend Platz gewesen.[130] Um Raum zu sparen, hatte man die Zimmer überdies mit Pritschen anstatt Betten ausgestattet.[131]

Den zuständigen Stellen ging es zunächst darum, möglichst schnell Unterkünfte für die Masse der Arbeiter zu schaffen. Da die Bauarbeiter und einige Spezialisten ohnehin

124 AQSh, Ministria e Ndërtimit, 499, 1974 / 97, 1 f. [Mitteilung des Bauministers Hanku und des Ministers für Industrie und Bergbau Theodhosi an den Vizeminister Koleka und den Vorsitzenden der SPK Këllezi vom 2.2.1974 betr. Bereitstellung von Unterkünften für die Arbeiter].

125 Ebenda, 2.

126 Ebenda, 1.

127 Interview mit M. M. am 3.5.2012 in Tiranë und S. P. am 17.6.2012 in Tiranë.

128 AQSh, Ministria e Ndërtimit, 499, 1974 / 97, 1 [Mitteilung des Bauministers Hanku und des Ministers für Industrie und Bergbau Theodhosi an den Vizeminister Koleka und den Vorsitzenden der SPK Këllezi vom 2.2.1974 betr. Bereitstellung von Unterkünften für die Arbeiter].

129 Interview mit S. P. am 17.6.2012 in Tiranë.

130 AQSh, Bashkimet Profesionale, 657, 1974 / 17, 19 [Bericht des Sekretärs des Zentralrates der Gewerkschaft Kamberi vom 29.1.1974 betr. verschiedene Probleme des Stahlwerks, die bei einem Besuch sichtbar wurden].

131 Interview mit J. T. am 25.2.2013 in Elbasan.

nur befristete Verträge hatten und meist ihre Familien in ihrem Wohnort zurückgelassen hatten, wurde vom Bauministerium darauf spekuliert, dass sich durch das rasche Tempo des Wohnungsbaus während der Bauzeit des Stahlwerks nach ihrer Entlassung und Rückkehr zu ihren Familien das Wohnungsproblem lindern würde.[132] Der Zustrom an Arbeitern musste aber schnellstens bewältigt werden, da diese Aufgabe auch das Bautempo des Kombinats in entscheidendem Maße beeinflusste. Um mit den Plänen Schritt zu halten, mussten die Baubetriebe im Zeitraum von 1973 und 1974 in drei Schichten arbeiten.[133] Der Wohnraummangel erschwerte außerdem die Erfüllung der erziehungspolitischen Aufgaben, die bei den Menschen zur Mentalitätsveränderung und Abschaffung von tradierten Vorstellungen (beispielsweise in puncto Frauenemanzipation) beitragen sollten. Die Wirkung galt auch jenseits des Kombinatsumfelds: 1972 bemerkten die örtlichen Parteiorgane mit Missbehagen, dass sich, da in 7500 Häusern im Kreis Elbasan zwei bis drei Generationen einer Familie und in 400 sogar vier Generationen gemeinsam wohnten, auch alte patriarchalische Vorstellungen nicht ändern ließen; „der Mangel an Unterkünften [...] steht der Abschaffung der Großfamilie im Wege."[134]

Aus den Quellen entsteht der Eindruck, die staatlichen Behörden improvisierten eher Schnellmaßnahmen zur Linderung der Wohnungsnot und zur Verwirklichung der Industrialisierungsprojekte, als dass sie langfristigen Strategien zur Erhöhung der Lebensqualität unter Berücksichtigung ästhetischer Gesichtspunkte, der städtischen Architektur oder der Bevölkerungsentwicklung gefolgt wären. Dies gilt dabei nicht nur für die Stadt Elbasan, sondern für das gesamte Land. 1971 fand eine nationale Konferenz von Architekten statt, bei der über verschiedene Aspekte der Urbanistik und Architektur im Lande diskutiert wurde. Eine Teilnehmerin wies in ihrem Vortrag darauf hin, dass die bis dahin entstandenen Gebäude aufgrund der beschränkten wirtschaftlichen und materiellen Möglichkeiten langfristig nicht den Erwartungen genügten. So seien „neben Wohnungen mit normaler Fläche und Einteilung auch unvollständige Unterkünfte, ohne Lagerraum, mit kleinen Küchen oder ohne WC-Beleuchtungsmöglichkeiten" gebaut worden. Sie kritisierte die Exekutivkomitees der Kreise, welche den Architekten nicht genügend Zeit zur Wohnungsplanung gaben, weshalb es in der Praxis „zu übereilten Lösungen gekommen [ist], bei welchen man als einfacher Handwerker ohne Kreativität gearbeitet hat. [...] Unter den Wohnungen besteht keine Harmonie, es besteht kein Bezug zur Umgebung und dadurch ist das Umfeld verunstaltet worden."[135] Die Referentin wie auch andere Teilnehmer zeig-

132 Vgl. AQSh, Këshilli i Ministrave, 490, 1977/528, 5 [Mitteilung des Bauminsters Hanku an Premierminister Shehu vom 7.9.1977 betr. Unterbringung der Familien von Führungskräften].

133 AQSh, KQ i PPSh, 14, 1973/576, 62 [Bericht des Stahlwerksparteisekretärs Koçollari an das ZK der PAA vom 14.12.1973 betr. Zustand der Bauarbeiten].

134 AQSh, KQ i PPSh, 14, 1972/16, 16 [Bericht des Kreisparteisekretärs Menzelxhiu an das ZK der PAA vom 20.4.1972 betr. Festigung der sozialistischen Familie].

135 Valentina Pistoli, Kërkesat e perspektivës në qendër të vëmendjes së arkitektit [Die Anforderungen der Perspektive im Mittelpunkt der Aufmerksamkeit des Architekten], *Nëndori* 17 (1971), H. 6, 35–38, 36.

ten sich besorgt über „das Fehlen der theoretischen beruflichen Kenntnisse [bei den Architekten und Stadtplanern insgesamt]. Allgemein gesehen, herrscht in unserer Arbeit Dilettantismus und Praktizismus".[136] Ein anderer Architekt wies darauf hin, dass bei den Planern und Architekten

> „die Kenntnisse der Kunstgeschichte und der Architekturgeschichte [...] fehlen. [...] Normalerweise geht man heute vor, indem man Zeitschriften durchblättert und je nach Eindruck sich für etwas entscheidet. [...] Die Architekten müssen fähiger werden. [...] Dies erreicht man durch Spezialisierungsaufenthalte. [...] Niemals wurde ein Architekt zu einem Auslandsstudium geschickt."[137]

Vielleicht liegt darin ein Grund, wieso man sich in Albanien wenig Gedanken über eine Distanzierung sozialistischer Wohnungsplanung von der „funktionalistischen" Architektur in kapitalistischen Ländern machte, wie das in anderen Ländern des sozialistischen Blocks der Fall war.[138] Noch ein weiterer Teilnehmer betonte die fehlende Qualifikation der Architekten und Stadtplaner und wies auf eine andere Konzeption künftiger Entwürfe hin, die die Städte moderner gestalten und zugleich die Tradition erhalten sollten:

> „Die Urbanistik ist vor allem ein Kulturproblem, nicht ein Problem der Technik. Indem wir uns nicht mit den Kenntnissen der Werte der materiellen und historischen Kultur auseinandersetzen, die in unseren Städten vorhanden sind, mit unserem Erbe von architektonischer Bedeutung [...], mit der Geschichte der zeitgemäßen Entwicklung der städtischen Bestandteile und ihrer Harmonisierung mit den neuen Anforderungen der heutigen Bauten, können wir Fehler begehen, die häufig irreparabel sind. Ein wichtiger Ausweg, der der Kreativität beim Stadtbau den Weg frei machen wird, ist der Übergang von der Auswahl einzelner Objekte [...] zur Schöpfung großer Baukomplexe, welche gemeinsam das städtische ‚Ensemble' bilden."[139]

Solchen Aussagen kann man entnehmen, dass bis dahin die Planung von „Wohnkomplexen" (wie sie in anderen sozialistischen Industriestädten, beispielsweise in Eisenhüttenstadt, Nowa Huta und Kunčice erfolgte) in Albanien eher die Ausnahme als die Regel war. In anderen sozialistischen Ländern wurden die Städte der Industrialisierungszentren in Wohnkomplexe unterteilt, die Wohnungen für etwa 4000 bis 6000 Einwohner enthielten. Dazu befanden sich in jedem Wohnkomplex Läden für den täglichen Bedarf sowie Ein-

136 Petraq Kolevica, Arkitektura duhet të ecë përpara [Die Architektur muss vorwärts schreiten], ebenda, 46.

137 Ebenda, 47.

138 In der DDR beispielsweise wurden beim Bau mehrerer Gebäude in Eisenhüttenstadt keine Kosten gescheut, da man der Ansicht war, in den kapitalistischen Ländern würde beim Wohnungsbau eher auf die Funktion eines Hauses Wert gelegt, nicht auf Schönheit und Würde. In den sozialistischen Ländern sollte das anders werden. Solche Vorstellungen wurden aber nur am Anfang der 50er Jahre umzusetzen versucht, später hingegen aus Kostengründen fallengelassen. Jajeśniak-Quast, Ein lokaler „Rat für Gegenseitige Wirtschaftshilfe", 108.

139 Misto Mele, Urbanistika dhe Kultura [Die Urbanistik und die Kultur], *Nëndori* 17 (1971), H. 6, 30–33, 30.

richtungen des Bildungs- und Gesundheitswesens.[140] In Albanien dagegen entwarfen die Architekten in der Regel einzelne Gebäude, so dass man nur schwerlich von einer gesamtkonzeptionellen, womöglich harmonischen Gestaltung der Städte sprechen kann.

Nicht nur bei der Planung von Wohnungen oder Wohnkomplexen, sondern auch bei der Umsetzung der Entwürfe sahen sich die Architekten mit Schwierigkeiten konfrontiert:

> „Immer, wenn die Bauarbeiten abgeschlossen werden sollen – Putz, Beschichtung, Malerei und andere Ergänzungsarbeiten – beginnen die Probleme mit dem Baubetrieb, der sich nicht in der Lage sieht, die Entwürfe zu verwirklichen. Man bekommt den Eindruck, unsere Baubetriebe können nur Rohbauten durchführen. Heute sehen viele Gebäude wie Rohbauten aus, da mehrere Arbeitsprozesse nicht abgeschlossen werden."[141]

Die geringen Investitionen in den Wohnungsbau und die Unterdrückung der Konsumbedürfnisse der Bevölkerung hatten Folgen auch für die Wohnausstattung, was die Lebensqualität der Bewohner beeinträchtigte:

> „Die künftigen Bewohner, welche unter besseren wirtschaftlichen Konditionen leben werden, werden auch höhere Ansprüche gegenüber ihren Wohnungen haben. Unsere Kenntnisse über die künftigen Ansprüche und die Perspektive [...] sind nicht vollständig. So ist das Heiz- und Kochproblem in den heutigen Wohnungen noch nicht ganz gelöst. Wir wissen, dass das Heizen mit Holz dem Heizen mit Strom oder Gas Platz machen wird. Aber wann und wie?
>
> [...] Unsere neuen Gebäude haben vielmals die langfristigen Entwicklungen nicht berücksichtigt, weshalb sie innerhalb kürzester Zeit veraltet sind."[142]

In Elbasan mussten die Kombinatsleitung und das Exekutivkomitee von Elbasan bei der Unterbringung von Fachkräften vorsichtiger handeln, als bei den für die Bau- und Montagearbeiter bestimmten Wohnungen und Wohnheimen, bei denen rascher Errichtung ohne große Rücksichtnahme auf die Wohnkonditionen als Priorität galt, weil die Bewohner sowieso nur befristete Verträge hatten. Bei den längerfristig Beschäftigten galt es, sie schnellstmöglich in annehmlicheren Wohnungen unterzubringen, damit sie nicht aufgrund der Wohnkonditionen den Arbeitsplatz wechselten. In einem Bericht von Ministerpräsident Shehu an das Ministerium für Industrie und Bergbau wurde 1975 vermerkt, 570 Fachkräfte sollten bei den Arbeiten „das Rückgrat" bilden, das die Anweisungen der chinesischen Spezialisten an die einfache Belegschaft weiterleitete. Es war überaus notwendig, ihnen und ihren Familien binnen drei Jahren Wohnungen sowie Arbeitsplätze für ihre Frauen zur Verfügung zu stellen.[143]

Das Betriebsführungspersonal, vor allem die Fachkräfte aus Tiranë, zeigten jedoch keine große Bereitschaft, dorthin zu ziehen, „wohin das Allgemeininteresse sie ruft", unabhängig davon, ob sie Parteimitglieder waren oder nicht. Auch wenn sie für zwei bis drei Jahre bei der Realisierung von Großprojekten arbeiten mussten, unternahmen sie alles,

140 Jajeśniak-Quast, Ein lokaler „Rat für Gegenseitige Wirtschaftshilfe", 106.

141 Kolevica, Arkitektura duhet të ecë përpara, 48.

142 Pistoli, Kërkesat e perspektivës, 34.

143 AQSh, Ministria e Industrisë dhe Minierave, 496, 1975 / 707, 30 [Bericht an das Ministerium für Industrie und Bergbau betr. Bedarf an Arbeitern und Facharbeitern sowie Fortgang der Arbeiten].

um woanders unterzukommen. Sie ließen ihre Familien oder einzelne Mitglieder derselben in ihrem ursprünglichen Wohnort zurück. Die PAA-Spitze sah solche Phänomene nur ungern, da die Betroffenen „nicht zur Festigung unserer Familie und der Kindererziehung beitragen", aber auch weil sie die Wohnraumplanung und -problematik erschwerten.[144]

Sahen sich die Kombinatsleitung und die Kreisbehörden schon bei der Frage der Beschaffung von Unterkünften für Alleinstehende mit großen Schwierigkeiten konfrontiert, galt das umso mehr, wenn es darum ging, ausreichend Wohnraum für Familien zur Verfügung zu stellen. Nach den Erinnerungen eines metallurgischen Ingenieurs, der 1974 im Stahlwerk eingesetzt wurde, musste er eine Zweizimmerwohnung mit einer Fläche von 45 Quadratmetern mit sage und schreibe 24 Kollegen teilen. Zehn von ihnen schliefen in einem Schlafraum von 20 Quadratmetern und sechs in einem Wohnzimmer von sechs Quadratmetern, die restlichen in der Küche. Schuhe und sonstige Kleidung befanden sich im Flur.[145] Seine Erinnerung dürfte nicht unzutreffend sein, denn auch die Kombinatsleitung berichtete 1977 von ähnlichen Zuständen. Vier Arbeiterwohnheime, die im selben Jahr fertiggestellt worden waren, hatten Zimmer, die eigentlich für vier Personen konzipiert worden waren. Aufgrund der unzureichenden Zahl an Unterkünften wohnten in ihnen jedoch sechs Arbeiter pro Zimmer und bei den Frauen sogar sechs bis acht.[146]

Unter solchen Bedingungen wird verständlich, dass die hygienischen Zustände nicht zufriedenstellend waren. Eine Kontrollgruppe des Gesundheitsministeriums stellte 1972 fest, dass die Anzahl der Duschen weder in den Arbeiterwohnheimen noch in den Teilfabriken für die Belegschaft ausreichte und in mehreren Betrieben sehr wenige Toiletten errichtet worden waren.[147] Dies bestätigte auch die Kreisgewerkschaft, welche als weiteres Moment hinzufügte, dass viele Arbeiter die Elementarregeln der Hygiene nicht kannten. Die Arbeiterinnen wollten nicht am Arbeitsplatz duschen, wahrscheinlich aus Scheu.[148] Andererseits hatten viele Duschen kein Warmwasser.[149] Auch großflächig gab es Infrastrukturprobleme: Das Kanalisationsnetz war nicht ausreichend und in der Stadt fehlten die Parks.[150]

144 AQSh, KQ i PPSh, 14, 1969 / 155, 3 [Offener Brief des Sekretärs des ZK der PAA Kapo an alle Kreisparteikomitees und Institutionen betr. Versetzung der Führungskräfte].

145 Demi, Nostalgjikët e enverizmit.

146 AShVE, Komiteti i Partisë i Kombinatit Metalurgjik Elbasan, 873, 1977 / 1, 14 [Bericht des Stahlwerkleiters Çeliku betr. Verpflegung und Unterbringung der Arbeiter].

147 AQSh, KQ i PPSh, 14, 1972 / 215, 3 [Bericht des Vizegesundheitsministers Miho an Premierminister Shehu vom 11.3.1972 betr. hygienische Bedingungen und Gesundheitsversorgung in den neuen Industriewerken].

148 AQSh, Bashkimet Profesionale, 657, 1972 / 78, 47 [Bericht des Präsidiums der Kreisgewerkschaftsorganisation von Elbasan vom 13.10.1972 betr. Tätigkeit der Gewerkschaft zur Verbesserung der Arbeits- und Lebensbedingungen der Arbeiter].

149 AQSh, Bashkimet Profesionale, 657, 1975 / 90, 64 [Bericht des Instrukteurs des Zentralrates der Gewerkschaft Mile und der Instrukteurin des Frauenverbandes Pengili vom 30.11.1975 an das ZK der PAA betr. fremde Verhaltensweisen und Behandlung der Arbeiterinnen im Stahlwerk].

150 AQSh, Bashkimet Profesionale, 657, 1972 / 78, 9 [Bericht des Präsidiums der Kreisgewerkschaftsorganisation von Elbasan vom 13.10.1972 betr. Tätigkeit der Gewerkschaft zur Verbesserung der Arbeits- und Lebensbedingungen der Arbeiter].

Um wenigstens einige Schwachpunkte zu mindern, wurde von der Parteigrundorganisation der Kombinatsleitung 1977 beschlossen, den Druck auf das Management zu erhöhen. Neue Gebäude und Einrichtungen sollten nicht in Betrieb genommen werden, wenn nicht auch der Bau von Toiletten und Duschen abgeschlossen worden sei. Allerdings wurde dieser Beschluss von den Betriebsleitungen in der Folge oftmals übergangen.[151]

Nach Angaben der Kombinatsleitung waren in Elbasan im Jahre 1977 zehn Wohnheime mit 400 Wohnungen gebaut worden. Sie waren mit „dem nötigen Mobiliar" ausgestattet.[152] Jeder Arbeiter hatte zwei Decken, eine Baumwolldecke, eine Matratze, zwei Laken, einen Kissenbezug. Nach Aussagen ehemaliger Wohnheimbewohner seien jedoch sowohl die Decken als auch die Matratzen von schlechter Qualität gewesen. Die Bettlaken wurden zweimal monatlich gewechselt. In der Nähe der Wohnheime gab es drei große Duschräume mit 32 Duschen. Sechs Fernseher sowie vier kleine Büchereien standen allen Bewohnern zur Verfügung.[153]

Die Wohnungsknappheit war in Albanien ein Phänomen, das nicht nur auf den „Großbaustellen des Sozialismus" galt. Die Investitionssummen, die für die Industrialisierung verwendet wurden, hätten das Problem mindestens lindern können, wenn man sie in den Wohnungsbau umgeleitet hätte. Wie Çeliku selbst in einer Rede 1977 zugab, wäre es mit den Haushaltsmitteln, die für den Stahlwerksbau ausgegeben werden sollten, möglich gewesen, die gesamte Bevölkerung von Tiranë und Durrës in neuen Wohnungen unterzubringen.[154] Wie prekär die Wohnungslage war, und wie sehr sie dem sozialistischen Gleichheitsprinzip zuwiderlief, zeigte sich auch in gravierenden Unterschieden bei der Miethöhe: In einer Studie der Staatlichen Planungskommission hatte man 1975 festgestellt, dass die Grundmiete in Tiranë oder in der benachbarten Küstenstadt Durrës um 25 Prozent höher lag als in Elbasan oder Berat, und gegenüber dem weniger industrialisierten und infrastrukturarmen Lezhë im Landesnorden sogar um 50 Prozent.[155]

Der Ministerrat passte sich angesichts dieser Gesamtlage den realen Verhältnissen an und bestand nicht mehr auf einem unbedingten Umzug der Familien der Fachkräfte. 1976 gab Bauminister Hanku eine Weisung, wonach die Familien von Führungskräften, die in Werken tätig waren, bei denen die Bauarbeiten länger als drei Jahre andauerten –

151 AShVE, Komiteti i Partisë i Kombinatit Metalurgjik Elbasan, 873, 1977 / 1, 10 [Bericht des Stahlwerkleiters Çeliku betr. Verpflegung und Unterbringung der Arbeiter].

152 Ebenda, 14. Nach den Erinnerungen von J. T. bedeutete das einen Tisch mit Stühlen und einen Schrank pro Zimmer. Interview mit J. T. am 25.2.2013 in Elbasan.

153 Ebenda.

154 AQSh, Bashkimet Profesionale, 657, 1977 / 185, 12 f. [Rede des Kombinatsleiters Çeliku vor der Versammlung des Stahlwerksgewerkschaftskomitees vom 16.10.1977].

155 AQSh, Komisioni i Planit të Shtetit, 495, 1975 / 77, 129 f. [Studie der SPK betr. Situation der Gehälter und notwendige Maßnahmen zur besseren Verteilung der Kaufkraft in Stadt und Land]. Die Höhe der Grundmiete richtete sich nach der Miet-Tarifgruppe, in welcher die jeweilige Stadt eingeteilt war. In der Nachkriegszeit waren Tarifgruppen gebildet worden, die die Grundmiete festlegten. Je höher die Tarifgruppe, desto niedriger die Grundmiete. Tiranë beispielsweise war in der I. Tarifgruppe.

dabei erwähnte er explizit das Stahlwerk von Elbasan – ihre Familien nicht mitnehmen müssten. Hanku gab offen zu, dies läge daran, dass die Kreisverwaltungen Probleme damit hatten, für die Familien Wohnungen und für die Ehefrauen Arbeitsplätze zu finden.[156]

Weil die Wohnbauproblematik nicht alleine durch die städtischen Baubetriebe bewältigt werden konnte, nahmen viele Arbeiter des Stahlwerks eine andere, allerdings mühsame Möglichkeit zum Einzug in eine Mietwohnung wahr: Sie beteiligten sich freiwillig am Bau der vom eigenen Betrieb finanzierten Hochhäuser.[157] Alle Betriebe und Institutionen zivilen und militärischen Charakters im Lande hatten ihr Wohnungskontingent, das sie als Anreiz für ihre Beschäftigten verwendeten. Das Recht zum Einzug stand dort allerdings nur Familien zu.[158] Die Bauarbeiten wurden von Fachleuten der städtischen Baubetriebe geleitet und von einigen Bauarbeitern mithilfe von Freiwilligen durchgeführt, die eine Wohnung benötigten (siehe Abb. 28). Diese mussten sich täglich nach der regulären Arbeitszeit noch für zwei bis drei Stunden an der Errichtung der Hochhäuser beteiligen. Es war jedoch nicht garantiert, dass diejenigen, die an einem Hochhaus mitarbeiteten, dessen künftige Bewohner sein würden. Die Entscheidung für die Zuteilung der Wohnungen wurde von Ausschüssen gefällt, die mehrheitlich durch Gewerkschaftsmitglieder besetzt waren, welche über die Verteilung der von „ihrem" Teilbetrieb fertiggestellten Wohnungen berieten. Das endgültige Wort hatte der Zentralausschuss des Kombinats, der seine Entscheidung von der Dringlichkeit und vom Führungszeugnis des Bewerbers abhängig machte. Die Führungszeugnisse wiederum wurden von den Parteikomitees der Landkreise, woher die Arbeiter stammten, ausgestellt.[159] Wichtig war die Anzahl der „freiwillig" erbrachten Arbeitsstunden, aber eine Rolle spielten auch die Beziehungen, die man in der Betriebshierarchie hatte. J. T., der in der mechanischen Kombinatsfabrik tätig war, leistete nach eigenen Aussagen 1000 Stunden Arbeit, um eine Wohnung zu bekommen, die aus einem Zimmer, Küche und Bad bestand.[160] Netzwerke konnten helfen, wie das bei S. P. der Fall war, der in der Stahlfabrik arbeitete. Er traf mit Kollegen Absprachen, dass jeweils einer von ihnen sich ganztägig an den Bauarbeiten beteiligte und sie dafür seine Arbeit im Betrieb übernahmen.[161] Ein solches Verhalten leistete allerdings dem unerlaubten Verlassen des Arbeitsplatzes Vorschub. Derlei Absprachen konnten deshalb nur funktionieren, wenn derjenige, der die Arbeitsstunden berechnete, eingeweiht war, da er den Betroffenen ansonsten bei der Betriebsleitung hätte anzeigen können. Der Freiraum, den der Einzelne durch solche Absprachen für sich schuf, half dabei, den Alltag erträglicher zu gestalten.

156 Vgl. AQSh, Këshilli i Ministrave, 490, 1977/528, 5 [Mitteilung des Bauministers Hanku an Premierminister Shehu vom 7.9.1977 betr. Unterbringung der Familien von Führungskräften].
157 Interview mit P. L. am 18.2.2013 in Elbasan.
158 Interview mit S. P. am 17.6.2012 in Tiranë.
159 AShVE, Komiteti i Partisë i Kombinatit Metalurgjik Elbasan, 873, 1977/1, 11 [Bericht des Stahlwerkleiters Çeliku betr. Verpflegung und Unterbringung der Arbeiter].
160 Interview mit J. T. am 25.2.2013 in Elbasan.
161 Interview mit S. P. am 17.6.2012 in Tiranë.

Ein Ergebnis der intensiven Bauarbeiten von Stahlwerksbeschäftigten nach der Arbeitszeit war das neu entstandene Viertel „Vullnetari" („Der Freiwillige"), in welches viele Familien von festangestellten Arbeitern zogen.[162] Neben ihnen waren auch die städtischen Baubetriebe an den Bauarbeiten beteiligt, welche auf Anweisung von Menzelxhiu in zwei Schichten arbeiteten, um möglichst frühzeitig fertig zu werden.[163] Die zugezogenen Familien stammten nach Zeugenaussagen aus größerer Ferne, etwa aus Vlorë, Korçë oder dem nordöstlichen Peshkopi.[164]

Tab. 21: Amtliche Angaben zum Wohnungsbau während der Fünfjahrespläne

Fünfjahreszeitraum	Anzahl der gebauten Wohnungen	Staatliche Wohnungen		Privatwohnungen	
		Insgesamt	Davon durch Freiwilligenarbeit	Insgesamt	Davon auf dem Lande
1945–1950	12.114	1114	–	11.000	11.000
1951–1955	26.110	7596	–	18.514	16.895
1956–1960	47.413	11.734	–	35.679	32.165
1961–1965	44.693	15.808	–	28.885	26.974
1966–1970	73.213	29.045	12.458	44.168	41.786
1971–1975	61.908	32.038	22.932	29.870	28.394
1976–1980	56.390	26.326	10.182	30.064	28.824
1981–1985	75.362	41.187	15.618	34.175	32.787
1986–1990	72.522	37.799	16.781	33.723	32.641
Nach Jahren					
1950	2411	1830	–	581	581
1960	9883	2165	–	7718	6889
1970	14.643	6343	2492	8300	7701
1975	10.952	5187	3585	5765	5459
1980	12.093	6169	1419	5924	5696
1985	15.456	8629	4103	6827	6332
1986	15.049	8061	3319	6988	6771
1987	13.863	7270	3152	6593	6419
1988	15.121	8214	3767	6907	6549
1989	16.061	8046	3385	8015	7325
1990	12.428	6208	3158	6220	5577

Quelle: Vjetari statistikor 1991, 171.

[162] Interview mit L. Ç. am 27.1.2013 in Elbasan.
[163] Interview mit I. St. am 25.1.2013 in Elbasan.
[164] Ebenda.

Gewöhnlich ging bei den durch Freiwilligenarbeit entstehenden Wohnhäusern der Baufortschritt langsam voran. So wurden im Jahre 1977 vom Baubetrieb „21. Dezember" in Tiranë nur 214 Wohnungen durch freiwillige Arbeit der Beschäftigten anderer Einrichtungen gebaut, anstatt der geplanten 330. Im selben Jahr tätigte der Staatliche Baubetrieb Nr. 10 die zugewiesenen Bauinvestitionen zu 97,3 Prozent. Ein Jahr zuvor hatten die Wohnungsbaubetriebe „Georgi Dimitrow" und Kamëz in Tiranë ihre Investitionen nur zu zehn Prozent verwendet.[165] Die Ursache lag nicht zwangsläufig an der unterschiedlichen Motivation der Arbeitskräfte. In Tiranë bestand das Problem darin, dass das Exekutivkomitee und dessen Parteigrundorganisation die Bauplätze relativ spät zum Bauen freigegeben hatten. Vor allem die Tatsache, dass die Mehrheit der Arbeitskräfte aus Interessenten bestand, die anderweitig beschäftigt waren, spielte eine entscheidende Rolle. Sie waren nicht als Bauarbeiter ausgebildet und erschienen auf der Baustelle meistens ermüdet nach ihrer Tätigkeit an ihrem eigentlichen Arbeitsplatz. Ihre Anzahl schwankte, und aufgrund der Überanstrengung der Arbeiter kam es zu häufigen Arbeitsunterbrechungen. Infolge des langsamen Baurhythmus kam es zu nicht selten ganz erheblichen Planverfehlungen, wie 1976 in Tiranë, als anstelle der geplanten 900 Wohnungen nur 302 durch freiwillige Arbeit entstanden.[166] Das änderte sich auch später nicht und betraf Elbasan und das Stahlwerk nicht minder als andere Orte. So schrieb der *Shkumbini* im März 1990:

> „Die Arbeiterkontrolle der Kreisgewerkschaft organisierte eine Kontrolle zum Fortgang der Arbeiten an den Wohnungen mit Freiwilligenarbeit. Der Bau-Montage-Betrieb des Stahlwerks baut 70 Wohnungen. Beim Hochhaus neben [dem Fluss, V. N.] Zaranikë hat man fehlerhaft gearbeitet und die Bauarbeiten sind noch nicht abgeschlossen, obwohl sie 1987 begonnen haben. Das Wohnhaus verfällt und es wird von Übeltätern beschädigt. Es bestehen Probleme bei den hydraulischen und elektrischen Installationen.
>
> Vom Stahlwerk werden 90 Wohnungen gebaut, nach Fabriken verteilt. Die Bauarbeiten haben 1988 angefangen, bei der Fabrik Nr. 12 und beim Wasserleitungsbetrieb sogar bereits 1987 und sie sind immer noch nicht beendet worden. Verantwortung trägt das Exekutivkomitee, das die entsprechenden Betriebe nicht unter Druck setzt, damit sie die Bauarbeiten zügig fortführen."[167]

Die Gewerkschaftsfunktionäre waren enttäuscht von der Einstellung vieler Arbeiter, bei welchen „die falsche Vorstellung [existiert], dass der Staat die Arbeit, vor allem die Facharbeit, übernehmen muss. Sie verstehen nicht, dass abgesehen vom Beitrag des Staates das Betriebskollektiv durch die freiwillige Arbeit zur Arbeit erzogen und Verrichtungen von Facharbeiten erlernen muss."[168]

[165] AQSh, Bashkimet Profesionale, 657, 1978 / 120, 6 [Bericht vom 23.2.1978 betr. Aktionen zum Wohnungsbau durch freiwillige Arbeit].

[166] Ebenda, 6.

[167] Pengesë bëhen qëndrimet burokratike të drejtuesve [Die bürokratischen Haltungen der Direktoren werden zum Hindernis], *Shkumbini*, 28.3.1990, S. 1.

[168] AQSh, Bashkimet Profesionale, 657, 1978 / 120, 8 [wie Anm. 164].

Auch die Architekten widmeten in den siebziger Jahren den Wohnhäusern, die durch freiwillige Mitarbeit entstehen sollten, nicht genügend Aufmerksamkeit. Deren Fassaden ließen zu wünschen übrig und sie bargen noch andere Mängel:

> „In den 50er Jahren sind ebenerdige oder zweistöckige Gebäude entstanden. Nach und nach wuchs die Zahl der Etagen auf drei, vier und fünf. Heute haben wir auch sechsstöckige, sogar manchmal siebenstöckige Gebäude. In den letzten zwei Jahren sind durch Freiwilligenarbeit ebenerdige, zwei- und dreistöckige Wohnhäuser entstanden. Wird uns diese Fläche, die wir heute so vergeben, nicht in 30 Jahren fehlen, wenn wir weniger Fläche zur Verfügung haben werden?“[169]

Der Bau eines ganzen Viertels durch Freiwilligenarbeit, das mehrheitlich von Stahlwerksarbeitern bewohnt wurde, wie es bei „Vullnetari“ der Fall war,[170] hatte sicherlich neben den ökonomischen auch erhebliche „erziehungspolitische“ Gründe. Die Überbelegung der Arbeiterwohnheime und sonstigen Unterkünfte war allerdings ein Symptom der Wohnungsknappheit, das sich nicht darauf zurückführen ließ, dass die PAA-Führung den sozialistischen Gemeinschaftsgeist stärken wollte, sondern in erster Linie damit zu tun hatte, dass es schlechterdings unter den Bedingungen der sozialistischen Mangelwirtschaft keine andere Möglichkeit zur Unterbringung der wachsenden Masse von Beschäftigten gab. Es ist nicht bekannt, ob die Parteispitze von Anfang an einen Umbau der Wohnheime zu selbständigen Familienunterkünften beabsichtigte, oder ob diese auch Gemeinschaftsräume beinhalten sollten, wie das in der frühen sowjetischen Bauarchitektur der Fall war.[171]

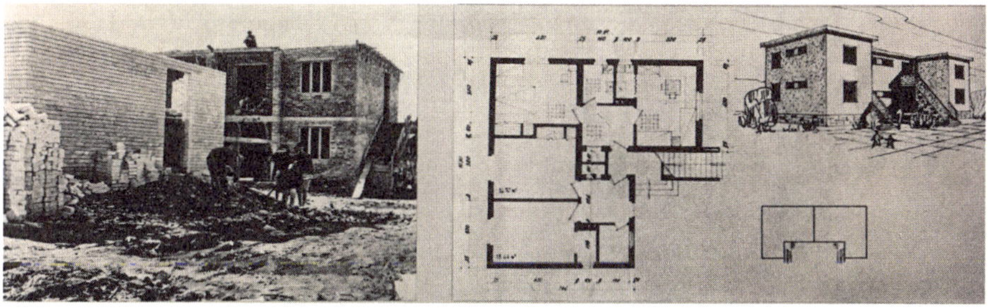

Abb. 28: Beschäftigte während Bauarbeiten an Wohnungen durch Freiwilligenarbeit/ Grundriss eines Wohnhauses und eines Stockes eines durch Freiwilligenarbeit entstandenen Wohnhauses. Ein Stock bestand aus drei Wohneinheiten mit jeweils 45–60 qm, die jeweils von Familien bestehend aus mindestens drei Personen bewohnt wurden.

169 Niko Titka, Arkitektura moderne t'i pëgjigjet kohës [Die moderne Architektur soll der Zeit entsprechen], *Nëndori* 6 (1971), 42–45, 43 f.

170 Interview mit I. St. am 25.1.2013 in Elbasan.

171 Vgl. Viktor Buchli, An Archaeology of Socialism. Oxford, New York 2000; Kotkin, Magnetic Mountain, 174 f.

Ersichtlich ist nur, dass die Parteiführung bei der Planung in Elbasan pragmatisch vorging: Vorgesehen war, dass die festangestellten Beschäftigten des Kombinats die Wohnungen der Bauarbeiter übernehmen sollten, wobei man zwischen Wohnheimen unterschied, die von alleinstehenden Arbeitern bewohnt wurden, und Wohnungen, in denen in Zukunft Familien unterkommen würden.[172] Gemeinschaftsräume hatten die Etagen in den Wohnheimen kaum, im Erdgeschoß waren zwar Freizeiträume und Mensen vorhanden, aber eine Küche, in der selbst gekocht werden konnte, hatten die Bewohner nach eigenen Aussagen nicht zur Verfügung.[173] Diese Raumaufteilung hatte starke Ähnlichkeit mit derjenigen der sowjetischen Industriestadt Magnitogorsk.[174] Auch wenn aufgrund der Knappheit die Verantwortlichen gezwungen waren, Familien in Wohnheimen unterzubringen, so lebten sie getrennt von den übrigen Arbeitern in Einzelzimmern und später in einem eigenen Wohnheim für Familien.[175] Nach Aussagen der Interviewpartner gab es auch Einzelzimmer, die von mehreren Paaren geteilt wurden,[176] dies war aber schlicht durch die Wohnungsnot bedingt und hatte mit Kollektivismus nichts zu tun. Da vom System den strengen Moralvorstellungen in der Gesellschaft Rechnung getragen wurde, lebten die Frauen in eigenen Wohnheimen.[177]Aus ihnen wurden später durch kleine Umbauarbeiten Familienwohnungen.[178] Mit einer durchschnittlichen Fläche zwischen 50 und 70 Quadratmetern waren sie für Kernfamilien konzipiert. Eine Bewohnerzahl von fünf bis sechs Personen dürfte nach Aussagen der Interviewpartner den Durchschnitt dargestellt haben, aber sie konnte in bestimmten Lebensphasen stark variieren: So lebte P. N. mit seinen Eltern und sieben Geschwistern nach dem Einzug in die Stadt in einer Zweizimmerwohnung.[179] L. Ç. wohnte mit seiner Frau, seinem Kind, seinem Bruder und seinen Eltern in einer Dreizimmerwohnung.[180] Die Laborarbeiterin H. B. zog zunächst nach ihrer Ehe mit ihrem Mann in eine Zweizimmerwohnung, wo auch ihre Schwiegereltern und ihre drei Schwägerinnen wohnten. Nach der Heirat der Schwägerinnen zogen diese fort und sie lebte mit ihrem Mann, ihren beiden Kindern und ihren Schwiegereltern in jener Wohnung von rund 60 Quadratmetern Fläche.[181]

172 AQSh, Ministria e Ndërtimit, 499, 1971 / 56, 87 f. [Bericht des Vizebauministers Gjebero an Minister für Industrie und Bergbau Theodhosi vom 5.3.1971 betr. Maßnahmen zur Fortführung der Bauarbeiten].

173 Interview mit J. T. am 25.2.2013 in Elbasan.

174 Kotkin, Magnetic Mountain, 173 f.

175 Interview mit J. T. am 25.2.2013 in Elbasan.

176 Interview mit L. Ç. am 27.1.2013 in Elbasan.

177 Ebenda; AQSh, KQ i PPSh, 14, 1977 / 677, 1 [Mitteilung der Vorsitzenden des Frauenverbandes Kapo an den Sekretär des ZK der PAA Murra vom 5.9.1977 betr. Beschwerdebrief einiger Arbeiterinnen über ihre Unterkunft].

178 Interview mit K. M. am 20.2.2013 in Elbasan.

179 Interview mit P. N. am 18.5.2012 in Tiranë.

180 Interview mit L. Ç. am 27.1.2013 in Elbasan.

181 Interview mit H. B. am 24.2.2013 in Elbasan.

Die Bewohner konnten einen Antrag auf eine größere Wohnung stellen, wenn die Anzahl der Familienmitglieder zunahm. Beispielsweise durften sie, wenn die Anzahl der Familienmitglieder von vier auf fünf wuchs, eine Zweizimmerwohnung beantragen.[182] Die Zugehörigkeit zur Partei war für die Erfolgsaussichten von Vorteil, sie bedeutete aber nicht automatisch den Zugang zu einer besseren Wohnung.[183] Diese hätten nach dem Dringlichkeitsgrad verteilt werden sollen; anhand der genannten Beispiele kann man jedoch sehen, dass die Exekutivkomitees,[184] die Räte in den Wohnvierteln[185] und die Betriebe bei der Verwaltung der unzureichenden Wohnungskontingente mit der Zuteilung der Unterkünfte schlicht überfordert waren. Für alleinstehende Arbeiter in den Wohnheimen oder in den gemeinsamen Wohnungen war es schlichtweg unmöglich, eine Zusage für eine eigene Mietwohnung zu bekommen. Die Lage war derart prekär, dass mehrere ehemalige Beschäftigte im Rückblick den Zeitpunkt, an dem sie nach Verlobung und Eheschließung beziehungsweise Familiengründung vom Arbeiterwohnheim dann doch in eine eigene Wohnung einzogen, als einen der wichtigsten Momente ihres Lebens bezeichneten.[186] Viele von ihnen lebten annähernd zehn Jahre im Arbeiterwohnheim, bevor sie nach mindestens einem Jahr Verlobungszeit oder Heirat mit ihren Gattinnen in Wohnungen zusammenzogen.[187] Diejenigen, welchen ein Bauplatz zum Bau einer eigenen Wohnung zugewiesen wurde, bewerkstelligten das unter großen Mühen, da es besonders schwer war, Baumaterialien zu beschaffen.[188]

Die seinerzeitigen Eingabebriefe an die Gewerkschaftskomitees oder an das Kreisexekutivkomitee bestätigen die individuellen Erinnerungen an die Wohnungsnot. 1980 schrieben ein Stahlwerksarbeiter und seine Frau, die ebenfalls im Stahlwerk tätig war, einen Brief an das Exekutivkomitee von Elbasan. Beide werkten im Stahlwerk seit sieben Jahren und wohnten in verschiedenen Arbeiterwohnheimen. Ihr erstes Kind war infolge der schlechten Wohnbedingungen an einer Erkältung gestorben und das zweite war auch krank. 1979 seien sie beide in ein kleines Zimmer eingezogen, das sie aber verlassen mussten, weswegen sie dringend auf eine Mietwohnung angewiesen waren. Das Kreisexekutiv-

182 Interview mit K. M. am 20.2.2013 in Elbasan.

183 Interview mit A. B. am 17.2.2013 in Elbasan.

184 AQSh, Ministria e Ndërtimit, 499, 1972 / 306, 1 [Weisung von Vizepremierminister Koleka an Bauminister Dragoti vom 6.1.1972 betr. Wohnerlaubnis und Wohnprobleme der Facharbeiter].

185 Interview mit K. M. am 20.2.2013 in Elbasan.

186 Interview mit S. P. am 17.6.2012 in Tiranë, A. B. am 17.2.2013 in Elbasan, und P. L. am 18.2.2013 in Elbasan.

187 Interview mit J. T. am 25.2.2013 in Elbasan, L. Ç. am 27.1.2013 in Elbasan, N. V. am 23.2.2013 in Elbasan, M. M. am 3.5.2012 in Tiranë und S. P. am 17.6.2012 in Tiranë.

188 Interview mit M. M. am 3.5.2012 in Tiranë; siehe dazu auch Tadeusz Czekalski, The Shining Beacon of Socialism in Europe. The Albanian State and Society in the Period of Communist Dictatorship 1944 – 1992. Krakow 2013, 88 f.

komitee tröstete sie mit dem Versprechen, dass bei den nächsten Wohnungskontingenten ihr Fall berücksichtigt werden würde. Dem gerade eben vergebenen Kontingent von 13 Wohnungen standen unterdessen 380 Bewerbungen gegenüber![189]

Genauso hilflos stand auch der Zentralrat der Gewerkschaft der Eingabe einer Arbeiterin ebenfalls aus dem Jahre 1980 gegenüber: Sie lebte seit 1975 mit ihrem Mann und vier Kindern bei den Eltern in einer Einzimmerwohnung in Elbasans Nachbarstadt Cërrik. Auf ihre Bewerbung beim Exekutivkomitee hatte es keine Reaktion gegeben. Als sie beim Kombinatsleiter vorstellig wurde, erwiderte dieser, sie würde nur dann eine Wohnung bekommen, wenn ihr Ehemann sich bewerbe. Ob das ein Zeichen von patriarchalischem Denken oder persönlicher Groll seitens Çelikus war, wird aus dem Brief nicht ersichtlich. Die Arbeiterin war zu zurückhaltend, um einen Vorwurf zu erheben. Auch der Sachbearbeiter des Zentralrates mochte der Sache lieber nicht auf den Grund gehen und antwortete deshalb lapidar, dass „die Staatsorgane und die Kombinatsleitung ihr Problem innerhalb der gegebenen Möglichkeiten lösen [werden]".[190]

Die „gegebenen Möglichkeiten" waren eine Folge der geringen Investitionen in den Wohnungsbau. Tadeusz Czekalski gibt in seiner Untersuchung zu Albanien als ganzem an, nur vier Prozent der in der Bauindustrie während der achtziger Jahre entstandenen Bauten seien Unterkünfte gewesen. Zu dieser Zeit lebten nach seinen Angaben 80 Prozent der Bevölkerung in Gebäuden, welche vor 1944 entstanden waren,[191] was im eklatanten Widerspruch zu den in Tabelle 21 angegebenen Ziffern steht. Angesichts der Tatsache, dass die Urbanisierung der albanischen Gesellschaft in überwältigendem Maße während des Hoxha-Regimes stattfand[192] und dass die Bevölkerung sich zwischen 1945 und 1989 fast verdreifachte,[193] sollte Czekalskis letzte Behauptung mit Vorsicht betrachtet werden.[194] Jedoch kann man seiner Aussage, wonach die sozialistische Regierung keinen Plan für die Unterbringung der neuen Arbeiter entwickelt hatte, die aus den Dörfern in die Städte strömten, um die von der Regierung gehegten Industrialisierungspläne zu verwirklichen, angesichts einer derartigen Investitionenzuteilung nur zustimmen.[195] Dabei verlief der Zuzug der Bevölkerung vom Lande in die Städte bei weitem kontrollierter und stärker

[189] AQSh, Bashkimet Profesionale, 657, 1980/88, 11 [Antwort des Kreisexekutivkomitees von Elbasan an den Zentralrat der Gewerkschaft vom 24.3.1980 betr. Unterkunftsgesuche von Kombinatsarbeitern].

[190] Ebenda, 18 [Antwort der Sekretärin des Zentralrates der Gewerkschaft Saliçaj an Stahlwerksarbeiterin Topçiu betr. Unterkunftsgesuch].

[191] Czekalski, The Shining Beacon of Socialism, 89.

[192] 1945 lebten 21,3 Prozent der albanischen Bevölkerung in Städten, 1989 waren es 35,3 Prozent. Nach Schmidt-Neke / Sjöberg, Bevölkerungsstruktur, 476.

[193] Nach der Volkszählung von 1945 betrug die albanische Bevölkerung 1.122.044 Einwohner, 1989 war sie auf 3.182.417 gewachsen. Ebenda, 465.

[194] Seine eigene Angabe, Albanien hätte während des Krieges 65.000 Häuser verloren oder 25 Prozent der Gesamtzahl der Vorkriegszeit, macht seine These noch weniger wahrscheinlich. Czekalski, The Shining Beacon of Socialism, 88.

[195] Ebenda.

eingeschränkt als in den anderen sozialistischen Staaten, die auch mit Wohnraumknappheit zu kämpfen hatten.[196] Albanien übertraf die anderen Ostblockländer jedoch was das natürliche Bevölkerungswachstum angeht, so dass der Staat bezüglich der Versorgung mit Unterkünften schlicht überfordert war.

Die bis zum Ende des Regimes andauernde Wohnungsnot wurde auch von ausländischen Besuchern nicht übersehen. Paul Lendvai schreibt dazu in seinem Eindrucksbuch „Das einsame Albanien" 1985:

> „Offiziell behauptet man, dass 80 Prozent der Familien in ‚neuen Wohnungen' leben, die nach 1945 gebaut worden sind.[197] Für Besucher sind solche Statistiken ein Hinweis, aber kein Vergleichsmaßstab. [...] Die unverputzten, mit Holz geheizten Mietskasernen [wirken] wie Slums.[198] Selbst nach offizieller Darstellung bekommt eine Familie mit zwei Kindern maximal zwei winzige Räume zugewiesen; in jeder Neubauwohnung leben durchschnittlich mindestens fünf bis sechs Personen. Die Balkone der glücklichen Besitzer sind Lagerraum für Holzvorräte. [...] Aus vorfabrizierten Fertigteilen errichtet, sehen die vier- bis sechsstöckigen und seit Jahren bewohnten Häuserblöcke wie Rohbauten aus."[199]

In einer Besprechung der Sekretäre des Zentralkomitees im Dezember 1982 behauptete der Vizevorsitzende des Ministerrates Pali Miska, die Parteiführung sei über die schlechte Wohnsituation in Elbasan nicht informiert worden.[200] Das erscheint ziemlich verwunderlich angesichts der häufigen Besuche von Regierungsvertretern im Stahlwerk und angesichts der ständigen Berichte zu dieser Sachlage an die anderen Institutionen, Massenorganisationen oder örtlichen Parteistellen. Jedenfalls besserte sich angeblich die Lage in Elbasan nach der Ernennung Miskas zum Parteisekretär des Kreises.[201] Dafür bestanden andere Probleme fort, die sich im Laufe der Jahre zuspitzten.

6.5 Der Arbeitertransport und die Frage der Lebensmittelversorgung

Eines dieser fortwährenden Probleme lag im Verkehrsnetz für die Arbeiter auf dem Weg zum und vom Arbeitsplatz. Ihr Transport gestaltete sich von Beginn an problematisch. Von der Stadt aus gemessen (vom Zentrum oder auch vom zentrumsnahen Arbeiterwohnbezirk „Vullnetari") war das Kombinat etwa acht Kilometer entfernt – wesentlich zu weit also, um den Weg zu Fuß zu nehmen. Mit dem Fahrrad zu fahren (der Besitz von PKW

196 Brunnbauer, Gesellschaft und gesellschaftlicher Wandel, 687.

197 Ramiz Alia, Rede bei der Festveranstaltung. ATA, 27.11.1984, nach: Lendvai, Das einsame Albanien, 61.

198 Ramadan Marmullaku, Albania and the Albanians. London 1975, 37, hier zitiert nach: ebenda.

199 Ebenda, 61 f.

200 AQSh, KQ i PPSh, 14, 1982 / 109, 20 [Protokoll des Treffens der ZK-Sekretäre am 6.12.1982].

201 AQSh, KQ i PPSh, 14, 1983 / 57, 24 [Protokoll des Treffens der ZK-Sekretäre am 14.2.1983].

war privat in Albanien ja bis zum Ende des Systems verboten) war auch nicht für jeden möglich oder erschwinglich. In den Planungen der Staatlichen Planungskommission war vorgesehen, den überwiegenden Teil des organisierten Arbeitertransports durch eine Verzweigung der Eisenbahnlinien zu erledigen, während die restlichen Beschäftigten durch neu eingerichtete Buslinien zur Arbeit fahren sollten.[202] Dies war noch möglich für die Walzwerkbelegschaft im Pionierwerk des Großvorhabens aus den 1960er Jahren. Für die Arbeitskräfte, die sich ab 1971 beim Bau des Kombinats beteiligen sollten, reichten die Kapazitäten des Kommunikationsministeriums an Transportmitteln dagegen nicht aus. In einem Schreiben des Kommunikationsministers Qirko von 1970 teilte dieser dem Industrieminister Theodhosi auf dessen Anfrage mit, für die in den Jahren 1971 bis 1975 einzusetzenden 6500 Baumontage-Arbeiter, die von Elbasan zur Baustelle fahren würden, habe sein Ministerium nicht ausreichend Busse. Er wunderte sich, dass das Problem nicht durch die Eisenbahn gelöst werden konnte und empfahl ihm, sich an den Ministerrat zu wenden.[203] Theodhosi hielt 17 Busse für die Belegschaft für nötig. Was die Bahnverbindung anging, so hätte sie durch das Kommunikationsministerium eingerichtet werden müssen, was anscheinend bis Ende Dezember 1971 nicht der Fall gewesen ist.[204] Ein Jahr später allerdings war eine Bahnverbindung von der Stadt zum Gelände des Stahlwerks eingerichtet worden,[205] doch waren Transportprobleme anscheinend immer noch vorhanden, denn die Arbeiter des Kombinats beschwerten sich bei einem Treffen mit dem Elbasaner Kreisstaatsanwalt Panariti, sie hätten zu wenig Busse zur Verfügung und kämen deshalb immer mit Verspätung. Auch der Parteisekretär des Kreises Menzelxhiu hatte sich wegen der geringen Busanzahl und ihrer unregelmäßigen Abfahrtszeiten beim Zentralkomitee beschwert.[206] Bei einer Überprüfung der Lage stellte man fest, dass das Kommunikationsministerium die Transportmittel nicht dem Kombinat zur Verfügung stellte, obwohl es, wie man zumindest auf der Kombinatsbaustelle befand, die Möglichkeiten hatte, was der Baudirektor Gjebero dem Zentralkomitee mitteilte.[207] Die Arbeiter fuhren

202 AQSh, Komisioni i Planit të Shtetit, 495, 1963 / 77, 50 f. [Studie betr. Rekrutierung der Arbeitskräfte und Infrastrukturveränderungen in der Stadt]. Hier wurde die Entfernung zur Stadt übrigens auf nur sechs Kilometer beziffert, was aber höchstens für den äußersten Stadtrand galt.

203 AQSh, Ministria e Ndërtimit, 499, 1970 / 99, 30 [Mitteilung des Kommunikationsministers Qirko an den Ministerrat vom 26.12.1970 betr. Transportmittel für die Stahlwerksarbeiter].

204 AQSh, Ministria e Ndërtimit, 499, 1971 / 56, 93 [Bericht des Vizebauministers Gjebero an Minister für Industrie und Bergbau Theodhosi vom 5.3.1971 betr. Maßnahmen zur Fortführung der Bauarbeiten].

205 Darauf fuhr ein Zug zweimal morgens und einmal abends. AQSh, KQ i PPSh, 14, 1972 / 215, 7 [Bericht des Kommunikationsministers Qirko an das ZK der PAA betr. Transportmöglichkeiten für Arbeiter der neuen Industriewerke].

206 AQSh, KQ i PPSh, 14, 1972 / 13, 36 f. [Bericht des Elbasaner Kreisparteisekretärs Menzelxhiu an das ZK der PAA vom 5.2.1972 betr. Qualifikation der Arbeitskräfte und entstandene Probleme].

207 AQSh, KQ i PPSh, 14, 1972 / 103, 3 [Bericht des Generalstaatsanwalts Panariti an das ZK der PAA vom 14.10.1972 betr. Probleme bei der Arbeit der Baubetriebe].

von der Stadt aus in acht Bussen zum Stahlwerk, während diejenigen aus den Nachbarstädten vorwiegend den Zug benutzten. Teils wohl aus aus Mangel an Transportmitteln, wahrscheinlich aber auch, um die Anzahl der Fehlenden gering zu halten, konnten Stahlwerksarbeiter aus entfernteren Städten wie Korçë und Peshkopi laut Schreiben des Kommunikationsministers Qirko an das Zentralkomitee ihre Familien nur an einem Wochenende im Monat mit speziell dafür eingerichteten Buslinien besuchen.[208]

Die Bezifferung des Transportbedarfs im Zeitablauf ist auch rückwirkend sehr schwierig, denn zur Anzahl der Beschäftigten im Stahlwerk zu dieser Anfangszeit der Großbaustelle differieren die Angaben sehr stark.[209] Wenn man die Größe der Belegschaft mit 13.000 Beschäftigte[210] beziffert und davon ausgeht, dass bloß die Hälfte in der Früh-

Abb. 29: Panorama von Elbasan 1987

schicht eingesetzt wurden, waren acht Busse nicht ausreichend, um ihre rechtzeitige Ankunft am Arbeitsplatz zu gewährleisten, auch wenn man den Radverkehr und gegebenenfalls Fußgänger in Rechnung stellt.

Eine andere Zahl stammt von 1977. Ihr zufolge verwendeten dann schon 12.000 Arbeiter aus dem Kreis Elbasan die Verkehrsmittel Bus und Bahn, vornehmlich den

[208] AQSh, KQ i PPSh, 14, 1972/215, 7 [Bericht des Kommunikationsministers Qirko an das ZK der PAA betr. Transportmöglichkeiten für Arbeiter der neuen Industriewerke].

[209] Zur Belegschaftsgröße siehe auch Unterkapitel 5.7. „Fluktuation und Abwesenheit".

[210] Nach den Erinnerungen des ehemaligen Parteisekretärs Maksuti wurden in den ersten Jahren beim Kombinatsbau 13.000 Beschäftigte eingesetzt. Interview mit V. M. am 5.3.2013 in Elbasan.

Bus.[211] Ihnen sollen im Kreis insgesamt 30 Busse zur Verfügung gestanden haben[212] und da die meisten von ihnen um 7.00 Uhr ihren Arbeitstag begannen, waren die Linien zu dieser Zeit überlastet und Verspätungen zumal im Kombinat als dem mit Abstand größten Betrieb des Kreises Elbasan somit nicht zu vermeiden. Auch die Busse für die Nachtschichtarbeiter kamen häufig mit Verspätung und die Fahrpläne waren nicht richtig koordiniert.[213] Die Arbeitermassen mussten im Freien an improvisierten Haltestellen warten, weshalb Çeliku im August 1979 dem Zentralkomitee den Bau von Haltestellen mit dazugehörigen Warteräumen vorschlug.[214] Der Sekretär des Zentrakomitees Murra erteilte entsprechende Weisungen, aber zumindest bis Mitte des folgenden Jahres waren diese nicht befolgt worden. Es fehlte sogar noch eine Zufahtsstraße zur nach der 1978 hinzugekommenen größten Fabrik des Stahlwerks, der Fabrik Nr. 12, was die pünktliche Ankunft ihrer Belegschaft umso schwieriger gestaltete.[215] Viele Arbeiter beschwerten sich dementsprechend über den daraus entstehenden Mangel an Freizeit,[216] bei anderen erhöhten die Transportprobleme die Motivation zum Betriebswechsel, vor allem bei denjenigen, die aus anderen Kreisen stammten.[217]

Ein nicht minder wichtiges Problem war die Versorgung der Belegschaft mit dem Allernötigsten: Nahrung. Schon 1968 hatte die Experten der Staatlichen Planungskommission vorausgesehen, dass der Kreis aus eigener Kraft die Masse der Stahlwerksarbeiter nicht würde ernähren können. Die Handelsbetriebe waren von der Planungskommission angewiesen worden, sich rechtzeitig um deren Zusammentragung und Transport aus den Dörfern im Umland und außerhalb zu kümmern sowie mehr Lebensmittelgeschäfte zu errichten, um die Infrastruktur in der Stadt zu verbessern.[218] Das gesonderte Staatliche Unternehmen für Arbeiterversorgung (NShFP) sollte die Versorgung und den Vertrieb in den Mensen des Großbetriebs organisieren und auf Hygiene und Qualität der angebote-

[211] AShVE, Komiteti i Partisë i Kombinatit Metalurgjik Elbasan, 873, 1977/1, 25 [Bericht von Refari und Balla vom 7.1.1977 betr. Unterbringung und Transport der Arbeiter im Baubereich].

[212] Demi, Nostalgjikët e enverizmit.

[213] AQSh, KQ i PPSh, 14, 1975/841, 95 f. [Bericht des Vizeministers für Industrie und Bergbau Çaçi an das ZK der PAA vom 3.6.1975 betr. Ergebnisse der Kontrolle zur Nutzung der Arbeitszeit].

[214] AQSh, KQ i PPSh, 14, 1979/76, 108 [Bericht des Stahlwerkleiters Çeliku an das ZK der PAA betr. verschiedene Probleme der Arbeit im Stahlwerk].

[215] AQSh, KQ i PPSh, 14, 1980/97, 34 [Protokoll der des Treffens der Vertreter des Ministeriums für Industrie und Bergbau und der Kombinatsleitung vom 19.8.1980 betr. Probleme mit der Fabrik Nr. 12].

[216] Sokoli, Metoda e edukimit, 80.

[217] AQSh, KQ i PPSh, 14, 1982/83, 16 f. [Bericht des Stahlwerksparteisekretärs Maksuti an das ZK der PAA vom Juni 1982 betr. Zusammensetzung der Arbeiter].

[218] AQSh, Komisioni i Planit të Shtetit, 495, 1963/77, 42 f. [Studie betr. Rekrutierung der Arbeitskräfte und Infrastrukturveränderungen in der Stadt].

nen Lebensmittel achten.[219] Das Versorgungsunternehmen hatte in Elbasan 300 bis 400 Beschäftigte, welche nicht nur für die Lebensmittelversorgung zuständig waren, sondern auch für die Unterbringung der Arbeiter in Unterkünften und die spezielle Verpflegung derjenigen, die in besonders gesundheitsgefährdenden Sektoren arbeiteten. Das betraf bei den Bauarbeitern rund 30 Prozent der Belegschaft; die Zusatznahrung bestand aus einem halben Liter Milch, die täglich an jeden Berechtigten vor Arbeitsantritt verteilt wurde.[220]

1974 waren im Stahlwerk angeblich 5250 Arbeiter beschäftigt, für die sowohl auf dem Werksgelände als auch in der Stadt insgesamt 15 Mensen gebaut worden waren, unter Verwaltung durch das NShFP. Da diese nur zu eingeschränkten Zeiten geöffnet hatten, herrschte während der Essenszeiten ein großes Durcheinander.[221] Die Preise waren zwar nur symbolisch, da die Essen vom Staat subventioniert wurden,[222] aber das brachte nicht viele Vorteile, wenn es aufgrund von Versorgungsengpässen[223] in Wirklichkeit nichts zu essen gab. Nach den Erinnerungen eines Ingenieurs schickten die Arbeitsbrigaden üblicherweise eine Stunde vor der Mittagszeit ein Mitglied, um sich rechtzeitig in die Schlange zu stellen, da 30 Minuten nach Beginn der Essensausgabe außer Keksen nichts mehr zum Verkauf gelangte. Ein ehemaliger Facharbeiter erinnert sich, dass viele von ihnen sich zum Ende der Spätschicht auf die Suche nach einem Restaurant machen mussten, in dem es noch etwas zu essen gab. Zum Hotel „Tourismus", dem 1970 eröffneten Vorzeigehotel der Stadt, konnten sie dafür dann nicht gehen, da an dessen Eingang ein überdeutliches Schild zu lesen war, das den Besuchern das Betreten mit Arbeitsstiefeln untersagte.[224]

Überdies ließ auch die Hygiene in den Großküchen zu wünschen übrig: Die Gewerkschaftsinspektionen und die Vertreter des Gesundheitsministeriums stellten 1972 fest, dass in den Mensen zum Teil die Kühlschränke fehlten[225] und während der Essensausgabe ein immenser Schmutz entstand, was unter den geschilderten Zuständen der zwangs-

219 AShVE, Komiteti Ekzekutiv i Elbasanit [Keine Fondsnummer], 1965/494, 10 [Weisung des Leiters des Exekutivkomitees des Kreises Elbasan Rrapo an die Gewerkschaft und an den Baubetrieb betr. Maßnahmen zum Abschluss der Bauarbeiten für die Fabrik für Schwarzmetallurgie im Dezember 1965].

220 Interview mit V. M. am 5.3.2013 in Elbasan. – Von den Versorgungsmängeln auch beim Nötigsten zeugt die Tatsache, dass nicht wenige Bezugsberechtigte die Milch für ihre Familien aufzusparen suchten oder sie als Tauschgut verwendeten; vgl. oben, Kap. V.7.

221 AQSh, Bashkimet Profesionale, 657, 1974/17, 18 [Bericht des Sekretärs des Zentralrates der Gewerkschaft Kamberi vom 29.1.1974 betr. verschiedene Probleme des Stahlwerks, die bei einem Besuch sichtbar wurden].

222 Interview mit V. M. am 5.3.2013 in Elbasan.

223 AQSh, KQ i PPSh, 14, 1972/13, 35 f. [Bericht des Elbasaner Kreisparteisekretärs Menzelxhiu an das ZK der PAA vom 5.2.1972 betr. Qualifikation der Arbeitskräfte und entstandene Probleme].

224 Demi, Nostalgjikët e enverizmit.

225 AQSh, KQ i PPSh, 14, 1972/215, 2 f. [Bericht des Vizegesundheitsministers Miho an Premierminister Shehu vom 11.3.1972 betr. hygienische Bedingungen und Gesundheitsversorgung in den neuen Industriewerken].

weisen Essenshektik nicht verwundern kann. Der Zentralrat der Gewerkschaft mahnte außerdem die Stahlwerksorganisationen, den Arbeitern ein „kultiviertes Essverhalten" beizubringen.[226]

Um die Lebensmittelversorgung der Arbeiter im Stahlwerk besser zu koordinieren, wies der Ministerrat 1979 das Handelsministerium an, zwei Ministeriumsmitarbeiter ausschließlich mit dieser Angelegenheit zu beauftragen. Die Verteilung sollte weiterhin vom NShFP durchgeführt werden.[227] Die Öffnungszeiten der Mensen wurden jetzt den Arbeitszeiten der Arbeiter angepasst. Die Bitten der Kombinatsleitung, für besondere Berufsgruppen zusätzliche Lebensmittelportionen und spezielle Nahrung zu genehmigen, wurden jedoch nur zum Teil erfüllt.[228] Die Ursachen lagen zum einen darin, dass den zuständigen Behörden die Gefährdung der Arbeiter durch Schadstoffe sowie der Gefährdungsgrad nicht ausreichend bekannt war,[229] zum anderen an der sich verschlechternden Lebensmittelsituation, die in Albanien zu dieser Zeit einsetzte und sich in den achtziger Jahren dramatisch zuspitzte.[230] Während bis dahin die Beschwerden sich eher auf eine schlechte Organisierung der Lebensmittelversorgung oder auf die schlechte Qualität der Speisen bezogen, verschob sich jetzt der Schwerpunkt des Problems auf die zunehmende Lebensmittelknappheit landesweit. Vor allem gab es Probleme bei der Fleischversorgung.[231] Wahrscheinlich mit Rücksicht auf die Versorgung ihrer Familien nahmen viele Arbeiter, trotz ihrer Lohnzulagen, Lebensmittel mit geringem Kalorieninhalt zu sich. Dies blieb nicht ohne Folgen für ihren Gesundheitszustand.[232] Laut der Werkszeitung *Metalurgu* lag das Problem jedoch darin, dass die betroffenen Arbeiter die Bedeutung von Vitalstoffen in Lebensmitteln nicht kannten, weshalb die Gewerkschaftsorganisationen zur Intensivierung ihrer Erziehungsarbeit in Sachen Ernährungsverhalten angehalten wurden.[233]

Die Versorgungssituation verschlechterte sich bereits zu Beginn der Achtzigerjahre so sehr, dass das Gesundheitsministerium 1982 vorschlug, Arbeitern anstatt hochwertiger

[226] AQSh, Bashkimet Profesionale, 657, 1974 / 17, 18 [Bericht des Sekretärs des Zentralrates der Gewerkschaft Kamberi vom 29.1.1974 betr. verschiedene Probleme des Stahlwerks, die bei einem Besuch sichtbar wurden].

[227] AQSh, Këshilli i Ministrave, 490, 1979 / 339, 3 f. [Ministerratsbeschluss vom 29.12.1978 betr. Organisationsangelegenheiten des Stahlwerks].

[228] AQSh, Ministria e Industrisë dhe Minierave, 496, 1979 / 693, 3 f. [Mitteilung des Vizeministers für Industrie und Bergbau R. Shehu an Vizepremierminister Çarçani vom 4.8.1979 betr. Anfragen der Kombinatsleitung].

[229] AShVE, Komiteti i Partisë i Kombinatit Metalurgjik Elbasan, 873, 1977 / 1, 9 [Bericht des Stahlwerkleiters Çeliku betr. Verpflegung und Unterbringung der Arbeiter].

[230] Siehe Erebara, Elementi demografik, 110 – 128.

[231] AShVE, Komiteti Ekzekutiv i Elbasanit [Keine Fondsnummer], 1980 / 149, 5 [Bericht des Stahlwerkleiters Çeliku betr. hygienische Bedingungen im Stahlwerk und Folgen für Umwelt und Gesundheit].

[232] Ebenda, 13 [Bericht des Leiters des Hygienedirektoriums Papajani betr. hygienische Bedingungen im Stahlwerk und Maßnahmen zum Umweltschutz].

[233] Përmirësimi i kushteve të punës – në qendër të vëmendjes [Die Verbesserung der Arbeitsbedingungen im Mittelpunkt der Aufmerksamkeit], *Metalurgu*, 4.6.1987, S. 4.

Lebensmittel oder Extraportionen Gutscheine auszuteilen – eine Empfehlung, die vom Zentralrat der Gewerkschaft scharf kritisiert wurde, denn auch damit würden die Arbeiter für sie besonders wichtige Lebensmittel, beispielsweise Milch, nicht kaufen können, da sie auf dem Markt schlicht nicht vorhanden waren.[234] Auch die Kombinatsleitung und das Führungspersonal standen den Bedürfnissen der Arbeiter hilflos gegenüber, weshalb sich 1985 die Belegschaft einer Abteilung der Fabrik Nr. 12 in einem offenen Brief an das Gewerkschaftskomitee mit der Beschwerde wandte, dass ihr seit Tagen keine Milch gegeben wurde. Wenn sie sich an ihren Abteilungsleiter wandten, sagte er, er sei für die Versorgung nicht zuständig. Das Problem beschränkte sich auch nicht nur auf diese Abteilung.[235] Regelmäßig beklagten sich die Arbeiter wegen der Essensqualität und der hygienischen Bedingungen in den Mensen und verlangten schärfere Kontrolle durch den NShFP.[236]

Die Verteilung der Lebensmittel an die Betriebe der albanischen Schwerindustrie war in erster Linie abhängig von den landwirtschaftlichen Erträgen und der wirtschaftlichen Situation im konkreten Kreis. 1989 bezogen 10.600 Arbeiter im gesamten Land spezielle Nahrung, die meisten davon waren Bergleute. Vor allem im nordöstlichen Albanien war die Lage aufgrund der schlechten Erträge der dortigen Genossenschaften besonders prekär, weshalb die Kreisbehörden sich außerstande sahen, die vom Handelsministerium vorgegebenen Mengen an Lebensmitteln für die betroffenen Beschäftigten zur Verfügung zu stellen. Der Generalrat der Gewerkschaft empfahl 1989 eine staatliche Garantie der Versorgung mit Fleisch und Gemüse für die Belegschaften mehrerer Bergwerke für die nächsten zwei bis drei Jahre.[237] Aufgrund der Versorgungskrise, die die Gesamtbevölkerung betraf, war das jedoch nicht einmal für Tiranë zu realisieren, geschweige denn für die übrigen Kreise. Die höheren Gehälter der Beschäftigten in verschiedenen Sektoren der Schwerindustrie brachten daher nicht unbedingt viel, solange bedingt durch die staatliche Festsetzung der Preise und die fehlgeleitete Landwirtschaftspolitik in den Geschäften kaum Lebensmittel zu haben waren.[238] Die Arbeiter des Stahlwerks in Elbasan bekamen diese Zustände auch zu spüren. Nach den Erinnerungen eines Ehemaligen nahmen viele von ihnen zum Frühstück einen Tee und zwei Scheiben Brot zu sich, zu Mittag aßen sie Marmeladenbrot oder minderwertige Wurst, nur einige wenige hatten Butter, da diese in den Städten auch zu den Mangelprodukten gehörte.[239] Der Beschluss der Parteiführung, die Schwerindustrie zulasten der Landwirtschaft zu fördern, rächte sich.

[234] AQSh, KQ i PPSh, 14, 1982 / 114, 27 f. [Bericht des Präsidenten der Gewerkschaft Marko an das ZK der PAA vom 17.8.1982 betr. Versammlung zur Gesundheitsversorgung in Betrieben].

[235] Ruzhdi Bahja, Mos vallë nënvleftësohet problemi? [Wird das Problem unterschätzt?], *Metalurgu*, 19.12.1985, S. 3.

[236] Çekrezi, Kërkesa të drejta, S. 2.

[237] AQSh, Bashkimet Profesionale, 657, 1989 / 8, 5 [Bericht der Sekretärin des Zentralrates der Gewerkschaft Kallajxhi vom 10.5.1989 betr. Probleme der Arbeiterverpflegung].

[238] Erebara, Elementi demografik, 110.

[239] Interview mit L. Ç. am 27.1.2013 in Elbasan.

6.6 Mobilisierung und „ästhetische Erziehung"

Im April 1977 erschien im *Metalurgu* eine Erklärung des Kollektivs der Walzwerkarbeiter, mit der sie andere Betriebe und Teilfabriken im Kombinat zum Wettbewerb herausforderten. Anlässlich des 1. Mai und des 8. Gewerkschaftskongresses gelobten sie folgende Dinge:

1. 100 Prozent der Arbeiter werden an Erziehungsseminaren teilnehmen.
2. Jede Woche wird die vorgesehene Sitzung zur politischen Information stattfinden.
3. Die Bildpropaganda wird sich den Fabrikbedingungen anpassen.
4. Die Planaufgaben für 1977 werden fünf Tage vor Fristende erfüllt.
5. Neue Marken werden produziert.
6. Die Fabrik wird nicht in 30, sondern in 28 Tagen instandgesetzt.
7. Durch besseres Haushalten werden 192.000 kWh und Brennstoff im Wert von 117.000 Lek eingespart.
8. Die Krankmeldungen werden auf 2,4 Prozent gesenkt.
9. 100 Prozent der Arbeiter werden an den Militärübungen teilnehmen.

Die Gewerkschafts- und die Parteigrundorganisationen sollten prüfen, ob die Verpflichtungen auch eingehalten werden würden.[240]

Derlei Selbstverpflichtungen verdeutlichen aufs Neue das Aufgabenspektrum der Gewerkschaft und weisen darauf hin, worauf ihre Propagandaarbeit zielte. Sie sollte die Arbeiter aufklären und ihnen Klassenbewusstsein injizieren, um aus ihnen eine zuverlässige Stütze beim Aufbau des Sozialismus zu formen. Die Tätigkeit der Gewerkschaftsorganisationen beschränkte sich nicht auf Produktionserhöhung und Arbeitszeit, sondern sollte durch unterschiedliche Freizeitangebote, regelmäßig wiederkehrende und Einzelveranstaltungen auch einen Großteil der Freizeit der Stahlwerksarbeiter ihrer Aufsicht unterwerfen. Genauso wie in der ehemaligen DDR, wo die Schwerpunkte der Tätigkeit des FDGB nach den frühen Jahren sowohl in den Bereichen der Schulung und Ausbildung als auch in der Kulturarbeit lagen,[241] maß die albanische Gewerkschaft nicht nur dem Aspekt der Qualifikation eine große Bedeutung zu, sondern auch dem der Erziehung, welche am Arbeitsplatz und außerhalb stattfand.[242]

Die Indoktrinierung der Arbeiter blieb nicht nur den Gewerkschaftsstrukturen überlassen. Schulen, Qualifikationskurse, Grundorganisationen der PAA und sonstige Massenorganisationen sollten die Lebensbereiche der Stahlwerksarbeiter und ihrer Familien einer möglichst engmaschigen Kontrolle unterwerfen. Dieser gesellschaftliche Zwang und Konformitätsdruck galt für das Leben der Arbeiter im Betrieb, im Freundeskreis und in der Familie, um ein nach den Erwartungen der Partei vorbildhaftes Benehmen zu gewährleisten. Auch die Durchführung von öffentlichen Prozessen in den Wohnvierteln oder in

[240] Zotim i punonjësve të uzinës së petëzimit [Selbstverpflichtung der Arbeiter des Walzwerks], *Metalurgu* 28.4.1977, S. 4.

[241] Vgl. SCHUHMANN, „Macht die Betriebe zu Zentren der Kulturarbeit", 271–289.

[242] Vgl. zu der Position der Gewerkschaften im sozialistischen Herrschaftssystem insbesondere auch oben die Kapitel V.8 und VI.3.

den Arbeitsstellen gegen „Schädlinge des sozialistischen Eigentums“, bei „unwürdigem“ Verhalten in der Gesellschaft und in der Familie sollte der Erziehung und Disziplinierung der Arbeiter dienlich werden. Arbeiter, die aufgrund ihrer Kleidung, Frisur oder Arbeitsverhalten in den Verdacht gerieten, unter bürgerlichen Einflüssen zu stehen, wurden bei Versammlungen unter Druck gesetzt, damit sie ihre „falsche“ Einstellung korrigierten. Falls etwa eine Arbeiterin einen zu kurzen Rock trug, wurde das als Ausdruck des Einflusses einer bürgerlich-revisionistischen Ideologie betrachtet und verurteilt. Die Kritik konnte sowohl durch diskrete „Ratschläge“ seitens der Vertreter von Massenorganisationen und der Partei unter vier Augen oder aber vor der gesamten Familie geschehen wie auch gänzlich öffentlich bei Kollektivversammlungen oder durch Blitzblätter. Ein öffentlicher „Ratschlag“ war vor allem im Elbasan der siebziger Jahre eine gegenüber den vielen jungen Arbeitern gebräuchliche Maßnahme, da deren Verhalten in den Augen der Partei als besorgniserregend galt.[243] Bei Uneinsichtigkeit des Betroffenen oder bei schweren Delikten wie Vagabundieren, Entwendung und Schädigung des sozialistischen Eigentums oder etwa gar Prostitution, wurden die Polizei oder die Staatssicherheit tätig.

Aufgrund des besonderen Charakters des albanischen Realsozialismus fällt es schwer, in der Freizeitgestaltung der Beschäftigten Räume auszumachen, in welchen diese sich selbst überlassen blieben. Albanien war ein Land, in welchem traditionelle Strukturen starke Wurzeln im gesellschaftlichen Zusammenleben aufwiesen, vor allem im Norden. Die PAA, die diese Strukturen als Herausforderung für ihre Herrschaft betrachtete,[244] gab sich nicht nur mit der politischen Macht zufrieden, sondern versuchte das Traditionelle im Namen des Kampfes gegen „rückständige Sitten“ zu brechen und den „neuen Menschen“ zu schmieden, der im Kollektiv aufgehen sollte. Rückzugsräume, wo er sich als Individuum fühlen könnte, sollten ihm verwehrt bleiben. Als Rechtfertigung für diesen Eingriff diente „der gesellschaftliche Fortschritt“. Einer der Theoretiker der PAA begründete dies auf folgende Weise:

> „Allein im Kollektiv stehen dem Individuum die Mittel zur Verfügung, die ihm die Möglichkeit geben, seine Qualitäten und Fähigkeiten in jeder Hinsicht zu entfalten. Und eben im Kollektiv ist die freie Entwicklung jedes Einzelnen eine Voraussetzung für die freie Entwicklung aller.
>
> [...] Durch die allgemeine Bildung, die Vollbeschäftigung, die aktive Mitwirkung am gesamten Leben des Landes erwies sich die Jugend als große revolutionäre Kraft. [...] Sie hat daher kein Anzeichen der „individuellen Freiheit“ in Eitelkeit und geistiger Ambition, in Entartung, Rowdytum, im anarchischen Protest mit antisozialem Inhalt.
>
> [...] Das Gedeihen der menschlichen Individualität kann außerhalb des gemeinsamen sozialistischen Lebens nicht verstanden und nicht realisiert werden.“[245]

[243] AQSh, KQ i PPSh, 14, 1978/159, 5 [Bericht des Kreisparteisekretärs Kondi an das ZK der PAA vom 27.6.1978 betr. die von der Parteiorganisation geleistete Arbeit gegen feindliches und schädliches Verhalten].

[244] Miranda Vickers, The Albanians – a Modern History. London, New York 1995, 197.

[245] Hamit Beqja, Der Sozialismus und das Individuum, *Neues Albanien* 1984, H. 1, 1.

Das Indivuduum allein zählte nicht, der Mensch wurde nur als Mitglied seiner sozialen Schicht wahrgenommen. Wenn jemand sich vom Kollektiv absetzen wollte, machte er sich angreifbar, weshalb der Einzelne es sich auch nicht leisten konnte, den von den staatlichen Strukturen organisierten Veranstaltungen ständig fernzubeiben. Während im Stahlwerk die Erziehung durch Arbeit im Kollektiv erfolgen sollte, kam der Stahlwerksgewerkschaft die Aufgabe zu, die Arbeiter für die Teilnahme in den von den Parteistrukturen und den Massenorganisationen angebotenen Freizeitveranstaltungen zu motivieren. Sie sollte dazu beitragen, aus tausenden von Menschen vorwiegend bäuerlicher Herkunft, die aus unterschiedlich entwickelten Regionen kamen, eine homogene Masse von disziplinierten Arbeitern mit urbanen Verhaltensmustern und dem Bewusstsein eines Parteisoldaten zu schmieden. Im künstlerischen Bereich organisierten ihre Strukturen Diskussions- oder Literaturabende, Festtagsveranstaltungen sowie Treffen mit Schriftstellern, außerdem Picknicke und Ausflüge mit historisch-ethnographischem Charakter. Ihre Vertreter in den Betrieben sollten die Arbeiter zur Teilnahme in Theater- und Varietégruppen motivieren. In mehreren Betrieben wurden deshalb Varietégruppen (Estraden) gegründet, die bis zum Bau des Kulturpalastes „*Metalurgu*" [Der Metallurg] im Stadtzentrum, im Jahr 1976 in einem eigens gebauten Theatersaal mit 400 Plätzen auftraten. Die Arbeiter besuchten die Vorstellungen in organisierter Form nach Brigaden oder Abteilungen. 1970 waren nach einem Bericht in ganz Albanien 50.000 Arbeiter in den Amateurgruppen für Kunst organisiert,[246] das war etwa ein Sechstel aller Arbeiter des Landes.[247]

Ein wichtiges Instrument zur Bildung des Arbeiterbewusstseins und zur Entstehung eines Gemeinschaftsgefühls unter den Stahlwerksarbeitern spielte die Zeitung *Metalurgu*. Sie entstand in Bulletinform schon 1970, wurde aber 1974, nachdem die Zahl der Arbeiter auf gegen 8000 gewachsen war, zu einem eigentlichen Presseorgan des Stahlwerks. Waren ursprünglich die Beiträge nur von einfachen Arbeitern verfasst,[248] beschloss die Presseabteilung des Zentralkomitees 1973, ihr einen professionelleren Charakter zu geben und ließ sie von der Redaktion der Lokalzeitung *Shkumbini* betreuen.[249] Der *Shkumbini* berichtete jedoch weiterhin über das Leben und die Arbeit im Stahlwerk, so dass beide Zeitungen nun den Integrationsprozess des Stahlwerks und seiner Arbeiter in der Stadt

[246] AQSh, Bashkimet Profesionale, 657, 1971 / 57, 11 [Bericht des Präsidenten des Zentralrates der Gewerkschaft Marko vom 23.1.1971 betr. Probleme bei der Nutzung der Freizeit durch die Arbeiter].

[247] Nach Angaben aus dem Statistischen Jahrbuch hatte Albanien im selben Jahr 307.052 Arbeiter. Vjetari statistikor 1971 – 1972, 45. In Wirklichkeit waren die rein unterhalterischen Veranstaltungen aber offenbar selten; vgl. unten, bei Anm. 278.

[248] Në krye të detyrave [Bereit zur Erfüllung der Aufgaben], *Shkumbini*, 1.4.1970, S. 1.

[249] AQSh, KQ i PPSh, 1973, 233, 11 f. [Mitteilung der Pressestelle an das ZK der PAA vom 17.12.1973 betr. Herausgabe einer Zeitung für das Stahlwerk].

intensiver verfolgen und fördern konnten. Daneben wurden Seminare und Ausstellungen organisiert oder Broschüren herausgegeben, durch welche Arbeiter und Außenstehende die verschiedenen Produkte des Kombinats kennenlernen konnten.[250]

Die Ausbildung der Facharbeiter in den Bereichen Metallurgie, Mechanik, Holzhandwerk und Bau sollte größtenteils im örtlichen Berufsgymnasium stattfinden, dessen Bau rechtzeitig für das Schuljahr 1969/70 abgeschlossen wurde. Da eine Trennung des Unterrichts von der Arbeit, der Theorie von der Praxis, als einseitige Erziehung betrachtet wurde,[251] standen im Lehrplan neben den theoretischen Berufskenntnissen zwei Berufspraktika jährlich sowie militärische Erziehung, ebenfalls zweimal jährlich. Neben Fächern wie Literatur, Chemie, Physik und Mathematik gab es auch Unterricht in Marxismus und das Fach „Geschichte der PAA“.[252]

Neben der beruflich-politischen Erziehungsarbeit wurde auch der kulturellen Bildung der Werksbelegschaft während der Freizeit Aufmerksamkeit gewidmet. Das Parteikomitee des Stahlwerks versuchte das Interesse der Arbeiter für Bücher, Filme und Kunst anzuregen und ihnen Hygiene-, Sauberkeits-, Kleidungs- und Ernährungsnormen beizubringen. Dies wurde als notwendig betrachtet, da vor allem Arbeiter, die aus Dörfern stammten, „schlechte Angewohnheiten mitgebracht [hatten], die sich in ihrem Lebensstil zeigen“, beispielsweise in der Hygiene.[253] Auch in den Achtzigerjahren wurden Arbeitskräfte aus den Dörfern rekrutiert, die teils ihren Wohnsitz auf dem Lande beibehielten, so dass die Probleme und die Schwerpunkte der Erziehung weiterhin bestehen blieben.[254]

Das vordringliche Interesse der Belegschaft für Sport wurde von den Funktionären der Partei und der Massenorganisationen in den Dienst der Ideologie gestellt: Durch die Teilnahme an eigens für das Kombinat organisierten Sportveranstaltungen sollten sich die Stahlwerksarbeiter nicht nur in der Freizeit körperlich ertüchtigen, sondern auch eine gemeinsame Identität entwickeln und somit nicht sich selbst überlassen bleiben. Dafür sollten von den Gewerkschaftskomitees und den Betriebsleitungen Sportplätze gebaut und den Arbeitern ausreichend Sportgeräte zur Verfügung gestellt werden.[255] Massenveranstaltungen wie die Spartakiaden des Metallurgischen Kombinats oder die Maikundgebungen waren ein wichtiges Element der Freizeitgestaltung. Bei diesen Festlichkeiten bekamen die Metallurgen Gelegenheit, ihre Rolle als Vorreiter der Arbeiterklasse öffent-

250 Në krye të detyrave [Bereit zur Erfüllung der Aufgaben], *Shkumbini*, 1.4.1970, S. 1.

251 Beqja, Der Sozialismus und das Individuum, 1.

252 Një shkollë e re, që do të pregatisi kuadro të afta për ndërtimin dhe mbrojtjen e atdheut socialist [Eine neue Schule, die fähige Fachkräfte für den Bau und die Verteidigung unseres sozialistischen Vaterlandes vorbereiten wird], *Shkumbini*, 13.9.1969, S. 1.

253 AQSh, Bashkimet Profesionale, 657, 1972/78, 9 [Bericht des Präsidiums der Kreisgewerkschaftsorganisation von Elbasan vom 13.10.1972 betr. Tätigkeit der Gewerkschaft zur Verbesserung der Arbeits- und Lebensbedingungen der Arbeiter].

254 Papajorgji, Struktura socialklasore, 164f.

255 Lojë e bukur e futbollistëve tanë [Schönes Spiel unserer Fußballer], *Metalurgu*, 7.3.1974, S. 4.

lich zur Schau zu stellen. Bei den Maikundgebunden in Tiranë, wo bis zu 100.000 Teilnehmer vor der Tribüne defilierten, auf welcher die Führungsspitze der PAA, das diplomatische Korps und die Ehrengäste standen, kamen die Metallurgen direkt nach den Fähnrichen der Armee und den Bergarbeitern.[256] Solche Veranstaltungen und Feste waren laut Brunnbauer und Petrov wichtige Instrumente der Regierungen realsozialistischer Staaten zur Herstellung von Legitimität unter der Bevölkerung und zur Schaffung des „neuen Menschen".[257]

Die erste Spartakiade für die Stahlwerksarbeiter wurde in Elbasan 1972 organisiert.[258] An der von 1974 beteiligten sich 250 Arbeiter, darunter 60 Frauen, die in Wettkämpfen in Athletik, Volleyball oder Basketball konkurrierten.[259] Der Zentralrat kritisierte freilich im gleichen Jahr die örtlichen Gewerkschaftsorganisationen, sie würden zwar Propaganda zur Intensivierung der sportlichen Tätigkeit unter den Arbeitern betreiben, dies aber nicht mit konkreten Maßnahmen begleiten. Ihnen wurde nahegelegt, ihre Erziehungsarbeit in diesem Bereich zu stärken, mehr Verantwortung zu übernehmen und die Zusammenarbeit mit dem Jugendverband zu intensivieren. Unzufrieden war der Zentralrat auch mit der sporadischen Zusammenarbeit der örtlichen Organisationen mit dem Jugendverband. Überdies würden viele Teilbetriebe ihren Beschäftigten kein Gelände zur Verfügung stellen, wo sie sich nach Beendigung der Arbeitszeit sportlich betätigen konnten. Ein beschränktes Angebot an unterschiedlichen Sportarten stünde einer massenhaften Teilnahme der Arbeiter im Weg.[260]

Als Maßnahmen zur Verbesserung der Lage führte der Zentralrat der Gewerkschaft die Organisierung von mehr Massen- und Betriebsveranstaltungen wie Wanderungen, Ausflügen, Geländeläufen, Schwimmen, Betriebsspartakiaden, sportlichen Sonntagen, Manifestationen oder Volksspielen an. An die Teilbetriebe wurde die Empfehlung ausgegeben, Mannschaften in verschiedenen Sportarten zusammenzustellen, Lokalmeisterschaften untereinander zu organisieren sowie die an sich übliche Morgengymnastik vor dem

[256] Servilët, ja si parakalonin në 1 Maj para Enver Hoxhës [Wie die Speichellecker am 1. Mai an Enver Hoxha vorbeimarschierten], *Shekulli*, 1.5.2013, unter http://shekulli.com.al/22148, am 25.10.2019 zuletzt aufgerufen.

[257] Brunnbauer, Staat und Gesellschaft, 26; Petar Petrov, Sozialistische Arbeitsfeiern im Betrieb: Konzept und Umsetzung, in: Roth (Hg.), Arbeit im Sozialismus – Arbeit im Postsozialismus, 147–165, 147.

[258] AQSh, KQ i PPSh, 14, 1972/18, 42 [Bericht des Ersten Stahlwerkparteisekretärs Koçollari für die Versammlung des Sekretariats des ZK der PAA vom 28.8.1972 betr. die Parteitätigkeit zur Erziehung der jungen Arbeiter und derjenigen vom Lande].

[259] Fatmir Lamçja, U zhvillua spartakiada III. e kombinatit metalurgjik [Es fand statt die III. Spartakiade des Metallurgischen Kombinats], *Metalurgu*, 4.7.1974, S. 4.

[260] AQSh, Bashkimet Profesionale, 657, 1974/4, 14 [Bericht des Sekretärs des Zentralrates der Gewerkschaft Kamberi vom 18.2.1974 betr. Beitrag der Gewerkschaftsorganisationen zur physischen Erziehung].

Arbeitsbeginn auch regelmäßig durchzuführen. Um die Motivation der Belegschaft zu erhöhen, sollten moralische Anreize verwendet und Sportfeste organisiert werden. Dies sollte in der Gewerkschaftszeitung *Puna* die entsprechende Aufmerksamkeit erhalten.[261]

Neben der sportlichen Betätigung sollten die Gewerkschaftsorganisationen auch die Kulturarbeit mit der Belegschaft intensivieren. Zu diesem Zweck gab der Gewerkschaftsvorsitzende Marko 1972 die Anweisung, im Kombinat einen Kulturverein mit einer Bibliothek einzurichten und diesen mit einem Filmvorführgerät auszustatten.[262] Ein Eingehen der Massenorganisationen auf die Bedürfnisse der Arbeiter in diesem Bereich war notwendig, denn vor allem diejenigen, die fern ihrer Familien lebten, beschwerten sich oft wegen mangelnder Freizeitalternativen.[263] Dabei war die ideologisch-kulturelle Betreuung der Menschen nach der Arbeit eigentlich ein Punkt, dem das kommunistische Regime seit seiner Entstehung besondere Aufmerksamkeit widmete. Vor allem ab den Sechzigerjahren wurden in Albanien massenhaft spezielle Gebäude für Veranstaltungen kulturellen und historischen Charakters gebaut, in welchen „die Arbeiterklasse sich erholen und auf kulturelle Art unterhalten [sollte], indem sie Wissen aufnahm und weitergab. Sie sollte ihre Fähigkeiten und Talente in verschiedenen Bereichen der Kunst und Technik weiterentwickeln.“[264] 1985 waren angeblich über 2100 solcher Gebäude über das ganze Land verteilt, darunter 1650 Kulturhäuser in den Dörfern und Bergwerk- oder Industriesiedlungen, sowie 80 Kinoclubs, Kulturpaläste- und -häuser in den Städten.[265] Die massive Kulturarbeit und diese Kunstveranstaltungen im Kulturhaus sollten zur kommunistischen Massenerziehung beitragen. Bei ideologischen Wettbewerben wurden die Werke Enver Hoxhas, die sozialistische Verfassung sowie Materialien der Parteitage der PAA analysiert. Ein Problem dabei war die geringe Teilnahme der Arbeiterinnen an den Kulturveranstaltungen,[266] weshalb die Massenorganisationen auch sie zum Einsatz in den künstlerischen Gruppen zu aktivieren versuchten.[267]

Mit den Arbeitern, die in Wohnheimen untergebracht waren, organisierte man Themenabende, bei welchen sie lernen sollten, wie sie ihre Freizeit und ihr Verhalten am

[261] Ebenda, 15 – 17.

[262] AQSh, Bashkimet Profesionale, 657, 1972 / 98, 1 [Beschluss des Präsidenten der Gewerkschaft Marko vom 24.1.1972 betr. Gründung des Gewerkschaftskomitees im Stahlwerk].

[263] AQSh, KQ i PPSh, 14, 1972 / 170, 7 f. [Bericht des Präsidenten der Gewerkschaft Marko an das ZK der PAA vom 18.9.1972 betr. Beschwerden der Arbeiter wegen der Lebens- und Arbeitsbedingungen]; AQSh, KQ i PPSh, 14, 1976 / 881, 3 [Bericht der Kontrollgruppe der Gewerkschaft an das ZK der PAA vom 7.7.1976 betr. Beschwerden der Arbeiter des Stahlwerks].

[264] Sokrat Mosko / Isuf Sukaj, Vështrim mbi arkitekturën e shtëpive dhe pallateve të kulturës [Ein Blick auf die Architektur der Kulturhäuser und -paläste], *Nëntori* 6 (1985), 49 – 72, 55.

[265] Ebenda, 59.

[266] AQSh, Bashkimet Profesionale, 657, 1972 / 78, 47 [Bericht des Präsidiums der Kreisgewerkschaftsorganisation von Elbasan vom 13.10.1972 betr. Tätigkeit der Gewerkschaft zur Verbesserung der Arbeits- und Lebensbedingungen der Arbeiter].

[267] Aktiv për problemet e kulturës [Versammlung über die Kulturangelegenheiten], *Metalurgu*, 17.3.1977, S. 4.

Arbeitsplatz „auf kultivierte Weise" nutzen sollten. Sie sollten sich eigenständig fortbilden, mehr lesen und künstlerisch aktiv sein, indem sie beispielsweise Rezensionen schrieben.[268] Etwas über das Wesen und die Funktion dieser künstlerischen Erziehungsarbeit erfährt man aus einem französischsprachigen Artikel des Jahres 1977 aus der fremdsprachigen Zeitschrift des Historischen Instituts in Tiranë, den *Studia Albanica*:

> »Un intérêt particulier d'actualité assume la conception légitime de l'essence de l'art massif aussi sous l'aspect politique et idéologique international, du fait qu'il concourt à mettre en vue encore mieux un aspect du grand contraste qui court entre la civilisation socialiste et celle des pays capitalistes, ou conjointement à l'oppression spirituelle la plus féroce sur les masses, on fait aussi de la spéculation avec la prétend 'art massif standardisé'.
>
> [...] C'est là une raison valable et convaincante a là que mettent l'ethnologie, la folkloristique et les sciences artistiques pour former l'art massif, et une tâche urgente et absolument nécessaire pour tirer le plus grand bénéfice de ses traits et de sa supériorité dans le développement de la culture artistique et de la culture socialiste en général.
>
> [...] Un autre trait de l'art massif albanais est la belle forme artistique dans laquelle il a été moulé. Ses hautes valeurs artistiques lui permettent de viser, entre autres, à éduquer des gouts esthétiques fins et sains chez les masses des travailleurs, à la distinction de l'art et de la culture bourgeoise et révisionniste déprécies, qui ont état des gouts ordinaires, vulgaires et anti-esthétiques.«[269]

Indem die Arbeiter selbst künstlerische Formen und Werte schufen, ausführten und interpretierten, würden sie nach Meinung der sozialistischen Kunsttheoretiker einen direkten Bezug zur Massenkunst bekommen und sich eigenständig bilden.[270]

Von der kollektiven Teilnahme an kulturellen Feierlichkeiten bis zur selbständigen „ästhetischen Erziehung"[271] war es jedoch ein langer Weg. 1971 musste selbst Rita Marko, der Präsident des Zentralrates der Gewerkschaft, zugeben, dass viele Arbeiter die Freizeit nicht nutzten, um „die während der Arbeit verlorenen Energien aufzufrischen, ihren Intellekt zu entwickeln und nützliche soziale Arbeit zu leisten".[272] Einige Arbeiter mit „kleinbürgerlichem Bewusstsein" würden sie als eine ruhige Zeit ohne Beschäftigung betrachten, in welcher man sich gegenseitig besuchte, ins Café ging und stundenlang plauderte. Sie würden sich nicht mit Kunst oder Literatur beschäftigten, sondern spazieren

[268] Ebenda.

[269] Tefik Çaushi, L'art massif et la culture artistique en Albanie, *Studia Albanica* 13 (1977), H. 1, 29–34, 30–33.

[270] Ebenda, 33.

[271] Nicht zu verwechseln mit dem gleichlautenden Begriff, der im sozialistischen Bulgarien als Erziehungsideal des sozialistischen Menschen propagiert wurde. Er wurde von Ljudmila Živkova, der Tochter Todor Živkovs, in ihrem Buch „Die Gestaltung der Kultur der entwickelten sozialistischen Gesellschaft – unsere unmittelbare historische Aufgabe" geprägt, welches in Sofia 1977 veröffentlicht wurde. Ausführlich dazu siehe bei Brunnbauer, „Die sozialistische Lebensweise", 326–329.

[272] AQSh, Bashkimet Profesionale, 657, 1971 / 57, 11 [Bericht des Präsidenten des Zentralrates der Gewerkschaft Marko vom 23.1.1971 betr. Probleme bei der Nutzung der Freizeit durch die Arbeiter].

gehen oder auf dem Bordstein sitzen. Solche Feststellungen erinnern an das von Merkel beschriebene Freizeitverhalten der ostdeutschen Arbeiter, nur mit dem Unterschied, dass in Albanien die Konsum- und Ablenkungsmöglichkeiten noch geringer waren.[273] Marko berichtete, dieses Verhalten sei besonders außerhalb der Großstädte der Fall, wo die Freizeitangebote beschränkt waren (*besonders* beschränkt, möchte man hinzufügen, denn auch in den größeren Städten gab es daran nicht gerade Überfluss). Diejenigen, die auf dem Lande wohnten, hätten weniger Freizeit, da sie erst vom Arbeitsplatz aus nach Hause fahren mussten. Die Mehrheit von ihnen verbrächte die Freizeit durch Arbeiten im eigenen Garten oder Grundstück. Die Frauen kümmerten sich während der Freizeit um die Hausarbeit, vor allem sonntags.

Auch die schlechte Transportlage grenzte die Freizeit der Arbeiter ein. Nach einem Gewerkschaftsbericht bräuchten viele von ihnen zwei Stunden für den Weg und zwei Stunden für die Mahlzeiten, so dass ihnen kaum Freizeit übrig bliebe.[274] Um die Norm zu erfüllen, mussten viele Überstunden leisten. Dazu kamen diverse Versammlungen, die von unterschiedlichen Verbänden abgehalten wurden. Abgesehen davon verursachte die schlechte Versorgungslage mit Lebensmitteln und Kleidung lange Wartezeiten bei Einkäufen.[275] Die zunehmenden Probleme im Alltagsleben machten es den Arbeitern immer schwerer, Freiraum für Veranstaltungen außerhalb der Arbeitszeit zu finden.

Abgesehen von der geringen Freizeit der Arbeiter stand der Kulturarbeit auch die Tatsache im Weg, dass es in allen Städten an der materiellen Infrastruktur wie auch an ausgebildeten Betreuungskräften und erfahrenen Organisatoren mangelte. In vielen Erholungsparks war keine entsprechende Einrichtung vorhanden, nicht einmal Gaststätten oder Buffets mit Außentischen. Die meisten Städte – es waren offensichtlich die größeren Städte gemeint, da es ansonsten derlei vielfach gar nicht gab – verfügten laut den Archivquellen lediglich über ein einziges Kino und nur eine Theaterbühne. Schwimmbäder waren kaum vorhanden und den jungen Arbeitern standen nur wenige Orte zu Verfügung, wo sie nach der Arbeit die Freizeit verbringen konnten. In den Wohnheimen waren 1972 nach Angaben des Bauministers Dragoti keine Büchereien, Sportecken oder entsprechend ausgestattete Erholungsräume vorhanden und Unterhaltungsprogramme wurden kaum organi-

[273] Merkel, Arbeiter und Konsum, 535. Das von Marko Kritisierte dürfte in der Tat weit über „kleinbürgerlich Geprägte“ hinaus der Realität entsprochen haben und steht im Einklang mit den Erinnerungen meiner Gesprächspartner: Demnach beschränkte sich die Freizeitbetätigung der Arbeiter zumeist auf die Erholung daheim, gegenseitige Besuche bei Arbeitskollegen oder Arbeit im Haushalt. Die Arbeiter gingen oft in der Stadt spazieren oder sahen sich einen Film im Kino oder im Kulturpalast an. Interviews mit A. P. am 24.2.2013 in Elbasan und L. Ç. am 27.1.2013 in Elbasan.

[274] AQSh, Bashkimet Profesionale, 657, 1974 / 17, 15 [Bericht des Sekretärs des Zentralrates der Gewerkschaft Kamberi vom 29.1.1974 betr. verschiedene Probleme des Stahlwerks, die bei einem Besuch sichtbar wurden].

[275] AQSh, Bashkimet Profesionale, 657, 1971 / 57, 19 f. [Bericht des Präsidenten des Zentralrates der Gewerkschaft Marko vom 23.1.1971 betr. Probleme bei der Nutzung der Freizeit durch die Arbeiter].

siert.[276] Vor allem im Winter ließ das kulturelle Angebot zu wünschen übrig.[277] Zum Teil lag das daran, dass die Gewerkschaftskader kaum Erfahrungswerte dazu besaßen, wie die Richtlinie für die Gewerkschaftsarbeit, man solle die Arbeiter in der Freizeit nicht sich selbst überlassen, sinnvoll in die Praxis umzusetzen war.[278]

Um auf der sicheren Seite zu sein, wurde während der Zusammenkünfte und in den Arbeiterschulen mit den Arbeitern die Geschichte der Partei der Arbeit besprochen. Es ist deshalb nicht erstaunlich, dass aufgrund des Mangels an interessanten Angeboten und wegen der häufig ideologischen Veranstaltungen die Masse der Arbeiter den Kulturzentren fernblieb. Auch 1976 hatten sich die Schwerpunkte der Gewerkschaftsarbeit bei der Freizeitgestaltung nicht geändert, denn nach Aussage des Kreisgewerkschaftsleiters Lumezi wurden zweimal monatlich Massenkulturveranstaltungen organisiert sowie Seminare über die Führungsrolle der Partei. Einige von ihnen fanden zwar statt, aber ihre Qualität ließ zu wünschen übrig, da die Seminarleiter unvorbereitet waren.[279] Zumindest die Infrastruktur besserte sich nach und nach. Die Kombinatsleitung berichtete 1977, der Arbeiterklub habe eine Bücherei mit 700 bis 800 Büchern, mehrere Spiele und einen Fernseher.[280] Auch einigen Arbeiterwohnheimen seien Bibliotheken angegliedert worden und sie seien mit Fernseher ausgestattet.[281]

Zur Erhöhung des Qualifikationsniveaus der Arbeiter propagierten die Gewerkschafter unter ihnen den Besuch von Fortbildungskursen und Abendschulen in der freien Zeit. 1970 besuchten nach offiziellen Angaben 80.000 Arbeiter, nicht weniger als ein Fünftel aller Erwerbstätigen des Landes, die Abendschulen, welche ca. zwölf bis fünfzehn Stunden wöchentlich beanspruchten.[282] In Elbasan allerdings hatten Funktionäre nach Erkundigungen in den Büchereien festgestellt, dass die Arbeiter eher selten lasen. Es waren die Studenten und Intellektuellen, die die Bibliotheken besuchten.[283] Immerhin besuchten 1974 von 3620 jungen Arbeitern im Kombinat 720 die Schulen und 960 die Qualifikationskurse.[284]

276 AQSh, KQ i PPSh, 14, 1972 / 13, 25 [Bericht des Bauministers Dragoti an das ZK der PAA vom Februar 1972 betr. Rekrutierung, Qualifikation und Sicherung der Lebensbedingungen der neuen Arbeitskräfte].

277 AQSh, Bashkimet Profesionale, 657, 1971 / 57, 16 [wie Anm. 274].

278 AQSh, Bashkimet Profesionale, 657, 1971 / 57, 12 [wie eben].

279 AQSh, Bashkimet Profesionale, 657, 1976 / 58, 4 [Bericht des Leiters des Kreisgewerkschaftskomitees von Elbasan Lumezi für die Versammlung des Präsidiums des Zentralrates der Gewerkschaft am 18.9.1976 betr. die Tätigkeit der Gewerkschaft zur Erziehung der Arbeiter].

280 AShVE, Komiteti i Partisë i Kombinatit Metalurgjik Elbasan, 873, 1977 / 1, 13 [Bericht des Stahlwerkleiters Çeliku betr. Verpflegung und Unterbringung der Arbeiter].

281 Ebenda, 24 [Bericht von Refari und Balla vom 7.1.1977 betr. Unterbringung und Transport der Arbeiter im Baubereich].

282 AQSh, Bashkimet Profesionale, 657, 1971 / 57, 13 f. [wie Anm. 274].

283 AQSh, Bashkimet Profesionale, 657, 1971 / 57, 14 [wie eben].

284 AQSh, KQ i PPSh, 14, 1974 / 818, 14 [Bericht des Sekretärs des ZK des Jugendverbandes Bardhi an das ZK der PAA vom 10.6.1974 betr. Kampf gegen fremde Verhaltensweise der Jugend im Stahlwerk].

Abb. 30: Stahlwerksbeschäftigte im Lesesaal der Bibliothek des Kulturpalastes „Metalurgu“

Was die die Arbeiter indessen am meisten interessierte, war sportliche Betätigung. Die Mehrheit der durch die Gewerkschaft im Jahr 1971 Befragten gab Sport als ihre liebste Freizeitbeschäftigung an. Aber entsprechende Angebote gab es zu Beginn des Kombinats selten, vor allem, weil es außer an Sportstätten auch an qualifizierten Leitern mangelte. Die meisten der Instrukteure zogen es vor, in Tirana zu bleiben und taten alles, was in ihrer Macht stand, damit sie nicht in die anderen Kreise des Landes entsendet wurden.[285] Entsprechend beschwerten sich die Beschäftigten während ihrer Zusammenkunft mit den Delegierten des Zentralkomitees im Jahre 1976 wegen der mangelnden Freizeitangebote,[286] wohingegen die Funktionäre der Kreisgewerkschaft Elbasans behaupteten, sie würden durch die eingerichteten Theater- und Varietégruppen effektive Arbeit leisten. Nach Erinnerungen der ehemaligen Beschäftigten hingegen wurden Tanz- oder Unterhaltungsabende von den Betriebsgewerkschaftsorganisationen nur selten organisiert, etwa ein- bis zweimal jährlich.[287] Den Gewerkschaftsfunktionären ging es ja eher um die ideologisch-politische Erziehung der Arbeiter nach dem Arbeitstag, um die Internalisierung

[285] AQSh, Bashkimet Profesionale, 657, 1971 / 57, 17 f. [wie Anm. 274].

[286] AQSh, KQ i PPSh, 14, 1976 / 881, 3 [Bericht der Kontrollgruppe der Gewerkschaft an das ZK der PAA vom 7.7.1976 betr. Beschwerden der Arbeiter des Stahlwerks].

[287] Interview mit A. P. am 24.2.2013 in Elbasan.

bestimmter Werte, die Bestandteil der Kultur der neu geschaffenen Arbeiterklasse werden sollten, während die Arbeiter unter Freizeitbeschäftigung offenbar anderes verstanden.[288]

Eine Initiative, die von den Jugendorganisationen gefördert wurde, war die Betreuung von Schulklassen durch verschiedene Teilfabriken oder Betriebe des Kombinats.[289] Bei wichtigen Ereignissen im Leben einzelner Arbeiter – beispielsweise Verrentung – wurden von der Betriebsleitung besondere Zeremonien organisiert.[290]

Im Laufe der Jahre besserte sich das Angebot und die Gewerkschaftsfunktionäre regten mehr Veranstaltungen mit sportlichem Charakter an. 1978 nahmen nach einem Bericht von Puna „hunderte von Arbeitern in den von den Kreisinstitutionen organisierten Wanderungen auf den Bergen Labinot[291] und Sopot[292], bei Massenrennen, Bergsteigen und in der Spartakiade des Kreises teil".[293] Im Stahlwerk wurden wie auch im Holzkombinat „Nako Spiru" eigene Betriebsmannschaften gebildet, da Sport doch auch als Bestandteil der kommunistischen Erziehung betrachtet wurde.[294] Die Gewerkschaftsfunktionäre riefen auch zu einem Ausbau der Infrastruktur und von städtischen Sporthallen in der Stadt auf. Die langen Arbeitszeiten standen allerdings einer breiteren Teilnahme der Arbeiter selbst an diesen für sie recht attraktiven sportlichen Veranstaltungen entgegen.[295] Immerhin stand sportliche Betätigung bei einer Umfrage, die 1986 unter 511 jungen Arbeitern des Kombinats geführt wurde, dennoch mit 15 Prozent an dritter Stelle der wichtigsten Beschäftigungen nach der Arbeitszeit, eine relativ hohe Prozentzahl, wenn auch nicht mehr so hoch wie 1971, wenn man den kommunistischen Statistiken an dieser Stelle Glauben schenken darf. 38 Prozent der Arbeiter sagten, sie würden in der Freizeit vorwiegend Bücher lesen oder Musik hören, 17 Prozent die Abendschulen besuchen, sieben Prozent Fremdsprachen lernen und fünf Prozent fernsehen.[296] Angesichts der propagandistischen Funktion solcher Umfragen und der von den Befragten wohl gefühlten systemkonformen Erwartungshaltung sollten diese Zahlen mit Skepsis betrachtet werden,

[288] Lebow berichtet, dass es in der polnischen sozialistischen Musterstadt Nowa Huta auch nicht anders war: Dort hatten die Partei- und Kulturaktivisten ebenfalls eine umfassende kulturelle Betreuung der Arbeiter geplant. Diese Pläne wurden zum Teil aber nicht umgesetzt und fanden auch wenig Resonanz unter den Arbeitern, da diese an Theater und Literatur wenig Interesse zeigten. Vgl. Katherine Lebow, Socialist Leisure in Time and Space: Hooliganism and Bikinarstwo in Nowa Huta 1949 – 1956, in: Brenner / Heumos (Hgg.), Sozialgeschichtliche Kommunismusforschung, 527 – 540.

[289] Interview mit K. M. am 20.2.2013 in Elbasan.

[290] Interview mit L. Ç. am 27.1.2013 in Elbasan.

[291] Berg im Kreis Elbasan.

[292] Berg im südlichen Albanien.

[293] Telisfor Lumezi, Të merremi më mirë me problemet e masivitetit në lëvizjen fizkulturoresportive në radhët e klasës punëtore [Wir sollten uns um den Massenaspekt der körperlich-physischen Bewegung in den Reihen der Arbeiterklasse besser kümmern], *Puna*, 19.12.1978, S. 3.

[294] Ebenda.

[295] Ebenda.

[296] Sokoli, Metoda e edukimit, 81.

dienten sie doch dazu, den Erfolg der Bemühungen der PAA-Führung zur Verankerung „kultivierter Freizeitbeschäftigungen“ bei den Arbeitern propagandistisch zu untermauern und die „sozialistische Lebensweise“ der Werktätigen zu demonstrieren. Laut Presseberichten wurden 1977 in Albanien vier Buchexemplare und 24 Zeitungsnummern pro Einwohner veröffentlicht. In der „Bewegung der Amateurkunst“, welche angeblich 60.000 Teilnehmer zählte, seien 1000 Varietégruppen, 400 künstlerische Ensembles mit 500 Theatergruppen tätig.[297]

Auch in den zwölf Stahlwerksfabriken waren Amateurgruppen für verschiedene Kunstarten gebildet worden, die bei verschiedenen festlichen Ereignissen im Kombinat und in der Stadt auftraten oder Ausstellungen und Aufführungen veranstalteten. Eine solche war die Ausstellung der Berufs- und Laienmaler des Kreises, die 1979 im Kulturhaus von Elbasan eröffnet wurde. Was dort gezeigt wurde, entsprach den Anforderungen des sozialistischen Realismus und sollte den ideologischen Zielsetzungen dienen. Laut der Zeitschrift *Neues Albanien* waren „die besten und bedeutendsten Arbeiten“ „[...] dem Arbeiter, dem Erbauer des Kombinats, der befreiten Frau, die mit sicherer Hand riesige Aggregate meistert, gewidmet“.[298] Auch 1986 standen bei den meisten Liedern, die beim nationalen Treffen der Jungen Sänger der Arbeiterklasse gesungen wurden, die Partei, das Vaterland, der Sozialismus oder die Liebe im Mittelpunkt.[299]

Konkrete Richtlinien, was zur sozialistischen Kunst gehörte und was als Abweichung von der Parteilinie zu betrachten war, lassen sich einer Veröffentlichung der Universität von Tiranë entnehmen:

> „In der sozialistischen Kunst haben Erscheinungen wie Naturalismus und Subjektivismus nichts zu suchen. [...] Ohne marxistisch-leninistische Weltanschauung gibt es keine Methode des sozialistischen Realismus. [...] Der Klassenkampf ist eines seiner Hauptthemen. [...] Darunter versteht man die Vormachtrolle der Arbeiterklasse, die revolutionären Veränderungen auf dem Lande, die revolutionäre Kraft der Kommunisten, den Widerstand des Volkes gegen die imperialistisch-revisionistische Einkreisung, den Patriotismus und den proletarischen Internationalismus usw.“[300]

Um eine konstante Tätigkeit der künstlerischen Gruppen zu gewährleisten, sollte ihre Arbeit offiziell von den Sekretären der Parteibüros sowie von den Funktionären der Gewerkschaft und des Jugendverbandes beaufsichtigt werden. Die Betriebsleiter wurden angewiesen, den teilnehmenden Arbeitern keine Hindernisse in den Weg zu legen und

[297] Kristaq Angjeli, Comment entendre le mode socialiste de vie en Albanie, *Studia Albanica* 13 (1977), H. 1, 23–28, 26. Über die Gesamtzahl der Arbeiter 1977 liegen keine Daten vor, aber für 1980 wurde ihre Zahl in der offiziellen Presse mit 506.000 angegeben. Siehe: 40 vjet Shqipëri socialiste, 41.

[298] Stolia / Çollaku, Das Porträt einer Stadt, 17.

[299] Hatixhe Reka, Kënga, bashkëudhëtare e jetës sonë [Das Lied, Begleiterin unseres Lebens], *Puna*, 9.5.1986, S. 3.

[300] Materializmi Dialektik e Historik 2 [Der dialektische und historische Materialismus 2]. Tiranë 1983, 522–527.

diese im Bedarfsfall auch freizustellen.[301] Dennoch genügte die bloße Teilnahme der Arbeiter nicht zur Befriedigung der Ansprüche der Ideologen der PAA. Und anlässlich der mehrtägigen Varietéveranstaltung während der Novemberfeiertage 1978 waren von mehreren Betrieben des Stahlwerks nicht einmal Amateurgruppen gebildet, geschweige denn Proben durchgeführt worden.[302] Möglicherweise lag das auch daran, dass die Vertreter der Massenorganisationen sich als nicht qualifiziert genug dafür erachteten und sich deshalb überfordert fühlten, was in Tiranë beträchtliche Sorgen erregte. In einem 1977 publizierten Aufsatz in der Parteizeitschrift *Rruga e Partisë* wies der Autor darauf hin, dass die Arbeit im Kultur- und Kunstbereich eben nicht nur den Fachleuten oder den Parteikomitees überlassen werden sollte, denn die „Aspekte der Massenkultur sind keine Angelegenheiten von spezialisierten Institutionen".[303] Wahrscheinlich lag dieses apathische Verhalten auch darin begründet, dass 1972 im kulturellen Bereich eine Kampagne gegen den „Liberalismus" stattgefunden hatte, welcher mehrere Persönlichkeiten in exponierten Stellungen zum Opfer fielen.[304] Man warf ihnen vor, dass sie die Führungsrolle der Partei im Kulturbereich schwächen wollten, „um den Boden für eine politische Konterrevolution vorzubereiten".[305] Diese Kampagne erregte im Volk einiges an Befremden, da sie zurecht als Zurückrudern gegenüber dem vorher nach Ende der Kulturrevolution eingeschlagenen Kurs der PAA-Führung wahrgenommen wurde,[306] der kurzfristig verhältnismäßig tolerante Tendenzen gezeigt hatte.

Die Teilnahme der Arbeiter des Stahlwerks an Theater-, Varieté- oder Folkloregruppen blieb auch später mäßig und die Anzahl der Vorstellungen sank. Das hatte auch damit zu tun, dass die Gewerkschaft oder der Jugendverband der Mobilisierung der Arbeiter zur Erhöhung der Produktion mehr Bedeutung beimaßen als schöpferischen Tätigkeiten der Arbeiter im künstlerischen Bereich.[307] Für 1986 gibt es Zahlen, die zeigen, dass in jenem Jahr bei 103 Besprechungen der Jugendorganisationen des Stahlwerks die Produktionsschwierigkeiten im Mittelpunkt der Diskussionen standen und nur bei neun Besprechungen die Freizeitgestaltung oder die Arbeit mit dem geschriebenen Wort. Dies wiederum wurde zum Anlass einer öffentlichen Rüge des Parteisekretärs des Stahlwerks. 1984 hatte es im Kulturpalast auch schon nur eine Varietéveranstaltung und keine Theater- oder musikalischen Darbietungen gegeben.[308]

[301] Interview mit I. S. am 17.2.2013 in Elbasan.

[302] Qazim Gjini / Nezeqete Liçi, Ku jemi me festivalin e estradave? [Wie sieht es mit der Varietévorstellung aus?], *Metalurgu*, 16.11.1978, S. 4.

[303] Qemal Myrseli, Kultura masive – sektor i rëndësishëm i veprimtarisë së organizatave të Partisë [Die Massenkultur – wichtiger Sektor der Tätigkeit der Parteiorganisationen], *Rruga e Partisë* 23 (1977), H. 2, 74–83, 82.

[304] Schmidt-Neke, Innenpolitik, 74.

[305] Myrseli, Kultura masive, 81.

[306] AQSh, KQ i PPSh, 14, 1973 / 60, 29 [Bericht des Kreisparteisekretärs Menzelxhiu an das ZK der PAA vom 25.4.1973 betr. feindliche Gerüchte nach dem Besuch Enver Hoxhas].

[307] Sokoli, Metoda e edukimit, 83.

[308] Ebenda, 82.

Die Seminare und Themenabende zur Indoktrinierung der Arbeiter fanden außerhalb der Arbeitszeit statt, da sie sonst die Bemühungen zur Realisierung der Planziffern beeinträchtigt hätten, und gingen somit auf Kosten der Freizeit. Im Mittelpunkt standen die Werke von Enver Hoxha, politische Konferenzen und Diskussionen mit den Arbeitern oder Vorträge. Ein weiteres Ziel der Veranstaltungen lag darin, die Arbeiter des Stahlwerks zu freiwilligen Tätigkeiten beim Bau des Kombinats oder zu Arbeitsinitiativen zu motivieren. Die Arbeiter waren von der Thematik der Veranstaltungen nicht eben begeistert. Das dürfte den örtlichen Gewerkschaftsfunktionären nicht entgangen sein, weswegen sie solche propagandistischen Aktionen meist nur auf Druck von oben organisierten.[309]

So wurden im Rahmen von Sparmaßnahmen die Arbeiter des Stahlwerks dazu angehalten, sich nach der Arbeitszeit und sonntags in Aktionskampagnen an der Sammlung von Eisenschrott zu beteiligen. Ein erklärtes Ziel für die Kreisaktionsarbeit im Jahr 1984 war, dass die Kombinatsarbeiter 10.000 (!) Tonnen Schrotteisen sammeln sollten. 200 Arbeiter waren hierfür an einem Sonntag im Januar 1984 tätig.[310] Angesichts der Gesamtanzahl der Stahlwerksarbeiter hört sich diese Zahl gering an; da aber die Aktionen dieser Art betriebsmäßig organisiert wurden, ist es schwer, jenseits der bloßen Zahl in diesem Fall Genaueres über die Resonanz der Gewerkschaftsarbeit zu sagen. Auffällig war jedoch, dass an derlei Aktionstagen in erster Linie einfache Arbeiter teilnahmen, fast niemand aus der Verwaltung. Aktionen wurden auch organisiert, um die Stadtviertel zu säubern,[311] den Genossenschaftsbauern bei der Ernte zu helfen, Straßen zu bauen oder zur Aufforstung.[312]

Im Zentrum der Propaganda stand die symbolhafte Bedeutung des Stahlwerks für die albanische Industrialisierung. Dies blieb nicht ohne Wirkung auf die Menschen in anderen Betrieben und Institutionen. Manche Arbeiter betrachteten es wohl als ein besonderes Verdienst, besuchsweise im Großkombinat tätig zu sein. So kamen bis August 1975 jeden Tag aus verschiedenen Betrieben des Kreises Elbasan 1200 bis 1400 Arbeiter, die bis zu 15 Tage beim Kombinatsbau helfen wollten und dafür die Erlaubnis durch ihre eigenen Betriebe bekommen hatten. Zudem waren 540 Arbeiter aus dem Kreis Durrës gekommen, aus Tiranë 1000 und aus Fier 75.[313]

309 AQSh, Bashkimet Profesionale, 657, 1965/38, 87 [Bericht des Sekretärs des Kreisgewerkschaftskomitees von Elbasan Gjata betr. Freiwilligenarbeit im Kombinat]; Hatixhe Reka, Bashkëpunimi i organizatave të masave në luftë kundër shfaqjeve të huaja [Zusammenarbeit der Massenorganisationen im Kampf gegen fremde Erscheinungen], *Puna*, 7.2.1978, S. 3.

310 Filloi aksioni për mbledhjen e hekurishteve [Die Aktion für die Sammlung vom Schrotteisen hat begonnen], *Metalurgu*, 12.1.1984, S. 1.

311 Interessanterweise wird diese Aktionsform heute von mehreren Interviewpartnern mit Nostalgie betrachtet.

312 N. V. berichtete, er habe bei zehn Aktionen zur Unterstützung der LPGs bei der Maisernte teilgenommen. Interview mit N. V. am 23.2.2013 in Elbasan.

313 AQSh, Bashkimet Profesionale, 657, 1975/90, 52 [Bericht des Kreisgewerkschaftsleiters von Elbasan Lumezi vom 16.8.1975 an Zentralrat der Gewerkschaft betr. Lage der Arbeiten im Bereich Bau-Montage].

Die Effizienz solcher von der Gewerkschaft organisierten Kampagnen bleibt jedoch umstritten. So nahmen an den von den Gewerkschaftsstrukturen propagierten Aktionen in den Monaten Juli bis August 1976 2600 Freiwillige aus über 20 Kreisen des Landes teil. Der Grad der Freiwilligkeit darf aber getrost bezweifelt werden, da vom Zentralrat der Gewerkschaft von vornherein festgelegt worden war, wie viele „Freiwillige" jeder Landkreis zu entsenden hatte. Einige Kreise waren nicht in der Lage, die festgelegte Anzahl zu erfüllen, andere schickten mental und körperlich Kranke, oder Menschen mit einer „unzuverlässigen" politischen Haltung. Manche der Freiwilligen waren Studenten, die sich in der Prüfungsphase befanden oder bald ihre Militärübungen zu absolvieren hatten, und deshalb nicht so lange bleiben konnten, wie es die Gewerkschaft erwartete. Speziell bei den Studenten in den Prüfungsphasen darf man plausibel annehmen, dass sie gerade *nicht* freiwillig kamen, sondern weil es von ihnen strikt erwartet wurde. Die durch die Kampagne erwarteten Planziffern wurden außerdem eigens aufgerundet, damit sie positiv ausfielen.[314]

Abb. 31: Fassadenbild eines Arbeitererholungsheims in Durrës 1963

Genauso wie beispielsweise im sozialistischen Bulgarien[315] betreute die albanische Gewerkschaft auch die Erholungsheime für Arbeiter und vergab die hier verfügbaren Plätze unter ihren Mitgliedern. Bei der Vergabe durch die Funktionäre spielten die persönlichen Seilschaften durchaus eine Rolle.[316] Nach Angaben der Akademie der Wissenschaften von 1977 entspannten sich in den Heimen über das Land verteilt jedes Jahr 41.000 Arbeiter, Kinder und Jugendliche.[317] Diese Zahl scheint aber eher zu propagandistischen Zwecken gedient zu haben, wenn man sie mit den von Pier zusammengetragenen Angaben (Tabelle 22) vergleicht. In jene Erholungsheime wurde staatlicherseits kaum

314 AQSh, Bashkimet Profesionale, 657, 1976 / 134, 25 [Bericht der Inspekteure des Zentralrates der Gewerkschaft Themeli, Jano und Milaj vom 15.9.1976 an den Zentralrat der Gewerkschaft betr. Probleme bei der Freiwilligenarbeit].

315 Raeva / Brunnbauer, Fabrikarbeiter, Gewerkschaften und Funktionäre, 292.

316 Interview mit J. T. am 25.2.2013 in Elbasan.

317 Angjeli, Comment entendre le mode socialiste, 24. Vgl. auch mit Pier, Tourismus, 424 f.

investiert, weshalb auch ihre Kapazität seit 1985 abnahm. Die Auslastung jedoch wuchs, weil die Saison ausgedehnt wurde[318] (deshalb sind die Ziffern der Tabelle 22 in sich nicht voll vergleichbar). Ein Grund für die erhöhte Auslastung war auch die Tatsache, dass Urlaubsfreischeine regelwidrig nicht mehr nur an Arbeiter des Stahlwerks vergeben wurden. Dies belegte eine 1988 erfolgte Kontrolle, bei welcher man feststellte, dass die Urlauber, die sich mit dem entsprechenden Urlaubsfreischein als Metallurgen ausgegeben hatten, oftmals keine Arbeiter waren, sondern Angestellte oder Angehörige der „Intelligenz".[319] Auf vielen Scheinen war auch gar kein Stempel des Gewerkschaftskomitees vorhanden, und trotzdem verhielten sich die Leitungen der Erholungsheime gleichgültig. Diese Gleichgültigkeit galt auch in anderer Beziehung: Zustand und Ausstattung der Zimmer ließen zu wünschen übrig und viele Urlauber waren gezwungen, in Zelten zu übernachten.[320]

Tab. 22: Ferienheime für Arbeiter und ihre Belegung

Jahr	Anzahl Heime	Anzahl Plätze	Urlauber (gesamt)	Arbeiter pro Platz	Arbeiter (ges.)	%-Anteil d. Url. an Arb.
1950	6	585	3682	6,29	82.642	4,5
1955	10	1245	7743	6,22	136.796	5,7
1960	14	2365	14.250	6,03	202.248	7,1
1965	11	2340	13.466	5,75	268.419	5,0
1966	8	2240	9320	4,16	285.340	3,3
1967	8	2190	10.690	4,88	312.372	3,4
1970	k. A.	2140	14.181	6,63	392.000	3,6
1978	k. A.	2960	25.821	8,72	584.000	4,4
1980	13	2960	24.235	8,19	622.000	3,7
1983	k. A.	3060	28.178	9,21	698.000	4,0
1985	k. A.	3060	31.553	10,31	730.000	4,3
1987	k. A.	3300	34.111	10,34	788.000	4,3
1988	k. A.	2930	36.475	12,45	811.000	4,5
1989	k. A.	2930	39.429	13,46	837.000	4,7
1990	k. A.	3206	40.500	12,63	k. A.	k. A.

Quelle: Pier, Tourismus, 423f.

[318] Pier, Tourismus, 424.

[319] Im sozialistischen Albanien verstand man darunter diejenigen, die „überwiegend geistige Tätigkeiten" ausübten, sei es technischen oder künstlerischen Charakters. Nichts anders als in der DDR hatten sie normalerweise einen Hochschul- oder Fachhochschulabschuss. Fjalor i gjuhës së sotme, 724. Siehe auch Sjöberg, Social Structure, 503.

[320] AQSh, Bashkimet Profesionale, 657, 1988/94, 1 f. [Bericht des Revisionsausschusses vom 3.3.1988 betr. den Zustand in den Arbeiter- und Pioniererholungsheimen].

In Summe bleibt festzuhalten: Die Bemühungen der PAA-Zellen und der Massenorganisationen vor Ort, das kulturelle Niveau der Arbeiter zu heben, und ihnen Werte zu vermitteln, die im Einklang mit den Vorstellungen der PAA-Ideologen standen, zeitigten gemischte Ergebnisse. Auf den ersten Blick wurde die Masse der Beschäftigten im Netz der verschiedenartigen Freizeitangebote aufgefangen und somit auch in der Freizeit kontrolliert. Die Propagandaarbeit vor Ort hatte durchaus einen gewissen Erfolg. Tatsächlich jedoch fanden die Arbeiter Auswege, um sich diesem Griff von oben zu entziehen, wobei den örtlichen Repräsentanten des Regimes ihr Widerstand gegenüber Versuchen zur ideologischen Vereinnahmung nicht entging. Für die selbstberufenen Kulturträger galten abweichende oder gar ablehnende Reaktionen als unvereinbar mit einer „revolutionären Weltanschauung", denn sie sahen sie als Herausforderung ihrer Autorität an.

6.7 Deviante Verhaltensweisen und Disziplinierungsversuche

Die Verbindung zwischen Volk und Partei im Kampf gegen die inneren und äußeren Feinde sollte durch den „Klassenkampf" erfolgen, der zum Grundprinzip des Alltags im sozialistischen Albanien werden sollte. Auch die für das Ausland bestimmten Propagandablätter formulierten das klar: „Ce mode de vie [socialiste] fait, également, l'objet de la lutte idéologique de classe, car c'est en son nom qu'on peut mettre de grandes masses d'hommes sous l'influence d'une politique économique, idéologique e culturelle donnée."[321] In einer Rede während einer Versammlung des Zentralrates der Gewerkschaft 1977 erklärte der Gewerkschaftsvorsitzende Marko, die generelle Haltung gegenüber der Arbeit und dem sozialistischen Eigentum gehöre zum Hauptzielbereich des Klassenkampfes in Albanien.[322] Dazu zählte auch der Kampf gegen die „fremden Erscheinungen", die sich bei einigen Arbeitern aufgrund des jungen Alters und des „noch ungeformten Arbeiterbewusstseins" zeigten.[323] Darunter verstand man eine ganze Reihe von devianten Verhaltensweisen, die im Eigenschaftskatalog des „neuen Menschen" albanischer Prägung nicht vorgesehen und deshalb öffentlich zu verurteilen oder strafrechtlich zu verfolgen waren. Was dazu zählte, kann man einer internen soziologischen Untersuchung über 858 Arbeiter entnehmen, die in den ersten neun Monaten des Jahres 1980 verurteilt worden waren:

> [...] ¾ der Arbeiter sind verurteilt wegen antistaatlicher Agitation und Propaganda und ¼ wegen Staatsverrats. Oft haben sie feindliche Propaganda gegen unsere sozialistische Lebensweise betrieben, indem sie Probleme des Wirtschaftswachstums, Defizite bei der Organisa-

321 Angjeli, Comment entendre le mode socialiste, 23.

322 Topp, Albanische Gewerkschafts- und Jugendarbeit, 116.

323 Andon Prifti, Detyrat e organizatës profesionale për edukimin ideo-politik të klasës punëtore [Die Aufgaben der Gewerkschaftsorganisation bei der ideologisch-politischen Erziehung der Arbeiterklasse], *Shkumbini*, 1.8.1970, S. 2.

tion und Versorgung zum Anlass genommen und die Lebensqualität in den bürgerlich-revisionistischen Ländern gelobt haben. [...] Die Betroffenen haben ihr persönliches Interesse über das Allgemeininteresse gestellt. Sie wollen ohne Mühe zu Geld kommen, haben keine ausgereifte Persönlichkeit und kein reines Gewissen. [...] Diebstahl, Beschädigung und Veruntreuung des sozialistischen Besitzes ist vor allem in den Kreisen Tiranë, Elbasan, Berat, Durrës, Peshkopi, Korçë, Shkodër und anderen Kreisen verbreitet. [...] In Elbasan hat die Gruppe von V. T. mehrere Einbrüche begangen, die sich gegen das sozialistische Eigentum richteten (Tresorbrüche, Sprengung von Warenlagern, Waffendiebstahlversuche) sowie den Wachmann eines Objektes getötet, dieses leergeräumt und Landesflucht versucht. [...] Die meisten Straffälligen haben Probleme mit der Arbeitsdisziplin, wechseln oft den Arbeitsplatz und werden deshalb von den Gewerkschaften und dem Arbeitskollektiv vernachlässigt. Diebstahl ist in Großstädten wie Elbasan, Tiranë, Krujë, Shkodër, Vlorë am meisten verbreitet. [...] Bei den Tätern wird das Eigeninteresse über das Allgemeininteresse gestellt. Sie haben oft patriarchalische Begriffe zur Stellung der Frau gegenüber dem Manne. [...] Oft kommt es zu Straftaten unter Geschiedenen, die aufgrund von Wohnungsmangel weiterhin provisorisch zusammenleben. In Elbasan war dies bei 102 Menschen der Fall." [324]

Die Partei- und Gewerkschaftsführungen achteten darauf, dass der sogenannte Klassenkampf ein innewohnendes Prinzip des Gewerkschaftslebens werde, damit die Gewerkschaft ein zuverlässiges Instrument in den Händen der Partei blieb. Durch die vor allem vom Arbeitskräftebedarf ausgelösten Migrationsbewegungen, die nicht vollständig von den Staatsstrukturen kontrolliert werden konnten, bestand die Gefahr, dass auch solche Menschen Gewerkschaftsmitglieder wurden, die eine nach stalinistischen Gesichtspunkten „schlechte" oder „unzuverlässige" individuelle oder familiäre Biographie besaßen, dies aber verheimlichten. So wird in einer Stellungnahme aus dem Zentralkomitee voller Besorgnis darauf hingewiesen, dass „deklassierte Elemente"[325] in die Gewerkschaftsorganisationen aufgenommen wurden und es bis an führende Positionen geschafft hätten.[326]

Der Umgang mit „enttarnten" Betroffenen war normalerweise weniger streng als dies bei den Parteigrundorganisationen der Fall gewesen wäre, wo sie von der Partei ausgeschlossen wurden und eventuell auch mit Arbeitsplatzverlust zu rechnen hatten. Wurden sie ausfindig gemacht, achtete man zwar darauf, ihnen keine leitenden Positionen wie Werkstattleiter, Fabrik-, Bereichs- oder Baustellenleiter zu geben und behielt ihr Verhalten im Auge. Aber im Normalfall blieben sie Gewerkschaftsmitglieder. Dies stand im Einklang mit den Anweisungen durch das Zentralkomitee. Jedoch gab es auch übereifrige Verantwortliche in den Landkreisen, die im Falle einer allgemeinen Warnung zur Wach-

324 AQSh, Bashkimet Profesionale, 657, 1983/290, 5–12 [Studie betr. Tätigkeit der Gewerkschaft und der Gerichte zur Prävention der Kriminalität unter den Arbeitern].

325 Im Politsprech des albanischen Sozialismus verstand man darunter diejenigen, die in irgendeiner Form versucht hatten, sich den Entscheidungen der kommunistischen Führung zu widersetzen und deshalb rechtlich und sozial herabgesetzt wurden. Im *Wörterbuch des heutigen Albanisch* werden sie als Individuen definiert, „die nicht mehr die Kernmerkmale einer bestimmten sozialen Klasse besitzen". Fjalor i gjuhës së sotme, 303.

326 AQSh, KQ i PPSh, 14, 1969/20, 31 [Resümee der Besprechung des Sekretariats des ZK der PAA am 20.6.1969 betr. feindlich gesinnte Elemente in der Gewerkschaft].

samkeit gegenüber dem „inneren Feind" aus den zentralen Instanzen, welche sowohl durch politische Ereignisse als auch aus herrschaftspolitischem Kalkül ausgelöst werden konnte, Kampagnen zur Identifizierung von „potentiellen Klassenfeinden" starteten oder von jedem einzelnen Gewerkschaftsmitglied einen Lebenslauf verlangten, wie das 1969 in Berat, Durrës und auch Elbasan der Fall gewesen ist. Die allgemeine Richtlinie aber lautete, Kinder oder Angehörige von „Feinden" oder Schichten, die in der Zeit vor 1944 politische oder wirtschaftliche Macht besessen hatten, im sozialistischen Sinne zu erziehen, damit sie in der neuen Gesellschaft integriert wurden.[327]

Kriminalität und „fremde Erscheinungen", deren sozioökonomische Grundlagen laut Selbstverständnis der PAA-Führung durch den Sturz der „Ausbeuterklassen" abgeschafft worden waren, sollten theoretisch überhaupt nicht vorkommen. Sie wurden daher auf Tätigkeiten des inneren und äußeren Feindes gegen die Partei und die sozialistische Ordnung und auf Schwächen der Arbeit von Partei- und Massenorganisationen, der Schule, der Familie und der Straforgane zurückgeführt.[328] Auch wenn junge Arbeiter mit Schulabschluss kein Praktikum in den Produktionsbetrieben absolvieren wollten, sich vor der Arbeit im Produktionssektor drückten und Arbeit suchten, die mit geringer körperlicher Belastung und materiellen Vorteilen verbunden war oder sich in eine Universität immatrikulieren wollten, war das innersystemisch nicht erklärbar und wurde als „Schmarotzertum" oder als „intellektualistisches Gedankengut" gebrandmarkt. Um die Situation zu ändern, organisierten die Gewerkschaftstrukturen Gegenüberstellungen zwischen „vorbildlichen Arbeitern" und denjenigen, die „einer Besserung bedurften". Auch auf die Eltern sollte Druck ausgeübt werden, damit sie ihren Einfluss bei den Kindern geltend machten und sie zur Arbeit in der Metallurgie, in den Bergwerken oder in der Landwirtschaft schickten. 1975 wurde die Kreisgewerkschaftsorganisation vom Zentralrat der Gewerkschaft aufgefordert, Listen mit jenen zusammenzustellen, die „problematische" Kinder hatten, und ebenso mit den Arbeitern, die „fremde Erscheinungen" zur Schau stellten. Diese Listen sollten den Betriebskomitees und den Kreiskomitees zukommen.[329]

Damit die Wachsamkeit des Einzelnen nicht nachließ, wurden regelmäßig Veranstaltungen über die „Perfektionierung des moralischen Bildes", über die „Erziehung mit der Volkstradition", über „kultivierte Verhaltensweisen" oder über die „sozialistische Lebensweise" organisiert. Vor allem an Feiertagen wurden politische Konferenzen und Gespräche mit den Erwerbstätigen geführt und Vorträge gehalten. Es war Aufgabe der Gewerkschaftsvertreter, den Kollektiven ihrer Arbeitsbereiche jeden Montag fünf bis 15 Minuten vor Arbeitsbeginn über die politischen Entwicklungen der vergangenen Woche zu berich-

327 Ebenda, 32.

328 AQSh, Bashkimet Profesionale, 657, 1975 / 84, 8 [Bericht des Sekretärs des ZK der PAA Alia vom 19.12.1975 betr. Kampf gegen fremde Erscheinungen und Kriminalität].

329 Ebenda, 20 [Mitteilung der Sekretärin des Zentralrates der Gewerkschaft Çelkupa an das ZK der PAA vom 28.10.1975 betr. Maßnahmen zur Stärkung des Kampfes gegen Parasitismus und Vagabundentum]

ten.[330] Um den Arbeitern zu verdeutlichen, wie glücklich sie im Arbeiterstaat Albanien lebten, wurden vom Elbasaner Gewerkschaftsrat Themenabende über die internationale Lage und über die schwierige Situation der Arbeiterklasse in den kapitalistischen Ländern veranstaltet. In den Kulturzentren wurden ideologische Wettbewerbe zur vertieften Auseinandersetzung mit Parteidokumenten und mit den Werken des Genossen Enver durchgeführt. 1974 wurden im Elbasaner Stahlwerk 203 Seminare angeboten, die durchschnittlich 32 Teilnehmer hatten.[331] 1978 waren es gar 390 Seminare![332]

Verständlicherweise erregte diese Unmenge an Veranstaltungen bei den Arbeitern wie schon angedeutet keine allzu große Begeisterung. Manche Seminare wurden zwar abgehalten, eine Diskussion fand aber nicht wirklich statt, weil die Seminarleiter nicht vorbereitet waren. Zu anderen gingen sowohl die Arbeiter als auch die Betriebsführungskräfte einfach nicht hin. Viele verhielten sich während der Versammlungen gleichgültig, so dass sich oft nur eine beschränkte Anzahl von Personen zu Wort meldete. Auch die Organisation der Seminare ließ zu wünschen übrig. Es herrschte die Tendenz, möglichst viele von ihnen zu organisieren, ohne auf eine angemessene Vorbereitung zu achten. Da die Veranstaltungen im Stahlwerk oftmals zeitgleich stattfanden, mussten nicht wenige mangels Räumlichkeiten unter freiem Himmel abgehalten werden. Um das Problem zu lösen und auch die Wohnheime besser im Auge zu behalten, wurde empfohlen, die Seminare dorthin zu verlegen.[333]

Die Besprechung der Werkausgaben Hoxhas, seiner Memoirenbände oder Tagebücher war untrennbarer Bestandteil aller Propagandaveranstaltungen. Aufgrund der Tatsache, dass Hoxha die PAA seit ihrer Gründung bis zu seinem Tod 1985 leitete, hatte er in ihr eine unanfechtbare Stellung und sein Personenkult wurde nicht nur zu seinen Lebzeiten, sondern auch danach weiter gepflegt.[334] Zitate aus seinen Reden sah man überall auf Spruchbändern oder Plakaten, Funktionäre benutzten sie bei ihren Reden oder verwendeten seine Schriften bei der Abfassung politischer oder wissenschaftlicher Werke. Hochrufe auf seinen Namen oder propagandistische Parolen, die seinen Namen miteinbezogen – wie „Volk – Partei – Enver oder Partei – Enver/jederzeit bereit" –, waren etwas Übliches. Sein Bild war allgegenwärtig und seine Bücher wurden als moralische Anreize

330 Interview mit Q. I. am 20.6.2012 in Tiranë.

331 AQSh, Bashkimet Profesionale, 657, 1974 / 9, 10 [Bericht des Stahlwerksgewerkschaftsleiters Shkëmbi vom 20.6.1974 betr. Beitrag der Gewerkschaftsorganisationen zur Erziehung].

332 AQSh, Bashkimet Profesionale, 657, 1978 / 25, 16 [Bericht des Stahlwerksgewerkschaftsleiters Shkëmbi für die Versammlung des Zentralrates der Gewerkschaft vom 15.5.1978 betr. Tätigkeit der Gewerkschaft zur Mobilisierung der Arbeiter]. Als „Seminar" wurden dabei freilich auch Einzelveranstaltungen bezeichnet.

333 AQSh, Bashkimet Profesionale, 657, 1975 / 90, 11 f. [Bericht der Gesandten des Zentralrates der Gewerkschaft an Zentralrat vom 17.3.1975 betr. Tätigkeit der Stahlwerksgewerkschaft].

334 Mehr dazu bei Stanislav Sretenovic / Artan Puto, Leader Cults in the Western Balkans (1945 – 90): Josip Broz Tito and Enver Hoxha, in: Balázs Apor u. a. (Hgg.), The Leader Cult in Communist Dictatorships: Stalin and the Eastern Bloc. London[10] 2013, 208 – 223. Vor allem die Seiten 217 – 221 vermitteln interessante Details.

verstanden. Sein Nachfolger Alia bezeichnete den 1985 Verstorbenen in einer seiner Gedenkreden als den „größten Mann, den die albanische Erde bis heute hervorgebracht hat".[335] Nach seinem Tod wurden die „Enver-Woche" und der „Enver-Tag" eingeführt, die mit Feiern und Arbeitsappellen zu seinem Geburtstag verbunden waren.[336] Hatte Hoxha zu Lebzeiten jemanden aus den höheren Parteikreisen der Verschwörung bezichtigt, wurde dies allgemein nicht etwa Gegenstand von Zweifeln, sondern es stärkte seinen Kult umso mehr, da er als ein „Hüter der Partei", der von heimlichen Feinden umgeben war, inszeniert und betrachtet wurde.[337] Wie auch Idrizi feststellt, hatte der Hoxha-Kult einen besonderen Wesenszug: „Partei und Hoxha bildeten ein nahezu unzertrennliches Wortpaar in den ‚Diskussionen'. Sie verschmolzen in eine Einheit. Hoxha personifizierte die Partei, löste sie im Diskurs aber nicht ab."[338]

Anders als in Rumänien, wo anonyme Witze über Ceauşescu in Umlauf waren, wurde Hoxha bei Witzen, die die realsozialistischen Zustände betrafen, nicht verspottet. Im Mittelpunkt der politischen Witze stand meistens die Armut – selten auch einige Führer der PAA –, als ein Begleitphänomen des albanischen Sozialismus, welches die gewöhnlichen Albaner, aufgrund von Hoxhas vermeintlich konsequenter Haltung hinsichtlich der Treue zum Marxismus-Leninismus ertragen mussten; aber er selbst wurde niemals zum Objekt von Anekdoten.[339] Laut Woodcock lag das zum Teil an den drakonischen Strafen und zum Teil daran, dass seine Politik, die zur Isolation führte, von den breiten Massen als notwendig für die Erhaltung der Nation betrachtet und somit in ihren Augen legitimiert wurde. Angesichts der Tatsache, dass sich Albanien dank Hoxhas Außenpolitik zunehmend ins Abseits manövrierte, fällt es einem jedoch schwer zu glauben, dass sein Kurs im Laufe der Jahre wirklich an Beliebtheit und Unterstützung in der Bevölkerung gewann. Zu diesem Thema sind jedenfalls noch weitere Untersuchungen notwendig.[340]

Woodcock führt zur Begründung der ihrer Meinung nach breiten Zustimmung von Hoxhas Außenpolitik innerhalb Albaniens an, dass das albanische Nation-Building vor-

335 Ramiz Alia, Fjalime e biseda [Reden und Gespräche]. Bd. 1. Tiranë 1986, 20.

336 Vgl. Schmidt-Neke, Politisches System, 211–213.

337 Die Rede Hoxhas 1973 in Elbasan, womit die Säuberungen im kulturellen Bereich gerechtfertigt wurden, erregte dementsprechend bei einfachen Parteimitgliedern Empörung, da nur Enver innerhalb der Führungsspitze derjenige sei, der feindliche Handlungen erkenne. Andere Bürger verhielten sich anders: Nach Aussage des Kreisparteisekretärs waren sie der Meinung, man sollte aus Sicherheitsgründen lieber schweigen. Vgl. AQSh, KQ i PPSh, 14, 1973/60, 29 [Bericht des Kreisparteisekretärs Menzelxhiu an das ZK der PAA vom 25.4.1973 betr. feindliche Gerüchte nach dem Besuch Enver Hoxhas].

338 Idrizi, Herrschaft und Alltag, 77.

339 Shannon Woodcock, Diktatura pa humor – ose mungesa e barsoletave shqiptare mbi socializmin [Die humorlose Diktatur oder das Fehlen der albanischen Witze über den Sozialismus], *Polis* 5 (2008), 65–76, 65.

340 Es verdient hier noch einmal Betonung, wie beschränkt bisher die Zugangsmöglichkeit zu den Akten des Innenministeriums und des Geheimdienstes für die Forschung ist, in denen inhaltsreichere interne Stimmungsberichte aus der Diktaturzeit zu vermuten sind.

wiegend während der kommunistischen Herrschaft stattgefunden habe, weshalb kein Alternativdiskurs zu diesem Thema existierte, der die institutionalisierte Geschichtsschreibung der Nachkriegszeit hätte herausfordern können. Da aber auch die aktuellen Zustände, die Folge von Hoxhas politischem Kurs waren, die Menschen nicht zufrieden stellten, wählten sie das Schweigen als Alternative zu Loyalität oder andererseits offener Gegnerschaft, welche für sie schwere Konsequenzen haben konnte.[341] In der Tat ist hervorzuheben, was Idrizi betont: Die Zeitgenossen hatten „die ‚Grundregel' internalisiert, dass politisch inkorrekte Äußerungen verboten waren und unausweichlich mit Haft bestraft wurden". Wenn jemand diese Regel brach, musste er folgerichtig damit rechnen, im Gefängnis zu landen. Diese Konsequenz integrierte sich derartig fest in der Ordnungsvorstellung vieler, dass die Wortwahl der Herrschenden und deren Propagandainstrumenten auch nach der Wende unbewusst verwendet wird. Bei mehreren Interviewpartnern Idrizis sagten diese etwa, wenn sie sich auf Äußerungen von Regimekritikern bezogen, die anschließend verhaftet wurden, diese „landeten" an „ihrem Platz". Diese Formulierung bedeutete meistens nicht, dass die Haftstrafe als gerecht betrachtet wurde, sondern dass die Kritiker selbst die Schuld dafür trugen, da sie Regeln des Zusammenlebens verletzt hatten, die der Staat von oben vorgab. Schweigen sei für Gegner des Regimes nun einmal empfehlenswerter.[342]

Tab. 23: Veranstaltungsprogramm der Gewerkschaft für die Arbeiterwohnheime im Januar 1976[343]

Wohnheime für die Bau-Montage-Arbeiter	**Veranstaltung**
Nr. 1	– Diskussion: „Die Perfektionierung des moralischen Bildes unserer jungen Menschen und Arbeiter" – Rezension: Roman „Der Mann mit der Kanone" von D. Agolli
Nr. 2	– Diskussion: „Die Arbeitsqualität – Spiegelbild des sozialistischen Bewusstseins während der Arbeit – Rezension: Roman „Budistraße 75/3"
Nr. 3	– Diskussion: „Lasst uns alle Kräfte zur Erfüllung der Planaufgaben des Jahres 1976 bündeln" – Rezension: „Die große Herausforderung"

[341] Ebenda, 72.

[342] Siehe IDRIZI, Herrschaft und Alltag, 171.

[343] AQSh, Bashkimet Profesionale, 657, 1976 / 134, 33 [Bericht des Leiters der Stahlwerksgewerkschaft Shkëmbi an den Präsidenten des Zentralrates der Gewerkschaft Marko vom 29.3.1976 betr. Veranstaltungsprogramm für Januar 1976].

Nr. 4	– Diskussion: „Die politische und ideologische Bedeutung des 19. Bandes der Werke des Genossen Enver" – Rezension: Roman „Der Mann mit der Kanone" von D. Agolli
Nr. 5	– Diskussion: Die Partei und Genosse Enver zur Stärkung der proletarischen Disziplin am Arbeitsplatz" – Rezension: „Die große Herausforderung"
Nr. 6	– Diskussion: „Die albanische Frau im nationalen Befreiungskrieg" – Rezension: Film „Der Sturz der Götzenbilder"
Nr. 7	– Diskussion mit dem Genossen M. Bekteshi über die Erfahrung seiner Arbeitsbrigade in verschiedenen Industriewerken des Fünfjahresplans – Rezension: Roman „Budistraße 75/3"
Nr. 8	– Diskussion: Wie muss die imperialistisch-revisionistische Belagerung verstanden und bekämpft werden? – Rezension: Roman „Budistraße 75/3"
Nr. 9	– Diskussion: Die Achtung und der Schutz des sozialistischen Eigentums, eine große patriotische Pflicht – Treffen mit dem Schriftsteller M. Vyshka
Nr. 10	– Diskussion: Alle Lebensbereiche sollten wir der Kontrolle der Arbeiterklasse unterziehen – Rezension: Film „Der Sturz der Götzenbilder"
Nr. 11	– Diskussion: Wir sollten überall und ständig das Sparsamkeitsregime stärken – Rezension: Roman „Der Mann mit der Kanone" von D. Agolli
Wohnheime für die festangestellten Arbeiter	
Nr. 1	– Diskussion: Was ist das Neue und Schöne in unseren bildenden Künsten? – Rezension: Film „Der Sturz der Götzenbilder"
Nr. 2	– Diskussion: Die persönliche Hygiene und der Gesundheitsschutz – Rezension: Roman „Der Mann mit der Kanone" von D. Agolli

Quelle: AQSh, Bashkimet Profesionale, 657, 1976/134, 33 [Bericht des Leiters der Stahlwerksgewerkschaft Shkëmbi an den Präsidenten des Zentralrates der Gewerkschaft Marko vom 29.3.1976 betr. Veranstaltungsprogramm für Januar 1976].

Dass Schweigen ein Zeichen des Protests sein könnte, erkannten jedoch auch die Machthaber. Daher versuchten sie über verschiedene Propagandainstrumente Einfluss auf die im politischen Diskurs verwendete Sprache zu nehmen, um die Bürger zum Bekenntnis zum Regime zu zwingen. Die Führung erwartete, dass deviantes Verhalten Einzelner durch öffentlichen Druck diskreditiert werde. Stolz erklärten beispielsweise auch die Parteifunktionäre von Elbasan, dass dank der häufigen Debatten sowie der Beratung und Kritik durch Blitzblätter die „kriminellen Erscheinungen" in der Stadt 1977 im Vergleich zum Vorjahr um 25 Prozent gesunken seien.[344]

Der politische Diskurs, den Kotkin als „speaking Bolshevik" bezeichnet,[345] wurde von oben nach unten diktiert. Er hatte rhetorischen Charakter, sollte die Moral der Menschen erhöhen und die reale Lage verbergen. Die am häufigsten in Albanien und demnach auch in Elbasan benutzten Wörter waren: Partei, Führung, Politbüro, Sozialimperialismus, Revisionismus, Kollektiv, der neue Mensch und andere mehr. Dabei bediente sich die Führung in der Tat auch des Nationalismus. Die in der Öffentlichkeit verwendete Sprache sollte der Entstehung eines Feindbildes und der Festigung des Gemeinschaftsgefühls förderlich sein.[346] Auch die Menschen, die in ihren Eingabebriefen diese Sprache verwendeten und sie teilweise internalisiert hatten, taten es, weil sie wussten, dass ihre Adressaten sie verstanden und diese Sprachform sie bei ihren Anliegen weiterbrachte.[347] Die Aussagen ehemaliger Arbeiter aus Elbasan, wonach sie immer irgendein Enver-Zitat oder einen Parteislogan in den Mund nahmen, wenn sie sich bei Problemfällen an die staatlichen Behörden wenden mussten, stützen diese Feststellung.[348]

Die Worthülsen sollten die Treue des Einzelnen gegenüber der Führung der PAA und ihren lokalen Vertretern hervorheben, um dadurch ein Verhältnis herzustellen, das der mittelalterlichen Beziehung zwischen den Herrschern und ihren Vasallen gar nicht so unähnlich war. Formeln am Ende von Beschwerdebriefen, öffentlichen Mitteilungen oder Trinksprüchen wie „Es lebe die Partei!", „Es lebe der Genosse Enver!" sollten jeden Zweifel an der Loyalität des Sprechenden beseitigen. Sie wurden Teil des Alltags und integrierten sich häufig in den persönlichen Wortschatz des „neuen Menschen", ohne jedoch diesen darüber wirklich und unzweifelhaft indoktrinieren zu können.

Durch die Konzentration auf die Arbeit, auf die Sorgen des Alltags und auf die Familie wurde einer Atomisierung der Gesellschaft Vorschub geleistet und somit in der gesellschaftlichen Praxis der Kontakt mit dem Staat aufs Nötigste beschränkt. Der lange Arbeitstag und die zunehmenden Versorgungsschwierigketen ließen den Arbeitern kaum Raum, um sich mit Politik auseinanderzusetzen, weshalb sie häufig der Interpretation der politischen Zusammenhänge von offizieller Seite Glauben schenkten, sie einfach hinnahmen oder ganz ausblendeten. Dieses Phänomen ist nicht nur für die Sowjetunion zur Zeit

344 AQSh, KQ i PPSh, 14, 1978 / 159, 17 [Bericht der Kontrollgruppe an der Zweigstelle des Innenministeriums Elbasan vom 22.11.1978 betr. Anwendung der Massenlinie bei der Entdeckung und Sanktionierung feindlicher Tätigkeit].

345 Kotkin, Magnetic Mountain, insbesondere 198-237.

346 Siehe Afërdita Dylgjeri, Mbi disa karakteristika të ligjërimit politik nën regjimin komunist [Über einige Eigenschaften des politischen Diskurses unter der kommunistischen Herrschaft], *Përpjekja* 32 / 33 (2014), 228 – 245.

347 Ulf Brunnbauer, Alltag und Ideologie im Sozialismus – eine dialektische Beziehung, *Berliner Osteuropa-Info* 23 (2005), 4 – 16, 14 f.

348 Interview mit J. T. am 25.2.2013 in Elbasan.

Stalins feststellbar,[349] sondern auch für Hoxhas Albanien, wo die Menschen Unzufriedenheit wegen Alltagsproblemen meistens allenfalls im privaten Raum äußerten. In der Öffentlichkeit war die Einhaltung der vom Regime festgelegten Regeln der ideologischen Sprache besonders wichtig für das Weiterkommen sowohl in politischer als auch in beruflicher Hinsicht, aber auch für die Überwindung der zahlreichen Schwierigkeiten des täglichen Lebens.

Abb. 32: Enver Hoxha auf einer 1.-Mai-Veranstaltung 1981

Der Gebrauch von Enver-Zitaten oder von für die hoxhaistische Diktatur typischen leeren Phrasen wie „Mit dem Volk für das Volk" waren also den Interessen Einzelner dienlich; am anderen Wirkungsende stärkten sie laut Vehbiu gleichzeitig auch den Autoritarismus im öffentlichen Diskurs.[350] Sie reichten aber nicht aus, um „unsozialistisches" Verhalten dauerhaft aus dem Alltag zu verbannen. Vor allem das Verhalten der jungen Arbeiter verursachte den Gewerkschaftsvertretern und Pädagogen Kopfzerbrechen. In einem Artikel aus dem Organ des Instituts für Pädagogische Studien *Arësimi Popullor* („Die Volksbildung") wurde 1971 festgehalten, viele Mitglieder des Jugendverbandes würden der west-

[349] Kotkin, Magnetic Mountain, 236f.
[350] Vehbiu, Shqipja totalitare, 174f.

lichen Mode folgen, die Freizeit durch Nichtstun vergeuden und sich schlecht benehmen, während ihre Kameraden sich gleichgültig verhielten.[351] Gegenüber religiösen Handlungen innerhalb ihrer Familien verhielten sie sich so, als kämen sie nicht vor, dabei sei das Gegenteil der Fall. Der Autor forderte deshalb mehr als nur Lippenbekenntnisse gegenüber der Parteilinie: „Die Tendenzen für eine Trennung des Gedankens und des Wortes von der Haltung sollten als fremde Erscheinungen für unsere Moral stark bekämpft werden".[352]

Gleichgültiges Verhalten gegenüber „fremden Erscheinungen", mit Folgen für die Arbeitsmoral der Arbeiter, warf auch der nationale Gewerkschaftsvorsitzende Marko den Gewerkschaftsorganisationen des Stahlwerks im Januar 1976 vor. So fehlten 1976 durchschnittlich 160 Arbeiter täglich und auch die Arbeitszeit wurde ihm zufolge nicht effektiv genutzt. Er warf ihnen vor, sie würden ihre Erziehungsseminare nicht regelmäßig organisieren und sich nicht ausreichend einsetzen. Marko machte dafür den Leiter des Stahlwerkskomitees Shkëmbi und den Leiter des Kreisgewerkschaftskomitees Lumezi verantwortlich.[353] Als Ausweg wurde den Genossen empfohlen, differenzierter mit den Leuten „mit Tendenzen zu fremden Erscheinungen" zu arbeiten.

Handlungen, die konstant verurteilt wurden und dennoch in den größeren Städten relativ häufig vorgekommen zu sein scheinen, waren Glückspiele, das Praktizieren religiöser Riten, Alkoholismus oder Vagabundentum. Die Täter waren meistens zwischen 18 und 40 Jahre alt und entstammten dem Arbeiter- oder Schülermilieu.[354] Ihr Verhalten wurde in den Jugendverbänden und durch die Zellen der Demokratischen Front in den Wohnvierteln problematisiert, aber die Gewerkschaftsorganisationen scheinen sich dabei zurückgehalten zu haben, möglicherweise einfach nur, weil sie den Schwerpunkt ihrer propagandistischen Tätigkeit auf die Produktionserhöhung setzten. Dabei waren nach den Angaben des Stahlwerksparteikomitees 1974 von den 6500 Arbeitern des Stahlwerks 70 Prozent „junge Menschen".[355] Empfohlen wurde deshalb Patronagearbeit an den jün-

[351] Ähnliche Verhaltensweisen legten die jungen Arbeiter auch in Nowa Huta an den Tag. Lebow, Socialist Leisure, 534 f.

[352] Kabashi, Edukimi i rinisë, 119. Solche Reaktionen können in Anlehnung an Kligman als duplizitäres Verhalten der Beherrschten angesehen werden, also als eine Verhaltensweise, die mit einer Reverenz an das vom Regime Erwartete eine eigene Behelligung durch den Staatsapparat zu vermeiden half.

[353] AQSh, Bashkimet Profesionale, 657, 1976 / 71, 1 [Beschluss des Präsidiums des Zentralrates der Gewerkschaft Marko vom 20.1.1976 betr. Probleme der Arbeit der Gewerkschaftsorganisationen im Stahlwerk].

[354] AQSh, Bashkimet Profesionale, 657, 1975 / 82, 28 [Bericht des Sekretärs des Zentralrates der Gewerkschaft Peçini an das ZK der PAA vom 15.2.1975 betr. Aufgaben der Gewerkschaftsorganisationen im Kampf gegen Religion und rückständige Sitten].

[355] Eine präzisere Altersangabe liegt nicht vor. AQSh, KQ i PPSh, 14, 1974 / 18, 8 [Bericht des Stahlwerksparteisekretärs Koçollari an das ZK der PAA vom 18.2.1974 betr. die geleistete Arbeit und die notwendigen Maßnahmen zur Stärkung der Führungsrolle der Partei beim Kombinatsbau].

geren Arbeitern durch die älteren und die Maßnahme, die bei keinem innergewerkschaftlichen Arbeitsprogramm fehlen dürfe: eine Verbesserung der Organisierung der kulturellen Freizeit.

Nach dem Abbruch der Beziehungen zu China publizierte das Zentralkomitee 1978 einen offenen Brief an alle Institutionen und Betriebe. Darin wurden diese aufgerufen, den Kampf zur „Perfektionierung der moralisch-politischen Figur der Werktätigen" wach zu halten. Als Reaktion darauf fanden in allen Produktionsstätten Elbasans breite Diskussionen und Propagandaveranstaltungen statt, in welchen der Kriminalität, „fremden Erscheinungen" und rückständigen Bräuchen erneut der Kampf angesagt wurde. Die Kampfansagen blieben jedoch – wie so oft – nur ein Strohfeuer im öffentlichen Diskurs, denn ein Jahr später berichtete der Kreisparteisekretär, man stelle viele „indifferente" Haltungen und Verhaltensweisen fest, die ihren Ursprung in der „Abweichung von der Massenlinie hätten". Junge Menschen gingen einer Arbeit im Stahlwerk aus dem Weg und die Familien oder der Freundeskreis unternahmen nichts dagegen.[356] Die Kriminalitätsrate im Kreis hatte sowohl im Bereich von Diebstahldelikten bei Privatbesitz und bei staatlichem Eigentum als auch bei Straftaten gegenüber Individuen oder bei Vandalismus zugenommen. Die Täter waren oft junge Arbeiter oder Genossenschaftsbauern. Das Kreisparteikomitee rief die Betriebsleitungen auf, die Sicherheit ihrer Objekte zu erhöhen und appellierte an die Kommandos militärischer Einheiten zu gesteigerter Wachsamkeit. Außerdem sollten Blitzblätter vermehrt eingesetzt werden und die Massenorganisationen die Personen, die fremde Erscheinungen zeigten, und ihre Familien sowohl im Wohnviertel als auch auf dem Arbeitsplatz besser betreuen.[357] Junge Menschen waren also die vornehmliche Zielgruppe. In einer gewerkschaftlichen Studie wurde festgehalten, dass unter den Straftätern in der ersten Jahreshälfte des Jahres 1980 40 Prozent junge Arbeiter waren und sie 69,1 Prozent ihrer Straftaten in der Freizeit begingen. 21,7 Prozent waren Wiederholungstäter. Die Effizienz der Gewerkschaftsarbeit bei der Freizeitgestaltung sowie Prävention von Straftaten wurde in Zweifel gezogen, den Gliederungen wurde Vernachlässigung der jungen Arbeiter außerhalb des Arbeitsplatzes und fehlende Kontinuität bei ihrer Erziehungsarbeit vorgeworfen, was die Tätigkeit des inneren und äußeren Feindes erleichtere.[358]

Gegenüber ausländischen Einflüssen auf die eigene Bevölkerung war die PAA-Spitze besonders empfindlich. Sie betrachtete sie als eine Gefahr zur Verwässerung ihrer politischen und moralischen Prinzipien und zur Zerstörung des Bildes von der Außenwelt, das

[356] Telisfor LUMEZI, Kritika proletare – armë e fuqishme kundër indiferentizmit [Die proletarische Kritik – eine mächtige Waffe gegen den Indifferentismus], *Puna*, 23.2.1979, S. 3.

[357] AShVE, Komiteti i Partisë i Kombinatit Metalurgjik Elbasan, 873, 1980 / 2, 3 [Beschluss des Büros des Stahlwerksparteikomitees vom 7.9.1980 betr. Verschärfung des Kampfes gegen Kriminalität und fremde Erscheinungen im Kreis].

[358] AQSh, Bashkimet Profesionale, 657, 1983 / 290, 10 [Studie betr. Tätigkeit der Gewerkschaft und der Gerichte zur Prävention der Kriminalität unter den Arbeitern].

sie zur Legitimation ihrer Herrschaft bei den Menschen durch ihre Propaganda aufgebaut hatte. Da die Kontakte zu ausländischen Besuchern sehr selten und zudem nur sehr begrenzt gestattet waren und auch die Besucher zumeist Personen waren, die politisch der PAA-Ideologie nahestanden, betrachtete die Führung den Empfang von ausländischen Radio- und Fernsehsendern als die Hauptquelle für Kenntnisse, Verhaltensweisen und Überzeugungen, die die eigene Ideologie herausfordern könnten. Ihre Funktionäre hatten dabei nicht ganz Unrecht. Gerüchte, die in Elbasan nach der Rede Enver Hoxhas im März 1973 über die fremden Einflüsse im Kulturbereich entstanden, hinterließen den Eindruck, dass der ausländische Einfluss auf die albanischen Bürger stärker war als angenommen, trotz der starken Restriktionen. Das gaben die örtlichen Parteifunktionäre selbst zu. Mehrere Menschen wurden kritisiert, die behaupteten, dass im Ausland die politischen Spannungen abnahmen und die kapitalistisch-revisionistische Welt (also der Westen und der sowjetisch dominierte Osten) in Richtung einer friedlichen Koexistenz tendiere, ein Kurs, der auch für die PAA-Führung empfehlenswert wäre. Die Verteidigungsausgaben sollten gesenkt werden, die fremden Einwirkungen seien harmloser als offiziell behauptet werde und beim Menschen zähle das Verhalten, nicht die äußere Erscheinung.[359] Mit der zunehmenden Verbreitung des Fernsehens und der (an sich verbotenen) Empfangsmöglichkeiten ausländischer Sender muss dieser Faktor in der Spätphase des Regimes weiter an Bedeutung zugenommen haben.

Die Herrschaft der PAA wurde von der 1973 dokumentierten Kritik nicht ausgenommen: In Gesprächen Einzelner wurde ihr vorgeworfen, ein Minderheitenregime installiert zu haben, während die wirtschaftlichen Zustände die schlimmsten in ganz Europa seien. Während in den kapitalistischen Ländern der Lebensstandard höher sei und die Arbeiter sogar Autos besitzen würden, mangele es in Albanien an Lebensmitteln, die Kommunisten und die Führungskräfte verlangten von den Menschen nur Arbeit, verbänden dies aber nicht mit Lohnerhöhung oder Preissenkung. Die Parteifunktionäre in Elbasan brachten die Verbreitung solcher Äußerungen mit den Einflüssen der ausländischen Presse und Literatur, mit ausländischen Fernsehsendern, Briefen aus dem Ausland oder Kontakten mit ausländischen Touristen in Zusammenhang.[360]

Neben der an anderer Stelle erwähnten Entfernung ausländischer Literatur[361] aus den Büchereien und Fernsehantennen für ausländische Sender von den Dächern, Unterbrechung der Briefwechsel zwischen albanischen und kosovo-albanischen Schulen wurden in Partei- und Massenversammlungen diejenigen kritisiert, die parteikritische Kommentare äußerten. Das dürfte allerdings die Mindestreaktion gewesen sein und schärfere Maß-

[359] AQSh, KQ i PPSh, 14, 1973 / 60, 171 [Bericht des Kreisparteisekretärs Rusmali vom 30.6.1973 betr. Ergebnisse der Parteiversammlung zum Thema „Wachsamkeit gegenüber feindlicher Propaganda“].

[360] Ebenda.

[361] Siehe Unterabschnitt 4.8.

nahmen nicht ausgeschlossen haben. Da jedoch die Akten der Staatssicherheit erst seit kurzem und nur in beschränktem Maße zur Verfügung stehen, haben wir auf dem jetzigen Stand keine nähere Information über das weitere Schicksal der Betroffenen.

Die gewaltsame Entfernung der Antennen scheint nicht den erhofften Erfolg gebracht zu haben, denn der Parteisekretär von Elbasan Rusmali gab 1973 ja zu, dass es weiterhin Arbeiter gab, die ausländische Sender hörten, „oder junge Menschen, die sich an der Mode orientieren und unpassende Verhaltensweisen an den Tag legen".[362] Auch Kommunisten wurden kritisiert, die Personen, welche wegen Diebstahl, Kriminalität, Vagabundentum, Intrigen, der Verbreitung von Gerüchten oder „fremden Erscheinungen" strafrechtlich verfolgt worden waren, nach ihrer Haftentlassung zu Hause besucht oder sogar zu ihrer Entlassung beglückwünscht hatten. Ausländisches Fernsehen oder ausländische Rundfunksender zu nutzen, galt nicht nur als Ursache für die Verbreitung von „fremden Erscheinungen", sondern naheliegenderweise auch als Herausforderung für das angestrebte vollkommene staatliche Nachrichtenmonopol. Alleine in Tiranë hatten die Gewerkschaftsaktivisten im Jahre 1975 450 Familien ausgemacht, die ausländische Fernsehsender empfingen.[363] Durch feierliche eidesähnliche Erklärungen verschiedener Werktätiger, derlei nicht zu tun, sollte dieses Phänomen reduziert werden. So bekannte die Belegschaft des Krankenhauses und der Poliklinik der Stadt Elbasan 1980 öffentlich: „Wir sind entschlossen, ausländische Programme niemals zu hören, um das Eindringen einer fremden Ideologie zu verhindern."[364] Ihnen folgten die Stellungnahmen der Belegschaften anderer Institutionen und Betriebe. Zugleich wurden von den Aktivisten der Partei- und Massenorganisationen „Ratschläge" erteilt, um diejenigen, die sich dem Druck zu entziehen suchten, weiterhin Fehlverhalten aufwiesen und sich somit von den ausländischen bürgerlich-revisionistischen Ideologien und den inneren Feinden beeinflussen ließen, zu warnen und „zu retten". Im Jahre 1977 und in der ersten Hälfte von 1978 bekamen in Elbasan 64 Personen solch einen „Ratschlag". Wirkung zeitigten derartige „Ratschläge" vor allem bei Frauen, die verheiratet waren oder Kinder hatten.[365] Laut dem Kreisparteisekretär Kondi blieb dennoch die Kriminalität innerhalb der Jugend weiterhin ein besorgniserregendes Problem.[366]

Die Situation änderte sich bis zum Ende der achtziger Jahre nicht sonderlich, weshalb im Mai 1990 in der *Gazeta Zyrtare* ein „Gesetz über vorbeugende Maßnahmen gegenüber Personen, die eine Gefahr für die öffentliche Ordnung darstellen" bekanntgegeben wurde.

362 AQSh, KQ i PPSh, 14, 1973 / 60, 173 [wie Anm. 358].

363 AQSh, Bashkimet Profesionale, 657, 1975 / 82, 7 [Bericht des Präsidenten des Zentralrates der Gewerkschaft Marko an das ZK der PAA vom 15.7.1975 betr. Tätigkeit der Gewerkschaftsorganisationen zum Kampf gegen Religion und rückständige Sitten].

364 Tönnes, Sonderfall Albanien, 209.

365 AQSh, KQ i PPSh, 14, 1978 / 159, 4 [Bericht des Kreisparteisekretärs Kondi an das ZK der PAA vom 27.6.1978 betr. die von der Parteiorganisation geleistete Arbeit gegen feindliches und schädliches Verhalten].

366 Ebenda, 5.

Nicht nur gegen Personen, die Straftaten unpolitischen Charakters begingen, sondern auch gegen diejenigen, die „Tätigkeiten verüben, welche – obwohl sie keine Straftaten darstellen – im Widerspruch zum guten Verhalten und der gesellschaftlichen Moral stehen", konnten nunmehr per Gesetz Maßnahmen angewendet werden, die eine Einschränkung ihrer persönlichen Freiheit bedeuteten. Darunter fielen Menschen, deren Lebensweise die Umgebung zu dem Schluss gelangen lassen konnte, dass sie sich durch gesetzeswidrige Tätigkeiten finanzierten, beispielsweise durch Glücksspiele oder durch die „Begünstigung von amoralischem Verhalten". Dazu gehörten auch Personen, die sich weigerten, eine Beschäftigung zu ergreifen oder Menschen, die als potentielle Straftäter galten. Es war ein Gesetz, das den Polizeibehörden und den Richtern gänzlich freie Hand ließ, denn die Zielgruppe der Verdächtigen war so unpräzise ausgedrückt, dass sehr viele Menschen dazu gezählt werden konnten. Der Polizeichef konnte im Zusammenwirken mit den Kreisgerichten Verdächtigen für bis zu zwei Jahre untersagen, ihren Wohnort zu verlassen und sie zur Arbeit in einem Betrieb oder in einer Genossenschaft zwingen. Er konnte sie zur Rückkehr zu ihrem früheren Wohnsitz veranlassen und bei Weigerung mit bis zu einem Monat Haft bestrafen. Falls sie dann weiterhin ihre Lebensweise nicht änderten, verlängerte sich die Haftzeit bis auf ein Jahr.[367] Die konkreten Auswirkungen und Anwendungen dieses Gesetzes sind nicht bekannt.

Der Umbruch in Mittel- und Osteuropa zog die Aufmerksamkeit der Arbeiter auf sich. Vor allem die Ereignisse in der DDR erregten bei ihnen großes Interesse. Sie wollten wissen, wieso die DDR-Bürger nach Westdeutschland wollten und nicht umgekehrt, welche Haltung die PAA gegenüber der Grenzöffnung einnahm und was sie über eine eventuelle Vereinigung der beiden deutschen Staaten dachte. Es interessierte sie auch, ob sich die albanische Außenpolitik gegenüber den osteuropäischen Ländern nach den Entwicklungen dort ändern würde und welche Folgen die Veränderungen im Ostblock auf Jugoslawien hatten. Die Gewerkschaftsfunktionäre blieben demgegenüber auf der Linie der Parteihardliner. So erwiderten sie, die PAA habe es vorausgesehen, dass die „revisionistische Linie" im Ostblock zur Wiederetablierung des Kapitalismus führen würde. Der wahre Sozialismus benötige keine Reformen, was auch das Ende der ehemaligen Volksdemokratien bescheinige.[368]

Diese Haltung wurde von den politischen Entwicklungen bald überrollt. Im Juli 1990 stürmten rund 5000 Albaner (es handelte sich fast ausschließlich um Männer) die west-

[367] Ligj për masat parandaluese kundër personave që paraqesin rrezik për rendin publik [Gesetz über vorbeugende Maßnahmen gegenüber Personen, die eine Gefahr für die öffentliche Ordnung darstellen], *Gazeta Zyrtare* 3 (1990), 91–94.

[368] AQSh, Bashkimet Profesionale, 657, 1989/90, 1–3 und 16 [Bericht des Sekretärs des Generalrates der Gewerkschaft S. Marko vom 15.11.1989 betr. Fragen der Arbeiter zu den Ereignissen in Osteuropa].

lichen Botschaften in Tiranë,[369] was die Staats- und Parteiführung trotz der parallelen Vorgänge rund um die Erstürmung zumal der Prager bundesdeutschen Botschaft durch Bürger der DDR im Sommer zuvor völlig unvorbereitet traf. Deren gesammelte Ausreise über Durrës nach Italien erfolgte nicht einmal zwei Wochen nach Beginn der Ereignisse, in der Nacht vom 12. auf den 13. Juli 1990. Komplett verheimlichen ließen sich die Ereignisse nicht mehr. Auch viele Arbeiter, ob Parteimitglieder oder nicht, waren vom Gang der Ereignisse betroffen und verwirrt. Bei den Versammlungen der Parteiorganisationen im Stahlwerk wollten viele wissen, wieso es die Regierung zugelassen hatte, dass diejenigen, die in die ausländischen Botschaften geflohen waren, ausreisten und wie es nun mit dem Klassenkampf weiterginge. Es wurde in der Öffentlichkeit verschwiegen, ob es auch aus Elbasan Beschäftigte gab, die in den Botschaften um politisches Asyl gebeten hatten. Als ein Hinweis darauf kann gelten, dass gegen einige Parteimitglieder und Führungskräfte disziplinarrechtliche Maßnahmen eingeleitet wurden.[370] In anderen Betrieben wurden diejenigen kritisiert, die geflüchtet waren, aber gleichzeitig auch an den wirtschaftlichen Zuständen im Land Kritik geübt. Die Tatsache, dass die außer Landes gelangten Emigranten ihren Familien in Albanien finanzielle und anderweitige materielle Hilfe zukommen ließen, während andere, loyale Bürger unter schwierigen Verhältnissen lebten, erhöhte die soziale Unzufriedenheit.[371]

6.8 Zwischenfazit

Ein nicht minder wichtiges Ziel als der Aufbau einer Schwerindustrie war für die PAA-Führung die Erziehung der Stahlwerksarbeiter zu „neuen Menschen". Dafür errichtete sie durch die Parteiorganisationen, die Gewerkschaft und sonstige Hilfsinstrumente ein Netzwerk, das diese auch während ihrer Freizeit kontrollieren sollte. Damit das Experiment gelang, musste auch ein gewisser Lebensstandard erreicht werden, um Unzufriedenheitserscheinungen und deviante Verhaltensweisen im Keim ersticken zu können. Hierzu gehörte eine Gewährleistung der Bedürfnisse des Alltags, angefangen bei der Ver-

[369] Ziel war neben den Vertretungen Frankreichs, Italiens und Griechenlands insbesondere der gerade erst eröffnete Sitz der Botschaft der Bundesrepublik Deutschland, deren Gelände die meisten aller Botschaftsflüchtlinge beherbergte. Vgl. die eindrucksvolle Bilderreihe auf der heutigen offiziellen Botschaftsseite („Bildergalerie zur Besetzung der Deutschen Botschaft im Juli 1990; https://tirana.diplo.de/al-de/botschaft/-/2080562) sowie ebd. die Zeitzeugendarstellung von Werner Bartels, Die Anfänge der Deutschen Botschaft Tirana, https://tirana.diplo.de/al-de/botschaft/-/2078506 (beides zuletzt aufgerufen am 10.9.2019).

[370] AShVE, Komiteti i Partisë i Kombinatit Metalurgjik Elbasan, 13, 1990 / 15, 36 f. [Bericht des Stahlwerkparteisekretärs Leka vom 30.8.1990 betr. Reaktionen der Grundorganisationen auf den Offenen Brief des ZK].

[371] AQSh, Bashkimet Profesionale, 657, 1990 / 54, 4 f. [Bericht des Präsidenten des Generalrates der Gewerkschaft Koçollari an das ZK der PAA vom 1.9.1990 betr. Reaktion der Kollektive auf den Brief des ZK der PAA zur Lage im Land].

sorgung mit Lebensmitteln über hygienische Mindeststandards bis zu Gesundheitsschutzmaßnahmen. All das sollte den albanischen Arbeitern die Fortschritte bewusst machen, die die sozialistische Ordnung herbeigeführt hatte und der Indoktrinierung dienen, deren wichtigste Inhalte der Führerkult, der Klassenkampf, die Rolle der Partei als Vollenderin der albanischen Geschichte und der Atheismus waren. Der Sozialismus wurde den Menschen als der moderne Ausweg aus jahrhundertealtem Obskurantismus angepriesen. Er würde rückständige Sitten und nationsfremde Erscheinungen ausrotten. Im allgemeinen möglichst weitgehend parteistaatlich gesteuerten Diskurs wurden dieselben Instrumente zur Erreichung der Ziele verwendet, deren sich die Führungen anderer realsozialistischer Staaten bedienten.

Während bei letzteren sich jedoch im Laufe der Zeit die Ansicht durchsetzte, dass zur Erreichung ideologischer Ziele wirklich eine Erhöhung des Lebensstandards die Voraussetzung sei, behielt die PAA-Führung bis zum Ende der kommunistischen Herrschaft die klassisch stalinistischen Primärziele sowohl im wirtschaftlichen als auch im ideologischen Bereich bei. Die Menschen hatten viel weniger Rückzugsmöglichkeiten als in den in Albanien so genannten „revisionistischen" Ländern. Das Kollektiv oder „die Massen", wie es im kommunistischen Jargon hieß, sollten jegliche Tendenz zum Individualismus in der Freizeit ersticken. Der Klassenkampf sowie der Kampf gegen den äußeren Feind bestimmten den propagierten Alltag. Dabei unternahmen die Partei- und Massenorganisationen große Anstrengungen, was die Erziehung der Beschäftigten in den Industriebetrieben anging, wie auch am Beispiel der Belegschaft des Stahlwerks deutlich wird. Der Industriearbeiter war der Prototyp des „neuen Menschen", und alle anderen Schichten hatten ihn als Vorbild wahrzunehmen. Die Attraktivität der Lebensweise der für das Stahlwerk neu nach Elbasan Hinzugezogenen auf die Alteingesessenen blieb allerdings begrenzt. Auch bei den Arbeitern selbst stießen die Erziehungspolitik der PAA und ihre Transmissionsriemen auf Hindernisse, die sich sowohl aus den Versuchen der Arbeiter ergaben, sich dem Griff der Machtträger zu entziehen als auch aus der Tatsache, dass sich althergebrachte, durch die Tradition legitimierte Verhaltensweisen nicht so leicht ausrotten ließen, ganz egal wie hoch der totalitäre Anspruch der kommunistischen Führung war. Die sich zunehmend verschlechternde Wirtschaftssituation machte der Bevölkerung in Elbasan und im ganzen Land die Kluft zwischen den Versprechen ihrer eigenen Führer und der Realität bewusst. Verhaltene Kritik aus der Bevölkerung stellte schon in den frühen 1970er Jahren eine für das Regime unübersehbare Tatsache dar. Der Anspruch der Herrschenden, für ihre Bürger eine bessere Wirklichkeit zu schaffen, bekam Risse, und damit war ein Niedergang der Popularität der PA-Führung verbunden, der gemeinsam mit Auswirkungen äußerer Umstände rund um das Ende der anderen sozialistischen Herrschaften im nichtsowjetischen Osteuropa dem Regime seine Grundlagen entzog.

Abb. 33–36: Überreste des Metallurgischen Kombinats, 2018

Schlussfolgerungen

Es war der 21. Dezember 1990. Dieses Datum begingen gewöhnlich sowohl die albanische Parteiführung als auch die örtlichen Grundorganisationen der Partei feierlich als einen besonderen Tag, an dem sie verschiedene Aktivitäten organisierten. Denn 112 Jahre zuvor war (von jenem Jahr 1990 aus berechnet) Josef Stalin auf die Welt gekommen. Reden verschiedener Parteiführer, Dokumentarfilme über Stalins Leben, die mit Zitaten von Enver Hoxha gespickt waren, gehörten zum obligatorischen Fernsehprogramm. Diesmal war jedoch nichts wie bis dahin üblich: Sowohl über das Fernsehen als auch über die Presse wurde ein Erlass herausgegeben, wonach sämtliche Denkmäler Stalins im Lande zu entfernen und alle Straßen, Boulevards oder Institutionen, die seinen Namen trugen, umzubenennen seien.[1] Dazu gehörte vor allem der Name der „Stalinstadt" (Qyteti Stalin), die kurz darauf in der Tat ihren ursprünglichen Namen zurückerhielt: Kuçovë. Offiziell wurde diese Maßnahme von der staatlichen Nachrichtenagentur lakonisch damit begründet, dass „die historischen Umstände sich verändert hatten".[2]

Die Umstände hatten sich in der Tat verändert. Die Um- beziehungsweise Rückbenennungsaktion war nur einer der Schritte, mit denen Ramiz Alia und seine Umgebung den massiven Druck von unten abzubauen versuchten. Der Dezember 1990 – immerhin ein Jahr nach dem Zusammenbruch der Einparteienherrschaft in den anderen kommunistischen Ländern Ostmittel- und Südosteuropas! – war insgesamt ein schicksalhafter Monat für das Land. Am 8. Dezember hatten in Tiranë die Revolten der Studenten begonnen, die sich zunächst gegen die schlechten Lebens- und Studienbedingungen wandten, bald jedoch auch eine politische Färbung bekamen und sich gegen das System richteten. Als auch repressive Maßnahmen sie nicht stoppen konnten, räumte Staats- und Parteichef Ramiz Alia beim 13. Plenum der PAA am 11. Dezember ein, dass in der Vergangenheit „auch Fehler unterlaufen waren" und er kündigte an, dass das künftige Parteiprogramm viele Prinzipien des Sozialismus nicht mehr so strikt handhaben würde, freilich der marxistischen Ideologie treu bleiben werde.[3] Mehrere Politbüromitglieder und -kandidaten, die als Hardliner galten, wurden entlassen und die Zulassung „unabhängiger politischer Organisationen" beschlossen.[4] Am nächsten Tag schon wurde als erste oppositionelle

1 Schmidt-Neke, Innenpolitik, 83.

2 So die Verlautbarung der Albanischen Nachrichtenagentur ATA. Zitiert nach Jacques, Shqiptarët, 723.

3 Ebenda.

4 Schmidt-Neke, Innenpolitik, 83.

Partei die Demokratische Partei Albaniens (DPA, oder albanisch abgekürzt: PDSh) gegründet.[5] Binnen weniger Tage entstanden mehrere Parteien, ohne dass sie zuvor die Phase der Bürgerrechtsbewegung beschritten hätten, wie das in den meisten osteuropäischen Staaten der Fall gewesen war. Die Unruhen erreichten am 20. Februar 1991 einen Höhepunkt, als während einer Demonstration von annähernd 100.000 Menschen das große kupferne Denkmal Enver Hoxhas im Zentrum von Tiranë vom Sockel gestürzt wurde. Obwohl die PAA noch immer die Kontrolle über Armee und Polizei hatte, ließen es ihre Führer nicht zum Blutvergießen kommen. Die Regierung Çarçani trat zurück und Ramiz Alia versuchte die Hardliner zu beruhigen, was ihm auch gelang. Wie auch Eric Hobsbawm unterstrichen hat, ist eine solche Haltung für ein totalitäres System untypisch.[6]

Bei den Wahlen, die bald nach diesen Vorgängen im Frühjahr 1991 erfolgten, errang die noch immer unter ihrem bisherigen Namen antretende PAA[7] 55,8 Prozent der Stimmen bei einer Wahlbeteiligung von 98,9 Prozent. Die DPA erreichte nur 38,7 Prozent und die restlichen Stimmen fielen auf die OMONIA, die Vertretungsorganisation der griechischen Minderheit, sowie auf den Veteranenverband.[8] Ausgerechnet die ländliche Bevölkerung, die vor allem infolge der Kollektivierung während der PAA-Herrschaft am meisten gelitten hatte, stimmte vorzugsweise für die Kommunisten, während die Bewohner der größeren Städte ihre Stimmen vornehmlich der Demokratischen Partei gaben, wodurch sogar Ramiz Alia sein Mandat verlor.[9] Grund dafür war die Tatsache, dass die Propaganda der PAA auf dem Lande sehr wirkungsvoll gewesen war und in den Wochen vor der Wahl die Zukunftsängste der Bauern zu nutzen gewusst hatte. Allerdings mussten die Versuche der Kommunisten, der Lage Herr zu werden, die Versorgungsengpässe und die Arbeitslosigkeit zu reduzieren, nach kurzer Zeit scheitern. Grund dafür war vor allem der von dem Unabhängigen Gewerkschaftsbund ausgerufene Generalstreik, an dem sich angeblich an die 350.000 Arbeiter – fast die Hälfte aller im staatlichen Sektor Beschäftigten – beteiligten.[10] Der massive Streik machte nicht nur deutlich, dass das kommunistische Regime jeden Anpruch darauf verloren hatte, die Interessen der Arbeiter zu vertreten, sondern er hatte den Menschen auch den Wegfall staatlicher Zwänge vor Augen geführt. Die Folgen waren aber nicht nur kollektive Erleichterung, sondern auch eine Verschlechterung der ökonomischen Situation und der allgemeine Verfall der Arbeitsmoral. Die

5 Luljeta Progni, Trashëgimtarët. Partia Socialiste midis transformimeve dhe vazhdimësisë [Die Erben. Die Sozialistische Partei zwischen Transformationen und Kontinuität]. Tiranë 2009, 62.

6 Hobsbawm, Das Zeitalter der Extreme, 606.

7 Am 9. Parteitag im Juni 1991 wurde die PAA in die Sozialistische Partei Albaniens (SPA) umbenannt. Siehe Adalbert R. Levandowski, Zeittafel, in Grothusen (Hg.), Albanien, 727–746, 744.

8 Ebenda.

9 Hösch, Geschichte der Balkanländer, 273.

10 Jacques, Shqiptarët, 733.

Beschäftigten vieler Betriebe, in welchen es wegen Versorgungsproblemen praktisch zum Produktionsstillstand gekommen war, nahmen lieber das Arbeitslosengeld von nicht weniger als 80 Prozent ihres Gehalts im Anspruch[11] und widmeten sich anderen Tätigkeiten, vor allem dem Kleinhandel, der mehr Einnahmen und mehr Zukunft versprach. Die Monate darauf wurden durch eine hohe Inflationsrate, einen weiteren Verfall des staatlichen Sektors, massive Fluchtbewegungen ins Ausland, Zerschlagung der Genossenschaften und Anstieg der Kriminalität geprägt. Nach mehreren Übergangsregierungen wurden die Kommunisten am 22. März 1992 abgewählt, Ramiz Alia trat als Staatspräsident zurück und der Vorsitzende der DPA Sali Berisha folgte ihm nach.

Nicht anders als in den übrigen Balkanländern wurde das politische Klima schon zu Beginn der neuen Ära durch fehlende Kompromissbereitschaft, rege Debattierfreudigkeit und starke Polarisierung charakterisiert, weshalb strukturelle Änderungen nur sehr langsam erfolgten.[12] Vielen Mandatsträgern und Inhabern wichtiger Funktionen mangelte es zudem an der notwendigen Sachkompetenz zur Lösung grundlegender sozialer, politischer und ökonomischer Fragen. Ein erheblicher Grund dafür ist die Tatsache, dass ein Elitenwechsel nicht wirklich stattgefunden hat, da den Oppositionsparteien nach dem Zusammenbruch des sozialistischen Regimes keine Persönlichkeiten mit entsprechender Qualifikation zur Verfügung standen, die nicht in irgendeiner Beziehung in die mittleren und höheren Führungsstrukturen der PAA verstrickt gewesen wären. Die jüngeren Politiker sind noch heute häufig mit den Familien der früheren kommunistischen Eliten verwandt. Verwandtschaftsverhältnisse oder regionales Zusammengehörigkeitsgefühl waren und sind für viele wichtiger als politische Überzeugungen.

Dass freie Marktwirtschaft und schnelle Privatisierung nicht nur mit wirtschaftlichem Aufschwung einhergehen, wie laut einer Umfrage von 1991 90 Prozent der Befragten glaubten,[13] mussten viele Albaner spätestens 1996/1997 erfahren, als nach einer schnellen Privatisierungswelle – der raschesten in Osteuropa[14] – mehr als eine halbe Million von ihnen ihre Ersparnisse und Immobilien in mehreren hochspekulativen Investmentfirmen verloren, was zu bürgerkriegsähnlichen Zuständen im Lande führte.[15] Korruption, Unsicherheit und Kriminalität ließen die Bevölkerung das Vertrauen in die demokratische einstige Opposition verlieren, was sich bei den Wahlergebnissen zeigte, als die Demokratische Partei abgewählt wurde und die Sozialistische Partei mit Fatos Nano die Regierung bildete, was der Korruption allerdings keinen Abbruch tat. Die wirtschaftliche Situation war bis zu Beginn des neuen Jahrtausends katastrophal, wozu auch die Kosovo-Krise mit 350.000 bis 400.000 Flüchtlingen im Jahre 1999 beigetragen hat.[16] Die

11 Siehe dazu Kapitel 2.
12 Hösch, Geschichte der Balkanländer, 278.
13 Jacques, Shqiptarët, 766.
14 Elez Biberaj, Shqipëria në tranzicion [Albanien in der Transition]. Tiranë 2001, 293.
15 Jacques, Shqiptarët, 766.
16 Ebenda, 287.

Enttäuschung weiter Teile der Bevölkerung, die mit dem Pluralismus auch eine schnelle Anpassung ihrer Lebensverhältnisse an westliche Standards erwartet hatten, ist noch heute greifbar.

Die Privatisierungswelle, die nach 1991 die staatlichen Unternehmen erfasste, konnte an „Der Stahl der Partei" nicht vorübergehen. Nachdem das Elbasaner Stahlwerk bereits 1991 stillgelegt worden war, zeigte sich 1994 das türkische Unternehmen „Kürüm International" – ein albanisches Tochterunternehmen von „Kürüm Holding" – bereit, Teile davon zu reaktivieren. Die Technologie der Stahlfabrik sowie des Walzwerkes wurde modernisiert und beide wurden wieder in Betrieb genommen. Von den ehedem rund 12.000 Beschäftigten blieben gegen Ende dieses Prozesses allerdings nur 650 übrig – davon waren 250 türkisches Personal.[17] Es war eine Ironie des Schicksals – und zugleich ein Ausdruck des Produktivitätswandels sowohl in der internationalen Stahlindustrie insgesamt als auch im Vergleich zwischen sozialistischen Produktionsweisen und solchen in einem freien Markt –, dass mit dieser kleinen Belegschaft und mit nur einigen der einstigen Betriebsteile das Unternehmen im Jahre 2014 mit 443.000 Tonnen Stahl mehr produzieren konnte als die kommunistischen Wirtschaftsplaner in ihren Prognosen von Anfang der 1970er Jahre überhaupt beabsichtigt hatten.[18] Die benötigten Rohstoffe und Altmetalle entstammten aus den einheimischen Naturvorkommen sowie aus den Nachbarländern Montenegro, Mazedonien, Kosovo und Serbien, in welche die Endprodukte in erheblichem Umfang auch exportiert wurden.[19] Ein dauerhaftes Happy End aber wird es vielleicht für niemanden geben. Denn „Kürüm International" ist Ende Februar 2016 in Konkurs gegangen[20]; die weitere Zukunft der einzelnen Teilbetriebe und ihrer Beschäftigten ist noch ungewiss. Allerdings läuft zumindest die Altmetallverwertung und in einigen kleineren Betrieben auch metallindustrielle Produktion auf dem Werksgelände bis heute weiter.[21]

Wenn die ehemaligen Beschäftigten der Nachwendezeit und erst recht diejenigen, die schon vor der Wende für mehrere Jahre im Stahlwerk tätig waren, auf die früheren Jahre zurückblicken, bemerkt man bei vielen in ihren Worten eine gewisse Nostalgie. Das ist

17 Marifetet e „Kurum" me qeveritë për t'i shpëtuar skandaleve. Nga ndotja kanë vdekur 3 mijë vetë [Die Tricks von „Kürüm" mit den Regierungen, um sich vor Skandalen zu retten. 3000 Tote aufgrund der Verschmutzung], *Balkanweb*, 7.3.2016, unter http://www.balkanweb.com/site/marifetet-e-kurum-me-qeverite-per-ti-shpetuar-skandaleve-nga-ndotja-kane-vdekur-3-mije-vete/, am 25.10.2019 zuletzt aufgerufen.

18 Kürüm Holding 2014 Annual Report, 27, unter http://www.kurum.com.tr/files/dosyalar/kurum_holding_ing_2014.pdf, am 24.07.2016 zuletzt aufgerufen. Vgl. auch oben, Kap. 3.4 zu den Planziffern bei Errichtung des Kombinats.

19 Ebenda, 32.

20 Marifetet e „Kurum".

21 Hapet fabrika e prodhimit të pjesëve të këmbimit të automjeteve në Elbasan [In Elbasan wird die Fabrik für die Herstellung von Autoersatzteilen eröffnet], *Panorama*, 13.2.2019, unter http://www.panorama.com.al/hapet-fabrika-e-prodhimit-te-pjeseve-te-kembimit-te-automjeteve-ne-elbasan/, am 28.9.2019 zuletzt aufgerufen.

nicht unverständlich, denn ihr dortiges Arbeitsleben hatte auf den ehrgeizigen Zielen aufgebaut, die sich PAA-Führung mit ihrem Industrialisierungsprogramm vorgenommen hatte. Wie ehrgeizig die Ziele waren, lässt sich etwa anhand der Unterredungen zwischen den damaligen albanischen Vertretern und ihren ausländischen Bündnispartnern aus der Sowjetunion und dann China feststellen. Die kommunistische Propagandaarbeit sollte die Bürger von der Erreichbarkeit dieser Vorhaben überzeugen. Die Planungsmaßnahmen, die Vorkehrungen auf zentraler und auf lokaler Ebene, die normativen Vorlagen und die Beharrlichkeit, die sie gegenüber der chinesischen Seite an den Tag legten, ließen das Ziel der kommunistischen Führung in greifbare Nähe rücken. In den Vorstellungen Enver Hoxhas und seiner Gefolgschaft wäre durch die erfolgreiche Inbetriebnahme des Stahlwerks und eine dortige auf einheimische Rohstoffe gestützte Produktion nicht nur eine echte Unabhängigkeit des Landes erreicht worden – eine Intention, die den nationalorientierten Kurs der PAA-Führer in puncto Wirtschaft ebenso verdeutlicht wie den Stellenwert der Schwerindustrie in ihrem ökonomischen Denken –, sondern es wäre auch ein bedeutender Schritt vollzogen worden, der in ihren Augen im Einklang mit der marxistisch-ideologischen Ideologie stand: der Übergang von eine Entwicklungsstufe, in welcher in der Volkswirtschaft eines Landes die Agrarwirtschaft dominierte, in die nächste, wo die Industrie – insbesondere die Schwerindustrie – die Weichen für die Modernisierung des besagten Landes legte. Die „zweite Befreiung" Albaniens durch die Kommunisten stand dadurch mithilfe des Elbasaner Werkes in dieser Sicht bevor. „Der Stahl der Partei" sowie andere anspruchsvolle Industrieprojekte würden die Voraussetzungen für die Bildung einer revolutionären, berufserfahrenen Arbeiterklasse herstellen, als deren Sprachrohr und legitime Interessenvertreterin sich die PAA schon vorab betrachtete. Zugleich würden, so nahmen die leitenden Akteure an, diese Anlagen als „soziale Werkstätten" dienen, die den „neuen Menschen" nach den Erwartungen der Ideologen prägen sollten.

Mit diesen Grundsatzzielen wichen Albanien und seine damalige Führung nicht von den anderen realsozialistischen Staaten ab. Die Ziele aller kommunistischen Machthaber bezogen sich nicht nur auf eine Revolutionierung der ökonomischen Strukturen, sondern auch auf eine Verwandlung der menschlichen Metalität und eine Transformierung des sozialen Lebens. Die Verwirklichung von gigantischen Projekten in der Schwerindustrie wie das Elbasaner Großkombinat oder ähnliche Vorhaben in anderen staatssozialistischen Ländern sollten den Sprung in die Moderne bringen, wobei durch die Arbeit bei den sozialistischen Großvorhaben auch eine Bewusstseinsveränderung der Beschäftigten stattfinden sollte. Ihre Ausmaße sollten den Idealismus der Beherrschten wachhalten oder wecken; zugleich sollte so die Herrschaft der kommunistischen Parteien in den jeweiligen Staaten legitimiert werden. Die in Gestalt der mit den Projekten verbundenen Großbauten auf Pracht und Ehrfurchtserweckung angelegte Herrschaftskultur, die im gesamten Ostblock festzustellen ist, von Magnitogorsk in der Sowjetunion bis zu „Der Stahl der Partei", demonstriert den Wunsch nach einer totalen Veränderung der Wirklichkeit, wobei die Ziele die Mittel heiligten, die zur Realisierung der Pläne verwendet wurden. Das Streben nach der sichtbaren Verwirklichung des Fortschrittskonzepts machte den Wunsch nach einer allumfassenden Kontrolle und Verwendung der vorhandenen Ressourcen in den Augen der kommunistischen Machthaber unentbehrlich.

Im Alltagsleben wurde jedoch diesem Wunsch nach totaler Mobilisierung und Umformung von fast allen Aspekten des gesellschaftlichen Lebens seine Grenzen aufgezeigt. Die Hindernisse traten in verschiedener Gestalt auf, teils als infrastrukturelle Probleme oder organisatorische Mängel (noch erschwert durch eine unbewegliche Staatsbürokratie), teils als verschiedenartige Resistenzformen der Beherrschten, deren Mentalität sich nicht so leicht verändern ließ wie die wirtschaftlichen Strukturen des Landes – trotz der vielfältigen Anwendung des Repressionsapparats. Enver Hoxha bekannte mehrmals in der Öffentlichkeit, dass er stolz darauf sei, (im Ausland) als Stalinist beschimpft zu werden;[22] und nicht anders als in der Sowjetunion der dreißiger Jahre sollten die kommunistischen Führer Albaniens, die sich in einem wesentlich von der Landwirtschaft geprägten Land als Kulturträger betrachteten, ihre Ziele sowohl über Propaganda als auch durch Brutalität zu erreichen versuchen. Die Meinung des Auslands über ihre repressive Herrschaftspolitik interessierte sie wenig, zumal Albanien seit 1961 nicht einmal mehr Teil des sozialistischen Lagers war. In dieser Hinsicht besaßen sie mehr eigene Machtinstrumente als die meisten Machthaber im Ostblock, die infolge der Entstaliniserungswelle liberaler vorgingen, auch wenn sie den eigenen Untertanen die Grenzen des Zulässigen weiterhin zu verdeutlichen wussten.

Dem Machtanspruch der Regierenden entsprach jedoch nicht die erreichte Effizienz. Die langfristigen Vorbereitungsarbeiten auf den diversen Ebenen, die Bemühungen um einen zuverlässigen Partner, der bereitwillig Kapital, organisatorisches und technisches Wissen zur Verfügung stellte, restriktive Regelungen zur Binnenmigration und eine entsprechend rigide Politik hinsichtlich der Beschäftigung von Arbeitskräften im Lande, eine starke Hierarchisierung der Befehlskette und somit eine erhöhte Zentralisierung hin zur Staats- und Parteispitze und Anstrengungen zu einer lückenlosen Kontrolle aller Prozesse, die mit dem Stahlwerk in irgendeiner Beziehung standen – sie alle machten trotz Prioritätensetzung einen störungsfreien Bau- und Produktionsprozess unmöglich. Im Rahmen des Ausbaus des Industriesektors war man in Elbasan – nicht anders als bei ähnlichen Großprojekten in den anderen realsozialistischen Ländern – mit Rekrutierungsschwierigkeiten konfrontiert, auf die die offiziellen und politisch Verantwortlichen sowie deren Vertreter vor Ort situationsabhängig reagierten. Die Versuche der PAA-Spitze, mithilfe der Partei- und Massenorganisationen sowie sämtlicher verfügbaren Machtinstrumente eine totale Beherrschung der Arbeitsprozesse zu bewerkstelligen, um rechtzeitig auf jede Entwicklung reagieren zu können, erwiesen sich als unzureichend. Das lag nicht nur daran, dass zu wenig Kontrolle über die gesellschaftlichen Strukturen und Prozesse vorhanden war, sondern auch, weil gar nicht so viel Kontrolle möglich war, wie die Spitze es gerne gehabt hätte. Viele Anreize für die Beschäftigten kamen nicht in dem erwarteten Ausmaß

[22] Siehe Hoxha, Revolucionarizimi i mëtejshëm, 34.

bei ihren Adressaten an, und bloße Propaganda reichte nicht aus, um die Menschen den Unterschied zwischen Ideologie und Realität verkennen zu lassen. Je größer dieser Unterschied geriet, desto weniger reagierten sie in der von den kommunistischen Führungsstrukturen erwarteten Weise. Da halfen auch forcierte Bemühungen durch Wettbewerbe, Selbstkritik oder organisierte Freiwilligenaktionen nichts. Das Arbeitsverhalten wurde durch den Alltag bestimmt und es wurde nicht nur durch das Stahlwerk geprägt, sondern auch durch allgemeine Einflüsse von außerhalb, etwa die schlechte Versorgungslage sowohl produktionsintern als auch mit Alltagsgütern für die Beschäftigten.

Das bedeutet freilich umgekehrt keineswegs, dass die Verhältnisse im Stahlwerk selbst den erzieherischen Erwartungen der PAA-Ideologen entsprochen hätten und das Scheitern nur durch Strukturen bewirkt wurde, die sich der Reichweite der Herrschaft örtlicher Machtträger entzogen. Schon aufgrund der besonderen Rolle, die dem Stahlwerk in den Augen der PAA-Führer zukam, lässt sich nicht von einer selbstgewollten Einschränkung der Machtinstrumente und -reichweite im Verhältnis etwa von Arbeit und Freizeit der Beschäftigten sprechen. Die Parteistrukturen und die Massenorganisationen versuchten die Arbeiter auch nach der Arbeitszeit zu betreuen; die Propaganda und die Erziehungsarbeit machten daher beim Verlassen des Kombinats nicht Halt. Durch Organisationsprobleme und außenpolitische Komplikationen ließen sich jedoch die Arbeitsvorgänge nicht reibungsfrei gewährleisten. Unregelmäßige Rohstoffversorgung, fehlende Koordination, Mangel an Arbeitskräften, Qualifikationsprobleme unter den Beschäftigten kennzeichneten den Arbeitsalltag, beeinträchtigten den Bau- und Produktionsprozess und ließen das Vorhaben immer mehr als ökonomisches Fiasko erscheinen.

Das Regime beharrte trotzdem zumindest bis zum Tod des Diktators im Jahre 1985 auf einem Gesamtkurs, der die Wirtschaft auf Kosten der Landwirtschaft und der Konsumindustrie zugunsten der Schwerindustrie umgestalten und der Bevölkerung neue, „sozialistische" Werte auf Kosten von Tradition und Religion einimpfen sollte. Die mit mehrfachen Bedeutungen überbeanspruchten Großbaustellen konnten nicht aufgegeben werden, auch nachdem die in ihnen aufgetretenen Probleme der Führungsriege klar gemacht haben dürften, dass sie betriebswirtschaftlich ein Fehlschlag waren.

Forcierte Maßnahmen zur Aus- und Weiterbildung der Beschäftigten und ein erhöhter Druck durch die zentralen Machtstellen, verbunden mit einer gesteigerten Arbeitserfahrung, brachten gewisse positive Resultate im Bereich der Produktion. Gleichzeitig jedoch verschlechterten sich die offiziellen Beziehungen zum chinesischen Protektor und auch die vorzeitige Alterung der Ausrüstung aufgrund ihrer überintensiven Nutzung konnte sich mittel- und langfristig nicht positiv auf die Produktivität des Stahlwerks auswirken. Hinzu kamen für viele schwerindustrielle Einrichtungen im Ostblock typische negative Erscheinungen wie Fluktuation und unbegründete Abwesenheit vom Arbeitsplatz. In Albanien waren starke einschränkende Maßnahmen in Kraft gesetzt worden, was den Zuzug der Landbewohner in die Städte anging, und die PAA war in diesem Punkt ambitionierter und erfolgreicher als die Schwesterparteien in anderen osteuropäischen Staaten. Trotzdem waren sowohl die Fluktuation wie die eigenmächtige Entfernung vom Arbeitsplatz relativ häufige Phänomene, gegen welche die PAA-Führung wenig unternehmen konnte. Zum einen war sie durch die Informationsmenge überfordert, die in ihren Händen konzentriert war, und konnte aus verschiedenen Gründen nicht effizient genug reagieren. Zum anderen fehlte ihr ein wichtiges Druckinstrument, das den kapitalistischen Gesellschaften eigen war und ist: Aufgrund des außerhalb Jugoslawiens überall verfolgten Anspruches der Kommunisten, gar keine Arbeitslosigkeit in den von ihnen regierten Ländern zuzulassen, besaßen sie kein Arbeitskräftereservoir, womit automatisch der Verhandlungsspielraum der Arbeiter – trotz repressiver Maßnahmen seitens der Herrschenden und ihrer Vertreter vor Ort – größer wurde. Individuelle Arbeitsnormen konnten bis zum Ende nicht durchgesetzt werden und trotz der beschränkten Möglichkeiten waren die Betriebsleitungen bereit, auch illegale Migranten zu beschäftigen und unterzubringen. Um die Planziele zu erreichen, gestanden die Vertreter der Kombinatsleitung und die für die Produktion Verantwortlichen der Belegschaft Freiheiten im Arbeitsalltag zu, die im Widerspruch nicht nur zur Effizienz, zu den Vorschriften und den ideologischen Vorgaben standen, was vor allem in den letzten Jahren der kommunistischen Diktatur auffällig wurde. Informalität nahm im Zuge der Verschlechterung der wirtschaftlichen Situation zu und Mahnungen durch höhere staatliche oder politische Funktionäre konnten wenig daran ändern. Die Duldung von informellen Praktiken diente dem Regime aber auch als Ventil, um die Unzufriedenheit in der Bevölkerung niedrig zu halten und sich dadurch eine gewisse Loyalität zu erkaufen. Zugleich zeigte das Management selbst in dieser Schlussphase häufig Bereitschaft, in Ermangelung echter Lösungen für konkrete Missstände, Unfälle, Engpässe oder sonstige Verfehlungen potentielle Klassenfeinde oder „ausländische Revisionisten" der Sabotage zu bezichtigen. Das war eine Tendenz, die durch den allgemeinen politischen Diskurs genährt und erleichtert wurde, welcher sich durch Radikalität und Xenophobie auszeichnete. Als Proponenten waren die PAA-Führer für die Entstehung dieses Klimas verantwortlich, zugleich aber auch dessen eigene Opfer. Aus Gründen der Herrschaftserhaltung schürten sie bewusst eine allgemeine Stimmung, die überall Feinde witterte. Am Ende glaubten sie ihrer eigenen Propaganda.

Die Zumutungen, die die Menschen erfahren mussten und ertragen haben, lassen sich aber nicht allein durch die Angst vor Repression oder durch die Säuberungen auf politischer Ebene, in den Sektoren der Wirtschaft oder der Kultur begründen. Jedes Regime ist zur Aufrechterhaltung der Herrschaft auf ein gewisses Maß an Popularität bei den Untertanen angewiesen. Die PAA rechtfertigte den permanenten Ausnahmezustand durch eine mobilisierende Kampagnenpolitik oder durch den Appell an den Nationalismus. Besonders deutlich kam das in der albanischen Kulturrevolution zum Ausdruck wie auch in der langfristig aufrecht erhaltenen Selbstdarstellung als die einzige Partei, die im sozialistischen Lager den Prinzipien von Lenin und Stalin treu blieb. Daneben darf das Charisma Hoxhas als sogenannter „Hüter der Partei" nicht unterschätzt werden, wovon auch seine Gefolgsleute und Nachfolger zu profitieren versuchten. Die Wirkung verblasste aber mit Zunahme der wirtschaftlichen Probleme zusehends. Sowohl in Albanien als auch jenseits seiner Grenzen geriet die Realität des Lebens viel zu komplex, um den Untertanen das

Auseinanderklaffen zwischen Wirklichkeit und ideologischen Ansprüchen zu verbergen. Zu Beginn erkauften sich die realsozialistischen Regime die Loyalität großer Teile der Bevölkerung vor allem durch die soziale Aufwärtsmobilität, die zumal dadurch ermöglicht wurde, dass im Rahmen der Großvorhaben in der Schwerindustrie massenhaft Bauern in die Städte gelangten. Für Elbasan als Großprojekt in einem Land mit hauptsächlich ländlicher Bevölkerung galt dieser Wirkmechanismus ganz besonders, wenn auch spät, da dort und im ganzen Land die Anzahl der Beschäftigten in der Industrie bis 1970 noch relativ niedrig gewesen war. Die meisten Menschen, die im Pionierprojekt des Walzwerks und später dann im ganzen Stahlwerk arbeiteten, kamen vom Dorf. Zuhause hatten sie für ein geringes Entgelt arbeiten müssen und konnten nun durch den Umzug in die Stadt, die höhere Bezahlung und die Ausbildungsmaßnahmen im Kombinat sozial aufsteigen, wofür sie den kommunistischen Machthabern a priori dankbar waren.

Die Parteiorganisationen im Stahlwerk sollten zunächst die Durchführung der von höherer Ebene kommenden Weisungen überwachen und Impulse zur Produktionserhöhung weiterleiten. Zusammen mit den Massenorganisationen (Gewerkschaft, Jugendorganisation u. a.) sollten sie den Arbeitern Werte vermitteln, die am Arbeitsplatz gleichermaßen wie in der Freizeit Kennzeichen des „neuen Menschen" werden sollten. Die Mitglieder der Parteigliederungen und der Massenorganisationen hatten dabei mit gutem Beispiel voranzugehen. Allerdings verhinderten die täglichen Praktiken, die sich durch den schwierigen Alltag herausbildeten, die konsequente Verfolgung dieses Zieles, obwohl die oberste Führung bis zum Ende an dem Bild vom Arbeiter als klassenbewusst, kollektiv gesinnt, opferbereit, gehorsam gegenüber den Parteilehren und ständig an sich arbeitend festhielt. „Überbleibsel aus der Vergangenheit" sowie informelle Beziehungen, die den Einzelnen halfen, mit den Defiziten der Realität zurechtzukommen, arbeiteten der Gestaltung des Idealbildes entgegen; daran konnten auch die „Vorhutarbeiter" mit ihren normierten Lebensläufen wenig ändern. Neigten die älteren Arbeiter aufgrund ihrer Erlebnisse im Zweiten Weltkrieg und aufgrund ihres sozialen Aufstiegs, der der Umstrukturierung der sozialen Schichten folgte, mehr dazu, Missstände zu ertragen und ihre Unzufriedenheit in den von der Partei zugelassenen Kanälen auszudrücken, so konnten die jüngeren Beschäftigten ihren Unwillen gegenüber den Arbeitsverhältnissen durchaus in Formen zum Ausdruck bringen, die der Partei- und Staatsführung Unbequemlichkeiten verursachten. In offener Weise geschah dies freilich äußerst selten.

Grund dafür waren nicht nur die Angst vor Vergeltungsmaßnahmen, sondern auch eine gewisse Legitimation des Regimes in den Augen der Beherrschten. Die PAA mit ihren Narrativen, die sie als Retterin der Nation, als Siegerin im Zweiten Weltkrieg stilisierten, erschien wohl der Mehrheit als eine natürliche Gestalterin der Nachkriegsordnung im Lande. Die Führung propagierte sich selbst und ihre Epoche als die Krönung der albanischen Geschichte. Sie versuchte sich als Garantie für den Schutz der Nation vor Intrigen oder Angriffen feindlicher Nachbarländer oder aggressiver Großmächte darzustellen, welche in diesem Narrativ allesamt den „Granitfelsen an der Küste der Adria" gierig beäugten und die Zeit zurückdrehen wollten, damit die „besiegten Klassen" noch einmal an die

Macht kämen. Das hätte viele Menschen in Bedrängnis gebracht, die aus der sozialen Mobilität Vorteile gezogen hatten und deshalb dem neuen Regime dankbar waren. Auch Maßnahmen wie die sehr weitreichende Angleichung der Löhne konnten sich zwar einerseits negativ auf die Arbeitsmotivation der Arbeitskader auswirken, andererseits jedoch machten sie die PAA in den Augen der Arbeiter populär, da sie als Vertreterin ihrer Interessen egalitäre Verhältnisse durchsetzte und garantierte. Deshalb war es kein Zufall, dass die PAA unter den Arbeitern eine breite Unterstützung genoss und erst, als die wirtschaftlichen Zustände immer weniger haltbar wirkten und die Erreichbarkeit der als Endstadium verheißenen kommunistischen Ordnung immer zweifelhafter erschien, wurde die Unzufriedenheit auch unter ihnen lauter und massiver. Die Machthaber waren dieser Entwicklung gegenüber ratlos. Nexhmije Hoxha, die Witwe Enver Hoxhas und selbst im Regime hochrangige Funktionärin, sagte in einem Interview 2004 dazu:

> „Aber der ‚neue Mensch', so wie wir ihn formen wollten, dachte leider nicht daran, auf seine Eigentumsrechte und andere Gewohnheiten zu verzichten. Am Ende unserer Regierungszeit fanden wir auch keine Antwort mehr auf die Forderung der Jugend nach Veränderung".[23]

Der Wunsch nach Veränderung war die Reaktion der Menschen vor allem auf die zunehmende Wirtschaftskrise. Die Bemühungen zur Produktivitätserhöhung hatten sich als erfolglos erwiesen, und diese Tatsache war die Voraussetzung zur Implosion des Regimes. Im Zuge des Transformationsprozesses, dem die Tiranaer Führung ganz Albanien über die Jahrzehnte hinweg unterworfen hatte, war ein extensiver Industriesektor entstanden, der hinsichtlich seiner finanziellen Rentabilität die Vorstellungen seiner Urheber als Utopie enttarnte. Allgemein und mit Boyer gesagt, bewirkt in der realsozialistischen Wirtschaft „der Wegfall marktlicher Anreize und Sanktionen [...] Effizienz- und Produktivitätsdefizite, Wachstumsschwäche und technologischen Rückstand".[24] Spätestens durch seine Entwicklung nach der Wende bewies „Der Stahl der Partei", dass die Entscheidung für seine Errichtung marktwirtschaftlich eine Fehlentscheidung gewesen war. Das Stahlwerk konnte während seiner gesamten Produktionszeit nie unter voller Auslastung in Betrieb sein und allein schon aufgrund der Absicht der PAA-Führer, das Kombinat vorrangig in den Dienst der Importsubstitution zu stellen, auch nicht rentabel arbeiten, da seine Produkte nicht wirklich einem internationalen Wettbewerb ausgesetzt waren. Der technologische Rückstand ließ sich nach dem Abbruch der Beziehungen zu China erst recht nicht mehr aufholen, da das Stahlwerk aus eigener Kraft niemals einen Mehrwert produzierte, aber auch weil der Staat nicht die nötigen Mittel aufbringen konnte, solch ein Denkmal der technologischen Hybris generell zu überholen und auf Vordermann zu bringen. Das Ganze erwies sich als ein Teufelskreis, der nur aufrechterhalten wurde, weil das Großkom-

[23] Albanien: „Wir töteten nie ohne Grund". Nedschmije Hodscha, 82, Witwe des einstigen kommunistischen Diktators Enver Hodscha, über das Regime ihres Mannes und die Zukunft der Krisenprovinz Kosovo, *Der Spiegel* 42/2004, 135f. unter http://www.spiegel.de/spiegel/print/d-30414363.html, am 25.10.2019 zuletzt aufgerufen.

[24] Boyer, Der Beitrag der Sozialgeschichte zur Erforschung kommunistischer Systeme, 22.

binat im Zentrum von verschiedenen Narrationssträngen stand und insofern unerlässlich war und blieb. Ein Eingeständnis seines Scheiterns wäre einer Bankrotterklärung der PAA, welche sich als Motor der gesellschaftlichen Entwicklung repräsentierte, gleichgekommen.

Von einer „zweiten Befreiung" des Landes und der albanischen Gesellschaft durch das Stahlwerk von Elbasan und insgesamt durch die sozialistische Industrialisierungspolitik kann also in der Summe mitnichten die Rede sein. Die Folgen des fehlgeleiteten Industrialisierungskurses waren für den albanischen Sozialismus sogar fatal. Anstelle des hoffnungsvollen Idealismus, der Gewissheit des Fortschritts, des nationalen Stolzes, traten die Ungewissheit, die Ernüchterung und das Ausharren um jeden Preis. Die Parteiführer, die sich erhofft hatten, Albanien durch ihre Strategie in eine neue Etappe des Sozialismus zu führen, mussten nach dem Wegfall des chinesischen Verbündeten ihre Ziele durch eigene Mittel zu erreichen versuchen. Mobilisierungsaufrufe und Propagandakampagnen verknüpft mit Prototypen des „neuen Menschen" von der Art der „Vorhutarbeiter" sollten die Knappheit der finanziellen und materiellen Mittel wettmachen. Sie konnten jedoch nicht von den Problemen ablenken, die die Schwerindustrialisierungsphase begleiteten und die „bittere Ernte des Fortschritts"[25] an ihren ehemaligen Stätten bis heute unübersehbar machen: veraltete Ausrüstung, geringe Produktivität, geradezu potemkinsche Dörfer der Industrie, die in der Zeit nach der Wende rasch nur noch Ruinen darstellten. Dazu kamen gesundheitsgefährdende Arbeitsbedingungen und eine Umweltverschmutzung, die teilweise der Tatsache geschuldet waren, dass bei den zuständigen Stellen die Fachkompetenz fehlte, aber auch dem grundsätzlichen Primat der Produktion vor der Ökologie. Die Problembewältigung im ökologischen Bereich erfolgte unter Hoxha und seinem Nachfolger rein symbolisch, wobei Albanien in dieser Hinsicht unter den realsozialistischen Staaten nicht alleine dastand. Im Sog der Entwicklungen, die den Zusammenbruch der realsozialistischen Systeme Mittel- und Osteuropas zur Folge hatten, ging verzögert auch das PAA-Regime unter, obwohl es ein von den anderen isoliertes Dasein fristete.

Das Stahlwerk hatte aber auch zur Funktionalisierung der Erinnerungskultur und zur Schaffung von Loyalitätsbindungen gedient. Wenn man heute den nostalgischen Äußerungen vieler ehemaliger Beschäftigter lauscht, kann man durchaus behaupten, dass in dieser Hinsicht das Kombinat seine Aufgabe schon weit eher erfüllt hat als auf dem wirtschaftlichen Feld. Sein Errichtungs- und Produktionsprozesss sollte zur direkten politisch-kulturellen Erziehung der Beherrschten beitragen und somit ein Machtinstrument in den Händen der Herrschenden sein. Auch aus diesem Grund waren diese niemals bereit, es stillzulegen, sondern ließen es Summen verschlingen, die anderswo eingesetzt zweifelsohne sinnvollere zivilisatorische Leistungen eingebracht hätten. Mit dem Tempo des Bevölkerungszuwachses hielt dasjenige im Wohnungsbau nicht Schritt, und Wohnsiedlungen, die nach Fertigstellung immer noch wie Rohbauten aussahen, konfrontierten immer häufiger das Auge des Betrachters. In den Dörfern jedoch war die Situation noch

[25] Gestwa, Die Stalinschen Großbauten, 565.

schlechter, weshalb die Menschen von dort nach Möglichkeit in der Hoffnung auf Besserung in die entstehenden Industriezentren kamen, um die Belegschaften für die sozialistischen Großbaustellen wie das Kombinat zu bilden. Nicht anders als in der Sowjetunion waren es weniger Pull- als Pushfaktoren, auf die der Bevölkerungszuwachs von Städten wie Elbasan, Fier oder Fierzë zurückzuführen war. Die Versorgung mit Konsumgütern war auf dem Land noch wesentlich schlechter als in der Stadt, von der geringen Entlohnung in den landwirtschaftlichen Genossenschaften noch ganz abgesehen.

Die Menschen, die in die urbanen Zentren zuzogen, bewahrten noch die bäuerliche Mentalität und die Tatsache, dass in Albanien die kommunistischen Führer gewalttätiger als anderswo ihre Vorstellung von der Moderne durchzusetzen versuchten, bedeutete nicht, dass die „Tradition" gänzlich verschwand. Die meisten Stadtbewohner, die vom Lande stammten, hielten am neuen Ort zwar kein Vieh wie in Bulgarien,[26] um die Mängel bei der Lebensmittelversorgung zu kompensieren; aber das war in erster Linie auf die engen Wohnverhältnisse in den Plattenbauten zurückzuführen, nicht etwa auf besondere Erfolge im Bereich der Erziehungsarbeit oder weil die Versorgung in Albanien besser gewesen wäre. Nichtsdestoweniger fand ein grundlegender Wandel im Bereich der Bildung und der Massenmedien, der Rolle der Frau im Familienleben sowie der Bedeutung von Religion im Alltag statt. Als von Seiten der Machthaber ungewollte Folge ihres Kontrollsystems wurde Mobilität viel mehr geschätzt und die Vernachlässigung der Konsumindustrie durch die kommunistischen Führer hatte eine besondere Wertschätzung der Konsumwaren zur Folge, was von den Regierenden nicht gern gesehen wurde. Da für sie die Förderung der Schwerindustrie entscheidende Priorität besaß, musste der Konsum fast zwangsläufig vernachlässigt werden.

Die Albaner mussten die Mangelfolgen dieser wirtschaftspolitischen Grundsatzentscheidung aufgrund des stalinistischen Charakters des Systems intensiver erleben als die Bürger in jedem anderen Land des Ostblocks. Die PAA-Führung, vor allem Hoxha persönlich, wollte durch jede Verästelung ihrer Herrschaft das Land unter Kontrolle halten, um ihre Vorstellungen von einer Veränderung der Rolle Albaniens in der Welt in sozialökonomischer Hinsicht zu erreichen. Albanien sollte nicht nur ein Rohstofflieferant sein, sondern eine Verarbeitungsindustrie besitzen mit klassenbewußten Arbeitern, die ein Vorbild für den neuen Menschen abgeben sollten. Eine gezielte Propaganda verbunden mit Aussichten auf sozialen Aufstieg sollte die Menschen mobilisieren, wobei die Androhung von Repression allgegenwärtig war. Dabei sollte nie vergessen werden, dass es im Bedarfsfall keineswegs bei der bloßen Androhung blieb. Eine Förderung der Konsumindustrie oder der Landwirtschaft wurden zugunsten der Schwerindustrie vernachlässigt. In der Arbeitswelt versuchte man vor allem durch Aktionseinsätze oder Kampagnenaufrufe entstandene Defizite und Rückschläge wettzumachen. Bis in die letzten Atemzüge des Regimes wurde auf vermeintliche Klassenfeinde hingewiesen. Misserfolge wurden häufig durch angebliche Sabotage zu rechtfertigen versucht. Die meisten Menschen lernten aller-

[26] Brunnbauer, „Die sozialistische Lebensweise", 304.

dings unter solchen Umständen zu leben. Sprachliche Floskeln wurden teilweise verinnerlicht, teilweise übernommen, wenn sie dem Eigeninteresse dienlich waren. Der Glaube an Ideale war vor allem bei der älteren Generation vorhanden, welcher die schwierigen Verhältnisse der Zeit vor 1944 bewusst waren. Solche Umstände, verbunden mit einem patriarchalischen Hoxha-Kult und anderen schon erwähnten Instrumenten, trugen zwar zur Stabilisierung des Regimes bei. Aber die Verschlechterung der wirtschaftlichen Lage verbunden mit einer Veränderung der politischen Situation in Europa bereiteten dem Regime dann doch ein Ende, wenn auch nicht so rasch wie in den anderen Staaten des sozialistischen Lagers.

Albanien war in Ostmittel- und Südosteuropa mit klarem Abstand – ziemlich genau um ein Jahr – das letzte Land, in welchem das kommunistische Regime gestürzt wurde. Der Umsturz immerhin geschah bei Weitem weniger blutig, als viele es sich vorgestellt hatten.[27] Wenn man die Art und Weise betrachtet, wie die kommunistischen Führer herrschten und untergingen, kommt einem unwillkürlich Canettis Ausspruch in den Sinn: „Wenn die Gewalt sich mehr Zeit lässt, wird sie zur Macht. Aber [...] im Augenblick der Entscheidung und Unwiderruflichkeit, ist sie wieder reine Gewalt."[28] Offenbar sahen die Nachfolger Hoxhas die Sinnlosigkeit der PAA-Wirtschaftspolitik und einer fortdauernden Isolierung ein, weshalb sie im entscheidenden Moment nicht eine systematische Niederschlagung der Proteste beschlossen, sondern das Machtmonopol offiziell allmählich übergaben.

Das neue System brachte Veränderungen mit sich, die für viele Menschen, die in der Vergangenheit gelernt hatten, sich mit dem Regime zu arrangieren, bedrohlich wirkten und eine ungewisse Zukunft ankündigten, deren Spielregeln der Mehrheit unbekannt waren. Institutionalisierte Lebensläufe lösten sich auf und viele vorherige politische Axiome erwiesen sich als Mythen. Mit der Marktwirtschaft zog auch die Arbeitslosigkeit als unübersehbares Phänomen in die Gesellschaft ein, was für die Arbeiter nicht unbedingt eine Zunahme ihrer sozioökonomischen Autonomie bedeutete. In den Jahren seitdem hat sich die Leichtindustrie mittlerweile erholt und der graue Alltag der siebziger und achtziger Jahre, als die zwangsweise autofreien Straßen von Fußgängern und Fahrradfahrern beherrscht wurden, die relativ einheitlich bekleidet waren, ist nur noch ein Bild der Vergangenheit. Aber während einst die ausländische Wirtschaftshilfe für den Aufbau kapitalintensiver Industrien vergeudet wurde, kann man bis heute nicht behaupten, dass die albanische Wirtschaft sich selbst tragen kann. Das Land hat zwar wirtschaftlich und in Sachen der Infrastruktur große Fortschritte gemacht, aber die Staatsschulden betrugen

[27] Siehe dazu Schmidt-Neke, Innenpolitik, 82 – 84. Ausführlichere Informationen dazu gibt es beispielsweise bei Fred C. Abrahams, Modern Albania: From Dictatorship to Democracy in Europe. New York 2015, 31 – 110; Vickers / Pettifer, Albania: From Anarchy to a Balkan Identity.

[28] Elias Canetti, Masse und Macht. Frankfurt am Main[27] 2001, 335.

2017 infolge des geringen Wirtschaftswachstums 71,8 Prozent;[29] dies bei einem BIP pro Kopf, das nur ca. 47 Prozent des weltweiten Durchschnitts aufweist.[30] Die in der erneuten Transformation aufgekommenen soziopolitischen Arrangements sind nicht unbedingt der Demokratie förderlich, was man auch daran merkt, dass Reformen, die gesellschaftlich ebenso notwendig sind wie für den nun schon seit Jahren angestrebten EU-Beitritt, nur schleppend vorankommen.

Eine solche Entwicklung fördert die Nostalgie bei vielen Menschen, welche die meiste Zeit ihres Lebens unter dem Realsozialismus verbracht haben. Das ist auch bei mehreren meiner Gesprächspartner herauszuhören. Dabei lässt sich dieses Gefühl nur unzureichend daran festmachen, was ihre einstige Position im System gewesen ist.[31] Nicht anders als im Russland des neuen Jahrtausends[32] hat die Nostalgie vor allem mit Erinnerungen von älteren Menschen zu tun, die ihre Jugend auf den Großbaustellen des Sozialismus verbracht hatten. Vorab sind es Menschen, die sich in ihrem Rentenalter unsicher und um die Früchte ihrer Jugend betrogen fühlen und Werte vermissen, die sie mit dem Kommunismus verbanden und schätzten, obwohl sie sich in ihrer eigenen Realpraxis auch einst nicht unbedingt danach verhalten haben. In der heutigen Zeit der Individualität und des Wettbewerbs sehnen sie sich nach dem Kollektivgefühl und der Zukunftsgewissheit, die den Bürgern durch die sozialistischen Normbiographien oktroyiert und geboten worden waren. Während sie als Arbeiter in der Zeit der PAA-Herrschaft aufgrund ihrer Herkunft und ihrer Tätigkeit als Vorbilder betrachtet worden waren, sind sie heute mit dem Zusammenbruch der Schwerindustrie in der Anonymität versunken. Die meisten der Befragten beteuerten überdies die Vorzüge der sozialistischen Politik im Bereich der Bildung, was auch tatsächlich eines der wenigen Verdienste der PAA ist, da das Land nach dem Zerfall des Sozialismus wirklich über eine nicht nur im Vergleich zur früheren Vergangenheit des Landes gut ausgebildete Bevölkerung verfügte.

Die hier zu Ende gehende Fallstudie über Elbasan machte es mir nicht nur möglich, ein Stück Unternehmensgeschichte zu schreiben, sondern zugleich einen Beitrag zur Erforschung der Arbeitergeschichte zu leisten. Beide Genres befinden sich in Albanien noch in den Anfängen, weshalb über Impulse aus dem Ausland der albanischen Geschichtsschrei-

[29] CIA – The World Factbook, unter https://www.cia.gov/library/publications/the-world-factbook/geos/al.html, am 25.10.2019 zuletzt aufgerufen.

[30] Siehe Länderdaten.info, unter https://www.laenderdaten.info/Europa/Albanien/wirtschaft.php, am 28.9.2019 zuletzt aufgerufen.

[31] In einer Umfrage, die 2016 geführt wurde, stellten Vertreter der OSZE fest, dass 52 der befragten Albaner positiv über Enver Hoxha denken. Vor allem Menschen über 55 Jahren äußerten sich über ihn positiv, während diejenigen, die unter 35 Jahre alt waren, ihm gegenüber mehrheitlich negativ eingestellt waren. Vgl. Anketa e OSBE / Shifrat që të habisin, 52 % e shqiptarëve e duan Enver Hoxhën [Umfrage der OSZE / Ziffern, die einen verblüffen: 52 Prozent der Albaner mögen Enver Hoxha], *Balkanweb,* 6.12.2016, unter https://balkanweb.com/anketa-e-osbe-shifrat-qe-te-habisin-52-e-shqiptareve-e-duan-enver-hoxhen//, am 28.9.2019 zuletzt aufgerufen.

[32] Orlando Figes, The Whisperers: Private Life in Stalin's Russia. London 2007, 785 f.

bung neue Anregungen gegeben werden können. Dabei standen für mich nicht das Unternehmen im Mittelpunkt, sondern vor allem die Arbeiter, da über sie auch die Geschichte des Kombinats verfolgt werden konnte.[33] Bei gewissen Themen konnte ich aufgrund der Unvollständigkeit oder Nichtverfügbarkeit der Quellen nur eine begrenzte Einsicht gewinnen. Es ist mir bewusst, dass es dazu noch weiterer Forschung bedarf: Zum Aspekt des Klassenkampfes, der Repression und der Stimmungen im Stahlwerk wären die Berichte der Sigurimi besonders hilfreich, damit wir zu den staatlichen Repressionsmaßnahmen und ihren konkreten Ergebnissen noch mehr Erkenntnisse gewinnen und unsere Vorstellung zum stalinistischen Charakter des albanischen Sozialismus bereichern können. Natürlich kann man auch die Aussagekraft meiner mündlichen Interviews relativieren, da bei einer solch großen Belegschaft wie derjenigen von „Der Stahl der Partei" die Repräsentativität der Antworten immer im Zweifel stehen wird. Und das jeweilige Interview wird gewiss immer auch von der subjektiven Beziehung der Kommunikationspartner beeinflusst.

Es wird also weitere Untersuchungen durch andere Forscherinnen und Forscher brauchen, um die vielen Fragen zu beantworten, deren fundierte Beantwortung ein einigermaßen umfassendes Bild vom albanischen Stalinismus ergeben könnte. In Albanien neigt man dazu, alle Taten des Sozialismus auf Enver Hoxha zurückzuführen und die anderen Führungsfiguren und erst recht strukturelle Faktoren auszublenden. Sowohl eine wissenschaftlich fundierte Biographie von Enver Hoxha als auch Biographien seines engsten Kreises wären notwendig, um die kommunistische Elite und die Entscheidungskette innerhalb der Führung besser nachzuvollziehen. Studien, die sich mit dem Personal von zentralen Behörden und einer erweiterten Institutionengeschichte beschäftigen, wären genauso hilfreich und wichtig, vor allem mit demjenigen und derjenigen des Repressionsapparates. Dessen Erbschaft wurde bis zum Inkrafttreten des Gesetzes zur öffentlichen Zugänglichkeit der Akten durch die Sperre des gesamten Archivs des Innenministeriums, auch seiner mehrere Jahrzehnte alten Bestände, und mittlerweile durch neue bürokratische Hindernisse sicher nicht ohne Anlass vor historiographischen „Spürarbeiten" bis heute in bestürzend effektiver Form geschützt.[34] Andere Forschungsschritte wären aber schon sehr wohl möglich: Arbeiten, die sich beispielsweise mit der Entwicklung des Kul-

[33] Vgl. Jajeśniak-Quast, Stahlgiganten in der sozialistischen Transformation, 312 f.

[34] Der deutsche Historiker Christoph Dieckmann, der 2019 anlässlich einer Studienreise in Albanien war, berichtet von seiner Erschütterung, als er erfahren hatte, dass seit dem Inkrafttreten des Gesetzes zur Zugänglichkeit der Sigurimi-Akten 2019 die zuständige Behörde für die Akten erst 1.500 Anträgen zu deren Einsichtnahme stattgegeben hatte. Die Vereine der Opfer des Kommunismus würden das Gesetz als „Demagogie" bezeichnen. Enver Robelli, Historiani gjerman: Enver Hoxha e shndërroi Shqipërinë në vend invalid, por për krimet e regjimit të tij s'flet askush, as nuk dënohet askush [Der deutsche Historiker: Enver Hoxha machte aus Albanien ein verkrüppeltes Land, aber über die Verbrechen seines Regimes spricht niemand und es wird niemand verurteilt, VOAL.ch, 19.9.2019, unter https://www.voal.ch/historiani-gjerman-enver-hoxha-e-shnderroi-shqiperine-ne-vend-invalid-por-per-krimet-e-regjimit-te-tij-sflet-askush-nuk-denohet-askush/, am 28.9.2019 zuletzt aufgerufen.

turlebens auseinandersetzen oder mit der Untersuchung gesellschaftlicher Schichten, insbesondere mit der Bauernschaft, die die Hauptlast für alle Projekte der PAA-Führung tragen musste, wären sehr fruchtbringend, um den albanischen realsozialistischen Alltag zuverlässiger als bisher zu schildern. Kurzum, die zeitgenössische Forschung zum albanischen Realsozialismus befindet sich noch in ihren Anfängen, was ins Positive gewendet umso mehr interessante Ergebnisse verspricht. Zu diesen Anfängen etwas beigetragen zu haben, ist meine Hoffnung und Zuversicht.

Verzeichnis und Beschreibung der Abbildungen

Verzeichnis der Tabellen

Abkürzungsverzeichnis

AGB	Kodi i Punës = Arbeitsgesetzbuch
AQSh	Arkivi Qendror Shtetëror = Staatliches Zentralarchiv [Tiranë]
AShVE	Arkivi Shtetëror Vendor i Elbasanit = Staatliches Regionalarchiv von Elbasan
BGSh	Bashkimi i Grave të Shqipërisë = Verband der Frauen Albaniens
BPSh	Bashkimet Profesionale = Gewerkschaft Albaniens
BRPSh	Bashkimi i Rinisë së Punës së Shqipërisë = Verband der Jugend der Arbeit Albaniens
DPA	Partia Demokratike e Shqipërisë = Demokratische Partei Albaniens
EKO	Eisenhüttenkombinat-Ost
ISPM	Instituti i Studimeve dhe Projektimeve Metalurgjike = Institut für Metallurgische Studien und Entwürfe
KP	Kommunistische Partei
KPCh	Kommunistische Partei Chinas
KQ	Komiteti Qendror = Zentralkomitee
KuP	Kuvendi Popullor = Volksversammlung
Mio.	Million, Millionen
NShFP	Ndërmarrja Shtetërore e Furnizimit të Punëtorëve = Staatliches Unternehmen für Arbeiterversorgung
PAA	Partia e Punës e Shqipërisë = Partei der Arbeit Albaniens
RGW	Rat für Gegenseitige Wirtschaftshilfe
SESA	Shoqëri Elektrike Shqiptare Anonime = Anonyme Albanische Gesellschaft für Elektrizität
SIMSA	Società Italiana delle Miniere di Selenizza-Albania = Italienische Gesellschaft für die Bergwerke von Selenicë (Albanien)
ShLU	Shkollat e Lira Ushtarake = Freie Militärschulen
SPK	Komisioni i Planit të Shtetit = Staatliche Planungskommission
SR	Self-reliance
UNRRA	United Nations Relief and Rehabilitation Administration
VRA	Volksrepublik Albanien
ZK (auch KQ)	Komiteti Qendror = Zentralkomitee

Quellen- und Literaturverzeichnis

Verzeichnis der benutzten Archivbestände

Arkivi Qendror Shtetëror (AQSh) [Zentrales Staatsarchiv], die Fonds:

14	Komiteti Qendror i PPSh [Zentralkomitee der PAA]
482	Presidiumi i Kuvendit Popullor [Präsidium der Volksversammlung]
490	Këshilli i Ministrave [Ministerrat]
492	Prokuroria e Përgjithshme [Generalstaatsanwaltschaft]
495	Komisioni i Planit të Shtetit [Staatliche Planungskommission]
496	Ministria e Industrisë dhe e Minierave [Ministerium für Industrie und Bergbau]
499	Ministria e Ndërtimit [Bauministerium]
502	Ministria e Ekonomisë Komunale [Ministerium der Kommunalwirtschaft]
503	Ministria e Tregtisë [Handelsministerium]
657	Bashkimet Profesionale [Berufsgenossenschaften / Gewerkschaft]

Arkivi shtetëror vendor i Elbasanit (AShVE) [Staatliches Regionalarchiv von Elbasan], die Fonds:

13, 873	Komiteti i partisë së kombinatit metalurgjik [Parteikomitee des Stahlwerks]
keine Fondnr.:	Komiteti ekzekutiv i Elbasanit [Exekutivkomitee von Elbasan]
keine Fondnr.:	Komiteti i partisë i degës së punëve të brendshme Elbasan [Parteikomitee der Zweigstelle für Innere Sicherheit in Elbasan]

Als Quellen verwendete Periodika

Albanien heute (Tiranë)
Arësimi popullor [Die Volksbildung] (Tiranë)
Ekonomia popullore [Die Volkswirtschaft] (Tiranë)
Gazeta Zyrtare [Die Amtszeitung] (Tiranë)
Metalurgu [Der Metallurg] (Elbasan)
Ndërtuesi [Der Erbauer] (Tiranë)
Neues Albanien (Tiranë)

Nëndori/Nëntori [Der November] (Tiranë)
Probleme ekonomike [Wirtschaftliche Probleme] (Tiranë)
Puna [Die Arbeit] (Tiranë)
Rilindja demokratike [Die demokratische Wiedergeburt] (Tiranë)
Rruga e Partisë [Der Weg der Partei] (Tiranë)
Shëndeti [Die Gesundheit] (Tiranë)
Shkumbini [Der Shkumbin] (Elbasan)
Shqipëria e re [Das neue Albanien] (Tiranë)
Shqiptarja e re [Die neue Albanerin] (Tiranë)
Studia albanica (Tiranë)
Studime historike [Historische Studien] (Tiranë)
Tribuna ekonomike shqiptare [Die albanische Wirtschaftstribüne] (Tiranë)
Wissenschaftlicher Dienst Südosteuropa (München)
Ylli [Der Stern] (Tiranë)
Zëri i popullit [Die Stimme des Volkes] (Tiranë)
Zëri i rinisë [Die Stimme der Jugend] (Tiranë)

Zeitgenössische Veröffentlichungen und wissenschaftliche Editionen

Albaniens Mineralölexporte, *Wissenschaftlicher Dienst Südosteuropa* 12 (1964), H. 3, 44f.

Albanische Wirtschafts-Statistiken, *Wissenschaftlicher Dienst Südosteuropa* 11 (1963), H. 2/3, 37–39.

Alia, Ramiz: Fjalime e biseda [Reden und Gespräche]. Bd. 1. Tiranë 1986.

Altmann, Franz-Lothar (Hg.): Albanien im Umbruch. Eine Bestandsaufnahme. München 1990 (Untersuchungen zur Gegenwartskunde Südosteuropas, 28).

Angjeli, Kristaq: Comment entendre le mode socialiste de vie en Albanie, *Studia Albanica* 13 (1977), H. 1, 23 28.

Anuari statistikor i R.P.Sh. 1961 [Statistisches Jahrbuch der VRA 1961]. Tiranë 1962.

Backer, Berit: Self-Reliance under Socialism. The Case of Albania, *Journal of Peace Research* 19 (1982), H. 4, 355–367.

Banja, Hasan / Toçi, Veniamin: Das sozialistische Albanien auf dem Weg der Industrialisierung. Tiranë 1978.

Bardhoshi, Besim: The Economic and Social Development of the People's Republic of Albania during Thirty Years of People's Power. Tiranë 1974.

Ders., Probleme të planifikimit dhe te zhvillimit të ekonomisë së planifikuar në R. P. Sh. [Probleme der Planung und der Entwicklung der Planwirtschaft in der VRA]. Tiranë 1965.

BARTL, Peter: Lohnnivellierung in Albanien, *Wissenschaftlicher Dienst Südosteuropa* 24 (1976), H. 5/6, 121.

BOCIURKIW, Bohdan R./STRONG, John W. (Hgg.): Religion and Atheism in the USSR and Eastern Europe. London u. a. 1975.

BRAUMANN, Friedhelm: China, in: MIELKE (Hg.), Internationales Gewerkschafts- Handbuch, 301–312.

ÇARÇANI, Adil: Raport për direktivat e Kongresit të 9-të të Partisë për planin e tetë pesëvjeçar të zhvillimit të ekonomisë e të kulturës të RPSSH për vitet 1986–1990 [Bericht über die Direktiven des 9. Parteikongresses für den achten Fünfjahresplan für die wirtschaftliche und kulturelle Entwicklung der SVRA für die Jahren 1986–1990], in: Kongresi i 9-të i PPSH, 3-8 nëntor 1986 (Përmbledhje materialesh) [Der 9. Kongress der PAA, 3.–8. November 1986 (Materialsammlung)]. Tiranë 1986, 237–250.

ÇAUSHI, Tefik: L'art massif et la culture artistique en Albanie, Studia Albanica 13 (1977), H. 1, 29–34.

ÇELIKU, Hajredin: Punë më të mëdha ju presin. Dhe ju do t'i bëni [Größere Aufgaben warten auf Euch. Ihr werdet sie erfüllen!], in: Hysni LITA / Petrit YMERI (Hgg.), Kujtime për Enverin [Erinnerungen an Enver]. Bd. 1. Tiranë 1988, 47–58.

DODE, Petro: Të njohim dhe të zbatojmë drejt metodologjinë e planifikimit të ekonomisë sonë Socialiste [Lernen wir die Methodologie der Planung unserer Wirtschaft kennen und wenden sie richtig an], *Probleme Ekonomike* 25 (1978), H. 4, 9–34.

Dokumenta kryesore të PPSH [Wichtige Dokumenten der PAA]. Bd. 5. Tiranë 1974.

Dokumenta kryesore të PPSH [Wichtige Dokumenten der PAA]. Bd. 3. Tiranë 1970.

Dekret mbi një ndryshim në ligjin nr. 4624 datë 24.12.1969 „Mbi sistemin e ri arsimor" [Erlass zu einer Änderung am Gesetz Nr. 4624 des 24.12.1969 „Über das neue Bildungssystem"], *Gazeta Zyrtare* 29 (1974), H. 5, 67.

Dekret mbi detyrimin e specialistëve të rinj për të punuar në vendet ku caktohen [Erlass über die Verpflichtung junger Spezialisten zum Antreten der Arbeitsstellen, die für sie bestimmt werden], *Gazeta Zyrtare* 28 (1973), H. 6, 100f.

Ekonomia politike (Socializmi) [Politische Ökonomie (Sozialismus)]. Tiranë 1986.

Elbasani – Almanak [Elbasan - Almanach]. Tiranë 1981.

FERGE, Zsuzsa: A Society in the Making: Hungarian Social and Societal Policy 1945–75. Harmondsworth 1979.

FISHTA, Iljaz / TOÇI, Veniamin: Gjendja ekonomike e Shqipërisë në vitet 19121944, prapambetja e saj, shkaqet e pasojat [Die ökonomische Lage Albaniens in den Jahren 1912–1944, seine Rückständigkeit, die Ursachen und die Folgen]. Tiranë 1983.

FITZPATRICK, Sheila: War and Society in Soviet Context: Soviet Labor before, during and After World War II, *International Labor and Working-Class History* 35 (1989), 37–52.

Fjalor i filozofisë [Wörterbuch der Philosophie]. Tiranë 1982.

Fjalor i gjuhës së sotme shqipe [Wörterbuch des heutigen Albanisch]. Tiranë 1980.

GALTUNG, Johan: Eine strukturelle Theorie des Imperialismus, in: Dieter SENGHAAS (Hg.), Imperialismus und strukturelle Gewalt. Analysen über abhängige Reproduktion. Frankfurt/M. 1972, 29–104.

Geschichte der Partei der Arbeit Albaniens. Tirana 1971.

Historia e Partisë së Punës të Shqipërisë [Geschichte der Partei der Arbeit Albaniens]. Tiranë 1971.

History of the Party of Labor of Albania. Tiranë 1971.

HAKO, Hulusi: Ateizmi shkencor [Der wissenschaftliche Atheismus]. Tiranë 1983.

HÖCKER-WEYAND, Christine: Das albanische Zivilrecht: Zivilgesetzbuch – Familiengesetzbuch – Arbeitsgesetzbuch, in: ALTMANN (Hg.), Albanien im Umbruch, 97–117.

HÖHMANN, Hans-Hermann (Hg.): Partizipation und Wirtschaftsplanung in Osteuropa und der VR China. Stuttgart 1980.

HORN, Hannelore: Sowjetunion (UdSSR), in: MIELKE (Hg.), Internationales Gewerkschafts-Handbuch, 1007–1021.

DIES.: Gewerkschaften in staatssozialistischen Ländern Osteuropas, in: MIELKE (Hg.), Internationales Gewerkschafts-Handbuch, 85–101.

HOXHA, Enver: Shqipëria ecën e sigurt përpara pa iu trembur syri [Albanien schreitet sicher und ohne Furcht voran] (8.12.1978), in: DERS., Vepra [Werke]. Bd. 68. Tiranë 1989, 410–459.

DERS.: Të mbajmë të pastër edukatën dhe moralin tonë proletar [Wir sollten unsere proletarische Erziehung und Moral reinhalten] (24.10.1977), in: DERS., Vepra [Werke]. Bd. 62. Tiranë 1988, 229–252.

DERS.: Raport në Kongresin e 7-të të PPSh [Bericht beim 7. Parteitag der PAA] (1.11.1976), in: DERS., Vepra [Werke]. Bd. 62. Tiranë 1988, 1–283.

DERS.: Minatorët e metalurgët janë pjesa më e fortë e klasës punëtore [Die Berg- und Metallarbeiter sind die stärkste Kraft der Arbeiterklasse] (28.5.1970), in: DERS., Vepra [Werke]. Bd. 43. Tiranë 1984, 271–295.

DERS.: Teza për shkollën e lirë ushtarake [Thesen zur Freien Militärschule] (5.3.1970), in: DERS., Vepra [Werke]. Bd. 43. Tiranë 1984, 1–16.

DERS.: Mbi luftën kundër zakoneve prapanike [Über den Kampf gegen die rückständigen Sitten] (31.1.1969), in: DERS., Vepra [Werke]. Bd. 40. Tiranë 1983, 101–112).

DERS.: Të forcojmë më tej kooperativat bujqësore të malësisë [Wir sollten die Genossenschaften im Hochland stärken], (24.3.1967), in DERS., Vepra [Werke]. Bd. 35. Tiranë 1982, 163–184.

DERS.: Revolucionarizimi i mëtejshëm i Partisë dhe i pushtetit [Die weitere Revolutionierung der Partei und der Macht] (6.2.1967), in: DERS., Vepra [Werke]. Bd. 35. Tiranë 1982, 1–55.

DERS.: Die Chruschtschowianer. Erinnerungen. Tiranë 1980.

DERS.: Shënime për Kinën [Betrachtungen über China]. 2 Bde. Tiranë 1979.

DERS.: Rinia forcë e madhe për ndërtimin e socializmit [Die Jugend – eine große Kraft für den Aufbau des Sozialismus] (4.4.1965), in: DERS., Vepra [Werke]. Bd. 29. Tiranë 1979, 289–304.

DERS.: Mbi rendimentin e disiplinën proletare në punë [Über die Arbeitsproduktivität und die proletarische Disziplin während der Arbeit. Vortrag gehalten beim 9. Plenum am 27.12.1969], in: DERS., Aspekte të revolucionit dhe të ndërtimit socialist [Aspekte der Revolution und des sozialistischen Aufbaus]. Bd. 2. Tiranë 1978, 701–716.

DERS.: Edukimi i punonjësve me moralin komunist është problem kyç [Die Erziehung der Werktätigen gemäß der kommunistischen Moral ist eine Schlüsselangelegenheit] (9.7.1964), in: DERS., Vepra [Werke]. Bd. 27. Tiranë 1978, 243–287.

DERS.: Të mësojmë përditë dhe dijen ta vëmë në shërbim të popullit [Lernen wir tagtäglich Und stellen unser Wissen dem Volke zu Dienste] (3.5.1961), in: DERS., Vepra [Werke]. Bd. 21. Tiranë 1976, 1–10.

DERS.: Raport në Kongresin IV. të PPSh „Mbi aktivitetin e Komitetit Qendror të PPSh" [Bericht vor dem 4. Parteitag der PAA über die Tätigkeit des Zentralkomitees] (13.2.1961), in: DERS., Vepra [Werke]. Bd. 20. Tiranë 1976, 79–292.

Ders.: Me vullnet të çeliktë minatorët kapërcejnë çdo vështirësi [Mit stählernem Willen überwinden die Bergarbeiter jedes Hindernis] (2.6.1960), in: DERS., Vepra [Werke]. Bd. 18. Tiranë 1975, 320–330.

DERS.: Über die internationale Lage und die Aufgaben der Partei (13.2.1957), in: DERS., Ausgewählte Reden und Aufsätze. Dortmund 1974.

DERS.: Raport mbi veprimtarinë e Komitetit Qendror të Partisë së Punës të Shqipërisë. Mbajtur në Kongresin VI. të PPSh [Bericht über die Tätigkeit des Zentralkomitees der Partei der Arbeit Albaniens. Vorgetragen auf dem VI. Parteitag der PAA]. Tiranë 1971.

DERS.: Programi i qeverisë së parë të Republikës Popullore të Shqipërisë, paraqitur para Kuvendit Popullor të RPSh [Programm der ersten Regierung der Volksrepublik Albanien, vorgestellt der Volksversammlung der VRA] (24.3.1946), in: DERS., Vepra [Werke]. Bd. 3. Tiranë 1969, 298–319.

DERS.: Raport i mbajtur në Plenumin V. të Komitetit Qendror të PKSh [Bericht beim V. Plenum des Zentralkomitees der KPA] (21.2.1946), in: DERS., Vepra [Werke]. Bd. 3. Tiranë 1969, 245–290.

DERS.: Tezat për rishikimin e Plenumit II. të KQ të PPSh [Thesen zur Nachprüfung der Arbeit des II. Plenums der ZK der PAA] (9.6.1946), in: DERS., Vepra [Werke]. Bd. 3. Tiranë 1969, 361–395.

DERS.: Raport i mbajtur në Plenumin IV. të Komitetit Qendror të PKSh [Bericht beim IV. Plenum des Zentralkomitees der KPA] (17.10.1945), in: DERS., Vepra [Werke]. Bd. 3. Tiranë 1969, 127–165.

DERS.: Die PAA im Kampf für den Sozialismus. Rede auf der Feier des 10. Jahrestages der PAA am 8.11.1951. Berlin 1953.

HUTCHINGS, Raymond: The Infrastructure of the Albanian Economy, in: ALTMANN (Hg.), Albanien im Umbruch, 139–170.

DERS.: Albanian Industrialization: Widening Divergence from Stalinism, in: Roland SCHÖNFELD (Hg.), Industrialisierung und gesellschaftlicher Wandel in Südosteuropa. München 1989, 109–124.

KABASHI, Kujtim: Edukimi i rinisë në luftën kundër shfaqjeve të ideologjisë borgjeze-fetare, detyrë e përherschme e shkollës dhe e organizatës së rinisë [Die Erziehung der Jugend für den Kampf gegen Erscheinungen der religiösen und bürgerlichen Ideologien, eine Daueraufgabe der Schule und der Jugendorganisation], *Arësimi Popullor* 18 (1971), H. 3, 109–121.

KARECO, Theodhor: Shqipëria në rrugën e ndërtimit të bazës materialo-teknike të socializmit [Albanien auf dem Weg zum Aufbau der materiell-technischen Grundlagen des Sozialismus]. Tiranë 1973.

KASER, Michael: Trade and Aid in the Albanian Economy, in: East European Economies Post-Helsinki. A Compendium of Papers. Washington 1977, 1325–1340.

DERS.: Albania under and after Enver Hoxha, in: East European Economies: Slow Growth in the 1980's. Selected Papers. Washington 1986 (Country Studies on Eastern Europe and Yugoslavia, 3), 1–30.

KOLEVICA, Petraq: Arkitektura duhet të ecë përpara [Die Architektur muss vorwärtsschreiten], *Nëndori* 17 (1971), H. 6, 45–49.

KOÇI, Donika: Të njohim dispozitat e Kodit të Punës [Machen wir uns bekannt mit den Verfügungen des Arbeitsrechts], *Ndërtuesi* 22 (1980), H. 4, 3–5.

KOLI, Robert: Disa probleme të rritjes së efektivitetit të prodhimit në Kombinatin Metalurgjik „Çeliku i Partisë“ [Einige Aspekte der Effizienzerhöhung im Stahlwerk „Der Stahl der Partei“], *Probleme Ekonomike* N.S. 2=31 (1984), H. 4, 71–77.

Kongresi IV. i PPSH [Der IV. Parteitag der PAA]. Tiranë 1961.

Kongresi i 9-të i PPSH, 3–8 nëntor 1986 (Përmbledhje materialesh) [Der 9. Kongress der PAA, 3.–8. November 1986 (Materialiensammlung)]. Tiranë 1986.

KUMBARO, Hajredin: Siderurgjia – Etapë e re në industrinë tonë [Die Metallurgie – eine neue Phase unserer Industrie], *Shkenca dhe Jeta* 6 (1971), 18–21.

Kushtetuta e Republikës Popullore Socialiste të Shqipërisë [Die Verfassung der Sozialistischen Volksrepublik Albanien], *Gazeta Zyrtare* 31 (1976), H. 5, 75–104.

LANGE, Klaus: Grundzüge der albanischen Außenpolitik. München 1973.

LENDVAI, Peter: Das einsame Albanien. Reportage aus dem Land der Skipetaren. Zürich 1985.

LENIN, Wladimir I.: Über die Gewerkschaften, die gegenwärtige Lage und die Rede Trotzkis (30.12.1920), in: DERS.: Werke. Bd. 32. Berlin 1982, 1–26.

DERS.: Unsere außen- und innenpolitische Lage und die Aufgaben der Partei, in: DERS., Werke. Bd. 31. Essen 1966, 402–422.

Ligj për masat parandaluese kundër personave që paraqesin rrezik për rendin publik [Gesetz über Vorbeugemaßnahmen gegenüber Personen, die eine Gefahr für die öffentliche Ordnung darstellen], *Gazeta Zyrtare* 45 (1990), H. 3, 91–94.

LIPP, Wolfgang, Art. Herrschaftswissen, in: Historisches Wörterbuch der Philosophie. Bd. 3. Basel 1974, Sp. 1099f.

MARMULLAKU, Ramadan: Albania and the Albanians. London 1975.

MASOTTI-CRISTOFOLI, Angelo: Albania's Economy Between the Blocks, in: SCHÖNFELD (Hg.), Reform und Wandel in Südosteuropa, 285–304.

Materializmi Dialektik e Historik. [Der dialektische und historische Materialismus 2]. Bd. 2. Tiranë 1983.

Mbi sigurimin dhe sistemimin e fuqisë punëtore [Weisung zur Rekrutierung und Beschäftigung der Arbeitskräfte], *Gazeta Zyrtare* 19 (1964), H. 8, 197–201.

MELE, Misto: Urbanistika dhe Kultura [Die Urbanistik und die Kultur], *Nëndori* 17 (1971), H. 6, 32–35.

MENAHMEN, Marko u. a.: Mbi prodhimin e koksit me qymyre vendi [Über die Produktion von Kokskohle mit heimischer Kohle], *Probleme ekonomike* 25 (1978), H. 3, 76–88.

MEYER, Jan: Partizipation und Wirtschaftssystem der VR China, in: HÖHMANN (Hg.), Partizipation und Wirtschaftsplanung in Osteuropa und der VR China, 207–280.

MIELKE, Siegfried (Hg): Internationales Gewerkschafts-Handbuch. Opladen 1983.

MISJA, Vladimir u. a.: Popullsia e Shqipërisë. Studim demografik [Die Bevölkerung Albaniens. Demographische Studie]. Tiranë 1987.

DERS.: Baza materialo-teknike dhe efektiviteti i investimeve ne industri [Die materiell-technische Basis und die Effizienz der Industrieinvestitionen]. Tiranë 1983.

DERS.: Krijimi dhe zhvillimi i industrisë në RPSh [Die Entstehung und Entwicklung der Industrie in der VRA]. Tiranë 1972.

DERS.: Ekonomia e industrisë në RPSh [Die Industriewirtschaft in der VRA]. Tiranë 1963.

MISHA, Kristaq: Lëvizja punëtore në Shqipëri [Die Arbeiterbewegung in Albanien]. Tiranë 1970.

MOSKO, Sokrat / SUKAJ, Isuf: Vështrim mbi arkitekturën e shtëpive dhe pallateve të kulturës [Ein Blick auf die Architektur der Kulturhäuser und -paläste], *Nëntori* 6 (1985), 49–72.

MYRSELI, Qemal: Kultura masive – sektor i rëndësishëm i veprimtarisë së organizatave të Partisë [Die Massenkultur – wichtiger Sektor der Tätigkeit der Parteiorganisationen], *Rruga e Partisë* 23 (1977), H. 2, 74–83.

NEZIRI, Bukurosh: Përvoja e punonjësve tanë të transportit në ndihmë të plotësimit të detyrave të planit të ndërmarrjes [Die Erfahrung unserer Transportarbeiter als Hilfe zur Planerfüllung des Betriebs], *Ndërtuesi* 29 (1987), H. 4, 4–6.

PAPAJORGJI, Harilla: Struktura socialklasore e klasës punëtore [Die soziale Klassenstruktur der Arbeiterklasse]. Tiranë 1985.

PEJO, Pali: Lufta e PPSh për ndërtimin e bazës ekonomike të socializmit [Der Kampf der PAA für den Aufbau der wirtschaftlichen Basis des Sozialismus]. Tiranë 1974.

PERNACK, Hans-Joachim: Probleme der wirtschaftlichen Entwicklung Albaniens. Untersuchung des ökonomischen und sozioökonomischen Wandlungsprozesses von 1912/13 bis in die Gegenwart. München 1972.

PIPA, Arshi: The Albanian Stalinism: Ideo-Political Aspects. New York 1990.

PISTOLI, Valentina: Kërkesat e perspektivës në qendër të vëmendjes së arkitektit [Die Anforderungen der Perspektive im Mittelpunkt der Aufmerksamkeit des Architekten], *Nëndori* 17 (1971), H. 6, 35–38.

POWELL, David E.: Rearing the New Soviet Man. Anti-religious Propaganda and Political Socialization in the U.S.S.R, in: Bohdan R. BOCIURKIW/John W. STRONG (Hgg.), Religion and Atheism in the USSR and Eastern Europe. London u. a. 1975, 151–170.

PRIFTI, Peter: Socialist Albania since 1944: Domestic and Foreign Developments. Cambridge 1978.

RUSS, Wolfgang: Der Entwicklungsweg Albaniens. Ein Beitrag zum Konzept autozentrierter Entwicklung. Meisenheim am Glan 1979.

SABEL, Charles F./STARK, David: Planning, Politics and Shop-Floor Power: Hidden Forms of Bargaining in Soviet-Imposed State-Socialist Societies, *Politics & Society* 11 (1982), 439–475.

SCHMIDT-NEKE, Michael: Entstehung und Ausbau der Königsdiktatur in Albanien (1912–1939). München 1987 (Südosteuropäische Arbeiten, 84).

SCHNYTZER, Adi: Mitbestimmung in Albanien, in: HÖHMANN (Hg.), Partizipation und Wirtschaftsplanung in Osteuropa und der VR China, 186–206.

DERS.: Stalinist Economic Strategy in Practice. The Case of Albania. Oxford 1982.

SCHÖNFELD, Roland (Hg.): Reform und Wandel in Südosteuropa. München 1985.

SECKENDORF, Martin u. a. (Hgg.), Dokumentenedition: Europa unterm Hakenkreuz. Die Okkupationspolitik des deutschen Faschismus (1938-1945). Bd. 6: Die Okkupationspolitik des deutschen Faschismus in Jugoslawien, Griechenland, Albanien, Italien und Ungarn (1941–1945). Berlin 1989.

SENGHAAS, Dieter (Hg.): Imperialismus und strukturelle Gewalt. Analysen über abhängige Reproduktion. Frankfurt/M. 1972.

SHEHU, Mehmet: Raport mbi direktivat e Kongresit IV. të Partisë së Punës së Shqipërisë për planin e tretë pesëvjeçar të zhvillimit ekonomik e kulturor të Republikës Popullore të Shqipërisë [Bericht über die Direktiven des IV. Parteitages der PAA zum dritten Fünfjahresplan zur wirtschaftlichen und kulturellen Entwicklung der VRA]. Tiranë 1961.

SOKOLI, Lekë: Në qëndrim ndaj punës të përdorim më mirë edhe levat ekonomike [Bei der Einstellung zur Arbeit sollten die ökonomischen Hebel besser eingesetzt werden], *Rruga e Partisë* 36 (1990), H. 10, 16–25.

DERS.: Faktorë bazë për rritjen e efektivitetit të prodhimit [Basisfaktoren für die Erhöhung der Produktionseffizienz], *Rruga e Partisë* 35 (1989), H. 11, 55–65.

DERS.: Problem themelor ka qenë e mbetet përmirësimi i punës për një organizim e drejtim shkencor të prodhimit [Hauptproblem ist gewesen und bleibt die Verbesserung der Arbeit für eine wissenschaftliche Produktionsorganisierung und -leitung], *Rruga e Partisë* 34 (1988), H. 8, 36–46.

DERS.: Metoda e edukimit ideoestetik të rinisë t'i përshtatet nivelit të saj, dialektikës së zhvillimit të vendit [Die Methode der ideologisch-ästhetischen Erziehung der Jugend soll ihrem Niveau und der Dialektik der Entwicklung des Landes angepasst werden], *Rruga e Partisë* 32 (1986), H. 3, 74–83.

STALIN, Josef: Zum internationalen Frauentag (8.3.1925), in: DERS., Werke. Bd. 7. Berlin 1952, 32.

DERS.: Ökonomische Probleme des Sozialismus in der UdSSR. Stuttgart 1952.

STOPPEL, Wolfgang: Zwischen Abschreckung und Erziehung – Straf- und Strafverfahrensrecht in Albanien, in: ALTMANN (Hg.), Albanien im Umbruch, 117–138.

SULKUQI, Zeqir: Opereta „Festa e Çelikut" në skenën tonë [Die Operette „Das Stahlfest" auf unserer Bühne], in: Elbasani-Almanak 2 [Elbasan-Almanach 2]. Tiranë 1982, 59–61.

Synimet kryesore të pesëvjeçarit të pestë 1971-1975 [Die Hauptziele des Fünften Fünfjahresplans 1971–1975], *Ekonomia Popullore* 18 (1971), H. 4, 19–27.

Tirana – Peking – Moskau – Belgrad, *Wissenschaftlicher Dienst Südosteuropa* 10 (1962), H. 1, 7–10.

TIRTJA, Mark: Mbi martesat e bëra mbas çlirimit midis personash nga besime të ndryshme [Über die nach der Befreiung eingegangenen Ehen von Personen verschiedener Konfessionen], *Studime Historike* 24 (1970), H. 2, 107–120.

TITKA, Niko: Arkitektura moderne t'i pëgjigjet kohës [Die moderne Architektur soll der Zeit entsprechen], *Nëndori* 17 (1971), H. 6, 42–45.

TOÇI, Veniamin: Zhvillimi i industrisë në Shqipëri 1960–1980 [Die Entwicklung der Industrie in Albanien]. Tiranë 1989.

TÖNNES, Bernhard: Albanien, in: MIELKE (Hg.), Internationales Gewerkschafts-Handbuch, 188–192.

DERS.: Sonderfall Albanien. Enver Hoxhas eigener Weg und die historischen Ursprünge seiner Ideologie. München 1980 (Untersuchungen zur Gegenwartskunde Südosteuropas, 16).

DERS.: KZ-Justiz in Albanien, *Wissenschaftlicher Dienst Südosteuropa* 28 (1980), H. 3, 61–66.

TOPP, Horst-Dieter: Der Konflikt zwischen Albanien und der VR China und Tiranas außenpolitische Optionen. Köln 1979.

DERS.: Die albanischen Gewerkschaften, *Wissenschaftlicher Dienst Südosteuropa* 25 (1977), H. 12, 320–325.

DERS.: Albanische Gewerkschafts- und Jugendarbeit, *Wissenschaftlicher Dienst Südosteuropa* 25 (1977), H. 4, 115–117.

Udhëzim mbi përgjegjësinë materiale të punëtorëve dhe nëpunsave [Weisung über die materielle Verantwortung der Arbeiter und Angestellten], *Gazeta Zyrtare* 13 (1958), H. 3, 134–136.

UN, Economic Survey of Europe in 1960. Geneva 1960.

Vendim për sistemin arsimor [Beschluss zum Bildungssystem], *Gazeta Zyrtare* 37 (1982), H. 4, 80–91.

Vendim mbi fondin e veçantë të ndërmarrjes [Beschluss über das Betriebssonderbudget], *Gazeta Zyrtare* 31 (1976), H. 2, 21–23.

Vendim mbi mosmarrje në punë tjetër të specialistëve të rinj dhe nëpunësave që nuk shkojnë në vendin e caktuar [Beschluss zum Verbot weiterer Beschäftigung von jungen Spezialisten und Angestellten, die nicht den für sie bestimmten Arbeitsplatz antreten], *Gazeta Zyrtare* 14 (1959), H. 2, 54.

30 vjet Shqipëri socialiste [30 Jahre sozialistisches Albanien]. Tiranë 1974.

40 vjet Shqipëri socialiste [40 Jahre sozialistisches Albanien]. Tiranë 1984.

Vjetari statistikor i RPSH 1971-1972 [Statistisches Jahrbuch der VRA]. Tiranë 1973.

Vjetari statistikor i RPSH 1980 [Statistisches Jahrbuch der VRA]. Tiranë 1980.

Vjetari statistikor i Shqipërisë [Statistical Yearbook of Albania]. Tiranë 1991.

XHUVANI, Dhimitër: Bota ime [Meine Welt]. Tiranë 1984.

ZANGA, Louis: Albania's Renewal Process, in: ALTMANN (Hg.), Albanien im Umbruch, 57–66.

Sekundärliteratur und Editionen nach 1990

ABRAHAMS, Fred C.: Modern Albania: From Dictatorship to Democracy in Europe. New York 2015.

ANDERSON, John: Out of the Kitchen, Out of the Temple: Religion, Atheism and Women in the Soviet Union, in: Sabrina P. RAMET (Hg.), Religious Policy in the Soviet Union. Cambridge, New York, Oakleigh 2005, 206–228.

BARTHA, Aniko Eszter: The Disloyal „Ruling Class": The Conflict between Ideology and Experience in Hungary. in: HÜBNER u.a. (Hgg.), Arbeiter im Staatssozialismus, 141–162.

BARTL, Peter: Albanien: Vom Mittelalter bis zur Gegenwart. Regensburg 1995.

BAUERKÄMPER, Arnd: Die Sozialgeschichte der DDR. München 2005 (Enzyklopädie deutscher Geschichte, 76).

BENOVSKA-SABKOVA, Milena: Social Networks, Coalitions, and Clientelism at the Workplace in Sofia (1960–1989), in: ROTH (Hg.), Arbeit im Sozialismus – Arbeit im Postsozialismus, 109–126.

BERNHARDT, Christoph/REIF, Heinz (Hgg.): Sozialistische Städte zwischen Herrschaft und Selbstbehauptung. Kommunalpolitik, Stadtplanung und Alltag in der DDR. Stuttgart 2009.

BESIER, Gerhard: Das Europa der Diktaturen. Eine neue Geschichte des 20. Jahrhunderts. München 2006.

BEYRAU, Dietrich: Das sowjetische Model – Über Fiktionen zu den Realitäten, in: HÜBNER u. a. (Hgg.), Arbeiter im Staatssozialismus, 47–70.

BIBERAJ, Elez: Shqipëria në tranzicion [Albanien in der Transition]. Tiranë 2001.

DERS.: Albania at the Crossroads, *Problems of Communism* 40 (1991), H. 5, 1–16.

DERS.: Albania and China: a Study of an Unequal Alliance. Boulder/CO 1986.

BICI, Rozeta: Industrializing Albania during Communism. Case Study: Elbasan 1960–1991. Unv. Masterarbeit Budapest 2007.

BLUMI, Isa: Hoxha's Class War: The Cultural Revolution and State Reformation, 1961–1971, *East European Quarterly* 33 (1999), H. 3, 303–326.

BORNEMANN, John: Belonging in the Two Berlins: Kin, State, Nation. Cambridge 1995.

BOYER, Christoph: Der Beitrag der Sozialgeschichte zur Erforschung kommunistischer Systeme, in: BRENNER/HEUMOS (Hgg.), Sozialgeschichtliche Kommunismusforschung, 13–30.

DERS.: Sozialgeschichte der Arbeiterschaft und staatssozialistische Entwicklungspfade: konzeptionelle Überlegungen und eine Erklärungsskizze, in: HÜBNER u.a. (Hgg.), Arbeiter im Staatssozialismus, 71–86.

BRENNER, Christiane/HEUMOS, Peter (Hgg.): Sozialgeschichtliche Kommunismusforschung. Tschechoslowakei, Polen, Ungarn und DDR, 1948–1968. München 2005 (Bad Wiesseer Tagungen des Collegium Carolinum, 27).

BROWN, James F.: Eastern Europe and Communist Rule. Durham, London 1988.

BRUNNBAUER, Ulf: Alltag und Ideologie im Sozialismus – eine dialektische Beziehung, *Berliner Osteuropa-Info* 23 (2005), 4–16.

DERS. (Hg.): Alltag und Ideologie im Realsozialismus. Berlin 2005.

DERS.: „Die sozialistische Lebensweise". Ideologie, Gesellschaft und Politik in Bulgarien (1944–1989). Wien, Köln, Weimar 2007.

DERS.: Stählerne Träume. Kremikovci und der Neue Mensch, in: DERS./HÖPKEN (Hgg.), Transformationsprobleme Bulgariens im 19. und 20. Jahrhundert, 205–228.

DERS./HÖPKEN, Wolfgang (Hgg.): Transformationsprobleme Bulgariens im 19. und 20. Jahrhundert. Historische und ethnologische Perspektiven. München 2007, 205–228.

DERS.: Gesellschaft und gesellschaftlicher Wandel in Südosteuropa nach 1945, in: CLEWING/SCHMITT (Hgg.), Geschichte Südosteuropas, 651–707.

DERS.: Staat und Gesellschaft im Realsozialismus. Legitimitätsstrategien kommunistischer Herrschaft in Südosteuropa, in: Mihai-D. GRIGORE u. a. (Hgg.), Herrschaft in Südosteuropa, 21–52.

DERS./GRANDITS, Hannes (Hgg.): The Ambiguous Nation. Case Studies from Southeastern Europe in the 20th Century. München 2013 (Südosteuropäische Arbeiten, 151).

DERS./GRANDITS, Hannes: The Ambiguous Nation. Socialist and Post-Socialist Nation-Building in Southeastern Europe in Perspective, in: DIESS. (Hgg.), The Ambiguous Nation, 9–41.

DERS./NONAJ, Visar/RAEVA, Biljana: Workers, Steel Factories and Communism: Labor in Kremikovci (Bulgaria) and Elbasan (Albania) under State Socialism. Regensburg 2013.

BUCHLI, Viktor: An Archaeology of Socialism. Oxford, New York 2000.

BYTYÇI, Enver: Shqipëri-Kinë. Dështimi i një bashkëjetese [Albanien-China. Das Scheitern eines Zusammenlebens]. Tiranë 2014.

CANETTI, Elias: Masse und Macht. Frankfurt am Main [27]2001.

CHAMBERLAIN, Mary / THOMPSON, Paul (Hgg.): Narrative and Genre. London, New York 1998.

CHAN, Alfred L.: Mao's Crusade. Politics and Policy Implementation in China's Great Leap Forward. New York 2001.

CHUMIŃSKI, Jedrzej / RUCHNIEWICZ, Krzysztof: Arbeiter und Opposition in Polen 1945–1989, in: HÜBNER u. a. (Hgg.), Arbeiter im Staatssozialismus, 425–451.

CLEWING, Konrad/SCHMITT, Oliver Jens (Hgg.): Geschichte Südosteuropas. Vom frühen Mittelalter bis zur Gegenwart. Regensburg 2011.

Cook, Linda J.: The Soviet Social Contract and why it Failed. Welfare Policy and Workers' Politics from Brezhnev to Yeltsin. Harvard, Cambridge, London 1993.

Courtois, Stéphane (Hg.): Das Handbuch des Kommunismus. Geschichte – Ideen – Köpfe. München, Zürich 2010.

Cviic, Christopher: Remaking the Balkans. London 1991.

Czekalski, Tadeusz: The Shining Beacon of Socialism in Europe. The Albanian State and Society in the Period of Communist Dictatorship 1944 1992. Krakow 2013.

DeHaan, Heather: Stalinist City Planning: Professionals, Performance, and Power. Toronto, Buffalo/IN, London 2013.

Dervishi, Kastriot: Historia e shtetit shqiptar 1912–2005 [Geschichte des albanischen Staates 1912–2005]. Tiranë 2006.

Dikötter, Frank: Mao's Great Famine: The History of China's Most Devastating Catastrophe, 1958–1962. London, Berlin, New York 2010.

Domenach, Jean-Luc: Volksrepublik China, in: Courtois (Hg.), Das Handbuch des Kommunismus. Geschichte – Ideen – Köpfe. München, Zürich 2010, 243–249.

Ders.: Großer Sprung nach vorn, in: Courtois (Hg.), Das Handbuch des Kommunismus, 343–346.

Düning, Beate: Massenmedien, in: Grothusen (Hg.), Albanien, 615–634.

Dylgjeri, Afërdita: Mbi disa karakteristika të ligjërimit politik nën regjimin komunist [Über einige Eigenschaften des politischen Diskurses unter der kommunistischen Herrschaft], *Përpjekja* 32/33 (2014), 228–245.

Dyrmishi, Demir: Punëtorët në Shqipëri [Die Arbeiter in Albanien]. Tetovë 2001.

Elbasani-Enciklopedi [Elbasan-Enzyklopädie]. Elbasan 2003.

Erebara, Gjergj: Elementi demografik ne krizën ekonomike të viteve '80 [Das demographische Element in der Wirtschaftskrise der achtziger Jahre], *Përpjekja* 32/33 (2014), 110–128.

Figes, Orlando: The Whisperers: Private Life in Stalin's Russia. London 2007.

Filtzer, Donald: Soviet Workers and Late Stalinism. Cambridge u. a. 2002.

Ders.: The Hazards of Urban Life in Late Stalinist Russia. Health, Hygiene and Living Standards, 1949–1953. Cambridge u. a. 2010.

Finger, Zuzana: Schulsystem, in: Grothusen (Hg.), Albanien, 529–554.

Fishta, Iljaz/Ziu, Mihal: Historia e ekonomisë së Shqipërisë (1944–1960) [Geschichte der Wirtschaft Albaniens 1944–1960]. Tiranë 2004.

Fitzpatrick, Sheila: Signals from Below: Soviet Letters of Denunciation of the 1930s, in: dies./Robert Gellately (Hgg.), Accusatory practices. Denunciation in modern European history, 1789–1989. Chicago 1997, 85–120.

DIES.: Everyday Stalinism. Ordinary Life in Extraordinary Times: Soviet Russia in the 1930s. Oxford 2000.

Fjalor enciklopedik shqiptar [Albanisches enzyklopädisches Lexikon]. Tiranë 2008.

FULBROOK, Mary: Dritte Sektion: Arbeiter in sozialen und politischen Konfliktkonstellationen. Einführung, in: HÜBNER u. a. (Hgg.), Arbeiter im Staatssozialismus, 347–356.

GEORGIEV, Ivo: Die Arbeiter als Modernisierungsbremse im realsozialistischen Bulgarien?, in: HÜBNER u. a. (Hgg.), Arbeiter im Staatssozialismus, 109–118.

GESTWA, Klaus: Die Stalinschen Großbauten des Kommunismus. Sowjetische Technik- und Umweltgeschichte, 1948–1967. München 2010.

GIUSTINO, Cathleen u. a. (Hgg.): Socialist Escapes: Breaking Away from Ideology and Everyday Routine in Eastern Europe, 1945-1989. New York, Oxford 2013.

GOLONKA-CZAJKOWSKA, Monika: Homo faber: The Socialist Role Model as Seen by Individuals. The Lenin Steelworks in the Light of the Workers Recollections, in: ROTH (Hg.), Arbeit im Sozialismus – Arbeit im Postsozialismus, 239-257.

GRIGORE, Mihai-D. u. a. (Hgg.): Herrschaft in Südosteuropa. Kultur- und sozialwissenschaftliche Perspektiven. Göttingen 2012.

GROTHUSEN, Klaus-Detlev (Hg.): Albanien. Göttingen 1993 (Südosteuropa-Handbuch, 7).

DERS.: Außenpolitik, in: DERS. (Hg.), Albanien, 86–156.

HANN, Chris: Introduction: Social Anthropology and Socialism, in: DERS. (Hg.), Socialism: Ideals, Ideologies and Local Practice. London, New York 1993, 1-26.

HEMMING, Andreas/KERA, Gentiana/PANDELEJMONI, Enriketa (Hgg.): Albania: Family, Society and Culture in the 20th Century. Münster 2012.

HEUMOS, Peter: „Wenn sie sieben Turbinen schaffen, kommt die Musik“, in: BRENNER/DERS. (Hgg.), Sozialgeschichtliche Kommunismusforschung, 133–177.

Historia e popullit shqiptar. IV: Shqiptarët gjatë Luftës së Dytë Botërore dhe pas saj, 1939–1990 [Geschichte des albanischen Volkes. Bd. 4: Die Albaner während des 2. Weltkriegs und danach, 1939–1990]. Tiranë 2008.

HOBSBAWM, Eric: Das Zeitalter der Extreme. Weltgeschichte des 20. Jahrhunderts. München 1999.

HOLMES, Larry E.: Fear no Evil: Schools and Religion in Soviet Russia, 1917–1941, in: Sabrina P. RAMET (Hg.), Religious Policy in the Soviet Union. Cambridge 2005, 125–157.

HOPPE, Hans-Joachim: Hochschulen und Wissenschaft, in: GROTHUSEN (Hg.), Albanien, 555–586.

HORVÁTH, Sándor: Urban Socialism and Everyday Life in Sztálinváros, *Berliner Osteuropa-Info* 23 (2005), 43–50.

Hösch, Edgar: Geschichte der Balkanländer. Von der Frühzeit bis zur Gegenwart. München [5]2008.

Hübner, Peter: Konsens, Konflikt und Kompromiss. Soziale Arbeiterinteressen und Sozialpolitik in der SBZ-DDR 1945–1970. Berlin 1995.

Ders.: Syndikalistische Versündigungen? Versuche unabhängiger Interessenvertretung für die Industriearbeiterschaft der DDR um 1960, *Jahrbuch für Historische Kommunismusforschung* 2 (1995), 100–117.

Ders./Tenfelde, Klaus (Hgg.): Arbeiter in der SBZ-DDR. Essen 1999 (Darstellungen, 10).

Ders. u.a. (Hgg.): Arbeiter im Staatssozialismus. Ideologischer Anspruch und soziale Wirklichkeit. Köln 2005.

Hürtgen, Renate: Zwischen Disziplinierung und Partizipation. Vertrauensleute der FDGB im DDR-Betrieb. Köln 2005.

Dies.: Konfliktverhalten der DDR-Arbeiterschaft und Staatsrepression im Wandel, in: Hübner u.a. (Hgg.), Arbeiter im Staatssozialismus, 383–403.

Dies.: Angestellt im VEB. Loyalitäten, Machtressourcen und soziale Lagen der Industrieangestellten in der DDR. Münster 2009.

Idrizi, Idrit: Der „Neue Mensch" in der Politik und Propaganda der Partei der Arbeit Albaniens in den 1960er Jahren, *Südost-Forschungen* 69/70 (2010/11), 252–283.

Ders.: Sundimi komunist në Shqipëri në periudhën e vonë te tij nga perspektiva e historisë kulturore [Die kommunistische Herrschaft in Albanien in ihrer Spätzeit aus kulturgeschichtlicher Perspektive], *Përpjekja* 32/33 (2014), 70–87.

Ders.: Herrschaft und Alltag im albanischen Spätsozialismus (1976–1985). Berlin, Boston 2018 (Südosteuropäische Arbeiten, 161).

Ikonomi, Luljeta/Woodcock, Shannon: Imoraliteti në familje: Nxitja e ankesave të grave për të përforcuar pushtetin e partisë në revolucionin kulturor shqiptar [Die Unmoral in der Familie. Die Verwendung von weiblichen Beschwerden zur Stärkung der Parteiherrschaft in der albanischen Kulturrevolution], *Përpjekja* 32/33 (2014), 153–180.

Jacques, Edwin: Shqiptarët. Historia e popullit shqiptar nga lashtësia deri në ditët e sotme [Die Albaner. Geschichte des albanischen Volkes von der Antike bis zur heutigen Zeit]. Tiranë 1998.

Jajeśniak-Quast, Dagmara: Stahlgiganten in der sozialistischen Transformation. Nowa Huta in Krakau, EKO in Eisenhüttenstadt und Kunčice in Ostrava. Wiesbaden 2010.

Dies.: Ein lokaler „Rat für Gegenseitige Wirtschaftshilfe": Eisenhüttenstadt, Krakow Nowa Huta und Ostrava Kunčice, in: Christoph Bernhardt/Heinz Reif (Hgg.), Sozialistische Städte zwischen Herrschaft und Selbstbehauptung. Kommunalpolitik, Stadtplanung und Alltag in der DDR. Stuttgart 2009, 97–114.

Jandot, Gabriel: L'Albanie d'Enver Hoxha (1944–1985). Paris 1994.

Kalinová, Lenka: Mythos und Realität des „Arbeiterstaates" in der Tschechoslowakei, in: Hübner u. a. (Hgg.), Arbeiter im Staatssozialismus, 87–107.

Kaser, Michael: Economic System, in: Grothusen (Hg.), Albanien, 289–311.

Klessmann, Christoph: Arbeiter im „Arbeiterstaat" DDR. Deutsche Traditionen, sowjetisches Modell, westdeutsches Magnetfeld (1945 bis 1971). Bonn 2007 (Geschichte der Arbeiter und der Arbeiterbewegung in Deutschland seit dem Ende des 18. Jahrhunderts, 14).

Ders./Sywottek, Arnold: Arbeitergeschichte und DDR-Geschichte. Einige Bemerkungen über Forschungsperspektiven, in: Hübner/Tenfelde (Hgg.), Arbeiter in der SBZ-DDR, 897–905.

Kote, Jorgji: Në vetërrethim. Episode, ngjarje të jetuara dhe reflektime [Unter Selbstbelagerung. Episoden, Erlebnisse, Reflexionen]. Tiranë 2012.

Kotkin, Stephen: Magnetic Mountain: Stalinism as a Civilization. Berkeley, Los Angeles, London 1995.

Kretsi, Georgia: "Good and Bad Biography". The Concept of Family Liability in the Practice of State Domination in Socialist Albania, in: Ulf Brunnbauer/Andreas Helmedach/Stefan Troebst (Hgg.), Schnittstellen. Gesellschaft, Nation, Konflikt und Erinnerung in Südosteuropa. Festschrift für Holm Sundhaussen zum 65. Geburtstag. München 2007 (Südosteuropäische Arbeiten, 133), 175–188.

Lebow, Katherine: Socialist Leisure in Time and Space: Hooliganism and Bikinarstwo in Nowa Huta 1949–1956, in: Brenner/Heumos (Hgg.), Sozialgeschichtliche Kommunismusforschung, 527–540.

Lelaj, Olsi: Nën shenjën e modernitetit. Antropologji e proceseve proletarizuese gjatë socializmit shtetëror [Unter dem Zeichen der Modernität. Anthropologie der Proletarisierungsprozesse während des Staatssozialismus]. Tiranë 2015.

Levandowski, Adalbert R.: Zeittafel, in: Grothusen (Hg.), Albanien, 727–746.

Lindenberger, Thomas: Die Diktatur der Grenzen. Zur Einleitung, in: ders. (Hg.), Herrschaft und Eigen-Sinn in der Diktatur. Köln 1999, 13–44.

Lu, Xing: Rhetoric of the Chinese Cultural Revolution: The Impact on Chinese Thought, Culture, and Communication. Columbia 2004.

Mataj, Feruz: Kur jeta kërkon të flas. Kujtime [Wenn das Leben zum Reden zwingt. Erinnerungen]. Tiranë 2011.

Mazower, Mark: Dark Continent: Europe's Twentieth Century. London u. a. 1998.

Mazurek, Malgorzata: Das Alltagsleben im sozialistischen Betrieb am Beispiel der „Rosa-Luxemburg-Werke" in Warschau an der Schwelle zur „kleinen Stabilisierung", in: Hübner u. a. (Hgg.), Arbeiter im Staatssozialismus, 291-318.

Merkel, Ina: Arbeiter und Konsum im real existierenden Sozialismus, in: Hübner/Tenfelde (Hgg.), Arbeiter in der SBZ-DDR, 527-553.

Mëhilli, Elidor: From Stalin to Mao. Albania and the Socialist World. Ithaca, London 2017.

Mitchell, Katharyne: Work Authority in Industry: The Happy Demise of the Ideal Type, *Comparative Studies in Society and History* 34 (1992), H. 4, 679–694.

Moser, Friedrich/Mayerhöfer, Rainer: Raumplanung und Umweltschutz, in: Grothusen (Hg.), Albanien, 452–463.

Musaraj, Smoki: Alternative Publics: Reflections on Marginale Collective Practices in Communist Albania, in: Hemming/Kera/Pandelejmoni (Hgg.), Albania: Family, Society and Culture in the 20th Century, 175–186.

Neutatz, Dietmar: Zwischen Enthusiasmus und politischer Kontrolle. Die Arbeiter und das Regime am Beispiel von Metrostroj, in: Plaggenborg (Hg.), Stalinismus. Neue Forschungen und Konzepte, 185–208.

Niedermüller, Peter: Arbeit, Identität, Klasse, in: Roth (Hg.), Arbeit im Sozialismus – Arbeit im Postsozialismus, 23–36.

Nikolla, Albert P.: Njeriu i ri shqiptar. Ndërmjet moralit komunist dhe krizës së tranzicionit [Der neue albanische Mensch. Zwischen der kommunistischen Moral und der Transitionskrise]. Tiranë 2012.

O'Donnell, James S.: A Coming of Age: Albania under Enver Hoxha: New York 1999.

Palairet, Michael: "Lenin" and "Brezhnev": Steel Making and the Bulgarian Economy, 1956-90, *Europe-Asia Studies* 47 (1995), H. 3, 493–505.

Petrescu, Dragoş: Workers and Peasant-Workers in a Working-Class' „Paradise": Patterns of Working Class Protest in Communist Romania, in: Hübner u.a. (Hgg.), Arbeiter im Staatssozialismus, 119–140.

Petrov, Petar: Sozialistische Arbeitsfeiern im Betrieb: Konzept und Umsetzung, in: Roth (Hg.), Arbeit im Sozialismus – Arbeit im Postsozialismus, 147–165.

Petrović, Tanja: "When We Were Europe": Socialist Workers in Serbia and Their Nostalgic Narratives, in: Todorova (Hg.), Remembering Communism, 127–153.

Pier, Rüdiger: Tourismus, in: Grothusen (Hg.), Albanien, 417–426.

Plaggenborg, Stefan (Hg.): Stalinismus. Neue Forschungen und Konzepte. Berlin 1998.

Ders.: Die wichtigsten Herangehensweisen an den Stalinismus in der westlichen Forschung, in: ders. (Hg.), Stalinismus. Neue Forschungen, 13–33.

Pittaway, Mark: Workers, Management and the State in Socialist Hungary. Shaping and Reshaping the Socialist Factory Regime in Ujpest and Tarabanya, 1950–1956, in: Brenner/Heumos (Hgg.), Sozialgeschichtliche Kommunismusforschung, 105–131.

Ders.: Accomodation and the Limits of Economic Reform: Industrial Workers during the Making and Unmaking of Kadar's Hungary, in: Hübner u.a. (Hgg.), Arbeiter im Staatssozialismus, 453–472.

Port, Andrew: The „Grumble Gesellschaft". Industrial Defiance and Worker Protest in Early East Germany, in: Hübner/Tenfelde (Hgg.), Arbeiter in der SBZ-DDR, 787–809.

Portelli, Alessandro: Oral History as Genre, in: Chamberlain/Thompson (Hgg.), Narrative and Genre. London, New York 1998, 23–45.

Progni, Luljeta: Trashëgimtarët. Partia Socialiste midis transformimeve dhe vazhdimësisë [Die Erben. Die Sozialistische Partei zwischen Transformationen und Kontinuität]. Tiranë 2009.

Raeva, Biljana/Brunnbauer, Ulf: Fabrikarbeiter, Gewerkschaften und Funktionäre im „entwickelten" Sozialismus, *Südost-Forschungen* 72 (2013), 287–318.

Ramet, Sabrina P. (Hg.): Religious Policy in the Soviet Union. Cambridge, New York, Oakleigh 2005.

Roesler, Jörg: Die Rolle des Brigadiers bei der Konfliktregulierung zwischen Arbeitsbrigaden und der Werkleitung, in: Hübner/Tenfelde (Hgg.), Arbeiter in der SBZ-DDR, 413–437.

Roth, Klaus (Hg.): Arbeit im Sozialismus – Arbeit im Postsozialismus. Erkundungen zum Arbeitsleben im östlichen Europa. Münster 2004 (Freiburger Sozialanthropologische Studien, 1).

Rrumbullaku, Filip: Dekorimet nga Princ Vidi deri sot [Auszeichnungen von Fürst zu Wied bis heute]. Tiranë 2010.

Sabrow, Martin: Sozialismus als Sinnwelt. Diktatorische Herrschaft in kulturhistorischer Perspektive, *Potsdamer Bulletin für Zeithistorische Studien* 40/41 (2007), 9–23.

Sadikaj, Dilaver: Prona në fshat (1956–1976) [Das Eigentum auf dem Land 1956–1976]. Tiranë 2000.

Schappelwein, Karl: Bergbau und Energiewirtschaft, in: Grothusen (Hg.), Albanien, 376–390.

Schevardo, Jennifer: Zweite Sektion: „Arbeitsbeziehungen, Arbeitsverhältnisse, Arbeiteexistenzen", in: Hübner u. a. (Hgg.), Arbeiter im Staatssozialismus, 215–225.

Schmidt-Neke, Michael: Geschichtliche Grundlagen, in: Grothusen (Hg.), Albanien, 26–56.

Ders.: Innenpolitik, in: Grothusen (Hg.), Albanien, 57–85.

Ders.: Politisches System, in: Grothusen (Hg.), Albanien, 169–242.

Ders.: Zwischen Kaltem Krieg und Teleologie. Das kommunistische Albanien als Objekt der Zeitgeschichtsforschung, in: Oliver Jens Schmitt/Eva Anne Frantz (Hgg.), Albanische Geschichte. Stand und Perspektiven der Forschung. München 2009 (Südosteuropäische Arbeiten, 133), 131–147.

Ders./Sjöberg, Örjan: Bevölkerungsstruktur, in: Grothusen (Hg.), Albanien, 464–490.

Schmitt, Oliver Jens: Die Albaner. Eine Geschichte zwischen Orient und Okzident. München 2012.

Ders.: Vorwort, in: ders./Frantz (Hgg.), Albanische Geschichte, 7–12.

Ders./Frantz, Eva Anne (Hgg.): Albanische Geschichte. Stand und Perspektiven der Forschung. München 2009 (Südosteuropäische Arbeiten, 133).

Schuhmann, Anette: „Macht die Betriebe zu Zentren der Kulturarbeit". Gewerkschaftlich organisierte Kulturarbeit in den Industriebetrieben der DDR in den fünfziger Jahren: Sozialhistorisches Novum oder Modifizierung betriebspolitischer Traditionen?, in: Hübner u. a. (Hgg.), Arbeiter im Staatssozialismus, 271–289.

Schnytzer, Adi/Gan, Ramat: Industry, in: Grothusen (Hg.), Albanien, 312–343.

Schönfeld, Roland: Außenwirtschaft, in: Grothusen (Hg.), Albanien, 427–451.

Schukalla, Karl-Josef: Nationale Minderheiten in Albanien und Albaner im Ausland, in: Grothusen (Hg.), Albanien, 505–528.

Shahini, Johana: Rasti specifik i komunizmit shqiptar në fokusin e teorive [Der spezifische Fall des albanischen Kommunismus im Fokus der Theorien], *Përpjekja* 32/33 (2014), 50–69.

Sjöberg, Örjan: Urban Albania: Developments 1965-1987, in: Altmann (Hg.), Albanien im Umbruch, 171–224.

Ders.: Social Structure, in: Grothusen (Hg.), Albanien, 491–504.

Ders.: Rural Retention in Albania: Administrative Restrictions on Urban-Bound Migration, *East European Quarterly* 28 (1994), H. 2, 205–233.

Sretenovic, Stanislav/Puto, Artan: Leader Cults in the Western Balkans (1945–90): Josip Broz Tito and Enver Hoxha, in: Balázs Apor u. a. (Hgg.), The Leader Cult in Communist Dictatorships: Stalin and the Eastern Bloc. London 2013, 208–223.

Stadtland, Heike: Konfliktlagen und Konfliktformen. Arbeiter in der DDR zwischen Integration, Disziplinierung und Verweigerung, in: Hübner u. a. (Hgg.), Arbeiter im Staatssozialismus, 357–381.

Stoppel, Wolfgang: Rechtssystem, in: Grothusen (Hg.), Albanien, 243–288.

Sufaj, Femi: Sistemi i ndëshkimeve në Shqipëri gjatë regjimit komunist (1944–1990) [Das Strafsystem in Albanien während der kommunistischen Herrschaft (1944–1990)]. Tiranë 2014.

Tenfelde, Klaus: Einige Ergebnisse, in: Peter Hübner/ders. (Hgg.), Arbeiter in der SBZ-DDR. Essen 1999 (Darstellungen, 10), 889–895.

Todorova, Maria (Hg.): Remembering Communism: Genres of Representation. New York 2010, 127–153.

Van Meurs, Wim: Der Donau-Schwarzmeer-Kanal. Eine Großbaustelle des Kommunismus, *Jahrbuch für historische Kommunismusforschung* 19 (2012), 113–128.

Vehbiu, Ardian: Shqipja totalitare. Tipare të ligjërimit publik në Shqipërinë e viteve 1945–1990 [Das totalitäre Albanisch. Merkmale der Öffentlichkeitssprache in Albanien der Jahre 1945–1990]. Tiranë 2007.

Ders.: Me shkronja te mëdha [Mit Großbuchstaben], *Përpjekja* 32/33 (2014), 216–227.

Verdery, Katherine: What Was Socialism, and What Comes Next? Princeton/NJ 1996.

Vickers, Miranda: The Albanians – a Modern History. London, New York 1995.

Dies./Pettifer, James: Albania: From Anarchy to a Balkan Identity. London ²1999.

Wildermuth, Andreas: Land- und Forstwirtschaft, in: Grothusen (Hg.), Albanien, 343–375.

Ders.: „Sich stützen auf die eigenen Kräfte". Die Wirtschaftspolitik Albaniens nach dem Zweiten Weltkrieg. München 1995.

Woodcock, Shannon: Diktatura pa humor – ose mungesa e barsoletave shqiptare mbi socializmin [Die humorlose Diktatur oder das Fehlen der albanischen Witze über den Sozialismus], *Polis* 5 (2008), 65–76.

Zanga, Louis: Highest Political Institutions, in: Grothusen (Hg.), Albanien, 747–762.

Ders.: Increase in Crime and Other Social Problems, *RFE Reports on Eastern Europe* 39 (1991), H. 2, 1–4.

Zickel, Raymond E./Iwaskiw, Walter R.: Albania: a Country Study. Washington/DC 1994.

Artikel in Online-Zeitungen und auf Webportalen

Albanien: „Wir töteten nie ohne Grund". Nedschmije Hodscha, 82, Witwe des einstigen kommunistischen Diktators Enver Hodscha, über das Regime ihres Mannes und die Zukunft der Krisenprovinz Kosovo, *Der Spiegel* 42/2004, 135f. unter: http://www.spiegel.de/spiegel/print/d-30414363.html, am 25.10.2019 zuletzt aufgerufen.

Anketa e OSBE / Shifrat që të habisin, 52% e shqiptarëve e duan Enver Hoxhën [Umfrage der OSZE / Ziffern, die einen verblüffen: 52 Prozent der Albaner mögen Enver Hoxha], *Balkanweb* 6.12.2016, unter https://balkanweb.com/anketa-e-osbe-shifrat-qe-te-habisin-52-e-shqiptareve-e-duan-enver-hoxhen//, am 28.9.2019 zuletzt aufgerufen.

Arapi, Lindita: Der lange Atem der Angst, *Neue Zürcher Zeitung*, 3.6.2015, unter https://www.nzz.ch/feuilleton/der-lange-atem-der-angst-1.18553945, am 11.9.2019 zuletzt aufgerufen.

Arbutina, Zoran/Scherle, Alexandra: Geheimdienst-Akten bleiben unter Verschluss, *Deutsche Welle*, 22.3.2012, unter: http://www.dw.com/de/geheimdienst-akten-bleiben-unter-verschluss/a-15824738, am 11.9.2019 zuletzt aufgerufen.

Bartels, Werner: Die Anfänge der Deutschen Botschaft Tirana, unter: https://tirana.diplo.de/al-de/botschaft/-/2078506, am 10.9.2019 zuletzt aufgerufen.

CIA – The World Factbook, unter: <https://www.cia.gov/library/publications/the-world-factbook/geos/al.html>, am 25.10.2019 zuletzt aufgerufen.

Demi, Përparim: Nostalgjikët e enverizmit apo Shqipëria ndërmjet luftës nacional çlirimtare dhe kolapsit (1945-1990) [Die Nostalgiker des Enverismus oder Albanien zwischen dem nationalen Befreiungskrieg und dem Kollaps (1945 – 1990)], *Blog: Zemra Shqiptare,* 12.2.2011, unter: http://www.zemrashqiptare.net/news/20227/perparim-demi-nostalgjiket-e-enverizmit-apo-shqiperia-ndermjet-luftes-nacional-clirimtare-dhe-kolapsit-1945--1990.html?skeyword=dhe%20kolapsit, am 25.10.2019 zuletzt aufgerufen.

Erebara, Gjergj: BIRN fiton apelin për të deklasifikuar dosjet e Sigurimit [BIRN gewinnt Das Berufungsprozess zur Deklassifizierung der Sigurimi-Akten], *Dosja.al,* 31.05.2019, unter: https://dosja.al/birn-fiton-apelin-per-te-deklasifikuar-dosjet-e-sigurimit/, am 6.9.2019 zuletzt aufgerufen.

Fevziu, Blendi: Alfred Moisiu, President i Republikës [Alfred Moisiu, Präsident der Republik], *Koha Jonë,* 28.2.2002, unter: https://web.archive.org/web/20120417201946/http://www.kohajone.com/html/artikull_17125.html, am 18.2.2014 zuletzt aufgerufen (mittlerweile online nicht mehr zugänglich).

Gieseke, Jens: Soziale Ungleichheit im Staatssozialismus, *Zeithistorische Forschungen* 10 (2013), H. 2, unter: http://www.zeithistorische-forschungen.de/2-2013, am 25.10.2019 zuletzt aufgerufen.

Hekurudha Shqiptare [Albanische Eisenbahn], unter: https://de.wikipedia.org/wiki/Hekurudha_Shqiptare#Streckennetz, am 14.10.2019 zuletzt aufgerufen.

Hetuesi: Kiço Ngjela kundërshtoi ndërtimin e Metalurgjikut [Der Staatsanwalt: Kiço Ngjela sprach Sich gegen den Bau des Stahlwerks aus], *Panorama,* 8.11.2012, unter: http://www.panorama.com.al/hetuesi-kico-ngjela-kundershtoi-ndertimin-e-metalurgjikut/, am 25.10.2019 zuletzt aufgerufen.

Historische Wechselkurse: fxtop.com, unter: https://fxtop.com/de/historischewechselkurse.php?A=1400000000&C1=ALL&C2=RUB&DD1=01&MM1=04&YYYY1=1961&B=1&P=&I=1&DD2=18&MM2=09&YYYY2=1962&btnOK=Gehen, am 18.9.2019 zuletzt aufgerufen.

Hübner, Peter: Rezension zu: Jajeśniak-Quast, Dagmara: Stahlgiganten in der sozialistischen Transformation. Nowa Huta in Krakau, EKO in Eisenhüttenstadt und Kunčice in Ostrava. Wiesbaden 2010, in: *H-Soz-Kult,* 15.11.2011, unter: http://www.hsozkult.de/publicationreview/id/rezbuecher-17026, am 25.10.2019 zuletzt aufgerufen.

Hysa, Hysë: Shkollat e lira ushtarake, ide disfatiste e Enver Hoxhës [Die Freien Militärschulen – eine defätistische Idee Enver Hoxhas]. *KosovariMedia.com.* Portal Informativ *Shqiptar,* 15.9.2013, unter: http://www.kosovarimedia.com/index.php/aktual/intervista/18087-hyse-hysa-shkollat-e-lira-ushtarake-ide-disfatiste-e-enver-hoxhes.html/, am 19.3.2015 zuletzt aufgerufen (online nicht mehr zugänglich; der Artikel ist aber 2013 auch gedruckt in der Zeitung *Telegraf* erschienen).

Imaj, Afrim: Përplasja e parë e Enverit me gjeneralët e ushtrisë [Der erste Zusammenstoß Envers mit den Armeegenerälen], *Panorama*, 28.7.2014, unter: http://www.panorama.com.al/perplasja-e-pare-e-enverit-me-gjeneralet-e-ushtrise/, am 25.10.2019 zuletzt aufgerufen.

Inxhinieri Robert Rapo: Ju rrëfej si u ndërtua Kombinati Metalurgjik i Elbasanit [Der Ingenieur Robert Rapo: Ich erzähle, wie das Stahlwerk von Elbasan gebaut wurde], *Blog: Forumi,* unter: http://www.forumishqiptar.com/threads/150227-Inxhinieri-Robert-Rapo-Ju-rrefej-si-u-ndertua-Kombinati-Metalurgjik-i-Elbasanit/, am 25.10.2019 zuletzt aufgerufen.

Isufaj, Ermira: Rrëfimi, si u varros Fiqirete Shehu në Zejmen [Erzählung: Wie Fiqirete Shehu in Zejmen beerdigt wurde], *Panorama*, 25.5.2014, unter: http://www.panorama.com.al/rrefimi-si-u-varros-fiqirete-shehu-ne-zejmen/, am 2.3.2019 zuletzt aufgerufen.

Kürüm Holding 2014 Annual Report, 27, unter: http://www.kurum.com.tr/files/dosyalar/kurum_holding_ing_2014.pdf, am 24.7.2016 zuletzt aufgerufen (inzwischen nicht mehr zugänglich).

Länderdaten. info, unter https://www.laenderdaten.info/Europa/Albanien/wirtschaft.php, am 28.9.2019 zuletzt aufgerufen.

Marifetet e „Kurum" me qeveritë për t'i shpëtuar skandaleve. Nga ndotja kanë vdekur 3 mijë vetë [Die Tricks von „Kürüm" mit den Regierungen, um sich vor Skandalen zu retten. 3.000 Tote aufgrund der Verschmutzung.], *Balkanweb*, 7.3.2016, unter: http://www.balkanweb.com/site/marifetet-e-kurum-me-qeverite-per-ti-shpetuar-skandaleve-nga-ndotja-kane-vdekur-3-mije-vete/, am 25.10.2019 zuletzt aufgerufen.

Mëhilli, Elidor: Arkivat dhe zhvarrosja e diktaturës [Die Archive und die Ausgrabung der Diktatur], Blog: Peizazhe të fjalës, 3.6.2016, unter https://peizazhe.com/2016/06/03/arkivat-dhe-zhvarrosja-e-diktatures/, am 25.10.2019 zuletzt aufgerufen.

Peçi, Admirina: Diktatura që 'frikësohej' nga barsoletat [Die Diktatur, die sich vor Witzen „fürchtete"], *Shqiptarja.com*, 26.3.2014, unter: http://shqiptarja.com/dossier/2711/dokumenti-sekret--diktatura-q--frik-sohej-nga-barsoletat-206856.html, am 25.10.2015 zuletzt aufgerufen (online nicht mehr zugänglich).

Robelli, Enver: Historiani gjerman: Enver Hoxha e shndërroi Shqipërinë në vend invalid, por për krimet e regjimit të tij s'flet askush, as nuk dënohet askush. [Der deutsche Historiker: Enver Hoxha machte aus Albanien ein verkrüppeltes Land, aber über die Verbrechen seines Regimes spricht niemand und es wird niemand verurteilt, VOAL.ch, 19.9.2019, unter: https://www.voal.ch/historiani-gjerman-enver-hoxha-e-shnderroi-shqiperine-ne-vend-invalid-por-per-krimet-e-regjimit-te-tij-sflet-askush-nuk-denohet-askush/, am 28.9.2019 zuletzt aufgerufen.

Servilët, ja si parakalonin në 1 Maj para Enver Hoxhës [Wie die Speichellecker am 1. Mai an Enver Hoxha vorbeimarschierten], *Shekulli*, 1.5.2013, unter: http://shekulli.com.al/22148/, am 25.10.2019 zuletzt aufgerufen.

Shkurte Vata. Enveri e bëri komuniste [Shkurte Vata. Enver machte sie zum Parteimitglied], *Shekulli*, 20.10.2012, unter: http://shekulli.com.al/6238/, am 25.10.2019 zuletzt aufgerufen.

Spät, Patrick: Erst die Arbeit, nie das Vergnügen, *Die Zeit*, 7.10.2016, unter: http://www.zeit.de/karriere/beruf/2016-09/arbeitszeit-stress-gesundheit-40-stunden-woche, am 25.10.2019 zuletzt aufgerufen.

Theodhosi në hetuesi: Nuk besoja tek 'socializmi me forcat tona' [Theodhosi bei der Vernehmung: Ich glaubte nicht an den "Sozialismus aus eigener Kraft"], Dita, 3.11.2013, unter: http://gazetadita.al/theodhosi-ne-hetuesi-nuk-besoja-te-socializmi-me-forcat-tona/, am 25.10.2019 zuletzt aufgerufen.

Zank, Wolfgang: Maos blutige Ernte, *Die Zeit*, 27.4.2012, unter: http://www.zeit.de/2012/17/Riesenreich-China, am 25.10.2019 zuletzt aufgerufen.

Spiel- und Dokumentarfilme

Spielfilm „Shokët" [Die Kameraden]: Regie: Kujtim Çashku; Kamera: Vangjush Valla; Drehbuch: Shpëtim Karaj/Fahri Balliu; Produktion: Kinostudioja „Shqipëria e re", Tiranë 1982.

Dokumentarfilm „Der 6. Parteitag der PAA": Regie/Kamera:/Drehbuch: unbekannt; Produktion: Kinostudioja „Shqipëria e re", Tiranë 1971.

Dokumentarfilm „Der Ofen": Regie: Adriana Elini; Kamera: Hamdi Ferhati; Drehbuch: Peçi Dado; Produktion: Kinostudioja „Shqipëria e re", Tiranë 1970.

Orts- und Sachregister

Personenregister

Erfasst wurden im laufenden Text genannte Personen sowie Nennungen in den Fußnoten (markiert mit ergänzendem „A" zur jeweiligen Seitenangabe), wenn dort gesonderte Angaben zu den Personen oder ihrem Wirken zu finden sind. Bei Amtsträgern und Mitarbeitern im Stahlwerk Elbasan oder auf den verschiedenen albanischen Verwaltungs- und Politikebenen wurde ihre Position in Klammern hinzugefügt, außer bei durch ihre Prominenz bekannten Vertretern der obersten politischen Spitze (z. B. Ramiz Alia, Enver Hoxha, Mehmet Shehu). Analoges gilt für chinesische Funktionsträger.